T0209915

Herausgegeben von Kai Brodersen
und Bernhard Zimmermann

Personen der Antike

Verlag J. B. Metzler
Stuttgart · Weimar

Vorwort

Einen schnellen, zuverlässigen und den neuesten Forschungsstand berücksichtigenden Zugang in die Welt der Antike zu eröffnen, stand als Leitidee hinter der Konzeption des *Metzler Lexikon Antike* (MLA), das im Jahr 2000 erschienen ist. Aktualisierte Fassungen der Artikel über Personen der Antike aus diesem Lexikon legt der Verlag nun im vorliegenden Buch vor, das alle wichtigen Personen aus Geschichte, Literatur und Kunst (nicht aber mythische Figuren) zu erfassen sucht.

Das Autorenteam aus Historikern und Literaturwissenschaftlern hat Vorkehrungen getroffen, damit auch Nichtfachleute das Lexikon effizient benutzen können: Es wird keine Kenntnis der antiken Sprachen vorausgesetzt, bei jedem Stichwort finden sich Angaben zur Betonung (die betonte Silbe ist im Lemma markiert). Wer mehr wissen will, dem machen ausgewählte Literaturhinweise Angebote zur Vertiefung des Themas.

Es versteht sich von selbst, daß in einem einbändigen Nachschlagewerk keine Vollständigkeit der Information angestrebt werden kann. Das Lexikon orientiert sich deshalb an der Erfahrung aus der Praxis des Unterrichts an den Gymnasien wie an den Universitäten. Sicherlich wird dennoch mancher eine Person der Antike vermissen oder aber zu knapp oder zu ausführlich behandelt finden, doch setzte das Ziel, ein preisgünstiges einbändiges Personenlexikon zu erstellen, klare Grenzen. Für Hinweise zur Verbesserung sind wir stets dankbar.

Kai Brodersen
Seminar für Alte Geschichte
Universität Mannheim

Bernhard Zimmermann
Seminar für Klassische Philologie
Universität Freiburg i.Br.

Verzeichnis der Autorinnen und Autoren

Nicole Albrecht
Ulrike Auhagen
Andrea Bagordo
Thomas Baier
Kai Brodersen
Stelios Chronopoulos
Giacomo Gazzaniga
Korbinian Golla
Beate Greif
Markus Greif
Sarah Henze
Titus Maria Horstschäfer
Doris Meyer
Claudia Michel

Christian Orth
Dimitrios Papadis
Norbert Prack
Michael Reichel
Carlo Scardino
Andrea Schludi
Giadda Sorrentino
Antonis Tsakmakis
Sabine Walentowski
Hartmut Westermann
Bernhard Zimmermann
Sylvia Zimmermann
Reto Zingg

Abkürzungen in den Literaturhinweisen

ANRW	Aufstieg und Niedergang der Römischen Welt, hg. v. H. Temporini/W. Haase (1972 ff.)	GGP	Grundriß der Geschichte der Philosophie: Die Philosophie der Antike, hg. v.H. Flashar (1983 ff.)
ASM	Antike Stätten am Mittelmeer: Metzler Lexikon, hg. v. K. Brodersen (1999)	HLL	Handbuch der Lateinischen Literatur, hg. v. R. Herzog u. P. L. Schmidt (1989 ff.)
CAH²	Cambridge Ancient History, New Edition (1970 ff.)	JHS	Journal of Hellenic Studies
DRK	Die römischen Kaiser, hg. v. M. Clauss (1997)	JRS	Journal of Roman Studies
GGGA	Große Gestalten der griechischen Antike, hg. v. K. Brodersen (1999)	LACL	Lexikon der antiken christlichen Literatur, hg. v. S. Döpp u. W. Geerlings (1998)
		RAC	Reallexikon für Antike und Christentum, hg. v. Th. Klauser (1950 ff.)

A

Accius, röm. Tragiker und Gelehrter, ca. 170–86 v. Chr. A. verfaßte zahlreiche lat. Tragödien nach griech. Vorbildern, bes. nach Euripides, aber auch nach Sophokles und Aischylos. Wo die Vorbilder identifiziert werden können und der fragmentar. Zustand von A.' Werk Vergleiche zuläßt, erweist sich die große Selbständigkeit des Nachahmers. Die bisweilen geübte Verbindung mehrerer Vorlagen zu einem neuen Stück (Kontamination) erinnert an die in der kom. Gattung übl. Technik. Mindestens zwei Praetexten des A. sind bekannt. Im *Brutus* war die Vertreibung der Könige, in dem *Aeneadae vel Decius* betitelten Stück die Selbstopferung des jüngeren Decius in der Schlacht bei Sentinum dargestellt. Grammatikern galt A. als Vertreter des hohen Stils (Urteile referiert bei Horaz, Epistulae 2, 1, 55; Ovid, Amores 1, 15, 19), den er allmählich von harter Strenge zu reifer Milde entwikkelte (vgl. Gellius 13, 2). A. verfaßte ferner eine *Didascalica* betitelte literarhistor. Abhandlung über das Drama in gefälliger Dialogform, wobei sich Prosa und verschiedene Versformen abwechseln (sog. Prosimetrum), sowie die ebenfalls von Dichtung und Aufführung handelnden *Pragmatica,* letztere wohl ganz in Versform. Die Fragmente der *Annales* weisen auf mythograph. und theolog. Inhalt (vielleicht ein Kalendergedicht?). Die *Sotadica* (Stücke in sotad. Versmaß) hatten nach Plinius (Briefe 5, 3, 6) erot. oder zumindest sehr unernsten Inhalt. **Lit.:** H. Cancik, A., in: E. Lefèvre (Hg.), Das röm. Drama (1978) 308–347.

Achämeniden (gr. Achaimenídai, lat. Achaemenídae), Name der pers. Könige, die ihre Dynastie auf den myth. König Achämenes (Achaimenes) zurückführten. Es sind verschiedene, einander widersprechende Stammbäume des A.-Geschlechtes überliefert. Vor Dareios I. (522–486 v. Chr.) gab es wahrscheinlich acht Könige der A., darunter Kyros II.

(559–529) und Kambyses II. (529–522). Auf Dareios I. folgten Xerxes I. (486–465), Artaxerxes I. (464–425), Xerxes II. (425–424), Dareios II. (424–404), Artaxerxes II. (404–358), Artaxerxes III. (358–338), Arses (338–336) und Dareios III. (336–330) mit dessen Tod die Dynastie erlosch. **Lit.:** J. Wiesehöfer, Das antike Persien (²2002).

Acilius, röm. Gentilname; das plebeische Geschlecht der Acilii ist seit dem 3. Jh. v. Chr. nachweisbar. Die bekanntesten Vertreter waren:

Acilius (1), Marcus A. Glabrio, röm. Staatsmann und Feldherr, Anhänger des Scipio Africanus; 201 v. Chr. Volkstribun, 197 Ädil, 196 Prätor. Als Konsul (191) besiegte A. den Seleukidenkönig Antiochos III. bei den Thermopylen und kämpfte gegen die Ätoler.

Acilius (2), Marcus A. Glabrio, röm. Staatsmann und Feldherr, 70 v. Chr. Prätor im Repetundenprozeß gegen Verres, 67 v. Chr. Konsul mit C. Calpurnius Piso. 66 war A. Prokonsul in Bithynien und Pontus, wo er den Oberbefehl gegen Mithradates übernehmen sollte; da er erfolglos blieb, wurde A. von Pompeius abgelöst. 63 stimmte er gegen die Catilinarier. **Lit.:** M. Dondin-Payre, Exercice du pouvoir et continuité gentilice. Les Acilii Glabriones (1993).

Aelian(us) (1) (gr. Ailianós), griech. Autor, 1./2. Jh. n. Chr., Verf. einer militär. Schrift *Taktika.* **Lit.:** H. Köchly/M. Rüstow, Griech. Kriegsschriftsteller (1855).

Aelian(us) (2), Claudius Ae. (gr. Ailianós), aus Praeneste, ca. 170–235 n. Chr., griech. Autor, Vertreter der Zweiten Sophistik. In Rom Schüler des Sophisten Pausanias aus Caesarea und Anhänger des Stoizismus, widmete Ae. sich nach einer kurzen sophist. Karriere der Schriftstellerei. Die erhaltenen Werke sind: *Tiergeschichten* in 17 Büchern, ein paradoxograph. Gemisch über die Tierwelt; *Bunte Geschichten* in 14 Büchern (größtenteils nur in Auszügen erhalten), Miszellen von histor. und literar. Anekdoten mit moralisierendem Charakter, und *Bauernbriefe* (Zuschreibung fragwürdig). Verloren sind Schriften *Über die Vorsehung* und *Über göttliche Erscheinungen.*

Aelius, Quintus Ae. Tubero, röm. Historiker, Rhetor und Jurist des 1. Jh. v. Chr. Ae. trat nach einem Mißerfolg gegen Cicero nicht mehr als Redner auf, machte sich aber als Jurist einen Namen; er ist Verf. von fragmentarisch erhaltenen *Historiae,* die in mindestens 14 Büchern die Geschichte Roms von den Anfängen bis wenigstens zu den Pun. Kriegen schilderten.

Aemilianus, Marcus Aemilius Ae., 207–253 n. Chr., röm. Kaiser Juli/August – September/Oktober 253 n. Chr. Als Statthalter der Provinz Moesia Superior im Juli/August 253 von den Soldaten zum Kaiser ausgerufen und nach dem Tode des Trebonianus Gallus vom Senat anerkannt, wurde Ae. nach nur 88tägiger Herrschaft bei Spoletium (heute Spoleto) von den Soldaten ermordet. **Lit.:** D. Kienast, Röm. Kaisertabelle (²1996) 212 f.

Aemilius, röm. Gentilname. Die Aemilii waren ein sehr altes patriz. Geschlecht – bereits im 5. Jh. v. Chr. war ein Ae. Konsul – und bis in die frühe Kaiserzeit eines der angesehensten Geschlechter in Rom; im 1. Jh. n. Chr. starben die führenden Familien der Aemilii aus. Die bekanntesten Vertreter waren: **Aemilius (1),** Lucius Ae. Paullus, röm. Staatsmann und Feldherr, ca. 228–160 v. Chr., Vater des Publius Cornelius Scipio Africanus Minor. Ae. erhielt 168 den Oberbefehl im 3. Makedon. Krieg (171–168) und besiegte 168 den König Perseus bei Pydna. In Delphi wurde ein von Perseus gestifteter Pfeiler in ein Reiterdenkmal des Ae. umgewandelt. In Rom feierte Ae. einen dreitägigen Triumph und brachte reiche Kriegsbeute und zahlreiche Kunstschätze in die Stadt. 160 starb er nach schwerer Krankheit. **Lit.:** H. Kähler, Der Fries vom Reiterdenkmal des Ae. Paullus in Delphi (1965). – E. Meissner, Lucius Ae. Paullus Macedonicus und seine Bedeutung für das Röm. Reich (1974). – W. Reiter, Ae. Paullus (1988).

Aemilius (2), Marcus Ae. Scaurus, röm. Staatsmann und Feldherr, ca. 163/62–89/88 v. Chr.; ca. 122 Ädil, 119 Prätor. Als Konsul (115) triumphierte Ae. über die Ligurer und Gantisker. 112 ging er nach Africa, ließ sich von Jugurtha bestechen, konnte sich einer Bestrafung jedoch entziehen. Als Zensor (109) baute er die Via Aemilia aus (ab Genua). A. war einer der einflußreichsten röm. Politiker seiner Zeit.

Aemilius (3), Marcus Ae. ↗ Lepidus

Aemilius (4), Marcus Ae. ↗ Aemilianus

Äneas (gr. Aineias, lat. Aeneas), Figur der griech.-röm. Mythologie, Sohn des Anchises und der Aphrodite, nach Hektor wichtigster Held der Trojaner, Stammvater Roms und durch seinen Sohn Ascanius (Julus) Ahnherr der Julier. Seinen greisen Vater auf den Schultern, flieht er, von Hektor ermuntert, der ihm im Traum erscheint, aus dem brennenden Troja; im Getümmel verliert er seine Frau Kreusa. Vom Zorn der Juno durch den ganzen Mittelmeerraum getrieben, sucht er den ihm verheißenen Ort für eine Stadtgründung. Nachdem Versuche auf Kreta und in Thrakien, wo Ä. aufgrund fehlgedeuteter Orakel sich niederzulassen gedenkt, durch schlimme Vorzeichen fehlschlagen, wird ihm durch den trojan. Seher Helenos, den er mit seiner Gattin Andromache, Hektors Witwe, in Buthroton trifft, Italien als das verheißene Land geoffenbart. In Drepanum auf Sizilien stirbt Anchises. Die Troer werden durch einen Sturm nach Libyen verschlagen, wo die phöniz. Königin Dido die Stadt Karthago gegründet hat. Sie werden von ihr freundlich aufgenommen, Äneas und Dido verlieben sich. Durch Merkur an seine Sendung erinnert, verläßt Ä. Karthago. Dido begeht Selbstmord. Auf Sizilien, wo Ä. für seinen Vater Leichenspiele veranstaltet, zünden die trojan. Frauen, der ständigen Irrfahrten müde, die Schiffe an, ohne allerdings die Weiterfahrt verhindern zu können. Ä. läßt einige Trojaner in der neugegründeten Stadt Segesta zurück. In Cumae wird Ä.

von der Sibylle in die Unterwelt geführt; dort zeigt ihm sein Vater Anchises die Zukunft Roms. In Latium angelangt, das durch einige günstige Vorzeichen als das verheißene Land offenbar wird, tötet Ascanius einen heiligen Hirsch. Unter der Führung des Turnus greifen die Latiner die Neuankömmlinge an. Von seiner Mutter Venus (Aphrodite) mit neuen Waffen ausgestattet, tötet Ä. den Turnus, heiratet Lavinia, die Tochter des Latinerkönigs Latius, und herrscht über die vereinten Trojaner und Latiner. Vergil macht Ä. zur Hauptfigur seines röm. Nationalepos *Aeneis*. Er wird bei ihm zum Vorbild röm. Tugenden und Qualitäten (*virtutes*), bes. der *pietas*, dem Respekt vor den Göttern und den Ahnherren (Anchises). Die Dido-Ä.-Episode dient ihm dazu, den Ursprung der militär. Konflikte zwischen Karthago und Rom aitiologisch zu verankern. In zahlreichen Prophezeiungen wird auf Roms spätere Größe bis zur Zeit des Augustus verwiesen (bes. in der Unterweltsschau im 6. Buch). **Lit.:** G. K. Galinsky, Ae., Sicily and Rome (1969). – J. N. Bremmer/ N.M. Horsfall, Roman Myth and Mythography (1987).

Aeneas Tacticus (gr. Aineias Taktikos), griech. Stratege und Militärschriftsteller, 1. Hälfte 4. Jh. v. Chr. Von seinen Traktaten ist eine Schrift über Belagerungstechnik (Poliorketik) erhalten. **Lit.:** D. Whitehead, A. the Tactician (1990).

Äsop (gr. Aisopos, lat. Aesopus) aus Thrakien (nach späteren Quellen aus Phrygien), sagenhafter Begründer oder zumindest Hauptvertreter der antiken Fabelliteratur, 6. Jh. v. Chr. Seit dem 5. Jh. v. Chr. wird die Gattung (d. h. kurze fiktive Geschichten, die eine Lebensweisheit illustrieren und in denen häufig Tiere auftreten; der Begriff »Fabel« ist modern) mit Ä. in Verbindung gebracht, doch lassen sich Fabeln schon bei Hesiod und Archilochos nachweisen. Nach den ältesten Zeugnissen (Herodot, Aristoteles) lebte Ä. zunächst als Sklave auf Samos und wurde 564/63 von der Stadt Delphi angeklagt und zum

Tode verurteilt. Eine Trennung von historischen und romanhaften Elementen ist bes. in der späteren biograph. Tradition (kaiserzeitl. *Äsoproman*) kaum mehr möglich. Ein A. zugeschriebenes Buch in Prosa war schon im 5. Jh. in Athen in Umlauf, die älteste sicher bezeugte Fabelsammlung ist die des Demetrios v. Phaleron (um 300 v. Chr.); die erhaltenen Sammlungen (alle aus der Kaiserzeit) geben nur noch ein stark verzerrtes Bild der ursprüngl. archaisch-jon. Weisheitsliteratur. **Lit.:** N. Holzberg, Die antike Fabel (^{2}2001). – M. L. West, Entretiens 30 (1984) 105–28.

Aëtios aus Amida, griech. Mediziner, 1. Hälfte 6. Jh. n. Chr., Verf. eines medizin. Handbuchs in 16 Büchern, das er vorwiegend aus Galen und Oreibasios kompilierte. **Lit.:** V. Nutton, in: J. Scarborough (Hg.), Symposium on Byzantine Medicine (1984) 1–14.

Afranius, röm. Gentilname. Angehörige des plebeischen Geschlechts der Afranii gelangten bereits im 2. Jh. v. Chr. in den Senat. Die bekanntesten Vertreter waren:

Afranius (1), Lucius A., röm. Staatsmann und Feldherr im 1. Jh. v. Chr., Anhänger des Pompeius. Als dessen Legat kämpfte A. gegen Sertorius und Mithradates; 60 v. Chr. wurde er mit Unterstützung des Pompeius Konsul. Seit 55 verwaltete A. in dessen Auftrag Spanien. Nach der Schlacht von Ilerda (49) mußte er sich Caesar ergeben. 48 kämpfte A. bei Pharsalos. In der Schlacht von Thapsos (46) wurde er gefangengenommen und getötet. **Lit.:** C. F. Konrad, A. Imperator, in: Hispania Antiqua 8 (1978) 67–76.

Afranius (2), Sextus A. Burrus, Prokurator der Livia, des Tiberius und Claudius. A. wurde 51 n. Chr. mit Hilfe der Agrippina (maior) Prätorianerpräfekt und gehörte nach dem Tode des Claudius (54) zu den engsten Beratern Neros.

Afranius (3), Lucius A., bedeutender röm. Komödiendichter aus der Zeit der Gracchen. **Lit.:** J. Dingel, Bruchstück einer röm. Komödie auf einem Hamburger Papyrus (A.?), in: ZPE 10 (1973) 29–44; B. Bader, Ein A.papyrus?, ZPE 12 (1973) 270–276.

Agasias (gr. Agasías), griech. Bildhauer aus Ephesos, arbeitete um 100 v. Chr. Seine Künstlersignatur steht auf der bekannten, um 90 v. Chr. geschaffenen Marmorstatue des sog. Borghes. Fechters, eines kämpfenden Kriegers. Die Figur (heute im Louvre) lehnt sich an das spätklass. Ideal des Lysipp an. **Lit.:** A. F. Stewart, Greek Sculpture (1990).

Agatharchides, Historiker und Geograph aus Knidos, ca. 208 – nach 132/31 v. Chr. A. verfaßte zwei große histor. Werke über Asien und Europa, von denen nur Fragmente erhalten sind, sowie eine Abhandlung über das Rote Meer, die in Auszügen überliefert ist; von weiteren Werken sind lediglich die Titel bekannt. **Lit.:** H. D. Woelk, A. von Knidos, Über das Rote Meer (1966).

Agathias (gr. Agathías) von Myrina (Kleinasien), ca. 532 – kurz nach 580 n. Chr., griech. Historiker und Dichter. A. wirkte nach einem Rhetorikstudium in Alexandria als Jurist in Konstantinopel. Obwohl er offenbar Christ war, steht sein literar. Werk ganz in der heidn. Tradition. Neben etwa 100 Epigrammen, die stilistisch den Einfluß des Nonnos verraten (von A. selbst mit Gedichten anderer Zeitgenossen zu einer Sammlung, dem *Kyklos* des A., zusammengestellt), ist sein (unvollendetes) Hauptwerk die Forts. von Prokops *Kriegsgeschichte* in 5 Büchern, das die Ereignisse der Jahre 553–559 schildert. Mehr als Prokop, dessen Standard A. nicht erreicht, kann dieses Werk als charakteristisch für die Kultur seiner Zeit gelten: Die Sprache ist voller rhetor. Kunstgriffe und seltener Ausdrücke; die durch Exkurse (z. B. über die Franken und die Sassaniden) und moral. Urteile recht bunte Darstellung orientiert sich an klass. Vorbildern. **Lit.:** A. Cameron, A. (1970).

Agathokles (gr. Agathoklḗs), Tyrann von Syrakus 316–289 v. Chr.; geb. 360 als Sohn des aus Rhegion verbannten

Karkinos, der unter Timoleon in Syrakus das Bürgerrecht erhalten hatte. Bereits 339 bewies A. seine militär. Fähigkeiten, als er Timoleon bei der Vertreibung der Karthager von Sizilien unterstützte. Nach dessen Tod mußte A. Sizilien zunächst verlassen, durfte aber 322 nach Syrakus zurückkehren. 317/16 beseitigte A. die hier herrschende Oligarchie und ließ sich zum Strategen mit außerordentl. Vollmacht (*strategos autokrator*) ernennen. Damit hatte A. im Prinzip eine Tyrannis errichtet, die sich auf mit dem Bürgerrecht beschenkte Söldner stützte. Als A. 311 versuchte, seine Herrschaft in Sizilien auszudehnen, riefen die betroffenen Städte die Karthager zu Hilfe. A. zog 310–307 nach Nordafrika und errang einen Sieg über die Karthager; ein Teil Siziliens blieb jedoch weiterhin unter karthag. Herrschaft. 304 nahm A. den Königstitel an und heiratete eine Stieftochter des Ptolemaios I. Ab ca. 300 galt A.s Interesse vornehmlich Unteritalien, 298/97 unterstützte er Tarent im Kampf gegen Messapier und Lukaner, ca. 295 eroberte er Kroton. In seinen letzten Jahren rüstete A. noch einmal zu einem Großangriff auf Karthago, starb aber 289. Da sein Versuch, eine Dynastie zu gründen, scheiterte, gab A. kurz vor seinem Tod Syrakus die Freiheit zurück. **Lit.:** H. Berve, Die Herrschaft des A. (1953). – K. Meister, A., in: CAH VII 1² (1984) 384 ff.

Agathon (gr. Agáthon), athen. Tragiker, ca. 455–401 v. Chr., dessen Werk in nur 50 Versen bezeugt ist. Der histor. Rahmen des platon. *Symposions* ist die Nachfeier seines Sieges an den Lenäen des Jahres 416. Er soll als erster in der att. Tragödie Handlungen und Personen frei erfunden und Chorlieder geschrieben haben, die, die zwar durch musikal. Vielfalt glänzten, aber keinen Bezug zur Handlung aufwiesen (sog. *Embolima*). **Lit.:** B. Gauly u. a. (Hg.), Musa tragica (1991) 96–109.

Agesilaos, König von Sparta 399–360/59 v. Chr.; geb. ca. 444/43 als Sohn des Archidamos II. Nach dem Tod seines Bruders Agis II. übernahm A. dank der

Hilfe des Lysander 399 die Regierung; 396–394 führte er Krieg gegen die Perser in Kleinasien und sicherte die Autonomie der jon. Küstenstädte. Als Sparta im »Korinth. Krieg« (395–386) in Bedrängnis geriet, kehrte A. zurück und besiegte die Thebaner und ihre Verbündeten Athen, Korinth und Argos 394 bei Koroneia. Ein erster Friedenskongreß in Sparta (392/91) scheiterte. Erst nach weiteren Erfolgen konnte A. durch den sog. »Königsfrieden« von 387/86 den Einflußbereich Spartas auf Kosten seiner Gegner Theben und Argos sichern und vergrößern. 371 kam es erneut zu einer Konfrontation mit Theben. Die Niederlage der Spartaner bei Leuktra (371) bedeutete das Ende der Hegemonie Spartas. Eine Eroberung der Stadt durch den theban. Feldherrn Epaminondas konnte A. jedoch verhindern. 361 unterstützte A. die Offensive des Pharaos Tachos gegen Phönizien und Syrien, stellte sich dann aber auf die Seite des Usurpators Naktanabis, was schließlich zum Scheitern der Offensive führte. Auf dem Heimweg nach Sparta starb A. 360/59 in Kyrene. Xenophon preist ihn in seinem Enkomion *Agesilaos*. Lit.: P. Cartledge, A. and the Crisis of Sparta (1987). – Ch. D. Hamilton, A. and the Failure of Spartan Hegemony (1991).

Agis II., König von Sparta 427/26–399 v. Chr., Sohn des Archidamos II., Bruder und Vorgänger des Agesilaos. 426/25 führte A. das Heer Spartas und seiner Verbündeten gegen Attika. 421 unterzeichnete er zusammen mit seinem Mitregenten Pleistoanax den Nikiasfrieden. 418 errang er bei Mantineia einen Sieg über Argos und dessen Verbündete; 414 besetzte er das att. Dekeleia, das bis 404 sein Hauptquartier wurde. Eine geplante Eroberung Athens mißlang. Seine letzten Feldzüge unternahm er 402–400 gegen Elis. Kurz darauf starb A. auf der Rückreise von Delphi.

Agricola, Gnaeus Iulius A., röm. Staatsmann und Feldherr, ca. 40–93 n. Chr. Ursprünglich ritterl. Herkunft wurde A. 73 in das Patriziat adlegiert;

77–84 war er Statthalter von Britannien. Bekannt ist A. bes. durch die Biographie des Tacitus, der 77 die Tochter des A. geheiratet hatte. In dem 98 entstandenen Werk lobt Tacitus die vorbildl. Amtsführung und den untadeligen Charakter seines Schwiegervaters. Lit.: M. Streng, A. Das Vorbild röm. Statthalterschaft nach dem Urteil des Tacitus (1970).

Agrippa, Marcus Vipsanius A., röm. Staatsmann und Feldherr, 64/63–12 v. Chr., Schwiegersohn des Augustus. Bereits in der Rhetorenschule lernte A. den späteren Kaiser Augustus kennen und begleitete ihn nach der Ermordung Caesars 44 nach Rom; 40 schützte er als *praetor urbanus* die Stadt vor Einfällen des Mark Anton und Pompeius. 39/38 war A. Prokonsul der Provinz Gallia Transalpina, 37 Konsul; 36 errang er bei Naulochos einen Seesieg über Pompeius und wurde mit der *corona rostrata* ausgezeichnet; 32/31 befehligte er die Flotte des Octavian in der Schlacht von Actium und nahm 29 an dessen Triumph teil; 28 war A. zum zweiten Mal, 27 zum dritten Mal Konsul; 25 wurde der Tempel des Agrippa, das Pantheon, eingeweiht; 23 erhielt A. das *imperium proconsulare* auf fünf Jahre; 21 mußte er sich auf Anordnung des Augustus von seiner Gattin Marcella scheiden lassen und Julia, die Tochter des Augustus heiraten. 20–18 hielt sich A. in Gallien und Spanien auf und beendete die Kriege mit den Kantabrern; 18 erhielt A. das *imperium proconsulare* für weitere fünf Jahre sowie die *tribunicia potestas* für die gleiche Zeit. Nach Abhaltung der Saecularfeiern des Jahres 17 begab sich A. in den Osten (17–13); 13 wurde seine Stellung für weitere fünf Jahre verlängert; Anfang 12 trat A. eine Reise nach Illyrien an, erkrankte und starb im März desselben Jahres in Campanien. Lit.: J.-M. Roddaz, Marcus A. (1984).

Agrippina (1), Vipsania A. (A. maior), 14 v. Chr.–33 n. Chr.; Tochter des M. Vipsanius Agrippa und der Julia; heiratete 5 n. Chr. den Germanicus; 14–16 begleitete A. ihren Mann nach Germanien, 17–19 in den Orient; nach dem

Tode des Germanicus (19) brachte A. seine Asche nach Rom. 29 ließ Kaiser Tiberius A. im Senat anklagen und nach Pandateria verbannen, wo sie 33 durch Selbstmord starb; 37 wurde die Urne mit ihrer Asche im Mausoleum Augusti beigesetzt. **Lit.:** M. T. Raepsaet-Charlier, Prosopographie des femmes de l'ordre sénatorial (1987) Nr. 812.

Agrippina (2), Iulia A. (A. minor), ca. 15/16–59 n. Chr., Tochter des Germanicus und der Vipsania Agrippina (1), Mutter des Kaisers Nero. 28 heiratete A. den Cn. Domitius Ahenobarbus, dem sie am 15. Dezember 37 Nero gebar. 39 wurde A. auf die Pont. Inseln verbannt, 41 von Kaiser Claudius zurückgeholt; im gleichen Jahr heiratete sie C. Passienus Crispus, vermählte sich aber 49 mit Kaiser Claudius; 54 vergiftete A. ihren Gatten, um ihren Sohn Nero an die Macht zu bringen; 59 wurde A. auf Befehl Neros getötet. **Lit.:** W. Eck, A. – die Stadtgründerin Kölns (1993).

Ahenobarbus ↗ Domitius

Ailanos ↗ Aelianus

Ainesidemos von Knossos, griech. Philosoph, 1. Jh. v. Chr. A. vertrat im Anschluß an Pyrrhon von Elis, wohl als Reaktion auf die Hinwendung der Akademie zum Dogmatismus, eine radikal skept. Haltung und wurde damit zum Begründer des Pyrrhonismus. Selbst die Unmöglichkeit der Erkenntnis kann, so A., nicht sicher behauptet werden; jedem Argument läßt sich ein gleichwertiges Gegenargument gegenüberstellen. Dazu dienen die zehn von A. aufgestellten Tropen der Urteilsenthaltung. A.' Schriften sind bis auf Paraphrasen in späteren Darstellungen des Skeptizismus (Sextus Empiricus, Diogenes Laertius) und eine Inhaltsangabe der *Pyrrhonischen Darlegungen* bei Photios verloren. **Lit.:** J. Annas/J. Barnes, The Modes of Scepticism (1985).

Aischines (gr. Aischines), athen. Politiker und Redner, Rivale des Demosthenes, ca. 390–322/315. Wohl aus einfachen Verhältnissen stammend, begann A. unter Eubulos seine polit. Karriere und setzte sich für eine friedl.

Verständigung mit Makedonien ein. 346 war er als Gesandter bei Philipp II. an der Aushandlung des Philokratesfriedens beteiligt, der jedoch wegen Philipps andauernder Expansion erfolglos blieb. Deswegen angegriffen, gelang es ihm in einem Dokimasie-Prozeß in der Rede *Gegen Timarchos* (345) einen Parteigänger des Demosthenes, der ihn des Verrates bezichtigt hatte, wegen angeblicher sexueller Verfehlungen kaltzustellen. Erneut von Demosthenes angeklagt, verteidigte er sich erfolgreich in der Rede *Über die Truggesandtschaft* (343), in der er die Ereignisse der Gesandtschaft aus seiner Sicht genau rekonstruierte und sich als Musterbürger darzustellen versuchte. In seiner letzten Rede *Gegen Ktesiphon* (330) klagte er Ktesiphons Vorschlag aus dem Jahre 336, Demosthenes für seine Verdienste zu bekränzen, als gesetzeswidrig an und griff Demosthenes direkt an, unterlag ihm jedoch im »Kranzprozeß« so deutlich, daß er freiwillig nach Rhodos ins Exil ging, wo er starb. 12 erhaltene Briefe gelten als unecht. A.' Redenstil gilt als elegant und zeichnet sich durch eine klare und effektvolle Diktion mit scharfen Pointen aus. Lange als skrupelloser und korrupter Gegner des Demosthenes ohne eigene polit. Ideale angesehen, ist A.' Haltung in neuerer Zeit rehabilitiert und als durchaus patriotisch beurteilt worden. A. gehört zum Kanon der zehn att. Redner. **Lit.:** R. L. Fox, A. and Athenian Democracy, in: Ritual, Finance, Politics, hg. R. Osborne/S. Hornblower (1994) 135–155. – E. M. Harris, A. and Athenian Politics (1995).

Aischylos (gr. Aischylos, lat. Aeschylus), athen. Tragiker, ca. 525–465/64 v. Chr. Nach seinem Debüt 499 und dem ersten Sieg 484 belegte er zwölfmal den ersten Platz im trag. Agon. Er soll den zweiten Schauspieler eingeführt, die Chorpartien reduziert und die Rede zum wichtigsten Bestandteil seiner Tragödien gemacht haben. Erhalten sind die *Perser* (472), die einzige erhaltene Tragödie histor. Inhalts – dargestellt wird die Reaktion am pers. Königshof auf die Niederlage der Flotte bei Salamis (480) –, die *Sieben gegen Theben* (467), in deren Zentrum der Bruderkampf der Ödipus-Söhne Eteokles und Polyneikes steht, die *Schutzflehenden* (*Hiketiden*, vermutlich 463), in denen die Ankunft der Danaïden in Argos und ihr Asylgesuch auf die Bühne gebracht werden. Der *Gefesselte Prometheus* stammt, jedenfalls in der vorliegenden Form, nicht von A., sondern wahrscheinlich aus den Jahren 430–425. Die *Orestie*, bestehend aus den drei Stücken *Agamemnon, Choëphoren* (*Weihgußträgerinnen*) und *Eumeniden*, ist die einzige erhaltene, in einem inhaltl. Zusammenhang stehende Trilogie. In ihr verfolgt A. das Schicksal der Atriden über zwei Generationen: im *Agamemnon* die Ermordung des siegreichen, von Troja heimkehrenden griech. Heerführers durch seine Frau Klytämnestra und deren Geliebten Ägisth, in den *Choëphoren* die Sühnung des Mordes durch Agamemnons Sohn Orest, der auf Apollons Befehl hin seine Mutter und Ägisth umbringt, in den *Eumeniden* schließlich die Entsühnung des Muttermörders Orest in Athen vor dem eigens zu diesem Zweck von der Stadtgöttin Athena eingesetzten Areopag. Dem Kreislauf der Blutrache wird durch ein ordentl. Gerichtsverfahren ein Ende gesetzt. In dieser aitiolog. Deutung des Areopags wird die polit. Dimension der Tragödien des A. deutlich. Indem A. dem Areopag, dem alten Adelsrat, von der Stadtgöttin Pallas Athena exakt den Aufgabenbereich zuweisen läßt, der ihm nach den einschneidenden radikaldemokrat. Reformen des Ephialtes (462 v. Chr.) noch geblieben war, nämlich die Blutgerichtsbarkeit, bezieht er eindeutig Stellung für die demokrat. Reform, stellt aber gleichzeitig den Machtverlust des Adels als bes. Ehre, als Auftrag der Göttin dar. Alle Stücke des A. durchzieht ein theolog. Grundgedanke: Einerseits handeln die Menschen unter einem äußeren Zwang (z. B. dem Geschlechterfluch), andererseits laden sie in Hybris auch selbst Schuld auf sich und beschleunigen damit ihren Untergang. Diese theo-

log. Grundkonzeption wird bes. in den *Persern* deutlich, in denen der verstorbene Großkönig Dareios, von seiner Frau und dem Chor, dem alten Kronrat, aus der Unterwelt heraufgerufen, eine Erklärung der katastrophalen Niederlage der Perser bei Salamis (480 v. Chr.) gibt: Zwar sei durch Orakelsprüche der Untergang der pers. Großmacht vorausgesagt gewesen, doch erst für eine ferne Zukunft; sein Sohn Xerxes habe das Verderben durch eigenes Zutun, seinem Ehrgeiz und dem Rat falscher Freunde gehorchend, beschleunigt. Insbes. habe er den den Persern von den Göttern zugewiesenen Raum, das Land, verlassen und sich auf die See gewagt; damit habe er sich in seiner Verblendung (*ate*) eine Grenzverletzung (*hybris*) zuschulden kommen lassen, die notwendigerweise eine Strafe nach sich ziehen müsse. Doch im Leid kann der Mensch auch die göttl. Gnade (*charis*) erfahren, das Leid wird geradezu als Erziehung des Menschen zur Einsicht gedeutet (*pathei mathos*, »durch Leiden lernen«). Lit.: A. Lesky, Die trag. Dichtung der Hellenen ([3]1972) 65–168. – B. Zimmermann, Die griech. Tragödie ([2]1992) 32–62. – J. Latacz, Einführung in die griech. Tragödie (1993) 86 –160. – M. J. Lossau, A. (1998).

Aisopos ↗ Äsop

Alarich I., Alaricus I., König der Westgoten 391–410 n. Chr.; geb. ca. 370. A. kämpfte zunächst als Verbündeter des oström. Kaisers Theodosius I. und dessen Feldherrn Stilicho gegen den Usurpator Eugenius, erlitt aber in der Schlacht am Frigidus 394 eine schwere Niederlage. Nachdem Stilicho nach dem Tod des Theodosius 395 die Regierung im weström. Reich übernommen hatte, führte A. 395 und 397 ergebnislose Kämpfe gegen ihn. 397 schlossen A. und Stilicho ein Bündnis, A. wurde Heermeister in Illyrien für das Ostreich. 401 belagerte A. den weström. Kaiser Honorius in Mailand, wurde aber von Stilicho abgedrängt und zog sich nach einer Niederlage bei Verona (402) in das Gebiet der Save zurück. 405 schloß Stilicho mit

A. erneut ein Bündnis und ernannte ihn zum Heermeister von Illyrien für das Westreich. Für Honorius besetzte A. Epirus, erhielt aber wider Erwarten keine Unterstützung. Deshalb zog er Anfang 408 nach Noricum und verlangte die bereits geplante Neuregelung des Bündnisses, was durch die Hinrichtung Stilichos verhindert wurde. A. marschierte daraufhin erneut gegen Italien und belagerte Rom, das er 410 erobern konnte. Noch im selben Jahr wollte A. nach Nordafrika übersetzen, starb aber vor Verwirklichung seiner Pläne bei Cosenza. – Die Eroberung Roms durch A. wirkte prägend auf die christl. Historiographie. Sie veranlaßte u. a. Augustinus zur Abfassung seines Werkes *De civitate dei.*

Alarich II., Alarịcus II., König der Westgoten 484–507 n. Chr. Die Regierungszeit A.s war geprägt von inneren Spannungen und von der Bedrohung durch die Franken unter Chlodwig. A.s Bemühungen um Ausgleich scheiterten. 507 zwangen Franken und Burgunder A. zum Kampf; A. fiel in der Schlacht bei Poitiers, das ehemals westgot. Gallien fiel an die Franken. – Von Bedeutung für die Rechtsgeschichte ist die *lex Romana Visigotorum,* eine Gesetzessammlung, die A. 506 veröffentlichte. Damit schuf er ein einheitl. Recht für alle röm. Untertanen des Westgotenreiches. **Lit.:** H. Wolfram, Die Goten (³1990).

Alexander III. der Große (gr. Alẹxandros), König der Makedonen 336–323 v. Chr.; geb. 356 in Pella als Sohn Philipp II. und der Olympias. Während A. in seiner Kindheit vorwiegend unter dem Einfluß seiner Mutter stand, übernahm ab ca. 342 sein Vater die Erziehung und übergab A. der Obhut des Aristoteles. Die Lehrjahre endeten, als Philipp 340 gegen Byzantion zog und den jungen A. als Stellvertreter in Makedonien zurückließ. In der Schlacht von Chaironeia (338 v. Chr.), in der die Makedonen gegen die verbündeten Griechen kämpften, bewies A. an der Seite seines Vaters erstmals seine militär. Fähigkeiten. Als Philipp 336 ermordet

wurde, übernahm A. die Herrschaft. Nachdem er seine Stellung in Makedonien gefestigt hatte, rüstete A. für den Feldzug gegen die Perser, den bereits sein Vater geplant und als »Rachefeldzug« propagiert hatte. Der Krieg gegen Persien führte in einer ersten Etappe (334–331) zur Eroberung der Länder des östl. Mittelmeerraumes. Nach der Schlacht am Granikos (Mai 334) befreite A. zunächst die Ostgriechen von der pers. Herrschaft, eroberte Milet (Sommer 334) und unterwarf Lykien und Pamphylien (Winter 334). Im folgenden Jahr zog er in die phryg. Stadt Gordion. Hier befand sich der alte Königswagen, dessen Deichsel und Joch durch einen kunstvollen Knoten verbunden waren (»Gord. Knoten«). Ein Orakelspruch besagte, daß der die Herrschaft über Asien erhalten werde, der den Knoten lösen könne. A. erfüllte das Orakel, indem er den Knoten entweder mit dem Schwert durchtrennte oder – einer anderen Überlieferung zufolge – die Deichsel entfernte. Anschließend zog er weiter durch Kappadokien nach Kilikien. In der Schlacht bei Issos (November 333) errang A. einen Sieg über den Perserkönig Dareios III. und konnte Syrien und Phönizien besetzen. Der Zug nach Ägypten (332/31), wo sich A. in Memphis zum Pharao krönen ließ, die Stadt Alexandreia gründete und das Ammonsorakel in der Oase Siwah besuchte, bildeten den Abschluß dieser ersten Etappe.

Von Ägypten aus wandte sich A. nach O und errang im Oktober 331 bei Gaugamela am Tigris den entscheidenden Sieg über Dareios, der in Ekbatana Zuflucht suchte. A. konnte ganz Mesopotamien besetzen und hielt Einzug in Babylon (November 331). Im Dezember 331 gewann er die Königsresidenz Susa mit dem Königsschatz, im Frühjahr 330 Persepolis, Pasargadai, Ekbatana und Medien; im Sommer 330 wurde Dareios von dem Perser Bessos ermordet. – In einer dritten Etappe (330–327) eroberte A. die ostiran. Gebiete, zunächst (330/29) Parthien, Areia und Drangiane, anschließend (329–327) Baktrien und Sogdien. Den Abschluß des baktr. Feldzugs bildete seine Heirat mit der baktr. Fürstentocher Roxane (327). Vierte und letzte Etappe des Alexanderzuges war der Feldzug nach Indien (327–325), der A. bis zum Hyphasis führte. Die Erschöpfung seiner Truppen zwang A. schließlich zur Umkehr. Man kehrte an den Indus zurück, der bis zum Ozean befahren wurde. 324 trafen A. und seine Truppen in Susa ein. Hier wurde mit einem großen Hochzeitsfest der Abschluß des Feldzuges gefeiert. A. veranlaßte seine Freunde und Soldaten, sich mit Perserinnen zu vermählen (»Massenhochzeit von Susa«). Im Frühjahr 323 zog A. nach Babylon, um eine Expedition nach Arabien vorzubereiten, starb jedoch überraschend am 10. Juni 323 im Alter von nur 32 Jahren. Da A. keinen offiziellen Nachfolger hinterließ, teilten seine Feldherrn das eroberte Weltreich unter sich auf.

A. war einer der erfolgreichsten Feldherrn der Antike, seine Feldzüge in die entlegensten Teile der Erde fanden nicht nur bei den Zeitgenossen Bewunderung. Bereits kurz nach seinem Tod wurden Darstellungen des Alexanderzuges verfaßt, aus denen später der sog. A.-Roman entstand, der im Laufe der Zeit in über 20 Sprachen übersetzt wurde. Auch für die bildende Kunst war A. ein beliebtes Motiv. Berühmtestes Beispiel ist das A.-Mosaik aus Pompeji (heute in Neapel). Mit A. breitete sich die griech. Sprache und Kultur im ganzen Orient aus, A. wurde so zum Wegbereiter einer neuen Epoche, der Epoche des Hellenismus. **Lit.:** G. Wirth, A. d.Gr. (1973). – S. Lauffer, A. d.Gr. (1978). – H. J. Gehrke, A. d.Gr. (1996). – GGGA (1999).

Alexander IV. (gr. Alexandros), 323–310/09 v. Chr., nachgeborener Sohn Alexanders d.Gr. und der Roxane, wurde gemäß Beschluß der Heeresversammlung in Babylon mit seiner Geburt zum König ausgerufen. 320 überführte ihn Antipater mit seiner Mutter nach Makedonien, wo er 316 in die Hände Kassanders fiel, der ihn in Amphipolis internierte. Nach den Bestimmungen des allg. Diadochenfriedens 311 wurde er als König bestätigt mit der Maßgabe, daß Kassander ihm bei Volljährigkeit die Regierungsgewalt übergeben sollte. Dieser ließ ihn daraufhin 310/09 zusammen mit seiner Mutter ermorden. Mit A. endet die makedon. Dynastie der Argeaden.

Alexander (gr. Alexandros) Polyhistor aus Milet, »der Vielwissende«, ca. 110–40 v. Chr. Von seinem enormen literar. Werk geograph. und histor. Natur sind nur Fragmente erhalten. Er ist eine der Hauptquellen von Plinius d.Ä.

Alexander (gr. Alexandros) von Aphrodisias, 2./3. Jh. n. Chr., griech. Philosoph. Als Peripatetiker vertrat A. gegenüber Stoikern und Platonikern die Lehren des Aristoteles, durch deren Auslegung er zu einer Systematisierung des aristotel. Gedankenguts beitrug. Neben Kommentaren zu Werken des Aristoteles hinterließ er auch selbständige Abhandlungen eth. und naturwissenschaftl. Inhalts (z. B. *Über die Seele, Über die Vorsehung, Über die Mischung*). Seine Schriften sind nur fragmentarisch erhalten, z. T. sind sie lediglich durch arab. Übertragungen überliefert. **Lit.:** P. Moraux, Der Aristotelismus bei den Griechen 3: A. (2001).

Alexander (gr. Alexandros) von Tralleis, griech. Arzt, 6. Jh. n. Chr. A. lebte als angesehener Arzt in Rom und schrieb nach langjähriger Berufspraxis ein medizinisches Handbuch in 12 Büchern, das in 11 Büchern die Pathologie und Therapie innerer Erkrankungen abhandelt, im zwölften die Fieber. Andere Werke über Eingeweidewürmer und Augenerkrankungen sind bekannt. A. kompilierte vornehmlich aus älteren Quellen und stand Wunder- und Volksheilmitteln nicht ablehnend gegenüber.

Alexis aus Thurioi (Süditalien), griech. Komödiendichter, ca. 375–275 v. Chr. A. verbindet durch sein langes Leben zwei Phasen der griech. Komödie, die Mittlere mit der Neuen Komödie. Er soll Lehrer Menanders gewesen sein.

Von seinem 240 Titel umfassenden Werk sind 340 Fragmente erhalten. Seine Komödie *Agonis* (330) weist bereits das für die Neue Komödie typ. Handlungsschema auf. **Lit.:** W. G. Arnott, A. (1996).

Alkaios von Mytilene, griech. Lyriker, geb. ca. 630 v. Chr. Der Adlige A. war Mitglied eines polit. ›Clubs‹ (*hetaireia*), mit dem er aktiv am polit. Kampf auf Lesbos teilnahm, zunächst gegen den Tyrannen Myrsilos, dann gegen Pittakos, seinen einstigen Weggefährten und neuen Machthaber (590–580), der die Seiten gewechselt hatte. A. wurde mehrmals verbannt und war als Söldner in Ägypten. Er verfaßte monod. Lieder im äol. Lokaldialekt, die er im Symposion vor seinen polit. Freunden als Mittel des Kampfes und der Identifikationsstiftung vortrug. Hauptthema ist der polit. Kampf (*stasiotika*, Bürgerkriegslieder) mit Kampfparänesen und Invektiven gegen polit. Gegner (z. B. Pittakos); daneben finden sich Wein- und Trinklieder (*skolia*), in denen auch über die Rolle des Symposions reflektiert wird, und Liebeslieder vor. Dazu kommen Götterhymnen, z. B. an Apollon, Hermes und die Dioskuren, die zu Beginn des Symposions vorgetragen wurden, und Lieder mit myth. Themen, wobei gewisse myth. Figuren wie der Kleine Aias oder Helena durchaus negativ beurteilt werden. A.' Lieder hatten meist einen aktuellen Bezug, so auch die berühmte Schiffsallegorie (6, 208 Voigt), die wohl nicht für den Staat als Ganzes, sondern für A.' eigene Gruppe steht. Der Ton seiner Lieder ist grimmig-leidenschaftlich. Von den 10 Büchern der Alexandriner sind ca. 400 Fragmente erhalten, davon nur etwa 25 mit mehr als vier Versen. A. war wie seine Zeitgenossin Sappho kein Berufspoet; während ihre Dichtung in den Bereich der weibl. Erziehungstätigkeit gehört, benutzte A. diese als Instrument des polit. Kampfes. Er gehörte zum Kanon der neun griech. Lyriker und war bedeutendes Vorbild für Horaz (carm. 1,32). **Lit.:** E. M. Voigt (1971) [Ausg.]. – W. Rösler, Dichter und

Gruppe (1980). – J. Latacz, Die Funktion des Symposions für die entstehende griech. Literatur, in: Erschließung der Antike (1994) 357–395. – GGGA (1999).

Alkamenes (gr., lat. Alcamenes), Bildhauer aus Athen (oder Lemnos), Schüler und Zeitgenosse des Phidias, war mindestens bis zum Ende des 5. Jh. v. Chr. tätig, schuf nach 404/03 für die Stadt Theben ein großes Relief mit Athena und Herakles. Der Schriftsteller Pausanias sah auf der Akropolis eine Gruppe mit Prokne und Itys, die A. geweiht hatte und die wohl auch von seiner Hand stammte. **Lit.:** G. M. A. Richter, The Sculpture and Sculptors of the Greeks (1970). – A. F. Stewart, Greek Sculpture (1990).

Alkibiades (gr. Alkibiades), athen. Staatsmann und Feldherr, ca. 450–404 v. Chr., Neffe des Perikles, bei dem er nach dem Tod seines Vaters Kleinias (447) aufwuchs. Im Peloponnes. Krieg übernahm A. nach dem Tod Kleons 422 die Führung der extremen Demokraten und versuchte, die Isolierung Spartas zu vollenden. 417/16 zum Strategen gewählt, unterwarf er 416 das neutrale Melos. 415 überredete A. die Athener zu einer Expedition nach Sizilien, die 413 mit einer verheerenden Niederlage Athens endete. Noch bevor die Flotte in See gestochen war, war A. mit der Verstümmelung der Hermen in Athen (»Hermenfrevel«) in Verbindung gebracht worden. Kaum hatte er Sizilien erreicht, wurde er deswegen zurückbeordert. A. floh nach Sparta, die Athener verurteilten ihn im sog. Hermokopidenprozeß in Abwesenheit zum Tode. Als 411 die Oligarchen in Athen an die Macht gerieten, hoffte A. auf seine Rückberufung, die jedoch unterblieb. Deshalb nahm er Kontakt zu der demokratisch gesinnten att. Flotte auf, die ihn zum Strategen wählte. Durch den Sieg bei Kyzikos 410 und die Einnahme von Byzanz 408/07 stellte A. die Macht Athens in diesem Gebiet wieder her. Athen, inzwischen wieder demokratisch, gestattete A. die Rückkehr und wählte ihn zum Hegemon. Die Niederlage der att. Flotte bei Notion führte 407 zu seiner Absetzung, A. zog sich nach Thrakien zurück. Nach der Kapitulation Athens 404 floh A. zu dem pers. Satrapen Pharnabazos, der ihn jedoch auf Geheiß des Lysander und der Dreißig Tyrannen töten ließ. **Lit.:** W. M. Ellis, Alcibiades (1989). – B. Bleckmann, Die letzten Jahre des Peloponnes. Krieges (1996). – GGGA (1999).

Alkidamas aus Elaia, griech. Redner, 5./4. Jh. v. Chr., Schüler des Gorgias. A. lehrte die Kunst der Improvisation in der Rhetorik; in der einzigen erhaltenen Rede *Über die Sophisten* wendet er sich gegen die schriftl. Ausarbeitung einer Rede. A. wird auch der *Wettstreit zwischen Homer und Hesiod* zugeschrieben. In der Tradition seines Lehrers Gorgias stehen die *Paradoxen Lobreden*, die wohl mit mytholog. Sujets arbeiteten. **Lit.:** S. Friemann, in: W. Kullmann/M. Reichel (Hg.), Der Übergang von der Mündlichkeit zur Literatur bei den Griechen (1990) 301–315.

Alkinoos, griech. Philosoph, 2. Jh. n. Chr. (?), Verf. eines Handbuchs des Platonismus mit dem Titel *Didaskalikos,* der einzigen erhaltenen Schrift des sog. Mittelplatonismus, in der nach der akad. Einteilung der Philosophie Dialektik, theoret. Philosophie und Ethik behandelt werden. Die Identität des A. mit dem Platoniker Albinos, der um 150 n. Chr. in Smyrna lebte, wird inzwischen bestritten. **Lit.:** J. M. Dillon, The Middle Platonists (^{2}1966).

Alkiphron (gr. Alkiphron), griech. Autor, wohl 2. Jh. n. Chr. Zusammen mit Aelian und Philostrat gilt A. als Hauptvertreter der Epistolographie. Unter seinem Namen sind 123 fiktive Briefe – darunter einige fragmentarisch – in 4 Büchern erhalten: *Fischerbriefe, Bauernbriefe, Parasitenbriefe* und *Hetärenbriefe.* Die mit Ausnahme der Hetärenbriefe fast allesamt kurzen Briefe spielen im Athen des 4. Jh., das in sehnsüchtiger Verklärung evoziert wird. Bei der Charakterisierung der Figuren greift A. auf die Neue Komödie zurück. Dieser Einfluß wird bes. im fingierten Briefwechsel zwischen dem Komödiendichter Menander und der Hetäre Glykera deutlich. Stilistisch ansprechend ist auch der Brief der Hetäre Lamia an Demetrios Poliorketes. **Lit.:** K. Treu, Aus Glykeras Garten (1982) [Übers.].

Alkman, griech. Chorlyriker, 2. Hälfte 7. Jh. v. Chr. A. wirkte in Sparta, das zu dieser Zeit ein kulturelles Zentrum mit reicher poet. und musikal. Tradition war. Seine Chorlieder, die im dor. Dialekt mit ep. Formen und in daktyl. und jamb. Metren geschrieben sind, wurden bei religiösen Festen der Stadt aufgeführt. Jüngste Papyrusfunde haben zwei lange Abschnitte von *Partheneia,* für Mädchen bestimmte Chorlieder, ans Licht gebracht. Sie beschreiben Tänze von Mädchen, deren Schönheit in einer glänzenden und verführer. Atmosphäre gepriesen wird. Heute interpretiert man allg. die *Partheneia* als Teil eines *rite de passage,* durch den die Mädchen von der Kindheit zur Reife und Hochzeit gelangen. Wegen der Bruchstückhaftigkeit der Texte und unserer ungenügenden Kenntnis der rituellen Situation bleibt jedoch jede Interpretation der Lieder umstritten. **Lit.:** C. Calame, Les choeurs de jeunes filles en Grèce archaïque, 2 Bde. (1977) – C. O. Pavese, Il grande Partenio di Alcmane (1992).

Alyattes, König der Lyder ca. 619–560·v. Chr., Vater des Kroisos. A. dehnte das Lyderreich bis an den Halys aus. Deshalb kam es zum Krieg mit dem Mederkönig Kyaxares, der im sechsten Jahr durch die – angeblich von Thales vorhergesagte – Sonnenfinsternis vom 28. Mai 585 beendet worden sein soll.

Amasis, bedeutender att. Vasenmaler, benannt nach dem gleichnamigen Töpfer und wohl mit ihm identisch; außergewöhnlich lange Schaffenszeit von 560/50–520/10 v. Chr. Als Zeitgenosse von Lydos und Exekias trug er zum Höhepunkt der schwarzfigurigen Vasenmalerei bei und schöpfte alle Möglichkeiten, die diese Technik bot, aus. A. liebte es, feingemusterte Gewänder zu malen, war fasziniert von Waffen und Schildzeichen und verwendete häufig Punktierungen für Haare und Bärte sowie für haarige Körper von Satyrn. Seine Originalität und sein Witz spiegeln sich in den bewegten Darstellungen dionys. Treibens und alltägl. Szenen. **Lit.**: D. v. Bothmer, The A.Painter and his World (1985).

Ambiorix, kelt. Fürst der Eburonen, eines Stammes der Belger im Gebiet zwischen Maas und Rhein. In den Jahren 54–51 v. Chr. führte er einen letztlich erfolglosen Aufstand gegen Caesar und die röm. Besetzung seines Landes an.

Ambrosius, Aulus A., aus Trier, lat. Theologe, Bischof von Mailand, 333/34 bzw. 339/40–397 n. Chr. Aus christl. Hause stammend, lebte A. nach dem Tod des Vaters in Rom, wo er als Rhetor und Jurist ausgebildet wurde, um später die Ämterlaufbahn einzuschlagen. Als Statthalter (*consularis*) von Aemilia und Liguria in Mailand erwarb er sich 374 bei der Vermittlung zwischen Arianern und Katholiken so hohes Ansehen, daß er, obwohl noch nicht getauft, in das Bischofsamt gedrängt wurde. Seine Amtsführung ist durch die Überwindung der arian. Kirchenspaltung, den Kampf gegen das Heidentum und die Behauptung der Unabhängigkeit der Kirche gegen die weltl. Macht gekennzeichnet. Gegen Symmachus verhinderte er die Wiederaufstellung eines Victoria-Altars in der Kurie. Kaiser Theodosius I. zwang er als Sühne für das von ihm angerichtete Blutbad von Thessalonike (390) zur Kirchenbuße. A.' vielfältiges literar. Werk greift auf heidn. Naturwissenschaft und Philosophie (bes. Platon und den Neuplatonismus) zurück. Die exeget. Schriften (z. B. *Hexameron* [Kommentar zum Sechstagewerk], *Expositio Evangelii secundum Lucam* [Kommentar zum Lukas-Evangelium]) stehen in der Tradition alexandrin. Allegorese. Die eth. Schrift *De officiis ministrorum* (*Vom pflichtgemäßen Handeln der Priester*) ist eine Verchristlichung des ciceron. Dialogs *De officiis*. Die dogmat. Schriften (*De fide*; *De spiritu sancto*; *De sacramentis*; *De mysteriis*;

De paenitentia) verfechten das Bekenntnis von Nizäa. Die literarisch bedeutsamen Trauerreden knüpfen an pagane Vorbilder an. Die Briefe haben pastoralen Charakter. A. ist der Begründer des Hymnengesangs in der Westkirche. Das ambros. Versmaß (sog. *Metrum Ambrosianum*) besteht aus akatalekt. jamb. Dimetern in vierzeiligen Strophen. Jeder Hymnus hat acht Strophen. Das Adventslied *Veni Redemptor gentium* lebt in Luthers Übersetzung »Nun komm der Heiden Heiland« in heutigen Gesangbüchern weiter. **Lit.**: LACL (1998).

Ammianus Marcellinus aus Antiochia, röm. Geschichtsschreiber, ca. 330 – nach 395 n. Chr. Zunächst Offizier unter Kaiser Julian, dem er in Gallien vermutlich persönlich begegnete und für den er große Verehrung empfand, zog sich A. später nach Rom zurück und schrieb in Fortsetzung der *Historien* des Tacitus 31 Bücher *Res gestae*, die in chronolog. Ordnung nach Art der Annalistik die Zeit von Nerva bis Valens (96–378 n. Chr.) behandelten. Erhalten sind nur die Bücher 14 bis 31. Packende Berichte eigener Erlebnisse, brillante Charakterzeichnungen und große Unparteilichkeit zeichnen das Werk aus. Umfassende Exkurse zeugen von der Bildung des A. Stilistisch ist Tacitus Vorbild, die griech. Muttersprache des A. klingt bisweilen durch. **Lit.**: K. Rosen, A. M. (1982).

Ammonios (1), griech. Philologe, 2. Jh. v. Chr. Der Schüler und Nachfolger Aristarchs in Alexandria arbeitete vorwiegend über Homer, aber auch über Pindar und Platon. In seinen *Komodumenoi* (*Verspottete*) erstellte er vermutlich ein Lexikon der in der Alten Komödie verspotteten Personen, ein sog. *Onomastikon* (*Namenswörterbuch*).

Ammonios (2), Sohn des Hermeias, griech. Philosoph, 5./6. Jh. n. Chr., Schüler des Proklos, Lehrer des Simplikios und Johannes Philoponos. Durch Schülermitschriften sind seine Kommentare zu Porphyrios' *Eisagoge* (*Einführung*), zu den aristotel. *Kategorien* und den *Ersten Analytiken* erhalten. **Lit.**:

K. Verrycken, in: R. Sorabji (Hg.), Aristotle Transformed (1990) 199–231.

Ammonios Sakkas aus Alexandria, griech. Philosoph, 1. Hälfte 3. Jh. n. Chr., Lehrer Plotins, der 232–242 bei ihm studierte, und von Origenes. A. soll als Christ aufgewachsen sein, aber schon als Jugendlicher sich dem Heidentum zugewandt haben. Er hinterließ keine Schriften und wird deshalb auch »der Sokrates des Neuplatonismus« genannt. Seine Lehre ist nicht rekonstruierbar. **Lit.:** M. Baltes, in: RAC Suppl. III (1985) 323–332.

Ampelius, Lucius A., röm. Schulbuchautor. Der *Liber memorialis* des A. wird aufgrund seiner Sprachform meist ins 4. Jh. datiert. Das »Merkbuch« enthält in knapper Form Schulwissen zu Kosmo- und Geographie, Mythologie und Historie. Die Notizen zur röm. Geschichte gehen kaum über Trajan hinaus. **Lit.:** P. L. Schmidt, in: HLL V (1989) 175–177.

Anacharsis, Skythe aus fürstl. Geschlecht; Herodot bezeichnet ihn als Bruder des Skythenkönigs Saulios. A. lebte im 6. Jh. v. Chr. und zeichnete sich durch seine Bildung vor den anderen Skythen aus. Er unternahm mehrere Reisen, u. a. nach Griechenland. Der Versuch, bei seinem Volk griech. Kulte und Sitten einzuführen, kostete ihn das Leben. Später wurde A. zuweilen zu den Sieben Weisen gerechnet. Die unter seinem Namen erhaltenen Briefe stammen wahrscheinlich aus dem 3. Jh. v. Chr. **Lit.:** F. H. Reuters, Die Briefe des A. (1963). – J. F. Kindstrand, A. (1981).

Anakreon (gr. Anakreon) von Teos, ca. 575–490 v. Chr., griech. Lyriker. Beim pers. Angriff auf Teos (ca. 540) floh A. und wurde zunächst vom Tyrannen auf Samos, Polykrates, dann von dem Athens, Hippokrates, am Hofe aufgenommen. Seine sympot. Lyrik, die Aristarchos von Samothrake wohl in fünf Büchern herausgab, ist nur fragmentarisch erhalten und handelt größtenteils von Liebe und Wein, während polit. Themen fehlen. So kam A. schon früh in den Ruf eines sinnenfrohen Sängers und wurde zum Namensgeber einer späteren Sammlung von Liedern gleicher Thematik, den sog. *Carmina Anacreontea,* auf die dann die deutsche Anakreontik des 18. Jh. rekurrierte. A. soll auch Elegien, Jamben, Hymnen und Partheneia geschrieben haben. **Lit.:** B. Gentili, Anacreon (1958). – P. Rosenmeyer, The Poetics of Imitation (1992).

Anastasius I., Flavius A., oström. Kaiser 491–518 n. Chr.; geb. um 431 in Dyrrachium (Illyrien). Unter Kaiser Zenon dem Isaurier war A. im Hofdienst aufgestiegen; nach dem Tod Zenons 491 trat A. mit Hilfe der Kaiserwitwe Ariadne, die er bald darauf heiratete, die Herrschaft an. Den daraufhin ausbrechenden Aufstand der Isaurier konnte er 498 niederschlagen. 502 kam es zum Krieg mit den Sasaniden, der 506 durch einen Waffenstillstand vorerst beendet wurde. Innenpolitisch erwies sich A. als fähiger Finanzpolitiker: Am Ende seiner Regierung war die Staatskasse gut gefüllt.

Anaxagoras (gr. Anaxagoras) von Klazomenai, 500–428 v. Chr., griech. Philosoph. A. lebte als Perikles' Freund und Lehrer seit ca. 461 in Athen, um 431 wurde er wegen Asebie nach Lampsakos verbannt, wo er eine Schule gründete. A. sieht die Welt aus unterschiedl., in ihrer Anzahl unendl. Grundstoffen aufgebaut, die er selbst »Samen« (*spermata*) und die die spätere doxograph. Tradition »Homoiomerien« nannte. Ursprünglich waren diese vermischt, durch eine Rotationsbewegung schieden sich aus den vertretenen Materiearten kalt, feucht, schwer etc. die konkreten Stoffe wie Luft, Wasser, Erde; die jeweils vorherrschende Samenqualität bestimmt die Qualität des entstehenden Stoffes. Initiator und Lenker der Bewegung und Ordnung ist der autarke und ungemischte »Geist« (*nus*), an dem die Lebewesen in unterschiedl. Maß teilhaben. **Lit.:** M. Schofield, An Essay on A. (1980). – C. Pietsch, Die Homoiomerienlehre des A., in: J. Althoff/B. Herzhoff/G. Wöhrle (Hgg.), Antike Naturwissenschaft und ihre Rezeption XI (2001) 43–59.

Anaxarchos aus Abdera, griech. Philosoph, Mitte 4. Jh. v. Chr. A. war Schüler Demokrits und Lehrer Pyrrhons. Im Gefolge Alexanders d.gr. soll er bis Indien gelangt sein. Als Titel einer (verlorenen) Schrift ist bezeugt *Über die Monarchie*.

Anaximander (gr. Anaximandros) aus Milet, ca. 610–546 v. Chr., jon. Naturphilosoph. Das Urprinzip der Welt ist für A. das zeitlich und räumlich unbegrenzte *apeiron*. Unter seinem Einfluß entsteht zunächst das Heiße und das Kalte; aus dem Konflikt der Gegensätze bildet sich dann der Kosmos, danach auch die Tiere und Menschen. Die widerstreitenden Kräfte sind einander abwechselnd überlegen, so daß eine dynam. Balance entsteht. Das einzige erhaltene Fragment aus A.s Schrift *Über die Natur* spricht vom »Unrecht«, das die Dinge einander tun, und der »Strafe«, die sie einander deshalb zahlen müssen. Im Gegensatz zu seinen Vorgängern gibt A. eine entmythologisierte Erklärung der Welt. A. soll außerdem die Sonnenuhr nach Griechenland gebracht, eine Weltkarte gezeichnet und einen Himmelsglobus gebaut haben. **Lit.:** W. Röd, Geschichte der Philosophie I (1988) 39–46. – H. Schmitz, A. und die Anfänge der griech. Philosophie (1988). – A. Finkelberg, Anaximander's conception of the *apeiron*, Phronesis 38 (1993) 229–256.

Anaximenes (gr. Anaximenes) aus Milet, ca. 580–525 v. Chr., jon. Naturphilosoph. A. soll Schüler des Anaximander gewesen sein. Anders als dieser ließ A. sein Urprinzip nicht unbestimmt, sondern benannte es als die Luft (*aer*). Aus ihr entsteht alles. Durch Verdichtung der Luft entstehen Feuer, Wind, Wolken, Wasser, Festes, und durch Verdünnung verläuft der Prozeß in entgegengesetzter Folge. In der Luft haben ferner die Götter ihren Ursprung, aus ihr ist auch die menschl. Seele gemacht. A.' Werk ist nur fragmentarisch erhalten. **Lit.:** W. Röd, Geschichte der

Philosophie I (1988) 47–52. – G. Wöhrle, A. aus Milet (1993).

Anaximenes (gr. Anaximenes) aus Lampsakos, griech. Historiker und Rhetor, 4. Jh. v. Chr. Bezeugt sind eine Geschichte Griechenlands von der myth. Zeit bis zur Schlacht von Mantineia und je eine Geschichte Philipps und Alexanders d.Gr. Wahrscheinlich ist A. auch der Verf. der unter dem Namen des Aristoteles überlieferten *Rhetorik an Alexander* (ca. 340 v. Chr.), des einzigen erhaltenen voraristotel. Rhetoriklehrbuchs in sophist. Tradition. **Lit.:** M. Fuhrmann, Das systemat. Lehrbuch (1960) 11–28.

Ancus Marcius, legendärer vierter König Roms, ein friedl. Herrscher, der in der jungen Stadt durch verschiedene Bau- und Ordnungsmaßnahmen für Sicherheit sorgt, die Infrastruktur verbessert und die Stadtgrenzen erweitert. Das historisch bedeutende, aber ursprünglich plebeische Geschlecht der Marcii, die *gens Marcia*, betrachtet ihn als ihren königl. Ahnherren.

Andokides (gr. Andokides), athen. Politiker und Redner aus wohlhabender Adelsfamilie, ca. 440-391 v. Chr. A.' erste Rede 417/16 (*Gegen Alkibiades*) gilt als unecht. A. war 415 als Mitglied einer Hetairie in den Hermokopidenfrevel und den Mysterienskandal verwickelt und wurde verhaftet. Obwohl er seine Komplizen (Thuk. 6,60) verriet, wurde er verbannt. Seine Versuche, nach Athen zurückzukehren, waren erfolglos (so auch die Rede *Über die eigene Rückkehr* 407, in der er seine Vergehen als Jugendsünden darstellt). Erst 403 konnte A. im Zuge einer allg. Amnestie zurückkehren. 399 erneut wegen des Mysterienskandals angeklagt, konnte er sich in der Rede *Über die Mysterien* erfolgreich verteidigen. Als Gesandter im Korinth. Krieg wurde er nach der Ablehnung seines Friedensvertrags 392/91 wegen Amtsmißbrauchs angeklagt. In der Rede *Über den Frieden mit den Spartanern* versuchte er sich zu rechtfertigen, entzog sich aber der Bestrafung durchs Exil, wo er starb. A. war kein berufsmäßiger

Redner, seine Reden sind – vielleicht mit Absicht – kunstlos, wirken ohne rhetor. Schmuck unbeholfen und haben eine einfache, manchmal lose, dafür aber effektvolle argumentative Struktur. A. gehört zum Kanon der zehn att. Redner. **Lit.:** A. Missiou, The Subversive Oratory of A. (1992). - S. Feraboli, Andocide, in: Oratori Attici minori, vol. II (1995) 231–437. – W. D. Furley, A. and the Herms (1996).

Andriskos, Gerber aus Adramyttion in Kleinasien, gab sich seit 151 v. Chr. als Philippos, Sohn des Makedonenkönigs Perseus, aus (»Pseudophilippos«). 149 drang A. in Makedonien ein und wurde in Pella König. 148 wurde er von Q. Caecilius Metellus geschlagen. A. floh nach Thrakien, wurde aber ausgeliefert. Das Auftreten des A. war für die Römer der Anlaß, Makedonien in eine Provinz umzuwandeln.

Andronikos von Rhodos, griech. Philosoph, Schulhaupt des Peripatos ca. 70–50 v. Chr. A. gab die Werke des Aristoteles und Theophrast heraus und kommentierte einzelne aristotel. Schriften. Ein eigenes philosoph. Werk (*Über die Einteilung*) wirkte später auf Boethius' Schrift *De divisione*. In einer längeren Abhandlung legte A. ein Verzeichnis der aristotel. und theophrast. Lehrschriften vor und befaßte sich mit Fragen ihrer Authentizität und Reihenfolge. **Lit.:** I. Düring, Aristotle in the Ancient Biographical Tradition (1957). – P. Moraux, Der Aristotelismus bei den Griechen 1 (1973) 97–141.

Androtion (gr. Androtion) aus Gargettos, griech. Historiker, ca. 415/405–344/43 v. Chr., Verf. einer mindestens acht Bücher umfassenden Atthis.

Annius, röm. Gentilname. Das plebeische Geschlecht der Annii ist seit dem 3. Jh. v. Chr. nachweisbar. Die bekanntesten Vertreter waren in republikan. Zeit T. Annius Milo, in der Kaiserzeit die Kaiser Mark Aurel und Flavius, die Kaiserinnen Faustina maior und ihre Tochter sowie Appia Regilla, die Gattin des Atticus.

Antalkidas (gr. Antalkidas), spartan.

Feldherr unter König Agesilaos, gest. 367 v. Chr.; Vermittler des sog. Königsfrieden von 387/86, der deshalb auch als Antalkidas-F. bezeichnet wird.

Antenor, möglicherweise Sohn des Eumares, att. Bildhauer der zweiten Hälfte des 6. Jh. v. Chr. Seine Signatur findet sich an einer Statuenbasis auf der Akropolis von Athen, zu der wohl die überlebensgroße, monumentale Kore gehört, die Nearchos der Athena geweiht hatte. A. wird die Bronzegruppe der Tyrannenmörder Harmodios und Aristogeiton zugeschrieben, die von Xerxes verschleppt und nach den Perserkriegen durch die Bildhauer Kritios und Nesiotes ersetzt worden war. Ferner hat A. vermutlich bei der Schaffung der Giebelskulpturen des Apollon-Tempels in Delphi mitgewirkt. **Lit.:** W. Fuchs/J. Floren, Die griech. Plastik (1987). – A. F. Stewart, Greek Sculpture (1990).

Antigoniden, hellenist. Dynastie, begründet von Antigonos I. Monophthalmos. Die A. beherrschten nach dem Tod Alexanders d. Gr. 323 v. Chr. zunächst weite Teile des Vorderen Orients (bis 301) und errangen mit Demetrios Poliorketes 294 die Macht in Makedonien, die sein Sohn Antigonos II. Gonatas 277 endgültig für die Dynastie sicherte. Sie regierten das Land bis 168 v. Chr., als sie im militär. Konflikt mit Rom unterlagen (Makedon. Kriege).

Antigonos I. Monophthalmos (gr., »der Einäugige«, 382–301 v. Chr., einer der bedeutendsten Diadochen, wurde 333 von Alexander d. Gr. zum Satrap von Phrygien ernannt. Nach dem Tod des Königs (323) in dieser Stellung bestätigt, verbündete er sich 321 mit Antipater und Krateros gegen den Reichsverweser Perdikkas und wurde 320 zum Strategen von Asien ernannt. Er übernahm den Oberbefehl über das Reichsheer und besiegte bis 316 Eumenes von Kardia, der von Polyperchon zum neuen Befehlshaber ernannt worden war. Die Vertreibung des Seleukos aus Babylon (316) und der Anspruch des A., die Reichsverweserschaft zu übernehmen, führten 315 zum 1. Koalitionskrieg, in dem A. Ptolemaios, Kassander, Lysimachos und Seleukos gegenüberstanden. Nach der Niederlage seines Sohnes Demetrios Poliorketes in der Schlacht bei Gaza (312) bei der Seleukos Babylonien zurückgewinnen konnte, kam es 311 zu einem allg. Friedensschluß auf Grundlage des Status quo. Versuche des A., Seleukos wieder zu verdrängen, scheiterten 309/08. Nachdem sein Sohn Demetrios 306 Zypern Ptolemaios entreißen konnte, nahm A. den Königstitel an, ein Beispiel, dem die übrigen Diadochen bald folgten. Während ein Invasionsversuch in Ägypten 305 mißlang, gewann er 304–302 in Griechenland deutlich an Boden, so daß Kassander, der Machthaber in Makedonien, ein Bündnis mit Lysimachos, Seleukos und Ptolemaios gegen ihn zustande brachte. Dieser Koalition erlag A. in der Schlacht bei Ipsos (301) in der er fiel. Sein Reich, das weite Teile Kleinasiens und des Vorderen Orients umfaßte, wurde größtenteils zur Beute der Sieger, sein Sohn Demetrios konnte nur noch vereinzelte Besitzungen behaupten. A. war ein entschiedener Verfechter der Einheit des ehemaligen Alexanderreiches. Erst sein Tod machte endgültig den Weg für die unabhängige Entwicklung der Nachfolgestaaten frei. Die von ihm begründete Dynastie der Antigoniden erlangte später (endgültig 277) die Herrschaft über Makedonien. **Lit.:** R. A. Billows, A. the One-Eyed (1990).

Antigonos II. Gonatas, 319–239 v. Chr., König von Makedonien (277–239), Sohn des Demetrios Poliorketes und Enkel des vorigen, fungierte seit 287 als Statthalter seines Vaters in Griechenland. Nach einem Sieg über die in Makedonien eingedrungenen Kelten (277) wurde er allg. als König anerkannt und festigte seine Herrschaft, nachdem er 274/73 kurzzeitig von Pyrrhos vertrieben worden war. Im Chremonideischen Krieg (267–261) konnte er die makedon. Vormachtstellung in Griechenland erfolgreich behaupten, die erst seit 250 mit dem Aufstieg des Achäischen Bundes und dem Verlust von Korinth wieder

erschüttert wurde. A. war vielseitig gebildet und verkehrte u. a. mit Zenon von Kition, dem Begründer der stoischen Philosophie. **Lit.:** H. Bengtson, Herrschergestalten des Hellenismus (1975) 139–164.

Antigonos III. Doson, um 263–221 v. Chr., König von Makedonien (229–221), Neffe des Antigonos Gonatas und Enkel des Demetrios Poliorketes. Nach dem Tod seines Vetters Demetrios II. (229) übernahm er zunächst für dessen unmündigen Sohn Philipp V. die Regentschaft, ließ sich aber 227 selbst zum König proklamieren. Vom Achäischen Bund unter Aratos von Sikyon gegen den spartan. König Kleomenes III. zu Hilfe gerufen, besetzte er 224 große Teile der Peloponnes und besiegte Kleomenes 222 in der Schlacht bei Sellasia. Durch diesen Sieg und die Wiedergewinnung von Korinth festigte A. nach einer längeren Periode der Schwäche die makedon. Macht in Griechenland und hinterließ seinem Mündel Philipp V. einen wiedererstarkten Staat. **Lit.:** S. Le Bohec, Antigone Doson (1993).

Antimachos aus Kolophon, griech. Philologe und Dichter, Ende 5. bis Mitte 4. Jh. v. Chr. Auf Grund seiner vielfältigen Interessen gilt A. als erstes Beispiel der Figur des *poeta doctus*, die dann typisch für die hellenist. Zeit wurde. A. erneuerte die ep. Gattung mit der *Thebais*, einem hexametr. Epos, in dem er die Mythen der Stadt Theben einer gelehrten Analyse unterzog, und die Elegie mit der *Lyde*, wohl einer Sammlung unglückl. Liebesgeschichten. Seine philolog. Tätigkeit fand in einer Ausgabe der homer. Epen ihren Niederschlag. Von den erhaltenen Fragmenten können etwa 60 dem Epos zugewiesen werden, keines jedoch mit Sicherheit der Elegie. Die Urteile über A.' Dichtung waren schon in der Antike unterschiedlich: Beliebt bei der Mehrheit der hellenist. Dichter, wurde er von Kallimachos negativ beurteilt. **Lit.:** V. J. Matthews (1996) [Ausg., Übers.].

Antinoos, Liebling und Reisegefährte des Kaisers Hadrian, ca. 110–130 n.

Chr. A. ertrank bei einer Nilfahrt in der Nähe des Ortes Besa, wo Hadrian ihm zu Ehren die Stadt Antinoopolis gründete. **Lit.:** R. Lambert, Beloved and God. The Story of Hadrian and Antinous (1984). – H. Meyer, A. (1991).

Antiochos III. der Große, um 240–187 v. Chr. (ermordet), König des Seleukidenreiches, folgte 223 seinem Bruder Seleukos III. auf den Thron. Er stellte die königl. Zentralgewalt wieder her und schlug 220 den Aufstand des med. Satrapen Molon nieder. Trotz des Abfalls seines Schwagers Achaios (Statthalter in Kleinasien) unternahm er 217 einen Angriff gegen das Ptolemäerreich in Ägypten, mit dem Ziel, Südsyrien und Palästina unter seleukid. Kontrolle zu bringen. Nach anfängl. Erfolgen unterlag er aber gegen Ptolemaios IV. in der Schlacht bei Raphia (4. Syr. Krieg) und mußte auf seine Eroberungen verzichten. 215–213 schlug A. die Erhebung des Achaios nieder, den er gefangennehmen und hinrichten ließ. Nach der endgültigen Konsolidierung seiner Macht unternahm er 212–205 einen Feldzug in den Osten seines Reiches, der ihn bis nach Indien führte und für kurze Zeit die seleukid. Herrschaft in den östl. Teilen des ehemaligen Alexanderreiches wiederherstellte (Anerkennung der seleukid. Oberhoheit durch Baktrer und Parther). In Anlehnung an Alexander nahm er nach seiner Rückkehr (205) den Beinamen »der Große« an. Nach einem Geheimvertrag mit Philipp V. von Makedonien (203) griff A. 202 erneut das Ptolemäerreich an (5. Syr. Krieg, 202–198), eroberte Südsyrien und Palästina und errichtete eine Art Protektorat über Ägypten (Verheiratung seiner Tochter Kleopatra mit Ptolemaios V.). Die Aufnahme des flüchtigen Hannibal (195) und sein militär. Ausgreifen über den Hellespont nach Europa (seit 194) brachte ihn in Gegensatz zu Rom und führte 192 zum Ausbruch des Konflikts (192–188). Nach Anfangserfolgen (Besetzung Thessaliens) unterlag er gegen den Konsul Manius Acilius Glabrio bei den Thermopylen (191) und mußte sich nach Kleinasien zurückziehen. Nachdem er infolge zweier Seeniederlagen den röm. Vormarsch nach Kleinasien nicht aufhalten konnte, unterlag er 190/89 gegen L. Cornelius Scipio in der Entscheidungsschlacht bei Magnesia. Im Frieden von Apameia (188) mußte A. auf alle Gebiete westl. des Taurus verzichten und hohe Reparationen zahlen. Bei dem Versuch, zu diesem Zweck die Tempelschätze eines Heiligtums bei Susa zu plündern, wurde er von der aufgebrachten Bevölkerung erschlagen (187). A. zählt zu den bedeutendsten Herrschern des Hellenismus. Nach einer Phase des Niedergangs stellte er die Macht des Seleukidenreichs wieder her, scheiterte aber mit seinen weitreichenden Plänen am Widerstand Roms. Seine Niederlage gegen Rom läutete den endgültigen Niedergang des Reiches ein. **Lit.:** H. H. Schmitt, Beiträge zur Geschichte A. d.Gr. (1964). – GGGA (1999).

Antipater (1) (gr. Antipatros), um 397–319 v. Chr., makedon. Feldherr und Staatsmann, bereits unter Philipp II. in führender Stellung tätig, wurde von Alexander d.Gr. 334 v. Chr. bei Beginn seines Asienfeldzugs als Statthalter in Europa zurückgelassen. 331 unterdrückte er einen Aufstand der Spartaner und kontrollierte in der Folge seinen Machtbereich mit harter Hand. Beim Tode Alexanders (323) in seinem Amt bestätigt, besiegte er die aufständ. Griechen im Lam. Krieg (323–322). 321 setzte A. gemeinsam mit Krateros seine Truppen nach Asien über, um den Reichsverweser Perdikkas zu bekämpfen. Nach dessen Ermordung selbst zum Reichsverweser ernannt, kehrte A. mit den beiden Königen, Alexander IV. und Philipp III., nach Makedonien zurück. Kurz vor seinem Tod (319) ernannte er unter Umgehung seines Sohnes Kassander seinen Weggefährten Polyperchon zu seinem Nachfolger. **Lit.:** H. Bengtson, Die Diadochen (1987).

Antipater (2) (gr. Antipatros) von Sidon, griech. Epigrammatiker, ca. 200–125 v. Chr. Erhalten sind 65 Epigramme,

die meisten sind Epitaphien. A. entwikkelte die Beschreibung von Grabreliefs
zu einer besonderen Form des Epigramms (Ekphrasis). **Lit.:** T. B. L. Web-
ster, Hellenistic Poetry and Art (1964)
204–208.

Antiphanes (gr. Antiphanes), griech.
Komödiendichter, 1. Hälfte 4. Jh. v. Chr.,
Hauptvertreter und produktivster Dichter der att. Mittleren Komödie. 134 Titel
sind bezeugt, ca. 330 Fragmente erhalten. Er errang 13 Siege im kom. Agon.
Wichtig ist ein längeres Fragmente aus
der *Poiesis* (*Dichtung*), Fr. 189 PCG, in
dem er die unterschiedl. Anforderungen
an einen trag. und kom. Dichter bei der
Konzeption eines Stücks betont. **Lit.:**
H.-G. Nesselrath, Die att. Mittlere Komödie (1990) 193 f.

Antiphon (gr. Antiphon), griech.
Redner und Sophist, ca. 480–411 v. Chr.
Unter dem Namen A. ist eine philosoph.
Schrift mit dem Titel *Über die Wahrheit*
überliefert, in der auf der Basis sophist.
Unterscheidung von Natur und Gesetz
(*physis – nomos*) die Gesetze als Verein-
barungen der Menschen erklärt werden,
die der Stärkere unbeschadet übertreten
dürfe. Daneben gibt es Bruchstücke einer Verteidigungsrede in eigener Sache,
drei Gerichtsreden und drei Redetetra-
logien, in denen wohl zu Übungszwek-
ken der Wahrscheinlichkeitsbeweis
durchgespielt wird. In der Forschung ist
immer noch umstritten, ob A. der Sophist und A. der Redner ein und dieselbe Person sind und wie es um die
Identität des 411 v. Chr. hingerichteten
oligarch. Politikers A. bestellt ist. Die
Annahme liegt nahe, daß es sich um dieselbe Person handelt, die in mehreren
Bereichen tätig war. **Lit.:** M. Gagarin, A.
The Speeches (1997).

Antisthenes (gr. Antisthenes),
griech. Philosoph, ca. 445–365 v. Chr. A.
gehörte zunächst zu den Schülern des
Gorgias und stand in freundschaftl. Beziehung zu Hippias und Prodikos,
wandte sich aber später dem Kreis um
Sokrates zu. Nach dessen Tod (399 v.
Chr.) eröffnete A. im Gymnasion Kyno-
sarges eine eigene Schule (Diog. Laert.

6,13), aus der sich später der Kynismus
herausbildete. Seine dialekt. und
sprachl. Untersuchungen waren sophistisch geprägt, zentrale Bedeutung hatte
für ihn das Hauptbetätigungsfeld des
Sokrates, die Ethik. Das Ziel des Lebens
war auch für A. das Lebensglück (*eudaimonia*), das nur mit Hilfe der von ihm
als lehrbar gehaltenen Tugend (*arete*) zu
verwirklichen sei. Da nur sie ein wirkl.
Gut darstelle, postulierte A. für den
Weisen Bedürfnislosigkeit und Autarkie.
Dazu gehöre die Bezwingung der Lust
und die Hinwendung zu einem einfachen, mühevollen Leben. Nicht die bestehenden Gesetze (*nomoi*), sondern die
Vorschriften der Tugend sollen für den
Weisen Maßstab sein. Die Ideenlehre
Platons lehnte A. ab; ob er Nominalist
war, ist umstritten. Von seinem umfangreichen Schriftencorpus, das auch die
ersten sokrat. Dialoge enthält, sind nur
zwei epideikt. Reden (*Aias* und *Odysseus*) vollständig erhalten. Im *Herakles*
wird das Idealbild des Kynikers gezeichnet, der sich durch rationale Überlegung
für die Mühe (*ponos*) entscheidet und
die Lust bezwingt. Im *Kyros* stellt A. einen idealen Herrscher vor, der sich vom
nomos löst. In A.s religiösen Ansichten
und seiner allegor. Homerauslegung
(Allegorese) kommt die *nomos/physis*-
Kontroverse (Gesetz/Natur) der Sophistik zum Ausdruck. Sein *Protreptikos*
hatte für die ganze Literaturgattung
Vorbildcharakter. **Lit.:** A. Patzer, A. der
Sokratiker (1970). – A. Graeser, in: GGP
II (1993) 52–57, 116–119.

Antistius, röm. Gentilname; das plebeische Geschlecht der Antistii ist in
Rom bereits im 5. Jh. v. Chr. nachweisbar. Berühmtester Vertreter war der im
1. Jh. v. Chr. tätige Jurist Q. Antistius Labeo.

Antoninus Pius, Titus Aurelius Fulvus Boionius Arrius A., als Kaiser Titus
Aelius Caesar A. Augustus Pius, röm.
Kaiser 10. Juli 138–7. März 161 n. Chr.;
geb. 19.9.86 in Lanuvium als Sohn des
Aurelius Fulvus und der Arria Fadilla;
ca. 110 Hochzeit mit Annia Galeria Faustina (gest. 141); 110/11 Quästor, 116/17

Prätor, 120 Konsul. Nach dem Konsulat war A. einer der vier Konsulare, die im Auftrage Kaiser Hadrians Italien verwalteten; ca. 133–137 wurde er Prokonsul der Provinz Asia. Nach dem Tod des Aelius Verus wurde A. von Hadrian zum Nachfolger bestimmt und am 25.2.138 adoptiert. A. seinerseits mußte den Sohn des Aelius Verus, den späteren Kaiser Lucius Verus, sowie seinen Neffen M. Annius Verus, den späteren Kaiser Mark Aurel, adoptieren. Nach dem Tode Hadrians in Baiae am 10.7.138 übernahm A. die Regierung, setzte gegen den Willen des Senats die Vergöttlichung Hadrians durch und nahm den Beinamen Pius (lat., »der Fromme«) an. Fortan bemühte er sich um ein gutes Verhältnis zum Senat, dem er viele Kompetenzen übertrug; 147/48 veranstaltete er aufwendige Spiele anläßl. seines zehnjährigen Regierungsjubiläums und des 900. Geburtstages der Stadt. Durch seine Legaten ließ er mehrere Kriege führen, u. a. in Britannien, die 142 mit der Errichtung eines neuen Walls, des sog. Antoninuswalls endeten. A. selbst blieb stets in Rom, was ihm in der modernen Forschung zuweilen den Vorwurf schwerer Versäumnisse in der Außenpolitik eingebracht hat; die Zeitgenossen dagegen schätzten seine Milde und Friedensliebe. Am 7.3.161 starb A. – angeblich nach allzu gierigem Genuß von Alpenkäse – in seinem Palast in Lorium. **Lit.:** W. Hüttl, A. P. I-II (1933/36). – DRK (1997). – S. Walentowski, Kommentar zur Vita A. P. der Historia Augusta (1998).

Antonius, Marcus A., eingedeutscht Mark Anton, 82–30 v. Chr., röm. Feldherr und Staatsmann, begab sich 54 zu Caesar nach Gallien und wurde einer seiner treuesten Anhänger. Nach Ausbruch des Bürgerkriegs (49) wirkte er als Volkstribun in dessen Sinne und vertrat Caesar während seiner Abwesenheit in Spanien. Bei Pharsalos führte er den linken Flügel und war 48/47 als *magister equitum* der fakt. Statthalter Caesars in Rom. 44 bekleidete er gemeinsam mit ihm das Konsulat und versuchte nach

dessen Ermordung die polit. Entwicklung zu kontrollieren. Er errang die Kontrolle über den Staatsschatz und sicherte sich ein prokonsular. Imperium für Gallien. Im Sommer 44 überwarf er sich mit dem Senat und dessen Führer Cicero, verließ Rom und versuchte auf eigene Faust die Kontrolle über die Provinz Gallia Cisalpina zu übernehmen, wo er D. Brutus, einen der Caesarmörder, in Mutina belagerte. Der Senat erklärte ihn zum Staatsfeind und beauftragte die Konsuln für 43, Hirtius und Pansa, ihn auszuschalten. In den daraufhin ausbrechenden Kämpfen (Mutines. Krieg) wurde A. besiegt, doch fielen die beiden Konsuln, woraufhin er sich mit Octavian (Augustus), dem Großneffen Caesars, dem er bislang distanziert gegenüberstand, einigte, um künftig gemeinsam vorzugehen. Zusammen mit Lepidus bildeten sie das 2. Triumvirat und eroberten die Macht in Rom (Ende 43). Bei den Proskriptionen, für die A. maßgeblich mitverantwortlich war, kam u. a. Cicero ums Leben. – Nach der Institutionalisierung ihrer Macht nahmen die Triumvirn den Kampf gegen die Caesarmörder Brutus und Cassius auf und besiegten sie 42 bei Philippi. A. erhielt die Verwaltung der östl. Reichshälfte, trennte sich von seiner Frau Octavia, einer Schwester Octavians, und heiratete 37 die Ptolemäerkönigin Kleopatra VII., mit der zusammen er ein röm.-hellenist. Imperium errichten wollte. 36–34 versuchte er, die Parther zu unterwerfen, doch blieb sein Feldzug letztlich ergebnislos. Seine Beziehungen zu Octavian, der die westl. Reichshälfte kontrollierte, waren von Anfang an problembeladen und führten 41/40 sogar zu einer kurzzeitigen militär. Auseinandersetzung, die aber bald wieder beigelegt wurde. A. entfernte sich immer mehr von den traditionellen Grundlagen röm. Politik und adaptierte in beträchtl. Umfang hellenist. Herrschaftsvorstellungen. Dadurch bot er Octavian, dem er sich immer mehr entfremdete, einen willkommenen Anlaß, propagandistisch gegen ihn vorzugehen. 32 kam es zum offenen Bruch, woraufhin der Senat Kleopatra und damit auch A. den Krieg erklärte. In der entscheidenden Seeschlacht bei Aktion erlitt er eine schwere Niederlage, versuchte von Ägypten aus den weiteren Widerstand zu organisieren, beging aber nach der Einnahme Alexandrias durch die Truppen Octavians Selbstmord (30).

A. war ein fähiger Feldherr, doch mangelte es ihm bisweilen an Entschlußkraft. Seine eigentl. polit. Ziele bleiben unklar. Er galt als Lebemann und scheiterte nicht zuletzt daran, daß er sich zu sehr hellenist. Vorstellungen zu eigen machte und die Erwartungen seiner röm. Klientel vernachlässigte. Die über ihn verhängte *damnatio memoriae* wurde noch unter Augustus gemildert und von Caligula aufgehoben. **Lit.:** H. Bengtson, Marcus A. (1977). – F. Chamoux, Marcus A., der letzte Herrscher des griech. Ostens (1989).

Anyte von Tegea, griech. Dichterin, 1. Hälfte 3. Jh. v. Chr. In der *Anthologia Graeca* sind ca. 20 fiktive Grab- und Weihepigramme der A. überliefert. Eine Neuschöpfung sind vermutlich ihre Epigramme auf gestorbene Tiere. Epigramme aus weibl. Perspektive verbinden A. mit Nossis, ihre bukol. Epigramme stehen Leonidas nahe. **Lit.:** K. Gutzwiller, Poetic Garlands (1998).

Anytos, wohlhabender Athener Ende 5./Anfang 4. Jh. v. Chr.; 403 war A. zusammen mit Thrasybulos maßgeblich am Sturz der Dreißig Tyrannen beteiligt, die seit Ende des Peloponnes. Krieges in Athen regierten. Von 403/02–397/96 war er Stratege. 399 trat A. als Hauptankläger gegen Sokrates auf. Kurz nach 396 soll er in Herakleia am Pontos wegen seiner Beteiligung am Prozeß gegen Sokrates gesteinigt worden sein.

Apelles aus Kolophon (Jonien), Meister der griech. Monumentalmalerei, Schüler des Ephoros von Ephesos. Sein Werk, von dem nur Titel überliefert sind, umfaßte bes. Götterdarstellungen. Neben einem Porträt Alexanders d.Gr. wurde bes. die Statue der Aphrodite Anadyomene (»die aus dem Meer Auf-

tauchende«) gerühmt. A. scheint die Vierfarbenmalerei durch gewagte Schattengebung und perspektiv. Mittel zu ihrem Höhepunkt geführt zu haben. **Lit.:** I. Scheibler, Griech. Malerei der Antike (1994). – GGGA (1999).

Aphthonios aus Antiochia, griech. Rhetor, 4. Jh. n. Chr., Schüler des Libanios. Von seinem umfangreichen Werk sind die *Progymnasmata* (*Vorübungen*) erhalten, 14 Stilübungen für den angehenden Rhetor. Das Büchlein wurde zu einem der erfolgreichsten Rhetorikhandbücher bis ins 18. Jh. **Lit.:** G.A. Kennedy, Greek Rhetoric under Christian Emperors (1983) 59–66.

Apicius, bekannter röm. Feinschmecker zur Zeit des Kaisers Tiberius. Die Schrift *De re coquinaria* (*Über die Kochkunst*) wurde A. erst im Humanismus zugeschrieben, geht aber vielleicht im Kern auf eine Schrift des A. zurück. Sie wurde mehrfach erweitert und erhielt erst im 4. Jh. n. Chr. ihre heutige Form. Die oft sehr anspruchsvollen Rezepte der Schrift spiegeln die Kochkunst in reichen Häusern der Kaiserzeit wider. **Lit.:** E. Alföldi-Rosenbaum, Das Kochbuch der Römer (1970).

Appius Claudius Caecus, bedeutender röm. Politiker um 300 v. Chr., war 312 Zensor, 307 und 296 Konsul, 292–285 Diktator. Berühmt wurde A. durch seine Zensur, während der er mehrere Reformen durchsetzte; u. a. sorgte er für den Bau einer Wasserleitung nach Rom und einer Straße von Rom nach Capua (Via Appia). Leute ohne Grundbesitz durften sich zunächst in eine beliebige, seit 304 nur in eine der vier städt. Tribus einschreiben; der Senat wurde durch Söhne von Freigelassenen ergänzt. 304 ließ A. durch seinen Schreiber einen Gerichtskalender und Prozeßformeln veröffentlichen, deren Kenntnis bisher nur den Priestern vorbehalten war. 280 hielt er – bereits erblindet (daher der Beiname *Caecus*, »der Blinde«) – eine Rede vor dem Senat gegen die von Pyrrhos vorgeschlagenen Friedensbedingungen. **Lit.:** J. Suolahti, The Roman Censors (1963) 220–223.

Apollodor (1) (gr. Apollodoros) aus Athen, griech. Maler der 2. Hälfte des 5. Jh. v. Chr., gilt als Erfinder der Schattenmalerei (die Ausbildung von Schattengebung zur Modellierung von Einzelfiguren). Er bediente sich ferner der perspektiv. Raumvertiefung und begründete damit die eigentl. Malerei (sog. Scheinmalerei), welche von Zeuxis weiterentwickelt wurde. Von seinen Werken ist nichts erhalten. **Lit.:** I. Scheibler, Griech. Malerei der Antike (1994).

Apollodor (2) (gr. Apollodoros) aus Athen, griech. Redner, ca. 394/93 – nach 343 v. Chr. Sieben Reden des A. sind unter dem Namen des Demosthenes überliefert; sie geben einen hervorragenden Einblick in die Sozialgeschichte und das gesellschaftl. Leben des 4. Jh. v. Chr. in Athen (bes. die Anklage gegen die frühere Prostituierte Neaira, ›Demosthenes‹, Rede 59). **Lit.:** K. Brodersen, Frauen vor Gericht (2004).

Apollodor (3) (gr. Apollodoros) aus Athen, griech. Philologe, ca. 180–120 v. Chr., war zunächst in Athen Schüler des Stoikers Diogenes von Seleukeia, anschließend Schüler und Mitarbeiter Aristarchs von Samothrake in der Bibliothek von Alexandria. Offensichtlich im Zusammenhang mit der Gelehrtenvertreibung durch Ptolemaios VIII. Physkon (145/44) flüchtete A. nach Pergamon, wo er in der Folge (Widmungsempfänger seiner Chronika ist Attalos II. von Pergamon), später auch in Athen wirkte. Neben wichtigen philolog. Schriften zu Homer, der Komödie und zur Etymologie verfaßte A. ›histor.‹ Werke. So stellt er in den Chronika (4 Bücher) die Ereignisse von der Zerstörung Trojas (das Jahr 1184/83 übernimmt er von Eratosthenes) bis in seine Zeit (144/43 v. Chr.) dar, außerdem ist ein Nachtrag, der bis 120/19 reicht, erhalten. Die Chronika fußen auf Eratosthenes, bringen in einigen Punkten aber entscheidende Änderungen. Auffällig ist, daß A. für seine Darstellung nicht den Prosastil, sondern, aus mnemotechn. Gründen, das Versmaß des ›komischen‹ (= jambischen) Trimeters

wählte. Auch A.s großangelegter Kommentar zum homer. Schiffskatalog (12 Bücher), den er offensichtlich als einen echten, ursprüngl. Teil von Homers Werk ansah, ist in bestimmten Bereichen von Eratosthenes' Geographika abhängig, ebenfalls dürfte der Troikos diakosmos des Demetrios von Skepsis, eine genaue Aufstellung der trojan. Verbündeten in Kleinasien, als Vorbild gedient haben; die vornehmlich bei Strab. VII-X erhaltenen Fragmente lassen eine gelehrte und philologisch sorgfältige Erklärung homer. Geographie erkennen. In der Schrift Über die Götter (24 Bücher) entwickelt A. seine Ansichten zur homer. Religion wie auch seinen eigenen religiösen Standpunkt, indem er die Namen der homer. Götter (nichtgriech. ausgeschlossen) behandelt und mittels etymolog. Analyse des Namens die Natur des jeweiligen göttl. Wirkens erklärt. Ganz in der Tradition der alexandrin. Philologie stellt A.s Beschäftigung mit der Komödie, v. a. der Dorischen, namentlich den Dramata Epicharms und den Mimoi Sophrons, den zweiten wichtigen Arbeitsbereich neben der Homerphilologie dar. Das unter A.s Namen überlieferte Werk zur Mythographie (Bibliotheke) gehört in spätere Zeit. **Lit.:** F. Jacoby, A.s Chronik (1902). – K. Brodersen, A.: Bibliothek (2004).

Apollonios Dyskolos (gr., »der Mürrische«) aus Alexandria, griech. Philologe, 1. Hälfte 2. Jh. n. Chr., Vater des Herodian. Von seiner umfangreichen Tätigkeit auf dem Gebiet der Grammatik sind teilweise die Werke zu den Redeteilen und Konjunktionen und komplett das Werk zur Syntax in vier Büchern erhalten. Ziel seiner syntakt. Arbeit ist zu zeigen, wie man Wörter im Satz verbinden muß, um korrekte Sätze zu bilden. A. übte einen großen Einfluß auf die spätantike Philologie aus. **Lit.:** F. W. Householder, The Syntax of A. D. (1981).

Apollonios von Perge, um 260–190 v. Chr., neben Euklid und Archimedes bedeutendster griech. Mathematiker und Astronom. Der aus Pamphylien stammende A. studierte in Alexandria als Schüler des Euklid, lehrte später in Alexandria und Pergamon. Von seinem Hauptwerk *Konika* (*Kegelschnitte*) sind nur Teile im griech. Original erhalten, weitere Teile in einer arab. Übersetzung des 9. Jh. n. Chr. A. faßt in seinem Werk das mathemat. Wissen seiner Zeit ausführlich zusammen und führt eine neue Methode in die Kegelschnittlehre ein. Während die arab. Mathematik früh die Lehren des A. aufgriff, wurde er im Westen erst im 17. Jh. rezipiert und beeinflußte u. a. Kepler und Descartes. **Lit.:** B. L. van der Waerden, Die Astronomie der Griechen (1988) 164–172.

Apollonios von Rhodos, griech. Epiker und Philologe, 3. Jh. v. Chr., Schüler des Kallimachos und Nachfolger Zenodots als Leiter der Bibliothek in Alexandria. Seine *Argonautika*, die in der Zeit zwischen 270 und 245 entstanden sein dürften und vier Bücher umfassen (jeweils 1.400–1.700 Verse), stellen das einzig erhaltene griech. Epos zwischen Homer und der röm. Kaiserzeit dar. Das Epos erzählt die Argonautenfahrt von der Abfahrt über die Erringung des Goldenen Vließes bis zur Rückfahrt und wurde in dieser Form die weitgehend verbindl. Norm. Stilistisch an Homer angelehnt, zeichnet sich A.s Werk durch Originalität aus, doch verstieß es in seiner Form (Epos) und seiner Einheit und Zusammenhang aufweisenden Handlung gegen das herrschende, primär von Kallimachos geprägte literar. Programm. Doch weist es auch typisch hellenist. Mittel der Gestaltung auf: Neben zahlreichen zu erwartende Homer-Bezüge, die Zeugnis von der Gelehrsamkeit des Autors ablegen, treten psychologisch feinst auslotende Beschreibungen von Begebenheiten und genrehafte Abschnitte; dabei nimmt die Darstellung seel. Affekte einen breiten Raum ein, und in der Behandlung des Liebesmotivs gewann A. große Bedeutung. Daneben beeindrucken seine breitangelegten Interessen, die neben Naturkunde und Technik auch geograph. Wissen beinhalten und insbes. durch die Verschmel-

zung verschiedener mythograph. Traditionen von großem Interesse sind. Die *Argonautika* erfuhren eine breite Rezeption u. a. bei Catull, Vergil, Ovid, Lukan und Valerius Flaccus. **Lit.:** P. Dräger, Die Argonautika des A. (2001). – H. Fränkel, Das Argonautenepos des A., in: Museum Helveticum 14 (1957) 1–19. – R. Hunter, The Argonautica of A. (1993).

Apollonios von Tyana, pythagoreischer Wanderprediger und Wundertäter des 1. Jh. n. Chr., für dessen Leben und Wirken die *Lebensschreibung* des Philostrat aus dem 3. Jh. n. Chr. die Hauptquelle ist. Neben Briefen sind von A.' Werken eine theolog. Schrift und eine Pythagorasbiographie in Fragmenten erhalten. **Lit.:** V. Mumprecht, Das Leben des A. von Tyana (1983) [Übers.]

Apostolische Väter. Seit J. B. Coteliers Ausgabe (1672) bezeichnet man als A. V. (lat. *patres aevi apostolici*) die Theologen und christl. Autoren zwischen dem Neuen Testament und der Zeit der Kirchenväter, die noch unter dem direkten Einfluß der urchristl. Literaturformen stehen. Teilweise wurden die Schriften der A.n V. dem Neuen Testament gleichgestellt. Folgende Schriften zählen zum Corpus der A.n V.: erster Clemensbrief (Gemeindebrief der Römer an die Korinther, um 96 n. Chr.); die Abschiedsbriefe des Bischofs Ignatius von Antiochia an sieben Gemeinden Kleinasiens, die er bei seiner Reise zum Martyrium nach Rom verfaßte (ca. 110); zwei Briefe des Bischofs Polykarpos von Smyrna an die Philipper (ca. 150); die sog. *Didache* (*Unterweisung*), die älteste Kirchenordnung; der zweite Clemensbrief, die älteste christl. Homilie (Anfang 2. Jh.); die fünf Bücher *Auslegung der Herrenworte* des Papias (ca. 130); der *Hirt des Hermas* (ca. 150) und das Martyrium des Polykarpos, der älteste erhaltene Text der Gattung Märtyrerakten. **Lit.:** J. A. Fischer (Hg.), Die a.n V. (⁹1986). – LACL (1998).

Appian (gr. Appianos, lat. Appianus), Geschichtsschreiber aus Alexandria, Ende des 1. Jh.–160 n. Chr., lebte seit ca. 120 in Rom, wo er als Anwalt tätig war.

A. verfaßte eine *Römische Geschichte* (gr. *Rhomaika*) in 24 Büchern, in der er die röm. Geschichte von der Königszeit bis Trajan in geograph. Anordnung des Stoffes behandelte. Etwa die Hälfte des Werkes ist erhalten, darunter eine Darstellung der röm. Bürgerkriege (133–30 v. Chr.) in 5 Büchern. **Lit.:** K. Brodersen, Appian und sein Werk, in: ANRW II 34, 1 (1993) 339–363.

Apuleius aus Madaura (Nordafrika), lat. Dichter und Rhetor, ca. 125–170 n. Chr. Nach einem Studienaufenthalt in Athen und weiten Reisen arbeitete A. vermutlich einige Zeit in Rom als Anwalt und lebte später wieder in Afrika. Dort wurde 158 ein Prozeß gegen ihn angestrengt, der mit Freispruch endete. Die Klage behauptete, er habe seine Frau Aemilia Pudentilla, eine Witwe, die weit älter als er war, durch Zauberei an sich gezogen. Die Verteidigungsrede (*Apologia/Pro se de magia*) ist ein Glanzstück nachkläss. Rhetorik. Am bekanntesten sind die *Metamorphosen,* ein phantast. Roman im Stile der *fabula Milesia,* der die Erlebnisse des in einen Esel verwandelten Lucius und schließlich dessen Erlösung und Einweihung in die Isis-Mysterien erzählt (derselbe Gegenstand ist bei Lukian, *Lukios oder der Esel* dargestellt). In den Roman ist das Märchen von *Amor und Psyche* eingelegt (4, 28–6, 24). Die *Florida* sind eine Auswahl von 23 Stücken aus A.' Reden. A. verstand sich als Platoniker, sein Platonismus trägt jedoch Züge einer Geheimlehre. Überliefert sind u. a. die philosoph. Schriften *De deo Socratis (Der Gott des Sokrates), De Platone et eius dogmate (Platon und seine Lehre)* sowie die in das peripatet. Umfeld gehörende Abhandlung *De mundo (Über die Welt).* In ihrer Echtheit umstritten sind der hermet. Traktat *Asclepios* und die Kompilation der aristotel. Logik *Peri hermeneias (Über Interpretation).* Ein *Kräuterbuch* des 5. Jh. wird unter seinem Namen überliefert. **Lit.:** K. Sallmann, in: HLL IV (1997) 292–318.

Arat (gr. Aratos) aus Soloi (Kilikien), griech. Dichter, ca. 310–250 v. Chr.

Nach ersten Studien bei dem Grammatiker Menekrates von Ephesos und der intensiven Auseinandersetzung mit der stoischen Philosophie in Athen wurde A. 277 durch Zenon mit Antigonos Gonatas bekannt und von diesem an seinen Hof nach Pella in Makedonien berufen. Später hielt er sich zudem einige Jahre in Syrien am Hof des Antiochos auf. Neben philolog. Arbeiten (u. a. zu Homer) schrieb er Hymnen (z. B. *Hymnos auf Pan* anläßlich der Hochzeit des Antigonos), *Epikedeia* auf Freunde und andere Kleindichtungen (z. B. auch medizin. Inhalts). Vollständig erhalten ist A.s 1154 Verse umfassendes Lehrgedicht *Phainomena (Himmelserscheinungen).* Frei nach der Lehre des Eudoxos von Knidos (*Phainomena* und *Enoptron*) behandelt A. hier in dichter. Versmaß Sternbilder und, nach einer wahrscheinlich peripatet. meteorolog. Schrift, Wetterzeichen, das alles mit dem religiösen und philosoph. Empfinden der Stoa (vgl. schon den Eingangshymnus) in einem von Hesiod (*Werke und Tage*) hergeleiteten Stil. Die *Phainomena* erfreuen sich bis heute einer breiten Rezeption: Das Lob des Kallimachos (er bezeichnet sie als *lepton* = fein), die zahlreichen Übersetzungen, Paraphrasen und Exzerpte, u. a. von Varro, Cicero, Manilus, Germanicus (einzige erhaltene latein. Übertragung), zeugen von ihrem hohen Ansehen. **Lit.:** B. Effe, Dichtung und Lehre (1977) 40–46. – G. O. Hutchinson, Hellenistic Poetry (1988) 214–236.

Arator, lat. christl. Dichter, 1. Hälfte 6. Jh. n. Chr., Verf. einer ep. *Historia Apostolica* in 2.300 Hexametern, in der Begebenheiten des Neuen Testaments häufig allegorisierend erzählt werden. **Lit.:** J. Schwind, A.-Studien (1990).

Arbogast, fränk. Feldherr in röm. Diensten, gest. 394 n. Chr. Im Dienste des oström. Kaiser Theodosius I. besiegte A. den Usurpator Maximus. Anschließend verwaltete er unter Kaiser Valentinian II. die westl. Reichshälfte. Nach dessen Tod 392 erhob A. den Eugenius zum Augustus des Westens. Nach dem Sieg des Theodosius I. über Eugenius 394 beging A. Selbstmord.

Arcadius, Flavius A., oström. Kaiser 383–408 n. Chr.; geb. um 377 als ältester Sohn des Theodosius I.; 383 zum Augustus erhoben. Bevor Theodosius 394 gegen Eugenius in den Krieg zog, bestimmte er A. zum Herrscher über die Osthälfte des Reiches. Der jüngere Bruder des A., Honorius, erhielt 395 den W. Die Regierung des A., der stets unter dem Einfluß seiner Berater stand, war geprägt von religiösen Auseinandersetzungen und von Kämpfen gegen Westgoten und Hunnen.

Archelaos, König der Makedonen 413–399 v. Chr. Nach dem Tod seines Vaters Perdikkas II. ermordete A. seine Verwandten und wurde so 413 König von Makedonien, zu dessen Entwicklung er nicht unwesentlich beitrug. Handel und Wirtschaft wurden gefördert, das Heer besser ausgerüstet und reformiert. Ferner suchte A. Anschluß an die griech. Kultur und holte viele griech. Künstler an den Königshof, den er von Aigai nach Pella verlegte. 399 wurde A. von einem enttäuschten Freier seiner Tochter getötet. Lit.: M. Errington, Geschichte Makedoniens (1986).

Archias, Aulus Licinius A., griech. Dichter, seit 102 v. Chr. in Rom, 62 v. Chr. von Cicero verteidigt (*Pro Archia poeta*). Cicero hoffte vergeblich, von A. dafür eine panegyr. Dichtung zu erhalten. Unter seinem Namen sind 37 Epigramme erhalten.

Archidamos, Name mehrerer Könige von Sparta.

Archidamos II., ca. 476–427 v. Chr.; Enkel und Nachfolger Leotychidas II. Nach dem großen Erdbeben 464 verteidigte A. Sparta erfolgreich gegen die Heloten und Messenier; zu Beginn des Peloponnes. Krieges war A. Anführer der spartan. Truppen, die in Attika einfielen. Deshalb wurde die erste Phase des Krieges (431–421) als »Archidam. Krieg« bezeichnet, obwohl A. bereits 427 starb. Lit.: D. Kagan, The Archidamian War (1974). – E. F. Bloedow, The

Speeches of A. and Sthenelaidas at Sparta, in: Historia 30 (1981) 129–143.

Archidamos III., geb. um 400 v. Chr., König von Sparta ca. 360/59–338 v. Chr., Sohn und Nachfolger Agesilaos II. A. unterstützte 355–346 die Phoker im 3. Heiligen Krieg um Delphi. 344/43 folgte er einem Hilferuf Tarents und fiel 338 im Kampf gegen die Lukanier und Messapier.

Archilochos von Paros, griech. Lyriker, ca. 680–630 v. Chr., A.' relativ gute Datierbarkeit geht auf den Umstand zurück, daß er in seinem Werk den lyd. König Gyges (gestorben 652 v. Chr.) und die (für Paros totale) Sonnenfinsternis vom 6. April 648 (fr. 122 [West]) erwähnt. In ihm tritt uns zum ersten Mal das ›lyr. Ich‹ des Dichters entgegen, auch wenn schon Hesiod ansatzweise aus der Anonymität der ep. Dichtung herausgetreten war. A. gilt als Archeget der jamb. Dichtung, einer vorwiegend in (antiheroischen) jamb. Trimetern (fr. 18–87, primär invektiv, sarkastisch, gewaltsame und grobe Sprache aufweisend) und bewegt-aggressiven trochäischen Tetrametern (fr. 68–167) abgefaßten Spottdichtung, der Tadel und Verspottung des Lasters als Hauptfunktion zukam. Daneben finden sich auch eleg. Fragmente (fr. 1–17), Epoden (fr. 168–204) und nicht Zuzuordnendes. Sprachlich durch die Verwendung verschiedener Stilebenen gekennzeichnet, stellt A. die unterschiedlichsten Bereiche der Lebenswelt dar, wobei auch seine Profession als Krieger, als der er sich v. a. sah, zum Tragen kommt. Ob die Gedichte allerdings auf Selbsterlebtem beruhen, wie die berühmten Verse über den weggeworfenen Schild nahezulegen scheinen, ist umstritten. In der Antike hatte A.' Dichtung weite Geltung und wurde oft nachgeahmt (Hipponax, Catull, Horaz). Seine hohe Wertschätzung manifestiert sich in dem ihm zu Ehren errichteten Archilocheion auf Paros, wo er kultisch verehrt wurde. Es sind etwa 300 Fragmente erhalten. 1974 kam die sog. Kölner Epode (fr. 196a), die von sexuellem Erleben berichtet, hinzu. Lit.: A. F.

Burnett, Three Archaic Poets (1983). – D. E. Gerber (Hg.), A Companion to Greek Lyric Poets (1997). – J. Latacz, ›Freuden der Göttin gibt's ja für junge Männer mehrere...‹, in: Museum Helveticum 49 (1992) 3–12.

Archimedes von Syrakus (287–212 v. Chr.), bedeutender Mathematiker und Physiker. Der Sohn des Astronomen Pheidias wurde in Syrakus geboren, studierte in Alexandria, kehrte an den syrakusan. Hof zurück und war mit den Tyrannen Gelon und Hieron II. befreundet. Er beschäftigte sich mit Fragen der Mathematik sowie mit theoret. wie prakt. Physik. So leistete er bei der Belagerung durch die Römer im 2. Pun. Krieg seiner Heimatstadt durch den Bau von Kriegsmaschinen Hilfestellung. Nach der Eroberung von Syrakus wurde A. von einem röm. Soldaten ermordet (»Störe meine Kreise nicht!«). Um keinen anderen antiken Wissenschaftler ranken sich seit der Antike mehr Anekdoten. Seine Erkenntnisse in Mathematik und Physik legte er in zahlreichen Einzelschriften nieder. Zu seinen wichtigsten Lehren gehört das sog. archimed. Prinzip, nach dem der Auftrieb eines Körpers in einer Flüssigkeit dem Gewicht der verdrängten Flüssigkeit entspricht. Er bestimmte auch die Oberfläche einer Kugel im Verhältnis zur Fläche ihres größten Kreises. Die intensive Rezeption seiner Schriften seit dem 16. Jh. war Grundlage der Herausbildung einer modernen Infinitesimalrechnung. **Lit.:** I. Schneider, A. (1979). – GGGA (1999).

Archytas von Tarent, griech. Politiker und Philosoph, ca. 400–350 v. Chr. A. hatte siebenmal das Strategenamt inne und sorgte nach Platons Konflikt mit Dionysios II. von Syrakus für die Freilassung des Philosophen. Antiken Anekdoten zufolge war A. für seine sittl. Lebensweise, sein mildes Wesen und seine Selbstbeherrschung bekannt. Er galt als bedeutendster Vertreter des Pythagoreismus des 4. Jh. Bedeutend waren seine Forschungen in der Mathematik, Mechanik und Harmonielehre. Von seinen Werken sind nur wenige Frag-

mente erhalten. **Lit.:** H. Thesleff, Pythagorean Texts (1965).

Areios (1), A. Didymos, Doxograph aus Alexandria, vielleicht identisch mit Areios (2). A. verfaßte Zusammenfassungen verschiedener philosoph. Lehren.

Areios (2), stoischer Philosoph aus Alexandria, ca. 70 v. Chr.–1 n. Chr., Lehrer und Freund des Kaisers Augustus, vielleicht identisch mit Areios (1). Beim Tode des Drusus 9 v. Chr. verfaßte A. eine Trostschrift für Livia. **Lit.:** T. Göranson, Albinus, Alcinous, Arius Didymus (1995).

Areios (3), lat. Arius, Presbyter in Alexandria, Gegner des Athanasios; im Gegensatz zu Athanasios lehrte A., daß Christus Gott nicht wesensgleich, sondern ein Geschöpf Gottes sei; 318/19 n. Chr. wurde er exkommuniziert, 325 verurteilt, 327 rehabilitiert. 333 kam es zu einer erneuten Verurteilung durch Kaiser Konstantin I., die Rehabilitation erfolgte erst kurz vor seinem Tod (337). Seine Anhänger, die Arianer, hielten noch bis ins 5. Jh. an seiner Lehre fest. **Lit.:** C. Stead, Arius in Modern Research, in: Journal of Theological Studies 45 (1994) 24–36.

Aretaios aus Kappadokien, griech. Arzt und Fachautor, um 50 n. Chr. Seine erhaltene Schrift *Über die Ursachen und Symptome akuter und chronischer Krankheiten* beschreibt detailliert in einer an Hippokrates angelehnten Sprache zahlreiche Krankheitsbilder wie Asthma, Diabetes, Diphterie und Lungentuberkulose. Auch in seinen Behandlungsvorschriften lehnt A. sich eng an sein Vorbild Hippokrates an. Seine Verordnungen umfassen Heilpflanzen, Ernährungsvorschriften und Aderlaß. **Lit.:** W. Müri (Hg.), Der Arzt im Altertum (1962). – S. Oberhelman, Aretaeus of Cappadocia, in: ANRW II 37, 2 (1994) 941–969.

Arion von Methymna (Lesbos), griech. Dichter und Sänger (Kitharodie), um 650–600 v. Chr. A. lebte lange am Hof des Periander in Korinth. Um seine Person ranken sich Legenden: So soll er, von Seeräubern gezwungen, sich ins Meer zu stürzen, von Delphinen gerettet worden sein. A. gilt als Erfinder des Dithyrambos, den er in Korinth eingeführt haben soll (Herodot 1, 23). **Lit.:** B. Zimmermann, Dithyrambos (1992) 24–29.

Ariovist (lat. Ariovistus), Heerkönig eines Germanenstammes, vielleicht der Triboker; 71 v. Chr. half A. den Sequanern im Kampf gegen die Häduer und konnte einen großen Teil des Sequanergebietes für sich gewinnen. 59 schloß A. auf Empfehlung Caesars einen Freundschaftsvertrag mit Rom. Später stand A. jedoch bei der Ausdehnung der röm. Macht ins östl. Gallien im Wege und mußte sich zum Kampf stellen; am 14. 9. 58 wurde er von Caesar geschlagen. A. konnte über den Rhein entkommen, starb aber bald darauf. **Lit.:** K. Christ, Caesar und A., in: Chiron 4 (1974) 251–292.

Aristagoras (gr. Aristagóras), Tyrann von Milet unter Dareios I.; als sein Schwiegervater und Vetter Histiaios von Dareios nach Susa gerufen wurde, überließ er A. seine Herrschaft über Milet; vielleicht von Histiaios angestiftet, empörte sich A. gegen Dareios und wurde so zum Urheber des Aufstandes der jon. Städte (»Jon. Aufstand«). Als die Perser Jonien zurückeroberten, verließ A. Milet und führte Kolonisten nach Thrakien, wo er 497 v. Chr. im Kampf gegen die Edoner fiel.

Aristarch (1) (gr. Aristarchos) von Samos, bedeutender Astronom und Mathematiker, um 310–230 v. Chr. A. versuchte erstmals Größe und Entfernung von Sonne und Mond in Relation zum Erddurchmesser zu setzen. Dabei ging er von einem heliozentr. Weltbild aus. Schon in der Antike wurde dieser Ansatz verworfen, blieb aber bekannt. So kannte auch Kopernikus die Theorie des A. und überwand das geozentr. Weltbild des Ptolemaios. **Lit.:** T. L. Heath, Aristarchus of Samos (1912). – B. Noack, A. von Samos (1992).

Aristarch (2) (gr. Aristarchos) von Samothrake, griech. Philologe, ca. 216–

144 v. Chr. A. war Schüler des Aristophanes von Byzanz, später Leiter der Bibliothek in Alexandria und Prinzenerzieher unter Ptolemaios VI. Philometor (181–146). Kurz vor seinem Tode mußte er, offensichtlich im Zusammenhang mit der Gelehrtenvertreibung durch Ptolemaios VIII. Physkon (145/44), aus Alexandria flüchten; er lebte fortan auf Zypern. A.s Schaffen markiert den Höhepunkt der antiken Philologie; aus seiner Schule sind etwa 40 z. T. sehr namhafte Grammatiker hervorgegangen, darunter z. B. Apollodor (3) aus Athen. Ein zentraler Punkt, der ihn von seinen Vorgängern unterscheidet, ist der Umstand, daß A. nicht nur Texte edierte – die auf ihn zurückgehende Überlieferung umfaßt Autoren der verschiedenen Gattungen (neben Homer, wenigstens die wichtigsten Lyriker Archilochos, Alkaios, Pindar sowie die Dramenautoren des 5. Jh.s wie Aischylos, Sophokles, Euripides, Ion, Aristophanes) –, sondern diese auch kommentierte, und das nicht nur für den kleinen Kreis seiner Schüler. Der Suda zufolge soll er allein über 800 Bücher Kommentare geschrieben haben (andere Werke wie z. B. A.s zahlreiche *Syngrammata*, Monographien, meist in polem. Form, werden dort nicht erwähnt). Seine Interpretationen sind sowohl textkrit. als auch exeget. Natur und folgen dem Grundsatz der (inneren) Analogie: Homer könne demzufolge nur aus Homer erklärt werden, eine allegorisierende Deutung, wie sie z. B. die pergamen. Schule betrieb, ist A.s Methode fremd. Durch die konsequente Scheidung der Götter- und Heldengestalten Homers von den Vorstellungen der Folgezeit und die Würdigung von Homers Sprache als Einheit vermochte A. in gewisser Weise zu einem echten histor. Verständnis zu gelangen. Im Bereich der Editionstechnik vollendete er das von seinen Vorgängern Zenodot und Aristophanes von Byzanz übernommene Zeichensystem (Textkritik). Auch seine grammat. Studien stellen einen derart vollständigen Abschluß dar, daß sein Schüler Dionysius Thrax sie in

Kompendienform darstellen konnte. **Lit.:** A. Ludwich, A.s homer. Textkritik (1884/85)- R. Pfeiffer, Geschichte der Klass. Philologie I (²1978) 258–285.

Aristeas von Prokonnesos (Propontis), griech. Epiker, um 600 v. Chr. Biographisch lassen sich nur wenige verläßl. Angaben zu A.s Leben machen; Herodot (4,13 ff.) berichtet, A. habe ein Epos *Arimaspeia* (3 Bücher) verfaßt, in dem er von seinen märchenhaften Reisen zu unbekannten Völkern erzählt; außerdem kann ihm eine in Prosa abgefaßte Theogonie zugeordnet werden. **Lit.:** J. D. P. Bolton, A. of Proconnesus (1962).

Aristeas-Brief, jüd. Schrift in griech. Sprache, in der das wunderbare Zustandekommen der Septuaginta, der griech. Übersetzung des Alten Testaments (Bibel), beschrieben wird. Die Schrift, entstanden zwischen 145–127 v. Chr., gibt sich als Brief des Aristeas, eines Beamten von Ptolemaios II. (284–247 v. Chr.) an seinen Bruder (sog. Pseudepigraphon). **Lit.:** M. Hadas, A. to Philocrates (1951).

Aristeides (1), athen. Feldherr und Staatsmann, gest. um 467 v. Chr. A. nahm als Stratege an der Schlacht bei Marathon (490) teil und wurde als konservativer Anhänger des Miltiades zum innenpolit. Hauptgegner des Themistokles. Er lehnte dessen Flottenbauprogramm ab, und erst seine Ostrakisierung 482 ermöglichte Themistokles die Umsetzung seiner Pläne. Nach Ausbruch des großen Perserkriegs (480) kehrte A. im Zuge einer umfassenden Amnestie zurück und führte 479 das athen. Kontingent in der Schlacht bei Plataä. 478 wurde er Flottenbefehlshaber und war 477 maßgeblich an der Gründung des 1. Att. Seebunds beteiligt. Nach diesen Erfolgen trat er politisch wieder in den Hintergrund, förderte aber den Aufstieg Kimons.

Aristeides (2) von Milet, griech. Autor, um 100 v. Chr., Verf. von *Milesiaka* (*Miles. Geschichten*), die nicht erhalten sind. In der Forschung wird diskutiert, ob die novellist. Einlagen bei Petron wie die *Witwe von Ephesus* auf A. zurückgehen.

Aristeides (3), Ailios A., aus Mysien, griech. Redner, ca. 117–181 n. Chr. Nach seiner Ausbildung bei bedeutenden Lehrern (u. a. Herodes Atticus) unternahm er Reisen nach Ägypten und Rom. Wegen einer schweren Krankheit suchte er das Asklepiadeum in Pergamon auf. Unter A.' Namen sind 55 Reden mit verschiedenen Themen und zwei rhetor. Schriften überliefert. Zu den berühmtesten seiner Lobreden auf Städte zählen der Preis Athens und der Panegyrikus auf Rom. Von biograph. Interesse sind die sechs *Heiligen Reden*, die seine lange währende Krankheit und deren Behandlung durch Asklepios beschreiben. Ferner sind von A. theoret. Rechtfertigungsschriften, Prosahymnen, Reden aus besonderen Anlässen und Deklamationen über die ältere griech. Geschichte überliefert. **Lit.:** D. Russel, Antonine Literature (1990).

Aristias, athen. Tragiker, Sohn des Pratinas, 5. Jh. v. Chr.

Aristides Quintilianus (gr. Aristeides Q.), griech. Autor, 2. Hälfte 3. Jh. n. Chr., Verf. einer drei Bücher umfassenden Schrift über die Musik. Er zeigt sich deutlich beeinflußt durch pythagoreische Zahlenspekulation. **Lit.:** A. Barker, Greek Musical Writings II (1989).

Aristipp (gr. Aristippos) von Kyrene, griech. Philosoph, Sokratiker, ca. 435–355 v. Chr. Ursprünglich zum engeren Kreis um Sokrates gehörend, machte sich A. bald unabhängig, erteilte gegen Bezahlung Unterricht und führte zeitweise ein Wanderleben. Als Kosmopolit und ›Lebenskünstler‹ kam er schließlich an den Tyrannenhof nach Syrakus. Für diesen Abschnitt seines Lebens und Wirkens existiert eine breite anekdotenhafte Überlieferung. Zentrales Thema von A.s Philosophie ist die *hedone*, die als Grundlage der *eudaimonia* angesehen wird; die Lust wird hierbei als rein körperlich und als unmittelbar verstanden. Ungewiß ist, ob die hedonist. Ethik und sensualist. und agnostizist. Erkenntnistheorie der Kyrenaiker, als deren Archeget A. gilt, von ihm schon theoretisch entwickelt worden sind oder auf seine Anregung hin. Da auch Schriften oder sicher bezeugte Fragmente von A. nicht erhalten sind, muß es als fraglich gelten, inwieweit die v. a. unter dem Titel *Kyrenaikoi* stehende Überlieferung von Aussprüchen und Anekdoten ihm zugeschrieben werden dürfen. **Lit.:** A. Graeser, in: GGP II (1993) 119–124.

Aristobulos aus Kassandreia; A. nahm am Feldzug Alexander d.Gr. teil. Sein Werk, das er später darüber verfaßte, wurde von Strabon und Arrian benutzt. **Lit.:** F. Wenger, Die Alexandergeschichte des A. von Kassandrea (1914). – P.A. Brunt, Notes on A. of Cassandria, in: Classical Quarterly 24 (1974) 65–69.

Aristogeiton, Athener aus vornehmem Hause, ermordete an den Panathenäen 514 v. Chr. gemeinsam mit seinem Freund Harmodios den Tyrannen Hipparchos aus dem Geschlecht der Peisistratiden. Während Harmodios noch an Ort und Stelle getötet wurde, wurde A. festgenommen, gefoltert und hingerichtet. Die Tat, die wohl eher persönl. Motiven entsprang, wurde im 5. Jh. v. Chr. durch die demokrat. Tradition zu einem polit. Akt hochstilisiert. Die Tyrannenmörder A. und Harmodios galten seither als Inbegriff wahrer Freiheitskämpfer und wurden vielfach geehrt (Tyrannenmördergruppe des Antenor und Kritias).

Aristonikos, unehel. Sohn des pergamen. Königs Attalos II.; nachdem Attalos III. 133 v. Chr. sein Reich den Römern vererbt hatte, erhob A. Ansprüche auf die Herrschaft. Da ihn die griech. Städte Kleinasiens nicht unterstützten, zog er sich ins Landesinnere zurück und rief die Landbevölkerung zum Freiheitskampf auf. 130 konnte A. einen Sieg über die Römer bei Leukai erringen. Bald darauf gelang es den Römern jedoch, A. in Stratonikeia am Kaikos einzuschließen und zur Kapitulation zu zwingen. A. wurde nach Rom verschleppt und 129 ermordet. **Lit.:** J. Hopp, Untersuchungen zur Geschichte der letzten Attaliden (1977) 121–147.

Aristophanes (1) (gr. Aristophanes) aus Athen, Komödiendichter, ca. 450 – nach 385 v. Chr., einziger überlieferter Vertreter der sog. Alten att. Komödie des 5. Jh. v. Chr. Von 46 bezeugten Stükken sind elf komplett erhalten: *Acharner* (425), *Ritter* (424), *Wolken* (423), *Wespen* (422), *Frieden* (421), *Vögel* (414), *Thesmophoriazusen* (411), *Lysistrate* (411), *Frösche* (405), *Ekklesiazusen* (393/92), *Plutos* (388). Zentrale Themen der in den Zeitumständen des Aufführungsjahres wurzelnden Komödien sind Krieg und Frieden, die Auseinandersetzung mit den führenden Politikern und Militärs sowie die Analyse der durch die Sophistik hervorgerufenen geistigen Krise in Athen. Zu den sophistisch beeinflußten Kreisen Athens zählt A. die »Intellektuellen« im weitesten Sinn, die Dichter, Mediziner, Musiker und Redner, die alle an demselben Übel kränkeln: alles und jedes zu hinterfragen und damit die althergebrachten Normen und Regeln des gesellschaftl. Zusammenlebens zu zerstören. In den *Wolken* wird der verderbl. Einfluß der Sophistik exemplarisch an der Person des Sokrates vorgeführt, der nicht als realist. Sokrates, sondern als Verkörperung des Intellektuellen par excellence auf die Bühne gebracht wird. Die Komödien sind insofern politisch, als sie alle Bereiche des Lebens der Polis, der Stadt Athen, beleuchten. Aus der Kritik an den im Argen liegenden Zuständen in der Stadt erwächst dem zumeist mit übermenschl. Fähigkeiten ausgestatteten Protagonisten eine Idee, wie er der Misere Abhilfe verschaffen könnte. Mit Unterstützung des Chors oder gegen ihn setzt er seinen kühnen Plan in die Tat um, bevor er ihn dann in sog. Abfertigungsszenen im zweiten Teil des Stückes verteidigen muß. Die die Alte Komödie von der späteren antiken Komödientradition absetzenden Elemente sind bes. die namentl. Verspottung angesehener Persönlichkeiten (*onomasti komodein*), oft derbe, erot. Scherze sowie die Paratragodie, die Parodie der zeitgleichen Tragödie (*Acharner*, bes.

Thesmophoriazusen, Frösche). Die Komödien des A. sind in ihrer Grundkonzeption Ausdruck des gesellschaftl. Zustands Athens zur Zeit der Aufführung. Die Stücke der ersten Phase aus der Zeit des sog. Archidam. Kriegs (431–421 v. Chr.) spiegeln einen noch funktionierenden demokrat. Grundkonsens wider. Im Bewußtsein einer gemeinsamen Grundlage und in der Abwehr eines gemeinsamen äußeren Feindes, der Spartaner, werden die mißl. Zustände in der Polis angeprangert und die Schuldigen, die Politiker und die sophistisch beeinflußten Kreise, namhaft gemacht. Die Stücke der mittleren Periode (415–405) werden in ihrem Ton zurückhaltender, persönl. Spott findet sich nur noch selten. Dies ist Ausdruck des durch die Gesellschaft gehenden Risses nach der sog. Sizil. Expedition (Alkibiades) und den oligarch. Umtrieben, die 411 im oligarch. Putsch gipfelten. In den beiden Komödien des 4. Jh., den *Ekklesiazusen* und dem *Plutos*, ist die aktuelle Politik kaum noch präsent. Utop. Konzepte (Frauenherrschaft auf kommunist. Basis, gleicher Reichtum für alle) werden auf die Bühne gebracht und ad absurdum geführt. Beide Stücke stehen schon auf der Schwelle zur sog. Mittleren Komödie. **Lit.:** Th. Gelzer, A. der Komiker (1971). – B. Zimmermann, Die griech. Komödie (1998) 67–188.
   Aristophanes (2) (gr. Aristophanes) von Byzanz, griech. Philologe, ca. 265–180 v. Chr., Leiter der Bibliothek in Alexandria. Seine umfassende Gelehrsamkeit spiegelt sich in seiner vielseitigen wissenschaftl. Tätigkeit wider. A. erstellte krit. Textausgaben verschiedener Autoren (u. a. Homer, Hesiod, Pindar, Alkaios, Alkman, Aristophanes von Athen) und nahm bei den lyr. Werken eine stroph. Unterteilung vor. Ferner verfaßte er zu einzelnen Dramen kurze Inhaltsangaben (*hypotheseis*) mit Bemerkungen an den Didaskalien und kurzen Werturteilen. Wegen seiner Methode der Worterklärungen gilt A. als Urheber der Lexikographie. **Lit.:** R. Pfeiffer, Geschichte der Klass. Philologie

I ([2]1978) 213–257. – C. K. Callanan, Die Sprachbeschreibung bei A. (1987).
   Aristoteles (gr. Aristoteles) aus Stageira, griech. Philosoph, 384–322 v. Chr.; nach seinem Geburtsort auch der Stagirite genannt, Sohn des Arztes Nikomachos; 367–347 Schüler Platons in der Akademie. Nach Platons Tod ging A. nach Kleinasien; von 342–335 war er Lehrer Alexanders d.Gr.; um 335 gründete er eine eigene Schule in Athen, das Lykeion. Da A. nach Alexanders Tod in der Gefahr stand, als Makedonier in Athen des Hochverrats angeklagt zu werden, floh er 323 nach Chalkis auf Euböa, wo er ein Jahr später starb. Nur ein Teil seiner Werke ist überliefert: die sog. esoter., d. h. für den Schulgebrauch gedachten, Schriften. Im Unterschied zu den nicht erhaltenen exoter., d. h. an ein breiteres Publikum gerichteten, Schriften waren diese nicht zur Herausgabe bestimmt. Trotz ihres knappen und mitunter brüchigen Schreibstils bieten sie doch große Präzision im Detail und ein hohes Maß an log. Stringenz. A.' Werk zeichnet sich durch eine Vielfalt systematisch differenzierter Forschungsgebiete aus. Als Ausgangspunkt seiner Untersuchungen dient A. oft der Sprachgebrauch. Durch log. Analysen der Bedeutungsmannigfaltigkeit einzelner Ausdrücke gelangt er zu tieferliegenden sachl. Strukturen. Seine Beispiele wählt A. aus der tägl. Erfahrung, wodurch seine Philosophie ein hohes Maß an Plausibilität gewinnt. In seinem sich durch einen großen Facettenreichtum auszeichnenden Denken begegnet man stets wiederkehrenden Unterscheidungen: Ding (Substanz, gr. *usia*) und Eigenschaft (Akzidens, gr. *symbebekos*), Stoff (gr. *hyle*) und Form (gr. *eidos*), Möglichkeit (gr. *dynamis*) und Verwirklichung (gr. *energeia*). Ferner durchzieht sein Gesamtwerk eine Kritik an Platons Ideenlehre. Anders als Platon sucht A. das Wesen der Dinge nicht in den von den Sinnendingen losgelöst existierenden Ideen (Formen), sondern in den Sinnendingen selbst. Methodisch geht A. von der Wahrnehmung des Einzelnen

aus, um aus ihr durch Analyse und Abstraktion zur Erkenntnis der allg. Gründe zu gelangen. Seinen Vorgängern warf er oft vor, die Theorie über die Tatsachen gestellt zu haben. Wissen (*episteme*) ist für A. primär ein Wissen aus Ursachen (vgl. die Vier-Ursachen-Lehre: Stoff-, Form-, Wirk- und Zweckursache). A. gliedert das Wissen in drei Bereiche: prakt., herstellendes (»poiet.«) und theoret. Wissen. Während das Ziel des prakt. Wissens in der Handlung und das des herstellenden in der Herstellung liegt, besteht das Ziel des theoret. Wissens im Wissen selbst. Zum prakt. Wissen zählen Ethik und Politik, zum herstellenden Kunst und Technik, und das theoret. Wissen gliedert A. in die Gebiete Mathematik, Physik und Metaphysik. Nach der von Andronikos überlieferten Sammlung gliedert sich das Werk wie folgt: (1) log. Schriften (später *Organon*, gr., »Werkzeug« genannt): *Kategorien, Lehre vom Satz, Erste Analytik, Zweite Analytik, Topik, Sophist. Trugschlüsse*; (2) naturwissenschaftl. Schriften: *Physik, Über die Seele, Vom Leben der Tiere, Vom Himmel*, u. a.; (3) *Metaphysik* (von A. »erste Philosophie« genannt); (4) eth. und polit. Schriften: *Nikomach. Ethik, Politik* u. a.; (5) ästhet. Schriften: *Rhetorik, Poetik*.

(1) A. gilt als Begründer der formalen Logik. Die log. Schriften handeln von Begriffen, von deren Zusammensetzungen zu Urteilen und von der Verknüpfung von Urteilen zu Schlüssen. Die gültigen Schlüsse werden in der von A. in der *Ersten Analytik* begründeten Syllogistik (Lehre vom richtigen Schließen) behandelt, bei der aus zwei Prämissen (Ober- und Untersatz) auf eine Konklusion geschlossen wird. Die *Zweite Analytik* handelt über erkenntnis- und wissenschaftstheoret. Fragen. In den *Kategorien* legt A. eine Differenzierung der Grundbegriffe dar, auf die alles Seiende zurückzuführen ist. Die Klassifizierung von Kategorien (von griech. *kategorein*, »aussagen«) ist eine Klassifizierung von Prädikattypen. Über einen Gegenstand lassen sich je nach Gesichtspunkt unterschiedl. Aussagen bilden: entweder über das individuelle Ding (Substanz) oder über dessen Qualitäten, Quantitäten und Relationen zu anderen Dingen. Verschiedene Kategorien bezeichnen verschiedene Seinsweisen. A. nahm zehn solcher Kategorien an: Substanz, Quantität, Qualität, Relation, Ort, Zeit, Tun, Leiden, Haltung, Lage. Von diesen ist die Substanz insofern zentral, als nur sie im Unterschied zu den übrigen Kategorien selbständig zu existieren vermag. – (2) Gegenstand der *Physik* ist das sich durch Veränderlichkeit auszeichnende Naturseiende. A. unterscheidet vier Arten der Veränderung: substantiale, quantitative, qualitative und räuml. Veränderung. Ging Platon von der Unerkennbarkeit des Veränderlichen aus, so sieht A. die wissenschaftl. Erkenntnis der Naturdinge in den sie konstituierenden Prinzipien begründet, die als allg. Prinzipien das Bleibende bei einem jeden Werdeprozeß darstellen. Ausgangspunkt der Prinzipienanalyse ist unsere Rede über Naturprozesse. A. nimmt an, daß jedes Werden ein Zugrundeliegendes (gr. *hypokeimenon*) erfordert, das im Werdeprozeß eine bestimmte Formung erhält. Von hier aus gelangt A. zur Unterscheidung von Form (als Prinzip der Bestimmtheit, Allgemeinheit und Konstanz) und Stoff (als Prinzip der Unbestimmtheit, Besonderung und Veränderung): z. B. bilden der Stoff Erz und die Statuenform zusammen eine konkrete eherne Statue. Form und Stoff sind keine materiellen, sondern log. Bestandteile des Naturdings. Als solche können sie zwar voneinander unterschieden werden, nicht aber voneinander getrennt existieren. Eine Form existiert nur als die Form dieses oder jenes Einzeldings. Ausnahmen sind das höchste Seiende (das Göttliche), das A. als Form ohne Stoff versteht, und der Grenzbegriff eines ersten Stoffes (gr. *prote hyle*). Das Begriffspaar Stoff und Form findet in der Unterscheidung von Möglichkeit und Verwirklichung eine weitere Erklärung. Ein Erzklumpen ist z. B. der Möglichkeit nach eine Statue. Veränderung

ist die Verwirklichung des dem Vermögen nach Seienden als solchen. Wie die Form vor dem Stoff, so hat auch die Aktualität vor der Potentialität einen Vorrang. Eng damit verbunden ist A.' teleolog., d.h. ziel- bzw. zweckorientierte (von griech. *telos*, »Ziel«), Betrachtungsweise der Natur. – (3) In der *Metaphysik* geht A. der Frage nach dem grundlegenden Seienden nach. Er fragt einerseits in einem allg. Sinne nach dem Seienden als Seienden (Ontologie) und andererseits in einem speziellen Sinne nach dem höchsten Seienden (Theologie). Da A. das primär Seiende in der Substanz erblickt, kann er die Frage nach dem Seienden auf eine Frage nach der Substanz reduzieren. Substanz meint dabei weniger das Einzelding, als vielmehr dessen Wesenheit oder Form. Das höchste, göttl. Seiende (gr. *theion*), von dem her und auf das hin alles Seiende Ordnung erhält, liegt als unbewegter Beweger aller Bewegung zugrunde. Seine Tätigkeit besteht im sich selbst denkenden Denken (gr. *noesis noeseos*). – (4) Gegenstand der *Ethik* ist das menschl. Handeln. Sittl. Haltung resultiert für A. nicht schon aus dem Wissen von dem, was gut ist. A. betont, daß das Ziel der Ethik nicht die Erkenntnis, sondern das Handeln sei: »Wir führen die Untersuchung nicht, um zu erkennen, was Gutsein ist, sondern um gute Menschen zu werden« (Nikomach. Ethik 2, 2). Seinem realist. Ansatz folgend fragt A. nicht nach der Idee eines absolut Guten, sondern nach dem menschlich erreichbaren Guten. In der *Nikomach. Ethik* umkreist A. den Begriff der Tugend (gr. *arete*) und des Glücks (gr. *eudaimonia*). Er unterscheidet zwischen sittl. Tugenden (z.B. Tapferkeit, Gerechtigkeit), die A. als ein Mittleres zwischen zwei zu vermeidenden Extremen versteht, und Tugenden des Verstandes (z.B. Weisheit, prakt. Klugheit), die u.a. dazu dienen, das Richtige im Handeln zu finden. Das Glück, d.h. das gute und gelingende Leben, versteht A. als eine Tätigkeit der Seele in Übereinstimmung mit der Tugend. Als höchstes Ziel ist sie ein Gutes,

das von allen Menschen um seiner selbst willen erstrebt wird. Da für A. die Tugend eines jeden Lebewesens in der vollkommenen Ausbildung der ihm eigentüml. Tätigkeit besteht und da sich der Mensch von anderen Lebewesen durch seine Vernunft auszeichnet, besteht sein Glück bes. in einer Tätigkeit gemäß den Tugenden des Verstandes. In engem Zusammenhang mit der *Ethik* steht die *Politik*. In ihr geht A. vom Menschen als ein in Gemeinschaft mit anderen existierendes Lebewesen (gr. *zoon politikon*) aus. Da diese in verschiedenen Gestalten (Familie, Gemeinde, Staat) auftretenden Gemeinschaften Ausdruck der menschl. Natur sind, ist der Staat als eine natürl. Entität zu betrachten, als welche er ein Ziel hat: die Erhaltung, Sicherung und Vervollkommnung des guten Lebens seiner Bürger. A. faßt auch den Staat realistisch auf: Der Staatsmann darf nie ideale polit. Verhältnisse erwarten, sondern soll mit der bestmögl. Verfassung die Menschen auf bestmögl. Weise regieren. Gute Staatsformen sind Monarchie, Aristokratie, gemäßigte Demokratie; schlechte Staatsformen sind Tyrannis, Oligarchie und Ochlokratie. – (5) Zu A.' ästhet. Schriften zählen die *Rhetorik* und die *Poetik*. Das Ziel der *Poetik* besteht nicht in der Vermittlung von Kriterien zur Beurteilung eines Kunstwerks, sondern in der Beantwortung der Frage, wie man es herstellt. Zentrale Gedanken der Dichtkunst sind: das Entstehen der Kunst aus dem Antrieb zur Nachahmung (gr. *mimesis*); die Einheit von Handlung, Zeit und Ort; die Reinigung (gr. *katharsis*) der Seele von den sie überwältigenden Affekten als Ziel der Tragödie. **Lit.:** W. Bröcker, A. (1964). – I. Düring: A. Darstellung und Interpretation seines Denkens (1966). – J. Barnes, A. (1982). – GGGA (1999).

Aristoxenos aus Tarent, griech. Musiktheoretiker, Biograph und Philosoph, geb. ca. 370 v. Chr., Schüler des Aristoteles, den er jedoch als Nachfolger in der Leitung des Peripatos nicht beerben konnte. Von seinen 453 zumeist nur dem Titel nach überlieferten Schriften betrafen viele Musik, Philosophie, *Historia* und »jegliche Form von Gelehrsamkeit« (Suda). Zudem gilt A. als Schöpfer der peripatet. Biographie: Fragmente seiner Lebensbeschreibungen (*Bioi*) von Philosophen, so z. B. des Archytas, Sokrates oder Platon, sind erhalten, wobei diese oft mit häm. Kritik versehen sind, was ihm schon in der Antike den Ruf des Finsteren und Schmähsüchtigen einbrachte. Mit seinen *Elementen der Harmonik* (drei Bücher, in vermutl. nicht authent. Form überliefert) und den *Elementen der Rhythmik* (teilw. erhalten) gilt A. auch als Begründer der ›Musikwissenschaft‹. Er erweist sich dabei durchweg als Vertreter der alten, strengen Musik. **Lit.:** F. Wehrli, Die Schule des Aristoteles II (1945). – A. Barker, Greek Musical Writings II (1989).

Arius ↗ Areios (3)

Arkesilaos aus Pitane, griech. Philosoph, 316/15–241/40 v. Chr. A. war der Begründer der mittleren Akademie. Von ihm ist nichts Schriftliches überliefert. Um nicht in die Gefahr eines Irrtums zu geraten, forderte A., sich jegl. Urteils (*epoche*) zu enthalten, was seiner Lehre eine skept. Richtung gab (Skeptizismus). Da die Wirklichkeit nicht erkannt werden könne, sei nur die Wahrscheinlichkeit (*eulogon*) erreichbar, die aber für das Handeln des Menschen genüge. **Lit.:** A. A. Long/D. N. Sedley, Die Hellenist. Philosophen (1999).

Arminius (»Hermann der Cherusker«), ca. 16 v. Chr.–21 n. Chr., Heerkönig der german. Cherusker, stand ca. 4–6 n. Chr. als Führer der german. Hilfstruppen in röm. Diensten. Zurück in der Heimat überredete er die Germanen, sich von der röm. Herrschaft zu befreien. Im Herbst des Jahres 9 n. Chr. errang er einen glänzenden Sieg über die Legionen des Varus (Schlacht im Teutoburger Wald); die Römer mußten weitere Eroberungspläne in Germanien aufgeben. Nach weiteren Kämpfen gegen Römer und Markomannen wurde A. 21 von Verwandten ermordet. Seine

Frau Thusnelda wurde den Römern ausgeliefert und starb in Gefangenschaft. **Lit.:** D. Timpe, A.-Studien (1970). – R. Wiegels/W. Woesler (Hg.), A. und die Varusschlacht (1995).

Arnobius, nordafrikan. Rhetor um 300 n. Chr. A. war Konvertit, Verf. einer apologet. Schrift in sieben Büchern *Adversus nationes* (*Gegen die Heiden*), Lehrer des Laktanz. Er kritisierte aggressiv den Polytheismus und die Unsittlichkeit heidn. Mythen. Sein Stil ist lebhaft und emphatisch, seine Theologie stark synkretistisch. A. überliefert zahlreiche Bruchstücke aus antiken Schriften zur heidn. Religion. Justus Lipsius (gest. 1606) nannte ihn *Varro Christianus*. **Lit.:** A. Wlosok, in: HLL V (1989) 363–375.

Arrian, Lucius Flavius Arrianos, aus Nikomedeia, griech. Historiker, ca. 86–160 n. Chr., Schüler des Epiktet, dessen Lehre er aufzeichnete. A. begann seine polit. Karriere unter Hadrian; über 30 Jahre war er Statthalter in Kappadokien. Seine literar. Tätigkeit setzt nach 137 ein. Erhalten sind eine Beschreibung des Schwarzen Meeres (*Periplus*) und eine militär. Schrift (*Taktika*). In der sieben Bücher umfassenden *Anabasis* (in Anlehnung an Xenophon) und *Indike* schildert er die Kriegszüge Alexanders d. Gr. Zahlreiche andere Werke sind verloren. Arrian orientierte sich an der klass. Geschichtsschreibung des 5./4. Jh. v. Chr., ohne ein purist. Attizist zu sein. **Lit.:** A. P. Stadter, A. of Nicomedia (1980).

Arsakiden (gr., »Söhne des Arsakes«), Herrscherdynastie des Reichs der Parther, die sich auf Arsakes I. zurückführte.

Arsinoë, geb. um 316 v. Chr., Tochter des Ptolemaios I., Gattin des Königs Lysimachos von Thrakien, nach dessen Tod Gattin des Ptolemaios Keraunos, schließlich ihres Bruders Ptolemaios II.

Artabanos V., letzter König der Parther 213–224 n. Chr., aus dem Geschlecht der Arsakiden, verdrängte seinen Bruder Vologaeses VI. und behauptete sich gegen einen Angriff des röm. Kaisers Caracalla. 224 erlag er dem Aufstand des Perserfürsten Ardaschir, wodurch die Herrschaft im Iran von den Arsakiden auf das Geschlecht der Sasaniden überging.

Artabazos, seit 362 v. Chr. pers. Satrap, begleitete Dareios III. nach der Schlacht von Gaugamela gegen Alexander d.Gr. auf der Flucht, ging nach dem Tod des Perserkönigs zu Alexander über und erhielt die Satrapie Baktrien.

Artaphernes, pers. Feldherr und Neffe Dareios I., befehligte 490 v. Chr. gemeinsam mit Datis die Strafexpedition gegen Athen und Eretria; er fiel in der Schlacht bei Marathon.

Artaxerxes I., pers. Großkönig (465–424 v. Chr.), Sohn von Xerxes I., nahm den flüchtigen Themistokles auf und schloß 449 mit Athen den sog. Kallias-Frieden (Historizität umstritten), in dem das Perserreich und der 1. Att. Seebund ihre gegenseitigen Einflußsphären abgrenzten. Im Peloponnes. Krieg (431–404) agierte A. zurückhaltend, obwohl Sparta und Athen Kontakte mit ihm aufnahmen.

Artaxerxes II., pers. Großkönig (404–359 v. Chr.), Sohn von Dareios II., wehrte 401 in der Schlacht bei Kunaxa den Aufstand seines Bruders Kyros d.J. ab, konnte aber den Abfall Ägyptens nicht verhindern. 368–358 wurde seine Herrschaft durch einen Satrapenaufstand schwer erschüttert. A. galt als wenig energ. König, der für den Niedergang des Reiches mitverantwortlich war.

Artaxerxes III., pers. Großkönig (359–338 v. Chr.), Sohn von Artaxerxes II., bemühte sich mit Erfolg, die Königsgewalt wieder zu festigen, und unterwarf 343 Ägypten, das er nach über 60 Jahren wieder der pers. Herrschaft unterstellte. 338 fiel er einem Mordanschlag seines Ministers Bagoas zum Opfer.

Artemidor (1) (gr. Artemidoros) von Ephesos, griech. Geograph des 1. Jh. v. Chr., dessen Werke nur in Fragmenten erhalten sind. Seine als Periplus (Küstenbeschreibung) angelegten Werke wurden u.a. von Strabon und Plinius d.Ä. benutzt. **Lit.:** G. Hagenow, Unter-

suchungen zu Artemidors Geographie des Westens (1932). – B. Kramer, in: Archiv für Papyrusforschung 44 (1998) 189–208.

Artemidor (2) (gr. Artemidoros) von Daldis, ein in der 2. Hälfte des 2. Jh. n. Chr. geb. lyd. Verf. eines Handbuches zur Traumdeutung, vermutlich Anhänger der Stoa.

Artemisia (1) (lat. Artemisia), Tochter des Lygdamis von Halikarnassos. Als Vormund ihres Sohnes hatte sie um 480 v. Chr. die Herrschaft über Halikarnassos inne. A. nahm am Feldzug des Xerxes und an der Schlacht von Salamis teil.

Artemisia (2) (lat. Artemisia), Tochter des Hekatomnos von Mylasa, Schwester und Frau des Mausolos. Nach dessen Tod hatte sie zwischen 353 und 351 v. Chr. die Herrschaft über Karien und Rhodos und trieb den Bau des bereits von ihrem Gatten initiierten Grabmals nach Kräften voran, das Mausoleum von Halikarnassos, das zu den Sieben Weltwundern gerechnet wurde. Nach der antiken Überlieferung liebte A. ihren Mann (und Bruder) so sehr, daß sie ihre Knochen verbrannt, in eine Flüssigkeit gegeben und getrunken haben soll. **Lit.:** S. Hornblower, Mausolus (1982). – K. Stemmer (Hg.), Standorte. Kontext und Funktion antiker Skulptur (1995).

Asconius Pedianus, Quintus A.P., röm. Philologe aus Padua, ca. 3–88 n. Chr.; verfaßte zu zahlreichen Reden Ciceros Kommentare, von denen fünf erhalten sind: zu In Pisonem, Pro Scauro, Pro Milone, Pro Cornelio und In toga candida. **Lit.:** B.A. Marshall, A Historical Commentary on A. (1985).

Aspasia (lat. Aspasia) aus Milet, Gattin des Perikles. A. kam ca. 440 v. Chr. nach Athen, wo sie Perikles' zweite Gattin wurde. Die zeitgenöss. Komödie verspottete sie als Hetäre, deren Einfluß auf Perikles großen Schaden für Athen gebracht habe. 433/32 kam es zur Anklage gegen A. wegen Gottlosigkeit (Asebie) und Kuppelei; Perikles konnte nur mit Mühe einen Freispruch erwirken. Nach dem Tod des Perikles 429 heiratete A.

zum zweiten Mal und starb später in Athen.

Asinius Pollio ↗ Pollio

Asklepiades (1) aus Samos, griech. Dichter, um 300 v. Chr., einer der wichtigsten Epigrammatiker der sog. Jon.-Alexandr. Schule; nach ihm ist der Asklepiadeische Vers benannt. Ca. 40 Epigramme sind in der *Anthologia Palatina* überliefert. Die Mehrzahl bringt sympot. und erot. Themen, weitere sind Grab- und Widmungsepigramme. Bei A. findet sich erstmals das Motiv des Toten, der aus dem Kenotaph spricht. Auch hymn. und lyr. Dichtung ist nachgewiesen. **Lit.:** G. O. Hutchinson, Hellenistic Poetry (1988) 264–276. – A. Dihle/A.E. Raubitschek (Hgg.), L'Epigramme Grecque (EntrHardt 14) (1968).

Asklepiades (2) aus Kios (Bithynien), griech. Arzt in Rom, 1. Jh. v. Chr. A.' philosoph. Interessen galten vornehmlich der Lehre der Atomistik, die auch seine medizin. Ansichten beeinflußte. So erklärte er eine Krankheit als eine Störung des Flusses der unsichtbaren Partikeln, aus denen der Körper besteht. **Lit.:** J. T. Vallance, The Lost Theory of Asclepiades of Bithynia (1990).

Athanasios (295–373 n. Chr.), griech. Theologe, seit 328 Bischof von Alexandria, unversöhnl. Führer der Orthodoxen im Kampf gegen den Arianismus; er wird dafür fünfmal verbannt. Im Zentrum seiner Lehre steht die Verteidigung des Nicaenums, des Glaubensbekenntnisses des ersten ökumen. Konzils von Nikaia 325.

Athenagoras (gr. Athenagoras), griech. christl. Autor aus Athen, Ende 2. Jh. n. Chr. Erhalten ist eine an die Kaiser Mark Aurel und Commodus gerichtete Verteidigungsschrift mit dem Titel *Presbeia* (ca. 176/77), in der A. zu den traditionellen Vorwürfen gegen das Christentum (Atheismus, Inzest) Stellung nimmt. **Lit.:** W. R. Schoedel, A. (1972).

Athenaios aus Naukratis, griech. Schriftsteller, 2. Jh. n. Chr. In A.s Werk

Deipnosophistai (Gelehrte beim Gastmahl) unterhält sich eine fingierte Gesellschaft von 30 Gelehrten verschiedener Provenienz (Philosophen, Philologen, Juristen, Ärzte und Künstler) beim Gastmahl über Fragen menschl. Kultur, wobei der Hauptakzent auf der Literatur, der Kunst und Malerei liegt. Das Werk, das nicht vollständig überliefert ist, kann somit in die Tradition der sog. Symposialliteratur eingereiht werden, wie sie von Platon, Xenophon und Plutarch bekannt ist. Wegen der in den 15 Büchern versammelten unzähligen Zitate älterer Autoren (vornehmlich aus hellenist. Zeit, Mittlere und Neue Komödie), die z. T. nur über A. greifbar sind, stellen die *Deipnosophistai* ein Dokument von besonderem Wert dar. **Lit.:** C. Friedrich/Th. Nothers (1998–2001) [Übers., Komm.]. – G. Zecchini, La cultura storica di Ateneo (1989).

Attaliden, Bezeichnung für die Könige von Pergamon, beginnend mit Attalos I. (241–197 v. Chr.). Es folgten Eumenes II. (197–159) Attalos II. (159–138) und Attalos III. (138–133).

Attalos I. Soter, König von Pergamon 241–197 v. Chr.; anders als sein Vorgänger Eumenes I. verweigerte A. den Galatern die Tributzahlungen und schlug sie erfolgreich an den Kaikosquellen. Nach dem Sieg nahm A. den Beinamen Soter und den Königstitel an. 227 konnte er das pergamen. Reich bis zum Taurus ausdehnen, verlor die gewonnenen Gebiete 220 aber an Seleukos III. In den beiden Makedon. Kriegen (215–205 und 200–197) war A. treuer Verbündeter Roms. Anläßlich des Sieges über die Galater, der als Abwehrkampf der Griechen gegen die Barbaren verherrlicht wurde, ließ Attalos zahlreiche Kunstwerke in Pergamon, Athen und Delphi aufstellen, u. a. das sog. »Große Attal. Weihgeschenk«.

Attalos II. Philadelphos, König von Pergamon 159–138 v. Chr.; bevor A. selbst König wurde, unterstützte er seinen regierenden Bruder Eumenes II.; 190 trug er entscheidend zum Sieg der Römer über Antiochos III. bei. Im Krieg der Römer gegen Perseus (171–168) war A. treuer Verbündeter Roms, was er während seiner gesamten Herrschaft blieb. Als Förderer der Kunst setzte A. die Bauten am Zeusaltar fort und schickte Künstler und Geld nach Delphi.

Attalos III. Philomętor, König von Pergamon 138–133 v. Chr., Sohn des Eumenes II.; A. galt als Sonderling, der sich mehr für Botanik und Landwirtschaft als für Politik interessierte. 133 vermachte er sein Reich testamentarisch den Römern, erklärte aber Pergamon und die Griechenstädte für frei. Trotz der Verfügung des A. kam es nach seinem Tod zum Aufstand des Aristonikos. **Lit.:** J. Hopp, Untersuchungen zur Geschichte der letzten Attaliden (1977). – R.E. Allen, The Attalid Kingdom (1983). – H.J. Schalles, Untersuchungen zur Kulturpolitik der pergamen. Herrscher im 3. Jh. v. Chr. (1985).

Atticus, Tįtus Pompǫnius A., 110–32 v. Chr., reicher röm. Ritter, Freund Ciceros. Den Beinamen A. erhielt er, weil er ca. 20 Jahre lang (86–65) in Athen lebte und der Stadt große Wohltaten erwies. Anders als Cicero hatte sich A. nicht für eine polit. Karriere entschieden, sondern widmete sein Leben der Kunst und den Wissenschaften. Sein Briefwechsel mit Cicero und Nepos' *Vita* geben Zeugnis von seinem Leben. Er besaß eine große Bibliothek, war selbst schriftstellerisch tätig (Verf. eines *Liber annalis,* einer tabellarisch angeordneten Weltgeschichte) und sorgte für die Veröffentlichung der Werke Ciceros. **Lit.:** D.R. Shackleton Bailey, Cicero's Letters to A. I (1965).

Attila, König der Hunnen 434–453 n. Chr.; A. regierte zunächst mit seinem Bruder Bleda, den er 445/46 ermorden ließ. Er besetzte die röm. Provinzen auf dem Balkan und zwang den oström. Kaiser Theodosius zu höheren Tributzahlungen. 451 fiel A. in Gallien ein, wurde aber von Aëtius im Bunde mit den Westgoten zum Rückzug gezwungen. Im folgenden Jahr zog er nach Italien, von einer Belagerung Roms konnte

ihn Papst Leo jedoch abhalten. 453 starb A. in seinem Standlager in Pannonien. Im Nibelungenlied lebte A. als König Etzel weiter. **Lit.:** A. Altheim, A. und die Hunnen (1951).

Aŭctor ad Heręnnium, unbekannter Autor eines zwischen 87 und 82 v. Chr. verfaßten lat. rhetor. Handbuchs mit eher prakt. als theoret. Einschlag, das einem gewissen Herennius gewidmet und unter dem Namen Ciceros überliefert ist. Dieser galt zunächst als Verf., zumal mit dessen Jugendschrift *De inventione* zahlreiche Berührungspunkte erkennbar sind – die popularist. Grundhaltung des A. paßt jedoch nicht zu Cicero –, später wurde der Neoteriker Cornificius als Urheber vermutet. Der A. legt zwar das System des Hermagoras zugrunde, steht aber in der Tradition der sog. *rhetores Latini,* die an die Stelle des griech. Unterrichts eine lat. Rhetorik mit röm. Vorbildern und eigener Terminologie setzen wollten. Diese Schule, die das Erlernen der Redekunst von der Beherrschung des Griechischen unabhängig machte, war schon 92 v. Chr. aus angeblich polit.-moral. Gründen durch Zensorenedikt aufgehoben worden. **Lit.:** M. Fuhrmann, Das systemat. Lehrbuch (1960) 41–58; 156–162.

Aufįdius, röm. Gentilname; das plebeische Geschlecht der Aufidier ist seit dem 2. Jh. v. Chr. in Rom nachweisbar. Bekanntester Vertreter war Aufidius Bassus, ein angesehener Geschichtsschreiber und Epikureer, den Seneca 60 n. Chr. in hohem Alter in Rom traf. A. schrieb ein Werk über den Krieg mit den Germanen sowie Historien. Sein Fortsetzer war Plinius der Ältere.

Augustįnus, Auręlius A., aus Thagaste (Algerien), lat. Kirchenvater, 13.11.354–28.8.430 n. Chr. (in Hippo Regius, heute Annaba, Algerien). Der Sohn eines heidn. Beamten und der Christin Monnica studierte in Madaura Grammatik und in Karthago Rhetorik. Ciceros rhetor. Schriften waren ihm Vorbild, dessen *Hortensius* ›bekehrte‹ ihn im Alter von 19 Jahren zur Philosophie. 374 wirkte er als Rhetoriklehrer in

Thagaste, 375 in Karthago, 383 machte er einen Karrieresprung und wurde nach Rom berufen. Zur Berühmtheit seines Fachs geworden, ging er auf Empfehlung des Stadtpräfekten Symmachus an den kaiserl. Hof nach Mailand. Noch in Afrika hatte sich A., da ihm der Anthropomorphismus des Alten Testaments abstieß, der Sekte der Manichäer angeschlossen, ihr aber 382 aufgrund von Widersprüchen in deren Lehre und einer enttäuschenden Begegnung mit dem Manichäerbischof Faustus den Rücken gekehrt. Der Weggang nach Rom und die Trennung von der Mutter (383) waren somit auch in der geistigen Entwicklung ein Einschnitt. A. wandte sich zunächst der akadem. Skepsis zu. In Mailand kam er, bes. durch den ihn auch persönlich beeindruckenden Kirchenlehrer und Bischof Ambrosius, mit Plotins und Porphyrios' Schriften und dem neuplatonist. gefärbten Christentum in Berührung. Die allegor. Deutung des Alten Testaments nahm in seinen Augen dessen Anstößigkeit. A.' Weg zum christl. Glauben führte zunächst über den Intellekt. Später fand er zu Askese und Weltentsagung. Er trennte sich von seiner Lebensgefährtin, mit der er einen Sohn (Adeodatus) hatte. Auf dem Landgut Cassiciacum pflegte er mit einem kleinen Kreis von Freunden und der Mutter eine neuplaton.-christl. Lebensform; es entstanden Schriften, die A.' Neubesinnung dokumentieren, wie die *Soliloquia* (*Selbstgespräche*), *Contra Academicos* (Dialog, *Gegen die philosoph. Richtung der Akademiker*). In der Osternacht 387 wurde er zusammen mit seinem Sohn von Ambrosius in Mailand getauft. 388 kehrte A. nach Afrika zurück, 391 wurde er in Hippo Regius zum Presbyter ordiniert, 395 zum Mitbischof geweiht. Hatten bisher philosoph. Schriften und die Nähe zum Platonismus sein literar. Schaffen bestimmt, wandte A. sich nun in Predigten, dogmat. Schriften (z. B. *De trinitate/Über die Dreifaltigkeit*) und polem. Traktaten (bes. gegen die Manichäer, Donatisten, Pelagianer, Arianer) kirchl. Streitfragen

zu. Die vier Bücher *De doctrina christiana* sind ein Lehrbuch zu Hermeneutik, Homiletik und schließlich zur Wissenschaftstheorie. Es steht in Anlehnung und Konkurrenz zu Ciceros Schriften *De oratore* und *Orator*. Aus den über 90 Werken des A. ragen zwei an Bedeutung heraus. Die *Confessiones* (*Bekenntnisse*, 13 Bücher, entstanden 396/97−400/01) sind stilisierte Autobiographie (Buch 1− 9) Selbstprüfung (Buch 10) und Exegese (Buch 11−13). *De civitate Dei* (*Über den Gottesstaat*, 22 Bücher) ist entstanden nach der Einnahme Roms durch Alarich (410 n. Chr.) Es verteidigt die christl. Religion gegen den Vorwurf, die Abkehr von den alten Göttern habe Roms Katastrophe heraufbeschworen. Im 1. Teil (Buch 1−10) erfolgt, bes. gestützt auf die Schriften Varros, eine Abrechnung mit dem heidn. röm. Staat auf den Gebieten Geschichte, Staatsreligion und Philosophie, der 2. Teil (Bücher 11−22) zeigt die Weltgeschichte im Spannungsfeld zwischen Gottesstaat und Weltstaat. Diese Vorstellung und die von A. entwickelte Abfolge von sechs Weltaltern hat das MA nachhaltig beeinflußt. Das erhaltene literar. Werk des A. ist ein Markstein in der fruchtbaren Zusammenführung antiken und christl. Denkens. Lit.: P. Brown, A. of Hippo (1967, dt. ²1982). − LACL (1998).

Augustus, Gaius Octavius; Gaius Caesar, erster röm. Kaiser 27 v. Chr.−14 n. Chr., Begründer des Prinzipats; geb. 63 v. Chr. in Rom als Sohn des C. Octavius und der Atia, einer Nichte Caesars; 46 durfte A. an Caesars afrikan. Triumph teilnehmen, 45 folgte er seinem Großonkel an den Kriegsschauplatz nach Spanien. Da A. auch an dem geplanten Partherfeldzug Caesars teilnehmen sollte, wurde er 45 nach Apollonia vorausgeschickt. Hier erfuhr er 44 von der Ermordung seines Großonkels, der ihn testamentarisch adoptiert und als Haupterben eingesetzt hatte. A. nahm das Erbe an und nannte sich von nun an C. Caesar (der Name Octavianus wurde von A. selbst nie verwendet). Nach anfängl. Konflikten mit Mark Anton und

Lepidus schloß A. 43 ein Bündnis mit ihnen zur Neuordnung des Staates (sog. 2. Triumvirat), mußte aber den Proskriptionen und Landverteilungen an die Veteranen zustimmen. Einer der Proskribierten, der Flottenkommandant Sextus Pompeius besetzte daraufhin Sizilien. A. mußte jedoch zunächst den Kampf gegen die Caesarmörder Brutus und Cassius beenden, die 42 in der Schlacht von Philippi besiegt wurden. Wegen der Landverteilungen an die Veteranen kam es zu erneuten Spannungen zwischen A. und Mark Anton, die 40 durch einen in Brundisium abgeschlossenen Vertrag zunächst bereinigt werden konnten. A. erhielt den Westen, Antonius den Osten des Reiches, Lepidus Afrika. 37 wurde das Triumvirat auf weitere fünf Jahre verlängert. 36 konnte A. durch seinen Feldherrn Agrippa den entscheidenden Sieg über Sextus Pompeius erringen. Als Lepidus daraufhin Sizilien für sich beanspruchte, zwang A. ihn, aus dem Triumvirat auszuscheiden. 35–33 führte A. militär. Unternehmungen im illyr. Raum durch, Mark Anton war wegen seines erfolglosen Feldzuges gegen die Parther in immer größere Abhängigkeit von der ägypt. Königin Kleopatra VII. geraten. Als sich Mark Anton 32 weigerte, seine Triumviralgewalt niederzulegen und zudem sein Testament mit Landschenkungen an Kleopatra und deren Kinder bekannt wurde, konnte A. den Senat dazu veranlassen, Kleopatra den Krieg zu erklären. In der Schlacht von Actium am 2. September 31 errang A. den entscheidenden Sieg, am 1. August 30 kapitulierte Alexandria, Mark Anton und Kleopatra begingen Selbstmord. Damit waren die Kriege beendet, am 11. Januar 29 wurde der Janus-Tempel in Rom geschlossen zum Zeichen, daß im gesamten Reich Frieden herrsche. – Am 13. Januar 27 legte A. alle Vollmachten nieder und gab dem Senat die Verfügungsgewalt über die Republik zurück. Die Senatoren baten ihn jedoch, weiterhin für das Wohl des Staates zu sorgen, statteten ihn mit außerordentlichen Vollmachten – zunächst auf

10 Jahre begrenzt – aus und verliehen ihm den Titel *Augustus*. Damit war der Übergang von der Republik zum Prinzipat vollzogen. Das Wort (lat. *augere*, »vermehren«, und *augurium*, »glückverheißendes Zeichen«) zeichnete den Träger einer nahezu übermenschl. Macht aus, die Gedeihen und Wachstum verhieß. Die innere Kraft Roms suchte A. am Vorbild »alter Tugenden« zu steigern; Kulte und Tempel wurden erneuert und Gesetze gegen einen »Verfall der Sitten« (Luxus, Ehebruch) in Kraft gesetzt. Die von Maecenas geförderten Dichter kündeten vom »neuen Zeitalter«, prächtige Bauten veränderten das Stadtbild Roms nachhaltig: Auch deshalb führten alle künftigen Kaiser den Titel A. – Im Sommer 27 begab sich A. nach Gallien, anschließend nach Spanien, wo es zum Krieg mit den Kantabrern kam; nach dem Sieg kehrte A. 24 nach Rom zurück; um republikan. Strömungen im Senat Rechnung zu tragen, legte A. 23 das Konsulat nieder und nahm dafür die *tribunicia potestas* auf Lebenszeit an. Im September 22 brach A. zu einer Reise in den Osten auf, in Syrien traf er 20 mit dem König der Parther zusammen, der ihm die Feldzeichen, die Crassus 53 verloren hatte, zurückgab. Im Oktober 19 kehrte A. nach Rom zurück. 17 adoptierte er die Söhne des Agrippa, C. und L. Caesar als mögl. Nachfolger. Anschließend feierte er vom 1.–3. Juni mit den Säkularspielen den Anbruch eines neuen Zeitalters. Horaz verfaßte dafür das *carmen saeculare*. Unruhen an der Rheingrenze zwangen A. zu einer Reise nach Gallien. Anläßlich seiner Rückkehr am 4. 7. 13 wurde ihm zu Ehren die Ara Pacis gelobt, vier Jahre später erfolgte die Einweihung. 2 v. Chr. wurde A. der Titel *pater patriae*, »Vater des Vaterlandes« verliehen. Als kurz hintereinander L. und C. Caesar starben (2 und 4 n. Chr.), mußte sich A. erneut mit dem Problem der Nachfolgeregelung befassen. Er adoptierte Tiberius und Agrippa Postumus, der im Jahre 6 verbannt wurde. Am 13. April 13 verfaßte A. sein Testa-

ment, das er zusammen mit seinem Ta-
tenbericht, den *Res gestae*, im Vestatempel hinterlegte; am 19. August 14 starb
A. in Nola, Tiberius trat die Nachfolge
an. **Lit.:** W. Eck, A. und seine Zeit
(1998). – J. Bleicken, A.(1998). – D.
Kienast, A. Prinzeps und Monarch
(³1999).

Aurelian, Lucius Domitius Aurelianus, röm. Kaiser September 270-Sept./
Okt. 275 n. Chr. Geb. um 214; unter
Claudius Gothicus Heerführer; nach
dessen Tod und dem Selbstmord seines
Bruder Quintillus riefen die Legionen A.
im September 270 zum Kaiser aus; A.
gab den Besitz Dakiens nördl. der Donau auf und richtete in Mösien die Provinz Dacia ein; die Herrschaft der Zenobia und des Vaballathus in Syrien und
Ägypten wurde von A. anerkannt; 271
besiegte er die Germanen und kehrte
anschließend nach Rom zurück; er umgab die Stadt mit einer neuen Stadt-
mauer und führte eine Münzreform
durch; 272 kämpfte A. gegen die Goten
in der Nähe der Donau, 274 feierte er einen Triumph in Rom; 275 zog A. in die
Donauprovinzen, Sept./Okt. 275 wurde
er von seinen eigenen Soldaten ermordet. **Lit.:** R. T. Saunders, A Biography of
the Emperor A. (1992). – A. Göbl, Die
Münzprägung des Kaisers A. (1995). –
DRK (1997).

Ausonius, Decimus A. Magnus, aus
Bordeaux, lat. Redner und Dichter, ca.
310–400 n. Chr. A. war zunächst nach
gründl. Rhetorikausbildung in Bordeaux und Toulouse in seiner Heimat
als Lehrer tätig. Wohl um 367 wurde er
von Kaiser Valentinian I. als Prinzenerzieher nach Trier berufen. Dort entstand
auch der größte Teil seiner Sammlung
von unterschiedl. Gelegenheitsgedichten, Epigrammen und metr. Briefen.
Aus ihnen ragt das Epyllion über die
Mosel (*Mosella*) als das bekannteste heraus. **Lit.:** R. P. H. Green, The Works of A.
(1991) [Ausg., Komm.].

Avian (Avianus, vielleicht auch Avia-
nius oder Avienus), lat. Dichter, 4. Jh. n.
Chr. A. verfaßte in enger Anlehnung an
Babrios, den er vielleicht aus einer lat.

Paraphrase kannte, eine Sammlung von
42 Fabeln in Distichen, die im MA als
Schulbuch weit verbreitet war. **Lit.:** H. C.
Schnur, Fabeln der Antike (²1985) [lat.-
dt. in Auswahl].

Babrios, ›griech.‹ Fabeldichter, 2. Jh.
n. Chr. B., der im Osten (Syrien) lebte,
doch wahrscheinlich ital. Herkunft war
(bestimmte Eigentümlichkeiten des
Versbaus deuten auf einen Verf. mit latein. Muttersprache hin, ebenfalls sein
Name). B. war der Herausgeber einer
nach dem Vorbild des Kallimachos in
Choljamben verfaßten Sammlung von
Fabeln (die Suda erwähnt 10 Bücher),
die sich dem Versmaß gemäß eines relativ vulgären, umgangssprachl. Griechisch (Koine) mit jon. Färbung bedie-
nen; sie gehen z. T. auf Äsop zurück,
können andererseits novellist. und anekdotenhaften Ursprungs sein, manche
stellen paradoxograph. Notizen dar. B.'
Sammlung, von der heute noch 143
Stücke erhalten sind, wurde teilw. schon
früh ins Latein. übertragen (sowohl in
Prosa als auch in Dichtung) und fand
Eingang in den antiken Schulunterricht.
Lit.: L. Herrmann, B. et ses poèmes
(1973) – H. C. Schnur, Fabeln der Antike (²1985) [griech.-dt. in Auswahl].

Bakchylides (gr. Bakchylides),
griech. Chorlyriker von der Insel Keos,
ca. 520– nach 450 v. Chr., Neffe des Simonides und Rivale Pindars. Seit 1897
ist das Werk des B. durch einen Papyrusfund bekannt. Erhalten sind 14 Epinikien und sechs Dithyramben, die im
Gegensatz zu Pindar keine expliziten
Bezüge zum Dionysoskult aufweisen.
Lit.: B. Gentili, B. (1958). – B. Zimmermann, Dithyrambos (1992) 64–115.

Basilius d.Gr., bedeutender Bischof
und Theologe aus Caesarea, ca. 330–
379 n. Chr., neben seinem Bruder Gregor von Nyssa und Gregor von Nazianz
einer der drei »großen« Kappadokier.
Seine Ausbildung erhielt er in Kappado-

kien, Konstantinopel und Athen. In Caesarea war er als Rhetoriklehrer tätig, bevor er sich einem Leben in Askese und der christl. Philosophie widmete. In seiner *Mahnschrift an die Jugend* spricht er der sorgsam ausgewählten Lektüre auch heidn. Autoren, bes. der der griech. Klassiker wie Homer, Hesiod oder Platon, hohen pädagog. Wert zu. In seinen Briefen bemüht sich B. um die Einheit der Kirche. Seine in den *Asketika* zusammengefaßten Mönchsregeln gelten bis heute als Grundlage des östl. Mönchtums. **Lit.:** P. Fedwick (Hg.), Basil of Caesarea I-II (1981).

Belisar (gr. Belisarios), bedeutender Feldherr unter Kaiser Justinian I., ca. 505–565 n. Chr. Geb. um 505 in Germania an der thrak.-illyr. Grenze, bewährte sich B. zunächst als Gardeoffizier des damaligen *magister militum* Justinian. 526 wurde er zum *dux Mesopotamiae,* 529 zum *magister militum Orientis* ernannt. 532 war er an der Niederwerfung des Nika-Aufstandes beteiligt. Im selben Jahr heiratete er Antonina, die mit der Kaiserin Theodora eng befreundet war. 534 vernichtete B. das Vandalenreich, 535–540 und 544–548 kämpfte er gegen die Ostgoten, 559 gegen die Hunnen. 562 wurde B. wegen einer Verschwörung angeklagt, im Jahr darauf aber freigesprochen. Hauptquelle für B. ist Prokop, der ihn bis 542 auf seinen Feldzügen begleitet hatte. **Lit.:** B. Rubin, Das Zeitalter Justinians I-II (1960–95).

Berenike, Tochter des kyren. Königs Magas, seit 247 v. Chr. Gattin des Königs Ptolemaios III. Euergetes. B. weihte der Göttin Aphrodite aus Dankbarkeit, daß ihr Mann 246 wohlauf aus dem Krieg gegen Syrien zurückgekommen war, eine schöne Locke ihres Haares, die der königl Astronom zu einem neuen Sternbild erklärte. Der Geschichte der B. widmeten sich die Dichter Kallimachos (Aitien, 4. Buch) und Catull (66. Gedicht).

Bessos, unter Dareios III. pers. Satrap in Baktrien. Nach der Schlacht bei Gaugamela (330 v. Chr.) tötete er den flüchtigen Dareios und usurpierte den Thron als »Artaxerxes IV.«. 329 wurde er von Alexander d.Gr. gefangengenommen und hingerichtet. **Lit.:** H. Berve, Alexanderreich II (1926) Nr. 212.

Bias, im frühen 6. Jh. v. Chr. führender Staatsmann in Priene; einer der Sieben Weisen. Bereits zu Lebzeiten erwarb sich B. den Ruf eines weisen Staatslenkers. Er soll u. a. einen Streit zwischen Priene und Samos geschlichtet und den Lyderkönig Alyattes durch eine List von der Belagerung Prienes abgehalten haben. Später wurden ihm zahlreiche weise Aussprüche in den Mund gelegt. Wie Thales, Pittakos und Solon wurde B. stets zu den Sieben Weisen gezählt. **Lit.:** P. v.d. Mühll, Was war B. von Priene?, in: Museum Helveticum 22 (1965) 178–180.

Bion (1) von Borysthenes, griech. Philosoph, ca. 335–245 v. Chr. B. durchlief die Ausbildung mehrerer Philosophenschulen und betätigte sich dann als kyn. Wanderprediger. Man wird ihm eine große Rolle in der Ausbildung der Diatribe zuschreiben müssen. Um seine Person rankte sich eine Vielzahl von Anekdoten. **Lit.:** J. F. Kindstrand, B. of Borysthenes (1976).

Bion (2) von Smyrna, griech. Dichter, um 100 v. Chr. B. gilt als der letzte uns noch namentlich bekannte griech. Bukoliker, dessen Werke fragmentarisch erhalten sind und kleinere bukol. und erot. Gedichte, abgefaßt im daktyl. Hexameter, umfassen; daneben wird ihm der *Epitaphios auf Adonis,* ein hexametr. Gedicht kult.-hymn. Charakters, zugeschrieben; über sein Leben ist nur wenig bekannt. **Lit.:** B. Effe (Hg.), Theokrit und griech. Bukolik (1986).

Boethius, Ancius Manlius Severinus B., röm. Philosoph und Politiker, ca. 480–524 n. Chr. B. stand im Dienst des Ostgotenkönigs Theoderich und bekleidete hohe Staatsämter (510 Konsul, 522 *magister officiorum*), befürwortete aber die Wiederherstellung der oström. Herrschaft in Italien. Deshalb setzte er sich 522 für den Konsular Albinus ein, der wegen Hochverrats angeklagt war. Die Anklage wurde auf B. ausgedehnt, er wurde in Pavia inhaftiert und 524 hingerichtet. Im Kerker verfaßte er sein Hauptwerk in fünf Büchern, *Trost der Philosophie* (*De consolatione philosophiae*). Im Stil einer menippeischen Satire in einer Mischung von Versen und Prosa (Prosimetrum) ist das Werk als ein ärztl. Gespräch zwischen der personifizierten Philosophie und einem zu Unrecht zum Tode Verurteilten angelegt. Ziel ist die Erreichung der *ataraxia* (Seelenfrieden) und der Freiheit von allen Affekten (*apatheia*). Dazu gehört ganz im stoischen Sinne bes. die Freiheit von den äußeren, dem Glück und Schicksal ausgesetzten Gütern. Glück kann nur in Gott gefunden werden. Das Werk ist eine beeindruckende Verbindung von antiker Philosophie und christl. Denken. Daneben verfaßte B. zahlreiche Übersetzungen (*Organon* des Aristoteles, Aristoteles-Kommentare), befaßte sich mit Problemen der Logik in einer Reihe log. Traktate und schrieb eine Darstellung des Quadriviums der *artes liberales*, von der die Bücher über Arithmetik und Musik erhalten sind. Die Schriften des B. übten einen enormen Einfluß auf die Philosophie des Mittelalters aus, bes. auf Abelard. **Lit.:** J. Gruber, Kommentar zu B. »de consolatione Philosophiae« (1978). – H. Chadwick, B. (1990).

Boudicca, britann. Fürstin, Gemahlin des Icenerfürsten Prasutagus, führte 60 n. Chr. einen Aufstand gegen Rom an. Um seine Familie und seinen Besitz zu schützen, hatte Prasutagus neben seinen beiden Töchtern den röm. Kaiser Nero als Miterben eingesetzt. Trotzdem kam es nach seinem Tod zur Einziehung seines Vermögens sowie zu Mißhandlungen der B. und ihrer Töchter. Dies war der Auslöser für den Aufstand, dem sich mehrere britann. Völkerschaften anschlossen. Nach anfängl. Erfolgen wurden die Britannier durch den Statthalter C. Suetonius Paulinus vernichtend geschlagen, B. beging Selbstmord oder starb an einer Krankheit. **Lit.:** K. Brodersen, Das röm. Britannien (1998).

Brasidas, spartan. Feldherr im Pelo-

ponnes. Krieg. Gegen den Widerstand einflußreicher Kreise in Sparta, die 425 v. Chr. für eine Verständigung mit Athen plädierten, erreichte B. 424 die Erlaubnis für eine Offensive im chalkid.-thrak. Raum. Im Bündnis mit dem Makedonenkönig Perdikkas II. konnte er im Winter 424/23 Amphipolis erobern und einige weitere Städte zum Abfall von Athen bewegen. Kurz darauf überwarf sich B. jedoch mit Perdikkas, der sich daraufhin Athen anschloß und B. vom Nachschub abschnitt. Als im Sommer 422 Kleon mit neuen athen. Streitkräften vor Amphipolis erschien, kam es zur Schlacht, in der Kleon und B. fielen. **Lit.:** H. D. Westlake, Individuals in Thucydides (1968) 148–165. – Ders., Thucydides, B., and Cleridas, in: Studies in Thucydides and Greek History (1989) 78–83.

Brennus (breton. brennin, »König«), Fürst der Senonen, Anführer der Gallier bei ihrem Einfall in Italien 390 v. Chr.; nach dem Sieg in der Schlacht an der Allia drangen die Gallier in Rom ein und plünderten die Stadt; Livius berichtet ausführlich von diesem für die Römer traumat. Erlebnis. Das Kapitol, auf dem sich die Bevölkerung verschanzt hatte, soll lediglich deshalb verschont geblieben sein, weil die heiligen Gänse der Juno durch ihr Geschnatter rechtzeitig Alarm schlugen (Livius 5, 47, 4). In den folgenden Verhandlungen vereinbarte man ein Lösegeld für das röm. Volk von 1000 Pfund. Als die Gallier falsche Gewichte heranbrachten und der Tribun Einspruch erhob, soll B. sein Schwert auf die Waagschale geworfen haben mit den Worten *vae victis*, »Wehe den Besiegten« (Livius 5, 48, 9). **Lit.:** I. Wernicke, Die Kelten in Italien (1991). – B. Kremer, Das Bild der Kelten bis in augusteische Zeit (1994).

Britannicus, Tiberius Claudius Caesar Germanicus, 41–55 n. Chr., Sohn des Kaisers Claudius und von dessen dritter Frau Valeria Messalina; den Beinamen B. erhielt er im Alter von zwei Jahren nach dem erfolgreichen Britannienfeldzug seines Vaters. Nach dem

Tod der Messalina heiratete Claudius 49 seine Nichte Agrippina und adoptierte im Jahr darauf deren Sohn Nero. Von nun an wurde B. vor seinem Stiefbruder zurückgesetzt, Agrippina versuchte zudem, ihn als schwachsinnig hinzustellen. Nach der Ermordung des Claudius 54 wurde B. von der Nachfolge ausgeschlossen und Nero übernahm die Regierung; noch vor dem 12. Februar 55, dem Geburtstag des B., ließ Nero ihn durch Gift töten. **Lit.:** B. Levick, Claudius (1990). – R. Amedick, Die Kinder des Kaisers Claudius, in: Röm. Mitteilungen 98 (1991) 373–395.

Bruttedius Niger, röm. Redner und Politiker (22 n. Chr. Ädil), 1. Jh. n. Chr., Schüler des Apollodoros von Pergamon. B. verfaßte ein histor. Werk, das u. a. Ciceros Ermordung behandelte. Nach Iuvenal wurde er als Anhänger Seians verurteilt.

Brutus, Marcus Iunius B., der bekannteste der Caesarmörder, 85–42 v. Chr.; nach dem frühen Tod seines Vaters wuchs B. bei seinem Onkel Cato auf, der für seine sorgfältige Ausbildung sorgte. Um 60 begann B. seine polit. Karriere als Münzmeister. 52 war er in Rom als Anwalt tätig und trat für Milo ein. Zunächst Gegner des Pompeius stellte er sich im Bürgerkrieg auf dessen Seite. Nach der Schlacht von Pharsalos 48 wurde B. von Caesar begnadigt und gehörte seitdem zu dessen Freundeskreis. 46 machte ihn Caesar zum Statthalter von Gallia Cisalpina, 44 zum Prätor. Als Caesar die Diktatur auf Lebenszeit übertragen wurde, stellte sich B. gegen Caesar und war mit Cassius einer der Hauptverschwörer, die Caesar am 15. März 44 ermordeten. Danach stellten beide ein Heer auf, B. in Griechenland, Cassius in Asien. 42 kam es bei Philippi zur entscheidenden Schlacht zwischen den Caesarmördern und den Caesarrächern Mark Anton und Octavian. B. und Cassius wurden besiegt und begingen Selbstmord. – Berühmt wurden die angeblich letzten Worte des sterbenden Caesar »Auch Du, mein Kind?« bei Sueton (Divus Iulius 82, 2) und Cassius Dio (44, 19, 5) bzw. »Auch Du, Brutus?« in Shakespeares Drama *Julius Caesar.*

Bryaxis, bedeutender griech. Bildhauer der zweiten Hälfte des 4. Jh. v. Chr., stammte vermutlich aus Karien. Er war einer der Bildhauer, die am sog. Mausoleum von Halikarnassos mitarbeiteten. Ihm wird auch eine erhaltene Statue des Mausolos zugeschrieben. Ferner gilt die Zuweisung des in zahlreichen röm. Kopien erhaltenen Serapis-Typus, der kleineren Version einer kolossalen Serapisstatue, an B. als sicher. **Lit.:** K. Stemmer, Standorte. Kontext und Funktion antiker Skulptur (1995).

C

Caecilius Statius, röm. Komödiendichter, gest. 168 v. Chr. C., ein kelt. Insuber aus der Poebene, kam als kriegsgefangener Sklave nach Rom. Bei der Freilassung nahm er den Gentilnamen seines Patrons an. Aus seinem fragmentar. Werk sind 42 Titel bekannt, von denen 16 auf Menander als Vorlage weisen. Gellius (2, 23, 9 ff.) stellt anhand eines Abschnitts aus C.' *Plocium* (Halsband) Vorlage und Bearbeitung nebeneinander und zeigt daran C.' Selbständigkeit und seine an Plautus erinnernde Sprachkunst. Der zweite Prolog zur terenz. *Hecyra* läßt darauf schließen, daß C. zu Lebzeiten heftig bekämpft wurde. In der röm. Literaturgeschichtsschreibung bescheinigte man ihm seine gelungene Handlungsführung (Varro), wohl weil er auf Kontamination verzichtete. Volcacius Sedigitus und Cicero hielten C. für den größten kom. Dichter, vermutlich aufgrund der derben, dem Mimus nahestehenden Komik. **Lit.:** H. Juhnke, in: E. Lefèvre (Hg.), Das röm. Drama (1978) 224–227.

Caelius Aurelianus aus Numidien, Medizinschriftsteller, 5. Jh. n. Chr. C., Arzt und Anhänger der method. Ärzteschule, übersetzte griech. Schriften zur Medizin, insbes. das doxograph. Werk des Soranos von Ephesos (2. Jh. n. Chr.). Erhalten sind Teile über akute und chron. Krankheiten. **Lit.:** I. E. Drabkin (1950) [lat.-engl.].

Caesar, Gaius Iulius C., röm. Feldherr, Politiker und Schriftsteller, 13. Juli 100–15. März 44 v. Chr. – *I. Leben:* Bereits als 16jähriger vermählte sich C. mit Cornelia, der Tochter Cinnas, und ergriff dadurch Partei für die Popularen. Als Sulla 82 von C. die Scheidung verlangte, lehnte er das ab, wurde aber von Sulla begnadigt. 81–78 hielt sich C. in Bithynien und Kilikien auf, nach dem Tod Sullas kehrte er nach Rom zurück. In den folgenden Jahren widmete sich C. seinen Studien, von der unmittelbaren Politik hielt er sich fern; seine Karriere begann er 73 mit der Bekleidung des Militärtribunats, 68 folgte die Quästur; 65 veranstaltete er als Ädil aufwendige Spiele, 63 wurde er Pontifex Maximus, 62 Prätor. 62/61 konnte C. als Statthalter der Provinz Hispania Ulterior einige militär. Erfolge erringen. Mitte des Jahres 60 kehrte er nach Rom zurück, um sich um das Konsulat für 59 zu bewerben. Ende 60 gelang es C., Pompeius und Crassus, die beiden mächtigsten Männer im damaligen Rom, zu versöhnen und sie zu einem Bündnis, dem in der modernen Forschung sog. 1. Triumvirat zu überreden. Als Konsul setzte C. 59 sein Ackergesetz, die *lex Iulia*, durch, dem Pompeius gab er seine Tochter Julia zur Frau. Durch die *lex de imperio C. Caesaris* des Volkstribunen P. Vatinius erhielt C. die Provinzen Gallia Cisalpina, Gallia Narbonensis und Illyrien auf fünf Jahre. 56 trafen sich C., Pompeius und Crassus in Lucca, um das Triumvirat zu erneuern. C. erhielt seine Provinzen auf weitere fünf Jahre und konnte 58–51 ganz Gallien erobern. Nach dem Tod der Julia 54 und des Crassus 53 kam es jedoch zu einer Entfremdung zwischen C. und Pompeius. Pompeius wandte sich den Optimaten zu, wurde 52 zum Konsul ohne Amtskollegen gewählt und versuchte mit allen Mitteln, C. aus Gallien abzuberufen. Am 7. Januar 49 forderte der Senat C.

auf, sein Heer bis zu einem bestimmten Zeitpunkt zu entlassen. C. blieb keine andere Wahl, als seine Machtstellung mit Gewalt zu behaupten. Mit der Bemerkung *alea iacta est*, »der Würfel ist gefallen« überschritt er am 10. 1. 49 den Rubikon, der die Grenze zwischen Gallien und Italien bildete. Damit begann der Bürgerkrieg gegen Pompeius und dessen Anhänger; 48 besiegte C. Pompeius bei Pharsalos, 47 den König von Bosporos Pharnakes in einer kurzen Schlacht bei Zela (*veni, vidi, vici*, »ich kam, sah und siegte«), 46 die Anhänger des Pompeius bei Thapsos, 45 die Söhne des Pompeius bei Munda in Spanien. Damit war C. unumschränkter Alleinherrscher. Der Senat übertrug ihm den Imperator-Titel, die Diktatur auf Lebenszeit und den Titel *pater patriae*, »Vater des Vaterlandes«; den Titel *rex*, »König« lehnte C. zwar ab, trotzdem dürfte diese Konzentration der Macht in der Person eines einzelnen die Ursache für die Verschwörung der 60 Senatoren gewesen sein, der C. an den Iden des März 44 zum Opfer fiel. Kopf der Verschwörung war M. Iunius Brutus, der zum engsten Freundeskreis Caesars gehört hatte. Berühmt wurden die angeblich letzten Worte des sterbenden Caesar »Auch Du, mein Kind?« bei Sueton und Cassius Dio bzw. »Auch Du, Brutus?« in Shakespeares Drama *Julius Caesar*.

II. Literar. Werke: Zusammen mit Cicero begründet C. den lat. klass. Prosastil; Cicero lobt C.s literar. Leistung ausdrücklich im *Brutus* 262. Nicht erhalten sind Jugendgedichte und eine Tragödie *Oedipus*, die einzige Gestaltung des Ödipus-Stoffs in der röm. Literatur vor Seneca. C. galt als hervorragender Redner, der der attizist. Richtung anhing. Die verlorene Schrift *De analogia* (Mitte 50er Jahre) befaßte sich mit grammatikal. Fragen, deren Klärung die Grundlage der Redekunst darstellt. Ebenfalls verloren ist die gegen den jüngeren Cato gerichtete Invektive *Anticatones*. Seine erhaltenen autobiograph. Geschichtswerke *Bellum Gallicum* und *Bellum civile* stellen sich in die Tradition der Commentarii und sind sicherlich angeregt durch Xenophons *Anabasis*. Indem Caesar über sich wie Xenophon in der 3. Person Singular berichtet und die anscheinend objektive Form des Kriegsberichts bzw. der Materialsammlung wählt, betreibt er unter dem Deckmantel der Objektivität eine raffinierte Propanganda in eigener Sache. Im *Bellum Gallicum* werden jahresweise die Eroberungsfeldzüge zwischen 58–52 v. Chr. berichtet, das unvollendete *Bellum civile* berichtet über den Bürgerkrieg der Jahre 49/48. Die Fortsetzungen (*Bellum Alexandrinum, Bellum Africanum, Bellum Hispaniense*) stammen wie das 8. Buch des *Bellum Gallicum*, als dessen Autor A. Hirtius feststeht, nicht von Caesar. Seit dem 16. Jh. wird Caesar aufgrund seines klaren und eleganten Stils zum Schulautor. Erasmus empfiehlt die Lektüre seiner Schriften als Vorbild für die klass. Latein. **Lit.:** F. A. Adcock, C. als Schriftsteller (²1959). – D. Rasmussen (Hg.), C. (³1980). – DRK (1997). – M. Jehne, C. (1997).

Caligula, Gaius Caesar Germanicus, röm. Kaiser 18. März 37–24. Januar 41 n. Chr.; geb. am 31. August 12 in Antium als Sohn des Germanicus und der älteren Agrippina; im Lager seines Vaters erhielt er von den Soldaten den Spitznamen C., »Stiefelchen«; 30 Übersiedlung nach Capri zu Tiberius, 33 Quästor. Nach dem Tod des Tiberius wurde C. am 16. März 37 in Misenum zum Kaiser ausgerufen und zwei Tage später vom Senat bestätigt. C. machte sich schon bald unbeliebt, da er göttl. Verehrung für sich beanspruchte. Bereits 39 kam es zu einer ersten Verschwörung gegen den Kaiser. Um seine militär. Fähigkeiten zu demonstrieren, führte C. in der 1. Hälfte des Jahres 40 Manöver in Niedergermanien und an der Kanalküste durch und feierte am 31. August desselben Jahres eine Ovatio in Rom. Anfang 41 kam es zu einer erneuten Verschwörung gegen den Kaiser, der er am 24. Januar zum Opfer fiel. **Lit.:** A. A. Barrett, C. The Corruption of Power (1989). – A. Ferrill, C. Emperor of Rome (1991). – DRK (1997).

Calpurnius, röm. Gentilname. Das plebeische Geschlecht der Calpurnier ist seit dem 3. Jh. v. Chr. nachweisbar. Die wichtigsten Vertreter waren:

Calpurnius (1), Lucius C. Piso Frugi, röm. Senator und Historiker des 2. Jh. v. Chr.; 149 schuf C. als Volkstribun durch die *lex Calpurnia de repetundis* den ersten ständigen Gerichtshof (*quaestio perpetua*) in Rom. Als Konsul kämpfte er 133 mit wechselndem Erfolg gegen die aufständ. Sklaven auf Sizilien. C. schrieb *Annales* in mindestens 7 Büchern, in denen er die Geschichte Roms von den Anfängen bis zum Jahr 146 behandelte. **Lit.:** K. Latte, Der Historiker L. C. Frugi (1960) = KS (1968) 837–847. – J. S. Richardson, The Purpose of the Lex Calpurnia de repetundis, in: JRS 77 (1987) 1–12. – G. Forsythe, The Historian L. C. Piso Frugi and the Roman Annalistic Tradition (1994).

Calpurnius (2), Gaius C. Piso, ca. 71 v. Chr. Prätor, 67 Konsul. C. brachte ein Gesetz gegen Amtserschleichung ein, die *lex Calpurnia de ambitu*. 66/65 war er Prokonsul der Gall. Provinzen und kämpfte erfolgreich gegen die Allobroger. Auf Betreiben Caesars wurde er 63 angeklagt, aber von Cicero erfolgreich verteidigt.

Calpurnius (3), Lucius C. Piso Caesoninus, der Schwiegervater Caesars; 58 v. Chr. Konsul unterstützte er Clodius und verhinderte die Rückkehr Ciceros aus dem Exil. Die langjährige Feindschaft zwischen C. und Cicero gipfelte in dessen Invektive *In Pisonem*. 57–55 war C. Prokonsul von Makedonien. Als Zensor ließ er 50 den Historiker Sallust aus dem Senat entfernen. Im Bürgerkrieg verhielt sich C. neutral. Als Schwiegervater Caesars leitete er 44 die Feierlichkeit bei dessen Begräbnis; C. starb bald nach 43.

Calpurnius (4), Gaius C. Piso, Kopf der sog. »Pison. Verschwörung« des Jahres 65 n. Chr. gegen Kaiser Nero.

Camillus, Marcus Furius C., bedeutendster Römer der Zeit zwischen 400 und 370 v. Chr.; C. war maßgeblich an der Eroberung Veiis 396 beteiligt und verteidigte Rom nach der Plünderung durch die Kelten unter Brennus 390 vor Angriffen benachbarter Stämme. Die Taten des C. wurden in der Überlieferung legendär ausgeschmückt, C. zum größten Held Roms und zum zweiten Gründer der Stadt stilisiert. **Lit.:** E. Burck, Die Gestalt des C., in: Ders. (Hg.), Wege zu Livius (1967) 310–328.

Caninius, röm. Gentilname; das plebeische Geschlecht der Caninier ist seit dem 2. Jh. v. Chr. nachweisbar. Bekanntester Vertreter war C. Caninius Rebilus, Legat Caesars im Gall. und Span. Krieg. C. ging als Konsul mit der kürzesten Amtszeit in die Geschichte Roms ein: Am letzten Tag des Jahres 45 v. Chr. starb der amtierende Konsul Q. Fabius Maximus und Caesar bestimmte C. für den Rest des Jahres zu dessen Nachfolger.

Caracalla, Lucius Septimius Bassianus, später Imp. Caesar Marcus Aurelius Antoninus Augustus. Röm. Kaiser 4. Februar 211–8. April 217 n. Chr. Den Spitznamen C. erhielt er wegen des kelt. Mantels, den er zu tragen pflegte; geb. am 4. April 186 in Lugdunum als Sohn des Septimius Severus und der Julia Domna; Mitte 195 oder 196 Erhebung zum Caesar, ca. Herbst 197 Erhebung zum Augustus; ab April 202 Hochzeit mit Publia Fulvia Plautilla (205 verbannt, 211 ermordet); Frühjahr 208 Aufbruch nach Britannien mit seinem Vater Septimius Severus und seinem Bruder Geta. Nach dem Tod des Septimius Severus am 4. Februar 211 übernahm C. in Eboracum (heute York) die Herrschaft zusammen mit seinem Bruder Geta, den er aber bereits im Februar 212 ermorden ließ. Geleitet von seinen Weltherrschaftsideen erließ C. 212/13 die *Constitutio Antoniniana,* durch die fast alle Reichsbewohner das röm. Bürgerrecht erhielten. Durch Siege über die Alemannen und Carpen (213/14) sicherte C. die Donaugrenze. Ein Friedensangebot der Parther wies er ab (215) und stieß bis Arbela vor (216) mußte dann aber in Edessa überwintern. Noch vor einer neuen Offensive ließ ihn sein Prätorianerpräfekt Macrinus am 8. April 217 ermorden. **Lit.:** H. B. Wiggers, Das röm. Herrscherbild. C., Geta, Plautilla (1971). – DRK (1997).

Carinus, Marcus Aurelius C., röm. Kaiser Frühjahr 283-Aug./Sept. 285 n. Chr.; geb. ca. 250 als Sohn des Carus, Ende 282 zum Caesar erhoben, im Frühjahr 283 zum Augustus. Im Herbst 283 unternahm C. einen Feldzug gegen die Quaden und feierte Anfang 284 einen Triumph in Rom. Anfang 285 besiegte er den Usurpator Julian. Im August oder September desselben Jahres errang er einen Sieg über den als Gegenkaiser aufgestellten Diokletian, wurde aber danach von seinen eigenen Soldaten ermordet. **Lit.:** D. Kienast, Röm. Kaisertabelle (²1996) 261 f.

Carus, Marcus Aurelius C., röm. Kaiser Aug./Sept. 282-Juli/Aug. 283 n. Chr.; geb. ca. 224 in Narbo (Gallien), unter Probus Prätorianerpräfekt, Aug./Sept. 282 in Sirmium zum Augustus erhoben. 283 führte C. Krieg gegen Sarmaten und Perser. Im Juli oder August desselben Jahres starb C. bei Ktesiphon infolge einer Krankheit oder durch Blitzschlag. **Lit.:** D. Kienast, Röm. Kaisertabelle (²1996) 258 f.

Cassiodor, Flavius Magnus Aurelius Cassiodorus, röm. Senator und Schriftsteller, ca. 490–583 n. Chr.; C. stand im Dienste des ostgot. Kaisers Theoderich und bekleidete 514 das Konsulat. Nach der Kapitulation der Goten in Ravenna 540 kam C. wahrscheinlich als Gefangener nach Konstantinopel. Etwa zwölf Jahre später kehrte er nach Italien zurück und gründete das Kloster Vivarium in Kalabrien. Hier widmete sich C. nicht nur der Sammlung und Erhaltung antiker Werke, sondern war auch selbst schriftstellerisch tätig. Seine bedeutendsten Werke waren ein enzyklopäd. Lehrbuch für die Mönche (*Institutiones*), eine Geschichte der Goten (*Getica*), eine Sammlung von amtl. Erlassen und Schriftstücken (*Variae*) sowie eine Chronik von der Erschaffung der Welt bis ins Jahr 519 (*Chronica*). **Lit.:** S.

Krautschick, C. und die Politik seiner Zeit (1983).

Cassius, Gaius C. Longinus, einer der Caesarmörder, gest. 42 v. Chr. C. nahm 53 am Partherfeldzug des Crassus teil und konnte nach der Niederlage der Römer bei Carrhae den Rest des Heeres retten. Im Bürgerkrieg stand C. zunächst auf der Seite des Pompeius, 49/48 diente er in dessen Flotte. Nach der Niederlage bei Pharsalos 48 wurde C. von Caesar begnadigt und in dessen Dienste aufgenommen. Für das Jahr 44 ernannte ihn Caesar zum Prätor. Trotzdem wandte sich C. von Caesar ab und war zusammen mit Brutus maßgeblich an der Verschwörung gegen ihn beteiligt; am 15. März 44 wurde Caesar von den Verschwörern ermordet. In den darauffolgenden Auseinandersetzungen mit den Caesarrächern Mark Anton und Octavian unterlagen C. und Brutus 42 in der Schlacht bei Philippi und begingen beide Selbstmord.

Cassius Dio, Lucius Cl(audius) C.D. Cocceianus aus Nikaia in Bithynien, röm. Politiker und griech. Historiker, 155/164–235 n. Chr. Ab 180 in Rom polit. tätig, wurde C.D. Senator und Konsul, dann Statthalter von Africa, Dalmatien und Oberpannonien. Wegen seiner Strenge bei den Truppen verhaßt, zog er sich nach dem zweiten Konsulat 229 auf Rat des Kaisers Severus Alexander in seine Heimat zurück. Auf zeitgeschichtl. Vorarbeiten fußend, umfaßte C.D.' annalistisch strukturierte *Röm. Geschichte* (*Rhomaïke historia*) urspr. 80 Bücher, die in Dekaden eingeteilt sind: 1–50 Äneas bis zum Bürgerkrieg; 51–80 Octavian bis zu C.D.s zweitem Konsulat. Erhalten sind die Bücher 36–60 (68 v. Chr. bis 47 n. Chr.) und Reste aus den B. 79–80 (216–18 n. Chr.). Als Quellen verarbeitete er neben den Annalisten auch Polybios und Livius, vielleicht Tacitus. Wenig Wert auf einen anschaul. Stil und das Detail legend, jedoch farbiger und unmittelbarer in der Zeitgeschichte, versah er die rhetorisch ausgearbeiteten Reden nach dem Vorbild des Thukydides mit eigenen Gedanken (so widerspiegelt

Maecenas' Plädoyer für die Monarchie 52,14 ff. den Geist seiner Zeit). In seinem aus der Optik der reichen Senatsaristokratie geschriebenen Werk erscheint er als loyaler Anhänger der Monarchie. **Lit.:** M. Hose, Erneuerung der Vergangenheit: Die Historiker im Imperium Romanum von Florus bis C.D. (1994). – G. Martinelli, L'ultimo secolo di studi su Cassio Dione (1999).- B. Kuhn-Chen: Geschichtskonzeptionen griech. Historiker im 2. und 3. Jh. n. Chr. (2002).

Catilina, Lucius Sergius C., Kopf der sog. Catilinar. Verschwörung, 108–62 v. Chr. Nachdem sich C. bereits mehrfach vergeblich um das Konsulat bemüht hatte, wurde er für das Jahr 63 endlich als Kandidat aufgestellt. Er scheiterte jedoch an seinen Mitwerbern C. Antonius und Cicero, der C. seine dubiose Vergangenheit vorwarf. Ob C. tatsächlich an einen Staatsstreich dachte, wie Cicero es darlegte, ist unklar. Cicero konnte sich jedenfalls durchsetzen, C. wurde zum Staatsfeind erklärt, seine Anhänger in Rom verhaftet und hingerichtet. C. selbst floh nach Etrurien, wo er ein Heer aufstellte. Anfang 62 wurde er bei Pistoria geschlagen und kam ums Leben. **Lit.:** J. v. Ungern-Sternberg, Das Verfahren gegen die Catilinarier, in: U. Manthe/J. v. Ungern-Sternberg (Hg.), Große Prozesse der röm. Antike (1997) 85–99.

Cato (1), Marcus Porcius C. Censorius, röm. Staatsmann und Schriftsteller aus Tusculum, 234–149 v. Chr.; 217 nahm C. an der Schlacht am Trasimen. See gegen Hannibal teil, 204 begleitete er Scipio nach Afrika. C. durchlief die übl. Ämterlaufbahn (*cursus honorum*), war 204 Quästor, 199 Ädil, 198 Prätor, 195 Konsul. 191 war er entscheidend am Sieg der Römer über Antiochos III. beteiligt. Als Zensor ging C. 184 gegen bestechl. Senatoren vor und erließ ein Luxusgesetz, um den altröm. Tugenden zu neuem Ansehen zu verhelfen (daher sein Beiname *Censorius*). Die größte Gefahr für Rom sah C. in der immer mächtiger werdenden Stadt Karthago. Deshalb soll er seine Reden stets mit den Worten *Ceterum censeo Carthaginem esse delendam*, »im übrigen bin ich der Meinung, daß Karthago zerstört werden muß«, beendet haben. Obwohl er durchaus in der griech. Kultur und Literatur gebildet war, lehnte er sie ab, da er in ihr eine Gefahr für Rom sah. Er versuchte, eine eigenständige lat. Literatur zu schaffen. Vollständig erhalten ist sein Werk *De agri cultura* (*Über die Landwirtschaft*); von seinem Hauptwerk, den *Origines* (*Gründungsgeschichten*), die die Geschichte Roms von den Anfängen bis in seine Zeit behandelten, sind nur Fragmente überliefert. **Lit.:** D. Kienast, C. der Zensor (1954, Nd. 1979). – A. E. Astin, C. the Censor (1978).

Cato (2), Marcus Porcius C. Uticensis, Urenkel von (1), überzeugter Republikaner, Anhänger der stoischen Philosophie, 95–46 v. Chr. 72 kämpfte C. unter Crassus gegen Spartacus, 62 stimmte er als Volkstribun für die Hinrichtung der Catilinarier; als überzeugter Republikaner war C. ein erbitterter Gegner Caesars. Zu Beginn des Bürgerkrieges floh er nach Utica (Nordafrika), wo er nach dem Sieg Caesars bei Thapsos (46) Selbstmord beging. Bald darauf veröffentlichte Cicero eine Lobschrift auf C., auf die Caesar mit seinen *Anticatones* antwortete. Durch seine Haltung und seinen Freitod wurde C. zum Vorbild für alle Gegner der Alleinherrschaft. **Lit.:** R. Fehrle, C. Uticensis (1983).

Catull, Gaius Valerius Catullus, aus Verona, röm. Lyriker, ca. 84–54 v. Chr. Der aus einem patriz. Geschlecht stammende C. ist der am besten überlieferte Neoteriker. Er lebte in Rom, spielte in der Dichtung aber immer wieder auf die norditalien. Heimat an. 57/56 war er im Gefolge des Proprätors C. Memmius in der Provinz Asia Minor. Sein Werk umfaßt 116 Gedichte, die sich in drei Gruppen einteilen: 1–60: kleine polymetr. Gedichte, 61–68: große Gedichte (die alle mit dem Thema ›Hochzeit‹ oder ›Erfüllung und Trennung von der Verbindung‹ zu tun haben), 69–116: Epigramme; ob sie von C. selbst als ein

Buch herausgegeben wurden, ist sehr umstritten. Das Widmungsgedicht (1) stellt die Sammlung in die alexandrin. Dichtungstradition des Kallimachos (kleine, ausgefeilte Gedichte). Liebe, Liebesleid und Trennung von der Geliebten, die C. aus Verehrung für die griech. Dichterin Sappho aus Lesbos ›Lesbia‹ nannte (nach Apuleius, *Apologie* 10, war sie Clodia, die Schwester des Cicero-Gegners Clodius Pulcher), nehmen breiten Raum ein; die *Passer*-Gedichte könnten auf die *struthoi* (lat., gr., »Sperling«) anspielen, die im ersten Sappho-Gedicht (ed. Lobel-Page) den Wagen Aphrodites ziehen. In der kunstfertigen Bearbeitung hellenist. Vorbilder, die um persönl. Erleben bereichert werden, erweist er sich C. einerseits als *poeta doctus*, andererseits als Meister der subjektiven Dichtung. Das sog. *Peleus-Epos* (64) ist ein Epyllion über die Hochzeit von Peleus und Thetis, in das im Stile zweier ausführ. Ekphraseis die Beschreibung einer Decke mit der Geschichte der verlassenen Ariadne und ein Parzenlied eingefügt sind. In der Zusammenstellung verschiedener hellenist. Vorbilder zeigt C. den Kontrast zwischen erfüllter und unerfüllter Liebe. *Carmen* 66 ist eine Nachdichtung der *Locke der Berenike* des Kallimachos mit eigenen Einfügungen, *carmen* 65 ein dazugehöriges Begleitgedicht, das dem Werk einen persönl. Rahmen (Tod des Bruders) gibt. *Carmen* 51 ist eine Übertragung von Sappho (31 Lobel-Page), erweitert durch einen überraschenden röm. Schluß, in dem C. seinen Zustand als *otium*, als Lähmung, Nichtstun, bezeichnet. Das ist im Kontrast zu Sappho, aber auch zum philosoph.-polit. *otium*-Begriff eines Cicero. Von dem durch diesen verkörperten staatstragenden Ethos setzten sich die Neoteriker demonstrativ ab. C. ironisiert Cicero (49). Caesar und dessen Anhänger greift er in Gedichten und Epigrammen scharfzüngig an. Die Nachwirkung C.s ist bis heute beträchtlich (Beispiele: Carl Orff, *Catulli carmina* [Vertonung 1943], Thornton Wilder, *Ides of March* [1948]).

Lit.: T. P. Wiseman, C. and his World (1985). – E. A. Schmidt, C. (1985).

Celsus (1), Aulus Cornelius C., lat. Enzyklopädist zur Zeit des Tiberius (14–37 n. Chr.). C. ist der Verf. eines Werkes über die *Artes* (»Künste«, »Wissenschaften«), in dem er Landbau, Kriegshandwerk, Rhetorik, Medizin, vielleicht auch Jurisprudenz und Philosophie darstellte. Erhalten sind nur die acht Bücher *De Medicina* (*Über die Medizin*), an deren Anfang ein kenntnisreicher Überblick über die Geschichte der griech. Heilkunst steht. Das Werk behandelt u. a. Fragen der Diätetik, Pharmakologie und Chirurgie in literarisch ansprechender Form. Das erste Buch ist eine Art ›Gesundheitsratgeber‹. C. läßt sich auf keine bestimmte medizin. Schule festlegen. Die Frage, ob er selbst Arzt war, wird meist verneint. Columella und Plinius d. Ä. haben C. benutzt. In der Renaissance genoß er hohes Ansehen. **Lit.:** J. Ilberg, C. und die Medizin in Rom, in: H. Flashar (Hg.), Antike Medizin (1971) 308–360.

Celsus (2) (gr. Kelsos), griech. Philosoph, Platoniker, 2. Hälfte 2. Jh. n. Chr. C.' Werk *Wahre Lehre* (*Alethes logos*) ist die erste uns bekannte Streitschrift gegen den jüd.-christl. Glauben. Der Theologe Origenes erhielt zwischen 244 und 248 den Auftrag, diese zu widerlegen. Seine Apologie *Gegen Celsus* konserviert deshalb große Teile der Schrift des C. **Lit.:** K. Pichler, Streit um das Christentum. Der Angriff des Kelsos und die Antwort des Origenes (1980).

Censorinus, sonst nicht bekannter lat. Autor, Verf. eines Geburtstagsgedichts *De die natali* für Q. Carellius für das Jahr 238 n. Chr. In einem ersten Teil behandelt C. die anthropolog. Zusammenhänge des Geburtstags, im zweiten Teil reflektiert er über die Zeit. **Lit.:** K. Sallmann, in: Hermes 111 (1983) 233–248.

Cestius, Gaius C. Epulo, röm. Beamter der spätrepublikan. oder frühaugusteischen Zeit, gest. vor 12 v. Chr., dem Todesjahr des Agrippa, der von C. als Erbe eingesetzt war. Berühmt wurde C.

bes. durch sein Grabmal, die C.-Pyramide an der *Porta Ostiensis* in Rom. Die ca. 27 m hohe Pyramide war mit Marmor verkleidet, die Grabkammer mit Wandmalereien geschmückt. **Lit.:** L. Richardson, A New Topographical Dictionary of Ancient Rome (1993) 353 f.

Charisius, Ch. Flavius Sosipater, lat. Philologe, 4. Jh. n. Chr. Ch., vielleicht aus Afrika stammend, kompilierte eine *Ars Grammatica* in fünf Büchern, in der er ältere Quellen (wie Remmius Palaemon, Iulius Romanus) verarbeitete. Sein Werk ist gleichzeitig eine Fundgrube für Zitate aus der älteren Literatur. Er behandelte u. a. grammat. Grundbegriffe, Wortarten, die Lehre vom Verbum, Stilfragen, Metrik. **Lit.:** P. L. Schmidt, in: HLL V (1989) 125–131.

Chariton (gr. Chariton) von Aphrodisias, Verf. des wahrscheinlich ältesten erhaltenen griech. Liebesromans (1. Jh. v. Chr. oder n. Chr.) mit dem Titel *Kallirhoe* (oder *Chaireas und Kallirhoe*?) in acht Büchern. Chaireas wird durch eigene Schuld von seiner Gemahlin Kallirhoe getrennt und nach vielen Reisen und überstandenen Gefahren wieder mit ihr vereinigt. Eindringlich wird der innere Konflikt der Heldin dargestellt, die um des von Chaireas empfangenen Kindes willen mit einem anderen Mann die Ehe eingeht. Das histor. Kolorit (unter Einfluß des Thukydides und Xenophon) des im späten 5. Jh. v. Chr. in Syrakus und im pers. Reich spielenden Romans ist bei Ch. stärker ausgebildet als bei den späteren Vertretern der Gattung. Daneben prägen zahlreiche Homerzitate und Dramenmotive die literar. Textur des Werks. **Lit.:** C. Ruiz-Montero, in: ANRW II 34, 2 (1994) 1006–1054.

Charondas aus Katane, einer der großen Gesetzgeber der westgriech. Kolonien, ca. 2. Hälfte des 6. Jh. v. Chr. Die Gesetze des Ch. wurden in Katane und Rhegium, aber auch anderen griech. Städten Süditaliens und Siziliens eingeführt; wie die Gesetze ursprünglich aussahen, läßt sich nicht mehr rekonstruieren. **Lit.:** M. Mühl, Die Gesetze des

Zaleukos und Ch., in: Klio 22 (1929) 105–124 und 432–463.

Chlodwig I. (Chlodovęchus), fränk. König 481/82–511 n. Chr.; geb. 466 als Sohn des Chįlderich; 486/87 besiegte Ch. Syagrius, den Statthalter von Gallien und gelangte so bis an die Loire, der Grenze zu den Westgoten; 497 errang er einen Sieg über die Alemannen; bald darauf ließ er sich katholisch taufen. Nach einem Sieg über die Westgoten (507) konnte Ch. sein Reich erheblich ausdehnen. Ch. unterhielt gute Beziehungen zum oström. Reich, Anastasios verlieh ihm 508 das Ehrenkonsulat. **Lit.:** E. Ewig, Die Merowinger und das Frankenreich (1988). – R. Kaiser, Das röm. Erbe und das Merowingerreich (1993).

Choįrilos (1) (gr. Choirįlos) aus Athen, Tragiker, 6./5. Jh. v. Chr. Die antike Literaturgeschichte schreibt ihm 160 Titel zu, mit denen er 13mal den ersten Platz im trag. Agon belegt haben soll. Außerdem soll er Innovationen bei der trag. Maske und im Kostüm durchgeführt haben. **Lit.:** B. Gauly u. a. (Hg.), Musa tragica (1991) 37–39.

Choįrilos (2) (gr. Choirįlos) von Samos, griech. Epiker, Ende 5. Jh. v. Chr, verfaßte vermutlich als erster Dichter Epen, die nicht mehr Götter-und Heldensagen, sondern aktuell-histor. Stoffe behandelten. Sein Epos *Persika* schildert den Sieg der Athener über den Perserkönig. Daneben verfaßte er Enkomien. **Lit.:** R. Häußler, Das histor. Epos I (1976) 70–78.

Chronograph vom Jahre 354. Als Ch. bezeichnet man den Autor, dessen Schrift die *fasti* (»Kalender«) der Stadt Rom des Jahres 354 enthält, angefertigt für einen christl. Aristokraten namens Valentinus. Dieser Kalender enthält neben Widmungen verschiedene Verzeichnisse (Planeten mit Erläuterungen, Porträts, Konsullisten, Osterfestberechnungen, Namen von Stadtpräfekten, Todestage und Begräbnisstätten von Päpsten und Märtyrern), eine lat. Weltchronik, eine knappe Stadtgeschichte Roms; einige Teile waren illustriert. Solche Almanache wurden offenbar individuell für die jeweiligen Benutzer hergestellt. Das Exemplar aus dem Jahr 354 ist in mehreren Handschriften kopiert. **Lit.:** M. Salzmann, On Roman Time. The Codex-Calendar of 354 (1990).

Chrysįpp (gr. Chrysippos) aus Soloi, griech. Philosoph, dritter Leiter der Stoa, ca. 280–206 v. Chr. Ch. systematisierte die Lehren seines Lehrers Kleanthes und des Schulgründers Zenon von Kition und wurde so zum ›zweiten Gründer der Stoa‹. Anders als seine Vorgänger legte er Nachdruck auf Sprachtheorie und Aussagenlogik und führte die Unterscheidung von Bezeichnendem, Bezeichnetem und Objekt ein. In der Physik entwickelte er die Lehre des sich ewig wiederholenden period. Weltentstehens und -vergehens. Das Glück (*eudaimonia*) als höchstes Ziel für den Menschen könne nur in Übereinstimmung mit dem Naturgesetz erreicht werden. **Lit.:** M. Pohlenz, Die Stoa (⁴1970). – M. Hossenfelder, in: GGP III (1995) 44–94.

Chrysọstomos ⁊ Dion Cocceianus, ⁊ Johannes Ch.

Cįcero, Mạrcus Tụllius C., röm. Staatsmann und Literat aus Arpinum, 3. Januar 106–7. Dezember 43 v. Chr. (bei Caieta ermordet). Über C.s Zeit und Leben unterrichtet ein umfangreicher, teils von C.s Privatsekretär Tiro, teils von der Nachwelt herausgegebener Briefwechsel (*Ad familiares* [An unterschiedl. Bekannte, 16 Bücher, darunter 90 Briefe anderer an C.], *Ad Atticum* [an C.s vertrauten Freund Atticus, 16 Bücher], *Ad Quintum fratrem* [An den Bruder Quintus, 3 Bücher], Korrespondenz mit dem Caesarmörder Brutus [26 Briefe]). C. hat damit eine kostbare Quelle hinterlassen, die tiefe Einblicke in das polit. Leben der ausgehenden Republik und die Gedanken eines der Hauptakteure der Zeit erlauben. Gerade in den Briefen an Atticus legt C. sein Innerstes offen, der glänzende Stilist und souveräne Anwalt tritt dem Leser in schwieriger Zeit als Zaudernder und um Entscheidungen Ringender entgegen; in Schicksalsschlägen fällt es ihm schwer, die Würde zu wahren, im Erfolg ist er nicht frei von Eitelkeit, immer jedoch gilt seine ganze Hingabe mehr als der eigenen Person dem Staat. Petrarca (14. Jh.) war nach Entdeckung der Briefe seines glühend verehrten Vorbildes anfänglich enttäuscht und ›antwortete‹ C. in das Jenseits. An schroffen und nicht selten überhebl. Urteilen ließ es die Nachwelt nicht fehlen. – C. entstammt dem röm. Ritterstand und kommt früh mit griech. Bildung und durch den der Familie nahestehenden Philosophen Diodotus wohl auch mit stoischer Ethik in Kontakt. Seine höhere Ausbildung erhält C. zunächst in Rom bei dem Grammatiker L. Aelius Stilo, den Juristen Q. Mucius Scaevola Augur und dem gleichnamigen Pontifex, dem erfolgreichen Redner L. Crassus, dem Rhetoriklehrer Apollonios Molon aus Rhodos, der in Rom unterrichtete. Philosophisch verdankt C. viel dem Akademiker Philon von Larissa, der, wie später C. selbst, die Rhetorik als Teil der Philosophie ansieht; dem Skeptizismus der jüngeren Akademie bleibt C. ein Leben lang treu. C.' frühe röm. Jahre sind gekennzeichnet von den Grausamkeiten des Bürgerkriegs zwischen Marius und Sulla, die nach dem Sieg des letzteren (82) in ein Schreckensregiment mit blutigen Proskriptionen münden. So ist es ein Zeichen besonderer Unerschrockenheit, daß der junge Anwalt C. 80 mit der Verteidigung des Sextus Roscius aus Ameria gegen einen mächtigen Günstling Sullas in die Schranken tritt. Dieser, ein gewisser Chrysogonus, war darauf aus, Sextus Roscius vermittels einer falschen Anklage wegen Vatermordes seines Erbes zu berauben. C. versteht es mit Geschick, Sulla als ›Retter des Staates‹ von seinen Paladinen zu trennen. Der Prozeß endet mit dem Freispruch des Angeklagten, und C. ist mit einem Schlage ein berühmter Mann. 79–77 unternimmt er zur Verbesserung seiner Redetechnik eine Studienreise nach Griechenland und Kleinasien. Er hört den Stoiker Poseidonios und den Eklektiker Antiochos von Askalon. 75 wird er Quästor in Sizi-

lien und empfiehlt sich der Bevölkerung durch seine korrekte Amtsführung als Patron. 70 vertritt er in einem Repetundenprozeß die Sache der Sizilier gegen Verres, der die Insel 73–71 als Proprätor schamlos ausgeplündert hatte. C. sichert sich zunächst in einer Rede (*Divinatio in Q. Caecilium*) gegen einen von Verres' Anhängern vorgeschobenen Advokaten die Bestellung zum öffentl. Ankläger. Unter der Last der von C. in der Anklagerede (*Actio prima*) vorgebrachten Beweise entschließt sich Verres, es auf einen Fortgang des Prozesses gar nicht ankommen zu lassen und der sicheren Verurteilung durch das Exil zu entgehen. Sein Anwalt, der berühmte Q. Hortensius, verzichtet auf eine formelle Verteidigung. C. ist damit zum ersten Redner Roms avanciert. Die fünf Reden der sog. *Actio secunda* muß er nicht mehr halten, legt sie jedoch ausgearbeitet der Öffentlichkeit vor. 69 bekleidet er das Amt des Ädilen, die dankbaren Sizilier erleichtern die Beschaffung von Getreide; 66 ist er Prätor, 63 Konsul; alle Ämter erlangt er *suo anno*, d. h. frühestmöglich. Als *homo novus*, als einer, der nicht zur Senatsaristokratie gehört, hat er den Aufstieg geschafft. Das Konsulat ist Höhe- und Wendepunkt in seinem Leben. Er deckt den Putschversuch des Catilina auf und erwirkt einen Notstandsbeschluß des Senats (*senatus consultum ultimum*), aufgrund dessen er die Verschwörer hinrichten läßt. Als Retter des Gemeinwesens erhält er den Titel *pater patriae* (»Vater des Vaterlandes«). Die berühmtesten Konsulatsreden sind die vier gegen Catilina, die nachträglich in überarbeiteter Form veröffentlicht werden. Was C. als seine größte Leistung ansieht, wird ihm 58 zum Verhängnis. Sein persönl. Feind, der populare Politiker Clodius, bringt ein auf C. berechnetes rückwirkendes Gesetz ein, daß geächtet sein soll, wer einen röm. Bürger ohne Verurteilung getötet hat. Von keiner Seite unterstützt, geht C. verbittert ins Exil nach Dyrrhachium (heute Albanien). 57 erreichen Freunde seine Rückberufung, die zum

Triumph wird. Fortan preist C. seine eigenen Leistungen unablässig. Er verfaßt auch einen griech. Rechenschaftsbericht und legt, da er keinen Dichter findet, der ihn besingen will, selbst zwei ep. Gedichte über sein Konsulat und seine Zeit vor. Bereits in seiner Jugend versucht sich C. in der Dichtung, u. a. mit einem (verlorenen) Epos über den aus seiner Heimat stammenden Marius, einer Nachdichtung der *Phainomena* des Arat und sogar (verlorener) neoter. Epyllien, einer Art Dichtung, der er später sehr reserviert gegenüberstehen wird. Seit dem Jahr 60 ist der röm. Staat von den Triumvirn Caesar, Pompeius und Crassus beherrscht. Vor diesem Hintergrund muß C.s Oeuvre dieser Zeit gesehen werden. In der Rede *Pro Sestio* (56) ruft er die Gutgesinnten zur gemeinsamen Mitwirkung am Staat auf (*consensus omnium bonorum*); zugleich entwickelt er den Gedanken des *otium cum dignitate,* der »Muße in Würde«. C. leidet an dem ihm von den Verhältnissen aufgezwungenen Mangel an öffentl. Betätigung. Sein Trachten gilt der freien *res publica.* Deren Idealbild entwirft er in *De re publica* (*Über den Staat,* 54–51, sechs Bücher, bruchstückhaft bei Macrobius und in einem von Angelo Mai entdeckten, 1822 herausgegebenen vatikan. Palimpsest erhalten; es handelt sich um ein platon. Vorbild verpflichtetes, fiktives Gespräch führender Männer des sog. Scipionenkreises 129). An Platon angelehnt ist auch das unvollständig erhaltene Werk *De legibus* (*Über die Gesetze,* nach 52, drei Bücher). Dem idealen Redner widmet sich C. in den drei Bücher umfassenden Dialog *De oratore* (*Vom Redner,* 55). Die wichtigsten Gesprächsteilnehmer sind die Rhetoren Crassus und Antonius, Hintergrund ist das Jahr 91. Teils greift C. darin auf seine Jugendschrift *De inventione* (*Von der Stoffindung,* 81–80, zwei Bücher) zurück. Nur widerwillig verläßt C. 51 Rom und tritt ein längst überfälliges Prokonsulatsjahr in Kilikien an. Er erringt militär. Erfolge bei kleineren Unruhen durch die Parther. Dafür wird ihm ein

Dankfest (*supplicatio*) zugestanden, der erhoffte Triumph bleibt ihm indes verwehrt. 49 überschreitet Caesar den Rubikon, es herrscht Bürgerkrieg. Über die beide Kontrahenten Caesar und Pompeius urteilt C. illusionslos. Nach langem Schwanken schlägt er sich auf Pompeius' Seite, die Partei der Verlierers, wird jedoch später von dem Sieger begnadigt. 46 entstehen die rhetor. Schriften *Brutus* (Geschichte der röm. Beredsamkeit), *Orator* (Wesen und Aufgaben des Redners, ähnlich in der kleinen Schrift *De optimo genere oratorum* (*Von der besten Art des Redners*), *Paradoxa Stoicorum* (Gemeinplätze der Populärphilosophie, die als ›paradox‹, d. h. der landläufigen Meinung entgegenstehend, betrachtet wurden) und eine (fragmentarisch erhaltene) Preisschrift auf M. Porcius Cato, der aus Protest gegen Caesars Sieg Selbstmord begangen hatte. Caesar versteht die polit. Dimension und antwortet mit einem Pamphlet *Anticatones.* In drei sog. caesar. Reden dankt C. für die Begnadigung ehemaliger Pompeianer (*Pro Marcello,* 46) oder tritt für sie ein (*Pro Ligario,* mit Erfolg, 45, *Pro Deiotaro rege,* ohne Erfolg, 45). C. appelliert dabei an Caesars Großmut und versucht, den Diktator gleichsam auf Milde als Ersatz für die freiheitl. Verfassung zu ›verpflichten‹. C.s letzte Lebensjahre bringen neben dem Gefühl polit. Scheiterns auch persönl. Unglück: 46 läßt er sich von Terentia scheiden und heiratet die sehr viel jüngere Publilia. Die Ehe hat nur kurz Bestand. Bes. hart trifft ihn der Tod der geliebten Tochter Tullia (45). Er spendet sich selbst in einer *Consolatio* (*Trostschrift*) Trost. Viel Zeit widmet C. dem ehrgeizigen Vorhaben, die griech. Philosophie in lat. Sprache darzustellen; darin, die Philosophie in Rom heimisch gemacht zu haben, liegt seine Originalität. Es entstehen *Hortensius* (Aufforderung zur Philosophie, nur wenige Fragmente erhalten), *Academici libri* (*Bücher über die akadem. Philosophie,* zum Erkenntnisproblem), *De finibus bonorum et malorum* (*Über die Grenzen des Guten und*

Bösen, fünf Bücher zur Frage, wonach der Mensch als dem höchsten Gut streben soll), *Tusculanae Disputationes (Gespräche in Tusculum* [in Tusculum besaß C. ein Landhaus], fünf Bücher zu Fragen der Ethik), *De natura deorum (Vom Wesen der Götter,* drei Bücher), *De divinatione (Über Mantik,* zwei Bücher; C. ist selbst Augur; in Fortsetzung entsteht *De fato, Über das Schicksal), De officiis (Über pflichtgemäßes Handeln,* drei Bücher), *Cato maior de senectute (Über das Alter), Laelius de amicitia (Über die Freundschaft).* Nach der Ermordung Caesars an den Iden des März 44 schöpft C. noch einmal Hoffnung. Gegen den Caesar-›Erben‹ Antonius gerichtete Invektiven – C. selbst nennt sie augenzwinkernd *Philippica,* in Anlehnung an die Reden des Demosthenes gegen Philipp von Makedonien – verfechten nochmals C.s republikan. Credo, jedoch vergeblich. Die Caesar-Mörder gehen unter, mit ihnen C. Auf der Flucht wird er ermordet, die Häscher des Antonius schlagen ihm Kopf und Hände ab und stellen die schreckl. Spolien auf den Rostra aus. Quintilian (1. Jh. n. Chr.) erhebt C. zum Maßstab des Redners; die Renaissance orientiert sich an C.s Stil, bis heute bestimmt seine Sprache das in der Schule gelehrte ›klass.‹ Latein. **Lit.:** M. Gelzer, C. (1969). – G. Gawlick/W. Görler, in: GGP IV (1983) 991–1168. – M. Fuhrmann, C. und die röm. Republik (³1991).

Cincinnatus, Lucius Quinctius C. (»der Lockenkopf«), der aus Livius bekannte Diktator des Jahres 458 v. Chr.; als die Römer Krieg gegen die Aequer führten, soll C., der gerade sein Feld pflügte, von der Arbeit weggeholt und zum Diktator ernannt worden sein. C. soll die Aequer besiegt und sein Amt nach 16 Tagen wieder niedergelegt haben (Livius 3, 26, 6–29, 7). Späteren Generationen galt C. als Beispiel altröm. Tugend und Tapferkeit.

Cincius Alimentus, Lucius C. A., röm. Historiker und Senator, 3./2. Jh. v. Chr. Wie Fabius Pictor gehört er zur ersten röm. Historikergeneration, die aus apologet. Haltung heraus röm. Geschichte in griech. Sprache schreiben. Er behandelte die Zeit von der Gründung Roms bis zum 2. Pun. Krieg.

Cinna (1), Lucius Cornelius C., mit Marius Führer der Popularen, erbitterter Gegner Sullas, 90 v. Chr. Prätor, 87–84 Konsul. Das Wirken C.s war geprägt von dem Kampf gegen die Optimaten, bes. aber gegen Sulla. 87 stellte C. ein Heer auf, holte den 88 verbannten Marius zurück und nahm Rom ein. Es folgte eine Zeit des Terrors, dem zahlreiche Optimaten zum Opfer fielen. Nach dem Tod des Marius 86 war C. quasi Alleinherrscher in Rom. 85 rüstete er zu einem Feldzug gegen Sulla, wurde aber vor der Durchführung Anfang 84 von meuternden Soldaten erschlagen. **Lit.:** C. Meier, Res publica amissa (³1997) 229–237.

Cinna (2), Gaius Helvius C., lat. Dichter, 1. Hälfte 1. Jh. v. Chr. Wie Catull, mit dem er befreundet war, stammte C. aus Oberitalien. Er gehörte zu den ersten *poetae novi* oder *neoteroi* (»Neuerern«) in Rom, die im Stile der griech. alexandrin. Dichtung ausgefeilte kleine Gedichte meist privaten Inhalts (statt langer Epen mit histor. Stoffen) schrieben. C.s Hauptwerk *Zmyrna* (nicht erhalten) wurde noch zu seinen Lebzeiten kommentiert. Er verfaßte ferner ein *Propemptikon (Geleitgedicht)* für Asinius Pollio sowie erot. Gedichte, Choljamben, Epigramme. **Lit.:** E. Courtney, The Fragmentary Latin Poets (1993) 212–224 [Ausg., Komm.].

Civilis, Gaius Iulius C., Führer des Aufstandes der Bataver gegen Rom 69 n. Chr.; C. stammte aus fürstl. Geschlecht und war unter Nero Kohortenpräfekt des niederrhein. Heeres. 68 wurde er von dem Statthalter Fonteius Capito wegen angebl. Aufruhrs gefangengenommen. Von Galba freigelassen fiel C. 69 beinahe der röm. Soldaten zum Opfer. Aus Rache betrieb er nach der Erhebung Vespasians zum Kaiser den Abfall der Bataver von Rom. C. konnte viele Verbündete gewinnen und plante die Errichtung eines german.-

gall. Reiches. Nach anfängl. Erfolgen mußte sich C. 70 dem röm. Feldherr Petilius Cerialis ergeben. **Lit.:** R. Urban, Der »Bataveraufstand« und die Erhebung des Iulius Classicus (1985). – O. Schmitt, Anmerkungen zum Bataveraufstand, in: Bonner Jahrbuch 193 (1993) 141–160.

Claudian, Claudius Claudianus, aus Alexandria, ca. 370–nach 403 n. Chr. C., von Geburt Grieche, führte die lat. Dichtung noch einmal auf einen Höhepunkt. Erste dichter. Proben waren auf Griechisch. Auf sich aufmerksam machte C. durch lat. *Panegyrici* (»Lobreden«) auf Adlige – erstmals in poet. Form. Seit 395 dichtete er im Dienst des Vandalen Stilicho, der nach dem Tod Theodosius d.Gr. die Geschicke des Westreiches bestimmte und für den noch unmündigen Honorius die Regentschaft ausübte. C. verfaßte neben kleineren Gedichten drei Bücher *De consulatu Stilichonis* (*Über das Konsulat des Stilicho*) in ep. Form, Invektiven gegen mit Stilicho rivalisierende Machthaber des oström. Reichs (*In Rufinum,* zwei Bücher; *In Eutropium,* zwei Bücher) – in ihrem satir. Ton erinnern letztere an Juvenal –, verherrlichte die Politik seines Gönners in zeithistor. Epen (*De bello Gildonico*; *De bello Gotico*). Der *Panegyricus auf das sechste Konsulat des Honorius* (404) ist das letzte datierbare Gedicht. In der panegyr. Dichtung wirkte C. für die gesamte Spätantike bis zu Venantius Fortunatus stilbildend. Das von direkten Zeitbezügen freie mytholog. Epos *De raptu Proserpinae* (*Über den Raub der Proserpina*) bricht nach dem 3. Buch ab. Es ist handlungsarm, aber reich an Reden und Ekphraseis. Der spieler., leicht distanzierte Duktus erinnert an Ovid. Die Technik der Bilderreihung und die Betonung des Details vor der Gesamthandlung sind für C. charakteristisch. Alanus ab Insulis (12. Jh.) verfaßte einen *Anticlaudianus de Antirufino,* Chaucer (14. Jh.) ließ sich von ihm inspirieren, die italien. Renaissance schätzte ihn. **Lit.:** E. Burck, in: Ders., Das röm. Epos (1979) 359–378. –

S. Döpp, Zeitgeschichte in Dichtungen C.s. (1980).

Claudius (1), Tiberius C. Drusus (Nero Germanicus), röm. Kaiser 24. Januar 41–13. Oktober 54 n. Chr. – *I. Leben:* Geb. 10 v. Chr. in Lugdunum als Sohn des älteren Drusus und der Antonia Minor; aus gesundheitl. Gründen bekleidete C. keine höheren Ämter, auch noch in späteren Jahren hinkte er, sprach undeutlich und stotterte, wofür die Zeitgenossen ihn verspotteten. Resigniert widmete sich C. dem Studium der röm. und etrusk. Geschichte und beschäftigte sich mit Problemen der Grammatik. Für die Übernahme der Regierung war er also in keiner Weise vorbereitet, als ihn die Soldaten nach der Ermordung Caligulas am 24. Januar 41 zum Kaiser ausriefen; C. bemühte sich zunächst, das Verhältnis zum Senat zu verbessern und räumte ihm Mitspracherecht bei allen Entscheidungen ein. 43 führte C. einen Feldzug nach Britannien und feierte einen Triumph in Rom. Vom 1. bis 3. Juni 47 hielt C. Säkularspiele ab anläßlich des 800. Geburtstages der Stadt. 49 heiratete C. seine Nichte, die jüngere Agrippina, die ihn überredete, ihren Sohn Nero zu adoptieren (50). Fortan sorgte Agrippina dafür, daß der leibl. Sohn des Claudius, Britannicus, gegenüber Nero zurückgesetzt wurde. Am 13. Oktober 54 starb C., möglicherweise von Agrippina vergiftet, in Rom. – *II. Literar. Werk:* C. betätigte sich in seiner Jugend als Schriftsteller; belegt sind Schriften über etrusk. und karthag. Geschichte; er war äußerst gut vertraut mit den religiösen Traditionen Roms. Erhalten sind von C. eine Rede und ein Edikt, die beide in einem archaisierenden Stil geschrieben sind. Die im Jahr 48 n. Chr. vor dem Senat gehaltene Rede ist in überarbeiteter Form in die *Annalen* des Tacitus (11, 24) integriert und inschriftlich erhalten (CIL XIII 1668). Seneca rächte sich postum an C., der ihn wegen eines angebl. Ehebruchs mit Julia Livilla 41–49 nach Korsika verbannt hatte, mit seiner satir. *Apocolocyntosis* (»*Verkürbissung*« statt

Vergöttlichung). **Lit.:** B. Levick, C. (1990). – V.M. Strocka (Hg.), Die Regierungszeit des C. (1994). – DRK (1997).

Claudius (2), Marcus Aurelius C., auch Claudius II. Gothicus, röm. Kaiser Sept./Okt. 268–Sept. 270 n. Chr.; geb. um 214, Herkunft und Abstammung sind unbekannt; nachdem Gallienus bei der Belagerung von Mediolanum (heute Mailand), wo sich sein aufständ. Reiterführer Aureolus verschanzt hatte, den Tod gefunden hatte (268), riefen die Soldaten C. zum Kaiser aus; noch im gleichen Jahr schlug er die Alemannen am Gardasee. Eine größere Bedrohung waren indes die Goten auf dem Balkan, über die C. 269 den entscheidenden Sieg errang; fortan führte er den Beinamen Gothicus; im September 270 starb er in Sirmium an der Pest. **Lit.:** A. Lippold, Kaiser C. II. (Gothicus), Vorfahr Konstantins d.Gr., und der röm. Senat, in: Klio 74 (1992) 380–394. – D. Kienast, Röm. Kaisertabelle (^{2}1996) 231 f.

Clemens (1), Titus Flavius C. aus Alexandria, christl. Philosoph, gest. ca. 215 n. Chr., versuchte christlich-jüd. Offenbarung und griech. Philosophie zu verbinden. Seine wichtigsten erhaltenen Schriften sind der *Protreptikos*, eine Mahnrede an Heiden, die die Torheit der heidn. Religion, bes. der Mysterien, aufzeigt, dessen Forts. *Paidagogos*, eine Paränese zu christl. Lebensführung, und die *Stromateis* (»Teppiche«), in denen C. die Überlegenheit der christl. gegenüber der griech. Philosophie darlegt; als Vorstufe der christl. Offenbarung erkennt er jedoch auch der griech. Philosophie einen eigenen Wert zu. Die zahlreichen Zitate aus der griech. Literatur, die ein Zeichen seiner großen literar. und philosoph. Bildung sind, lassen seine Schriften zu einer wichtigen Quelle sonst verlorener Werke werden. **Lit.:** A. van den Hoek, C. of Alexandria and his Use of Philo (1988). – E.F. Osborn, The Emergence of Christian Theology (1993). – E. Procter, Christian Controversy in Alexandria (1995).

Clemens (2) aus Rom, Verf. eines Gemeindeschreibens der röm. Kirche an die Kirche von Korinth wegen durch die Absetzung der korinth. Presbyter entstandener Streitigkeiten. In der Folgezeit wurden C. zahlreiche weitere Schriften zugeschrieben, so der 2. C.-Brief (erste erhaltene christl. Predigt aus dem 2. Jh. n. Chr.) und die (Pseudo-)Clementinen, ein umfangreicher Apostelroman des 4. Jh.. **Lit.:** G. Strecker, Das Judenchristentum in den Pseudo-Clementinen (1958). – K. Beyschlag, C. Romanus (1966).

Clodius, Publius C. Pulcher, berüchtigter röm. Bandenführer, Gegner des Milo, 92–52 v. Chr. C., der eigentlich patriz. Abstammung war, trat 59 zur Plebs über, um das Amt des Volkstribunen übernehmen zu können; dabei änderte er seinen patriz. Gentilnamen Claudius in die plebeische Form Clodius. Als Gefolgsmann Caesars setzte C. die Verbannung Ciceros durch. Wegen der Rückberufung Ciceros geriet C. in Streit mit dem Volkstribunen Milo. Es folgten jahrelange Bandenkämpfe in Rom, die 52 mit der Ermordung des C. durch die Bande des Milo endeten. **Lit.:** H. Benner, Die Politik des P.C. Pulcher (1987).

Clodius Albinus, Decimus C. Septimius A., röm. Gegenkaiser 195/96–19. Februar 197; geb. ca. 147 in Hadrumetum; 191–193 Statthalter der Provinz Britannia; im April 193 von Septimius Severus zum Caesar erhoben; 194 zum zweiten Mal Konsul mit Septimius Severus; nach seinem Sieg über Pescennius Niger erklärte Septimius Severus C. 195 zum Staatsfeind; C. ließ sich von den britann. Truppen zum Augustus ausrufen und fiel in Gallien ein. Am 19. Februar 197 wurde er bei Lugdunum von Septimius Severus geschlagen und auf der Flucht getötet. **Lit.:** D. Kienast, Röm. Kaisertabelle (^{2}1996) 160 f.

Coelius Antipater, Lucius C.A., röm. Historiker, Redner und Jurist, 2. Jh. v. Chr. C.' Geschichte des 2. Pun. Krieges begründet die histor. Monographie in Rom. Die apologet. und didakt. Funktion der Historiographie tritt bei ihm zugunsten eines rhetorisch ausgestalteten Stils in den Hintergrund. Glanzlichter seines Werks waren Reden und Träume; er scheint im asian. Stil geschrieben zu haben.

Columella, Lucius Iunius Moderatus C., aus Gades, röm. Fachschriftsteller, 1. Jh. n. Chr. C. schrieb unter Claudius (41–54 n. Chr.) ein zwölf Bücher umfassendes Werk über den Landbau in gepflegter Prosa, das 10. Buch über den Gartenbau in Hexametern. Die übrigen Bücher behandeln allg. Fragen der Landwirtschaft: Ackerbau, Weinbau, Baumpflanzungen, Viehzucht sowie die Pflichten des Verwalters. C. ist bes. von Cato, Vergil und Celsus beeinflußt. **Lit.:** D. Flach, Röm. Agrargeschichte (1990) 198–204.

Commius, ein Gallier aus dem Stamm der Atrebaten, von Caesar nach der Unterwerfung seines Volkes 57 v. Chr. als König eingesetzt. C. leistete Caesar militär. Unterstützung, wofür er zahlreiche Privilegien erhielt. 52 beteiligte sich C. aber an dem Aufstand Galliens gegen Rom und wurde ein erbitterter Gegner der Römer. Später ergab er sich Mark Anton unter der Bedingung, sich in Frieden zurückziehen zu dürfen. Mark Anton gewährte ihm seine Bitte und C. gründete ein kleines Königreich in Britannien.

Commodian (lat. Commodianus), christl. lat. Dichter, vermutlich des 3. Jh., vielleicht nordafrikan. Herkunft. Von C. sind zwei Werke überliefert: Die *Instructiones* (*Unterweisungen*) bestehen aus zwei Büchern akrostichisch (Akrostichon) gebildeter Gedichte, deren erstes sich in missionar. Absicht an Heiden und Juden, deren zweites sich an Christen richtet und zur *militia Christi* (»Soldatendienst für Christus«) auffordert. Das *Carmen,* auch *Carmen apologeticum* (*Verteidigungsgedicht*) oder *Carmen de duobus populis* (*Gedicht von den zwei Völkern* [Juden und Christen]) genannt, stellt Gottes Wirken in der Welt dar und schließt mit der Schilderung der Endzeit, die der Autor wohl nahe glaubte. Die in Vulgärlatein abgefaßten Verse ähneln Hexametern, sind aber nicht quantitierend. **Lit.:** E. Heck, in: HLL IV (1997) 628–639. – LACL (1998).

Commodus, Lucius Aurelius C., später Marcus Aurelius C. Antoninus Augustus, röm. Kaiser 17. März 180–31. Dezember 192 n. Chr.; geb. 161 bei Lanuvium als Sohn des Mark Aurel und der Faustina (2); 166 Erhebung zum Caesar; Mitte 177 Erhebung zum Augustus; Mitte 178 Hochzeit mit Bruttia Crispina (gest. Herbst 192); nach dem Tode Mark Aurels am 17. März 180 war C. Alleinherrscher; er gab die senatsfreundl. Politik seines Vaters auf und stützte sich ganz auf sein Heer und die Prätorianerpräfekten; bereits 183 gab es eine erste Verschwörung gegen ihn, die blutig unterdrückt wurde; C. verfiel zunehmend dem »Caesarenwahn«, ließ sich als neuer Hercules göttlich verehren; 192 gründete er Rom neu unter dem Namen *Colonia Commodiana;* am 31. Dezember 192 fiel er einer Verschwörung zum Opfer. **Lit.:** M. Gherardini, Studien zur Geschichte des Kaisers Commodus (1974). – DRK (1997).

Constans, Flavius Iulius C. Augustus, röm. Kaiser 9. September 337–18. Januar 350 n. Chr.; geb. 320 oder 323 als jüngster Sohn des Konstantin I. und der Fausta; 333 in Konstantinopel zum Caesar erhoben, 335 mit der Verwaltung von Italien, Afrika und Illyrien betraut; am 9. September 337 wurde C. zusammen mit seinen älteren Brüdern Konstantin II. und Constantius II. zum Augustus ernannt. Im Juli 338 trafen sich die drei Augusti in Viminacium (Pannonien), um sich über die Aufteilung des Reiches zu verständigen. Als sein älterer Bruder Konstantin II. die Vormundschaft über C. beanspruchte, kam es zum Zerwürfnis zwischen den beiden. C. besiegte Konstantin II. Anfang April 340 bei Aquileia und war jetzt alleiniger Herrscher über die westl. Reichshälfte. In den folgenden Jahren führte C. erfolgreiche Kriege gegen die Franken (341/42) und Pikten (343). Seine Strenge und Härte führten 350 zu einer Verschwörung gegen den Kaiser. Die Soldaten riefen Magnentius zum neuen Kaiser aus. C. wurde gestürzt und auf der Flucht in der Nähe der Pyrenäen getötet. **Lit.:** D. Kienast, Röm. Kaisertabelle (²1996) 312 f. – DRK (1997).

Constantius I., Iulius C. Chlorus, röm. Kaiser 1. März 293–25. Juli 306 n. Chr.; geb. ca. 250 in Illyrien, wahrscheinlich niederer Herkunft; der Beiname Chlorus,»der Blasse« ist erst seit dem 6. Jh. bezeugt; seit ca. 270 lebte C. mit Helena zusammen, die ihm um 272 den späteren Konstantin I. gebar; spätestens 289 heiratete er Theodora, die Tochter des Maximianus; am 1. März 293 wurde C. von Maximianus adoptiert und zum Caesar für Gallien und Britannien ernannt, das er 296/97 zurückgewinnen konnte. 300–304 kämpfte C. gegen die Germanen; am 1. Mai 305 wurde er zum Augustus für Gallien, Britannien und Spanien erhoben. Während einer zweiten Expedition nach Britannien 305/06 starb C. am 25. Juli 306 in Eboracum (heute York). **Lit.:** D. Kienast, Röm. Kaisertabelle (²1996) 280–282.

Constantius II., Flavius Iulius C., röm. Kaiser 9. September 337–3. November 361 n. Chr.; geb. 317 als zweitältester Sohn Konstantins I.; am 8. November 324 zum Caesar ernannt; am 9. September 337 wurde C. zusammen mit seinem älteren Bruder Konstantin II. und seinem jüngeren Bruder Constans zum Augustus erhoben. 338 trafen sich die drei Brüder, um über die Aufteilung des Reiches zu beraten. C. erhielt den Orient, Ägypten und Thrakien. Nach dem Tod seiner Brüder (340 und 350) und dem Sieg über den Gegenkaiser Magnentius (351) war C. Alleinherrscher. Es folgten Kämpfe gegen Germanen und Franken. Ende 355 setzte er seinen Neffen Julian Apostata als Caesar in Gallien ein. 360 mußte C. in einen Krieg gegen die Perser aufbrechen. Als Julian in Gallien zum Augustus erhoben wurde, schloß C. Frieden mit den Persern und zog gegen Julian. Noch bevor es zu einer Auseinandersetzung kam,

starb er am 3. November 361 in Kilikien. – Wie sein Vater fühlte sich C. stets als Christ. Als Anhänger des Arianismus kam es seit 338 immer wieder zu schweren Auseinandersetzungen mit Athanasios. Gegen die Heiden ging C. äußerst hart vor, 354 ließ er alle heidn. Tempel schließen, die heidn. Kulte wurden verboten. **Lit.:** R. Klein, C. und die christl. Kirche (1977). – D. Kienast, Röm. Kaisertabelle (²1996) 314–317. – DRK (1997).

Corbulo, Gnaeus Domitius C., röm. Feldherr unter den Kaisern Claudius und Nero; ca. 45 n. Chr. Konsul, anschließend Befehlshaber über das Heer in Niedergermanien; 54 wurde C. von Nero mit dem Feldzug gegen die Parther betraut. Trotz großer Erfolge beorderte ihn Nero 67 nach Griechenland und trieb ihn zum Selbstmord. Seine Tochter Domitia Longina heiratete später den Kaiser Domitian.

Cornelia, Name der Frauen aus dem berühmten Geschlecht der Cornelier, am bekanntesten die Tochter des P. Cornelius Scipio Africanus, die Mutter des Tiberius und des Gaius Gracchus, geb. ca. 190 v. Chr.; C. galt als hochgebildete Frau, die sich vorbildlich um die Erziehung ihrer Söhne kümmerte. Zwei in ihrer Echtheit umstrittene Briefe der C. finden sich im Textcorpus des Cornelius Nepos.

Cornelius, röm. Gentilname. Die Cornelier waren eines der bedeutendsten und größten patriz. Geschlechter in Rom. Die wichtigsten Familien waren die Lentuli und bes. die Scipiones.

Cornelius Nepos ↗ Nepos

Cornificius, Quintus C., röm. Politiker, Redner und Dichter des 1. Jh. v. Chr.; während des Bürgerkrieges kämpfte C. auf der Seite Caesars, zeichnete sich 48/47 in Illyrien aus, 46 in Kilikien. Nach dem Tod Caesars war er 44–42 Prokonsul in Africa, wo er auf der Seite der Caesarmörder den Tod fand. Als Redner war C. Anhänger des Attizismus, als Dichter stand er Catull und dem Kreis der Neoteriker nahe. **Lit.:** E. Rawson, The Identity Problems of Q. C., in: Dies., Roman Culture and Society (1991) 272–288.

Crassus (1), Lucius Licinius C., röm. Redner, 140–91 v. Chr., Konsul 95 v. Chr. C. war der bedeutendste Redner seiner Zeit und Lehrer Ciceros. Dieser charakterisierte ihn im *Brutus* 160–164 und machte ihn zu einem Protagonisten in *De oratore (Über den Redner)*. Er zeichnete sich durch sorgfältig ausgearbeiteten Stil und jurist. Kenntnisse aus. **Lit.:** H. Malcovati, Oratorum Romanorum Fragmenta I (1955) 237–259.

Crassus (2), Marcus Licinius C., 115–53 v. Chr.; als Anhänger Sullas profitierte C. aus dessen Proskriptionen. Sein Reichtum brachte ihm den Beinamen *Dives,* »der Reiche« ein. 71 besiegte C. das Heer des Sklavenführers Spartacus, 70 bekleidete er das Konsulat zusammen mit Pompeius. 65 war C. Censor, 60 schloß er mit Caesar und Pompeius das 1. Triumvirat. 55 waren C. und Pompeius erneut Konsuln. Anschließend erhielt er als Prokonsul die Provinz Syrien auf fünf Jahre. Während des Feldzuges gegen die Parther fiel C. 53 bei Carrhae. Die von den Parthern erbeuteten Feldzeichen konnte erst Augustus zurückgewinnen. **Lit.:** B. A. Marshall, C. A Political Biography (1976). – A. M. Ward, Marcus C. and the Late Roman Republic (1977).

Curius, Manius C. Dentatus, röm. Staatsmann und Feldherr des frühen 3. Jh. v. Chr.; den Beinamen *Dentatus* (lat. *dens,* »Zahn«) führte C., weil er angeblich mit Zähnen auf die Welt kam; 290 beendete C. den Krieg mit den Samniten, besiegte die Sabiner und 283 die Senonen. Sein wichtigster militär. Erfolg war der Sieg über Pyrrhos 275. 272 leitete C. den Bau der zweitältesten Wasserleitung Roms, starb aber vor deren Fertigstellung 270. Um die Person des C. rankten sich viele Legenden, späteren Generationen galt er als Vorbild röm. Tugend und Tapferkeit. **Lit.:** G. Forni, Manio Curio Dentato uomo democratico, in: Athenaeum 31 (1953) 170–240.

Curtius Rufus, Quintus C. R., lat. Autor, wahrscheinlich 1. Jh. v. Chr., Verf. einer romanhaften Alexandergeschichte (*Historiae Alexandri Magni*) in zehn Büchern; davon sind acht erhalten. Quellen waren Ptolemaios, Kleitarch, Timagenes und wahrscheinlich Pompeius Trogus. Die griech.-oriental. Welt ist im Sinne der *interpretatio Romana* (»röm. Umdeutung«) in röm. Färbung dargestellt. Der Stil ähnelt bisweilen dem Senecas, Komposition und Erzähltechnik erinnern an Livius. Psychologisierende Deutungen zeichnen das Werk aus; moralisierende Sentenzen sowie ein allg. Interesse am Alexanderstoff empfahlen es als Schullektüre. Die Rezeption in MA und Renaissance war bedeutend. Der *Alexandreis* des Walter von Châtillon (12. Jh.) liegt C. R. zugrunde. **Lit.:** W. Rutz, in: ANRW II 32, 4 (1986) 2329–2357.

Cyprian, Thascius Caecilius Cyprianus, aus Karthago, lat. Theologe, Apologet, ca. 205–258 n. Chr. C. stammte aus einer reichen heidn. Familie; als angesehener Rhetor konvertierte er 246 und wurde 248 Bischof von Karthago; 258 starb er als Märtyrer. Seine 81 erhaltenen Briefe geben einen hervorragenden Einblick in die religiösen Auseinandersetzungen des 3. Jh.; weiterhin sind drei theolog. Schriften, ein apologet. Traktat und eine Sammlung von Bibelstellen erhalten. **Lit.:** U. Wickert, in: M. Greschat (Hg.), Gestalten der Kirchengeschichte I (1984) 158–75.

Damokles (gr. Damokles), Schmeichler am Hofe des Dionysios I. (oder II.), dem Tyrannen von Syrakus. Berühmt ist die Geschichte, die Cicero erzählt: Als D. den Reichtum und das Glück des Dionysios allzu sehr pries, fragte dieser ihn, ob er daran teilhaben wolle. D. bejahte und der Tyrann ließ ihm ein köstl. Mahl vorsetzen. Über seinem Kopf aber ließ er ein Schwert baumeln, das nur an einem dünnen Roßhaar aufhängt war. Damit wollte Dionysios das wahre »Glück« des Tyrannen demonstrieren. Seitdem ist das »Damoklesschwert« sprichwörtlich für eine auch in größtem Glück stets drohende Gefahr (vgl. Cicero, Tusculanae Disputationes 5, 61 f.).

Damon aus Oa (Attika), Sophist und Musiktheoretiker, Mitte 5. Jh. v. Chr., stand vermutlich unter pythagoreischem Einfluß und war Gefährte des Prodikos. Er war Lehrer und Ratgeber des Perikles und wurde wegen seines angebl. Einflusses verbannt. Die Echtheit der überlieferten Zeugnisse ist umstritten. In einer angeblich vor den Areopagiten gehaltenen Rede (DK 37) vertrat er die Ansicht, die Musik (Rhythmus und ›Harmonie‹) habe eine tiefe Wirkung auf die Seele und das Verhalten des Menschen und könne zu Erziehungszwecken genutzt werden. In diesem Bereich war die Wirkung seiner Lehre auf die nachfolgenden Philosophen, insbes. Platon (*Politeia* 3, 398c-400c), erheblich. **Lit.:** A. Barker, Greek Musical Writings I (1984). – W. Wallace, Damone di Oa ed i suoi successori, in: Harmonia Mundi, Biblioteca di QUCC (1991) 30–53.

Damophon von Messene, griech. Bildhauer des 2. Jh. v. Chr., über den wir mehr wissen als über jeden anderen Bildhauer hellenist. Zeit. Er hat wahrscheinlich ausschließlich auf der Peloponnes gearbeitet und dort Kultstatuen für Lykosura (Tempel der Despoina), Messene und Megalopolis gefertigt, wie Pausanias überliefert. D. wurde durch mehrere Inschriften geehrt und war auserwählt worden, um Restaurierungsarbeiten an Phidias' Zeus von Olympia durchzuführen. **Lit.:** R. R. R. Smith, Hellenistic Sculpture (1991).

Dareios I., pers. Großkönig, 522–486 v. Chr., aus einer Nebenlinie der Achämeniden, beseitigte 522 den Usurpator Gaumata und schlug einen Aufstand in Babylonien nieder. Nachdem er seine Macht gefestigt hatte, unterzog er das Reich einer umfassenden Verwaltungsreform und gliederte es in 20 Satrapien. Darüber hinaus führte er ein stabiles Münzsystem ein und erschloß das Land durch den Ausbau eines funktionsfähigen Straßennetzes. 513 unternahm er einen groß angelegten Feldzug gegen die Skythen in der südruss. Ebene, mußte sich aber nach anfängl. Erfolgen wieder zurückziehen. Zum ersten größeren Zusammenstoß mit den Griechen kam es im Zuge des Jon. Aufstands (500–494; Perserkriege), den D. erfolgreich niederschlagen konnte. Die Unterstützung der Aufständ. durch Athen und Eretria nahm er zum Anlaß, 490 eine Strafaktion gegen die beiden Städte zu befehlen, die jedoch in der Schlacht bei Marathon scheiterte. Er ordnete neue Rüstungen an und plante, einen großangelegten Eroberungsfeldzug gegen das griech. Mutterland zu unternehmen, starb jedoch 486, noch bevor er seine Pläne verwirklichen konnte. Nachfolger wurde sein Sohn Xerxes. D. war nach dem Reichsgründer Kyros der bedeutendste Perserkönig, unter dem das Reich seine größte Ausdehnung erlangte. Er galt als klug, besonnen und tolerant gegenüber den unterworfenen Völkern.

Dareios II., pers. Großkönig, 424–404 v. Chr., Sohn Artaxerxes I., griff in der Endphase des Peloponnes. Krieges (431–404 v. Chr.) auf der Seite Spartas in den Konflikt ein und war maßgeblich an der Niederlage Athens beteiligt.

Dareios III., letzter pers. Großkönig, 336–330 v. Chr., aus dem Hause der Achämeniden, unterlag trotz umfassend organisierter Gegenwehr 334–331 dem Angriff Alexanders d. Gr. und wurde 330 auf der Flucht östl. von Ekbatana von seinem aufständ. Satrapen Bessos ermordet.

Dares Phrygius. Unter diesem Pseudonym sind die *Acta diurna belli Troiani* überliefert, ein lat. Trojaroman aus dem 5. (?) Jh. n. Chr., der wahrscheinlich auf ein verlorenes griech. Original zurückgeht. Die traditionelle, bes. homer. Sagenfassung wird geändert, entheroisiert und rationalisiert. So wird z. B. der Zorn des Achill mit seiner Liebe zur Priamostochter Polyxena in Verbindung gebracht. Die Schrift stellt als angebl. Augenzeugenbericht von trojan. Seite einen Gegenentwurf zur *Ephemeris belli Trojani* des Dictys Cretensis dar. Beide Autoren haben die Rezeption des Trojastoffes in MA und früher Neuzeit maßgeblich geprägt. **Lit.:** A. Beschorner, Untersuchungen zu D. Ph. (1992).

Decebalus, letzter König der Daker, gest. 106 n. Chr. D. verstand es, das in Stämme zersplitterte Volk der Daker unter seiner Führung zu vereinen; 85/86 fielen die Daker in die röm. Provinz Moesia ein und wurden so zu einer ernsten Bedrohung für Rom. Kaiser Domitian schloß mit D. einen Friedensvertrag, in dem D. die Oberhoheit Roms anerkannte. Trotzdem ging von D. eine permanente Bedrohung aus, bis es Kaiser Trajan gelang, Dakien in zwei Feldzügen (101/02 und 105/06) zu erobern. D. beging Selbstmord, sein Reich wurde zur röm. Provinz Dacia, die sich auf Siebenbürgen, den östl. Teil des Banats und auf Oltenien erstreckte. **Lit.:** K. Strobel, Untersuchungen zu den Dakerkriegen Trajans (1984). – W. Schuller (Hg.), Siebenbürgen zur Zeit der Römer und der Völkerwanderung (1994).

Decius, Gaius Messius Quintus D. Valerinus, später Gaius Messius Quintus Traianus D. Augustus, röm. Kaiser September/Oktober 249 – Juni 251 n. Chr.; geb. ca. 190 bei Sirmium; 249 Statthalter der Provinzen Mösien und Pannonien, hier im Juni 249 zum Imperator ausgerufen. Nach dem Sieg über Philippus Arabs nahm D. im Sept./Okt. 249 den Kaisertitel an. Ende 249 erließ D. ein nicht zuletzt gegen die Christen gerichtetes Edikt mit der Aufforderung, den Staatsgöttern zu opfern und sich dies bescheinigen zu lassen. 250/51 führte er Krieg gegen die Goten auf dem Balkan; im Juni 251 fiel D. in der Schlacht bei Abrittus in Mösien. **Lit.:** R. Selinger, Die Religionspolitik des Kaisers D. Anatomie einer Christenverfolgung (1995). – D. Kienast, Röm. Kaisertabelle (²1996) 204 f. – DRK (1997).

Deinarchos aus Korinth, griech. Redner, 361/60-290 v. Chr., ab 342 in Athen, wo er als Logograph tätig war. Im Harpalos-Prozeß trat er als Gegner des Demosthenes auf (*Gegen Demosthenes, Gegen Aristogeiton, Gegen Philokles*), wurde später Anhänger des Demetrios von Phaleron. Nach dessen Sturz 307 ging D. ins Exil und durfte erst 292 zurückkehren. Von den 87 bekannten Reden waren nach Dionysios v. Halikarnassos, der D. eine Schrift widmet, 60 echt, wovon die drei oben erwähnten erhalten sind. D. versuchte vor allem Demosthenes' Stil nachzuahmen, ohne diesen jedoch zu erreichen. Trotz z. T. fahriger Komposition, schwerfälliger Syntax und übermäßigem Schimpfen gehört D. zum Kanon der zehn att. Redner. **Lit.:** I. Worthington, A Historical Commentary on Dinarchus (1992). – M. Marzi, Dinarco, in: Oratori Attici minori, vol. II (1995), 439–599.

Deinostratos (Mitte 4. Jh. v. Chr.), griech. Mathematiker. D. entwickelte eine Kurve (*quadratrix*) zur Berechnung der Quadratur des Kreises, die aber schon von antiken Mathematikern (Sporos) angezweifelt wurde. **Lit.:** O. Becker, Das mathemat. Denken der Antike (1957).

Deiotaros, Tetrarch der Tolistobogier, eines Stammes der Galater, ca. Ende 2. Jh.–40 v. Chr.; D. unterstützte die Römer in den Kriegen gegen Mithradates; dafür wurde er 63 von Pompeius als Tetrarch anerkannt, durfte den Königstitel führen und erhielt Gebiete am Pontos zugewiesen. Als Cicero 51 Statthalter von Kilikien war, stellte ihm D. sein Heer zur Verfügung. In der Schlacht bei Pharsalos 48 unterstützte D. Pompeius. Da er sich 47 bei Caesar dafür entschuldigte, durfte er die Königswürde behalten. Wegen eines angebl. Anschlags gegen Caesar kam es 45 zu einer Anklage gegen D. durch seinen Enkel Kastor. D. wurde von Cicero verteidigt, dem es in seiner Rede *Pro rege Deiotaro* gelang, den Vorwurf als unberechtigt zu erweisen. Nach dem Tod Caesars konnte D. das Gebiet der Trokmer und der Tektosagen erobern und gewann so die Herrschaft über ganz Galatien. Im Bürgerkrieg unterstützte D. zunächst die Caesarmörder, wechselte nach der Schlacht von Philippi 42 die Fronten und durfte sein Königtum bis zu seinem Tod 40 behalten. **Lit.:** W. Hoben, Untersuchungen zur Stellung kleinasiat. Dynasten in den Machtkämpfen der ausgehenden Republik (Diss. 1969). – H. Botermann, Die Generalabrechnung mit dem Tyrannen. Ciceros Rede für den König D., in: Gymnasium 99 (1992) 320–344.

Demades, att. Redner und Politiker, ca. 380-319 v. Chr. Aus einfachen Verhältnissen stammend, war D. zunächst Anhänger des Demosthenes. Nach der Niederlage in Chaironeia 338 vermittelte er einen für Athen günstigen Frieden und wechselte ins promakedon. Lager. In den Harpalos-Prozeß verwickelt, wurde er wohl verbannt. Nach seiner Rückkehr und der Niederlage der Aufständischen 322 stellte D. den Antrag zur Verurteilung von Demosthenes und Hypereides. 319 wurde er von Kassander wegen Verrats hingerichtet. D. galt im Gegensatz zu Demosthenes als Naturtalent und war für seine improvisierten und witzigen Formulierungen und Aussprüche (*demadeia*) bekannt. Seine Rede *Über die zwölf Jahre*, die eine Verteidigung von D.' Politik nach Chaironeia bis zu seiner Verurteilung ist und von der nur Fragmente erhalten sind, gilt als Pseudepigraphon. **Lit.:** V. de Falco, Demade Oratore (^{2}1954). – M. Marzi, Demade, in: Oratori Attici minori, vol. II (1995) 601–689.

Demaratos (gr. Demaratos oder Damaratos), König von Sparta von ca. 510–491 v. Chr.; Mitkönig des Kleomenes I.; 506 scheiterte ein Angriff der Peloponnesier auf Athen wegen Meinungsverschiedenheiten zwischen den beiden Königen, die seitdem verfeindet waren. 491 erreichte Kleomenes, daß D. wegen angeblich illegitimer Geburt abgesetzt wurde. D. ging an den pers. Hof und nahm 480 unter Xerxes an dem Feldzug der Perser gegen Griechenland teil. **Lit.:** J. F. Lazenby, The Defence of Greece 490–479 B. C. (1993).

Demetrios von Phaleron, athen. Staatsmann und Schriftsteller, Schüler Theophrasts, ca. 360–280 v. Chr., 317 von Kassander zum Statthalter (Epimeletes) Athens ernannt. Als Demetrios Poliorketes Athen 307 einnahm, wurde D. vertrieben, ging zuerst nach Theben und später nach Ägypten, wo er zum Ratgeber Ptolemaios' I. wurde. Von seiner vielfältigen Produktion sind nur wenige Fragmente erhalten geblieben. D. verfaßte zahlreiche historisch-polit. Werke. Daneben ist er als Sammler und Herausgeber von Äsopfabeln und von Sprüchen der Sieben Weisen bekannt. Der unter seinem Namen laufende Traktat *Libellus de elocutione* (*Peri hermeneias*) stammt nach allg. Auffassung nicht von ihm. **Lit.:** F. Wehrli, in: GGP 111 (1983) 559-566.

Demetrios Poliorketes (gr., »der Städtebelagerer«), Sohn des Antigonos I. Monophthalmos, ca. 336–283 v. Chr. Nachdem das asiat. Reich seines Vaters durch Seleukos I. große Gebietsverluste erlitten hatte, versuchte D. in Griechenland Fuß zu fassen. 307 besetzte er Athen und vertrieb Demetrios von Phaleron, der 317–307 im Auftrag des Kassander die Regierungsgeschäfte in Athen geführt hatte. 306 konnte D. einen Sieg über Ptolemaios I. erringen, 305/04 belagerte er Rhodos, allerdings ohne Erfolg. Die lange Belagerung brachte ihm seinen Beinamen Poliorketes ein. Für seinen Kampf gegen Kassander erneuerte er 303/02 den Korinth. Bund. Nach der verlorenen Schlacht bei Ipsos 301, in der sein Vater ums Leben kam, konnte sich D. retten und nach Griechenland übersetzen. Nach dem Tod des Kassander 298/97 plante D. einen Angriff auf Makedonien. 295/94 eroberte er zunächst wieder Athen. Als ihn Alexandros, der Sohn des Kassander, gegen seinen Bruder Antipater zu Hilfe rief, ermordete D. den Alexandros, vertrieb Antipater und wurde so König von Makedonien (294–287). 287 von Lysimachos, Seleukos, Ptolemaios und Pyrrhos vertrieben, ergab sich D. 286 dem Seleukos. 283 starb er in Gefangenschaft in

Apameia. **Lit.:** H. Bengtson, Herrschergestalten des Hellenismus (1975) 63–90.

Demochares, athen. Staatsmann, Redner und Historiker, Neffe des Demosthenes, ca. 350–271 v. Chr.; D. gelangte nach dem Tode des Demetrios von Phaleron, der 317–307 im Auftrage des Kassander die Regierungsgeschäfte in Athen geführt hatte, zu polit. Bedeutung. Im Krieg gegen Kassander (307–304) ließ er die Stadt befestigen und schloß ein Bündnis mit den Böotern. 303 wurde D. verbannt, da er Kritik am Kult des Demetrios Poliorketes geübt hatte; ca. 15 Jahre später kehrte er zurück. 280 erwirkte D. die Aufstellung einer Statue für seinen 322 verstorbenen Onkel Demosthenes. – Von seinem Werk zur Zeitgeschichte in 21 Büchern sind nur wenige Fragmente erhalten. Ihnen läßt sich jedoch noch soviel entnehmen, daß D. als überzeugter Demokrat äußerst negativ über Demetrios von Phaleron urteilte. **Lit.:** R. A. Billows, Antigonus the One-Eyed and the Creation of the Hellenistic State (1990) 337–339.

Demokedes aus Kroton (um 500 v. Chr.), bedeutender griech. Arzt. Herodot schildert in den *Historien* (3. Buch) den wechselhaften Lebenslauf des D.: Der aus Kroton in Unteritalien stammende D. ging als gut bezahlter Gemeindearzt nach Ägina, wechselte für ein höheres Gehalt nach Athen und von dort nach Samos an den Hof des Polykrates, geriet nach dessen Ermordung als Sklave nach Susa, erwarb sich durch seine überlegenen medizin. Fähigkeiten das Wohlwollen des Perserkönigs, gab seinen Reichtum in Persien aber auf und floh in seine Heimatstadt. Seine Tätigkeit als aus öffentl. Mitteln hochbezahlter Arzt erlaubt Einblicke in die Einbindung der Medizin in das öffentl. Leben einer Polis.

Demokrit (gr. Demọkritos) aus Abdera, ca. 460–370 v. Chr., griech. Philosoph, Hauptvertreter der sog. Atomistik. Nach D. wird unsere Erscheinungswelt durch sinnl. Eindrücke (gr. *eidola*) bestimmt, die wiederum unser Denken

steuern. Das Denken ist dabei eine Form der Materie, die auf Atomen basiert. D. erklärte so den Zusammenhang zwischen sinnlicher Wahrnehmung und Rationalität: Alles Sein sei lediglich eine Umgruppierung der unendl., aber unveränderl. Menge an Atomen. **Lit.:** T. Cole, Democritus and the Sources of Greek Anthropology (1967). – GGGA (1999).

Demosthenes (gr. Demosthẹnes), athen. Redner und Politiker, 384/83-322 v. Chr., Sohn eines Waffenfabrikanten und Schüler des Isaios. D. verlor früh den Vater, seine Vormünder veruntreuten das Erbe, das er nach mehreren Anklagereden 364/63 und der Verurteilung eines Vormundes nur z. T. zurückerhielt. D. wirkte dann als Anwalt und Logograph. 355 begann er seine polit. Karriere mit drei Prozeßreden (*Gegen Androtion, Gegen Leptines,* 353 *Gegen Timokrates*) und einer Staatsrede *Über die Symmorien,* in der er angesichts der athen. Schwäche vor einem Krieg gegen Persien warnte. 352 trat er in den Reden *Für die Megalopoliten* und *Für die Freiheit der Rhodier* für eine aktive Außenpolitik ein. 351 nahm D. erstmals Philipp II. von Makedonien, mit dem Athen in Nordgriechenland in Konflikt geraten war, ins Visier: In der *1. Philippischen Rede* plädierte er für die aktive Eindämmung Philipps und die militär. Aufrüstung Athens; in den 3 *Olynthischen Reden* trat er 349/48 vergeblich für die von Philipp belagerte Stadt ein. 346 war D. Unterhändler und zunächst Befürworter des Philokratesfriedens mit Philipp (*Über den Frieden*), von dem er sich aber in der Folge distanzierte. 344 griff D. in der *2. Philippischen Rede* den Makedonenkönig erneut an. In *Über die Truggesandtschaft* 343 klagte er Aischines, der ebenfalls Unterhändler beim Philokratesfrieden gewesen war, erfolglos an. Leidenschaftlich wandte er sich 341 in der *3. Philippischen Rede* gegen Philipp und warb für den Zusammenschluß aller Griechen; in der *4. Philippischen Rede* äußerte er die Hoffnung auf ein Zusammengehen mit Persien. Das von D. gegen Philipp geschmiedete Bündnis unterlag 338 bei Chaironeia. Sein *Epitaphios* auf die gefallenen Athener ist wohl echt. Auf Antrag des Ktesiphon 336 feierlich für seine Verdienste um das Vaterland bekränzt, verteidigte er 330 in der *Rede vom Kranz* Ktesiphon und seine Politik gegen Aischines' Anklage und errang einen überwältigenden Sieg. In den Skandal um Alexanders geflohenen Schatzmeister Harpalos involviert, entzog er sich 323 der Strafe durch Flucht, kehrte aber nach Alexanders Tod nach Athen zurück und stellte sich an die Spitze der Aufständischen. Nach der Niederlage bei Krannon 322 mußte er fliehen und nahm sich im Poseidontempel auf Kalauria das Leben. – Das Corpus umfaßt 61 Reden, von denen ein Teil unecht ist, die übrigen wohl überarbeitete Fassungen der gehaltenen Reden sind: 1–17 sind Staatsreden (Demegorien), 18–26 Gerichtsreden für polit., 27–59 für private Prozesse, 60 und 61 Epideixeis; dazu kommen 56 Proömien und 6 wohl unechte apologet. Briefe. Neben dem eingehenden Studium der Rhetorik übte sich D. in Mimik und Stimmführung. Zunächst von Isokrates beeinflußt, entwickelte er nach 355 seinen eigenen Stil, welcher sich durch freiere Wortwahl (aus Poesie und Alltagssprache), Vorliebe für abstrakte substantiv. Diktion (wie sein Vorbild Thukydides), reichl. Gebrauch von Metaphern, freie Wortstellung, meistens Hiatmeidung, maßvolle Verwendung von Klang- und Sinnfiguren und Vielfalt von Wort- und Gedankenfiguren auszeichnet, wobei die Gerichts- eine einfachere Struktur als die Staatsreden aufweisen. Seit der Antike als Freiheitskämpfer verehrt, wurde D. seit der Entdeckung der Hellenismus auch als kurzsichtiger Politiker kritisiert; doch galt er seit jeher als Modell für die polit. Rhetorik (bes. bei Cicero und Dionysios von Halikarnassos), ja schlechthin als ›der Redner‹. **Lit.:** L. Pearson, The Art of D. (1976). – I. Worthington (Hg.), D. Statesman and Orator (2000). – G. A. Lehmann, D. von Athen (2004).

Diadochen (gr., »Nachfolger«), Sammelbegriff für die Feldherren Alexanders d. Gr., die nach seinem Tod 323 v. Chr. sein Reich untereinander aufteilten. Antipater erhielt Makedonien und Griechenland, Lysimachos Thrakien und Pontos, Antigonos Phrygien, Lykien und Pamphylien, Seleukos Babylonien und Syrien. Aus den Machtkämpfen der D. gingen die hellenist. Reiche der Seleukiden, Ptolemäer, Attaliden und Antigoniden hervor. **Lit.:** J. Seibert, Das Zeitalter der D. (1983).

Dictys Cretensis. Unter diesem Pseudonym ist die *Ephemeris belli Troiani* überliefert, ein lat. Trojaroman aus dem 4. (?) Jh. n. Chr. Das sechs Bücher umfassende Werk, das angeblich auf dem Augenzeugenbericht eines kret. Kriegsteilnehmers beruht, ist nach einem griech. Original aus dem 1. oder 2. Jh. n. Chr. gearbeitet, von dem nur zwei Papyrusfragmente erhalten sind. Die Abweichungen von Homer und dem Ep. Kyklos sind beträchtlich, auf einen Götterapparat wird verzichtet. Die Liebe zwischen Achill und Polyxena stellt eines der Zentralmotive dar. Für die Rezeption des Trojastoffes in MA und früher Neuzeit ist der Roman des Dictys neben dem des Dares Phrygius von entscheidender Bedeutung. **Lit.:** S. Merkle, Die Ephemeris belli Troiani des Diktys von Kreta (1989).

Didius Iulianus, Marcus Didius Severus I. Augustus, röm. Kaiser 28. März–1. Juni 193 n. Chr.; geb. ca. 133 in Mediolanum (heute Mailand) als Sohn des Q. Petronius Didius Severus und der Aemilia Clara; 189/90 Prokonsul der Provinz Africa. Nach der Ermordung des Pertinax wurde D. am 28. März von den Prätorianern zum Kaiser ausgerufen und vom Senat anerkannt. Die Provinzarmeen lehnten ihn jedoch ab und riefen zwei Gegenkaiser aus, Septimius Severus in Oberpannonien und Pescennius Niger in Syrien. Septimius Severus zog als »Rächer« des Pertinax gegen Rom, der Senat erkannte ihn als Kaiser an. D. wurde am 1. Juni 193 abgesetzt und am folgenden Tag ermordet. **Lit.:** D.

Kienast, Röm. Kaisertabelle (²1996) 154f.

Didymos von Alexandria, griech. Grammatiker der 2. Hälfte des 1. Jh. v. Chr., sammelte und kompilierte in seinen Kommentaren und lexikograph. Werken die Ergebnisse der hellenist. Philologen. Seine Arbeit wurde in spätere philolog. Werke aufgenommen. Die immense Zahl der ihm zugeschriebenen Schriften (3.500–4.000) brachte D. den Beinamen Chalkenteros (»der mit ehernen Eingeweiden«) ein. **Lit.:** R. Pfeiffer, Geschichte der Klass. Philologie I (1978) 331ff.

Didymos, genannt der Blinde, bedeutender Theologe, ca. 313–398 n. Chr. Trotz seiner Erblindung in frühester Jugend wurde D. von Athanasios zum Leiter der Katechetenschule in Alexandria bestellt. D. folgte der Tradition des Origenes, weshalb er postum als Ketzer verurteilt wurde. Seine Schriften waren fast ganz verloren, bis 1941 in Tura in Ägypten ein bedeutender Papyrusfund ans Tageslicht kam.

Dikaiarch (gr. Dikaiarchos) aus Messene (Sizilien), griech. Philosoph und Philologe, 2. Hälfte 4. Jh. v. Chr. D., Schüler des Aristoteles und Zeitgenosse Theophrasts, galt in der Antike als einer der gelehrtesten Männer. Aus dem breiten wissenschaftl. Spektrum seiner Schriften stechen seine kulturhistor. und geograph. Werke heraus; das *Leben Griechenlands*, eine dreibändige Kulturgeschichte, ist sein Hauptwerk. Seine mit Karten versehene *Reise um die Erde*, in der er für die Kugelgestalt der Erde eintritt, war Vorbild für Strabon. **Lit.:** F. Wehrli, in: GGP III (1983) 535–539.

Diodor (gr. Diodoros) aus Agyrion (Sizilien), griech. Historiker des 1. Jh. v. Chr., schrieb eine Universalgeschichte vom Anfang der Welt bis in seine Zeit in 40 Büchern. Erhalten sind die Bücher 1–5 (Ursprünge, Ethnographie des Mittelmeerwelt) und 11–20 (Perserkriege bis Zeitalter der Diadochen) fast vollständig, die übrigen Bücher in Fragmenten. Der histor. Wert seiner Angaben hängt jeweils von den Quellen ab, die D. – durchaus eigenständig gestaltend – verwendet hat. **Lit.:** K. S. Sacks, D. Siculus and the First Century (1990).

Diogenes (1) (gr. Diogenes) von Apollonia, jon. Naturphilosoph und Arzt, 5. Jh. v. Chr. Mit Anaximenes sieht D. die Luft als den Grundstoff der Dinge an, aus der alles durch Verdichtung und Verdünnung entsteht. D. nimmt aber auch Anregungen des Anaxagoras und der Atomistik Leukipps auf. Als Arzt hat D. die Physiologie des Menschen behandelt, wofür sich Aristoteles interessierte.

Diogenes (2) (gr. Diogenes) von Sinope, griech. Philosoph, ca. 412/403–324/321 v. Chr. D., um den sich viele Legenden ranken, vertrat die völlige Unabhängigkeit des Menschen von äußeren Gütern. Den Spottnamen »Hund« (*kyon*) akzeptierte er als treffende Charakterisierung des bedürfnislosen Lebens; seine Nachfolger nannten sich Kyniker. Sein Individualismus, die Mißachtung sozialer Normen und Schranken und der Rückzug ins Private verbinden ihn mit den anderen hellenist. Schulen der Stoa und Epikurs. D. verfaßte offenbar eine *Politeia* und mehrere Tragödien. **Lit.:** H. Niehues-Pröbsting, Der Kynismus des D. und der Begriff des Kynismus (1988).

Diogenes Laertios (gr. Diogenes L.), griech. Schriftsteller, wohl Mitte des 3. Jh. n. Chr. Sein Werk *Philosophenleben und -lehren* in 10 Büchern umfaßt nach dem Prinzip der Sukzessionalität der griech. Philosophen und ihrer Schulen Bio- und Doxographie von Thales bis Epikur, die er mit Vorliebe für Sensationelles, manchmal auch Skandalöses, mit zahlreichen Anekdoten ausschmückt. Als philosophiehistor. Quelle geschätzt, sind bes. seine Werklisten wertvoll. Unklar ist D.L.' eigene philosoph. Ausrichtung: Neben dem Skeptizismus wurde wegen der besonderen Gestaltung des 10. Buches, in dem er auch authent. Briefe Epikurs überliefert und sich enthusiastisch über diesen äußert, vermutet, D. L. habe dem Epikureismus nahegestanden, doch spricht vieles dafür, ihn keiner Schule zuzuordnen. **Lit.:** J. Mejer, D. L. and his Hellenistic Background (1978). – ANRW II 36,5–6 (1992) 3556–4307.

Diogenianus (gr. Diogenianos) von Herakleia, griech. Autor, 2. Jh. n. Chr., Verf. geograph. Nachschlagewerke, einer Anthologie von Sprichwörtern und Epigrammen und eines fünf Bücher umfassenden Lexikons, das er aus früheren Autoren kompilierte und das bis ins 12. Jh. n. Chr. maßgeblich blieb. **Lit.:** R. Reitzenstein, Geschichte der griech. Etymologika (1897) 417 ff.

Diokles (gr. Diokles) von Karystos, griech. Arzt und medizin. Fachautor, Ende des 4. Jh. v. Chr. Die Lebensdaten des D., den die Athener als »zweiten Hippokrates« feierten, sind umstritten. Von der Lehre des Gleichgewichts der vier Elemente und der vier Primärqualitäten ausgehend, entwickelte er die Pneuma-Lehre: Phlegma (Schleim) kann den Pneumafluß in den Arterien verstopfen und so jede gesteuerte Bewegung unterbinden. Epilepsie und Apoplexie versuchte D. so zu erklären. Weitere Forschungsschwerpunkte waren die Embryologie sowie die Prognostik des Krankheitsverlaufs. Er vereinigte in seinem Werk Gedankengut des Hippokratiker wie der westgriech. Heilkunde (Elementelehre, Lehre vom Pneuma). **Lit.:** W. Jaeger, D. von Karystos (1938).

Diokletian, C. Aurelius Valerius Diocletianus, röm. Kaiser 20. November 284–1. Mai 305 n. Chr.; geb. ca. 245 als Diocles in Dalmatien, von niederer Herkunft; Kriegsdienst unter Aurelian und Probus. Am 20. November 284 wurde D. in Nikomedeia zum Kaiser erhoben und nach dem Tod des Carinus im Aug./Sept. 285 vom Senat anerkannt. Um seine Regierung zu festigen, die Grenzen zu sichern und Usurpationen vorzubeugen, schuf D. eine neue Regierungsform, die Tetrarchie (gr., »Viererherrschaft«), bei der zwei Augusti und zwei Caesares herrschten. Die Idee war, daß die beiden Augusti nach einer bestimmten Amtszeit zurücktreten und den Caesares Platz machen sollten. Die neuen Augusti sollten dann zwei neue Caesares erhalten.

Bereits 286 ernannte er Maximianus zum Augustus für den Westen des Reiches, während er selbst die Osthälfte übernahm. Daß D. dabei immer noch die übergeordnete Rolle spielte, wurde durch die Annahme der Beinamen Iovius für D. und Herculius für Maximianus zum Ausdruck gebracht. Seit 293 wurden die beiden Augusti von den Caesares Constantius I. und Galerius unterstützt. Da die Tetrarchen von verschiedenen Residenzstädten aus regierten, verlor Rom zunehmend seine Bedeutung als Zentrum des Reiches, die Verwaltung wurde weitgehend dezentralisiert. Die Trennung von kaiserl. und senator. Provinzen wurde aufgehoben. Aus den Provinzen wurden ca. 100 kleinere Verwaltungsgebiete geschaffen, die in zwölf Diözesen zusammengefaßt wurden. Weitere Reformen galten dem Steuer- und Finanzwesen. Die zunehmende Inflation verlaßte D. 294 zu einer Münzreform und 301 zum Erlaß eines Preisediktes, in dem die Höchstpreise für Lebensmittel und Luxusgüter sowie die Löhne für Handwerker festgelegt wurden. Eine Umgestaltung erfuhr auch das Hofzeremoniell. D. ließ sich als *dominus et deus*, »Herr und Gott« anreden und verlangte die *adoratio*, den Fußfall; aus dem Prinzipat wurde der sog. Dominat. Den Christen gegenüber zeigte sich D. zunächst tolerant, 303 änderte er jedoch seine Einstellung, es kam zu einer großen Christenverfolgung. 305 dankten D. und Maximianus ab, die beiden Caesares wurden zu Augusti ernannt und erhielten in Maximinus Daia und Severus II. zwei neue Caesares. D. zog sich in seinen Palast nach Spalatum (heute Split) zurück, wo er um 316 starb. – Das System der Tetrarchie hatte nicht lange Bestand. Noch zu Lebzeiten D.s kam es nach dem überraschenden Tode des Constantius I. 306 zu anhaltenden Streitigkeiten um die Nachfolge, die erst 324 mit der Alleinherrschaft Konstantin I. endeten. **Lit.:** F. Kolb, D. und die erste Tetrarchie (1987). – I. Lukanc, D. Der röm. Herrscher aus Dalmatien (1991). – DRK (1997).

Diomędes, lat. Philologe, 4./5. Jh. n. Chr., Verf. einer drei Bücher umfassenden Grammatik, in der er zahlreiche republikan. Autoren als Belege zitiert.

Dịon, Schwager und Schwiegersohn Dionysios II., des Tyrannen von Syrakus, ca. 409–354 v. Chr.; als 388 Platon Syrakus besuchte, fand er in D. einen begeisterten Anhänger seiner Lehren. 366 versuchte D. mit Hilfe Platons die Herrschaft des Dionysios II. gemäß dem platon. Staatsideal umzugestalten. Der Versuch mißlang, D. mußte nach Griechenland in die Verbannung gehen. Als 360 ein erneuter Besuch Platons bei Dionysios II. ebenfalls erfolglos verlief, setzte D. mit einer kleinen Schar von Söldnern nach Sizilien über und marschierte gegen Syrakus. Da das Volk mit der Tyrannis unzufrieden war, gewann D. rasch zahlreiche Anhänger. Zunächst als Befreier begrüßt, geriet er jedoch schon bald in den Verdacht, selbst nach der Tyrannis zu streben. Seine Pläne zur Neuordnung des Staates stießen auf wenig Verständnis, 354 wurde D. ermordet. **Lit.:** H. Berve, D. (1957). – J. Sprute, D.s syrakusan. Politik und die polit. Ideale Platons, in: Hermes 100 (1972) 294–313. – M. I. Finley, Das antike Sizilien (1979) 117–123.

Dịon Cocceiạnus aus Prusa (Bithynien), griech. Philosoph und Redner mit dem postumen Beinamen Chrysọstomos (»Goldmund«), ca. 40–120 n. Chr. Nach seiner Verbannung unter Domitian reiste er als ›Wanderprediger‹ und vertrat eine von kyn. und stoischen Grundsätzen geprägte Philosophie der Selbstgenügsamkeit. Unter Nerva kehrt er aus dem Exil zurück und ist z. T. auch politisch aktiv. In den 80 erhaltenen Reden (zwei von seinem Schüler Favorinus von Arelate) behandelt er in schlichtem und gemäßigtem Attisch eth., polit. und literar. Fragen, etwa in dem berühmten *Euboikos* (*Euboische Idylle*), das zwei in Armut bescheiden und zufrieden lebende Familien beschreibt. Das alte Hellas erscheint in seinem Werk romantisch verklärt. Sein rhetor. Stil diente für viele spätere Autoren der Zweiten Sophistik als Muster. **Lit.:** C. P. Jones, The Roman World of D. Chrysostom (1978). – A. Momigliano, D. Chrysostomus, in: Ausgew. Schriften 1 (1997) 275–288.

Dionysios I., Tyrann von Syrakus von 405–367 v. Chr.; geb. um 430; nachdem Akragas in die Hände der Karthager gefallen war, wurde D. 405 in Syrakus zum Strategen mit außerordentl. Befugnissen (*strategos autokrator*) gewählt. Fortan umgab er sich mit einer starken Leibwache, womit der Schritt zur Tyrannis vollzogen war. Im Sommer 405 versuchte D. vergebens, das von den Karthagern belagerte Gela zu befreien. Eine Seuche veranlaßte Karthago Ende 405 zum Friedensschluß, D. wurde als Herrscher über Syrakus anerkannt; er baute die Insel Ortygia zu einer Festung aus, in der er sich mit seinen Getreuen verschanzte. Als sich die Demokraten 404 gegen ihn erhoben, wurde D. in seiner Festung eingeschlossen und konnte nur mit Hilfe Spartas gerettet werden. Nach seinem Sieg 403 machte er Syrakus zur größten damals bekannten Festung. 398 begann D. mit seinem Plan, Sizilien von den Karthagern zu befreien. Im Friedensschluß von 392 mußte sich Karthago mit einem Viertel der Insel begnügen. D. wandte sich nunmehr Italien zu, eroberte 386 Rhegium und 384/83 Pyrgi. 382 begann er erneut Krieg mit den Karthagern, die er 375 bei Kabala schlug. Im folgenden Jahr erlitt D. seinerseits eine Niederlage, der Halykos wurde als Grenze festgelegt. 368 wurde D. von Athen zum Ehrenbürger ernannt, was zeigt, welch großes Ansehen er in der griech. Welt besaß. Im selben Jahr zog D. erneut gegen die Karthager zu Felde und belagerte Lilybaion, den Hauptstützpunkt der Karthager. Hier starb er im Frühjahr 367. **Lit.:** M. I. Finley, Das antike Sizilien (1979) 101–116. – B. Caven, D. I. War-Lord of Sicily (1990). – GGGA (1999).

Dionysios II., Tyrann von Syrakus von 367–344 v. Chr., Sohn und Nachfolger des D. I.; geb. um 396; nach dem Tode seines Vaters 367 wurde D. als Nachfolger anerkannt, 366 schloß er

Frieden mit Karthago. Im selben Jahr holte sein Schwager und Schwiegersohn Dion den Philosophen Platon nach Syrakus. D. zeigte sich den Lehren Platons gegenüber zwar durchaus aufgeschlossen, dem Wunsch der beiden, seine Herrschaft im Sinne des platon. Staatsideal umzugestalten, entsprach er jedoch nicht; Dion mußte in die Verbannung gehen. Als 360 ein erneuter Besuch Platons bei D. ebenfalls erfolglos verlief, setzte Dion mit einer kleinen Schar von Söldnern nach Sizilien über und konnte D. vertreiben; D. floh nach Unteritalien. Erst 347 gelang es D., Syrakus zurückzugewinnen. Die erneute Herrschaft war jedoch nicht von langer Dauer. Bereits 344 mußte sich D. dem von Korinth gesandten Timoleon ergeben. D. erhielt freien Abzug und lebte noch einige Jahre als Exilant in Korinth. **Lit.:** M. I. Finley, Das antike Sizilien (1979) 117–123. – B. Caven, Dionysios I. War-Lord of Sicily (1990). – GGGA (1999).

Dionysios, genannt Thrax, griech. Philologe, ca. 180/70–90 v. Chr., Schüler des Aristarch. Nach seiner Flucht aus Alexandria lebte D. auf Rhodos. Als Homerphilologe führte er die Arbeit seines Lehrers weiter. Seine *Techne grammatike* ist die älteste bekannte Darstellung der alexandrin. Grammatik und wurde zum Standardwerk über Jahrhunderte und zur Grundlage für Grammatiken aller indoeuropäischen Sprachen. **Lit.:** V. Law/I. Sluiter (Hg.), D.Th. and the »Techne grammatike« (1995).

Dionysios von Halikarnassos, griech. Rhetoriklehrer und Historiker, ab 30 v. Chr. in Rom. Von den erhaltenen rhetor. und literaturkrit. Traktaten sind am bedeutendsten: *Über die alten Redner,* eine Einführung zu sechs Monographien, von denen erhalten sind: *Lysias, Isokrates, Isaios* und leicht verstümmelt *Über Demosthenes' Stil.* Einer kurzen Biographie folgt jeweils die mit vielen ›guten‹ und ›schlechten‹ Beispielen versehene Analyse des Stils und der Kompositionstechnik. D. lehnte exzessive formale Ausarbeitung ab, übernahm als Eklektiker peripatet. und stoische Muster und

bereitete den Attizismus vor, wobei er nicht Lysias, sondern Demosthenes zum Ideal erklärte und Kritik am Stil des Thukydides (dem er eine Schrift widmet), aber auch Platons äußert. In *Über Deinarchos* befaßt er sich mit Echtheitsfragen. In *Über die Fügung der Wörter* behandelt er u. a. die Wirkung der Lautkombinationen (Euphonie und Onomatopoiie) in der Kunstsprache, wobei er viele Beispiele anführt. Der als Epitome erhaltene Traktat *Über die Nachahmung* befaßt sich mit Problemen der literar. Abhängigkeit von Stilmustern. D. veröffentlichte 8/7 v. Chr. die *Röm. Urgeschichte (Rhomaïke archaiologia),* welche als Ergänzung zu Polybios' Werk Roms Geschichte von den myth. Anfängen bis 264 v. Chr. nachzeichnet. Von den urspr. 20 Büchern sind die ersten 10 erhalten, das 11. lückenhaft (endet 441 v. Chr.); der Rest liegt in Exzerpten vor. Seine von der jüngeren Annalistik beeinflußte Darstellung geht von der These aus, die Römer seien Griechen. Dem eigenen klassizist. Geschmack entsprechend, ist das Werk durch viele rhetorisch ausgearbeitete Reden geschmückt. **Lit.:** ANRW II 30,1 (1982) 799–865. – E. Gabba, D. and the History of Archaic Rome (1991).

Dionysios, genannt Periegetes (gr., »der Herumführer«), aus Alexandria, lebte in der Zeit des Kaisers Hadrian und schrieb ein geograph. Lehrbuch in 1186 Hexametern *Herumführung um die bewohnte Welt,* das wahrscheinlich zwischen 130 und 138 verfaßt wurde. D. folgt dem Schema des Periplus: die Meere von den Säulen des Herkules; Lybien von den Säulen des Herkules bis Suez; Europa, von der iber. Halbinsel zur Donau; die iber. Halbinsel, die italien., die balkan.; die Inseln; Asien. Das Werk wurde in byz. Zeit zum meistgelesenen geograph. Handbuch; es wurde von Avienus (4. Jh. n. Chr) und Priscianus (6. Jh.) ins Latein übertragen und von Eustathios (12. Jh.) ausführlich kommentiert. **Lit.:** K. Brodersen, D. von Alexandria. Das Lied von der Welt (1994).

Dionysios, genannt Areopagita, um 500 n. Chr. Das *Corpus Dionysiacum,* eine Sammlung von Schriften des unter dem Pseudonym D. firmierenden neuplatonisch-christl. Autors, war von Beginn an von großer Wirkung und wurde mit seiner Metaphysik von ›Licht und Dunkel‹ bestimmend für die Gotik. Der Autor suggeriert in seinem Pseudonym, Schüler des Apostels Paulus und Konvertit zu sein und entwirft in vier Traktaten und zehn Briefen einen myst. Gottesstaat. **Lit.:** W. Beierwaltes, Denken des Einen (1985).

Dionysius Exiguus aus der Scythia Minor, lat. Übersetzer, 1. Hälfte 6. Jh. n. Chr. D. lebte als Mönch in Rom. Er übertrug Väterschriften und Heiligenbiographien aus dem Griechischen, stellte Konzils- und Apostelkanones sowie *Dekretalen* – so hießen in Anlehnung an das röm. Kaiserrecht päpstl. Entscheidungen – zu Sammlungen zusammen (später als *Corpus Canonum* oder *Dionysiana* bezeichnet). Große Wirkung hatten auch die chronolog. Schriften: Der *Libellus de cyclo magno paschae,* im Auftrag der päpstl. Kanzlei verfaßt, lieferte die Osterfestberechnung für die Jahre 532–626. D. zählte die Jahre erstmals nicht mehr nach dem Diokletian. Ära, sondern nach Christi Geburt; er gab die Rechnung nach Konsuln auf und gebrauchte ebenfalls erstmals die im MA übl. Datierung nach Indiktionen (15jährige Zyklen). **Lit.:** LACL (1998).

Diophantos von Alexandria, griech. Mathematiker, Mitte des 3. Jh. v. Chr. Der in Alexandria wirkende D. knüpfte in seinem Hauptwerk *Arithmetika* an die babylon. Mathematik an und erarbeitete algebraische (lineare und quadrat.) Gleichungen mit mehreren Unbekannten; D. verwendete dabei feste Abkürzungen für Unbekannte und Potenzen. Von den 13 Büchern des Werks sind sechs in griech., vier in arab. Sprache überliefert; es beeinflußte im 16./17. Jh. die Entstehung der modernen Buchstabenalgebra. **Lit.:** A. Czwalina, Arithmetik des D. aus Alexandria (1952).

Dioskurides (1) (gr. Dioskurides), griech. Epigrammatiker, 3. Jh. v. Chr. Die ca. 40 erhaltenen Epigramme weisen teilweise eine erot. Thematik auf, teilweise sind sie Grabepigramme. **Lit.:** A. S. F. Gow/D.L. Page, Greek Anthology II (1965) 235–270.

Dioskurides (2) (gr. Dioskurides) von Samos, griech. Künstler aus dem 1. Jh. v. Chr. Von ihm sind zwei Mosaiken signiert, die in der Villa des Cicero in Pompeji gefunden wurden (heute im Nationalmuseum von Neapel) und Szenen der neuatt. Komödie wiedergeben. Als Vorbilder hierfür dienten Werke der hellenist. Malerei des 3. Jh. v. Chr.

Dioskurides Pedanios (gr. Dioskurides P.), aus Anazarbos (Kilikien), griech. Arzt, 1. Jh. n. Chr. Das Werk *Über Heilmittel* des D. P. referiert in fünf Büchern über die »Präparierung, die Qualitäten und die Prüfung der Heilmittel« und gliedert diese nach Material und therapeut. Wirkung. Das in einigen Hss. mit Illustrationen versehene Werk wurde bereits in der Antike vielfach übersetzt und blieb bis zum Beginn des 19. Jh. ein einflußreiches pharmakolog. Standardwerk. **Lit.:** O. Mazal, Pflanzen, Wurzeln, Säfte, Samen. Antike Heilkunst in Miniaturen des Wiener D. (1981). – J. Riddle, Dioscorides on Pharmacy and Medicine (1985).

Diphilos, griech. Komödiendichter aus Sinope (Kleinasien), ca. 360/50– nach 300 v. Chr. (in Smyrna/Kleinasien), wichtiger Autor der Neuen Komödie, Vorbild für die plautin. Komödien *Rudens, Casina* und wahrscheinlich *Vidularia.* Er scheint nicht die feine Charakterisierungskunst Menanders, sondern eher eine turbulente Handlung bevorzugt zu haben. **Lit.:** W. H. Friedrich, Euripides und D. (1953).

Domitian, Titus Flavius Domitianus; Domitianus Augustus, röm. Kaiser 14. September 81–18. September 96 n. Chr.; geb. 51 in Rom als Sohn des Kaisers Vespasian und der Flavia Domitilla; 69 Erhebung zum Caesar im O, einige Monate später Anerkennung als Caesar in Rom; 70 Hochzeit mit Domitia Longina (gest. zwischen 126 und 140); am 13. September 81 wurde D. von den Prätorianern zum Kaiser ausgerufen, am 14. September verlieh ihm der Senat den Augustustitel. 83 feierte D. einen Triumph über die Chatten, 86 über die Daker; vom 1.–3. Juni 88 veranstaltete er aufwendige Säkularspiele. 89 hielt sich D. in Pannonien auf (Aufstand des Saturninus), noch im selben Jahr feierte er einen Triumph über Daker und Germanen in Rom. Das harte Vorgehen gegen seine innenpolit. Gegner (93 Vertreibung der Philosophen aus Rom) und zahlreiche Hinrichtungen (z. B. 95 Hinrichtung seines Vetters T. Flavius Clemens) führten schließlich zu einer Verschwörung gegen den Kaiser, der D. am 18. September 96 zum Opfer fiel; mit D. erlosch die flav. Dynastie. **Lit.:** H. Bengtson, Die Flavier. Vespasian, Titus, D. (1979). – B. W. Jones, The Emperor D. (1992). – DRK (1997).

Domitius, röm. Gentilname; das ursprünglich plebeische Geschlecht der Domitii ist seit dem 4. Jh. v. Chr. nachweisbar; 30 v. Chr. wurde die Gens patrizisch. Die wichtigsten Familien waren die Calvini und bes. die Ahenobarbi (lat., »Rotbärte«). Letzter und zugleich bekanntester Vertreter der Ahenobarbi war Kaiser D. Ahenobarbus.

Donat, Aelius Donatus, röm. Grammatiker, ca. 310–380 n. Chr. D., Lehrer des Hieronymus, galt als der Grammatiker schlechthin. Seine *Ars grammatica* war das grundlegende Lehrwerk der lat. Sprache des Abendlandes. Die kleine Ausgabe (*Ars minor*) in Frage- und Antwortform war für den Elementarunterricht, die große (*Ars maior*) für Fortgeschrittene bestimmt. Ferner ist ein Terenzkommentar (zu fünf Komödien, ohne *Heautontimorumenos*) sowie in Fragmenten ein Vergilkommentar, jeweils mit Viten (nach Sueton) erhalten. **Lit.:** P. L. Schmidt, in: HLL V (1989) 143–158.

Dracontius, Blossius Aemilius D., aus Karthago, lat. christl. Dichter, 5./6. Jh. n. Chr. D. verfaßte Gelegenheitsgedichte, mytholog. Kleinepen (z. B. *Hy-*

las) und ein drei Bücher umfassendes Gedicht *De laudibus Dei* (*Lobpreisungen Gottes:* 1. Buch: Weltschöpfung und Sündenfall, 2. Buch: Erlösung durch Christus, 3. Buch: Beispiele für Opfermut und Gottvertrauen). Eine ep. *Orestis tragoedia* wird ihm zugeschrieben, fraglich ist seine Autorschaft bei dem Epyllion *Aegritudo Perdiccae* (Konflikt des in Liebe zur eigenen Mutter entbrannten Perdiccas zwischen Leidenschaft und sittl. Empfinden). Die Ungnade des Vandalenkönigs Guntamund (484–496) trug ihm eine mehrjährige Kerkerhaft ein, während der ein Bußgedicht (*satisfactio*) entstand, in dem er um Gnade und Befreiung fleht. **Lit.:** J. Bouquet u. a., D., 4 Bde. (1985–96) [Ausg., Übers., Komm.].

Drakon, athen. Gesetzgeber im 7. Jh. v. Chr.; um die willkürl. Rechtsprechung Einhalt zu gebieten, ließ D. 621 das Gewohnheitsrecht schriftlich fixieren und öffentlich aufstellen. Selbst aristokrat. Herkunft war D. bes. daran interessiert, das Eigentum der herrschenden Aristokraten zu schützen. Deshalb sahen seine Gesetze harte Strafen für die Verletzung von Eigentum vor, bereits das Stehlen von Feldfrüchten sollte mit dem Tod bestraft werden. Zwar wurden diese Strafmaßnahmen bereits 594 von Solon wieder reduziert, die Gesetze D.s blieben aber wegen ihrer ungewöhnl. Härte im Gedächtnis (»Drakon. Strafen«). **Lit.:** R. S. Stroud, The Axones and Kyrbeis of D. and Solon (1979). – K.-W. Welwei, Athen (1992) 138–146. – GGGA (1999).

Dreißig Tyrannen (gr. triakonta), die 30 Oligarchen, die nach der Niederlage Athens im Peloponnes. Krieg 405 v. Chr. die Macht an sich rissen und unter der Führung des Kritias eine Terrorherrschaft über Athen ausübten. Als es zu Streitigkeiten unter den 30 kam, nutzten die Demokraten die Gelegenheit, besetzten unter Führung des Thrasybulos Athen und stellten 403/02 die Demokratie wieder her. **Lit.:** G. A. Lehmann, Die revolutionäre Machtergreifung der »Dreißig« und die staatl. Teilung Attikas

(404–401/00 v. Chr.), in: Antike und Universalgeschichte. Festschrift E. Stier (1972) 201–233.

Drusus, Nero Claudius D., röm. Feldherr, 38–9 v. Chr., Sohn des Tib. Claudius Nero und der Livia Drusilla, jüngerer Bruder des Tiberius; noch vor der Geburt des D. war Livia Anfang 38 eine zweite Ehe mit dem späteren Kaiser Augustus eingegangen, D. wurde so zum Stiefsohn des ersten Princeps. Zusammen mit seinem Bruder Tiberius unterwarf D. 15–13 Rätien; als Statthalter Galliens führte er 12–9 Kriege gegen die Germanen. Ende des Jahres 9 verunglückte D. tödlich, postum wurde ihm der Siegertitel Germanicus verliehen. **Lit.:** D. Kienast, Röm. Kaisertabelle (²1996) 68 f.

Duilius, röm. Gentilname; das plebeische Geschlecht der Duilii starb bereits im 3. Jh. v. Chr. aus; bekanntester Vertreter war Gaius D., der 260 v. Chr. zusammen mit Scipio Asina das Konsulat bekleidete. Als sein Amtskollege bei Lipara in karthag. Gefangenschaft geraten war, übernahm D. den Oberbefehl über die röm. Flotte und errang einen entscheidenden Sieg über die Karthager. D. war der erste Römer, der einen Triumph aufgrund einer gewonnenen Seeschlacht (*triumphus navalis*) feiern durfte. An seinen Sieg erinnerte eine mit den feindl. Schiffsschnäbeln geschmückte Säule auf dem Forum Romanum, die sog. *columna rostrata.* **Lit.:** L. Richardson, A New Topographical Dictionary of Ancient Rome (1993) 97.

Duris (1), att. Schalenmaler, dessen lange Schaffenszeit von 500 bis etwa 465/60 v. Chr. dauerte, zeichnet sich durch exakte Linienführung und eine gefällige, ausgewogene Komposition aus. Ihm wird des öfteren aber auch eine langweilige Malweise nachgesagt. D. können etwa 300 Vasen zugeschrieben werden, von denen er 39 als Maler signiert hat. Seine Themen sind, dem Geschmack der Zeit entsprechend, Symposion, Palästra und Komos, daneben auch Kämpfe und mytholog. Szenen. Die Lieblingsinschriften, die er auf verschiedenen Werken anbringt, sind eine willkommene Datierungshilfe. **Lit.:** M. Wegner, D. (1968). – K. Vierneisel/B. Kaeser (Hg.), Kunst der Schale – Kultur des Trinkens (1990).

Duris (2) von Samos, griech. Historiker, 350/40–280/70 v. Chr., Schüler Theophrasts, später Tyrann von Samos. Verloren sind seine kunst- und literaturwissenschaftl. Traktate. Seine histor. Schriften sind fragmentarisch erhalten (FGrHist. 76): die lokalhistor. *Samische Chronik,* die *Taten des Agathokles,* des Tyrannen von Syrakus, und die in 23 Büchern verfaßten *Makedonika,* welche die Zeit vom Tod des Amyntas bis zum Tod des Lysimachos (370–281 v. Chr.), wohl mit makedonenfeindl. Tendenz, behandeln. D.' Kritik an seinen Vorgängern und die Forderung einer ›mimet.‹ Darstellung sind wohl nicht als Begründung einer auf der Übernahme des aristotel. Mimesis-Begriffs fußenden ›trag.‹ bzw. ›peripatet.‹ Geschichtsschreibung, sondern als Rechtfertigung einer im Gegensatz zum reinen Tatsachenbericht stehenden, auf Sensation und Effekt zählenden Darstellungsweise aufzufassen. **Lit.:** P. Pédech, Trois historiens méconnus. Théopompe, Duris, Phylarque (1989) 257–389. – F. Landucci Gattinoni, Duride di Samo (1997).

E

Egeria. Unter dem Namen der E. ist ein von einer Frau verfaßter Reisebericht (Itinerar), die Beschreibung einer Pilgerreise ins heilige Land in Briefform, überliefert. Der Bericht stammt wohl vom Ende des 4. Jh. n. Chr. Die Reiseroute führte die gebildete und wohlhabende Frau von Südgallien oder Nordspanien, vermutlich ihrer Heimat, auf dem Landweg über Konstantinopel nach Jerusalem, von wo aus sie zahlreiche weitere Reisen zu den heiligen Stätten bis nach Ägypten und in den Sinai unternahm. Der Bericht enthält zahlreiche Informationen zur Lebensweise,

Volksfrömmigkeit und Entwicklung des Christentums im heiligen Land. **Lit.**: J. Wilkinson, E.s Travels (1982).

Elagabal, Varius Avitus Bassianus; Marcus Aurelius Antoninus, röm. Kaiser 16. Mai 218–11. März 222 n. Chr.; geb. ca. 203 in der syr. Stadt Emesa als Sohn des Sextus Varius Marcellus und der Julia Soaemias; Priester des Sonnengottes Elagabal, daher später Heliogabalus (in der *Historia Augusta*) oder Elagabalos (bei Zonaras) genannt. Am 16. Mai 218 wurde E. in Emesa zum Kaiser erhoben und nach dem Sieg über Macrinus am 8. Juni 218 vom Senat anerkannt. E. reiste in Begleitung seines Gottes, der in Form eines schwarzen Steines verehrt wurde, von Antiochia in Syrien nach Rom, wo er ca. Aug./Sept. 219 eintraf. Durch Maßnahmen wie der Erhebung des Gottes Elagabal zum obersten Staatsgott und der Hochzeit mit der Vestalin Aquilia Severa (220/21) machte er sich zusehends unbeliebt. Auf Geheiß seiner Mutter adoptierte er am 26. Juni 221 seinen Vetter Severus Alexander und ernannte ihn zum Caesar. Später wollte er ihm den Titel wieder aberkennen und plante gar seine Ermordung, was ihm den Haß der Prätorianer eintrug; am 11. März 222 wurde E. ermordet, sein Leichnam in den Tiber geworfen. **Lit.**: M. Frey, Untersuchungen zur Religion und zur Religionspolitik des Kaisers E. (1989). – DRK (1997).

Empedokles (gr. Empedoklēs) von Akragas (Agrigent), griech. Philosoph, ca. 500–430 v. Chr.; bereits im 4. Jh. gibt es eine reiche Legenendenbildung um seine Person. Fragmentarisch sind zwei hexametr. Werke greifbar. *Über die Natur (peri physeos)* kann als Verbindung aus jon. und eleat. Philosophie erklärt werden. Die *Katharmoi (Reinigungen)* sind eine Mahnrede an die über verschiedene Stufen aus der göttl. Welt auf die Erde verschlagene Seele. Ziel ist, daß die Menschen durch Askese (bes. durch die Enthaltung von Fleischgenuß) sich den Weg zu besseren Körpern verschaffen, um schließlich die Gemeinschaft mit den Göttern genießen zu können.

Die *Katharmoi* weisen eine enge Beziehung zur pythagoreischen Lehre auf; die Beziehung zur naturphilosoph. Schrift *Über die Natur* ist unklar. E.' Naturphilosophie postuliert, daß es kein Werden und Vergehen gibt, sondern nur Mischungen und Trennungen der vier Elemente Wasser, Feuer, Luft und Erde, verursacht durch die beiden widerstreitenden Kräfte Liebe (*philia*) und Streit (*neikos*). In stetem Wechsel gewinnt bald die trennende, bald die vereinigende Kraft die Oberhand. Streit verursacht eine Reduktion der Dinge auf die vier Grundelemente, während sie Philia zu einer harmon. Kugel (*sphairos*) zusammenfügt. Aus den Fragmenten ist ersichtlich, daß E. ausführlich die Entstehung der Lebewesen, physiolog., anatom. und erkenntnistheoret. Fragen behandelte. Er übte nicht zu unterschätzenden Einfluß auf die späteren griech. Philosophen aus (insbes. auf Platon, Aristoteles, den Stoiker Zenon, Lukrez). **Lit.**: R. Wright, E. The Extant Fragments (1981). – M.L. Gemelli Marciano, La metamorfosi della tradizione (1990). – O. Primavesi, Kosmos und Dämon bei E. (1998).

Ennius, Quintus E., aus Rudiae (Kalabrien), röm. Epiker und Dramatiker, 239–169 v. Chr. E. bekannte von sich, er habe »drei Herzen«, da er im osk., griech. und röm. Kulturkreis heimisch war. Prägend wurde für ihn der 2. Pun. Krieg, in dem er Cato kennenlernte, der ihn nach Rom brachte. Dort fand er Kontakt zu höheren Kreisen. Zu seinen Gönnern zählten Scipio Africanus und Scipio Nasica. 184 erhielt er das röm. Bürgerrecht. M. Fulvius Nobilior nahm ihn 189 auf seinen ätol. Feldzug mit. E.' nur fragmentarisch erhaltener literar. Nachlaß besteht aus 18 Büchern *Annales* in daktyl. Hexametern, vier Büchern Satiren (kleine Gedichte mit bisweilen moralisierendem Unterton, die jedoch nicht im modernen Sinne ›satirisch‹ sind), mindestens 20 Tragödien (z. T. sind Aischylos [*Eumenides*] oder Euripides [*Hecuba, Iphigenia, Medea Exsul*] als Vorbilder erkennbar), zwei Prätexten (die *Sabinae* handelten vom Raub der Sabinerinnen; die *Ambracia* feierte die Eroberung der gleichnamigen Stadt im ätol. Feldzug), Palliaten (Komödien mit griech. Stoff) sowie kleineren Gedichten. Die *Annalen* schildern die myth. Anfänge und Geschichte Roms von Äneas' Flucht bis zu E.' Gegenwart. E. dichtete erstmals in lat. Hexametern und stilisierte sich bewußt als Wiedergeburt des Homer, dessen Seele – nach pythagoreischer Vorstellung – in ihn übergegangen sei. Wie diesem waren ihm die (griech.) Musen Quelle der Inspiration. Damit setzte er sich von seinen röm. Vorgängern Livius Andronicus und Naevius ab. Homerisierend ist die Verwendung von Epitheta und Gleichnissen, alexandrin. Technik verdanken sich die Exkurse, z. B. zur Vorgeschichte Karthagos (7. Buch), römisch sind der Gehalt und die würdevolle Schwere der Sprache. Cicero nannte E. *egregium poetam* (»vortreffl. Dichter«), Vergil ehrte ihn durch wörtl. Zitate. **Lit.:** H. D. Jocelyn, in: ANRW I 2 (1972) 987–1026. – M. von Albrecht, in: E. Burck, Das röm. Epos (1979) 33–44.

Ennodius, Magnus Felix E., aus Arelate (Arles), lat. Dichter, 473/74–521 n. Chr., Bischof von Pavia seit 513. In seiner Zeit als Diakon in Mailand verfaßte er eine theolog. Streitschrift zur Unterstützung des Papstes Symmachus, 297 Briefe, einen Panegyricus auf Kaiser Theoderich, Biographien des hl. Epiphanius und Antonius. Wichtig sind die unter den *Opuscula* (*Kleine Schriften*) überlieferte Autobiographie nach dem Vorbild der *Confessiones* des Augustin (*Opuscula* 5) und eine Einführung in die höhere Bildung (*Opuscula* 6). Daneben schrieb er Übungsreden (*Dictiones*) und Gedichte (Hymnen, Epigramme). **Lit.:** J. Sundwall, Abhandlungen zur Geschichte des ausgehenden Römertums (1919).

Epameinondas, theban. Feldherr und Staatsmann, gest. 362 v. Chr.; 379/78 konnten Pelopidas und seine Anhänger Theben von der Herrschaft der Spartaner befreien. E. schloß sich ihnen an und erneuerte zusammen mit Pelopidas den Böot. Bund. Damit war der Grundstein für den Aufstieg Thebens gelegt. 371 verlangte E. von Sparta die Anerkennung des Bundes. König Agesilaos lehnte dies ab und erklärte Theben den Krieg. Bei Leuktra errang E. 371 einen entscheidenden Sieg über die Spartaner, Sparta selbst konnte er 370/69 jedoch nicht einnehmen. 367 konnte E. den in Gefangenschaft geratenen Pelopidas befreien. 365 veranlaßte er den Bau von 100 Trieren und konnte 364 vorübergehend Byzanz, Chios und Rhodos auf die Seite Thebens ziehen. 362 kam es zu einer erneuten Schlacht gegen Sparta und dessen Verbündete bei Mantineia. E. fiel in der Schlacht. Mit dem 362/61 geschlossenen allg. Frieden (*koine eirene*) endete die Hegemonie Thebens. **Lit.:** J. Buckler, The Theban Hegemony 371–362 B. C. (1980). – H. Beister, Hegemoniales Denken in Theben, in: Ders./J. Buckler (Hg.), Boiotika (1989) 131–153. – H. Beck, Polis und Koinon (1997).

Epaphroditos aus Chaironeia, griech. Grammatiker, 22–97 n. Chr., Verf. eines Kommentars zu Homers *Ilias* und *Odyssee* (in Fragmenten erhalten); besonderen Wert scheint E. auf grammatikal. und inhaltl. Fragen gelegt zu haben, insbes. auf die Erklärung der homer. Ortsnamen. Als weitere Titel unklaren Inhalts sind bezeugt *Lexeis* und *Peri stoicheion*. **Lit.:** J. Christes, Sklaven und Freigelassene als Grammatiker und Philologen im antiken Rom (1979) 103 f.

Ephialtes, athen. Politiker im 5. Jh. v. Chr.; Führer der Demokraten, Gegner des Kimon; durch eine Verfassungsreform 462 setzte E. durch, daß dem Areopag zahlreiche Kompetenzen entzogen und auf den Rat der Fünfhundert, die Volksversammlung und das Volksgericht übertragen wurden. Der Versuch Kimons, die Reform rückgängig zu machen, endete mit seiner Ostrakisierung. E. hatte den Sieg errungen, wurde jedoch 461 ermordet. Sein Werk wurde von Perikles fortgesetzt.

Ephoros aus Kyme, griech. Historiker, ca. 405–330 v. Chr. Nach antiker
Tradition war E. Schüler des Isokrates.
Er ist Begründer der Universalgeschichte. Sein Geschichtswerk umfaßt
die Geschichte der Griechen und der
Nicht-Griechen, sofern sie mit den
Griechen in Berührung kamen. E.
schrieb ohne ein polit. oder ideolog. An-
liegen, sondern als Literat mit dem Ziel,
Bildung zu vermitteln. Er arbeitete zumeist aus zweiter Hand. Sein Werk ist
bei Strabon und Diodorus Siculus faßbar. **Lit.:** O. Lendle, Einführung in die
griech. Geschichtsschreibung (1992)
136–143.

Epicharm (gr. Epicharmos) aus Sizilien, griech. Komödiendichter, 1. Hälfte
5. Jh. v. Chr., Hauptvertreter der dor.
Komödie. E.s Stücke wiesen einen zu-
sammenhängenden Inhalt auf und
scheinen kurz gewesen zu sein, mytholog. Personen und Szenen sind nachweisbar, feste Bauformen wie in der att.
Komödie nicht. Umstritten ist, ob die
Komödien einen Chor hatten; plural.
Titel scheinen jedoch darauf hinzuwei-
sen. Die Sprache ist sizil. Dorisch, als
Metren erscheinen der jamb. Trimeter
sowie anapäst. und trochäische Tetrameter. **Lit.:** R. Kerkhof, Dor. Posse, Epicharm und Att. Komödie (2001).

Epiktet (gr. Epktetos) aus Hierapolis
in Phrygien, stoischer Philosoph, 50–
120 n. Chr. E. lebte zunächst als Sklave,
dann als Freigelassener in Rom, wo er
den Philosophen Musonius hörte. Im
Jahr 92/93 wurde er zusammen mit anderen Philosophen aus Rom verbannt
und lehrte bis zu seinem Tod in Nicopo-
lis bei Actium (Epirus). Seine Philosophie wurde von Arrian in zwei umfangreichen Sammlungen aufgezeichnet (8
Bücher Diatriben und 12 Bücher *Homilien*). Erhalten sind 4 Bücher *Diatriben*
und das *Handbüchlein* (*Encheiridion*).
Er übte große Wirkung auf Marc Aurel
und Favorinus von Arles aus. E. orientiert sich, allerdings unter Einbeziehung
von Gedanken Platons, des Aristoteles
und des Poseidonios, an der alten Stoa.
Sein Interesse ist nicht systematisch oder

logisch, sondern rein ethisch auf die Erziehung des Individuums zur inneren
Freiheit ausgerichtet. Der Mensch soll
lernen, zu einem vertrauensvollen Umgang mit dem Schicksal, dem Unabän-
derlichen zu kommen und darin seine
Freiheit finden. **Lit.:** G. Wöhrle, E. für
Anfänger (2002).

Epikur (Epikuros) von Samos,
griech. Philosoph, 341–270 v. Chr. E.
wurde als Sohn eines athen. Kolonisten
namens Neokles auf der Insel Samos geboren. Mit 14 Jahren war er Schüler des
Platonikers Pamphilos, zwischen 327
und 324 studierte er auf der Insel Tenos
bei dem Demokriteer Nausiphanes und
erhielt dort Kenntnis von der demokri-
teischen Atom-und Lustlehre. Auf den
Militärdienst als Ephebe in Athen, wo
er mit dem Komödiendichter Menander zusammentraf, folgten ein Aufenthalt in Kolophon, wo er sein eigenes
philosoph. System ausbildete, sowie
Lehrtätigkeiten in Mytilene auf der Insel Lesbos (311/310) und Lampsakos
(310–306). Viele der in diesen Orten
gewonnenen Freunde folgten ihm nach
Athen, wo er 306 seine eigene Schule in
einem von ihm erworbenen Garten
gründete (daher der Name der Schule:
kepos, »Garten«). 270 starb er nach einem langen, mit großer Tapferkeit er-
tragenen Unterleibsleiden. – Von den
angeblich 300 Buchrollen des philosoph. Werks von E. sind alle Hauptwerke verloren. Erhalten sind durch
Zitat bei dem Philosophiehistoriker
Diogenes Laertios drei Lehrbriefe: an
Herodot mit der Darlegung der Naturphilosophie, an Pythokles (Meteorologie, d.h. Himmelskunde), an Menoikeus (Ethik) sowie die *Lehrsprüche* (*ky-
riai doxai*), ein Katechismus von 40 von
E. wohl selbst autorisierten Kernsätzen
seiner Philosophie. Die 81 im sog. Gno-
mologicum Vaticanum Epicureum erhaltenen Lehrsätze sind wohl später
erweitert worden. Die in Herculaneum
gemachten Papyrusfunde enthalten
Fragmente von E.s Hauptwerk *Über die
Natur* (*peri physeos*). Wichtige Quellen
für die Rekonstruktion von E.s Lehre

sind die ebenfalls in Herculaneum gefundenen Schriften Philodems und vor allem das latein. epikureische Lehrgedicht des Lukrez. E.s Schriften zeichnen sich durch einen bewußt schmucklosen Stil aus; nur der protrept. Lehrbrief an Menoikeus ist der Intention entsprechend kunstvoll ausgestaltet.

Die Wurzeln der epikureischen Erkenntnistheorie (Kanonik) und Naturphilosophie liegen in der Medizin, bei Demokrit und Aristoteles. E. stellte diese Disziplinen in den Dienst einer philosoph. Seelenpflege und Heilslehre, deren Ziel es ist, den Menschen von den durch Begierden und Leidenschaften verursachten körperl. und seel. Notzuständen zu befreien und ihm vor allem die das Leben mit steter Unruhe zersetzende Todesfurcht zu nehmen. Dazu gehört vor allem, die Furcht vor Schmerzen oder Strafen nach dem Tod zu beseitigen. Endziel der epikureischen Philosophie ist das Glück der völligen seel. Ausgeglichenheit (gr. *galenismos*, d. h. die Seele ist so glatt und ruhig wie das Meer bei Windstille; *ataraxia* »Ausgeglichenheit«) und ständigen Freude (griech. *hedone*). In der Erkenntnistheorie nimmt E. wie Demokrit an, daß jede Erkenntnis durch Absonderungen von den Atomkonstellationen ausgeht, die durch die menschl. Augen und Poren in die menschl. Seele eindringen und dort Abbilder hinterlassen. Jede Erkenntnis ist ursprünglich wahr, Irrtum entsteht nur durch menschl. Fehldeutung der erhaltenen Abbilder. Als Wahrheitskriterium werden verifizierende Sinneswahrnehmungen, *prolepseis*, angesetzt, die sich ausgebildet haben, und im Bereich der Ethik Lust- und Unlustgefühle. In der Naturphilosophie führt E. wie Demokrit alles auf Atome und den leeren Raum zurück. Allerdings ist in der epikureischen Lehre im Gegensatz zu Demokrit die Zahl der Atome begrenzt, und die Bewegung der Atome verläuft nicht ungeordnet und richtungslos, sondern von oben nach unten. Dabei entstehen willkürl. Abweichungen (*parenklisis*, lat. *declinatio*), wodurch es zum

Zusammenprall und somit zu Neukonstituierungen von Atomen und damit zur Weltbildung kommt. Die Abweichung erklärt auch den freien menschl. Willen, da auch die Seele als aus Atomen bestehend und als frei beweglich gedacht wird. Im Tod löst sich die Seele in ihre Einzelatome auf. Dadurch wird dem Tod jeder Schrecken genommen. Es gibt nach der epikureischen Naturlehre eine unbegrenzte Zahl vergängl. Welten, in deren Zwischenräumen (griech. *metakosmia*, lat. *intermundia*) die Götter leben. Nach E. sind die Götter zwar menschengestaltige, aber unvergängl. Wesen, die, in den Intermundien weilend, sich nicht um menschl. oder kosm. Angelegenheiten kümmern, sondern ihr unbegrenztes und unvergängl. Glück genießen. Das Glück der Götter ist der Idealzustand, den der sich ganz der epikureischen Philosophie hingebende Mensch gewinnen kann. Die epikureische vollkommene Freude (*hedone*) – der irreführende Begriff »Lust« kommt durch die latein. Übersetzung *voluptas* zustande – als höchstes Ziel seiner Philosophie (griech. *telos*, lat. *summum bonum*) besteht in einem völligen und ständigen Freisein von Schmerz und Angst. Die notwendigen natürl. Bedürfnisse sind schnell zu befriedigen, die nicht notwendigen bringen kein höheres Glück. Deshalb muß der Mensch vor jedem beabsichtigten Genuß eine »Güterabwägung« vornehmen, d. h. überprüfen, ob der angestrebte Genuß notwendig oder nicht notwendig ist. Als Konsequenz dieser Güterabwägung lebt der epikureische Weise zurückgezogen, fern von Politik und öffentl. Aufgaben (Merkspruch *lathe biosas*, »lebe imVerborgenen!«). Einen bes. hohen Wert nimmt in E.s Denken die Freundschaft ein, die zwar von Menschen ursprünglich aus dem Streben nach Sicherheit geschlossen wird, dann aber zu einem absoluten Wert werden kann, da das Glücklichsein, bes. Philosophieren, im Freundeskreis zum Selbstzweck werden und höchstes Glück vermitteln kann. **Lit.:** M. Erler, in: GGP IV (1994) 35–

202. – M. Hossenfelder, E. (1991). – R. Müller, Die epikureische Ethik (1991).

Epimenides, kret. Wunderpriester des späten 7. Jh. v. Chr., der nach Plutarch sich angeblich jeder Nahrung enthielt, über 50 Jahre in einer Höhle schlief, mehrmals wiederbelebt wurde und seine Seele aus seinem Körper entlassen und nach Belieben wieder zurückrufen konnte. E. werden Theogonien (Götterentstehungslehren), eine Geschichte Kretas und Orakelsprüche zugeschrieben. **Lit.:** M. P. Nilsson, Griech. Religion (1941) 585 f.

Epiphanios aus Eleutheropolis, griech. Theologe, 315–403 n. Chr., seit 367 Bischof von Salamis (Zypern). E. attackierte Origenes, den er als Urheber des Arianismus ansah. Er war jeder antiken, paganen Bildung abgeneigt. In seinem Hauptwerk (*Panarion/Brotkasten*) breitet er in 80 Abschnitten einen Überblick über alle häret. Bewegungen einschließlich der griech. Philosophen aus. **Lit.:** A. Pourkier, L'hérésilogie chez É. (1992).

Erasistratos von Iulis (Keos), griech. Mediziner, ca. 315–240 v. Chr. E. gilt als Begründer der Physiologie; wie Herophilos soll er Vivisektion betrieben haben. Sein umfangreiches wissenschaftl. Werk über Anatomie und Physiologie, über Hygiene, Arzneimittel und zahlreiche Krankheiten ist bis auf 293 Fragmente verloren. **Lit.:** G. E. R. Lloyd, in: JHS 95 (1975) 172–175.

Eratosthenes (gr. Eratosthenes) von Kyrene, griech. Gelehrter, 295/280 – ca. 200 v. Chr., Schüler des Kallimachos und seit 246 Vorsteher der Bibliothek von Alexandria. E. verfaßte, unter stoischem Einfluß stehend, Abhandlungen zur Ethik, mathemat. Schriften sowie Dichtungen, die sich in mytholog. Form mit der platon. Philosophie befassen. Wichtig sind die aus seiner Tätigkeit als Bibliothekar hervorgegangenen histor. und geograph. Werke. In seinen *Chronographien* gab er das Gerüst zur Berechnung der Olympiaden vor, bestimmte die Rechnung in Generationen (33 ½ Jahre) und die Datierung nach der Blütezeit (*akme*) einer Person. E. verdanken wir die Chronologie der archaischen und klass. Geschichte der Griechen. In den *Geographica* entwickelt E. aus der Ablehnung der myth. Weltsicht eine mathemat. und phys. Beschreibung der Erde mit der Einteilung der Welt in Zonen. Als wichtigste Aufgabe des Geographen sah E. die Kartographie an. Aus vorhandenen Straßen- und Küstenvermessungen berechnete er die Länge und Breite jedes Landes neu. Ebenfalls gelang es E., den Erdumfang verhältnismäßig genau zu berechnen. Als Philologe verfaßte er zwölf Bücher zu Fragen der att. Komödie, außerdem ein Reallexikon und ein grammatikal. Werk. Die Homer-Auslegung beeinflußte er entscheidend durch seinen Standpunkt, daß die homer. Epen nicht als Lehrwerke, sondern zur Unterhaltung des Publikums verfaßt seien. Man dürfe sie demnach nicht als Quellenwerke benutzen. **Lit.:** E. P. Wolfer, E. von Kyrene als Mathematiker und Philosoph (1954). – K. Geus, E. (2002).

Erechtheus (gr. Erechtheus), legendärer König von Athen, Sohn des Pandion, bisweilen als Sohn des Erichthonios angesehen oder mit diesem gleichgesetzt. Im Krieg gegen die Eleusinier erschlägt er ihren Anführer Eumolpos und wird von dessen Vater Poseidon getötet.

Erichthonios, legendärer, aus der Erde geborener König von Athen. Er wird durch Hephaistos gezeugt, dessen Samen bei dem Versuch, Athene zu vergewaltigen, auf den Boden tropft. Athene versteckt den mißgestalteten Säugling, der halb Mensch, halb Schlange ist, in einem Körbchen, das sie den Töchtern des Kekrops anvertraut, allerdings unter der strikten Bedingung, nie hineinzusehen. Sie unterliegen jedoch ihrer Neugier und öffnen den Korb. Der Anblick ist für sie so entsetzlich, daß sie sich von der Akropolis in den Tod stürzen. Athene nimmt E. wieder zu sich. Später wird E. König von Athen, wo er den Athenekult fördert und die Panathenäen gründet. E. wird in der Literatur häufig mit Erechtheus gleichgesetzt.

Erinna (gr. Ērinna), aus Telos bei Rhodos, griech. Dichterin, 4. Jh. v. Chr. Erhalten sind einige wenige Zitate bei anderen Autoren und ein Papyrusfragment mit dem Gedicht *Spindel*, wohl der Erinnerung an die Jugend mit der Freundin Baukis gewidmet. Erhalten sind außerdem drei Epigramme in der Anthologia Palatina (6, 352; 7, 710 und 712). E. schreibt im dor. Dialekt mit äol. Einschlag, als Metrum verwendet sie den daktyl. Hexameter. Sie gilt als Wegbereiterin der hellenist. Dichtung. **Lit.:** C. Neri, E. Testimonianze e frammenti (2003).

Eubulos (1), athen. Staatsmann und Finanzexperte, ca. 405–330 v. Chr.; E. verwaltete 354–350 die Gelder, die Athen armen Bürgern für den Besuch von Theatern zur Verfügung stellte. Dank E.' Finanzpolitik stiegen die Einnahmen Athens, Heer und Flotte konnten ausgebaut werden. 348 versuchte E. vergeblich, eine gegen Philipp II. von Makedonien gerichtete Koalition zustande zu bringen, 346 befürwortete er den von Philokrates ausgehandelten Frieden mit Philipp. **Lit.:** G. L. Cawkwell, E., in: JHS 83 (1963) 47–67. – H. Leppin, Zur Entwicklung der Verwaltung öffentl. Gelder im Athen des 4. Jh. v. Chr., in: W. Eder (Hg.), Die athen. Demokratie im 4. Jh. v. Chr. (1995) 557–571.

Eubulos (2), athen. Komödiendichter, ca. 380–335 v. Chr. E. ist einer der Hauptvertreter der att. Mittleren Komödie. Er ließ manche seiner Stücke durch Aristophanes' Sohn Philippos aufführen. Von 57 erhaltenen Dramentiteln (wohl die Hälfte seiner Gesamtproduktion) deutet etwa die Hälfte auf mytholog. Themen, teilweise auch auf Tragödienparodie (Euripides). **Lit.:** R. Hunter, Eubulus (1983) – H.-G. Nesselrath, Die att. Mittlere Komödie (1990) 195 f.

Eudemos (gr. Eudemos) aus Rhodos, Philosoph und Schüler des Aristoteles, 4. Jh. v. Chr. E. gründete auf Rhodos eine Philosophenschule. Wie Theophrast, mit dem er in Kontakt stand (ein Fragment eines Briefes ist bei Simplikios überliefert), versuchte er die gesamte aristotel. Philosophie weiterzuentwikkeln. Von den log. (*Analytika*), rhetor. (*Peri lexeos*) und wissenschaftsgeschichtl. Werken sind nur Fragmente erhalten; durch Simplikios überlieferte Auszüge aus den *Physika* erlauben einen Vergleich mit Aristoteles, an den sich E. inhaltlich eng anschließt. **Lit.:** I. Bodnár (Hg.), Eudemus of Rhodes (2002).

Eudoxos von Knidos, griech. Mathematiker, Astronom und Philosoph, ca. 391– ca. 338 v. Chr. E. lehrte nach Studien in Athen und Ägypten ab etwa 362 in Kyzikos, später in Athen; sein Verhältnis zu Platons Akademie ist unklar. Von seinem vielseitigen und originellen Werk sind nur Fragmente überliefert, doch machen ihn wegweisende Entdeckungen bes. in der Mathematik zu einem der größten Wissenschaftler der Antike. Er entwickelte eine auch auf inkommensurable Größen anwendbare Proportionslehre sowie eine »Exhaustionsmethode«, mit der die Fläche oder Volumen von nicht geradlinig begrenzten Figuren bzw. Körpern bestimmt werden konnten. Wesentl. Teile von Euklids *Elementen* (so Buch 5, 6 und 12) gehen auf E. zurück. Außerdem wird ihm eine (verlorene) Lösung des Problems der Würfelverdopplung zugeschrieben. In der Astronomie stellte E. ein (bis ins 16. Jh. einflußreiches) Modell zur Erklärung der Planetenbahnen durch um die Erde rotierende homozentr. Sphären auf (*Über Geschwindigkeiten*). Ein deskriptives Werk über Sternkonstellationen (*Phainomena*) diente Arat als Vorlage für sein gleichnamiges Lehrgedicht. Daneben verfaßte E. auch eine große Erdbeschreibung (*Ges periodos*). Die hedonist. Ethik des E. diskutiert Aristoteles im 10. Buch der *Nikomachischen Ethik*. **Lit.:** F. Lasserre, Die Fragmente des E. von Knidos (1966).

Eugenius, Flavius E., röm. Gegenkaiser 22. August 392–6. September 394, Geburtsdatum und Herkunft unbekannt, Lehrer der Rhetorik in Rom. E.

wurde am 22. August 392 von Arbogast in Lyon zum Augustus erhoben. Im Westen wurde er anerkannt, nicht aber von dem oström. Kaiser Theodosius I. Im Frühjahr 393 marschierte E. in Italien ein, am 6. September 394 fiel er in der Schlacht am Frigidus. **Lit.:** D. Kienast, Röm. Kaisertabelle (²1996) 343.

Euhemeros von Messene, 4.-3. Jh. v. Chr., Verf. einer romanhaften Reisebeschreibung zur Insel Panachaia im ind. Ozean mit utop. Zügen (*hiera anagraphe*, »Heilige Schrift«), die durch Ennius' Übersetzung vor allem bei den Römern rezipiert und noch von christl. Autoren zur Widerlegung des heidn. Götterbilds benutzt wurde. Erkennbar ist der Inhalt bes. aus zwei umfangreichen Auszügen bei Diodor. Im Mittelpunkt steht offenbar die Sicht der Götter als Menschen, die aufgrund besonderer Verdienste vergöttlicht wurden; daher steht »Euhemerismus« später als Begriff für rationalist. Mythendeutung. Die Form des utop. Romans, die einen Vorläufer schon in Platons *Kritias* hat, läßt sich bis in die Neuzeit verfolgen (z. B. Thomas Morus' *Utopia*). **Lit.:** R. J. Müller, Hermes 121 (1993) 276–300.

Eukleides aus Megara, Freund des Sokrates und Begründer der Megar. Schule, ca. 450–380 v. Chr.

Euklid (gr. Eukleides), griech. Mathematiker, Ende des 4. bis Mitte des 3. Jh. v. Chr. Die Informationen über E.s Leben, nach denen er in Alexandria in der Zeit des Ptolemaios I. lehrte, stammen aus späteren Quellen und sind kaum zuverlässig. E.s berühmtestes Werk sind die *Elemente* (*Stoicheia*), die in 13 Büchern die Bereiche der Planimetrie, der Zahlentheorie, der irrationalen Zahlen und der Stereometrie abdeckten und die das geometr. und mathemat. Wissen früherer Mathematiker (bes. Eudoxos) erweiterten und nach einer axiomatisch-deduktiven Methode systematisierten. Das Werk wurde mehrmals kommentiert, in mehrere Sprachen übertragen und hat bis in die Neuzeit als das Standardlehrbuch für Mathematik gegolten. E. verfaßte noch andere

Schriften über Geometrie, Astronomie und Optik; die Autorschaft von zwei ihm zugeschriebenen Schriften über Musiktheorie ist umstritten. **Lit.:** W. R. Knorr, The Evolution of the Eucledian Elements (1975). – T. L. Heath, A History of Greek Mathematics 1 (1921) 354 ff.

Eumenes I. (gr. Eumenes), Herrscher von Pergamon 263–241 v. Chr., Nachfolger des Philetairos; nach dem Sieg über Antiochos I. 262/61 bei Sardes begründete E. die Selbständigkeit des pergam. Reiches gegenüber den Seleukiden. E. konnte das kleine pergamen. Reich erheblich vergrößern, den Galatern mußte er jedoch Tribute zahlen. E. starb 241, Nachfolger wurde Attalos I.

Eumenes II. (gr. Eumenes), König von Pergamon 197–160/59 v. Chr., ältester Sohn und Nachfolger Attalos I.; E. setzte die romfreundl. Politik seines Vaters fort und unterstützte die Römer im Kampf gegen Antiochos III.; als Belohnung erhielt er im Frieden von Apameia 188 fast die gesamten seleukid. Gebiete in Kleinasien. Nach Erfolgen über die Galater und Prusias I. von Bithynien begann E. um 180 mit dem Bau des berühmten Zeusaltars und ließ Pergamon in den folgenden Jahren zu einem Zentrum griech. Kultur und Wissenschaft ausgestalten. 172 warnte E. in Rom vor dem makedon. König Perseus, auf der Rückreise nach Pergamon wurde er im Auftrage des Perseus überfallen. In dem Glauben, sein Bruder sei ums Leben gekommen, übernahm Attalos II. die Herrschaft, trat aber sofort wieder zurück, als sich der Tod des E. als Irrtum herausstellte. Im Krieg der Römer gegen Perseus 171–168 verschlechterte sich das Verhältnis zwischen E. und Rom. Als sich E. 167/66 in Rom rechtfertigen wollte, erhielt er den Befehl, Italien zu verlassen. Darüber hinaus verweigerte ihm Rom die Herrschaft über die Galater und erklärte diese für autonom. E. wandte sich verstärkt den griech. Städten zu, die er durch Stiftungen unterstützte. Als E. 160/59 starb, übernahm sein Bruder Attalos II. die Herrschaft. **Lit.:** R.E. Allen, The Attalid Kingdom (1983). – H.-J. Schalles, Untersuchungen zur Kulturpolitik der pergamen. Herrscher im 3. Jh. v. Chr. (1985). – K. Strobel, Die Galater (1996).

Eumenes (gr. Eumenes) von Kardia, um 360–316 v. Chr., einer der Diadochen, führte als Kanzleisekretär Alexanders d.Gr. bei dessen Feldzug die Hoftagebücher. Nach dem Tod des Königs (323) erhielt er die Satrapie Kappadokien und schloß sich polit. dem Reichsverweser Perdikkas an. Von diesem 321 beauftragt, den Angriff seiner Gegner Krateros und Antipater abzuwehren, besiegte er in Kleinasien Krateros, der in der Schlacht fiel. Da aber gleichzeitig sein Bundesgenosse Perdikkas bei Kämpfen in Ägypten zu Tode kam, wurde er vom neuen Reichsverweser Antipater für vogelfrei erklärt, konnte aber der Umklammerung durch Antigonos, den neuen Oberbefehlshaber in Asien, der ihn in Nora (Taurus) eingeschlossen hatte, entgehen. 318 wurde er von Polyperchon, dem Nachfolger Antipaters und Gegner des Antigonos, an Stelle dessen zum Strategen ernannt und nahm den Kampf um die Vormachtstellung im Vorderen Orient auf. Von Antigonos immer weiter nach O abgedrängt, wurde im westl. Iran 316 besiegt und von seinen eigenen Truppen an Antigonos ausgeliefert; dieser ließ ihn hinrichten. E. war ein überzeugter Verfechter der Reichseinheit, für die er bis zuletzt eintrat. Um als Grieche seine vorwiegend makedon. Truppen bei der Stange zu halten, führte er einen speziellen Alexanderkult ein und gab vor, von seinem Genius geleitet zu werden.

Eunapios aus Sardes, griech. Sophist und Historiker, ca. 345 – nach 414 n.Chr, der dem Kreis der Neuplatoniker in Sardes angehörte. Sein fragmentarisch erhaltenes Geschichtswerk setzt das Werk von Herennius Dexippos fort und behandelt in einer zweiten erweiterten Fassung in 14 Büchern die Zeit von 270 n.Chr. bis 404 n.Chr. E. verfaßte außerdem, nach dem Vorbild von Phi-

lostratos' Werk, die »Philosophen- und Sophistenvitae« (*Bioi Philosophon kai sophiston*, die vollständig überliefert sind. In beiden Schriften läßt sich die feindl. Einstellung des Eunapios gegenüber der christl. Religion klar erkennen. **Lit.:** R.C. Blockley, The Fragmentary Classicising Historians of the Later Roman Empire (1981–83). – R.J. Penella, Greek Philosophers and Sophists in the 4th Century AD (1990).

Eunus (gr. eunous, »wohlwollend«), Sklave aus dem syr. Apameia, Anführer des 1. Sklavenaufstandes auf Sizilien (141–132 v. Chr.); nach der Eroberung von Enna gewann E. – nicht zuletzt wegen der Glück verheißenden Bedeutung seines Namens – zahlreiche Anhänger. E. ließ sich unter dem Namen Antiochos zum König ausrufen und konnte zeitweise ganz Sizilien unter seine Kontrolle bringen. Die Zahl seiner Anhänger wird mit bis zu 200.000 angegeben. Erst 132 gelang es dem röm. Konsul P. Rupilius, den Aufstand niederzuschlagen. E. wurde gefangengenommen und nach Rom gebracht, wo er bald darauf starb. **Lit.:** F. Kudlien, Sklaven-Mentalität im Spiegel antiker Wahrsagerei (1991). – W.Z. Rubinsohn, Die großen Sklavenaufstände in der Antike (1993).

Eurich (Euricus), König der Westgoten 466–484 n. Chr., Sohn Theoderich I.; E. gelangte nach der Beseitigung seines Bruders Theoderich II. zur Herrschaft. Nach einem Konflikt mit Rom 469 löste er 475 das Foedus mit dem weström. Reich; im folgenden Jahr errang E. Siege über die Franken und Burgunder, das westgot. Reich erreichte seine größte Ausdehnung. – E. war auch als Gesetzgeber tätig, er ließ das westgot. Recht in einem Gesetzbuch (*Codex Euricianus*) zusammenstellen. **Lit.:** K.F. Stroheker, E., König der Westgoten (1937). – H. Wolfram, Die Goten (³1990) 186–248.

Euphorion (1) (gr. Euphorion) aus Athen, Tragiker, Sohn des Aischylos. 431 v. Chr. besiegte er Sophokles und Euripides im trag. Agon.

Euphorion (2) aus Chalkis, griech.

Dichter und Gelehrter, geb. 275 v.Chr. E. wurde von Antiochos III. (223–187 v.Chr.) zum Leiter der Bibliothek in Antiochia bestellt. Sein philolog. Werk umfaßt Monographien über mytholog. Themen (nur als Titel bekannt) und ein Lexikon zu Hippokrates. Sein dichter. Werk besteht aus Epigrammen und hauptsächlich aus hexametr. Gedichten (überliefert sind mehr als 20 Titel und sehr dürftige Fragmente; mindestens vier darunter sind Fluchgedichte), in denen E. als *poeta doctus* der kallimacheischen Tradition der kleinen Form folgt. E. übte großen Einfluß bes. auf die Neoteriker aus. **Lit.:** B. A. van Groningen, Euphorion (1977). – L. Watson, Arae: The Curse Poetry of Antiquity (1991).

Euphranor vom Isthmos, bedeutender Maler und Bildhauer des 4. Jh. v. Chr.; in Original oder Kopie konnte bisher keines seiner Werke sicher nachgewiesen werden, viele sind jedoch literarisch überliefert. An Gemälden werden z. B. die »Schlacht von Mantineia« (362 v. Chr.) und die »Apotheose des Theseus« genannt. **Lit.:** I. Scheibler, Griech. Malerei der Antike (1994).

Euphronios, bedeutender griech. Vasenmaler und Töpfer aus Athen, der zwischen 520 und etwa 500 v. Chr. in rotfiguriger Maltechnik arbeitete. Danach erschien er nur noch als Töpfer. Die von ihm verwendete Lieblingsinschrift »Leagros« dient als Datierungshilfe. E. gehörte zu den Pionieren seiner Zeit, zeichnete sich durch Erfindungs- und Beobachtungsgabe aus und war ein Zeitgenosse und Konkurrent des Euthymides. **Lit.:** I. Wehgartner, E. und seine Zeit (1992).

Eupolis, athen. Komödiendichter, ca. 455–nach 412 v. Chr., Zeitgenosse des Aristophanes, Werke nur in Fragmenten erhalten. In der Antike wird ihm Phantasiereichtum und Anmut zugeschrieben. Den Fragmenten und Titeln nach zu schließen, behandelte er ähnl. Themen wie Aristophanes. **Lit.:** B. Zimmermann, Die griech. Komödie (1998) 197–199.

Euripides (gr. Euripídes), athen. Tragiker, 485/80–406 v. Chr. Von dem 90 Stücke umfassenden Werk sind 19 Dramen erhalten, darunter der *Rhesos,* der nicht von E. selbst stammt. Fest datiert sind *Alkestis* (438), *Medea* (431), *Hippolytos* (428), *Troerinnen* (415), *Helena* (412), *Orest* (408), postum wurden *Bakchen* und *Iphigenie in Aulis* aufgeführt. Auf der Basis metr. Analyse lassen sich datieren: *Herakliden* 431–428, *Andromache, Hekabe, Hiketiden* in die 20er Jahre, *Der rasende Herakles, Elektra* 420–416, *Ion, Iphigenie bei den Taurern, Phönissen, Kyklops* zwischen 415–408. Zentral für die Tragödien des E., was schon von Aristophanes in seinen Komödien kritisiert wurde, sind die Frauengestalten. Man findet die sich für ihren Gatten aufopfernde Alkestis, die sich in Liebe zu ihrem Stiefsohn verzehrende Phädra, die von Haß auf ihren treulosen Mann getriebene Medea, die die Ermordung der gemeinsamen Kinder als äußerstes Mittel der Rache ansieht, die unter dem Krieg leidende Hekabe, die durch die Grausamkeit der anderen selbst zur Bestie wird. Ein weiteres hervorstechendes Merkmal ist die Verbürgerlichung der Tragödie, die Ansiedelung erhabener Stoffe in einer unheroischen Umgebung (*Elektra*). Durchgängig betont die euripideische Tragödie die Ferne von Gott und Mensch. Die Götter sind wie die Menschen von Emotionen getrieben und degradieren die Menschen zu bloßen Schachfiguren in einem undurchschaubaren Spiel, ohne daß der Mensch einen Sinn in seinem Leid sehen könnte. Die durch den Peloponnes. Krieg ausgelöste Krise spiegeln insbes. *Hekabe* und *Troerinnen* wider, die Sieger wie Besiegte als Verlierer des Krieges erscheinen lassen; die *Phönissen* und der *Orest* zeigen die zerrüttenden Wirkungen des Krieges im Bereich der zwischenmenschl. Beziehungen. Formal zeichnen sich die Tragödien des E. durch ihre Bühnenwirksamkeit aus, bes. durch eine dem Publikumsgeschmack entgegenkommende Vorliebe des E. für Solo-Arien (Monodien). Die bei E. häufige Kombination der Strukturelemente Anagnorisis (Wiedererkennung) und Intrige wird prägend für die Neue Komödie (Menander, Plautus, Terenz). Zu Lebzeiten war E. nur viermal erfolgreich. Dies mag auch ein Grund dafür sein, daß er 408 Athen auf Einladung des makedon. Königs Archelaos verließ. Im 4. Jh. wurde er allerdings nach der Zulassung der Aufführung alter Stücke (386 v. Chr.) zum beliebtesten Tragiker, dessen Stücke nicht nur die weitere Entwicklung der Gattung prägten, bes. die röm. Tragödie (Ennius, bes. Seneca), sondern auch in der Komödie ihre Spuren hinterließen. Gerade der reflektierte Umgang mit der Tradition und die Auseinandersetzung mit stets aktuellen Themen wie Krieg und Frieden oder der Stellung der Frau in der Gesellschaft verhilft E. auch heute noch zu einer ständigen Bühnenpräsenz. **Lit.:** A. Lesky, Die trag. Dichtung der Hellenen (³1972) 275–522. – B. Zimmermann, Die griech. Tragödie (²1992) 94–138. – J. Latacz, Einführung in die griech. Tragödie (1993) 250–383.

Eusebios aus Caesarea (Palästina), griech. Kirchenschriftsteller, ca. 260–339 n. Chr. Ausgebildet bei dem Presbyter Pamphilos, wurde er nach 313 dessen Nachfolger als Bischof von Caesarea. E. spielte eine wesentl., jedoch umstrittene Rolle in den kirchl. Auseinandersetzungen seiner Zeit. Er gilt als der Vater der Kirchengeschichtsschreibung; seine bis 324 n. Chr. reichende *Kirchengeschichte* und die *Vita Constantini* führen dieses Genre ein und sind die wichtigsten histor. Quellen für die Zeit Konstantins I. Sein drittes geschichtl. Werk, die *Chronik*, ist verloren. Weiter verfaßte E. exeget. Schriften, in denen er die allegor. Methode des Origenes mit seiner eigenen histor. Betrachtungsweise verband. In seinen apologet. Arbeiten, von denen die wichtigsten die *Praeparatio Evangelica* und die *Demonstratio Evangelica* sind, wendet er sich gegen die heidn. Philosophie. **Lit.:** F. Winkelmann, E. von Kaisareia (1991).

Euthymides (gr. Euthymídes), griech. Vasenmaler, der im ausgehenden 6. Jh. v. Chr. arbeitete. Er gilt als Lehrer des Kleophrades und Konkurrent des Euphronios, ferner sind von ihm mehrere Lieblingsinschriften bekannt. **Lit.:** J. Boardman, Rotfigurige Vasen aus Athen. Die archaische Zeit (⁴1994).

Eutropius, röm. Historiker, 4. Jh. n. Chr. E. war Sekretär (*magister epistularum*) und Chef der Staatskanzlei (*magister memoriae*) am Kaiserhof. Er verfaßte ein *Breviarium ab urbe condita* (Abriß der Geschichte Roms von der Gründung der Stadt an), in dem er klar gegliedert und stilistisch ansprechend in zehn Büchern die röm. Geschichte von der Geburt des Romulus bis ins Jahr 364 n. Chr. darstellt. Quellen sind u. a. die Livius-Epitome und die Biographien Suetons. Bald ins Griechische übersetzt, fand das Kompendium weite Verbreitung und wurde bis in die Neuzeit in der Schule gelesen. **Lit.:** P. L. Schmidt, in: HLL V (1989) 201–207.

Eutychides von Sikyon, griech. Bildhauer (und Maler) des ausgehenden 4. Jh. v. Chr., Schüler des Lysipp. Von seinen Werken ist das bekannteste die Tyche von Antiochia (am Orontes), eine in mehreren Kopien aus Marmor, Bronze und auf Münzen erhaltene Darstellung. **Lit.:** T. Dohrn, Die Tyche von Antiochia (1960).

F

Fabius, röm. Gentilname; das patriz. Geschlecht der Fabii ist seit dem 5. Jh. v. Chr. nachweisbar. Die bekanntesten Vertreter waren:

Fabius (1), Quintus F. Maximus Verrucosus (lat., »Warze«) mit dem Spitznamen Cunctator (lat., »Zauderer«), gest. 203 v. Chr. F. durchlief die übl. Ämterlaufbahn, war vor 237 Quästor, um 235 Ädil, 233 Konsul, 230 Zensor. Nach der Niederlage der Römer gegen Hannibal am Trasimen. See 217 wurde F. zum Diktator ernannt. Seine hinhaltende

Kriegsführung brachte ihm den Spitznamen Cunctator ein. Noch gegen Ende des 2. Pun. Krieges mahnte F. gegenüber der offensiven Kriegsführung Scipios zur Vorsicht und Zurückhaltung.

Fabius (2), Quintus F. Pictor, röm. Geschichtsschreiber, wurde nach der Niederlage der Römer gegen Hannibal bei Cannae 216 v. Chr. nach Delphi geschickt, um das Orakel zu befragen. F. schrieb als erster Römer eine röm. Geschichte von der Gründung Roms bis zur Gegenwart (2. Pun. Krieg). Er trat damit dem romfeindl. Geschichtswerk des Philinos entgegen. Das Werk, von dem nur wenige Fragmente erhalten sind, war in griech. Sprache verfaßt und nach Jahresabschnitten gegliedert.

Fabricius, röm. Gentilname; das plebeische Geschlecht der Fabricii ist seit dem 3. Jh. v. Chr. nachweisbar. Bekanntester Vertreter war Gaius F. Luscinus (lat., »der Geblendete«), röm. Feldherr und Staatsmann im 3. Jh. v. Chr. F. durchlief die übl. Ämterlaufbahn, als Konsul 282 triumphierte er über die Samniten. 280 führte er erfolgreiche Verhandlungen mit Pyrrhos über die Herausgabe röm. Gefangener. 278 bekämpfte er Lukaner, Bruttier, Tarentiner und Samniten. F. galt späteren Generationen als Inbegriff röm. Tugend, hervorgehoben wurden seine Unbestechlichkeit und Rechtschaffenheit.

Faustina (1), Annia Galeria F., auch F. maior oder F. mater, 105(?) – 141 n. Chr., Tochter des Annius Verus und der Rupilia Faustina. Um 110 heiratete F. den späteren Kaiser Antoninus Pius; als dieser 138 Kaiser wurde, erhielt F. den Augusta-Titel. Nach ihrem Tod 141 wurde sie vergöttlicht und im Mausoleum Hadrians (Engelsburg) beigesetzt. F. zu Ehren rief Antoninus Pius die Alimentarstiftung der »Faustinamädchen« (*puellae Faustinianae*) ins Leben. **Lit.:** M.T. Raepsaet-Charlier, Prosopographie des femmes de l'ordre sénatorial (1987) 78f, Nr. 62. – D. Kienast, Röm. Kaisertabelle (²1996) 136.

Faustina (2), Annia Galeria F., auch F. minor, ca. 130–175 n. Chr., Tochter des Antoninus Pius und der Faustina (1). 138 wurde F. zunächst mit dem späteren Kaiser Lucius Verus verlobt. Nach dem Tode Hadrians wurde die Verlobung gelöst und F. mit dem späteren Kaiser Mark Aurel verlobt, den sie 145 heiratete. Aus der Ehe gingen zahlreiche Kinder hervor, u.a. der spätere Kaiser Commodus. Während der Kriege mit den Markomannen begleitete F. ihren Mann nach Carnuntum. Nach dem Sieg über die Quaden 174 erhielt sie den Ehrentitel *mater castrorum*. 175 brach Mark Aurel in Begleitung seiner Gattin nach Kleinasien auf. Hier starb F. Ende 175 in Halala, einem Dorf in Kappadokien, das in Faustinopolis umbenannt und zur Stadt erhoben wurde. Außerdem wurde ihr zu Ehren eine Alimentarstiftung der »neuen Faustinamädchen« (*novae puellae Faustinianae*) eingerichtet. **Lit.:** M.T. Raepsaet-Charlier, Prosopographie des femmes de l'ordre sénatorial (1987) 80f. Nr. 63. – D. Kienast, Röm. Kaisertabelle (²1996) 141f.

Favorinus aus Arelate (Arles), 2. Jh. n. Chr., griech. schreibender Rhetor, Vertreter der Zweiten Sophistik. Favorinus bekam seine erste Ausbildung in Massalia, war in Rom Schüler des Dion Chrysostomos und lernte in Athen Plutarch kennen, der ihm die Schrift *De primo frigido* widmete. Favorinus war Lehrer von Herodes Atticus, Alexander Peloplaton, Fronto und Gellius. Von seiner umfangreichen literar. Produktion sind nur 25 Titel, Fragmente (überliefert vor allem von Diogenes Laertios) und drei Reden erhalten: neben zwei im Corpus des Dion Chrysostomos überlieferten Schriften (*Corinthiaca* (37) und *Über das Glück* (64), in Neapel vorgetragen) wurden 1931 große Teile der Rede *Über die Verbannung* auf Papyrus gefunden. Favorinus beschäftigte sich mit Philosophie, er war Anhänger der Akademie. **Lit.:** Barigazzi, Favorino, Opere (1966).

Festus, röm. Historiker, ca. 320–390 n. Chr., Verf. einer kurzen Geschichte Roms von den Ursprüngen bis zu Kaiser Valens (*Breviarium rerum gestarum po-*

puli Romani). **Lit.:** W. den Boer, Some Minor Roman Historians (1972) 173–222.

Firmicus Maternus, Iulius F. M., röm. Rhetor sizil. Herkunft, 1. Hälfte 4. Jh. n. Chr. F. verfaßte eine acht Bücher umfassende Verteidigungsschrift der Astrologie (*Matheseos libri/Lehrbücher*) in lat. Sprache. Nach seiner Bekehrung zum Christentum schrieb er um 347 den polem. Traktat *De errore profanarum religionum* (*Über den Irrtum der heidn. Religionen*), der den Kaisern die Verfolgung nichtchristl. Religionen anempfiehlt. **Lit.:** W. Hübner/A. Wlosok, in: HLL V (1989) 84–93. – LACL (1998).

Flamininus, Titus Quinctius F., röm. Feldherr und Staatsmann, ca. 227–174 v. Chr., 198 Konsul, obwohl er vorher weder Ädil noch Prätor gewesen war. F. erhielt den Oberbefehl im Krieg gegen Philipp V. von Makedonien, den er 197 bei Kynoskephalai in Thessalien besiegte. Im folgenden Jahr erklärte er im Rahmen der Isthm. Spiele alle Griechenstädte für frei. F. hielt sich noch bis 194 in Griechenland auf, u. a. mußte er 195 einen Krieg gegen Nabis, den König von Sparta, führen. 194 kehrte F. nach Rom zurück und feierte einen glanzvollen Triumph. In den folgenden Jahren war F. noch mehrmals als Gesandter tätig, z. B. 183 als Führer einer Gesandtschaft an König Prusias von Bithynien, von dem er die Auslieferung Hannibals verlangte und so indirekt dessen Freitod verschuldete. Nach 180 zog sich F. aus der Politik zurück.

Flaminius, röm. Gentilname; das plebeische Geschlecht der Flaminii ist seit dem 3. Jh. v. Chr. nachweisbar. Bekanntester Vertreter war Gaius F., röm. Feldherr und Staatsmann, gest. 217 v. Chr. F. opponierte als Volkstribun 232 und Konsul 223 gegen die Nobilitätsherrschaft und setzte Landzuweisungen an die Plebeier durch. Als Zensor 220 sorgte er für den Bau der Via Flaminia, die von Rom nach Ariminum (heute Rimini) führte, und ließ den Circus F. auf dem Marsfeld errichten. 217 fiel F. in der Schlacht am Trasimen. See gegen Hannibal.

Flavius, röm. Gentilname; das plebeische Geschlecht der Flavii ist seit dem 4. Jh. v. Chr. nachweisbar. Bereits in republikan. Zeit war der Name F. weit verbreitet, bes. häufig wurde er aber erst in der Kaiserzeit durch die flav. Kaiser Vespasian, Titus und Domitian (69–96 n. Chr.) und später durch die 2. flav. Dynastie von Constantius I. bis Theodosius I. (293–395 n. Chr.).

Flavius Josephus ⟋ Josephus

Florus, lat. Literat, Historiker, Redner, 2. Jh. n. Chr. Es ist ungeklärt, ob das unter F.’ Namen überlieferte Œuvre das eines einzigen Autors ist. 1. Publius Annius F. ist der Verf. einer Schrift *Vergilius orator an poeta* (»Vergil – Dichter oder Redner?«); er weist sich im Proömium als aus Afrika stammend und in Tarraco (Spanien) lebend aus. – 2. Aus stilist. Gründen kann dieser F. identisch sein mit dem (aus dem Codex Bambergensis Iulius) unter dem Namen Lucius Annaeus F. bekannten Autor einer wohl als Schulbuch konzipierten Darstellung der röm. Geschichte, die meist nach ihrer Hauptquelle als *Epitome de Tito Livio* (*Auszug aus Titus Livius*) bezeichnet wird. Darin wird die röm. Geschichte den Abschnitten des menschl. Lebens gleichgesetzt. F. stellt wie Livius das röm. Volk und dessen *virtus* (»Mannhaftigkeit«, »Tugend«) in den Mittelpunkt. – 3. Schließlich heißt F. auch ein Korrespondent Hadrians und Verf. von Anakreonteen. Auf den Briefwechsel nimmt Goethe in der 15. *Röm. Elegie* scherzhaft Bezug. **Lit.:** F. Bessone, in: ANRW II 34, 1 (1993) 80–117.

Frontinus, Sextus Iulius F., röm. Magistrat und Fachschriftsteller, 1. Jh. n. Chr. F. war zweimal Konsul (98 und 100) und bereits 97 *curator aquarum* (Bevollmächtigter für die Wasserversorgung). Als solcher verfaßte er eine Abhandlung über die Wasserleitungen Roms (*De aquis urbis Romae*). Außerdem liegen vier Bücher *Strategemata* (*Kriegslisten*; das 4. Buch behandelt hervorragende Kriegstaten und ist in der

Echtheit umstritten) und Auszüge einer Arbeit über Feldmeßkunst vor. **Lit.:** M. Hainzmann (1979) [Ausg., Übers., Komm. *De aquis*]. – R. I. Ireland (1990) [Ausg. *Strat.*].

Fronto, Marcus Cornelius F., aus Cirta (Numidien), röm. Redner, 2. Jh. n. Chr. Antoninus Pius bestellte den angesehenen Redner F. zum Prinzenerzieher für Mark Aurel und L. Verus. 143 wurde F. das Konsulat übertragen. Die Reden sind verloren, als Person wird F. jedoch aus seinem in einem Bobbienser Palimpsest erhaltenen (1815 entdeckten) Briefwechsel mit Mark Aurel greifbar. F. erscheint als liebenswürdiger Erzieher, der von seinen Schülern Respekt und Zuneigung erfuhr. Er schulte seinen Stil an der vorklass. röm. Literatur, hatte über Cicero ein zwiespältiges Urteil und war ein Gegner Senecas. Philosophie lehnte er ab. Sein Archaismus als Suche nach dem Reinen, Ursprünglichen ist eine Parallelerscheinung zu dem gleichzeitigen griech. Attizismus; mit dem Attizisten Herodes Atticus war F. befreundet. **Lit.:** K. Sallmann, in: HLL IV (1997) 281–292.

Fulgentius aus Telepte, lat. Theologe, Bischof von Ruspe, 467/68–1.1.533 n. Chr. Aus senator. Familie stammend, wurde F. zunächst Mönch, bevor er sich 507 wider Willen zum Bischof weihen ließ. Der arian. Vandalenkönig Thrasamundus verbannte ihn nach Sardinien; unter dessen Nachfolger Hilderich konnte er 532 zurückkehren. Seine Schriften sind bes. zeitgebunden und richten sich gegen Arianismus und Pelagianismus. Über sein Leben berichtet die Vita des Ferrandus. **Lit.:** LACL (1998).

Fulvius (1), Quintus F. Flaccus, röm. Feldherr und Staatsmann, gest. um 205 v. Chr.; Konsul 237 und 224. Auf seinem Zug gegen die Kelten 224 überschritt F. als erster Römer den Padus (Po). Während des 2. Pun. Krieges bekleidete F. zahlreiche hohe Ämter, war 216 Pontifex, 215/14 Prätor; in seinem 3. Konsulat 212 eroberte F. das Lager der Karthager bei Benevent und belagerte 211/10

Capua. Ende 210 wurde er zum Diktator ernannt, 208/07 war er Prokonsul in Campanien. Kurz vor seinem Tod um 205 v. Chr. ergriff er im Senat Partei gegen Scipio.

Fulvius (2), Marcus F. Nobilior, röm. Feldherr und Staatsmann, 1. Hälfte des 2. Jh. v. Chr. Nach seiner Prätur 193 kämpfte F. erfolgreich in Spanien und feierte 191 eine Ovatio. Als Konsul übernahm er 189 den Oberbefehl im Krieg gegen die Ätoler. Nach der Eroberung von Ambrakia 189 ließ F. zahlreiche Kunstwerke nach Rom bringen. 188/87 war F. Prokonsul in Griechenland, anschließend feierte er einen glanzvollen Triumph in Rom. Als Zensor 179 zeichnete er sich durch eine vorbildl. Amtsführung aus.

Furius, röm. Gentilname; das patriz. Geschlecht der Furii ist seit dem 5. Jh. v. Chr. nachweisbar. Der berühmteste Vertreter war Marcus F. Camillus.

Gabinius, Aulus G., Konsul 58 v. Chr., brachte als Volkstribun 67 v. Chr. das Gesetz durch, mit dem Pompeius den Oberbefehl im Krieg gegen die Seeräuber erhielt. Als Legat des Pompeius (65–63) unterstützte er diesen bei der polit. Neuordnung des östl. Mittelmeerraumes und bekleidete 58 als sein Gefolgsmann das Konsulat. Als Statthalter von Syrien (57–54) führte er Ptolemaios XII. nach Ägypten zurück und wurde deswegen in Rom angeklagt. Wegen vermeintl. Erpressung ins Exil geschickt, kehrte er 49 nach einer Amnestie Caesars zurück und starb 47 als dessen Legat in Illyrien.

Gaius, röm. Jurist, 2. Hälfte 2. Jh. n. Chr. Die vier Bücher *Institutiones* (*Unterweisungen*), um 160 verfaßt, gelten als das klass. Lehrbuch des röm. Rechts. Sie geben eine systemat. Darstellung des Privatrechts; ihr elementarer Charakter läßt auf eine Verwendung im Anfängerunterricht schließen. Von ihrem Verf.

kennt man nur den Namen. Er selbst nannte die Schrift *commentarii*. Nachklass. Rechtsbücher hängen von G. ab, so etwa die *Institutiones* Justinians oder das westgot. *Breviarium Alaricianum.* Systematisch sind Einflüsse bis in das Allg. Landrecht für die preuß. Staaten (ALR) und Österreichs Allg. Bürgerl. Gesetzbuch (ABGB) aufzeigbar. **Lit.:** D. Liebs, in: HLL IV (1997) 188–195.

Galba (Servius Sulpicius G.; Servius G. Augustus), röm. Kaiser 8. Juni 68–15. Januar 69 n. Chr.; geb. am 24. Dezember 3 v. Chr. bei Tarracina als Sohn des Sulpicius Galba und der Mummia Achaica; ca. 30 Prätor, 33 Konsul, 60–68 Statthalter der Provinz Hispania Tarraconensis; zu Beginn des Jahres 68 hatte sich G. mit Hilfe Othos und der span. Legionen gegen Nero erhoben und war zum Imperator ausgerufen worden; der Senat erklärte ihn auf Betreiben Neros zum Staatsfeind; nach dem Tode Neros am 8. Juni 68 wurde G. schließlich vom Senat anerkannt und zum Augustus erhoben; im Sept./Okt. 68 zog er in Rom ein; am 10. Januar 69 adoptierte er L. Calpurnius Piso und ernannte ihn zum Caesar; am 15. Januar 69 fiel G. einer Verschwörung Othos zum Opfer und wurde ermordet. **Lit.:** E. P. Nicolas, De Néron à Vespasien (1979). – Ch. L. Murison, G., Otho und Vitellius (1993).

Galen (gr. Galenos) aus Pergamon; griech. Arzt und Philosoph, 129–ca. 210 n. Chr. Als Sohn eines wohlhabenden Mathematikers und Architekten genoß G. zunächst eine eklekt. philosoph. sowie mathemat. Ausbildung; ab 146 studierte er Medizin in Pergamon, Smyrna und Alexandria. 157 kam er nach Pergamon zurück und war als Gladiatorenarzt tätig. 162–166 hielt er sich in Rom auf und praktizierte dort, kehrte aber 166 nach Pergamon zurück; 169 ließ er sich endgültig in Rom nieder, wo Marc Aurel ihn als Leibarzt berief. Sein Werk umfaßt ca. 400 medizin., philosoph. und philolog. Schriften (verzeichnet in zwei eigenen Schriften, nach chronolog. bzw. themat. Ordnung), von denen fast die Hälfte erhalten ist. G. erklärte sich als Anhänger des Hippokrates, kommentierte ausführlich mehrere von dessen Schriften und prägte damit entscheidend die spätere antike, arab. und byz. Rezeption des Hippokrates. G.s medizin. Werk beruht großenteils auf vorherigem Wissen, das er systematisiert und durch eigene empir. Erkenntnisse, log. Schlußfolgerungen und Spekulationen bereichert, und deckt alle Bereiche der Medizin (Physiologie, Anatomie, Embryologie, Therapeutik, Pharmakologie) ab. G.s medizin. System stützt sich auf drei Prinzipien: (a) die Notwendigkeit umfassenden theoret. Wissens (er wendet sich heftig gegen jede Art von Spezialisierung); (b) die Lehre von den vier Körpersäften (Blut, Phlegma, schwarze und gelbe Galle) und drei Körpersystemen (gesteuert jeweils von Gehirn, Herz und Leber), von denen jedes über sein eigenes *Pneuma* [Lebenskraft] verfügt; (c) die Verbindung der Medizin mit der Philosophie. Nach G. muß der Arzt gleichzeitig auch Philosoph sein. In seinen philosoph. Schriften, die seinen Eklektizismus demonstrieren, befaßt er sich hauptsächlich mit log. Problemen; seine Hauptleistung ist die Begründung einer log., auf wissenschaftl. Beweisführung beruhenden Methode. Bis ins MA galt G., dessen weit verbreitetes medizin. Werk auch ins Arab. und Latein. übersetzt wurde, als unerschütterl. Autorität. **Lit.:** V. Nutton (Hg.), G.: Problems and Prospects (1981).

Galerius, Gaius G. Valerius Maximianus, um 250–311 n. Chr., röm. Kaiser, Sohn eines Bauern aus der Gegend von Serdica (heute Sofia), trat unter Aurelian in die röm. Armee ein und diente sich rasch nach oben. 293 ernannte ihn Diokletian im Rahmen der von ihm eingerichteten Tetrarchie zum Caesar und übertrug ihm die Aufgabe, die Donaugrenze zu sichern. G. residierte in Sirmium und kämpfte mit Erfolg gegen Goten und Sarmaten. 296 wurde er in den Osten gerufen und führte Feldzüge in Armenien und Mesopotamien gegen die Sasaniden. 303 initiierte er gemeinsam mit Diokletian die Christenverfolgungen, die er strengstens durchführen ließ. Nach dem Rücktritt Diokletians (305) stieg G. neben Constantius I. zum Augustus auf und fungierte nach dessen Tod (306) als ranghöchster Kaiser. In den Wirren, die auf die Ausrufung Konstantins I. in Britannien und die Erhebung des Maxentius in Rom ausbrachen, versuchte G. die Tetrarchie zu bewahren und erkannte Konstantin als Caesar an. In den von ihm kontrollierten östl. Reichsteilen hielt er zunächst an den Christenverfolgungen fest, erkannte aber letztlich die Aussichtslosigkeit des Unterfangens und erließ 311 ein allgemeines Toleranzedikt. Wenig später erlag er einem Krebsleiden.

Galla Placidia, weström. Kaiserin 421–450 n. Chr., geb. nach 390 als Tochter Theodosius I. Zunächst mit dem Sohn Stilichos verlobt, gerät sie 410 in die Geiselhaft der Westgoten; König Athaulf, der Nachfolger des Alarich, ehelicht sie 414. Durch den Vertrag zwischen Römern und Westgoten 416 von ihrem Halbbruder Honorius zurückgewonnen, wird sie 417 Frau des Constantius III. und gebiert ihm Valentinian III. und Honoria. G. P. wird 421 zur Kaiserin (*Augusta*) erhoben, flieht aber bald nach Constantius' Tod in das oström. Reich; 425–427 fungiert sie als Regentin für ihren Sohn Valentinian III. Die orthodoxe Christin sorgte für Bau und Ausschmückung zahlreicher Kirchen v. a. in Ravenna und Rom. **Lit.:** V. A. Sirago, G. P. (1961).

Gallienus, Publius Licinius Egnatius G., röm. Kaiser Sept./Okt. 253–ca. September 268 n. Chr.; geb. um 213 als Sohn des Kaisers Valerian, der ihn Sept./Okt. 253 zum Mitregenten ernannte. Als die Perser 253 Antiochia in Syrien eroberten, brach Valerian in den Osten auf und übergab seinem Sohn die Westhälfte des Reiches; 254–256 hielt sich G. auf dem Balkan auf, 257–260 an der Rheingrenze; im März 260 konnte er einen Sieg über die Juthungen in Rätien erringen. Als Valerian im Juni 260 in pers. Gefangenschaft geriet und dort starb, war G. Alleinherrscher; die folgenden Jahre verbrachte er in Rom; 264/65 reiste G. nach Griechenland und ließ sich in die Eleusin. Mysterien einweihen; anschließend führte er einen Feldzug gegen Postumus, der bereits 260 in Gallien ein Sonderreich errichtet hatte. 268 errang G. einen Sieg gegen Goten und Heruler, die Athen eingenommen hatten. Anfang 268 fiel sein Heerführer Aureolus von G. ab und ließ sich im September in Mailand zum Augustus ausrufen. G. wurde während der Belagerung Mailands von Soldaten des Claudius Gothicus getötet. **Lit.:** D. Kienast, Röm. Kaisertabelle (²1996) 218–220. – DRK (1997).

Gallus, Gaius Cornelius G., aus Gallien, röm. Elegiker, 70/69–27/26 v. Chr. In Forum Iulii (vielleicht das heutige französ. Fréjus) als röm. Bürger geboren, durchlief G. unter Caesar und Augustus eine glänzende militär.-polit. Karriere bis zum ersten Präfekten Ägyptens und Alexandrias. Übertriebene Selbstdarstellung oder polit. Opposition brachten ihn in Gegensatz zu Augustus und führten zu seiner Absetzung und offiziellen Verweisung aus dessen Freundeskreis. G. endete durch Selbstmord. Um das Jahr 40 verfaßte er vier Bücher Elegien, in denen er seine Geliebte unter dem Pseudonym Lycoris besang. G. gilt als Archeget der subjektiven röm. Liebeselegie. Parthenios widmete ihm die *Erotika pathemata* (gr., »Liebesleid«), Vergil nahm in den *Bucolica* (bes. in der 10. Ekloge) auf G., auch mit wörtl. Zitaten, Bezug. Die *Georgica* hatten nach dem Zeugnis des Servius ursprünglich mit einem G.-Lob geendet, das Vergil nach dem polit. Fall des Dichters durch das Aristaeus-Finale ersetzte. Die gewaltige Wirkung, die Zeitgenossen G. bescheinigten, steht im Kontrast zu der spärl. Überlieferung, die nur zehn teilweise bruchstückhafte Verse auf einem Papyrus gerettet hat. **Lit.:** N. B. Crowther, in: ANRW II 30, 3 (1983) 1622–1648.

Geiserich (lat. Geisericus), um 389–477 n. Chr., König der Vandalen, trat 428 die Nachfolge seines Halbbruders

Gunderich an und führte 429 sein Volk (ca. 80.000 Personen) aus Südspanien über die Straße von Gibraltar nach Nordafrika. Bis 439 eroberte er die wichtigsten röm. Bastionen und errichtete ein Reich mit der Hauptstadt Karthago, das von der kaiserl. Regierung faktisch unabhängig war (442 durch Valentinian III. anerkannt). Gestützt auf eine starke Flotte unternahm er ausgedehnte Plünderungsfahrten im westl. Mittelmeer, denen u. a. Rom (455) zum Opfer fiel. 467/68 wehrte er einen byzantin. Angriff auf sein Reich ab und hinterließ seinem Sohn Hunerich (477) einen gefestigten und machtvollen Staat.

Gellius (1), Lucius G. Poplicola, um 136–55/52 v. Chr., Konsul 72, kämpfte während des Sklavenaufstands gegen Spartacus und diente 67–65 Pompeius als Legat im Seeräuberkrieg. 63 unterstützte er Cicero gegen Catilina und wandte sich noch in den frühen 50er Jahren gegen die polit. Ambitionen Caesars.

Gellius (2), Gnaeus G., röm. Historiker, 2. Jh. v. Chr. G. schrieb *Annales* von Roms Anfängen bis in seine Zeit; im 33. Buch war das Jahr 116 erreicht. Er gehört mit L. Cassius Hemina zu den ersten röm. Historikern, die lateinisch statt griechisch schrieben. **Lit.:** E. Badian, in: T. A. Dorey (Hg.), Latin Historians (1966) 11 ff.

Gellius (3), Aulus G., röm. Literat, 2. Jh. n. Chr. G. war ein gebildeter Römer, der ein 20 Bücher umfassendes Miszellenwerk zu den unterschiedl. Wissensgebieten in ansprechender, bisweilen anekdot. Form verfaßte, dem er in Erinnerung an einen einjährigen Studienaufenthalt in Athen den Titel *Noctes Atticae* (*Att. Nächte*) gab. Wertvoll sind zahlreiche Zitate aus und Urteile über die z. T. verlorene ältere röm. Literatur. Seine archaisierende Neigung verdankt G. vielleicht Fronto. Für G. war *eruditio institutioque in bonas artes* (»Kultiviertheit und Bildung zu guten Eigenschaften«) (13, 17, 1) Ausdruck höchster Humanität. **Lit.:** K. Sallmann, in: HLL IV (1997) 68–77.

Gelon, Tyrann von Syrakus, riß 491 v. Chr. als Reiterführer des örtl. Herrschers Hippokrates von Gela nach dessen Tod die Macht in seiner Heimatstadt an sich. 485 kam er den syrakusan. Grundbesitzern zu Hilfe, die von ihren Hörigen aus der Stadt vertrieben worden waren, und etablierte seine eigene Herrschaft. Während er die Macht in Gela seinem Bruder Hieron I. übertrug, baute er Syrakus durch die teilweise Umsiedlung der Bevölkerung aus mehreren sizil. Städten (u. a. Kamarina, Megara Hyblaia) zur beherrschenden Metropole aus. Er errichtete eine starke Flotte und stützte seine Macht auf Söldner, denen er z. T. das Bürgerrecht verschaffte. 480 trat er den Karthagern, die die Kontrolle über Sizilien erlangen wollten, energisch entgegen und besiegte sie entscheidend in der Schlacht bei Himera. Bei seinem Tod (478) hinterließ er die Herrschaft über Syrakus seinem Bruder Hieron I. **Lit.:** H. Berve, Die Tyrannis bei den Griechen (1967) 140–47. – D. A. Kukofka, Karthago, G. und die Schlacht bei Himera, in: Helikon 33/34 (1993/94) 243–72.

Geminos aus Rhodos, griech. stoischer Philosoph (1. Jh. v. Chr.), Schüler des Poseidonios. Nicht erhalten, aber viel zitiert ist G.' Enzyklopädie der Mathematik. Außerdem schrieb er einen Kommentar zur Meteorologie des Poseidonios. Einzig erhalten ist seine Einführung in die Astronomie. **Lit.:** P. Steinmetz, in: GGP IV (1994) 710, 715.

Genethlios aus Petra, griech. Redner, 3. Jh. n. Chr., Verf. epideikt. Reden und vermutlich Verf. eines Traktats zu diesem Genus der Redekunst und eines Demosthenes-Kommentars.

Germanicus, Gaius Iulius Caesar G., 15 v. Chr.–19 n. Chr., Sohn des Drusus und Neffe des Tiberius, gleichzeitig Enkel der Livia und des Triumvirn Antonius, spielte eine bedeutende Rolle bei den Bestrebungen des Augustus, die Herrschaft seiner Dynastie zu sichern. Dieser veranlaßte 4 n. Chr. seinen Stiefsohn Tiberius, G. zu adoptieren und verheiratete ihn 5 n. Chr. mit seiner Enkelin Agrippina d. Ä. In den Jahren 7 und 8 hatte G. großen Anteil an der Niederschlagung eines Aufstands in Pannonien und überbrachte die Siegesnachricht nach Rom. 14 übernahm er den Oberbefehl über die Rheinarmee und leistete nach dem Tod des Augustus (14) sofort den Treueeid auf den neuen Princeps Tiberius; eine Meuterei seiner Truppen, die ihn selbst zum Kaiser ausrufen wollten, konnte er geschickt unterdrücken. 14–16 kämpfte er in Germanien gegen Arminius, um die Niederlage des Varus im Teutoburger Wald (9 n. Chr.) zu kompensieren, doch wurde er nach gewissen Erfolgen von Tiberius wieder abberufen. Er galt nun als potentieller Nachfolger des Kaisers und erhielt 18 den Oberbefehl über den Osten des Reiches, wo er die Verhältnisse in Armenien ordnete sowie Kappadokien und Kommagene als röm. Provinzen einrichtete. Nach einem Privatbesuch in Ägypten erkrankte er im Frühherbst 19 in Antiochia schwer und starb am 10. Oktober. G. hatte sechs Kinder und war u.a. der Vater des späteren Kaisers Caligula. **Lit.:** K. Christ, Drusus und G. (1956). – W. F. Akveld, G. (1961).

Gessius Florus, von Nero 64 n. Chr. zum Procurator von Judäa ernannt, verursachte durch Übergriffe gegen die Juden (u.a. teilweise Plünderung des Tempelschatzes) im Jahre 66 den großen Jüd. Aufstand (66–70). Nach Ausbruch der Kämpfe mußte er sich nach Caesarea zurückziehen, wo sich seine Spur verliert.

Geta, Publius Septimius G. Augustus, röm. Kaiser 4. Februar 211–ca. 19. Februar 212 n. Chr.; geb. am 7. März 189 in Mediolanum (heute Mailand) als Sohn des Septimius Severus und der Julia Domna; ca. Herbst 197 Erhebung zum Caesar; Frühjahr 208 Aufbruch nach Britannien mit seinem Vater und seinem Bruder Caracalla; ca. Sept./Okt. 209 Erhebung zum Augustus. Nach dem Tod des Septimius Severus am 4. Februar 211 in Eburacum (heute York) übernahm G. zusammen mit Caracalla die Herrschaft, wurde aber bereits im Februar 212 von seinem Bruder ermordet. **Lit.:** H. B. Wiggers, Das röm. Herrscherbild. Caracalla, G., Plautilla (1971).

Gildas, ca. 504–569 n. Chr., romanisierter Kelte aus Britannien, verfaßte ein stark kirchenpolitisch orientiertes Geschichtswerk, das eine gute Quelle für das poström. Britannien darstellt und die Wirren vor der endgültigen angelsächs. Landnahme beleuchtet.

Gildo, um 330–398 n. Chr., ein Maure, wurde 385 zum Comes Africae ernannt und begünstigte den nordafrikan. Donatismus, eine häret. Richtung des Christentums. Nach der endgültigen Teilung des röm. Reiches (395) unterstellte er sich 397, um seine herausgehobene Machtposition zu bewahren, dem Ostkaiser Arcadius, unterlag aber 398 den Truppen Stilichos, die dieser zur Niederwerfung der Revolte entsandt hatte. Bei Thabraka geriet er in Gefangenschaft und wurde hingerichtet.

Gordianus (1), Marcus Antonius G. Sempronianus Romanus Africanus, auch Gordian I., röm. Kaiser Januar 238 n. Chr.; geb. um 158/59 als Sohn des Maecius Marullus und der Ulpia Gordiana; zwischen 220 und 222 Suffektkonsul, 237 Prokonsul der Provinz Africa. Im Januar 238 in Thysdrus in Africa zum Kaiser ausgerufen und vom Senat anerkannt, beging G. nach nur 20tägiger Regierung Selbstmord.

Gordianus (2), Marcus Antonius G. Sempronianus Romanus Africanus, auch Gordian II., röm. Kaiser Januar 238 n. Chr.; geb. um 192 als Sohn des Gordianus I.; 237 Legat seines Vaters in Africa. Im Januar 238 zusammen mit seinem Vater zum Augustus erhoben, fiel G. noch im selben Monat im Kampf gegen Capellianus, den Legaten von Numidien.

Gordianus (3), Marcus Antonius G., auch Gordian III., röm. Kaiser Jan./Feb. 238–Anfang 244 n. Chr.; geb. um 225 in Rom als Sohn des Iunius Balbus und der Maecia Faustina; Enkel des Gordianus I., Neffe des Gordianus II. Auf Verlangen des Volkes wurde G. unter den Kaisern

Pupienus und Balbinus im März 238 zum Caesar erhoben, nach deren Ermordung am 9. Juli 238 zum Augustus. Da G. noch minderjährig war, führten hohe Beamte die Regierungsgeschäfte. Um 243 zog G. in einen Krieg gegen die Perser unter Schapur I.; Anfang 244 wurde G. bei Dura-Europos am Euphrat von seinem Prätorianerpräfekten Philippus Arabs ermordet. **Lit.:** DRK (1997).

Gorgias (gr. Gorgias) von Leontinoi, ca. 480–380 v. Chr., griech. Politiker und Rhetor; ›Vater‹ der Sophistik. Als Gesandter seiner Heimatstadt kam G. 427 nach Athen, wo er zu einem der berühmtesten Redelehrer wurde. Zentral sind seine kommunikationstheoret. Eröterungen in der Schrift *Über das Nicht-Seiende*, in der er spielerisch – wohl in Auseinandersetzung mit der eleat. Philosophie – über die Grenzen der menschl. Erkennnis- und Kommunikationsfähigkeit reflektiert, und seine Thesen zur Wirkung von Sprache, die er in der Musterrede *Verteidung der Helena* entwickelt: G. spricht der rhetorisch ausgefeilten Sprache dieselbe Wirkung wie mag. Beschwörungen zu. Sprache ist in der Lage, Affekte zu erregen und zu beseitigen. G. ist damit ein direkter Vorläufer der Katharsis-Lehre des Aristoteles. In der *Verteidigung des Palamedes* exerziert G. die Möglichkeiten des Wahrscheinlichkeitsbeweises vor. Platon setzt sich polemisch mit G.' Thesen im gleichnamigen Dialog auseinander. **Lit.:** G. B. Kerferd/H. Flashar, in: GGP II 1 (1998) 44–53.

Gotarzes II., Partherkönig aus nichtarsakid. Geschlecht (38–51 n. Chr.), usurpierte 38 nach dem Tod Artabanos II. den Thron. Während seiner gesamten Regierungszeit war er in Kämpfe mit dem rechtmäßigen Erben Vardanes, dem er zeitweise weichen mußte, und anderen Thronprätendenten verwickelt.

Gracchus (1), Tiberius Sempronius G., ca. 163–133 v. Chr., Volkstribun 133, zeichnete sich bereits in der Endphase des 3. Pun. Krieges (147/46) militärisch aus. 137 war er als Prätor im Heer des Konsuls Gaius Hostilius Mancinus am Abschluß eines Kapitulationsvertrages mit den Numantinern beteiligt, der die röm. Truppen vor der Vernichtung bewahrte. Deswegen nach seiner Rückkehr aus Spanien angeklagt, brachte ihn die Affäre in einen Gegensatz zu den führenden polit. Kreisen. Er erkannte die verheerende wirtschaftl. Lage des ital. Bauerntums, das durch die permanenten Kriege und die damit verbundene jahrelange Abwesenheit der Hofbesitzer in die Krise geraten war. Viele Bauern hatten ihre Existenz verloren und vergrößerten als entwurzelte Zuwanderer die verarmten Massen in Rom, während ihr Boden von begüterten Großgrundbesitzern übernommen wurde. Deswegen initiierte Ti. G., nachdem er 133 das Amt des Volkstribunen übernommen hatte, eine umfassende Agrarreform, um die früheren wirtschaftl. Zustände, die er rückblickend idealisierte, wiederherzustellen (Ackergesetze). Ansatzpunkt seiner Reform war das röm. Staatsland (*ager publicus*), das seit dem 3. Jh. unbotmäßigen Bundesgenossen abgenommen und an einflußreiche Senatorenfamilien verpachtet worden war. Alle Anteile an diesem Land, die 500 *iugera* (ca. 250 ha) überstiegen, sollten den Grundbesitzern wieder abgenommen, in kleinere Parzellen untergliedert und an landlose Bauern verteilt werden. Zur Entschädigung sollten alle Besitztümer unterhalb dieser Grenze, die rechtlich gesehen ebenfalls Pachtland waren, ins formelle Eigentum der Grundbesitzer übergehen. Eine dreiköpfige Ackerkommission sollte die Ausführung der Maßnahmen überwachen. – Die Pläne des Ti. G. stießen auf den erbitterten Widerstand der führenden Senatskreise, die die Verabschiedung des Gesetzes durch die Volksversammlung mit allen Mitteln verhindern wollten. Um sein Vorhaben dennoch durchzusetzen, mußte Ti. G. seinen Kollegen Marcus Octavius, der im Auftrag des Senats ein Veto gegen die Abstimmung eingelegt hatte, von der Volksversammlung absetzen lassen, ein in der röm. Verfassungsgeschichte singulärer Vorgang. Nachdem das Gesetz auf diese Weise verabschiedet war, sannen seine innenpolit. Gegner auf Rache und bereiteten eine Anklage gegen ihn vor. Als Ti. G. einer Verurteilung durch seine Wiederwahl als Volkstribun zuvorkommen wollte, die ihm Immunität gesichert hätte, aber eigentlich untersagt war, griffen seine Feinde zu den Waffen und erschlugen ihn mit etwa 300 seiner Anhänger nach schweren Straßenkämpfen auf dem Kapitol. Das Ackergesetz blieb auch nach seinem Tod bestehen, doch wurde die prakt. Umsetzung größtenteils unterlaufen. Ti. G. verfolgte das primäre Ziel, den ital. Bauernstand in seiner alten Funktion wiederherzustellen und dadurch die sozialen Probleme zu lösen. Er scheiterte indes an seiner Entschlossenheit, das Projekt in kürzester Zeit durchzusetzen und an der Tatsache, daß er die Widerstandskraft seiner Gegner unterschätzte. Mit den Auseinandersetzungen um die Reform, die erstmals zu größeren innenpolit. Gewalttätigkeiten führte, begann in Rom das Zeitalter der Bürgerkriege. Lit.: S. Lauffer, Ti. G. und C. G., in: Die Großen der Weltgeschichte I (1971) 820–833. – A. H. Bernstein, Ti. Sempronius G. (1978). – D. Stockton, The Gracchi (1979).

Gracchus (2), Gaius Sempronius G., 153–121 v. Chr., Volkstribun 123/22, war bereits seit 133 Mitglied der dreiköpfigen Ackerkommission, die das Gesetz seines Bruders Tiberius Gracchus (1) umsetzen sollte, und erkannte wie dieser die sozialen und wirtschaftl. Probleme seiner Zeit. Aus dem Scheitern seines Bruders zog er die Schlußfolgerung, daß sich punktuelle Reformen politisch nur schwer umsetzen lassen. Als Volkstribun (123/22) schnürte er deshalb ein umfangreiches Reformpaket, das unterschiedl. gesellschaftl. Interessen verband. Hauptfelder seines Gesetzeswerkes waren die Siedlungspolitik und die Gerichte. Durch die Anlage von Bürgerkolonien außerhalb Italiens wollte er die sozialen Konflikte entschärfen

und gleichzeitig den Besitzstand der Bundesgenossen unangetastet lassen. In diesen Zusammenhang gehört die letzlich gescheiterte Gründung der Kolonie Iunonia an Stelle des zerstörten Karthago. Die Kolonisten waren in der Regel verarmte oder besitzlose Bauern, die auf diese Weise neues Land in den Provinzen erwerben konnten. Um polit. Verbündete zu gewinnen, begünstigte G. den Ritterstand, dem er anstelle der Senatoren die Kontrolle über die Geschworenengerichte verschaffte. Dadurch – so hoffte er – würde der Einfluß der reformfeindl. Kreise weiter zurückgedrängt und zudem die Provinzialverwaltung durch Angehörige des Senats effektiver kontrolliert. Um die verarmten Volksmassen in Rom auf seine Seite zu ziehen, ließ er per Gesetz verbilligtes Getreide verteilen. 122 wagte sich Gaius G. an die Lösung des ital. Bürgerrechtsproblems. Die Spannungen zwischen Rom und den Bundesgenossen hatten in den Jahrzehnten zuvor stetig zugenommen, da die *socii* immer stärker ins röm. Herrschaftssystem eingebunden wurden, ohne daß ihre polit. Rechte erweitert worden wären. Um dieses Problem, dessen Sprengkraft Gaius G. erkannte, zu entschärfen, plante er, den Latinern das röm. Bürgerrecht und den Bundesgenossen das latin. Recht zu gewähren. Dadurch entfremdete er sich jedoch einem Teil seiner (röm.) Anhängerschaft, die kein Interesse hatte, ihre Rechte mit Neubürgern zu teilen. Sein Vorhaben scheiterte, und für das kommende Jahr (121) wurde er als Volkstribun nicht wiedergewählt. Als daraufhin einer seiner Nachfolger im Auftrag senator. Kreise die Annulierung der Gesetze beantragte, kam es zu Unruhen, in deren Verlauf der Senat den Notstand (*senatus consultum ultimum*) verkündete und den Konsul L. Opimius beauftragte, die Ordnung wiederherzustellen. Dieser – ein Todfeind des Gaius G. – trieb ihn in schweren Straßenkämpfen in die Enge, so daß er in auswegloser Situation Selbstmord beging. Sein Gesetzeswerk wurde teilweise wieder aufgehoben.

Gaius G. gehört zu den klügsten polit. Köpfen seiner Zeit und erkannte mehr als andere die Ursachen der gesellschaftl. Krise. Durch das Scheitern seiner Reformen wurde die große Chance vertan, die röm. Republik auf evolutionärem Wege zu erneuern und den gewandelten Verhältnissen des 2. Jh. v. Chr. anzupassen. Die eskalierenden Bürgerkriege der Folgezeit waren die log. Konsequenz der Reformunwilligkeit der politisch führenden Kreise. **Lit.:** S. Lauffer, Ti. G. und C. G., in: Die Großen der Weltgeschichte I (1971) 820–833. – D. Stockton, The Gracchi (1979).

Granius Licinianus, lat. Historiker des 2. Jh. n. Chr., verfaßte einen Abriß der röm. Geschichte, von dem 1853 geringe Reste auf einem Palimpsest wiederentdeckt wurden. Als Grundlage seines Werkes diente Livius, seine Darstellung ist trocken und mit vielen Anekdoten durchsetzt.

Gratianus, Flavius G., 359–383 n. Chr., röm. Kaiser, Sohn Valentinians I., wurde 367 von seinem Vater zum Augustus ausgerufen und führte nach dessen Tod (375) die Regierung über die Westhälfte des Reiches selbständig. Unter dem Einfluß seines Ratgebers Ausonius war er um gutes Einvernehmen mit dem Senat bemüht und erhob 379 – nach dem Tod seines Onkels Valens – Theodosius zum neuen Mitkaiser im O. Er verteidigte die Rhein- und Donaugrenzen gegen Alemannen, Sarmaten und Westgoten und ging als überzeugter Christ gegen Heiden und häret. Strömungen vor. 383 wurde er durch die Erhebung des Maximus in Britannien überrascht, von seinen Truppen verlassen und auf der Flucht bei Lyon erschlagen. **Lit.:** M. Fortina, L'Imperatore Graziano (1955).

Gregor (1) (gr. Gregorios) von Nazianz, griech. Kirchenschriftsteller, ca. 320–389 n. Chr. G. stammte aus wohlhabender christl. Familie (sein Vater war Bischof von Nazianz) und wurde in Caesarea, Alexandria und Athen rhetorisch ausgebildet. In Athen lernte er Basileios d. Gr. kennen, mit dem ihn eine enge Freundschaft verband. Obwohl seine Umgebung ihn zu einer kirchl. Karriere drängte, zog G. Askese und literar. Beschäftigung vor. Dennoch leitete er ab 379 n. Chr. erfolgreich die nizän. Gemeinde in Konstantinopel und spielte bei der zweiten Ökumen. Synode (381 n.Chr.) gegen den Arianismus eine wichtige Rolle; von der Synode wurde G. zum Patriarchen ernannt, lehnte das Amt jedoch ab. Sein Werk umfaßt 44 asianisch geprägte Reden, Predigten, 244 rhetorisch gepflegte, doch lebhafte und authent. Briefe und mehr als 400 Gedichte, in denen seine hohe Bildung und seine Neigung zum Klassizismus zum Ausdruck kommen. **Lit.:** R. Radford Ruether, Gregory of Naziang, Rhetor and Philosopher (1969). – T. Spidlík, Grégoire de Nazianze: Introduction à l'étude de sa doctrine spirituelle (1971).

Gregor (2) (gr. Gregorios) von Nyssa, griech. Theologe und Kirchenschriftsteller, ca. 335–nach 394 n. Chr., aus Kappadokien stammend, jüngerer Bruder von Basileios d. Gr. G. übte zunächst den weltl. Beruf des Rhetors aus, bevor er in den geistl. Stand eintrat; ab 372 n. Chr. wirkte er als Bischof von Nyssa. G. zählt zu den bedeutendsten christl. Denkern nach Origenes; von dessen Gedanken sowie von der platon. und neuplaton. Philosophie sind seine exeget. Schriften stark beeinflußt. G. kombinierte die Offenbarungslehre mit philosoph. Argumentation und entwickelte eine asketisch-myst. Theologie. Sein Werk umfaßt (a) dogmat. Schriften polem. Charakters gegen die Widersacher der Trinitätslehre, den Neuarianer Eunomios und Apollinaris von Laodikeia, und eine nicht-polem., systemat. Darstellung der Grundlagen christl. Lehre zu katechet. Zwecken, die *Oratio Catechetica Magna* (Große Katechese); (b) exeget. Schriften, in denen G., dem Origenes folgend, die allegor. Methode anwendet und weiterentwickelt, um die grundlegenden Schriften der christl. Lehre zu deuten; (c) Hagiographien, Reden, Predigten und Briefe. **Lit.:** H. R. Drobner (Hg.), Studien zu G. von Nyssa und der christl. Spätantike (1990). – S. Coakley, Re-thinking Gregory of Nyssa (2003).

Gregor (3) (lat. Gregorius) aus Rom, Gregor I. d.Gr., Papst, 540–604 n. Chr. G. gilt als der letzte lat. Kirchenvater. Er steht an der Grenze zwischen Antike und MA. Aus dem röm. Adel stammend, war G. zunächst 472/73 Stadtpräfekt, lebte jedoch ab 475 als Asket; er stiftete mit seinem Vermögen sechs Klöster in Sizilien und eines in Rom. 579–585 war er als päpstl. Gesandter am byzantin. Kaiserhof in Konstantinopel, 590 wurde er gegen seinen Willen zum Papst gewählt. Wichtigste histor. Leistungen sind die Missionierung Englands und die Sicherung Roms gegen die Langobarden. Neben einem ausführl. Briefwechsel stammen von G. u. a. eine vier Bücher umfassende *Regula pastoralis* (*Handbuch der Seelsorge*), 35 Bücher *Moralia* (*Handbuch der Moraltheologie* anhand eines Kommentars zum Buch Hiob) und vier Bücher *Dialogi* (Heiligenlegenden). **Lit.:** LACL (1998).

Gregor (4) (lat. Gregorius) von Tours, lat. Autor, ca. 540–594 n. Chr., Bischof von Tours seit 573, Verf. der in Vulgärlatein geschriebenen Biographie des hl. Martin von Tours und einer zehn Bücher umfassenden Geschichte der Franken. **Lit.:** M. Heinzelmann, G. (1994).

Gyges, König von Lydien um 680–650 v. Chr., stürzte seinen Vorgänger Kandaules und dehnte seine Macht bis zum Hellespont und auf die griechisch besiedelte Ägäisküste aus. Er soll Weihgeschenke nach Delphi übersandt und gute Beziehungen zu den Griechen unterhalten haben. Um 650 fiel er im Kampf gegen die Kimmerier. – Sein Bild ist durch die Erzählungen Herodots und in dessen Nachfolge (z. B. bei Platon) mit zahlreichen Legenden behaftet: Danach soll er als noch einfacher Hirte einen Ring gefunden haben, der, wenn er ihn drehte, ihn unsichtbar machte. G. nutzte diese Zauberkraft, indem er sich in unsichtbarer Gestalt Zugang zum königl. Palast verschaffte, dann den König tötete, die Königin verführte und schließlich selbst König wurde.

Gylippos, spartan. Feldherr, wurde von seiner Heimatstadt 415 nach Syrakus entsandt, um die dortige Regierung bei der Abwehr des athen. Angriffs zu unterstützen. Er verhinderte die vollständige Einschließung der Stadt und brachte zahlreiche sizil. Gemeinden dazu, die syrakusan. Sache zu unterstützen. 413 leitete er die Verfolgung der abziehenden Athener und setzte sich nach deren Kapitulation vergeblich für die Verschonung der Feldherren Nikias und Demosthenes ein. 412 kehrte er nach Sparta zurück und trat militär. nicht mehr in Erscheinung. **Lit.:** H. Wentker, Sizilien und Athen (1956).

Hadrian, Publius Aelius Sergia Hadrianus; Traianus Hadrianus Augustus, röm. Kaiser 11. August 117–10. Juli 138 n. Chr. – *I. Leben:* Geb. am 24. Januar 76 wahrscheinlich in Rom als Sohn des P. Aelius Hadrianus Afer und der Domitia Paulina; ca. 100 Hochzeit mit Vibia Sabina (gest. 137); 101 Quästor; ca. 105 Prätor; 108 Suffektkonsul; 117 Statthalter der Provinz Syria; am 9. August 117 erhielt H. die Nachricht von seiner (angebl.?) Adoption durch Kaiser Trajan und wurde am 11. August in Antiochia zum Kaiser erhoben; am 9. Juli 118 zog er in Rom ein; um den Frieden im ganzen Reich zu sichern unternahm H. zwei große Reisen, die ihn als »Reisekaiser« in die Geschichte eingehen ließen. Die erste große Reise (Frühjahr/Sommer 121-Sommer 125) führte ihn über Gallien nach Britannien, wo er als neue Nordgrenze der Provinz den sog. Hadrianswall bauen ließ; im Winter 122/23 hielt er sich in Spanien auf, 123/24 besuchte er Kleinasien, 124/25 Griechenland, wo er sich in die Eleusin. Mysterien einweihen ließ; im Sommer 125 kehrte er nach Rom zurück. Die zweite große Reise (Herbst 129–Frühjahr 132) führte ihn nach Griechenland, Kleinasien, Syrien, Arabien und Judäa; im Juli/Aug. 130 erreichte H. Alexandria; bei einer Nilfahrt ertrank sein Geliebter und Reisegefährte Antinoos; ihm zu Ehren gründete H. die Stadt Antinoopolis; nach einem weiteren Aufenthalt in Kleinasien und Griechenland (Winter 131/32) kehrte H. 132 nach Rom zurück; 132–135 kam es in Judäa zu einem Aufstand (»Bar Kochba-Aufstand«); im Sommer 136 adoptierte H. den als Nachfolger auserwählten L. Aelius Caesar, der jedoch bereits Anfang 138 starb; als neuen Nachfolger wählte H. Antoninus Pius, den er am 25. Februar 138 adoptierte; am 10. Juli 138 starb Hadrian – des Lebens bereits überdrüssig – in Baiae; wegen Hinrichtung einiger Senatoren in den letzten Regierungsjahren des Kaisers wollte der Senat die *damnatio memoriae* verhängen, was sein Nachfolger Antoninus Pius verhinderte; H. wurde vergöttlicht und im Mausoleum Hadriani (Engelsburg) beigesetzt. – *II. Literarische Werke:* H. werden auch literar. Werke zugeschrieben. Äußerst umstritten in der Interpretation sind die fünf Verse, die H. auf dem Totenbett gedichtet haben soll und in denen er seine den Körper verlassende Seele (*animula*) anspricht. Ebenfalls umstritten sind die inschriftlich in der Gallia Narbonensis erhaltenen Verse in epod. Versmaß, die eine Totenklage um das Pferd des Kaisers enthalten. **Lit.:** B. W. Henderson, The Life and Principate of the Emperor H. (1923, Nd. 1968). – E. Courtney, The Fragmentary Latin Poets (1993) 373–386. – DRK (1997). – A. Birley, Hadrian (1998).

Hagesander (gr. Hagesandros), Bildhauer aus Rhodos, der im letzten Viertel des 1. Jh. v. Chr. arbeitete. Gemäß Plinius soll er zusammen mit seinen Söhnen Polydoros und Athanadoros die berühmte Laokoon-Gruppe geschaffen haben. **Lit.:** B. Andreae, Laokoon und die Gründung Roms (1988). – N. Himmelmann, Laokoon, Antike Kunst 34 (1991).

Hamilkar Barkas, gest. 229 v. Chr., karthag. Feldherr, Vater Hannibals, erhielt 247 im 1. Pun. Krieg den Oberbefehl über die karthag. Truppen in Sizilien und unternahm von seinen Stützpunkten im W der Insel Plünderungszüge gegen das röm. Gebiet. Nach der Niederlage der karthag. Flotte bei den Ägat. Inseln (242) mußte er – ohne besiegt worden zu sein – kapitulieren und in seine Heimat zurückkehren. Nach Ausbruch des Söldneraufstands und militär. Mißerfolgen seines Rivalen Hanno erneut zum Truppenbefehlshaber ernannt, schlug er die Revolte nieder und stellte die Macht Karthagos in Nordafrika wieder her. 237 ging er als Stratege nach Spanien und baute in den folgenden Jahren ein karthag. Kolonialreich auf, das den südl. und westl. Teil der iber. Halbinsel umfaßte, und dem Staat durch die örtl. Silberminen neue Einkünfte ermöglichte. Röm. Forderungen trat er 231 entgegen und fiel 229 im Kampf gegen den Volksstamm der Oretaner. Der Bericht, er habe seinen Sohn Hannibal ewige Feindschaft gegen Rom schwören lassen, ist in der Forschung umstritten und eher unhistorisch. **Lit.:** J. Seibert, Forschungen zu Hannibal (1993) 83–107.

Hannibal, 247–183 v. Chr., karthag. Feldherr, Sohn des Hamilkar Barkas, ging 237 mit seinem Vater nach Spanien, wo er in den von den Karthagern neu eroberten Gebieten das Kriegshandwerk kennenlernte. Nach dem Tode seines Schwagers Hasdrubal (221) übernahm er den Oberbefehl über die karthag. Truppen in Spanien und löste durch die achtmonatige Belagerung und Einnahme der mit Rom verbündeten Stadt Sagunt (219) den 2. Pun. Krieg aus. Einem kühnen militär. Plan folgend, die Römer in Italien anzugreifen, überschritt H. 218 die Pyrenäen und Alpen und vereitelte so die röm. Absicht, selbst offensiv zu werden. Durch seine Siege am Ticinus und an der Trebia (beide noch 218) vertrieb er die Römer aus Oberitalien und sicherte sich die Unterstützung der dort lebenden Kelten. Im Jahr darauf (217) eröffnete H. mit Überschreiten des Apennin die Offensive gegen Mittelitalien und vernichtete die Armee des röm. Konsuls C. Flaminius am Trasimen. See. Er verzichtete darauf, Rom direkt anzugreifen, und zog statt dessen nach Unteritalien, wo er seine Absicht verkündete, Italien von der röm. Herrschaft zu befreien. Während dieser Aufruf bei den Bundesgenossen zunächst wirkungslos verhallte, versuchte der in Rom eingesetzte Diktator Q. Fabius Maximus durch eine Hinhaltetaktik eine weitere Schlacht zu vermeiden. Erst 216 stellten die Römer wieder ein Heer von 80.000 Mann ins Feld, das von H. in der strategisch meisterhaft geführten Schlacht bei Cannae eingekesselt und bei nur geringen eigenen Verlusten vollständig vernichtet wurde. Erst jetzt setzte unter den röm. Bundesgenossen (u. a. Capua) eine nennenswerte Abfallbewegung ein, die es H. ermöglichte, in der Folgezeit weite Teile Unteritaliens zu kontrollieren. Doch statt Rom direkt anzugreifen, hielt er an seinem bisherigen Konzept fest, die röm. Macht durch die Zerschlagung des Bundesgenossensystems zu eliminieren. Dadurch jedoch verzettelte er seine Kräfte und ermöglichte es den Römern, sich militärisch zu regenerieren. Während diese in den folgenden Jahren jede weitere Feldschlacht vermieden und sich darauf beschränkten, einzelne abgefallene Bundesgenossen gezielt anzugreifen, verlor H. allmählich die Initiative. Spätestens nach der Rückeroberung Capuas (211), die H. trotz eines Marsches auf Rom nicht verhindern konnte, geriet er zunehmend in die Defensive. Die Aussicht auf einen letztendl. Sieg wurde vollends zerstört, als das Heer seines Bruders Hasdrubal, der ihm aus Spanien zu Hilfe kommen wollte, am Metaurus vernichtet wurde (207). Seither war der Machtbereich H.s im wesentl. auf Bruttium beschränkt. 203 wurde er von der karthag. Regierung gegen die inzwischen in Nordafrika gelandeten röm. Invasionstruppen zurückbeordert, wo er 202 gegen P. Cornelius Scipio in der Entscheidungsschlacht bei Zama unterlag. Bei Kriegsende (201)

von den Römern zunächst unbehelligt gelassen, wurde H. 196 in Karthago zum Suffeten (Herrscher) gewählt, mußte aber nach einer röm. Intervention fliehen und begab sich an den Hof des Seleukidenkönigs Antiochos III., als dessen Militärberater und Flottenbefehlshaber er 190 die Seeschlacht bei Side gegen die Rhodier verlor. Nach der Niederlage des Königs gegen die Römer (189) erneut auf der Flucht, fand er Aufnahme bei Prusias von Bithynien, den er bei dessen Krieg gegen Pergamon beriet. Als Rom ultimativ seine Auslieferung forderte, beging H. in seinem Haus in Libyssa Selbstmord (183). Bereits in der Antike wurde H.s militär. Genie einmütig anerkannt, und er galt als einer der größten Feldherrn. Die neuere Forschung weist darauf hin, daß er allerdings seine Siege auf den Schlachtfeldern politisch nur unzureichend umzusetzen verstand. Lit.: J. Seibert, H. (1993). – Ders., Forschungen zu H. (1993). – P. Barceló, H. (1998).

Hanno (1), karthag. Seefahrer, unternahm um 450 v. Chr. eine Erkundungsfahrt entlang der afrikan. Westküste, die ihn bis in die Gegend des heutigen Sierra Leone, vielleicht sogar bis Kamerun führte. Der antike Bericht über seine Expedition wurde schon bald ins Griechische übersetzt und ist vollständig erhalten. Lit.: W. Huß, Geschichte der Karthager (1985) 75–83.

Hanno (2), karthag. Feldherr, wurde 241 mit der Niederschlagung des Söldneraufstands betraut, aber nach militär. Niederlagen wegen Unfähigkeit durch seinen innenpolit. Rivalen Hamilkar Barkas ersetzt. In der Folgezeit war er der entschiedenste Gegner der Barkiden, warnte vor dem Ausbruch des 2. Pun. Krieges und führte als Haupt der »Friedenspartei« nach der Schlacht bei Zama (202) die Kapitulationsgesandtschaft an P. Cornelius Scipio.

Harmodios, Tyrannenmörder, Gefährte des ↗ Aristogeiton.

Harpagos, Angehöriger des Königshauses der Meder, erhielt den Befehl, den späteren Perserkönig Kyros umzubringen, führte den Auftrag aber nicht aus. Er wurde dessen Berater und unterwarf nach der Niederlage des Lyderkönigs Kroisos die griech. Städte der kleinasiat. Ägäisküste.

Harpalos, Jugendfreund Alexanders d.Gr., wurde nach der Eroberung des Perserreiches mit der Verwaltung des Königsschatzes betraut und residierte seit 330 in Babylon. Während der Abwesenheit Alexanders (Indienfeldzug) veruntreute er große Summen und warb auf eigene Rechnung Söldner an. Aus Angst, zur Verantwortung gezogen zu werden, floh er 324 noch vor der Rückkehr des Königs unter Mitnahme eines Teils des Schatzes nach Athen. Auf eine entsprechende Forderung Alexanders wurde er verhaftet, entging aber durch die Bestechung führender Politiker seiner Auslieferung und flüchtete nach Kreta, wo er schon bald von seinem Offizier Thibron ermordet wurde. **Lit.:** H. Berve, Alexanderreich II (1926) Nr. 143. – E. Badian, Harpalus, in: JHS 81 (1961) 16–43.

Harpokration, Valerius H., aus Alexandria, griech. Philologe, 2. Jh. n. Chr., Verf. eines Lexikons zu den zehn kanon. Rednern, das in gekürzter Form erhalten ist. Das Lexikon enthält wertvolle Informationen zu religiösen, jurist., sozialen und histor. Fakten. Seine *Anthologie gelungener Passagen* ist verloren. **Lit.:** J.J. Keaney, H. Lexeis of the Ten Orators (1991) [Ausg.].

Hasdrubal (1), gest. 221 v. Chr., karthag. Feldherr, Schwiegersohn des Hamilkar Barkas, übernahm nach dessen Tod 229 v. Chr. den Oberbefehl über die karthag. Truppen in Spanien. In der Folgezeit dehnte er den karthag. Einfluß weiter aus und gründete als Zentrum seiner Macht die Stadt Carthago Nova. 221 fiel er dem Anschlag eines Keltiberers zum Opfer. Nachfolger wurde sein Schwager Hannibal.

Hasdrubal (2), ca. 243/42–207 v. Chr., karthag. Feldherr, zweiter Sohn des Hamilkar Barkas, Bruder Hannibals, übernahm 218 von diesem den Oberbefehl in Spanien und kämpfte dort in der Folge mit wechselhaftem Erfolg gegen die Römer. 209 konnte er die Einnahme von Carthago Nova durch P. Cornelius Scipio (209) nicht verhindern. Nach seiner Niederlage gegen diesen bei Baecula (208) verließ er Spanien und zog mit seinem Heer über die Pyrenäen und Alpen nach Italien, um dort seinem Bruder beizustehen. In der Schlacht am Metaurus (207) erlitt er jedoch eine vollständige Niederlage, sein Heer wurde aufgerieben, er selbst fiel im Kampf. **Lit.:** J. Briscoe, in: CAH VIII² (1989) 55–60. – J. Seibert, Hannibal (1993).

Hegesianax, griech. Gelehrter aus Alexandria (Troas), unter Antiochos III. d.Gr. 197 und 193 n. Chr. als dessen Botschafter beim röm. Senat, 196 bei Flamininus; Verf. stilkrit. und astronom.-myth. Werke sowie des ältesten Trojaromans.

Hekataios aus Milet, griech. Historiker, ca. 550–490 v. Chr. H. entstammte einer aristokrat. miles. Kaufmannsfamilie. Während des jon. Aufstands (499–494 v. Chr.) riet er den Bürgern von Milet davon ab, sich gegen die pers. Übermacht aufzulehnen. H. ist der wichtigste jon. Prosaautor des 6./5. Jh. v. Chr. Er verbesserte Anaximanders Weltkarte und schrieb eine Erdbeschreibung (*Perihegesis*) in zwei Büchern, in denen er Europa und Asien behandelte; ca. 300 Fragmente sind erhalten. H. führte mytholog. Geschichten und Stammbäume in rationalist. Erklärung auf histor. Ereignisse oder Personen zurück. H. kann als typ. Vertreter der jon. Philosophie und Welterklärung gelten: Wie die jon. Naturphilosophen (Thales, Anaximenes, Anaximander, der sein Lehrer gewesen sein soll) versuchte er, die Vielfalt der Phänomene rationalistisch zu durchdringen und zu systematisieren. **Lit.:** K. v. Fritz, Die griech. Geschichtsschreibung I (1967) 48–76. – O. Lendle, Einführung in die griech. Geschichtsschreibung (1992) 10–18.

Helena, Flavia Iulia H., um 257–337 n. Chr., Mutter Konstantins I., ursprünglich Besitzerin einer Herberge und Konkubine des späteren Kaisers Constantius I., lebte seit 306 am Hof ihres Sohnes. 312 trat sie zum Christentum über und unternahm 330 eine Pilgerfahrt ins Heilige Land, wo sie zahlreiche Kirchen, darunter angeblich die Geburtskirche Jesu, stiftete. In der orthodoxen Kirche wird sie als Heilige verehrt.

Heliodor (gr. Heliodoros) von Emesa. Verf. des griech. Liebesromans *Aithiopika* in zehn Büchern. Seine Datierung ist unsicher (3. oder 4. Jh. n. Chr.). Der Roman handelt von den Abenteuern und Reisen des Liebespaars Theagenes und Chariklea. Die von der *Odyssee* stark beeinflußte sehr komplexe Struktur des Romans ist durch eine umfangreiche Rückblende, nachträgl. Enthüllung der Handlungsvoraussetzungen und novellist. Einlagen gekennzeichnet und stellt einen Höhepunkt antiker Erzählkunst dar. Von fragl. Wert ist das Zeugnis des Kirchenhistorikers Sokrates, wonach H. später Bischof von Trikka wurde. Die große Nachwirkung des Romans reicht bis zu Verdis Oper *Aida*. **Lit.:** J. R. Morgan, in: G. Schmeling (Hg.), The Novel in the Ancient World (1996) 417–456.

Hellanikos von Lesbos, griech. Historiker, ca. 480–395 v. Chr. H. betätigte sich in der Tradition des Hekataios in der Mythograhie, indem er verschiedene mytholog. Traditionen sammelte und miteinander zu vereinbaren suchte. In der Ethnographie behandelte er griech. wie nicht-griech. Stämme. Daneben erstellte er Sieger- und Priesterlisten. Die Teildisziplinen flossen offensichtlich zusammen in seiner Lokalgeschichte Attikas, *Atthis,* in zwei Büchern. **Lit.:** O. Lendle, Einführung in die griech. Geschichtsschreibung (1992) 63–71.

Hellenika von Oxyrhynchus, griech. histor. Werk (wörtl. *Griech. Geschichte,* Titel, nach Xenophons gleichnamigem Werk) eines unbekannten Autors, fragmentarisch erhalten auf Papyri, die 1906 in Oxyrhynchus (Ägypten) gefunden wurden. Es setzt das Werk des Thukydides fort (auffallend ist die Ähn-

lichkeit des Datierungssystems) und stellt Ereignisse zwischen 411–394 v. Chr. (Seeschlacht bei Knidos) dar. Die Darstellung ist trocken und sachlich, versehen mit häufigen erläuternden Exkursen. Ungewiß bleibt das Abfassungsdatum (vermutlich nach Xenophons *Hellenika,* ca. 350 v. Chr.). **Lit.:** I. A. F. Bruce, A Historical Commentary on the H. O. (1967). – O. Lendle, Einführung in die griech. Geschichtsschreibung (1992) 131.

Helvidius Priscus, Gaius H. P., bereits unter Kaiser Claudius Quästor, wurde er 66 nach dem Prozeß gegen seinen Schwiegervater Thrasea Paetus verbannt, aber 68 unter Galba zurückgerufen, dessen Begräbnis er 69 ausrichtete. Als Haupt der senator. Opposition gegen Vespasian, den er mehrfach angriff, wurde er 75 aus dem Senat entfernt und kurze Zeit später ermordet. Dasselbe Schicksal ereilte 93 seinen gleichnamigen Sohn, der es in einem Theaterstück gewagt hatte, Domitian zu verspotten.

Hephaistion (1) (gr. Hephaistion), engster Freund Alexanders d.Gr., befehligte in der Schlacht bei Gaugamela (331 v. Chr.) die berittene Leibgarde des Königs und zeichnete sich in der Folgezeit durch die Übernahme verschiedener Kommandounternehmungen aus. Er überbrückte u. a. den Indus, führte später eine Heeresabteilung flußabwärts zum Meer und war für die Gründung mehrerer Städte verantwortlich. 324 wurde er von Alexander zum Chiliarchen, dem Chef der Reichsverwaltung und zweitmächtigsten Mann nach dem König ernannt. Auf der Massenhochzeit in Susa heiratete er Drypetis, eine Tochter des letzten Perserkönigs Dareios III., starb aber noch im Herbst 324. Alexander, der nie über seinen Tod hinwegkam, ordnete die Verehrung des H. als Heros an. **Lit.:** H. Berve, Alexanderreich II (1926) Nr. 357.

Hephaistion (2) (gr. Hephaistion), griech. Metriker, 2. Hälfte 2. Jh. n. Chr. Von seinem 48 Bücher umfassenden Werk ist ein von H. selbst angefertigter Auszug erhalten (sog. Encheiridion).

Behandelt werden die verschiedenen Bereiche der Metrik, bes. die einzelnen Versmaße.

Herakleides (1), syrakusan. Politiker, Gegner Dionysios II., unterstützte dessen Rivalen Dion bei der Rückeroberung der Macht und wurde 356 Flottenbefehshaber. Als Führer der Demokraten geriet er wiederholt in Gegensatz zu diesem und bekämpfte mehrfach seine Politik. Dion ließ ihn daraufhin 354 ermorden.

Herakleides (2) aus Pontos (Herakleides Pontikos), griech. Philosoph, Schüler Platons, ca. 388–310 v. Chr. H. betätigte sich in allen Gebieten der Philosophie. Eine besondere Vorliebe scheint er für die myst. Aspekte des Platonismus gehegt zu haben. Für die antike Literatur waren insbes. seine Dialoge wegweisend: Die Proömien sollen äußerst kunstvoll gestaltet gewesen sein; der histor. Hintergrund war minutiös ausgearbeitet, mit Anekdoten und Details angereichert. Cicero (bes. in *De re publica*) war von der Form des histor. Dialogs stark beeinflußt. **Lit.:** F. Wehrli, Die Schule des Aristoteles 7 (²1969).

Herakleides (3) Kritikos, Geograph des 3. Jh. v. Chr.

Heraklit (gr. Herakleitos) aus Ephesus, griech. Philosoph, ca. 540–480 v. Chr. Nach H. ist die Welt ewig und geht auf das Feuer als ihr Urprinzip zurück. Zentral ist seine Lehre vom Logos im Sinne sowohl eines Weltgesetzes, dem gemäß alles geschieht, als auch eines gemeinsamen Vernunftprinzips, nach dem sich alles menschl. Handeln richten muß. Zwischen dem Einen und Vielen besteht eine dialekt. Einheit, »aus Einem wird alles und aus allem Eines« (Fragment B 10 Diels-Kranz). Stark nachgewirkt hat seine Lehre von der Identität bzw. Einheit des Gegensätzlichen: die entstehende Spannung kann letztlich zur Harmonie führen (*palintonos harmonia*). Diese Dialektik des Gegensätzlichen hat auf Hegel und die Vertreter des dialekt. Materialismus gewirkt. H. ist allerdings kein Materialist gewesen. H. kann auch als Begründer der philosoph.

Anthropologie angesehen werden. Der eth. wie polit. Aspekt seines Denkens sollte nicht außer acht gelassen werden. Seine Philosophie hat stark auf die stoische, christl. und abendländ. Philosophie überhaupt gewirkt. **Lit.:** M. Marcovich, H. (1967). – C. H. Kahn, The Art and Thought of H. (1979). – GGGA (1999).

Hermagoras (gr. Hermagoras) von Temnos, griech. Rhetor, Mitte 2. Jh. v. Chr., Verf. einer einflußreichen Schrift über die Stasislehre.

Hermann der Cherusker ↗ Arminius

Hermeias, sonst unbekannter christl. Autor, 2. Jh. n. Chr., Verf. einer satir. Darstellung der heidn. Philosophie, in der er die Widersprüche der verschiedenen Schulen aufdeckt. **Lit.:** R. P. C. Hanson/D. Joussot, H. – Satire des philosophes païens (1993).

Hermeias von Alexandria, griech. Philosoph, 5. Jh. n. Chr., Schüler Syrians in der athen. Akademie, Verf. eines (erhaltenen) Kommentars zu Platons *Phaidros*, in dem er zu beweisen versucht, daß das zentrale Thema des *Phaidros* das Schöne in allen seinen Formen sei. **Lit.:** H. Bernard, H. (1997) (Übersetzung, Erläuterungen).

Hermias, Tyrann von Atarneus und Assos, Freund des Aristoteles, holte diesen 348/47 v. Chr. gemeinsam mit anderen Schülern Platons an seinen Hof und war auch selbst als Philosoph tätig. 342 schloß er einen Geheimvertrag mit Philipp II. von Makedonien, der diesem einen asiat. Brückenkopf sichern sollte. Er wurde jedoch im Auftrag seines Oberherrn, des Perserkönigs Artaxerxes III., der mißtrauisch geworden war, verhaftet und hingerichtet.

Hermogenes (gr. Hermogenes) aus Tarsos, griech. Redner, 2. Jh. n. Chr. H. errang noch als Knabe großen Ruhm für seine Stegreifreden, Kaiser Mark Aurel soll den Fünfzehnjährigen bewundert haben. Nach der Überlieferung hat H. über Nacht seine Redegabe verloren und wandte sich der Rhetoriktheorie zu: Unter den ihm zugeschriebenen Schriften

sind eine Abhandlung über die Status-
lehre und über Stiltypen sicher echt. Die
Schriften über die Stoffindung und über
die Mittel eines kraftvollen Stils sowie
die für den Schulbetrieb geschriebenen
Vorübungen (*Progymnasmata*) sind in
ihrer Echtheit umstritten. **Lit.:** D. Hage-
dorn, Zur Ideenlehre des H. (1964).
Hermogenes (gr. Hermogénes), bedeutender griech. Architekt, arbeitete
im ausgehenden 3. und beginnenden
2. Jh. v. Chr., erbaute den Artemis-Tempel in Magnesia am Mäander und den
Dionysos-Tempel von Teos, gilt als Erfinder des Pseudodipteros bzw. Eustylos,
einem Tempeltypus, dem eine bestimmte, auf Säulendurchmesser und
-abstand (Intercolumnium) bezogene
Maßeinheit (im Verhältnis 1 : 2,25) zugrunde liegt. Die Schriften des H. sind
nicht erhalten, die von Vitruv überlieferte Beschreibung der jon. Ordnung
stützt sich jedoch hierauf. **Lit.:** G. Gruben, Die Tempel der Griechen (⁴1986).
Hermokrates (gr. Hermokrátes), syrakusan. Feldherr und Staatsmann,
Führer der gemäßigten Oligarchen, war
der Hauptorganisator des syrakusan.
Widerstands gegen die athen. Belagerung 415–413 im Peloponnes. Krieg.
Nach der Niederlage der Athener unterstützte er die spartan. Kriegsführung in
Griechenland an der Spitze eines syrakusan. Flottenkontingents, wurde aber
410, nach der Schlacht bei Kyzikos, seines Postens enthoben und verbannt.
408/07 kehrte er in seine Heimatstadt
zurück und versuchte die Macht zu ergreifen, kam aber bei schweren Straßen-
schlachten ums Leben. **Lit.:** M. I. Finley,
Das antike Sizilien (1979).
Herodas (auch Herondas), griech.
Dichter, 1. Hälfte 3. Jh. v. Chr. Das Werk
des H. ist erst seit der Publikation eines
Papyrus des Brit. Museums (1891) bekannt. Erhalten sind sieben Mimjamben
fast vollständig und zwei weitere bruchstückhaft. Das Versmaß ist der Hinkjambus in der Tradition des Hipponax.
Dargestellt werden in der Form des Mi-
niaturdramas Szenen aus dem Alltag,
zumeist aus der Unterschicht (Zuhälter,

Dirnen), in jon. Dialekt. Vergleichbar ist
Theokrits 2. und 15. Gedicht. Ob die
Mimjamben von mehreren Schauspielern aufgeführt oder ob sie von einer
einzigen Person nur rezitiert wurden
und in welchem Rahmen man sich dies
vorstellen muß (öffentlich oder privat),
ist in der Forschung nicht geklärt. **Lit.:**
G. Mastromarco, The Public of H.
(1984).
   Herodes I. d. Gr., um 73–4 v. Chr.,
König von Judäa, entstammte einer alten idumäischen Familie, die seit Beginn
des 1. Jh. v. Chr. polit. einflußreich war.
41 gewann er die Unterstützung des Antonius, mit dessen Hilfe er die Ansprüche des letzten Hasmonäers Antigonos
(40–37) der mit den Parthern koope-
rierte, erfolgreich abwehrte. Daraufhin
37 zum König von Judäa ernannt, sicherte er seine Herrschaft und wechselte
31 nach der Schlacht bei Actium rasch
genug auf die Seite des Octavian (Augustus), um in seinem Amt bestätigt zu
werden. Seine Herrschaft war nicht sa-
kral, sondern weltlich ausgerichtet und
beinhaltete viele hellenist. Elemente.
Obwohl er energisch gegen religiöse Ei-
ferer vorging, ließ er dennoch unter Beachtung des jüd. Sakralrechts einen
neuen Tempel als religiöses Zentrum errichten. Er förderte den Städtebau und
ließ Jerusalem militärisch befestigen.
Obwohl er ein röm. Vasall war, erreichte
sein Reich durch eine erfolgreiche Außenpolitik in etwa die Größe, die es zur
Zeit König Davids gehabt hatte. Seine
letzten Lebensjahre waren durch blutige
Familienintrigen überschattet, die Teilen seiner Familie das Leben kosteten.
Nach seinem Tod wurde das Reich unter
seinen Söhnen geteilt. Die Erzählung
des Neuen Testaments, H. habe nach der
Geburt Jesu alle neugeborenen Kinder
ermorden lassen, ist eine unhistor. Le-
gende. **Lit.:** S. Perowne, H. d.Gr. (1957).
– A. Schalit, König H. (1969).
   Herodian (1), Aelius Herodianus, aus
Alexandria, griech. Philologe, Sohn von
Apollonios Dyskolos, 2. Jh. n. Chr.
Hauptwerk ist die allg. Akzentlehre, in
der er nach antiken Quellen die Akzente

von 60.000 Wörtern angab. **Lit.:** R. Reitzenstein, Geschichte der griech. Etymologika (1897) 299–312.

Herodian (2) aus Alexandria (oder Antiochia), griech. Historiker, geb. 178/ 80 n. Chr., Verf. einer Kaisergeschichte für die Jahre 180–238 n. Chr. Welche Quellen er benutzte, ist unklar. H. übte großen Einfluß auf die Historia Augusta, Eutrop, Aurelius Victor und Ammianus Marcellinus. **Lit.:** F. L. Müller, H. (1996).

Herodot (gr. Herodotos) aus Halikarnassos, griech. Historiker, ca. 490– 420 v. Chr. Das früheste erhaltene griech. Geschichtswerk knüpft an die Tradition der jon. Ethnographie und Geographie an und setzt umfangreiche Reisen des Autors im Mittelmeerraum voraus, zugleich setzt es neue Maßstäbe für die Geschichtsschreibung aufgrund der Bemühung des H. um Einbeziehung des Geschehens in einen Sinnzusammenhang (darin zeigt sich H.s Vertrautheit mit der Dichtung und den zeitgenöss. geistigen Strömungen). H. hielt sich wohl lange in Athen auf, in engem Kontakt zu Perikles, dessen Familie (die Alkmäoniden) er im Werk gegen feindselige Propaganda verteidigt. Er nahm an der Gründung von Thurioi in Unteritalien teil (444/43). Vorträge von Werkabschnitten an verschiedenen Orten Griechenlands sind vor der endgültigen Veröffentlichung (ca. 425) anzunehmen. Als Ziel seines Werks gibt H. die Erkundung bedeutender menschl. Taten und Werke, die es verdienen, gewürdigt und der Nachwelt übeliefert zu werden. H. stellt sich die Aufgabe, die Feindschaft zwischen Griechen und Barbaren von ihren Anfängen an zu verfolgen. Myth. Erklärungsspekulationen werden in Frage gestellt (1, 1–5); H. sucht den Ursprung der Feindschaft in der Eroberung der kleinasiat. Städte durch den Lyderkönig Kroisos, dessen Herrschaft bald durch die Perser abgelöst wird; die pers. Geschichte bis 479 bildet danach den Leitfaden der Darstellung. Als Ursachen für Kroisos' Untergang werden göttl. Vergeltung für ererbte, längst zu-

rückliegende Schuld, Habgier und polit. Fehleinschätzungen parallel angeführt. Dieses typ. Schema multipler Kausalität soll auch Persiens Niederlage erklären. Die sukzessive Expansion des Perserreichs unter Kyros, Kambyses (Buch 2– 3, 87) und Dareios (3, 88–7, 4) nimmt den größten Teil des Werkes ein. Der jon. Aufstand (500–494), als unmittelbare Ursache der Perserkriege, der Feldzug von 490 und die Schlacht bei Marathon werden in Buch 6, Xerxes' Feldzug (480/79) und die Kämpfe bei den Thermopylen, am Artemision, bei Salamis, Plataä und Mykale in den Büchern 7–9 geschildert. Die Rolle Athens am Sieg wird hervorgehoben, trotz der geringen Sympathie H.s für den Salamis-Sieger Themistokles. Obwohl H. für ein panhell. Publikum schreibt, unterdrückt er in seiner Darstellung nicht die perserfreundl. Haltung mancher Städte und Adelsfamilien. Ausführl. Exkurse enthalten Informationen zur Geographie, Geschichte, Lebensweise und Kultur der im Werk genannten Völker (Lyder, Babylonier, Ägypter, Skythen u. a.); in ähnl. Weise werden Abschnitte aus der Geschichte griech. Städte angeführt. Neben eigener Anschauung und mündl. Erkundung hat H. wohl schriftl. Quellen benutzt; oft weist er auf Abweichungen seiner Quellen hin und übt Kritik. Märchenhafte Erzählungen über meist private Angelegenheiten (Novellen) zeichnen sich durch ihre Dramatik und Suggestivität aus. H.s Weltbild wird von der Idee der Ordnung geprägt: sie wird wie bei Hesiod, Solon und Aischylos von Gott garantiert; Übertretung des Maßes (*hybris*) führt zum Untergang. Zudem läßt Gott niemanden andauerndes Glück genießen. Hinter dem Schicksal von Individuen und Gruppen ist immer eine höhere Gerechtigkeit zu erkennen. Träume, Orakel, Warnreden dienen regelmäßig der Motivierung oder Deutung des Geschehens. – Die Konsistenz der Geschichtsphilosophie des H. kontrastiert mit der kulturellen Vielfalt der von ihm gezeichneten Welt. Anders als bei seinem Nachfolger Thukydides wird die gemeinsame Basis für eine übergreifende Geschichtsbetrachtung durch die menschl. Abhängigkeit von der göttl. Allmacht gewährleistet. H.s Denken oszilliert zwischen herkömml. Frömmigkeit und bewußter Anerkennung autonomer menschl. Intelligenz und Kreativität. Ähnlich zwiespältig ist seine Einstellung gegenüber den Barbaren: einerseits erfreuen sie sich seines verständnisvollen Blicks und einer angemessenen Würdigung ihrer Leistungen (in Anlehnung an die Tradition der Logographen), andererseits fallen sie einer durch Vorurteile geprägten Schematisierung zum Opfer, wonach sie als oft paradoxes Gegenbild zu den Griechen erscheinen, denen Freiheit, Tapferkeit, Tugend und Erfindungskraft vorbehalten sind. Dies ist im Kontext einer durch die Perserkriege bedingten Polarisierung zu betrachen. H. wurde wegen seiner traditionellen Weltanschauung, der scheinbaren Naivität seiner Darstellungsmittel, von der Märchenhaftes nicht ausgeschlossen wird, und der themat. Buntheit seines Werkes in der Neuzeit zu Unrecht als unglaubwürdig disqualifiziert. Neuere Forschungen haben zu einer Aufwertung seiner histor. Zuverlässigkeit geführt, anthropolog.-ethnolog. und mentalitätsgeschichtl. Studien über die Antike sind ihm verpflichtet. Lit.: W. Marg (Hg.), H. (1981). – J. Gould, H. (1989). – GGGA (1999).

Heron von Alexandria, griech. Mathematiker, 1. Jh. n. Chr. Seinen Werken verdanken wir größtenteils unsere Kenntnisse über antike Mechanik, Physik und Rechenmethoden. Erhalten sind Schriften über die Oberflächenberechnung (*Metrika*), über die Definition geometr. Grundbegriffe (*Horoi*), zur Geometrie, Stereometrie und Optik. Bes. Beachtung verdient seine Abhandlung über die Herstellung von Automaten, worunter insbes. die Herstellung von Wundermaschinen gemeint ist. Lit.: A. Schürmann, Griech. Mechanik und antike Gesellschaft (1991).

Herondas / Herodas

Herophilos aus Kalchedon, griech.

Mediziner, ca. 330/20–260/50 v. Chr. H. gilt als Begründer der Humansektion, die er nicht nur an Toten, sondern auch an zum Tod verurteilten Verbrechern durchgeführt haben soll. Schon in der Antike wurde er dafür heftig angegriffen, obwohl in der medizin. Literatur die durch ihn ermöglichten anatom. Kenntnisse gewürdigt wurden. Neben anatom. Abhandlungen verfaßte H. Schriften zur Pulslehre, Hebammenkunst, Diätetik und Therapeutik, evtl. zur Augenheilkunde. Lit.: H. von Staden, H. The Art of Medicine in Early Alexandria (1989) (Ausgabe, Kommentar).

Herostratos, ein ruhmsüchtiger Bürger aus Ephesos, zerstörte 356 v. Chr. den ephes. Artemis-Tempel, der als eines der Sieben Weltwunder galt, durch Brandstiftung. Da er nach seiner Ergreifung aussagte, er habe durch seine Tat berühmt werden wollen, beschloß der Rat von Ephesos, daß sein Name niemals genannt werden dürfe (*damnatio memoriae*). Dennoch wurde die *herostrat. Tat* sprichwörtlich.

Hesiod (gr. Hesiodos) aus Askra in Böotien, griech. Dichter um 700 v. Chr., Verf. von Lehrgedichten in daktyl. ep. Hexametern. Die ca. 1200 Verse umfassende *Theogonie* (*Götterentstehung*) stellt in myth. Form die Entstehung der Welt und die Abfolge der Göttergenerationen dar. Insgesamt sind etwa 300 Götter erwähnt. Parallelen zu altoriental. (hethit., hurrit. u. a.) Texten bestehen unter anderem in dem Sukzessionsmythos, der den gewaltsamen Machtwechsel der Weltherrscher Uranos, Kronos und Zeus beschreibt. In dem letztgenannten sieht H. den Garanten einer gerechten Weltordnung. Das Werk hat eine katalogartige, genealog. Struktur, die streckenweise eher assoziativ als systematisch wirkt und durch erzählende Exkurse (Prometheus, Kämpfe der olymp. Götter gegen die Titanen und des Zeus gegen Typhoeus u. a.) aufgelockert wird. Im Proömium der *Theogonie* erzählt Hesiod von seiner Dichterweihe durch die Musen am Berg Helikon. Die *Erga kai hemerai* (*Werke und Tage,* 828 Verse) verbinden autobiograph. Elemente (H.s Streit mit seinem Bruder Perses) mit myth. Teilen (Pandora, Weltzeitaltermythos) und Ratschlägen über das Verhalten gegenüber Menschen und Göttern, Regeln für die Landarbeit und den Seehandel sowie über günstige und ungünstige Zeitpunkte für alltägl. Arbeiten. In den *Erga,* die sich mehrfach direkt oder indirekt auf die *Theogonie* beziehen, berichtet H., daß er mit einem Hymnos (der *Theogonie?*) bei den Leichenspielen für Amphidamas in Chalkis gesiegt habe und sein Vater aus dem äol. Kyme stamme. In seiner Echtheit umstritten ist der in der Überlieferung an die *Theogonie* angeschlossene, aus zahlreichen Fragmenten rekonstruierbare *Frauenkatalog* (auch *Ehoien,* von griech. *e hoie,* »oder diejenige, welche«). In ihm sind die Verbindungen von menschl. Frauen mit Göttern behandelt, aus denen die Heroengeschlechter hervorgingen. Sicher unecht ist die wahrscheinlich aus dem 6. Jh. v. Chr. stammende *Aspis* (*Schild*) in 480 Hexametern, die, ausgehend von der Alkmene-Ehoie, von dem Zweikampf des Herakles mit dem Aressohn Kyknos erzählt und eine ausführl. Schildbeschreibung in Anlehnung an das 18. Iliasbuch enthält. Noch verschiedene weitere Werke kursierten in der Antike unter dem Namen H.s. Umstritten ist, ob Hesiod vor oder nach zu Homer zu datieren ist und in welcher Richtung evtl. literar. Abhängigkeit besteht. Von Homers aristokrat., heroischer Perspektive unterscheidet sich H. durch seine kleinbäuerl., oftmals pessimist. Weltsicht und seine Skepsis gegenüber der Rechtlichkeit der Könige. H. übte einen prägenden Einfluß auf die antike Lehrdichtung (z. B. Arat, Vergil) und die Mythographie aus, wurde aber auch von Philosophen und Tragikern rezipiert. **Lit.:** M. L. West, H. Theogony (1966). – Ders., H. Works and Days (1978). – Ders., The Hesiodic Catalogue of Women (1985). – GGGA (1999).

Hesych (gr. Hesychios), griech. Lexikograph (5./6. Jh. n. Chr.), Verf. eines umfangreichen alphabet. Lexikons, in dem seltene poet. Wörter erklärt werden. Das beinahe komplett erhaltene Werk ist in einer einzigen Handschrift überliefert (Codex Marcianus – Venetus Graecus 851, 15. Jh.). Der Text ist durch zahlreiche Einschübe entstellt. **Lit.:** K. Latte, H. (Edition) I-II (1953–66).

Hiempsal II., König der Numider, nahm 88 v. Chr. den flüchtigen Marius auf und vergrößerte seinen Machtbereich durch angrenzende Gebiete. Er verfaßte eine numid. Landesgeschichte in pun. Sprache.

Hieron I., Tyrann von Syrakus ca. 478–466 v. Chr., Bruder des Gelon, übernahm von diesem 485 die Herrschaft in Gela und 478 in Syrakus. Er griff in die polit. Verhältnisse in Unteritalien ein und besiegte die Etrusker bei Kyme (474/73). Auch auf Sizilien weitete er seine Macht beträchtlich aus und erlangte u. a. 472 die Kontrolle über Akragas. Er war ein Förderer von Wissenschaft und Kunst und machte Syrakus zum kulturellen Mittelpunkt des Westgriechentums. Unter seiner Herrschaft erreichte die Stadt einen ersten Höhepunkt ihrer Macht. Dennoch brach die Tyrannis nach seinem Tod (466) rasch zusammen; sein Bruder und Nachfolger Thrasybulos wurde bereits nach einem Jahr vertrieben. **Lit.:** H. Berve, Die Tyrannis bei den Griechen (1967) 148–152. – M. I. Finley, Das antike Sizilien (1979).

Hieron II., um 306–215 v. Chr., König von Syrakus, nahm 278–276 am sizil. Krieg des Pyrrhos gegen die Karthager teil und erkämpfte 275/74, gestützt auf seine Söldner, die Macht in Syrakus. Nach einem Sieg über die Mamertiner nahm er 269 den Königstitel an. Ein Angriff gegen Messana (265), den letzten Stützpunkt der Mamertiner, führte zum Eingreifen Roms und 264 zum Ausbruch des 1. Pun. Krieges zwischen Rom und Karthago. H. war zunächst mit Karthago verbündet, wechselte aber nach schweren Niederlagen 263 die Seiten und wurde von Rom in seinem Herrschaftsgebiet bestätigt. Seither war er bis zu seinem Tod (215) ein treuer Bundesgenosse der Römer, da er erkannt hatte, daß ein Abfall zum Untergang von Syrakus führen würde. Erst sein Enkel Hieronymos wechselte unter dem Eindruck der Siege Hannibals im 2. Pun. Krieg 215/14 die Seiten und schloß ein Bündnis mit Karthago, das 212 zur Eroberung der Stadt durch die Römer führen sollte. **Lit.:** H. Berve, König H. II. (1956). – M. I. Finley, Das antike Sizilien (1979).

Hieronymus, lat. Kirchenvater, geb. um 348 in Stridon, gest. 30.9.420 in Bethlehem. *I. Leben:* Als Sohn einer begüterten Familie genoß H. eine traditionelle röm. Ausbildung, vermutlich war Donat sein Lehrer. Nach der Taufe in Rom und einem kurzen Aufenthalt am Kaiserhof in Trier wandte er sich einem asket. Leben zu. Zwischen 375 und 377 lebte er als Eremit in Syrien, wo er Griechisch und Hebräisch lernte. Nach der Priesterweihe (379) und dem Besuch des Konzils von Konstantinopel (381) war er in Rom ab 382 Sekretär des Papstes Damasus. Er war der führende Kopf eines Kreises asket. begeisterter Aristokratinnen und Aristokraten. Nach dem Tod des Damasus (384) verließ H. Rom und gründete mit der finanziellen Unterstützung röm. Aristokratinnen in Bethlehem drei Frauen- und ein Männerkloster. – *II. Werk und Bedeutung:* H. war der produktivste der lat. Kirchenväter. Er betätigte sich als Biograph (Vita des Paulus von Theben, vor 381, des Malchus und Hilarion, vor 392), als theolog. Autor und bes. als Übersetzer: Auf Veranlassung des Papstes Damasus bearbeitete er ältere lat. Versionen des Neuen Testaments im Vergleich mit den griech. Originalen. Seine Hauptleistung war sicherlich die Übersetzung des Alten Testaments aus hebr., aram. und griech. Vorlagen. Seine bis ins 20. Jh. kanon. lat. Übersetzungen (Vulgata) wurden durch eine Fülle exeget. Schriften ergänzt. Von Bedeutung ist ebenfalls H.' Übersetzung der *Chronik* des Eusebios aus dem Griechischen, da er damit die Grundlage einer christl. Chronologie

für den westl. Teil des Reiches schuf. Von allgemeinerem literar. und kulturgeschichtl. Interesse sind seine Briefe, die insbes. Einblick in die Vermittlungstätigkeit des H. zwischen antiker paganer Kultur und Literatur und dem Christentum geben. Er revidiert jedoch selbst im Brief 22, 30 in der Schilderung eines Traumes seine Beschäftigung mit der antiken Literatur, in dem er vor Gottes Thron beschuldigt wird, ein Anhänger Ciceros und kein wahrer Christ zu sein. **Lit.:** H. Hagendahl, Latin Fathers and the Classics (1958) 89–328. – P. Brown, Die Keuschheit der Engel (1991) 372–394.

Hilarius von Poitiers, lat. Philologe, Bischof, ca. 315–367 n. Chr. H. war einer der Hauptgegner des Arianismus. 356 vom Kaiser Constantius nach Kleinasien verbannt, machte er sich mit der griech. Sprache und Theologie vertraut. Sein dogmat. Hauptwerk *De trinitate* (*Die Dreieinigkeit*) brachte ihm den Ruhm ein, der »Athanasios des Westens« zu sein. Neben theolog. Abhandlungen – darunter eine allegor. Auslegung des Matthäus-Evangeliums – dichtete er auch Hymnen. **Lit.:** LACL (1998).

Himilkon (1), karthag. Seefahrer, erkundete um 500 v. Chr. die westl. Küsten Europas. Seine Fahrt führte ihn vermutlich an der span. und franzöz. Atlantikküste vorbei bis nach Südengland, wo er Cornwall und die Kanalinseln erreichte.

Himilkon (2), karthag. Feldherr, versuchte 406/05 v. Chr. die Kontrolle über Sizilien zu gewinnen, mußte aber nach Ausbruch einer Seuche in seinem Heer einen Vergleich mit Dionysios I. von Syrakus schließen. 397/96 landete er erneut auf der Insel, scheiterte aber bei der Belagerung von Syrakus. Sein wiederum durch eine Seuche geschwächtes Heer wurde 396 von Dionysios vernichtet.

Hipparchos, Sohn des Peisistratos, wurde 528/27 v. Chr. gemeinsam mit seinem Bruder Hippias Nachfolger seines Vaters als Tyrann in Athen. Er kümmerte sich bes. um die Kunst und die Ausgestaltung des kulturellen Lebens.

An den Panathenäen 514 wurde er von Harmodios und Aristogeiton ermordet.

Hippias (gr. Hippias), Sohn des Peisistratos, wurde 528/27 v. Chr. gemeinsam mit seinem Bruder Hipparchos Nachfolger seines Vaters als Tyrann in Athen. Seine zunächst eher milde Herrschaft wurde nach der Ermordung seines Bruders (514) zunehmend drückender und stieß auf wachsenden Widerstand. Nachdem er sich anfangs erfolgreich seiner Gegner erwehren konnte, führte eine spartan. Intervention 510 zu seinem Sturz. Er floh zu den Persern und nahm noch als alter Mann in ihrem Gefolge an der Schlacht bei Marathon (490) teil, von der er sich vergeblich eine Wiedereinsetzung in Athen erhoffte.

Hippias (gr. Hippias) von Elis, wichtiger Vertreter der Sophistik, 2. Hälfte 5. Jh. v. Chr., weitgereister Diplomat und Gesandter seiner Heimatstadt, Redner und Politiker, Meister der Mnemotechnik. H. war berühmt wegen seines enzyklopäd. Wissens, das er in Schaureden vor großem Publikum zu präsentieren pflegte und im Rahmen eines breit angelegten Sammelwerks – vermutlich unter dem Titel *Synagoge* (gr., »Zusammenstellung«) – veröffentlichte. Platon stellte ihn (in zwei nach H. benannten Dialogen und im *Protagoras*) als arroganten Alleswisser dar, der sich selbst als Verkörperung des Ideals der Autarkie begreift und stolz darauf ist, zu jedem beliebigen Thema eine Stegreifrede halten zu können. In der Literatur der deutschen Aufklärung, bes. in Wielands *Geschichte des Agathon*, wurde H. als Gegenbild des platon. Schwärmers zum lebenspraktisch erfahrenen Mann von Welt, der körperl. und geistige Genüsse gleichermaßen zu kultivieren versteht. **Lit.:** C. J. Classen (Hg.), Sophistik (1976). – C. J. Classen, Bibliographie zur Sophistik, in: Elenchos 6 (1985) 75–140. – A. Patzer, Der Sophist H. als Philosophiehistoriker (1986).

Hippodamos von Milet, bedeutender griech. Architekt und Stadtbaumeister des 5. Jh. v. Chr., laut Aristoteles auch Staatstheoretiker. H. gilt als Erfinder des nach ihm benannten (jedoch bereits zuvor in Jonien entwickelten) hippodam. Stadtplans für planmäßig angelegte Städte mit jeweils gleich großen Grundstücken, regelmäßig rechtwinkligem Straßennetz und zentralen, günstig angeordneten öffentl. Plätzen und Gebäuden. Das 479 zerstörte Milet wurde nach diesem Vorbild neu geplant; H. soll beim Bau der Anlagen des Piräus und von Thurioi mitgewirkt haben; die ihm zugeschriebene Mitarbeit bei der Stadtanlage von Rhodos (408) ist unwahrscheinlich, da H. zu dieser Zeit wohl kaum noch gearbeitet hat. **Lit.:** W. Müller-Wiener, Griech. Bauwesen in der Antike (1988).

Hippokrates (1) (gr. Hippokrates), Tyrann von Gela, übernahm 498 v. Chr. mit Hilfe Gelons die Macht in seiner Heimatstadt und dehnte seine Herrschaft in den folgenden Jahren auch auf angrenzende Gebiete aus. 491 fiel er im Kampf gegen die Sikeler. **Lit.:** H. Berve, Die Tyrannis bei den Griechen (1967) 137–40.

Hippokrates (2) (gr. Hippokrates) aus Chios, Mathematiker und Astronom, 5./4. Jh. v. Chr.

Hippokrates (3) (gr. Hippokrates) von Kos, geb. ca. 460 v. Chr., Begründer der griech. Medizin. Um das Leben des berühmten Arztes rankten sich schon bald zahlreiche Legenden. Beziehungen (bes. Briefwechsel) mit berühmten Persönlichkeiten des 5. Jh. wurden ihm zugeschrieben. Die Biographie des H. ist hinter den Anekdoten nicht mehr rekonstruierbar. Dieselbe Problematik stellt sich bei der Rekonstruktion der Lehre des H. Es ist methodisch äußerst schwierig, echt Hippokratisches aus den Hippokrat. Schriften herauszudestillieren. Am ehesten kann man auf H.' Lehre durch einen Vergleich der ältesten Schriften (einige Bücher der *Epidemien* und das *Prognostikon*) mit Inschriften von der Insel Kos schließen. H. scheint die Prognostik begründet zu haben und den Einzelfall unter Vermeidung von Verallgemeinerungen betrachtet zu haben. Ob H. bereits eine entwickelte

›Säfte-Lehre‹ zugeschrieben werden kann, muß fraglich bleiben. **Lit.:** C. Oser-Grote, in: GGP II 1 (1998) 455–485. – GGGA (1999).

Hippolytos von Rom, griech. Theologe, gest. 235 n. Chr. H. scheint Wortführer der griech. christl. Gemeinde in Rom gewesen zu sein. Von Bedeutung für die Geschichte des Mittleren Platonismus ist seine bei Photios fragmentarisch erhaltene Schrift über Widersprüche in Platons Philosophie.

Hipponax aus Ephesos, griech. Dichter, 2. Hälfte 6. Jh. v. Chr., Verf. von Spottgedichten mit häufig derb-obszönem Inhalt, bevorzugt im Metrum des Choljambus (Hinkjambus). Von der autobiograph. Interpretation insbes. der Invektiven, deren bevorzugtes Opfer ein gewisser Bupalos ist, ist die Forschung inzwischen abgerückt. **Lit.:** E. Degani, Studi su Ipponatte (1984).

Hirtius, Aulus H., ein enger Vertrauter und Weggefährte Caesars, wurde noch von diesem gemeinsam mit C. Vibius Pansa für das Jahr 43 v. Chr. zum Konsul designiert. Nach der Ermordung Caesars (44) fügte er sich in die neue Ordnung und nahm den Auftrag des Senats, Antonius in Oberitalien zu bekämpfen, an. Nach dem Tod des zweiten Konsuls Vibius errang er bei Mutina einen Sieg, erlag jedoch zwei Tage später den in der Schlacht erlittenen Verwundungen. Sein Tod machte für Antonius den Weg frei, um gemeinsam mit Octavian (Augustus) in Rom die Macht zu ergreifen. Aus der Feder des H. stammt das 8. Buch von Caesars Monographie über den Gall. Krieg, das er nach dessen Tod dem Werk hinzufügte.

Histiaios, Tyrann von Milet, begleitete 514 v. Chr. den Perserkönig Dareios I. auf seinem Feldzug gegen die Skythen und erhielt als Dank für treue Dienste zusätzlich die Herrschaft über die thrak. Stadt Myrkinos. Sein Streben nach größerer Selbständigkeit erregte jedoch bei den Persern Mißtrauen, so daß ihn Dareios unter ehrenvollem Vorwand nach Susa an den Königshof rief. Von dort aus soll er seinen Schwiegersohn Arista-

goras, dem er die Herrschaft in Milet übergeben hatte, zum Jon. Aufstand (500–494) angestachelt haben; sein Verhalten ist zumindest undurchsichtig. Nachdem er – wohl zur Vermittlung – 496 zurückgekehrt war, konnte er in Milet nicht mehr Fuß fassen und suchte sich eine eigene Machtbasis aufzubauen. 493 geriet er in pers. Gefangenschaft und wurde hingerichtet.

Homer (gr. Homeros). Überlieferter Name des Verf.s der mytholog. (Helden-)Epen *Ilias* und *Odyssee*. Über das Leben H.s ist nichts Sicheres bekannt. Die antike biograph. Überlieferung, darunter sieben Biographien H.s und der *Agon H.s und Hesiods*, hat legendar.-anekdot. Charakter. Wahrscheinlich stammte H. aus dem kleinasiat. Jonien. Umstritten ist die Datierung der homer. Epen (Mitte des 7. Jh. v. Chr.?), ebenso ihr zeitl. Verhältnis zu den Lehrgedichten des Hesiod. Auch die Einteilung beider Epen in je 24 Bücher ist nicht sicher zu datieren; jedenfalls dürfte sie vielfach den alten rhapsod. Vortragseinheiten entsprechen. Die homer. Sprache ist am stärksten durch den jon. Dialekt geprägt, doch kommen auch äol. Formen, Archaismen und rein kunstsprachl. Elemente vor. – *I. Ilias:* Die *Ilias* (ca. 15.700 Hexameter) spielt im neunten Jahr der Belagerung von Troja (Ilios). Achill, der Hauptkämpfer der Achaier (Griechen), zürnt dem Heerführer Agamemnon wegen der Wegnahme der Kriegsgefangenen Briseïs und zieht sich deshalb vom Kampf zurück. Die Bitte seiner göttl. Mutter Thetis an den Göttervater Zeus, ihm durch eine Niederlage der Achaier Genugtuung zu verschaffen, wird von Zeus gewährt, was den schon vorher bestehenden Gegensatz zwischen den achaierfreundl. (Hera, Athene u. a.) und den trojanerfreundl. (Apollon u. a.) Göttern verstärkt. Als die Achaier ohne Achill zu scheitern drohen, versucht Agamemnon vergeblich, ihn durch Abgesandte zum Wiedereintritt in den Kampf zu bewegen. In bedrohl. Lage schickt Achill allerdings als Stellvertreter seinen Gefährten Patroklos in die

Schlacht, der vom trojan. Hauptkämpfer Hektor getötet wird. Daraufhin versöhnt sich Achill mit Agamemnon, kehrt in die Schlacht zurück, um Rache zu nehmen, und tötet Hektor. Das Epos endet mit Achills Herausgabe von Hektors Leichnam an dessen Vater, den trojan. König Priamos. Die *Ilias* stellt eine 51 Tage (von denen nur wenige ausführlich erzählt sind) umfassende Episode aus dem Gesamtverlauf der Trojasage dar, wie sie im Ep. Kyklos bzw. dessen mündl. Vorläufern erzählt war. Sie nimmt direkt oder indirekt vielfach Bezug auf ältere Sagenelemente (z.B. die Entführung Helenas, den Untergang Trojas). Die Frage, inwieweit sich ein histor. Kern aus der *Ilias* herauskristallisieren läßt, kann auch durch neuere Ausgrabungen in Troja (beim heutigen Hisarlik in der Türkei) und durch hethit. Keilschrifttexte, in denen »Ahhijawa« (wahrscheinlich Achaier, also myken. Griechen) erwähnt sind, nicht sicher entschieden werden. – *II. Odyssee:* Die *Odyssee* (ca. 12.100 Hexameter) spielt im 20. Jahr nach der Abfahrt des Odysseus von Ithaka. Seine Frau Penelope und sein Sohn Telemachos hoffen auf seine Rückkehr, doch wird Penelope von 108 Freiern, die sich im Königspalast aufhalten und dessen Güter aufzehren, zur Wiederheirat gedrängt. Gleichzeitig beschließt Zeus auf Bitte der Athene gegen den Widerstand des Poseidon, Odysseus endlich heimkehren zu lassen. Nach einem Seesturm gelangt Odysseus ins Land der Phäaken, wo er freundlich aufgenommen wird und in einer langen wörtl. Rede von seinen (zeitlich vor Beginn der Epenhandlung liegenden) Irrfahrten und Abenteuern seit dem Ende des Trojan. Krieges berichtet, bei denen er alle seine Gefährten verloren hat. Auf einem Schiff der Phäaken gelangt Odysseus nach Ithaka. Als Bettler verkleidet begibt er sich unerkannt in den Königspalast. Mit Hilfe seines Sohnes und der Göttin Athene tötet er alle Freier und gibt sich dann seiner Gemahlin zu erkennen. Die *Odyssee* stellt die großep. Form einer Heimkehrsage dar, wie sie in

den *Nostoi* (den *Heimfahrten*, einem Epos im Ep. Kyklos) von zahlreichen griech. Helden erzählt wurden. Auch alte Seefahrermärchen und Elemente der Argonautensage sind in die Odysseehandlung eingeflossen. – *III. Verfasserfrage:* Daß derselbe Dichter beide Epen verfaßt hat, wurde schon von den antiken Chorizonten (d.h. Gelehrten, die zwei Autoren annahmen) bestritten. Tatsächlich unterscheiden sich *Ilias* und *Odyssee* in ihrem Menschen- und Götterbild so erheblich voneinander, daß sie nach Meinung der meisten Forscher zwei verschiedenen Dichtern zuzuweisen sind. Vom späten 18. bis in die Mitte des 20. Jh. wurde die Homerphilologie, ausgehend bes. von F. A. Wolfs *Prolegomena ad Homerum* (1795) von der sog. ›Homer. Frage‹ bestimmt, ob sich auch innerhalb beider Epen jeweils unterschiedl. Schichten oder Einzellieder identifizieren lassen, die auf verschiedene Dichter (oder Redaktoren, Interpolatoren) zurückgehen. Von Analytikern wurde diese Frage bejaht, während Unitarier die einheitl. Konzeption der Epen betonten. Überwunden wurde der Streit durch die neoanalyt. Richtung, die zwar einen erhebl. Einfluß älterer (mündl.) Epen auf H. anerkennt, aber an jeweils einem Verf. der überlieferten Texte festhält. Lediglich das 10. Buch der *Ilias* wird allg. als eine spätere Zufügung angesehen. Seit der Mitte des 20. Jh. steht die von den Untersuchungen M. Parrys und A. B. Lords angeregte Frage, ob die homer. Epen mündl. Gedichte (›oral poetry‹) oder schriftl. Kompositionen sind, im Zentrum der Forschung. Daß H. in einer langen Tradition formelsprachl. mündl. Epik steht, ist sicher. Die sehr komplexe Erzählstruktur (z.B. zahlreiche Vor- und Rückverweise, zeitl. Koordination vieler Handlungsstränge, Stimmigkeit unzähliger Details in weit entfernten Textpassagen) übertrifft allerdings alle bekannten Beispiele mündl. Epik aus ganz unterschiedl. Kulturen, was für die schriftl. Komposition der homer. Epen spricht. – *IV. Rezeption:* Der Einfluß H.s, für die Griechen ›der

Dichter‹ schlechthin, läßt sich kaum überschätzen. Die gesamte antike Epik wurde formal entscheidend von H. geprägt. Tragödie und Lyrik griffen auf homer. Stoffe und Motive zurück. Philosophen (z. B. Xenophanes, Platon) kritisierten das durch die Epik vermittelte Götterbild und bekämpften das auf H. basierende Bildungsideal. Antike Historiker betrieben rationalist. Quellenkritik an H., ohne indessen die Historizität des Trojan. Krieges grundsätzlich in Frage zu stellen. Von den alexandrin. Philologen Zenodotos von Ephesos, Aristophanes von Byzanz und Aristarch von Samothrake wurden die homer. Gedichte kritisch ediert und kommentiert.
Lit.: J. Latacz, H. Der erste Dichter des Abendlands (1989). – J. Latacz (Hg.), Zweihundert Jahre H.-Forschung (1991). – I. Morris/B. Powell (Hg.), A New Companion to H. (1997).

Honorius, Flavius H., 384–423 n. Chr., weström. Kaiser, Sohn Theodosius' I., übernahm 395 beim Tode seines Vaters die Herrschaft über die westl. Reichshälfte und stand zunächst unter der Vormundschaft des Heermeisters Stilicho. 408 ließ er diesen beseitigen, konnte aber anschließend die Eroberung und Plünderung Roms durch die Westgoten (410) unter Alarich nicht verhindern. 411 erhob er Constantius (III.) zum Mitregenten, der verschiedene Usurpationen in Teilen des Reiches niederschlagen, aber nicht verhindern konnte, daß Westgoten und Vandalen bis nach Spanien vordrangen. H., der seine Residenz Ravenna höchst selten verließ, galt als schwacher Herrscher, der Zeit seines Lebens nie eigenständig handelte. Dem Zerfall des weström. Reiches, der immer schneller voranschritt, stand er hilflos gegenüber.

Horaz, Quintus Horatius Flaccus, aus Venusia (Apulien), röm. Lyriker, 8. 12. 65–27. 11. 8 v. Chr. *I. Leben:* Über H.' Leben unterrichten Selbstzeugnisse in den Gedichten und die Biographie Suetons. Als Sohn eines Freigelassenen und einfachen *coactor*, eines Beamten, der bei Versteigerungen als Mittelsmann

fungierte, genießt H. trotz niederer Herkunft eine gute Ausbildung durch Grammatik- und Rhetorikunterricht in Rom und ab 45 durch das Philosophiestudium in Athen. Die *Odusia* des Livius Andronicus wird ihm mit Stockschlägen eingebleut (Epistulae 2, 1, 70). Dankbar erinnert er sich dagegen an das Studium der homer. *Ilias* (Epistulae 2, 2, 41 f.). In Athen wendet er sich der Akademie zu und befaßt sich mit Ethik und Erkenntnistheorie (Epistulae 2, 2, 43–45). Im Bürgerkrieg schließt er sich Brutus an (Epistulae 2, 2, 46–48) und kämpft als Militärtribun bei Philippi (Satiren 1, 6, 47). Nach der verlorenen Schlacht flieht er und stilisiert sich später in Anspielung auf Archilochos und Alkaios als *rhipsaspis* (gr., »Schildwegwerfer«) (Carmina 2, 7, 10). Um seinen Lebensunterhalt zu verdienen, schließt er sich in Rom dem Kollegium der *scribae quaestorii* (»Staatsschreiber im Schatzamt«) an (Satiren 2, 6, 36 f.). Als Vergil und Varius auf sein Talent aufmerksam werden, stellen sie ihn im Frühjahr 38 Maecenas vor (Satiren 1, 6, 55), der ihn nach neun Monaten in seinen Kreis beruft und fördert. 32 v. Chr. erhält H. von Maecenas ein Gut im Sabinerland (Carmina 1, 17, Epistulae 1, 18, 104). Octavian lernt er durch Maecenas kennen, er wahrt jedoch seine Distanz und zurückhaltende Lebensweise. – *II. Dichtung:* In den *Satiren,* deren 1. Buch um 35 und 2. Buch um 30 v. Chr. vollendet werden, stellt sich H. in die Nachfolge des Lucilius, dessen in seinen Augen nachlässigen Stil er jedoch ablehnt. Zeitkritik tritt weitgehend zurück hinter gesellschaftl. Themen wie Ehebruch (1, 2) Erbschleicherei (2, 5) Prasserei (2, 8) und popularphilosoph. Lebensweisheit im Stil der kyn. Diatribe des Bion von Borysthenes (3. Jh. v. Chr.). H. kritisiert die *mempsimoiria* (gr., »Unzufriedenheit mit dem eigenen Los«) (1, 1), läßt sich von seinem Sklaven den Spiegel vorhalten und lernt, daß nur der Weise wirklich frei ist (2, 7), preist in der Fabel von der Land- und Stadtmaus die Vorzüge des Landlebens (2, 6), ironisiert die verfeinerte Lebensart derer, die leben, um zu essen (2, 4), anstatt essen, um zu leben (2, 2). Feine Zurückhaltung nach dem Motto *ridentem dicere verum*, »lächelnd die Wahrheit sagen«, läßt H. nie aufdringlich werden; Selbstironie verleiht den Satiren einen gewinnenden Ton. Die *Iambi*, wie H. sie nennt – die Grammatiker bezeichneten sie als *Epoden* –, weisen zurück auf Archilochos. Dessen Art zu dichten in Rom eingeführt zu haben, gilt H. als Zeichen seiner Originalität und ist ihm noch 20 Jahre später (Epistulae 1, 9, 19–25) eine Erwähnung wert. In den *Iambi* stehen polit.-gesellschaftl. Invektiven neben erot. und sympot. Themen. 23 gibt H. drei Bücher *Carmina* (*Oden*) heraus, ein 4. Buch entsteht in den Jahren 17–13. Auch damit erhebt er den Anspruch, Neuland zu erobern, da er erstmals »ein äol. Lied nach ital. Weise« gesungen habe (3, 30, 13 f.), d. h. daß er als erster die altgriech. Lyrik in lat. Sprache nachgebildet und mit röm. Inhalten gefüllt habe. Die Rahmengedichte 1, 1 und 3, 30 sind Maecenas gewidmet. Sympot. Themen wechseln mit reflektierenden Gedichten in epikureischem Grundton ab, Poetologisches tritt neben Politisches. Die literar. Meisterschaft dokumentiert H. durch die Vielzahl der lyr. Versmaße und Strophenformen, die er den griech. Vorbildern nachbildet. Die eröffnenden Gedichte des 3. Buchs (1–6), die sog. Römeroden, bilden eine Einheit. In ihnen tritt H. als Musenpriester auf, der zur Rückbesinnung auf die *exempla maiorum* (»Beispiele der Vorfahren«) aufruft. H. sieht sich zu dieser Zeit in Einklang mit dem von Augustus propagierten Programm, *rem publicam restituere*, »die alte Republik wiederherzustellen«. 17 dichtet er für die Säkularfeier das *Carmen saeculare*, das die Grundlagen des röm. Staats besingt. Zwischen 23–20 entsteht das 1. Buch der *Episteln* (*Briefe*). Die 20 Briefe nähern sich nach der hohen Odendichtung wieder den ›niederen‹ Satiren an. Alte Themen leben auf, werden ohne Schärfe, aber mit Bestimmtheit vorge-

tragen. 1, 7, an Maecenas gerichtet, bekräftigt den Anspruch auf Unabhängigkeit. Die beiden Briefe des 2. Epistelbuchs und der Brief an die Pisonen (*Ars poetica*) kritisieren den zeitgenöss. Literaturbetrieb, wenden sich gegen Dilettantismus und geben Zeugnis von H.' Ideal einer Dichtung nach alexandrin. Muster. Dabei spart H. nicht mit Tadel an der alten röm. Literatur, der es am *labor limae* (»Mühe des Feilens«) gefehlt habe. Bemerkenswert ist die an Augustus gerichtete *Epistel* 2, 1, in der H. den Adressaten als Gleichwertigen anspricht und dessen Literaturgeschmack unbefangen kritisiert – ein Zeugnis von H.' stets bewahrter Unabhängigkeit. H.' Nachwirkung bis in die neueste Zeit ist kaum hoch genug einzuschätzen. Insbes. der deutschen und französ. Klassik war er Vorbild. **Lit.:** E. Fraenkel, H. (1957, deutsch 1963). – E. Lefèvre, H. Dichter im augusteischen Rom (1993).

Hortẹnsius (1), Quịntus H., Diktator 287 v. Chr., beendete die neu aufgeflammten Ständekämpfe, indem er ein Gesetz initiierte (*lex Hortensia*), demzufolge Beschlüsse der Plebs (*plebiscita*) für die gesamte Bürgerschaft verbindlich sein sollten. Durch diese Maßnahme erhielten u. a. die Volkstribunen das Recht zur Gesetzesinitiative.

Hortẹnsius (2), Quịntus H. Họrtalus, 114–50 v. Chr. H. war einer der bedeutendsten Redner seiner Zeit. Er durchlief den *cursus honorum*, die Ämterlaufbahn, bis zum Konsulat (69 v. Chr.). 70 übernahm er gegen Cicero erfolglos die Verteidigung des Verres, 66 opponierte er ebenfalls ohne Erfolg gegen die *lex Manilia*, mit der Pompeius der Oberbefehl gegen Mithradates übertragen werden sollte und für die Cicero in seiner ersten polit. Rede eintrat. Später kam es zur Versöhnung zwischen den beiden Politikern. In der Schrift *Hortensius* läßt Cicero H. den Standpunkt der Rhetorik gegen die Philosophie vertreten. Als Dichter versuchte sich H. vermutlich in neoter. Richtung. **Lit.:** H. Malcovati, Oratorum Romanorum Fragmenta 1 (1955) 310–330. – E.

Courtney, The Fragmentary Latin Poets (1993) 230–232.

Hostilius, Gaius H. Mancinus, Konsul 137 v. Chr., führte den Oberbefehl im Krieg gegen die Numantiner und wurde mehrfach geschlagen. Als seine Truppen 137 eingekesselt wurden, schloß er einen Kapitulationsvertrag, der sein Heer vor der Vernichtung rettete und Numantia die Unabhängigkeit zugestand. Der Senat lehnte die Vereinbarung ab und bot den Numantinern die Auslieferung des H. an, die diese aber nicht annahmen. Wegen seiner Kapitulation wurde er aus dem Senat ausgeschlossen.

Hygin, Gaius Iulius Hyginus, röm. Autor, ca. 60 v. Chr.–10 n. Chr. H. war Freigelassener und Bibliothekar des Augustus. Von seiner vielfältigen Schriftstellerei ist nichts erhalten. Aus dem 2. Jh. n. Chr. stammt ein unter seinem Namen überliefertes Handbuch der Sternsagen in vier Büchern (*De astronomia*) sowie ein mytholog. Handbuch (*Fabulae*), das Götter- und Heroengenealogien, knappe Inhaltsangaben von Mythenbearbeitungen aller wichtigen Sagenkreise, daneben Vermischtes zu Literatur, Geschichte, Mythologie und Geographie enthält. **Lit.:** L. Duret, in: ANRW II 30, 3 (1983) 1539–1543.

Hypatia (gr. Hypatia) aus Alexandria, griech. Mathematikerin und Philosophin, Tochter des Mathematikers Theon, ca. 370–415 n. Chr. Sie überarbeitete Theons Kommentar des Almagests, ihre Kommentare zu Diophantos und Apollonios von Perge sind verloren. Sie war eine einflußreiche Vertreterin des Neuplatonismus in Alexandria und wurde von dem von Bischof Kyrillos aufgehetzten christl. Mob in Stücke gerissen. **Lit.:** M. Dzielska, H. of Alexandria (1995).

Hypereides aus Athen, griech. Redner und Politiker, 389–322 v. Chr. In der Antike wurden H., der zum Kanon der zehn att. Redner zählte, 77 Reden zugeschrieben, von denen sechs durch Papyrusfunde größtenteils erhalten sind. Er war Schüler des Isokrates und begann seine Karriere als Logograph. In der athen. Politik war er Anführer der antimakedon. Partei. In den sog. Harpalos-Prozessen war H. einer der Ankläger des Demosthenes (323). Im Lam. Krieg 323/22 wurde er zu einem der wichtigsten athen. Politiker, 322 erhielt er die ehrenvolle Aufgabe, den Epitaph zu halten. Nach der athen. Niederlage ließ ihn Antipater hinrichten. Zu den berühmtesten Reden des H. zählte in der Antike seine Verteidigung der stadtbekannten Hetäre Phryne: als seine rhetor. Anstrengungen fehlzuschlagen drohten, soll er die nackte Phryne den Richtern vorgeführt haben und mit diesem Appell an die Sinne der Richter den Freispruch seiner Mandantin erwirkt haben. **Lit.:** J. Engels, Studien zur polit. Biographie des H. (²1993).

Hypsikles (gr. Hypsikles) aus Alexandria, griech. Mathematiker und Astronom, 2. Jh. v. Chr., Verf. einer Abhandlung über regelmäßige Körper (Polyeder), die als 14. Buch den *Elementen* Euklids angefügt wurde. In einer weiteren Schrift *Anaphorikos* (*Aufgangszeiten*) berechnet er die Aufgangszeiten der Sternbilder; in dieser Untersuchung wird zum erstenmal der Kreis in 360° eingeteilt (Mathematik).

Ibykos aus Rhegion (heute Reggio di Calabria), Mitte 6. Jh. v. Chr. Über sein Leben ist wenig bekannt. Er soll seine Heimat verlassen haben, da er Tyrann werden sollte. Auf Samos lebte er nach Eusebios' Chronik zur Zeit des Tyrannen Polykrates. Er soll durch Räuber erschlagen worden sein. I. verfaßte mytholog. Gedichte im Stil des Stesichoros und enkomiast. Dichtungen. Das längste Fragment ist ein Lobpreis der Schönheit des Polykrates, in dem I. sich von den traditionellen ep. Stoffen in der Nachfolge Homers lossagt und neuen, erot. Themen zuwenden will. Die Gedichte des I. zeichnen sich durch eine starke bildl. Sprache aus; sie sind in der chorlyr. Kunstsprache und einer Vielzahl lyr. Metren verfaßt. Lit.: D. E. Gerber, Euterpe (1970) 207 ff.

Iktinos, einer der bedeutendsten Architekten der Antike. Er arbeitete im 5. Jh. v. Chr. und erbaute zusammen mit Kallikrates den Parthenon auf der Athener Akropolis, entwickelte Pläne für das Telesterion (Mysterienheiligtum) von Eleusis und den Apollon-Tempel von Phigalia (Bassai). I. begründete ferner die att. Bauordnung, eine Verschmelzung dor. und jon. Bauelemente, sowie eine neue Art der Raumgestaltung mit innerhalb des Tempels umlaufender Säulenstellung. Lit.: G. Gruben, Die Tempel der Griechen (⁴1986). – GGGA (1999).

Ingenuus, Statthalter von Pannonien, wurde 260 n. Chr. von seinen Truppen zum Gegenkaiser des Gallienus ausgerufen. Er wurde bei Mursa besiegt und starb auf der Flucht.

Ion, griech. Autor von der Insel Chios, ca. 480–421 v. Chr.; sein Werk ist nur fragmentarisch erhalten. I. ist eine Ausnahmeerscheinung unter den Autoren des 5. Jh., da er sich in verschiedenen literar. Gattungen – Prosa wie Poesie – betätigte (Lyrik, bes. Dithyramben; Elegien, Tragödien; Lokalgeschichte, philosoph. Traktat). Wegweisend ist seine Schrift *Epidemiai,* in der er in anekdot. Stil über das Zusammentreffen mit berühmten Zeitgenossen plaudert. Lit.: A. Leurini, I. (1992).

Iphikrates, gest. um 355 v. Chr., athen. Söldnerführer und Feldherr, übernahm 393 das Kommando über die von Konon angeworbenen Truppen und führte im Korinth. Krieg (395–386) mehrere Feldzüge in die Peloponnes, die Sparta nicht unbeträchtl. Probleme bereiteten. Nach Kriegsende verdingte er sich als Söldnerführer in pers. und thrak. Diensten und heiratete eine thrak. Fürstentochter. Berühmt wurde er bes. für seine militär. Neuerungen, indem er den Einsatz der Leichtbewaffneten (Peltasten) gegenüber den Schwerbewaffneten (Hopliten) aufwertete und ein ständig befestigtes Lager einführte.

Irenäus (gr. Eirenaios), Bischof von Lyon (Lugdunum), aus Kleinasien stammend, ca. 130–200 n. Chr. Im Montanismus-Streit wurde I. eine der wichtigsten Persönlichkeiten des ökumen. Ausgleichs. Von seiner Schrift *Entlarvung und Widerlegung der falschen Gnosis* in 5 Büchern sind zahlreiche Fragmente bei Eusebios, eine armen. und syr. Teilübersetzung sowie eine vollständige latein. Übersetzung vorhanden. Ebenfalls nur fragmentarisch sind die protrept. Briefe *Gegen Blastus über das Schisma* und *Über die Monarchia oder daß Gott nicht Schöpfer der Übel sei* sowie die Schrift *Über die Ogdoas.* Das Werk *Darstellung apostolischer Verkündung* ist seit 1907 in armen. Übersetzung bekannt. I. erweist sich als philosophisch gebildeter Theologe, der im Sinne des Neuplatonismus Gott als Prinzip des Guten vertritt. Lit.: A. Benoit, Saint I. Introduction à l'étude de sa théologie (1960).

Isagoras (gr. Isagoras), athen. Politiker, nach dem Sturz der Peisistratiden (511/10 v. Chr.) Führer der Aristokraten und Gegner des Kleisthenes. In den innenpolit. Auseinandersetzungen nach dem Ende der Tyrannis setzte er sich zunächst durch und zwang seinen Rivalen Kleisthenes zur Flucht. Als er jedoch 508/07 die staatl. Macht einem Rat aus 300 Adligen übertragen wollte, wurde er vom empörten Volk auf der Akropolis eingeschlossen und zur Kapitulation gezwungen. Er floh nach Sparta, doch scheiterte ein Versuch des spartan. Königs Kleomenes I., ihn mit Gewalt nach Athen zurückzuführen. I. wurde in Abwesenheit zum Tode verurteilt und trat polit. nicht mehr in Erscheinung.

Isidor (lat. Isidoros) von Sevilla, lat. Autor, Bischof, ca. 560–636 n. Chr. I.s literar. Tätigkeit war vorwiegend didaktisch ausgerichtet: er wollte zur Bildung des heim. Klerus beitragen. Seine *Etymologiae* sind eine aus Cassiodor und Boethius geschöpfte enzyklopäd. Zusammenstellung des gesamten theolog. und profanen Wissens, seine zwölf Bücher *Sententiae* (*Meinungen*) ein aus Augustinus und Gregor d. Gr. kompiliertes

Handbuch der Dogmatik und Ethik. Daneben verfaßte er eine Weltchronik, eine Geschichte der Westgoten, eine Literaturgeschichte und weitere didakt., bes. grammat. Schriften. I. ist ein wichtiger Vermittler antiker Kultur zwischen Spätantike und MA. Mit seinem Tod wird gemeinhin das Ende der Antike gleichgesetzt. **Lit.:** J. Fontaine, I. de Séville et la culture classique dans l'Espagne wisogothique (1959).

Ismenias, theban. Politiker und Führer der antispartan. Partei in seiner Heimatstadt, unterstützte nach dem Ende des Peloponnes. Krieges den Athener Thrasybulos im Kampf gegen die von Sparta eingesetzten Dreißig Tyrannen und war maßgeblich an der Teilnahme Thebens am Korinth. Krieg (395–386) beteiligt. Nach dem Handstreich der Spartaner gegen die Kadmeia, die Burg von Theben (382), wurde er von diesen verhaftet und wegen angebl. Perserfreundlichkeit hingerichtet.

Isokrates (gr. Isokrates) von Athen, griech. Logograph, Redelehrer und polit. Publizist, 436–338 v. Chr. Erhalten sind 21 Reden, die allerdings größtenteils nicht vorgetragen, sondern schriftlich verbreitet wurden, ferner neun Briefe, darunter Unechtes. Aus wirtschaftl. Not mußte I. zunächst als Logograph Gerichtsreden für andere verfassen. Nach 390 leitete I., der selbst ein Schüler des Sophisten Gorgias war, für ein halbes Jahrhundert eine eigene Schule der Redekunst, aus der zahlreiche einflußreiche Pesönlichkeiten hervorgingen. Programmat. Charakter hat seine in dieser Zeit verfaßte Rede *Gegen die Sophisten*. I. trat ein für eine rhetor., praxisbezogene Bildung im Gegensatz zum philosoph.-intellektuellen Bildungsideal seines Zeitgenossen Platon. Zu den Voraussetzungen eines guten Redners gehörten für ihn gleichermaßen Naturanlage, Ausbildung und prakt. Übung. Seine Auffassung vom charakterbildenden Wert sprachlich-formaler Ausbildung wirkt über Cicero und Erasmus bis in die Gegenwart nach. – Oberstes polit. Ziel des I. (der freilich nie ein polit. Amt bekleidete), formuliert im *Panegyrikos* (ca. 380) und zahlreichen anderen Schriften, war die Einigung der griech. Städte zum gemeinsamen Kampf gegen Persien. In dem Sendschreiben *Philippos* (346) erhoffte I. sich die Durchsetzung dieser Ziele von dem Makedonenkönig gleichen Namens, dessen monarch. Herrschaft er pries. Seine letzte Schrift, den *Panathenaikos* (339), vollendete er mit 97 Jahren. Der oft gegen I. erhobene Vorwurf mangelnder Originalität ist nicht berechtigt, denn nicht wenige literar. Gattungen wurden von ihm begründet. Der *Euagoras* (ca. 370), eine idealisierende Kurzbiographie des Königs von Zypern, ist das erste Prosa-Enkomion auf einen Zeitgenossen, wobei diese Schrift zusammen mit *An Nikokles* (ca. 372) zugleich die Funktion eines Herrscherspiegel erfüllt. Die *Antidosis* (353) stellt, in Form einer fingierten Gerichtsrede, die erste eigentl. Autobiographie der Antike dar. Über seine Schüler Ephoros und Theopomp beeinflußte I. das Aufkommen der sog. rhetor. Geschichtsschreibung. Mit seinen polit. Denkschriften bewirkte I. zu Lebzeiten wenig, wurde aber in neuerer Zeit als ›Prophet des Hellenismus‹ gewürdigt. **Lit.:** K. Bringmann, Studien zu den polit. Ideen des I. (1965). – Chr. Eucken, I. und seine Position in der Auseinandersetzung mit den zeitgenöss. Philosophen (1983). – I., Sämtl. Werke, übers. Ch. Ley-Hutton und K. Brodersen, I–II (1993–97). – GGGA (1999).

Jamblichos (1), griech. Autor, 3. Jh. v. Chr., Verf. eines bei Diodor nur in Auszügen erhaltenen phantast.-utop. Reiseromans, der nachhaltig die utop. Entwürfe der Renaissance prägte (T. Morus, T. Campanella).

Jamblichos (2), Verf. des griech. Liebesromans *Babyloniaka*, von dem nur die Inhaltsangabe des Photios sowie

Fragmente erhalten sind. Der lange und verwickelte, streckenweise recht grausame Roman handelte von der Flucht des Ehepaars Rhodanes und Sinonis vor dem babylon. König Garmos bzw. seinen Häschern. Die rasende Eifersucht der Sinonis im weiteren Handlungsverlauf ist ungewöhnlich für diese Gattung. Der Verf., laut Photios ein Syrer, lebte wahrscheinlich im 2. Jh. n. Chr. **Lit.:** S. A. Stephens/J.J. Winkler (Hg.), Ancient Greek Novels. The Fragments (1995) 179–245.

Jamblichos (3) aus Chalkis (Syrien), griech. Philosoph, ca. 280–330 n. Chr., Schüler des Porphyrios, Begründer einer synkretist. neuplaton. Schule, in der er einen Lehrplan und Kriterien zur Interpretation der platon. Schriften entwikkelte. Erhalten sind vier Bücher einer überblicksartigen Geschichte der pythagoreischen Philosophie und eine Schrift *De Mysteriis* (Über die Mysterien). **Lit.:** H. Blumenthal (Hg.), The Divine Iamblichus (1993).

Jesus von Nazareth. *I. Quellen:* Da J. selbst nichts Schriftliches hinterlassen hat, sind wir bei der Rekonstruktion seines Lebens und Wirkens von sekundären, nichtchristl. und christl. Zeugnissen abhängig. Von den paganen Autoren berichtet als erster Flavius Josephus in den *Jüd. Altertümern* (20, 200) daß 62 n. Chr. Jakobus hingerichtet worden sei, ein Bruder Jesu, der auch Christus genannt werde. Ob das in demselben Werk stehende sog. *Testimonium Flavianum* (18, 63 f.) authentisch ist, ist umstritten. Darin wird aus gleichsam christl. Perspektive im Zusammenhang mit der Amtszeit des röm. Statthalters Pontius Pilatus das Leben Jesu in Kurzform referiert. Tacitus erwähnt in den *Annalen* (15, 44) beiläufig, daß J. unter Pontius Pilatus hingerichtet worden sei. Andere Quellen (Plinius d.J., Sueton) gehen auf das aufkommende Christentum, nicht auf J. als histor. Person ein. Die paganen Quellen sind vorwiegend polemisch, belegen jedoch die Historizität von J. Die ältesten christl. Zeugnisse zu J. finden sich in den Briefen des Paulus (ca. 50–

60 n. Chr.) und in den Evangelien (70–100). Weitere nicht-kanon. frühe Quellentexte sind der Papyrus Egerton (ca. 150 n. Chr.), in dem ein Streitgespräch und Wundertaten Jesu berichtet werden, das Thomas-Evangelium (ca. 140 n. Chr.), eine Sammlung von 114 Aussprüchen (Logien) Jesu, und das Petrus-Evangelium (ca. 200 n. Chr.), der Bericht (angeblich des Apostels Petrus) der Passion Jesu. Von den christl. Quellen wird man nach dem derzeitigen Forschungsstand der synopt. Überlieferung (Markus, Matthäus, Lukas) vor dem Johannes-Evangelium und den nicht-kanon. Texten, die teilweise von den Synoptikern abhängen, den Vorzug geben müssen. – *II. Leben und Wirken:* J. stammte aus einer jüd., sich auf David zurückführenden Familie; sein Vater war Joseph, seine Mutter Maria (bzw. Mirjam). Markus (6, 3) erwähnt neben Schwestern auch vier Brüder. Geboren wurde er wahrscheinlich vor 4 v. Chr.; er wuchs in Nazareth in Galiläa auf. Aus einer Bauhandwerkerfamilie (Markus 6, 3) stammend, gehörte J. zu den ärmeren Bevölkerungsschichten, die eher jüdisch-konservativ als durch die griech.-hellenist. Kultur geprägt waren. Religiös wurde J. in entscheidendem Maße durch die von Johannes dem Täufer ins Leben gerufene Erneuerungs- und Bußbewegung beeinflußt. Sein erstes öffentl. Auftreten erfolgte wohl auch unmittelbar (und vermutlich als Reaktion) auf die Hinrichtung des Johannes (Markus 1, 14), nach Lukas (3, 23) im 30. Lebensjahr. Sein Auftreten war von Anfang an von Manifestationen übermenschl. Kräfte und Fähigkeiten (Heilungen) begleitet – gleichsam als Legitimationen seiner göttl. Sendung. Ebenfalls von Anfang an sammelte er Jünger und Anhänger um sich (Markus 1, 16 ff.), zumeist auch aus der Unterschicht (Fischer), die mit J. eine Lebensgemeinschaft bildeten und dafür ihre Familien verließen. Neben diesem engen Zwölferkreis von Jüngern, die die zwölf Stämme Israels repräsentieren, gab es Anhänger Jesu, darunter auch Frauen, die ortsansässig blie-

ben, J. jedoch unterstützten. Im Zentrum der Lehre Jesu steht das Kommen des ›Gottesreichs‹ und das Nahen der ›Königsherrschaft Gottes‹, die sich in den Wundertaten bereits punktuell ankündigt. Eine Berechnung des Zeitpunkts des Eintretens der Gottesherrschaft ist jedoch ausgeschlossen (Lukas 17, 20). Im Gottesreich wird das Böse besiegt, Not und Armut beseitigt. Wer sich zu dem neuen Leben in Erwartung des Gottesreichs entschließt, Buße und Umkehr tut, kann daran ohne Rücksicht auf moral. oder soziale Voraussetzungen teilhaben. Daraus resultieren die Auseinandersetzungen mit den Pharisäern (Schriftgelehrten), die allein die Erfüllung des Gesetzes forderten. – Was seinen Tod anbelangt, kann durch die Analyse der divergierenden Passionsgeschichten der Evangelisten als gesichert gelten, daß J. von dem röm. Statthalter Pontius Pilatus in einem röm. Gerichtsverfahren als Aufständischer zum Tode durch Kreuzigung verurteilt worden ist. Das Todesjahr während der Amtszeit des Pilatus (27–34) ist wohl eher 30 als 33 (nach Johannes), die synopt. Tradition gibt 27. Bald nach Jesu Tod ereigneten sich Visionen unter seinen Jüngern, die dahingehend gedeutet wurden, daß J. von den Toten auferstanden sei und nun als Sohn Gottes im Himmel throne. Gott habe seinen Sohn zur Rettung der Menschheit in die Welt gesandt; J. habe den Sühnetod auf sich genommen; seine Wiederkehr (Parusie) als Richter, Retter und Herrscher der Menschen stehe unmittelbar bevor. **Lit.:** M. Smith, Auf der Suche nach dem histor. J. (1974). – C. A. Evans, Life of J. (1989). – F. F. Bruce, Außerbibl. Zeugnisse über J. und das frühe Christentum (³1993). – E. P. Sanders, Sohn Gottes (1996).

Johannes Chrysostomos aus Antiochia, griech. Theologe, Patriarch von Konstantinopel, 334/54–407 n. Chr. Erst als Erwachsener konvertierte J. zum Christentum (372) und zog sich als Eremit in die Einöde bei Antiochia zurück; 381 wurde er zum Diakon, 386 zum Priester geweiht. Die in Antiochia gehaltenen Predigten begründeten seinen Ruhm als Redner (daher auch sein Beiname Chrysostomos, »Goldmund«). 398 wurde er in Konstantinopel zum Bischof geweiht. Seine zahlreichen erhaltenen Predigten sind bes. der Exegese des Alten und des Neuen Testaments gewidmet; bes. die an das Volk von Antiochia gerichteten Reden dokumentieren eine an der Zweiten Sophistik geschulte Rhetorik. Daneben sind theolog. Abhandlungen erhalten und ein umfangreiches Brief-Corpus (236 Briefe). **Lit.:** C. Baur, Der hl. J. C. und seine Zeit I-II (1929–30).

Johannes von Damaskus, griech. Theologe, ca. 680–750 n. Chr., Verf. zahlreicher theolog. Schriften, in denen er das christl. Lehrgut kompilierte und systematisierte. Sein Hauptwerk ist die *Quelle der Erkenntnis*, in der er den Versuch unternimmt, nach der Darstellung der Geschichte der Häresien eine systemat. Dogmatik zu entwerfen. **Lit.:** LACL (1998).

Jordanes, lat. Autor got. Abstammung, 6. Jh. n. Chr., Verf. einer Geschichte der Goten (*Getica*), die sich als Zusammenfassung von Cassiodors (verlorenem) gleichnamigen Werk gibt, und einer Weltchronik von den Anfängen bis ins Jahr 551 n. Chr. In beiden Werken ergreift J. Partei für Kaiser Justinian, den er als legitimen Nachfolger der röm. Kaiser ansieht. **Lit.:** W. Goffart, The Narrators of Barbarian History (AD 550–800) (1988) 20–101.

Josephus, Flavius Iosephus, um 37–100 n. Chr., jüd. Historiker, entstammte einem alten Priestergeschlecht und nahm als Feldherr am Jüd. Aufstand (66–70) gegen die röm. Herrschaft teil. 67 geriet er in Gefangenschaft, wurde aber schon bald von Vespasian freigelassen und war in dessen Begleitung Augenzeuge der Belagerung Jerusalems. Seine vollständig erhaltenen Hauptwerke sind eine *Geschichte des Jüdischen Krieges* (66–70) in sieben Büchern und eine gesamtjüd. Geschichte (*Jüd. Altertümer*) in 20 Büchern, in der er die histor. Gleichwertigkeit seines Volkes mit anderen Völkern nachweisen wollte. Er verfaßte ferner eine Autobiographie, in der er seine spätere proröm. Einstellung verteidigte, und ein polit. Traktat *Gegen Apion*, in der er sich mit den judenfeindl. Verleumdungen des Alexandriners Apion auseinandersetzte. Ziel seiner Geschichtsschreibung war die Versöhnung des Judentums mit der röm.-hellenist. Welt. Er scheiterte mit diesem hohen Anspruch, da er einerseits von seinen Landsleuten als Verräter betrachtet und andererseits als Schriftsteller von den Römern nicht genügend beachtet wurde. Dennoch ist sein Werk die wichtigste Quelle für die jüd. Geschichte in den beiden Jahrhunderten vor und nach Christus und wurde seit dem Mittelalter vielfach gelesen. **Lit.:** Fl. Josephus, Der Jüd. Krieg, hg. O. Michel, O. Bauernfeind, I-III (1963–82). – P. Bilde, Flavius Josephus between Jerusalem and Rome (1988).

Jovianus, Flavius Iovianus, um 331–364, röm. Kaiser, wurde 363 nach dem Tode Julians als Befehlshaber der Leibwache zu dessen Nachfolger ausgerufen. Er beendete den Perserkrieg seines Vorgängers auf dem Verhandlungsweg und verzichtete auf den Besitz Armeniens und Mesopotamiens. Als Christ gab er der Kirche ihre Privilegien zurück, übte aber auch gegenüber den Heiden Toleranz. Er starb nach nicht einjähriger Regierung 364 auf dem Rückweg nach Konstantinopel.

Jugurtha, um 160–104 v. Chr., König der Numider, Sohn des Mastanabal und Enkel des Massinissa, unterstützte bereits 134 bei den Kämpfen um Numantia die röm. Truppen mit einem Hilfskontingent und lernte dort ihre Sprache und Lebensart kennen. Nach dem Tode seines Onkels Micipsa (118) übernahm er gemeinsam mit dessen Söhnen Hiempsal und Adherbal die Herrschaft. Nachdem aber schon bald Streitigkeiten ausgebrochen waren, ließ J. Hiempsal ermorden und versuchte, Adherbal aus der Regentschaft zu verdrängen. Dieser suchte nach seiner militär. Niederlage Unterstützung in Rom,

das kein Interesse daran hatte, einen mächtigen Alleinherrscher in Nordafrika zu etablieren. Nachdem J. die röm. Weisung, künftig wieder gemeinsam mit Adherbal zu regieren, dadurch unterlief, daß er diesen nach seiner Rückkehr (112) ermorden ließ, erklärte ihm Rom 111 den Krieg (Jugurthin. Krieg, 111–105). In der ersten Phase der. Kämpfe (111–110) gelang es J., durch Bestechung der röm. Feldherrn und einflußreicher Senatoren für ihn günstige Friedensbedingungen auszuhandeln, die aber später wieder annuliert wurden. Im zweiten Abschnitt (109–108) übernahm Q. Caecilius Metellus den röm. Oberbefehl, besiegte den König mehrmals und drängte ihn durch eine energ. Kriegsführung zurück, ohne ihn endgültig unterwerfen zu können. In der Endphase (107–105) eroberte Marius die letzten Bastionen J.s und zwang ihn zur Flucht zu seinem Schwiegervater Bocchus von Mauretanien (heute Marokko), der ihn nach zähen Verhandlungen, die auf röm. Seite Sulla führte, 105 auslieferte. Im Jahr danach wurde er im Triumphzug des Marius mitgeführt und anschließend hingerichtet. Die Geschichte J.s und des Jugurthin. Krieges ist bes. durch die Monographie des Sallust bekannt, der anhand der Ereignisse und Hintergründe den Sittenverfall in Rom nachzuweisen versuchte.

Julia (1), ca. 76–54 v. Chr., einzige Tochter Caesars, heiratete 59 den um 30 Jahre älteren Pompeius, mit der ihr Vater gerade ein polit. Bündnis (1. Triumvirat) geschlossen hatte. Die Ehe war sehr glücklich; J. starb 54 im Wochenbett. Ihr Tod begünstigte die Verschlechterung der Beziehungen zwischen Caesar und Pompeius.

Julia (2), 39 v. Chr.–14 n. Chr., Tochter des Augustus aus seiner Ehe mit Scribonia, heiratete 25 ihren Vetter Marcellus und nach dessen frühen Tod (23 v. Chr.) M. Vipsanius Agrippa, mit dem sie fünf Kinder hatte. 2 v. Chr. wurde sie von ihrem Vater wegen unsittl. Lebenswandels verbannt und starb 14 n. Chr. in Rhegion.

Julia Domna, gest. 217 n. Chr., Tochter eines syr. Priesters und zweite Gemahlin des Septimius Severus, von diesem Mutter der späteren Kaiser Caracalla und Geta. Sie begleitete ihren Mann auf Feldzügen und hatte zeitweise großen Einfluß auf die Regierungsgeschäfte. Nach der Ermordung ihres Sohnes Caracalla (217) nahm sie sich das Leben. **Lit.:** A.R. Birley, The African Emperor Septimius Severus (²1988).

Julia Maesa, gest. 225 n. Chr., Schwester der Julia Domna und Großmutter der Kaiser Elagabal und Severus Alexander. Nach der Niederlage des Usurpators Macrinus (218) verschaffte sie ihrem Enkel Elagabal den Thron, zögerte aber 222 nicht, diesen zugunsten des Severus Alexander fallenzulassen, als seine Herrschaft durch vielfältige Exzesse untragbar geworden war.

Julian, Salvius Iulianus, aus Hadrumentum (Nordafrika), röm. Jurist, 2. Jh. n. Chr. J. begann seine polit. Karriere unter Hadrian, 148 wurde er Konsul. Hadrian übertrug ihm die endgültige Redaktion des prätor. Edikts (*edictum praetorium*), das Rechtsschutzverheißungen enthält. Seine Lösungen sind stets sachlich überzeugend und anschaulich. Sein Hauptwerk sind die 90 Bücher umfassenden *Digesta* (*Rechtsfälle*). **Lit.:** D. Liebs, in: HLL IV (1997).

Julius, Gaius J. Caesar, gest 85 v. Chr., Vater des gleichnamigen berühmten Staatsmannes, erreichte um 92 die Prätur und war ein Schwager des Marius. Eine größere polit. Bedeutung erlangte er nicht.

Junius, Lucius J. Silanus, 25–49 n. Chr., Ururenkel des Augustus, wurde bereits im kindl. Alter mit Octavia, der Tochter des späteren Kaisers Claudius, vermählt und begleitete diesen 43 auf seinem Britannienfeldzug. Er geriet in Konflikt mit Agrippina, der dritten Frau des Claudius, die Octavia mit ihrem eigenen Sohn Nero verheiraten wollte und wurde Anfang 49 zum Selbstmord gezwungen.

Justinianus I., 482–565 n. Chr., oström. Kaiser (527–565), trat 527 die Nachfolge seines Onkels Justinus I. an und schlug – unterstützt von seiner Frau Theodora – 532 den Nika-Aufstand der byzantin. Circusparteien nieder. Außenpolitisch verfolgte er das großangelegte Konzept, das röm. Reich unter christl. Vorzeichen in seiner alten Größe wiederherzustellen. Sein Feldherr Belisar eroberte 533/34 das Vandalenreich in Nordafrika und führte seit 535 einen Krieg gegen die Ostgoten in Italien, die nach großen Anfangserfolgen der byzantin. Truppen, auf die beträchtl. Rückschläge folgten, erst 553 unter Anspannung aller Kräfte unterworfen werden konnten. Da J. zudem den Westgoten die Südspitze Spaniens entriß und gleichzeitig die Ostgrenze gegen die Sasaniden halten konnte, hatte er gegen Ende seiner Regierung sein außenpolit. Ziel nahezu erreicht. Doch nicht nur die äußere Macht, auch die spätantike Kunst, Literatur und Bautätigkeit erlebten eine letzte Blüte. Innenpolitisch setzte J. eine einschneidende Verwaltungsreform ins Werk und beauftragte den Rechtsgelehrten Tribonianus mit der Herausgabe einer umfassenden Rechtskodifikation, des Codex Iustinianus, der eine große Bedeutung für die Rechtsgeschichte erlangen sollte. Der Kaiser engagierte sich auch kirchenpolitisch und betrachtete sich nicht nur als weltl. Machthaber, sondern auch als von Gott eingesetzter Herr der Kirche. Seine Versuche, einen Ausgleich zwischen Orthodoxen und Monophysiten zu erreichen, scheiterten aber. J. gehört zu den bedeutendsten Herrschern der Spätantike und hat seine Zeit nachhaltig geprägt. Mit seinen Eroberungskriegen hat er jedoch die Kräfte des Reiches überspannt, und seine Nachfolger konnten den neuerl. Bedrohungen nicht mehr Herr werden. Dennoch gilt seine Regierung als glanzvoller Abschluß der spätantiken Epoche des (ost-)röm. Reiches. **Lit.:** W. Schubart, J. und Theodora (1943).

Justinus I., ca. 450–527 n. Chr., oström. Kaiser (518–527) diente sich in der Militärhierarchie nach oben und wurde 518 Nachfolger Anastasius' I. Er verfolgte die Monophysiten und bestellte kurz vor seinem Tod seinen Neffen Justinianus zum Nachfolger.

Justinus II., oström. Kaiser (565–578 n. Chr.), Neffe des Justinianus, verursachte durch diplomat. Fehler den Langobardeneinfall in Italien (568) sowie einen neuen Konflikt mit den Sasaniden. Seine Versuche, einen Ausgleich mit den Monophysiten zu erreichen, scheiterten.

Justinus Martyr aus Flavia Neapolis (Nablus/Palästina), griech. Apologet, ca. 100–165 n. Chr. In seinen theolog. Schriften versucht J. die Gemeinsamkeiten zwischen Christen- und Judentum und der heidn. Philosophie aufzuweisen. Sein *Dialog mit Rabbi Tryphon* ist der erste christl. Versuch, sich die literar. Gattung des philosoph. Dialogs anzueignen. In seinen *Apologien* will er die in der griech. Philosophie bereits angelegten christl. Wahrheiten (den sog. *logos spermatikos*) aufzeigen und nimmt damit Clemens von Alexandria vorweg. Zahlreiche andere Schriften waren wegen seiner Berühmtheit in der Spätantike unter seinem Namen im Umlauf. **Lit.:** L. W. Barnard, J. Martyr (1967).

Juvenal, Decimus Iunius Iuvenalis, aus Aquinum (Campanien), röm. Rhetor und Satiriker, 67 – nach 127 n. Chr. J. begann unter Trajan mit seiner Satirendichtung. Er verfaßte 16 Satiren in fünf Büchern. Themen sind in der satir. Tradition des Horaz die Sittenverderbnis und die Heuchelei der Gesellschaft, bes. der Oberschicht. J. geißelt das Großstadtleben und polemisiert in der Tradition des Semonides gegenüber dem weibl. Geschlecht. Maßstab ist das alte, idealisierte Rom. An die Stelle der philosoph. Lebensweisheit des Horaz setzt J. die herkömml. konservative Moral. Statt lächelnd und überlegen die Wahrheit zu sagen, eifert er in einem path. Stil, statt feiner Zurückhaltung bevorzugt er eine derbe und ungeschminkte Direktheit. **Lit.:** E. Courtney, A Commentary on the Satires of J. (1908).

Juvencus, Gaius Vettius Aquilinus Iuvencus, span. Presbyter, Verf. eines lat. Epos *Evangeliorum libri* (*Evangelien*), in dem in vier Büchern die Lebensgeschichte Christi in vergilian. Stil geschildert wird. Als Quelle sind das Matthäus-, Lukas- und Johannes-Evangelium benutzt; neben der Vetus Latina wurden offensichtlich auch die griech. Originaltexte verwertet. **Lit.:** R. Herzog, Die Bibelepik der lat. Spätantike I (1975).

Kadmos, legendärer Gründer der Stadt Theben. Er sucht auf Befehl seines Vaters, des Königs Agenor, seine von Zeus entführte Schwester Europa. Dabei erhält er vom delph. Orakel den Auftrag, an der Stelle, an der sich eine Kuh mit mandelförmiger Zeichnung niederlegt, eine neue Stadt zu gründen; dies geschieht am Fluß Asopos. K. erschlägt das über die Gegend wachende Ungeheuer und sät die Hälfte von dessen Zähnen in den Boden, dem bewaffnete Männer entsteigen, die sich gegenseitig töten; nur fünf bleiben übrig. Diese *Spartoi* (»Gesäte«) genannten fünf Männer ernennt K. zu den ersten Bürgern seiner Stadt Kadmeia und macht sie damit zu Ahnherren des theban. Adels. Mit seiner Frau Harmonia herrscht Kadmos über die neue, später Theben genannte Stadt. Er lehrt die Böotier, mit phöniz. Buchstaben zu schreiben (mytholog. Widerspiegelung der Übernahme des phöniz. Alphabets durch die Griechen im 8. Jh. v. Chr.). In hohem Alter verlassen K. und Harmonia auf den Rat des Dionysos die Stadt und werden von Ares in Illyrien in zwei Schlangen verwandelt und in die elys. Gefilde entrückt.

Kallikrates (1) (gr. Kallikrates), bedeutender Architekt des 5. Jh. v. Chr. Er wird von Plutarch gemeinsam mit Iktinos als Erbauer des Parthenon auf der Athener Akropolis genannt. Sein Name erscheint ferner in Zusammenhang mit der Planung und dem Bau des Athena-

Nike-Tempels (dort soll er auch für die Errichtung einer Polizeistation zuständig gewesen sein) und mit den Langen Mauern, der unter Perikles fertiggestellten Verbindungsstraße zwischen Athen und dem Hafen Piräus. **Lit.**: H. Svenson-Evers, Die griech. Architekten archaischer und klass. Zeit (1996). – GGGA (1999).

Kallikrates (2) (gr. Kallikrates), gest. 149/48 v. Chr., achäischer Feldherr und Politiker, Gegner des Philopoimen und Lykortas, stand an der Spitze der proröm. Partei des Bundes und verzichtete weitgehend auf eine eigenständige Politik. Er denunzierte seine innenpolit. Rivalen in Rom, was 168 zu größeren Deportationen führte. Beim Aufstand des Achäerbundes gegen die röm. Hegemonie (148) wurden seine Standbilder von der aufgebrachten Menge gestürzt.

Kallimachos aus Kyrene, griech. Dichter und Philologe, ca. 310–240 v. Chr. K. wirkte am Hof der ersten drei Ptolemäer in Alexandria, war Mitglied des Museions und Verf. des Katalogs der alexandrin. Bibliothek (sog. Pinakes, »Tafeln«). K. ist der bedeutendste Dichter des Hellenismus und wichtigstes Vorbild für die hellenistisch geprägte röm. Literatur. Von dem umfangreichen Werk, das neben den verschiedenen poet. Gattungen auch gelehrte Prosaschriften zur griech. Kulturgeschichte umfaßte, sind nur sechs Hymnen und ca. 63 Epigramme als ganzes erhalten. Die *Mailänder Diegesis*, ein Papyrus von ca. 100 n. Chr., gibt Zusammenfassungen anderer Werke, der *Aitia, Jamben*, lyr. Gedichte, *Hekale* und Hymnen. Das Hauptwerk, die vier Bücher der *Aitia* (*Ursprünge*), vereinigt in sich Elegien unterschiedl. Typs (epigrammatisch, mytholog.-narrativ) zum gemeinsamen Thema der ›Gründungen‹ von Städten, Festen und religiösen Bräuchen in ganz Griechenland. Das Material wird in der lebhaften Form fiktiver Gespräche präsentiert. Literaturgeschichtlich folgenreich und bis heute diskutiert ist der Prolog der *Aitia*, in dem K. als Reaktion auf gegen ihn vorgebrachte Kritik eine bestimmte Form der heroischen und kontinuierlich erzählenden Elegie ablehnt. Buch 4 endet mit einer epigrammat. Elegie auf die *Locke der Berenike*, die Catull übersetzt hat. Die 13 *Jamben* in verschiedenen Metren veranschaulichen in scherzhaftem Ton das Prinzip einer vielgestaltigen Dichtkunst (*polyeideia*), in der die alten Gattungen und Metren vermischt werden. K.' *Jamben* verbinden den Jambus des Hipponax mit verschiedenen Arten der Gelegenheitspoesie. Diese neue Art von Dichtung hat insbes. auf Catull und auf Horaz (*Epoden*) gewirkt. Als Experimente mit den Gattungstraditionen können auch die eleg. 5. Hymnus und das eleg. Epinikion für Sosibios betrachtet werden. Die hexametr. Mythenerzählung *Hekale* gewinnt ihre Originalität aus der rustikalen Szenerie und den Vögeln in der Erzählerrolle. Dieses für K. charakterist. Spiel mit den Sprecherrollen zeigt sich in konzentrierter Form in seinen erot. und fiktiv-inschriftl. *Epigrammen*. Auch die *Hymnen* orientieren sich in ihrem Aufbau an einer alten Gattung, variieren dabei aber Dialekt und Metrum. Neuartig ist die dramatisierte Darstellung der Rahmenhandlung in den Hymnen 2, 5 und 6 in Form eines literar. Mimus. Während sich die ältere Forschung zu K. bes. mit dem poet. Programm und dem vermeintl. Gegensatz zu Apollonios von Rhodos befaßt hat, wird in letzter Zeit vermehrt die Präsentation des Stoffes für Hörer und Leser in den Blick genommen. **Lit.**: G. O. Hutchinson, Hellenistic Poetry (1988). – A. Cameron, Callimachus and his Critics (1995). – GGGA (1999).

Kallinos, ältester erhaltener griech. Lyriker aus Ephesos, Anfang 7. Jh. v. Chr. Ein Fragment einer Elegie fordert zum Abwehrkampf gegen die Kimmerier auf. **Lit.**: H. Fränkel, Dichtung und Philosophie der frühen Griechentums (³1969) 170–179.

Kallisthenes (gr. Kallisthenes), um 370–327 v. Chr., griech. Historiker und Philosoph aus Olynth, Großneffe des Aristoteles, begleitete Alexander d.Gr.

als Hofhistoriker bei seinem Perserfeldzug. 327 wandte er sich entschieden gegen die Versuche des Königs, die Pro-
skynese einzuführen, und wurde im
Zusammenhang mit der sog. Pagenver-
schwörung hingerichtet. Sein Geschichtswerk, das nur aus Zitaten späte-
rer Autoren bekannt ist, behandelte den
Alexanderzug mindestens bis zur
Schlacht bei Gaugamela (331) und verherrlichte die Taten der Makedonen.
Alexander wurde als »zweiter Achill« in
eine nahezu göttl. Sphäre gerückt. Unter
seinem Namen kursiert auch der sog.
Alexanderroman. **Lit.:** L. Prandi, Calli-
stene (1985). – O. Lendle, Einführung in
die griech. Geschichtsschreibung (1992)
151–160.

Kambyses II., pers. Großkönig
(529–522 v. Chr.), Sohn und Nachfolger
des Kyros, eroberte 525 Ägypten und
beseitigte damit den letzten machtpolit.
Rivalen der Achämeniden im Vorderen
Orient. Im Gegensatz zu seinem Vater
war er wesentlich intoleranter gegenüber fremden Religionen und beging
schwerwiegende Übergriffe (Tötung des
Apis-Stieres in Memphis). 522 wurde er
durch den Aufstand des Magiers Gaumata, der sich als sein ermordeter Bruder Bardiya ausgab, zur Umkehr gezwungen, starb aber auf dem Rückmarsch an einer Fußverletzung.

Karneades, (gr. Karneades), griech.
Philosoph aus Kyrene, ca. 214–129 v.
Chr., Begründer und Schulleiter der
Neuen Akademie. K. hat keine Schriften
hinterlassen, galt aber als glänzender
Redner. Er bestritt entschieden die Existenz eines Kriteriums, um die Wahrheit
zu finden; das Disputieren nach beiden
Seiten (*disputare in utramque partem*)
diente ihm dazu, das Wahrscheinliche
aufzuweisen. Gegen die stoische Lehre
des vorbestimmten Schicksals trat er für
die Willensfreiheit ein. 156/55 nahm er
an der sog. Philosophengesandtschaft
nach Rom teil. **Lit.:** A. A. Long/D. N.
Sedley, Die Hellenist. Philosophen
(1999).

Kassander (gr. Kassandros), um
350–297 v. Chr., einer der Diadochen,

ältester Sohn des Alexandervertrauten
und späteren Reichsverwesers Antipater,
wurde beim Tode seines Vaters (319)
von diesem übergangen, der Polyperchon zu seinem Nachfolger bestellte. K.
verbündete sich daraufhin mit Antigonos, Lysimachos und Ptolemaios gegen
den Reichsverweser und konnte bedeutende Positionen in Süd- und Mittelgriechenland, darunter Athen, besetzen.
317 wurde er von Eurydike, der Gemahlin des nominellen Königs Philipps III.,
anstelle von Polyperchon zum neuen
Strategen von Europa ernannt und griff
diesen in Makedonien an. Er schloß
Olympias, die Mutter Alexanders, die
von Polyperchon zu Hilfe gerufen worden war und das Königspaar hatte um-
bringen lassen, in Pydna ein und zwang
sie 316 zur Kapitulation. Danach war er
der unumschränkte Machthaber in Makedonien und ließ den zweiten nominellen König, Alexander IV., mit seiner
Mutter Roxane in Amphipolis internieren. 315–311 beteiligte er sich am Koalitionskrieg gegen Antigonos und gründete auf der Chalkidike die neue Residenzstadt Kassandreia. Um seine
Machtansprüche abzusichern, heiratete
er Thessalonike, eine Tochter Philipps
II., und ließ 309 Alexander IV. beseitigen. 305 nahm er mit den übrigen Diadochen den Königstitel an. Nachdem er
bis 302 gegenüber Demetrios Poliorketes, dem Sohn des Antigonos, in Griechenland deutlich an Boden verloren
hatte, schloß er ein Bündnis mit Lysimachos und Seleukos, dem Antigonos in
der Schlacht bei Ipsos (301) erlag. K.
konzentrierte sich in der Folge ganz auf
Makedonien und starb 297 an den Folgen einer längeren Krankheit. Er übergab die Regierung an seinen Sohn Philipp IV., doch konnte sein Haus die
Herrschaft nicht lange behaupten. K.
strebte nie nach der Kontrolle über die
asiat. Teile des Alexanderreiches und
widmete seine ganze Aufmerksamkeit
den Interessen des makedon. Mutterlandes. **Lit.:** M. Errington, Geschichte Makedoniens (1986) 121–135.

Kephisodotos (der Ältere), griech.

Bildhauer aus Athen, der in der 1. Hälfte des 4. Jh. v. Chr. arbeitete; Vater und Lehrer des berühmten Praxiteles. Er schuf fast ausschließlich Götterdarstellungen. Von einem seiner Werke, der 374 in Athen aufgestellten Eirene, der Friedensgöttin mit dem Plutoskind (Reichtum) auf dem Arm, befindet sich eine Marmorkopie in der Münchner Glyptothek. **Lit.:** G. M. A. Richter, The Sculpture and Sculptors of the Greeks (1970). – A. F. Stewart, Greek Sculpture (1990).

Kimon, um 510–450 v. Chr., athen. Feldherr und Staatsmann, Sohn des Miltiades aus dem Geschlecht der Philaiden, beglich 489 die Geldstrafe, die man seinem Vater auferlegt hatte, und wurde in der Folgezeit zu einem der einflußreichsten Männer Athens. Als Stratege drängte er die Perser seit 478/77 im Ägäisraum weiter in die Defensive und errang einen glänzenden Sieg in der Seeschlacht am Eurymedon (um 469/66). Durch die Festigung des Att. Seebunds und die Besetzung von Positionen am Hellespont weitete er die athen. Macht beträchtlich aus. Durch unglückl. Versuche, sich in die Verhältnisse der Peloponnes einzumischen (462), sank sein polit. Einfluß, und 461 wurde er nach der Ermordung seines innenpolit. Gegners Ephialtes auf Betreiben der radikalen Demokraten ostrakisiert. Nach seiner Rückkehr 452/51 übernahm er den Oberbefehl über die Flotte im neu angefachten Perserkrieg, fiel aber, ohne seinen früheren polit. Einfluß wiedererlangt zu haben, bei Kämpfen auf Zypern. K. gehörte als Angehöriger eines alten Adelsgeschlechts zur Gruppe der konservativen Politiker in Athen. Er stand der uneingeschränkten Demokratie skeptisch gegenüber, behielt aber immer die Interessen seiner Vaterstadt im Auge und gefährdete nie den inneren Frieden. **Lit.:** H. Bengtson, Griech. Staatsmänner (1983) 94–108.

Kinesias (gr. Kinesias) aus Athen, griech. Dithyrambiker, ca. 450–390 v. Chr. Er wird von Aristophanes häufig wegen seines Aussehens und Namens

(›Bumsfidel‹) verspottet und gilt als einer der Hauptvertreter der Neuen Musik. **Lit.:** B. Zimmermann, Die griech. Komödie (1998) 141–143.

Kleanthes, griech. Philosoph aus Assos (Troas), Stoiker, ca. 331–232 v. Chr., Schüler und Nachfolger von Zenon von Kition. Er übernahm im Kern die Philosophie seines Lehrers. Erhalten ist ein Zeus-Hymnos, in dem K. den Gott als allmächtiges Naturgesetz und als Weltseele preist. **Lit.:** M. Pohlenz, Die Stoa I (⁷1992) 27 f.

Klearchos, spartan. Feldherr und Söldnerführer, brachte 411 im Peloponnes. Krieg Byzanz zum Anschluß an Sparta und verteidigte es 408 gegen einen athen. Gegenangriff. Nach Kriegsende 403 als Harmost in Byzanz eingesetzt, wurde er schon bald wegen Übergriffen gegen die Bevölkerung seines Postens enthoben und floh an den Hof Kyros' d. Jüngeren. Er warb für diesen griech. Söldner an und übernahm 401 das Kommando über das peloponnes. Truppenkontigent, mit dem er sich am Aufstand des Kyros gegen seinen Bruder Artaxerxes II. beteiligte. Nach der Schlacht bei Kunaxa (401) wurde er von Tissaphernes gemeinsam mit den übrigen griech. Strategen in einen Hinterhalt gelockt und ermordet. Einen Nachruf auf K. gibt Xenophon in der *Anabasis* (2, 6).

Kleisthenes (gr. Kleisthenes), Sohn des Megakles, athen. Staatsmann aus dem Geschlecht der Alkmäoniden, verbrachte die meiste Zeit der Peisistratidenherrschaft im Exil und versuchte durch Einflußnahme auf das Orakel von Delphi, Sparta zum militär. Eingreifen in Athen zu veranlassen. Nach dem Sturz der Tyrannis (511/10 v. Chr.) kehrte er zurück und initiierte 508/07, nach der Ausschaltung seines konservativen innenpolit. Gegners Isagoras, eine umfassende Staatsreform, die zur Grundlage der athen. Demokratie werden sollte. An die Stelle der vier alten Phylen setzte er zehn neue, die – in Trittyen untergliedert – eine gleichmäßige geograph. Mischung aus Stadt-, Berg-

und Küstenbewohnern darstellten und so das Aufkommen von Partikularinteressen verhinderten. Dabei war jede Phyle gleichberechtigt und paritätisch an der Besetzung der Staatsämter, des Rats der 500 (Boule) und der Wahl der Strategen beteiligt. Die Macht der alten Adelsversammlung, des Areopags, wurde zugunsten des Rates deutlich reduziert. Auch die Einrichtung des Ostrakismos, mit der eine neue Tyrannis verhindert werden sollte, geht wahrscheinlich auf K. zurück. Späteren Zeiten galt er als »Gründungsvater« der att. Demokratie. **Lit.:** W.J. Elliot, Coastal Demes of Attika (1962). – M. Ostwald, Nomos and the Beginnings of the Athenian Democracy (1969). – P. Siewert, Die Trittyen Attikas und die Heeresreform des K. (1982). – GGGA (1999).

Kleitarch (gr. Kleitarchos) aus Alexandria, griech. Historiker, 2. Hälfte 4. Jh. v. Chr., Schüler des Historikers Dinon und Philosophen Stilpon, Verf. einer *Geschichte Alexanders* in zwölf Büchern, von der 52 Fragmente erhalten sind. Das Werk scheint den Grundstock für die späteren Alexandergeschichten gebildet zu haben. **Lit.:** O. Lendle, Einführung in die griech. Geschichtsschreibung (1992) 168–171.

Kleitos, Gefährte Alexanders d.Gr., rettet diesem 334 v. Chr. am Granis das Leben, erhält nach der Hinrichtung des Philotas dessen Kommando und wird 328 zum Satrapen der Grenzprovinz Baktria/Sogdiana bestimmt. Bei einem Gelage fühlte sich Alexander von K. beleidigt und tötete ihn.

Kleobulos von Lindos, im 7./6. Jh. v. Chr. Tyrann von Lindos, der mächtigsten Polis auf Rhodos, wird zu den Sieben Weisen gezählt.

Kleomenes I., regierte um 525–488 v. Chr., spartan. König aus dem Haus der Agiaden, war 511/10 maßgebl. am Sturz der Peisistratiden in Athen beteiligt und unterstützte vergeblich Isagoras gegen dessen Rivalen Kleisthenes. 499 lehnte er eine spartan. Unterstützung des Jon. Aufstands ab und begründete durch einen Sieg über Argos die uneingeschränkte Hegemonie Spartas auf der Peloponnes. Innenpolitisch lag er im Konflikt mit dem zweiten König Demaratos, der schließlich abgesetzt wurde; auch führte er häufig Auseinandersetzungen mit den Ephoren.

Kleomenes III., um 260–220/19 v. Chr., spartan. König aus dem Haus der Agiaden 235–222, griff, nachdem er seine Macht gefestigt hatte, die soziale Reformpolitik Agis IV. wieder auf. Nach einem bedeutenden militär. Sieg über den Achäerbund 227 bei Megalopolis ließ er die Ephoren, die obersten Beamten Spartas, die allen Neuerungen ablehnend gegenüberstanden, überfallen und alle bis auf einen ermorden. Er errichtete eine Alleinherrschaft, enteignete den Großgrundbesitz und verteilte das Land an Periöken, die das volle Bürgerrecht erhielten. Die Ursache für den Niedergang Spartas sah K. bes. in der Verweichlichung der Spartiaten, deren Zahl seit dem 5. Jh. durch die Konzentration des Grundbesitzes drastisch abgenommen hatte (von ca. 6.000 auf 700) und dem Verfall der alten Erziehungsideale. Mit seinen Maßnahmen verfolgte er das Ziel, die früheren Verhältnisse eines homogenen und in der Gesellschaft fest verankerten Vollbürgertums wiederherzustellen, das er als Hauptgrundlage der alten spartan. Macht betrachtete. Gestützt auf die etwa 4.000 Neubürger setzte K. seinen Kampf gegen den Achäerbund mit dem Ziel fort, erneut die Hegemonie Spartas über die Peloponnes zu errichten. 226 schlug er den Bund bei Dyme vernichtend und konnte in der Folgezeit Argos erobern. Seinem polit. Ziel bereits nahe, wendete sich das Blatt, als der achäische Staatsmann Aratos von Sikyon den Makedonenkönig Antigonos III. Doson zu Hilfe rief. In die Defensive gedrängt, mußte er Argos wieder räumen und unterlag 222 in der Entscheidungsschlacht bei Sellasia, in der ein Großteil der Neubürger fiel. Während die verbündeten Truppen Sparta besetzten, floh K. nach Ägypten, wo er Zuflucht erhielt. Als ihm jedoch Ptolemaios IV. die polit. Unterstützung verweigerte, initiierte er 220/19 in Alexandria einen Aufstandsversuch, in dessen Verlauf er getötet wurde. Seine polit. Reformen in Sparta wurden nach seinem Sturz (222) wieder annuliert, die ungelösten sozialen Konflikte sollten aber auch die Folgezeit dominieren. Plutarch sieht in K. einen geistigen Vorläufer der Gracchen, die mit einem ähnl. Reformansatz in Rom die sozialen Konflikte entschärfen wollten. **Lit.:** H. Bengtson, Herrschergestalten des Hellenismus (1975) 165–183.

Kleon, athen. Feldherr und Staatsmann, war in der ersten Phase des Peloponnes. Krieges der führende Vertreter der Kriegspartei und innenpolit. Hauptgegner des Nikias. 425 v. Chr. zwang er das spartan. Truppenkontigent auf der der Peloponnes vorgelagerten Insel Sphakteria zur Kapitulation und nahm 292 Spartiaten gefangen. Er fiel 422 in Nordgriechenland bei Kämpfen vor Amphipolis. Sein Bild ist durch die Überlieferung (bes. Thukydides), die ihn als Musterbeispiel eines Demagogen darstellte, stark ins Negative verzerrt. **Lit.:** W. R. Connor, The New Politicians of Fifth-century Athens (1971).

Kleopatra (gr. Kleopatra), um 355–309/08 v. Chr., Tochter Philipps II. und Schwester Alexanders d.Gr., heiratete 336 ihren Onkel Alexander I. von Epirus; bei den Hochzeitsfeierlichkeiten wurde ihr Vater ermordet. Nach dem Tod ihres Mannes (331) wurde sie aus der Regentschaft zugunsten ihres Sohnes Neoptolemos II. von ihrer Mutter Olympias verdrängt und ging nach Makedonien. In der Diadochenzeit versuchten mehrere Machthaber, durch eine Ehe mit K. Legitimität zu gewinnen, doch widerstand sie allen diesbezügl. Versuchen. Als sie 309/08 dennoch eine Heirat mit Ptolemaios ins Auge faßte, wurde sie im Auftrag des Antigonos, der in einer solchen Verbindung eine Bedrohung sah, in Sardes ermordet.

Kleopatra I. (gr. Kleopatra), um 204–176 v. Chr., Tochter des Seleukiden Antiochos III. und Gemahlin Ptole-

maios V. von Ägypten, führte nach dem Tod ihres Mannes (180) die Regentschaft für ihren Sohn Ptolemaios VI. und ließ Münzen in eigenem Namen prägen.

Kleopatra II. (gr. Kleopatra), um 180–115 v. Chr., Tochter von Ptolemaios V. und Kleopatra I., rang mit ihren Brüdern Ptolemaios VI. und Ptolemaios VIII. um die Herrschaft in Ägypten und regierte phasenweise in wechselnden Konstellationen bis zu ihrem Tod.

Kleopatra VII. (gr. Kleopatra), 69–30 v. Chr., letzte ptolemäische Königin in Ägypten, wurde nach dem Tode ihres Vaters Ptolemaios XII. (51) von ihrem Bruder Ptolemaios XIII., mit dem sie das Land gemeinsam regieren sollte, von der Macht vertrieben. 48 erlangte sie die Unterstützung Caesars, der in der Verfolgung des Pompeius nach Ägypten gekommen war, und wurde nach der Niederschlagung des alexandrin. Aufstands von diesem als Königin anerkannt. Sie erhielt die Herrschaft über Zypern und begleitete 46 Caesar zusammen mit ihrem gemeinsamen Sohn, Kaisarion, nach Rom, was großes Aufsehen und z.T. heftigen Anstoß erregte. Nach der Ermordung Caesars (44) kehrte sie nach Ägypten zurück und gewann 41 die Gunst des Antonius, der nach der Niederlage der Caesarmörder bei Philippi (42) die Herrschaft über den Ostteil des röm. Reiches übernommen hatte. 37 heiratete sie ihn und erwarb Teile des röm. Machtbereichs als Herrschaftsgebiete für Kaisarion und ihre gemeinsamen Kinder mit Antonius. Dieser proklamierte sie 34 zur »Königin der Könige« und verfolgte den Plan, mit ihr gemeinsam eine Art röm.-hellenist. Weltreich zu gründen. Der Einfluß, den sie auf ihn ausübte, bot Octavian, der die westl. Hälfte des röm. Machtbereichs kontrollierte, die Handhabe, gegen Antonius vorzugehen und die Auseinandersetzung formal als einen Krieg gegen K. darzustellen. Nach der verlorenen Seeschlacht bei Actium (31) floh sie nach Ägypten, wo sie nach dem Selbstmord des Antonius, in der Hoffnung, Königin bleiben zu können, auch die Gunst des Augustus erringen wollte. Als sie keinen Erfolg hatte, nahm sie sich durch einen Schlangenbiß das Leben, um nicht im Triumphzug durch Rom geführt zu werden (30). Mit ihrem Tod endet die Geschichte des Ptolemäerreiches, Ägypten wurde in eine röm. Provinz verwandelt. K. war hochgebildet, zielstrebig und machtbewußt und zählt zu den bedeutendsten Herrscherinnen der Antike. Im Rahmen der röm. Hegemonie versuchte sie die frühere Bedeutung des Ptolemäerreiches wiederherzustellen, scheiterte aber – trotz zeitweise beachtl. Erfolge – letztlich an den innenpolit. Gegensätzen in Rom, auf die sie keinen Einfluß hatte. **Lit.:** H. Bengtson, Herrschergestalten des Hellenismus (1975) 279–320 – M. Clauss, K. (1995). – GGGA (1999).

Kleophrades-Maler, bedeutender att. Vasenmaler, der etwa zwischen 505 und 470 v. Chr. in rotfiguriger Technik malte; benannt nach dem Töpfer K., dessen Signatur auf einer großen Schale steht, die sich heute in Paris (Cabinet de Médailles) befindet. Beliebte Themen des K.-M.s waren anfangs dionys. und Komosszenen, später Genre- und Athletenszenen und schließlich trojan. Szenen. **Lit.:** J. D. Beazley, The Kleophrades Painter (1974).

Klitias (gr. Klitias), att. Vasenmaler, der um 570 v. Chr. in schwarzfiguriger Maltechnik arbeitete. Bedeutend ist die von ihm bemalte und nach ihrem Entdecker benannte François-Vase (heute im Archäolog. Museum in Florenz): Überzogen mit mehreren Friesen sind hier 270 Menschen- und Tierdarstellungen sowie 121 Inschriften (auch für Gegenstände) in höchster Präzision und Lebhaftigkeit aufgemalt, und so überträgt K. die eigentlich vorwiegend auf Schalen vorkommende Miniaturmalerei in großartiger Manier auf diesen Krater (großes Mischgefäß). **Lit.:** J. Boardman, Schwarzfigurige Vasen aus Athen (⁴1994).

Kolluthos aus Lykopolis (Ägypten),

griech. Dichter, 5./6. Jh. n. Chr., Verf. eines Epyllions *Raub der Helena*, das stark durch Nonnos beeinflußt ist. **Lit.:** O. Schönberger, K. (1993) [Übersetzung, Kommentar].

Konon, vor 444–um 392 v. Chr., athen. Feldherr, floh 405 nach der Vernichtung der athen. Flotte bei Aigospotamoi nach Zypern und trat von dort aus mit den Persern in Verbindung. Als der Konflikt zwischen Sparta und dem Großkönig eskalierte, errichtete er seit 400 mit pers. Hilfe eine neue Flotte, mit dem Ziel, die spartan. Seehoheit zu brechen. Nach wechselnden Erfolgen (u. a. Einnahme von Rhodos, 396) schlug er die spartan. Flotte 394 bei Knidos vollständig und beendete die Seeherrschaft Spartas. Da er danach auf eine Wiederherstellung der früheren athen. Macht hinarbeitete, wurde er 392 bei den Friedensverhandlungen in Sardes von den Persern als Verräter gefangengesetzt, konnte jedoch nach Zypern entkommen, wo er kurze Zeit später starb. **Lit.:** B. Strauss, Athens after the Peloponnesian War (1986). – D. A. March, The Family of K. and Timotheos (1994).

Konstantin I. d. Gr., Gaius Flavius Valerius Constantinus, röm. Kaiser 25. Juli 306–22. Mai 337 n. Chr.; geb. 272 oder 273 in Naissus als Sohn des Constantius I. und der Helena; seit 293 Tribun im O und an der Donau, 306 Teilnahme am Feldzug gegen die Pikten unter Constantius I.; nach dem überraschenden Tode des Constantius I. im selben Jahr geriet das von Diokletian geschaffene System der Tetrarchie ins Wanken. In Eburacum (heute York) ließ sich K. von seinen Soldaten zum Augustus ausrufen, in Rom Maxentius. Auf der Kaiserkonferenz von Carnuntum 308 wurde keiner der beiden als Augustus anerkannt. Als Nachfolger für den 307 verstorbenen Severus II. wurde vielmehr Licinius gewählt. Erst Anfang 311, als Maximinus Daia zum Augustus erhoben wurde, wurde auch K. als solcher anerkannt. 312 besiegte K. den Usurpator Maxentius in der Schlacht an der Milv. Brücke. Christl. Überlieferung zufolge soll er kurz zuvor zum christl. Glauben übergetreten sein. Nach dem Tod des Maximinus Daia 313 und dem Sieg über Licinius 324 war K. Alleinherrscher. In der Verfassung und Verwaltung des Reiches folgte er den Richtlinien Diokletians. Die Hauptstadt verlegte K. nach Byzanz, das 330 unter dem Namen Konstantinopel eingeweiht wurde. Seiner christl. Gesinnung gemäß ließ er viele großartige Kirchen errichten, u. a. die Apostelkirche in Konstantinopel, wo er nach seinem Tod 337 beigesetzt wurde. **Lit.:** J. Bleicken, Constantin d.Gr. und die Christen (1992). – B. Bleckmann, K. d.Gr. (1996). – M. Clauss, K. d.Gr. und seine Zeit (1996).

Konstantin II., Flavius Claudius Constantinus, röm. Kaiser 9. September 337–Anfang April 340 n. Chr.; geb. ca. 316 als ältester Sohn Konstantin I.; bereits am 1. März 317 zum Caesar erhoben, 335 mit der Verwaltung von Gallien, Britannien und Spanien betraut; am 9. September 337 wurde K. zusammen mit seinen jüngeren Brüdern Constantius II. und Constans zum Augustus erhoben. Im Juli 338 trafen sich die drei Augusti in Viminacium, um sich über die Aufteilung des Reiches zu verständigen. Als ältester der drei Brüder beanspruchte K. die Vormundschaft über Constans, was zum Zerwürfnis zwischen beiden führte. Anfang April 340 fiel K. bei Aquileia im Kampf gegen die Truppen seines Bruders. **Lit.:** D. Kienast, Röm. Kaisertabelle (²1996) 310 f.

Korinna aus Tanagra (Böotien), griech. Lyrikerin. Über ihr Leben ist nichts bekannt, selbst ihre Lebenszeit ist umstritten (6./5. oder 3. Jh. v. Chr.). Von dem Werk der in der Antike angesehenen Dichterin – Ovid benannte seine eleg. Geliebte in den *Amores* wohl nach ihr – sind nur wenige Fragmente erhalten. Umfangreichere Bruchstücke besitzen wir aus einem Gedicht über böot. Helden, in dessen Schlußteil ein Wettkampf zwischen den (personifizierten) Musenbergen Helikon und Kithairon geschildert wird. **Lit.:** M. L. West, Die griech. Dichterin (1996) 31 ff.

Krateros, makedon. Feldherr Alexanders d.Gr., nahm von Anfang an an dessen Feldzug gegen die Perser teil und bewährte sich vielfach bei selbständig geführten Kommandounternehmungen. 325 führte er einen Teil des Heeres vom Indus durch die Wüste Gedrosien nach Susa zurück und heiratete dort die pers. Prinzessin Amastris. Von Alexander beauftragt, die Veteranen nach Makedonien zu führen und dort Antipater als Strategen von Europa abzulösen, erreichte ihn die Nachricht vom Tode des Königs (323) in Kilikien. Auf der Reichsordnung von Babylon, bei der er zum »Hüter der königl. Belange« (*prostates tes basileias*) ernannt wurde, hatte er keinen unmittelbaren Einfluß. Nach seiner Rückkehr nach Makedonien (322) trug er maßgeblich zum Sieg Antipaters im Lam. Krieg bei und heiratete dessen Tochter Phila. 321 verbündete er sich mit Antipater, Antigonos und Ptolemaios gegen den Reichsverweser Perdikkas, fiel jedoch in Kleinasien im Kampf gegen dessen Verbündeten Eumenes von Kardia. **Lit.:** H. Berve, Alexanderreich II (1926) Nr. 446.

Krates (1) aus Athen, Komödiendichter, Mitte 5. Jh. v. Chr., drei Siege an den Großen Dionysien. Aristoteles berichtet in der *Poetik* (1449b7–9), daß er auf den persönl. Spott (*iambike idea*) verzichtet und sich um die Konsistenz der dramat. Handlung bemüht habe. **Lit.:** B. Zimmermann, Die griech. Komödie (1998) 195–197.

Krates (2) aus Theben, griech. Dichter und Philosoph, ca. 365–285 v. Chr., Anhänger der kyn. Philosophie.

Krates (3) aus Mallos, griech Philologe und Bibliothekar, 2. Jh. v. Chr., bedeutend als Hg. von Homer, Hesiod, Euripides und Aristophanes. Seinen wegen eines Beinbruchs in die Länge gezogenen Rom-Aufenthalt im Jahre 159 soll er nach Sueton dazu benutzt haben, das Interesse der Römer an Grammatik und Rhetorik zu wecken.

Kratinos aus Athen, griech. Komödiendichter, gest. nach 421 v. Chr. Sein Werk ist nur in Fragmenten erhalten.

Seine Stücke sind durch scharfe polit. Satire und Mythentravestie charakterisiert. Er stellte sich bewußt in die Tradition des Archilochos, wie der Titel *Archilochoi* belegt. In seiner *Pytine* (*Flasche*) (423 v. Chr.) reagiert er auf den Vorwurf der Trunksucht, der ihm Aristophanes in *Rittern* gemacht hatte, und errang damit den ersten Platz im Agon. Lit.: B. Zimmermann, Griech. Komödie (1998) 193–195.

Kratippos von Athen, griech. Historiker, angeblich Zeitgenosse des Thukydides, eher aber aus späthellenist. Zeit. K. setzte das Werk des Thukydides fort und schilderte den Peloponnes. Krieg und seine Nachwirkungen bis 394 v. Chr. (nur in Fragmenten erhalten). Lit.: O. Lendle, Einführung in die griech. Geschichtsschreibung (1992) 85.

Kratylos (gr. Kratylos) von Athen, Sophist des späten 5. Jh. v. Chr., knüpfte an die Aussagen Heraklits an, indem er sie zuspitzte und den Dingen jegl. Beständigkeit absprach. Platon benannte einen Dialog sprachtheoret. Inhalts nach ihm.

Kresilas, Bildhauer aus Kydonia (Kreta), der zwischen 450 und 420 v. Chr. hauptsächlich für Athen, Ephesos und Delphi tätig war. Einer Überlieferung zufolge soll er im Wettstreit mit Polyklet und Phidias eine Amazone für das Artemision von Ephesos geschaffen und dabei den dritten Platz belegt haben. Die Zuordnung der drei in Kopien aus der Mitte des 5. Jh. erhaltenen Amazonentypen gestaltet sich schwierig. Gesichert ist eine Statue des Perikles, die K. geschaffen hat und von der Kopien in Hermenform gefunden wurden (heute in Museen in London, Rom und Berlin). Lit.: H. Beck, Polyklet: der Bildhauer der griech. Klassik (1990).

Kritias (gr. Kritias) aus Athen, griech. Politiker und Dichter, Onkel Platons, ca. 460–403 v. Chr. K. war wie Ion in zahlreichen Gattungen tätig. Fragmentarisch belegt sind Dramen, Elegien, ein Lehrgedicht über Verfassungen und philosoph. Schriften in Prosa. Politisch war er ein extremer Oligarch, der 404 das Terrorregime der 30 Tyrannen in Athen errichtete und 403 im Kampf gegen die Demokraten fiel. Lit.: M. Centanni, Atene assoluta (1997).

Kritios, führender Bildhauer des frühen 5. Jh. v. Chr., der bes. zusammen mit Nesiotes in Athen arbeitete. Mindestens sechs seiner Werke sind durch Inschriften bezeugt. K. und Nesiotes haben 477/76 die Gruppe der Tyrannenmörder Harmodios und Aristogeiton ersetzt, die von Antenor für die Athener Agora geschaffen und vom Perserkönig Xerxes geraubt worden war. Hiervon gibt es Kopien im Museum von Neapel. Ferner wird ihm aufgrund stilist. Ähnlichkeiten der sog. K.-Knabe zugewiesen (480 v. Chr.). Lit.: G. M. A. Richter, The Sculpture and Sculptors of the Greeks (1970). – A. F. Stewart, Greek Sculpture (1990). – K. Stemmer, Standorte. Kontext und Funktion antiker Skulptur (1995).

Kritolaos aus Phaselis, griech. Philosoph, Peripatetiker des 2. Jh. v. Chr., Mitglied der berühmten Philosophengesandtschaft 156/55 nach Rom. Er erneuerte die naturwissenschaftl. und philosoph. Aktivitäten in der Schule und verteidigte die aristotel. Philosophie gegen Angriffe der Stoa und der Platoniker. Lit.: F. Wehrli, Die Schule des Aristoteles 10 (1959) 49–74.

Kroisos, letzter König von Lydien ca. 560–547 v. Chr., ist bes. durch die anekdotenhaften Erzählungen Herodots bekannt. Er dehnte sein Reich auf die griechisch besiedelte kleinasiat. Küste aus, doch konnten die dortigen Poleis weitgehend ihre Selbständigkeit bewahren. 547 begann er einen Präventivkrieg gegen den Perserkönig Kyros, erlitt aber eine vollständige Niederlage und verlor sein Reich, das unter die Herrschaft seines Gegners geriet. Berühmt war sein unermeßl. Reichtum, der sprichwörtlich wurde (Krösus).

Ktesias (gr. Ktesias) von Knidos, griech. Arzt und Historiker, lebte seit etwa 415 v. Chr. am pers. Königshof und avancierte 405 zum Leibarzt von Artaxerxes II., dessen Wunden aus der Schlacht bei Kunaxa (401) er geheilt haben soll. 398/97 kehrte er nach Griechenland zurück und fungierte u. a. als Verbindungsmann zwischen den Persern und dem athen. Flottenkommandanten Konon. K. publizierte eine nur durch Exzerpte bekannte *Pers. Geschichte* in 23 Büchern, die stark romanhafte Züge aufwies und deren histor. Zuverlässigkeit eher gering war. Sie hatte dennoch eine große Bedeutung, da sie in der Folgezeit vielen späteren Autoren als Quelle diente. Lit.: F. W. König, Die Persika des Ktesias von Knidos (1972). – J. Auberger, Ctésias: Histoire de l'Orient (1991).

Ktesibios, 3. Jh. v. Chr., bedeutender Ingenieur aus Alexandria, dessen Wirken in die Regierungszeit von Ptolemaios II. fällt. Seine wichtigsten Erfindungen waren eine Wasseruhr, die je nach Jahreszeit unterschiedl. Stundenlängen anzeigen konnte, und eine Feuerspritze mit zweizylindriger Saug- und Druckpumpe bei eingebautem Rückschlagventil, die als antikes Vorläufermodell der Dampfmaschine gelten kann. Lit.: A. G. Drachmann, The Mechanical Technology of Greek and Roman Antiquity (1963).

Kylon, vornehmer Athener im 7. Jh. v. Chr., versuchte um 632 eine Tyrannis zu errichten, wurde aber von den Bürgern abgewehrt und zur Flucht gezwungen. Seine Anhänger wurden im Auftrag des Archonten Megakles, der dem Geschlecht der Alkmäoniden entstammte, ergriffen und hingerichtet, obwohl sie an Altären Zuflucht gesucht hatten. Dieser sog. *Kylon. Frevel* diente später als Mittel der polit. Propaganda im Kampf gegen Angehörige des Alkmäonidenhauses und wurde selbst noch gegen Perikles vorgebracht.

Kypselos, Tyrann in Korinth, errang zwischen 657 und 620 v. Chr. die Macht und konnte sie 30 Jahre lang behaupten. In seiner maßvollen Herrschaft trieb er die Kolonisation voran, die u. a. als Ventil für polit. Unzufriedene diente, und führte möglicherweise die Münzprägung ein. Nachfolger wurde sein Sohn Periander.

Kyrill(os) (1) von Alexandria, griech. Theologe, Bischof von Alexandria, ca. 375/80–444 n. Chr. K. trat als heftiger Gegner nichtchristl. religiöser Praktiken in Ägypten auf. Den Isis-Kult in Memphis ersetzte er durch die Überführung der Reliquien der Heiligen Kyros und Johannes. Seine Rolle in der Ermordung der neuplaton. Mathematikerin Hypatia ist undurchsichtig. Neben ca. 90 Briefen und fünf Homilien ist sein Hauptwerk die (teilweise erhaltene) Widerlegung Julians (Julian Apostata), aus der dessen Werk *Gegen die Galiläer* rekonstruiert werden kann; daneben verfaßte er umfangreiche, oft allegor. Kommentare zum Alten und zum Neuen Testament. Das unter K.s Namen, aber sicher nicht von ihm stammende Glossar (Wörterbuch) war im MA weit verbreitet und wurde von den byzant. Lexikographen als Quelle benutzt. Lit.: LACL (1998).

Kyrill(os) (2) von Jerusalem, griech. Theologe, Bischof von Jerusalem, gest. 387 n. Chr. Seine 18 katechet. Unterweisungen und die Prokatechese sind eine wichtige Quelle für die Theologie des 4. Jh. K. betont die theolog. Bedeutung der heiligen Stätten und beansprucht für Jerusalem den ersten Platz unter den christl. Orten. Ob die fünf unter K.s Namen überlieferten *Mystagog. Katechesen* echt sind, ist in der Forschung umstritten. Echt ist dagegen eine Homilie über den Gichtkranken und ein Brief an Kaiser Constantius (350/51). Lit.: LACL (1998).

Kyros II., regierte 559–529 v. Chr., Begründer des pers. Großreichs der Achämeniden, besiegte als Fürst der Persis um 550 seinen Oberherrn, den Mederkönig Astyages, und schuf so die Grundlagen für die Ausweitung seiner Macht. Er drang nach Kleinasien vor und unterwarf 546 das Lyd. Reich unter Kroisos, wodurch auch die jon. Griechen mit den Persern in Berührung kamen. 539 zwang er das Neubabylon. Reich zur Kapitulation und gestattete den dort seit 587 internierten Juden die Rückkehr in ihre Heimat. Auch nach N und NO erweiterte er sein Reich, so daß er über ein Gebiet regierte, das sich von der Ägäis bis zum Indus erstreckte. 529 fiel er bei einem Feldzug gegen die skyth. Massageten und hinterließ die Herrschaft seinem Sohn Kambyses. Sein Grabmal bei Pasargadai ist erhalten. K. zeichnete sich durch eine kluge Herrschaft aus und war um eine effektive Verwaltung bemüht. Seine Toleranz gegenüber den Sitten und Gebräuchen unterworfener Völker, die auch die Achtung vor ihren Religionen einschloß, hob ihn wohltuend von seinen assyr. und babylon. Vorgängern ab und trugen wesentlich zur raschen Akzeptanz seiner Herrschaft bei. In der gesamten Antike wurde K. als verantwortungsbewußter, tugendhafter und gerechter König geschildert, der um das Wohl seiner Untertanen bemüht war. Xenophon sieht ihn in seinem Erziehungsroman *Kyrupädie* als Musterbeispiel eines gebildeten und idealen Herrschers.

Kyros der Jüngere, 423–401 v. Chr., Sohn Dareios' II., wurde 408 von seinem Vater zum Vizekönig von Kleinasien ernannt und unterstützte die Spartaner in der Endphase des Peloponnes. Krieges. 401 warb er griech. Söldner an und erhob sich gegen seinen Bruder Artaxerxes II. (reg. seit 404), fiel aber in der Schlacht bei Kunaxa unweit von Babylon. Das militär. Unternehmen des K. und den Rückmarsch der griech. Söldner schildert Xenophon in seiner *Anabasis.*

L

Labeo, Marcus Antistius L., gest. um 10 n. Chr., gehörte zu den führenden röm. Juristen seiner Zeit. Sein nur in Fragmenten erhaltenes Werk hatte großen Einfluß auf die spätere röm. Rechtsentwicklung.

Laberius, Manlius L. Maximus, Statthalter von Mösien 100–102 n. Chr., war am Dakerfeldzug des Trajan beteiligt und eroberte 102 die alte Königsburg des Decebalus. 113 kam es zum Zerwürfnis mit dem Kaiser, und Laberius wurde auf eine Insel verbannt. Hadrian lehnte 117 seine Hinrichtung ab.

Labienus, Titus L., um 99–45 v. Chr., röm. Ritter etrusk. Herkunft, setzte als Volkstribun 63 eine Gesetzesvorlage durch, die Caesar die Wahl zum Pontifex Maximus ermöglichte. Im Gall. Krieg (58–51) diente er als Legat und wurde einer von Caesars engsten Vertrauten, 50 war er sein Vertreter in der Provinz Gallia Cisalpina. Er lehnte die militär. Lösung der innenpolit. Schwierigkeiten, die Caesar versuchte, ab und wechselte zu Beginn des Bürgerkrieges (49) auf die Seite des Pompeius, ein Verrat, den Caesar persönlich nie überwinden konnte. Nach der Schlacht bei Pharsalos (48) floh er nach Nordafrika, wo er den Widerstand fortsetzte. Bei Ruspina erzielte er zwar gewisse Erfolge, unterlag jedoch gemeinsam mit Metellus Scipio in der Schlacht bei Thapsos. Von Caesar gnadenlos verfolgt, schlug sich L. nach Spanien durch, wo er mit Cn. Pompeius, dem ältesten Sohn des Pompeius Magnus, noch einmal ein Heer aufstellte. Dort fiel er im März 45 in der Schlacht bei Munda. Er galt als tapferer Offizier und fähiger Stratege, der an seinem einmal eingeschlagenen Weg bis zuletzt festhielt.

Labienus, Quintus L., Sohn des Titus L., begab sich 43 v. Chr. im Auftrag des Brutus als Gesandter zu den Parthern und veranlaßte 42, nach der Schlacht bei Philippi, deren Invasion in Syrien (41). Er nahm den Titel *Imperator* an, mußte aber 39 vor dem Gegenangriff des Ventidius zurückweichen und wurde getötet.

Laches, athen. Politiker im Peloponnes. Krieg, Vertreter einer gemäßigten Linie, kämpfte 427/26 nicht ohne Erfolg auf Sizilien und war 421 am Abschluß des Nikias-Friedens beteiligt. Er fiel 418 in der Schlacht bei Mantineia, als er die aufständ. Peloponnesier gegen Sparta unterstützte.

Laelius (1), Gaius L., um 235 – nach 160 v. Chr., Konsul 190, kämpfte seit 209 im 2. Pun. Krieg und war in Spanien an der Eroberung Neukarthagos beteiligt.

Er war ein Freund des Scipio Africanus und übernahm vielfältige diplomat. Aufgaben. Für den Historiker Polybios war er eine wichtige zeitgeschichtl. Quelle zum Leben und Wirken des Scipio.

Laelius (2), Gaius L., um 190–123 v. Chr., Sohn des Gaius L., ein enger Freund und Vertrauter des Scipio Aemilianus, beteiligte sich rege am Geistesleben seiner Zeit und trug nicht unwesentlich dazu bei, die röm. Gesellschaft für die griech. Philosophie zu öffnen. Politisch trat er erst spät in den Vordergrund. 147/46 diente er als Legat im 3. Pun. Krieg, wurde 145 Prätor und erreichte 140 das Konsulat. Er wandte sich gegen die Reformversuche des Ti. Gracchus und verfaßte 129 die Leichenrede für seinen Freund Scipio Aemilianus. Späteren Generationen galt er als Musterbeispiel der Freundschaft; Cicero widmete ihm seine philosoph. Abhandlung *Über die Freundschaft* (*Laelius de amicitia*).

Laktanz, Lucius Caelius Firmianus Lactantius, lat. Apologet aus Nordafrika, ca. 250–325 n. Chr. L. wirkte unter Diokletian als Redelehrer in Nikomedeia, unterrichtete möglicherweise den späteren Kaiser Konstantin. L. trat wie sein Lehrer Arnobius zum Christentum über. Kurz vor Ausbruch der Christenverfolgung gab er 303 den Rhetorikberuf auf und widmete sich der christl. Schriftstellerei. Nach 313 war er im Auftrag Konstantins Erzieher des Prinzen Crispus in Trier. Zwischen 304 und 311 entstand das Hauptwerk, die *Divinae Institutiones* (*Unterweisungen in der Religion*), in sieben Büchern. Als Apologet rechtfertigte L. das Christentum, indem er dokumentierte, daß es das Beste aus der heidn. Kultur sich angeeignet habe. Er schrieb in elegantem ciceron. Latein. **Lit.:** A. Wlosok, in: HLL V (1989) 375–404.

Lakydes aus Kyrene, griech. Philosoph, 3. Jh. v. Chr., Leiter der Akademie als Nachfolger des Arkesilaos von 240–215. Er soll den skept. Standpunkt der Akademie ausgebaut haben.

Lamachos, athen. Feldherr im Peloponnes. Krieg, fungierte 423/22 v. Chr. als Flottenbefehlshaber und war 421 am Zustandekommen des Nikias-Friedens beteiligt. 415 wurde er gemeinsam mit Nikias und Alkibiades zum Führer der Sizil. Expedition gewählt, fiel aber schon bald bei Kämpfen vor Syrakus.

Laodike, erste Gemahlin des Seleukidenkönigs Antiochos II. (reg. 261–246 v. Chr.), wurde 253 von ihrem Mann verstoßen, der eine neue Ehe mit Berenike, einer Tochter Ptolemaios II., eingegangen war. Später versöhnte sie sich wieder mit Antiochos, der ihren gemeinsamen Sohn, Seleukos II., anstelle des Kindes der Berenike zum Thronfolger bestimmte. Diese behauptete, L. habe das Testament gefälscht und rief ihren Bruder, Ptolemaios III., zu Hilfe, um die Rechte ihres eigenen Sohnes zu wahren. Doch noch bevor dieser mit Heeresmacht erschien, ließ L. ihre Rivalin zusammen mit ihrem Kind ermorden. Da sich ihre Hoffnung auf polit. Einfluß nach Abzug des Ptolemaios nur teilweise erfüllte, stachelte sie ihren jüngeren Sohn, Antiochos Hierax, zum Aufstand gegen Seleukos II. an. Sie starb wohl bald nach 240.

Lappius, Aulus Bucceius L. Maximus, Statthalter von Bithynien 82–84 n. Chr., schlug als Legat von Niedergermanien (88/89) eine Militärrevolte gegen Domitian in Obergermanien nieder. Um ein übertriebenes Strafgericht des Kaisers zu verhindern, ließ er die Papiere der Verschwörer verbrennen.

Lasos aus Hermione, griech. Dichter, 2. Hälfte 6. Jh. v. Chr., Dithyrambiker (nur in wenigen Fragmenten erhalten). Er soll 508 in Athen den ersten Dithyrambenagon organisiert haben. **Lit.:** B. Zimmermann, Dithyrambos (1992) 39 f.

Lentulus (1), Publius Cornelius L., Konsul 162 v. Chr., ein führender Vertreter der Senatsaristokratie, war bereits im 3. Makedon. Krieg als diplomat. Gesandter tätig und handelte nach der Schlacht bei Pydna (168) die Kapitulation des Perseus aus. In den folgenden

Jahrzehnten galt er als sehr einflußreicher Politiker und wurde 125 zum *princeps senatus* ernannt. 121 bekämpfte er die Reformen des C. Gracchus.

Lentulus (2), Publius Cornelius L. Sura, Enkel des L. (1), Konsul 71 v. Chr., wurde 70 wegen unsittl. Lebenswandels aus dem Senat gestoßen. Verbittert schloß er sich Catilina an, der einen innenpolit. Umsturz plante. In seinem Auftrag stellte er 63 Verbindungen zu den kelt. Allobrogern her, wurde aber von diesen verraten und verhaftet. Nach einer kurzen Verhandlung im Senat wurde er bereits zwei Tage später auf Veranlassung Ciceros als Hochverräter hingerichtet.

Leo I., oström. Kaiser (457–474 n. Chr.) bekämpfte die Monophysiten in Ägypten und war bestrebt, die einheitl. Glaubenslehre des Konzils von Chalkedon (451) durchzusetzen. Außenpolitisch verhielt er sich meist defensiv, ein großangelegter Angriffsversuch gegen die Vandalen (468) scheiterte kläglich. Zu seinem Nachfolger bestellte er seinen Schwiegersohn Zenon.

Leo d. Gr., röm. Papst (440–461 n. Chr.) gab den Ausschlag für die Konzilsentscheidung von Chalkedon (451), mit der die Lehre der Monophysiten verworfen wurde. Er verfocht entschieden den Primat Roms in Kirchenangelegenheiten und ging gegen häret. Strömungen aller Art vor. 452 bewegte er den Hunnenkönig Attila, der in Oberitalien eingefallen war, durch ein persönl. Gespräch zum Abzug und versuchte 455 bei der Plünderung Roms durch die Vandalen die ärgsten Übergriffe zu verhindern.

Leochares, att. Bildhauer, der etwa zwischen 370 und 320 v. Chr. tätig war. Verschiedene antike Schriftsteller (z. B. Plinius, Plutarch) berichten u. a., daß er 356 ein Porträt des Redners Isokrates geschaffen hat. Um 350 arbeitete er mit anderen Zeitgenossen, namentlich Skopas, Bryaxis und Timotheos, am Mausoleum von Halikarnassos mit (er war für die Reliefs der Westseite zuständig). In die Zeit nach 338, also nach der Schlacht von Chaironeia, fällt die Statuengruppe der Familie Philipps und Alexanders d.Gr. in Olympia, ferner wurden L.' Götterbilder sowie die Gruppe mit dem Adler, der den Ganymed emporhebt, gerühmt. Neuerl. Vermutungen, er habe den berühmten Apoll vom Belvedere geschaffen, lassen sich jedoch nicht beweisen. **Lit.:** G. M. A. Richter, The Sculpture and Sculptors of the Greeks (1970). – K. Stemmer, Standorte. Kontext und Funktion antiker Skulptur (1995).

Leon aus Byzanz, ein Schüler Platons und führender Politiker seiner Heimatstadt, trat den Expansionsbestrebungen Philipps II. von Makedonien entgegen und verteidigte Byzanz 340 v. Chr. erfolgreich gegen dessen Angriff. Von Philipp verleumdet, beging er spätestens 336 bei inneren Unruhen Selbstmord.

Leonidas (1) (gr. Leonidas), spartan. König (488–480 v. Chr.) aus dem Hause der Agiaden, folgte seinem Halbbruder Kleomenes I. auf dem Thron und war um ein gutes Einvernehmen mit den Ephoren bemüht. Beim großen Perserkrieg besetzte er 480 mit rund 7.000 Mann (darunter 300 Spartiaten) die Thermopylen, einen Paß in Mittelgriechenland. Sein Ziel war es, den Vormarsch des pers. Landheeres zu stoppen, bis die griech. Flotte bei Kap Artemision einen entscheidenden Sieg über die feindl. Seestreitkräfte erringen würde. Nachdem seine Stellung am dritten Tag der Kämpfe durch den Verrat des Ephialtes von den Persern umgangen worden war, lehnte er einen Rückzug ab und entließ nur das Bundeskontingent. Um Zeit zu gewinnen und dadurch den gefahrlosen Abzug der griech. Flotte zu decken, deren strateg. Stellung durch den Fall der Thermopylen unhaltbar geworden war, harrte er mit seinen 300 Spartiaten sowie 1.100 Thebanern und Thespiern, die bei ihm bleiben wollten, an der Paßhöhe aus, und verteidigte die Thermopylen bis auf den letzten Mann. Der erboste Perserkönig Xerxes ließ die Leiche des L. entgegen den Gepflogenheiten verstümmeln. Berühmt wurde das Grabepigramm, das

Simonides zu Ehren der Gefallenen dichtete. Der Untergang des L. wurde später heroisch verherrlicht, und seine Tat galt als Musterbeispiel für kompromißlose Opferbereitschaft. **Lit.:** E. Bradford, Leonidas (1984). – GGGA (1999).

Leonidas (2) (gr. Leonídas) von Tarent, griech. Epigrammdichter, 1. Hälfte 3. Jh. v. Chr. Meleager nahm ca. 100 Epigramme des L. in seinen *Stephanos* auf, von wo sie in die *Anthologie* gelangten. Auch die Römer kannten Epigramme des L. Ein vielleicht vom hellenist. Kynismus inspiriertes Leitmotiv der fiktiven Grabinschriften für Bauern und Handwerker, aber auch eines autobiograph. Epigramms des L. ist die Betonung der Armut. Daneben stehen Epigramme auf Kunstwerke (ekphrast. Epigramme) und idyll. Motive. Charakteristisch für den sehr rhetor. und ornamentalen Stil des L. ist die Verwendung neuer Komposita. **Lit.:** K. Gutzwiller, Poetic Garlands (1998).

Leosthenes (gr. Leosthénes), athen. Feldherr, nahm 324/23 v. Chr. zahlreiche Söldner, die aus dem Heer Alexanders d.Gr. entlassen worden waren, für Athen unter Vertrag. Als die Nachricht vom Tode des Königs (323) eintraf, stachelte er gemeinsam mit Hypereides die Griechen zum Abfall von Makedonien an und eröffnete den Lam. Krieg (323/22). Nach Anfangserfolgen fiel er 322 bei der Belagerung von Lamia.

Leotychidas, spartan. König (491–469 v. Chr.), befehligte 479 die griech. Flotte, die bei Mykale die pers. Seestreitkräfte vernichtete. 478/77 führte er einen nur teilweise erfolgreichen Feldzug in Thessalien, der sich gegen die örtl. Perserfreunde richtete, und wurde deswegen in Sparta angeklagt. Er ging ins Exil nach Tegea und starb 469.

Lepidus, Marcus Aemilius L., ca. 90–12 v. Chr., verdankte seinen Aufstieg bes. der Förderung durch Caesar. 49 Prätor, erhielt er 48/47 ein prokonsular. Imperium in Spanien und übte 46–44 als *magister equitum* des inzwischen zum Diktator ernannten Caesar während dessen Abwesenheit die eigentl.

Kontrolle in Rom aus. Nach der Ermordung seines Mentors (44) reagierte er zunächst unbeholfen, schloß dann aber ein Bündnis mit Antonius, der seine Wahl zum Pontifex Maximus arrangierte. L. vermittelte in der Folgezeit zwischen Antonius und Octavian, der das Erbe Caesars beanspruchte, und schloß mit diesen Ende 43 das Zweite Triumvirat mit dem offiziellen Auftrag, die Institutionen des Staates wiederherzustellen. Als Provinzen erhielt er Gallia Narbonensis und Hispania ulterior. Nach der Schlacht bei Philippi (42) mußte er diese Gebiete gegen Afrika eintauschen, das er 40 in Besitz nahm. Nach der Vertreibung des S. Pompeius versuchte er sich 36 auf Sizilien festzusetzen und dadurch seine Position gegenüber Octavian zu stärken. Er mußte sich aber schon bald diesem ergeben, verlor seine Provinz und wurde politisch kaltgestellt. Bis zu seinem Tod (12) behielt er jedoch das Amt des Pontifex Maximus, das daraufhin ebenfalls Augustus übernahm. L. war ein wenig origineller Politiker ohne Machtinstinkt. Im Zweiten Triumvirat war er von Beginn an das schwächste Glied, und seine polit. Aktionen, die er in der Folgezeit führte, sind nur als dilettantisch zu bezeichnen. **Lit.:** K. E. Welch, The Career of M. Aemilius L., in: Hermes 123 (1995) 443–454.

Lesbonax, griech. Philologe, dessen Werk über grammat. Besonderheiten am Beispiel Homers undatierbar ist. **Lit.:** D. L. Blank, L. (1988).

Leukipp(os), griech. Philosoph, 2. Hälfte 5. Jh. v. Chr., mit seinem Schüler Demokrit Begründer der atomist. Theorie. Versuche, L.s Beitrag von dem Demokrits zu trennen, sind ohne Erfolg geblieben.

Leukon I., König des Bosporan. Reiches auf der Halbinsel Krim 389–349 v. Chr., dehnte seinen Machtbereich erheblich aus und erlangte eine große Bedeutung bei der Lebensmittelversorgung des griech. Mutterlandes. Gegen die Lieferung beträchtl. Mengen an Getreide erhielt er das att. Bürgerrecht.

Libanios aus Antiochia, bedeutendster griech. Rhetor der Spätantike, 314–393 n. Chr. Zu seinen Schülern zählten Johannes Chrysostomos, Basileios und Gregor von Nazianz. Mit Kaiser Julian Apostata war er befreundet. Überliefert sind 64 Reden sowie zahlreiche Schuldeklamationen und Musterreden (*progymnasmata*), darunter manches Unechte. Die 1544 Briefe des L. stellen das umfangreichste Briefcorpus aus der Antike dar. Die autobiograph. 1. Rede ist ein wichtiges Zeugnis über den Rhetorikunterricht des 4. Jh. n. Chr. Der dem heidn. Götterglauben anhängende L. gilt als letzter Repräsentant einer umfassenden griech. Bildung. **Lit.:** H.-U. Wiemer, L. und Julian (1995).

Licinius, Valerius L. Licinianus, um 250–325 n. Chr., röm. Kaiser, Sohn eines Bauern aus Dakien, wurde als hoher Offizier der röm. Armee und Freund des Galerius 308 unmittelbar zum Augustus erhoben, doch beschränkte sich sein tatsächl. Machtbereich zunächst auf Rätien und Pannonien. Nach dem Tode des Galerius (311) setzte er sich mit Unterstützung Konstantins I. gegen Maximinus Daia durch und erlangte die Herrschaft über die gesamte östl. Reichshälfte (313). Ein unmittelbar danach ausbrechender Konflikt mit Konstantin endete mit einer Niederlage des L. und der Abtretung des gesamten Balkans mit Ausnahme Thrakiens an den Westkaiser. Trotz des Toleranzedikts von Mailand (313), das L. mitgetragen hatte, begünstigte er in der Folge das Heidentum und nahm 320 die Christenverfolgungen wieder auf. Dies verschlechterte seine Beziehungen zu Konstantin erneut, bis es 324 zum endgültigen Bruch kam. L. wurde in zwei Schlachten besiegt, abgesetzt und in Thessalonike interniert. Im Jahr darauf (325) wurde er nach der Aufdeckung angebl. Pläne, die Herrschaft wiederzuerlangen, von Konstantin hingerichtet.

Likymnios von Chios, griech. Dithyrambiker, beginnendes 4. Jh. v. Chr., dessen Dithyramben nach Aristoteles eher zur Lektüre als zur Aufführung geeignet gewesen seien.

Livia Drusilla, Julia Augusta, dritte Frau des Kaisers Augustus, Mutter des Tiberius; geb. 58 v. Chr. als Tochter des M. Livius Drusus Claudianus und der Alfidia; 43 Hochzeit mit Ti. Claudius Nero, dem sie 42 den Tiberius und April 38 den älteren Drusus gebar; noch während ihrer zweiten Schwangerschaft mußte sich L. scheiden lassen und im Januar 38 Octavian, den späteren Kaiser Augustus, heiraten. Die Ehe blieb kinderlos. Nach dem Tod des Augustus 14 n. Chr. wurde L. per Testament in die Familie der Iulier aufgenommen und nannte sich fortan Iulia Augusta. Sie verhalf ihrem Sohn Tiberius zur Nachfolge, hatte aber unter dessen Regierung nur wenig Einfluß. 29 starb L. hochbetagt in Rom und wurde im Mausoleum Augusti beigesetzt. In der antiken Historiographie wird L. sehr negativ beurteilt. Tacitus und Cassius Dio bezeichnen sie als Intrigantin und machen sie sogar für den Tod der Augustusenkel L. und C. Caesar verantwortlich. **Lit.:** C.-M. Perkounig, L. D. – Iulia Augusta (1995).

Livius Andronicus, erster namentlich bekannter lat. Dichter, gest. wohl vor 200 v. Chr. L., ein gebürtiger Grieche, wahrscheinlich aus Tarent, führte 240 v. Chr. nach Roms Sieg über Karthago das erste Drama in Rom auf. Er verfaßte Tragödien, teils aus Stoffen des trojan. Sagenkreises, Komödien und eine Übersetzung der homer. *Odyssee* in lat. Saturniern. Diese *Odusia* blieb bis zu Horazens Zeit (Epistulae 2, 1, 61 f.) Schulbuch. Sie ist die erste literar. Übersetzung und bemühte sich um Übertragung des Textes in eine röm. Gedankenwelt und ein den Römern vertrautes Versmaß. L. begründete die röm. Literatur als eine von der griech. abgeleitete. 207 v. Chr. erhielt er den staatl. Auftrag, ein Sühnelied für einen Jungfrauenchor zu dichten. Als Dank wird den Dichtern und Schauspielern der Minervatempel auf dem Aventin als Versammlungs- und Kultort zugewiesen. **Lit.:** J. Blänsdorf, in: E. Lefèvre (Hg.), Das röm. Drama (1978) 91–134.

Livius (1), Marcus L. Salinator, Konsul 207 v. Chr., besiegte gemeinsam mit seinem Kollegen C. Claudius Nero den karthag. Feldherrn Hasdrubal in der Schlacht am Metaurus (207); er leitete damit endgültig die Wende im 2. Pun. Krieg ein.

Livius (2), Titus L., röm. Historiker aus Padua, 64 oder 59 v. Chr.–17 n. Chr. L. war im Gegensatz zu früheren Historikern nie politisch oder militärisch tätig. Spätestens 30 v. Chr. zog er nach Rom und verfaßte in Zurückgezogenheit – er bereiste weder Schauplätze noch nahm er Primärquellen in Augenschein – eine Geschichte Roms von den Anfängen – daher der Titel *Ab urbe condita libri* – bis zum Tod des Drusus 9 n. Chr. in 142 Büchern. Davon sind die Bücher 1–10 und 21–45 erhalten. Daneben existieren spätantike Inhaltsangaben (Periochae) des Gesamtwerks. Der annalist. Aufbau ist durch Zusammenfassung der ersten Bücher in Fünfergruppen (Pentaden) und später in Zehnergruppen (Dekaden) gegliedert. Buch 1 erzählt knapp die Stadtgründung sowie die Königszeit, 2–5 berichten die Gründung der Republik und ihre Geschichte bis zum Galliereinfall (387 v. Chr.), 6–10 die Ereignisse bis zum 3. Samnitenkrieg (293 v. Chr.). 21–30 sind dem Krieg mit Hannibal, 31–45 der Zeit bis zum Triumph des L. Aemilius Paulus nach der Schlacht von Pydna (168 v. Chr.) gewidmet. – Hauptquellen waren für die frühe Zeit die jüngeren Annalisten, für den 2. Pun. Krieg die Monographie des Coelius Antipater, für die Ereignisse im Osten Polybios. Der Stil schwankt zwischen mimet. und moral. Geschichtsschreibung, d. h. zwischen dem Bestreben, durch dramat.-eindrucksvolle Darstellung zu gefallen und durch eth. Exempla zu erziehen. So nennt L. in der *praefatio* (Vorwort) als Motiv für sein Unternehmen die Freude an der Darstellung und die belehrende Absicht. Myth. Geschichten, die die altröm. Tugend illustrieren, vereinen beide Ziele, weswegen L. sie mit viel Liebe einflicht. Haupted des Werks ist das röm. Volk als Ganzes, das die republikan.

Ideale der *libertas* (»Freiheit«) und *concordia ordinum* (»Einigkeit der Stände«) trotz Anfechtungen durch äußere Feinde und innere Zwistigkeiten zu bewahren hat. *Pietas* (»pflichtgemäßes Verhalten gegenüber Göttern und Vorfahren«) und *virtus* (»Tüchtigkeit und Anstand«) seien die Voraussetzung für ein gedeihendes Staatswesen. In stoischem Geist sieht L. in der Geschichte einen sinnvollen Plan; dieser erfüllt sich im Aufstieg Roms zur Weltherrschaft. Histor. Details haben daher bei L. nicht Eigenwert, sondern Beweiskraft im Sinne dieser Teleologie. Als ein Verfechter der *libera res publica*, der freien Republik, stand L. seiner Gegenwart eher skeptisch gegenüber. Augustus nannte ihn in Anspielung auf den Bürgerkrieg zwischen Caesar und Pompeius *Pompeianus*, was gleichbedeutend mit »Anhänger der Republik« ist. Machiavelli (Anfang 16. Jh.) projiziert die Spannungen der röm. Frühgeschichte in seine eigene Zeit und verfaßt die *Discorsi sopra la prima deca di Tito Livio*. In der gleichen Zeit erscheint Trissinos Tragödie *Sofonisba*, die ihren Stoff aus dem 30. Buch des L. hat. Shakespeares *Rape of Lucrece* von 1594 und knapp 100 Jahre später Corneilles Drama auf Horatius Cocles mit dem Titel *Horace* haben ihren Stoff aus dem 2. Buch des L. **Lit.:** E. Burck (Hg.), Wege zu L. (^{2}1977).

Lollianus, Publius Hordeonius L., bedeutender Rhetor aus Ephesos, bekleidete zur Zeit Hadrians einen der beiden Rhetoriklehrstühle in Athen. Er legte großen Wert auf die rhetor. Theorie und gilt als wichtigster Vertreter der sog. Zweiten Sophistik. Seine Werke wurden bis ins 5. Jh. rege gelesen.

Lollius, Marcus L., um 65 v. Chr.–2 n. Chr., erlitt 16 als Statthalter der Provinz Gallia Comata eine schwere Niederlage gegen über den Rhein vorgedrungene Germanenstämme, die Augustus zum unmittelbaren Eingreifen veranlaßten. Er wird als habgierig geschildert und starb bald nach 2 n. Chr., möglicherweise durch Selbstmord.

Lollius Bassus, Epigrammatiker,

Anfang 1. Jh. n. Chr. L. stammte aus Smyrna, lebte aber in Rom. Er verfaßte Epigramme auf Germanicus, auf die Größe Roms (unter dem Eindruck von Vergils *Aeneis*), auf histor. und mytholog. Themen. **Lit.:** C. Cichorius, Röm. Studien (1922) 308.

Longinus, Cassius L., griech. Philosoph und Rhetoriklehrer, 213–273 n. Chr., bekannt für seine Gelehrsamkeit, von Kaiser Aurelian hingerichtet. In der Überlieferung wurde ihm fälschlicherweise die literaturtheoret. Schrift *Über das Erhabene* zugeschrieben, von der ca. zwei Drittel erhalten sind und die wohl ins 1. Jh. n. Chr. zu datieren ist. Die Schrift zeichnet sich durch ein großes literar. Gespür aus und übte einen enormen Einfluß auf das Stilideal der französ. Klassik und des 18. Jh. aus. **Lit.:** R. Brandt, Pseudo-Longinos. Vom Erhabenen (1966). – M. Fuhrmann, Die Dichtungstheorie der Antike (1992).

Longos, Verf. des griech. Liebesromans *Daphnis und Chloe.* Über die Person des L. ist nichts bekannt. Unsicher ist auch die Datierung des Romans (um 200 n. Chr.?). Im Mittelpunkt steht das mit vielen Retardationen erzählte sexuelle Erwachen des naiv-jugendl. Liebespaars. Das bes. dem Einfluß des Theokrit zuzuschreibende bukol. Element ist in der griech. Romanliteratur ohne Parallele. Atypisch ist auch der Verzicht auf das Reisemotiv unter Beschränkung auf Lesbos als einzigen Schauplatz. Umstritten ist die Beziehung des dem Eros, Pan und den Nymphen geweihten Romans auf zeitgenöss. Mysterienkulte. **Lit.:** B. Effe, L. Zur Funktionsgesch. der Bukolik in d. röm. Kaiserzeit, in: Hermes 110 (1982) 65–84. – M. Picone/B. Zimmermann (Hg.), Der antike Roman und seine mittelalterl. Rezeption (1997).

Lucceius, Lucius L., Freund Ciceros, unterstützte diesen 63 v. Chr. im Kampf gegen Catilina, unterlag aber 60 mit seiner Bewerbung um das Konsulat und zog sich aus der Politik zurück. Er verfaßte eine unvollendet gebliebene Geschichte des Bundesgenossenkrieges (91–88) und der sich anschließenden inneren Kämpfe, sowie eine Zeitgeschichte der Jahre 63–57. Möglicherweise kam er bei den Proskriptionen des Jahres 43 ums Leben.

Lucilius, Gaius L., aus Suessa Aurunca (Campanien), röm. Satirendichter, gest. 103/02 v. Chr. in Neapel. Das Geburtsjahr des L. ist umstritten, ernstzunehmende Datierungen schwanken zwischen den Jahren 180 und 158/57. Der vornehme Ritter aus dem Freundeskreis des Scipio begann nach der Rückkehr von dem Feldzug gegen Numantia (133 zerstört), Satiren zu schreiben. Er gab der Gattung erstmals einen ›satir.‹ Charakter, den sie bei den Vorgängern Ennius, Pacuvius, Naevius noch nicht hatte. Sie diente ihm als ein Medium polit.-gesellschaftl. und literar. Zeitkritik, wobei er persönl. Angriffe nicht scheute. Das Werk umfaßte 30 Bücher; eine erste Sammlung, die Bücher 26–30 wurde von L. selbst herausgegeben, 1–20 (21) wurde postum ediert und faßte Einzelsatiren zusammen, 21 (22) – 25 enthielt Gedichte nicht-satir. Inhalts. L. experimentierte, der uneinheitl. Gattung der Satire gemäß, zunächst mit unterschiedl. Metren, fand dann aber zum daktyl. Hexameter, der zum kanon. Satirenversmaß wurde. B. 26 eröffnet eine Einleitungssatire, in der L. seine Dichtung gegen das Epos verteidigt (ähnlich Horaz, *Satire* 2, 1). Es finden sich ferner Angriffe auf die Tragödie und bes. auf Accius, dessen hoher Stil und kleine Gestalt Ziel des Spottes sind. Weitere Themen sind Ehegesetzgebung, Parasitentum, Hetärenwesen, Luxusleben, Gastmähler (vgl. Horaz, *Cena Nasidieni,* Satiren 2, 8; Petron, *Cena Trimalchionis*), eine Reise nach Sizilien (vgl. Horaz, *Iter Brundisinum,* Satiren 1, 5) sowie scharfzüngige Kommentare zur Tagespolitik. L. schrieb *sermo cotidianus* (Alltagssprache), bisweilen auch *sermo castrensis* (Kasernenjargon). Horaz bemängelte seinen ungepflegten Stil, erkannte ihn jedoch als Archegeten der satir. Gattung in Rom an. **Lit.:** J. Christes, in: J. Adamietz (Hg.), Die röm. Satire (1986) 57–122.

Lucius Verus, L. Ceionius Commodus; L. Aurelius Verus Augustus, röm. Kaiser 7. März 161 – Anfang 169 n. Chr.; geb. am 15. Dezember 130 in Rom als Sohn des L. Ceionius Commodus und der Avidia Plautia; 25. Februar 138 Adoption durch Antoninus Pius, Juli 138 Verlobung mit Annia Galeria Lucilla, der Tochter des Mark Aurel; 153 Quästor; 154 und 161 Konsul; nach dem Tod des Antoninus Pius übernahm Mark Aurel am 7. März 161 die Regierung und ernannte L. V. zum Mitkaiser; im Frühjahr 162 zog L. V. in einen Krieg gegen die Parther und hielt sich bis 166 in Syrien auf; 163 reiste er nach Ephesos und heiratete dort Lucilla (gest. 181); am 12. Oktober 166 feierte er einen Triumph über die Parther; 168 brach L. V. zusammen mit Mark Aurel zu einer Inspektionsreise durch die Donauprovinzen auf; auf der Rückreise nach Rom starb er Anfang 169 in Altinum. Lit.: DRK (1997).

Lucretius, Quintus L. Ofella, röm. Ritter, zunächst ein Anhänger des Marius, dann des Sulla. 82 v. Chr. zwang er Praeneste zur Kapitulation, das von den Marianern verteidigt wurde. Als er sich 81 gegen den Willen Sullas und ohne bislang polit. Ämter bekleidet zu haben um das Konsulat bewarb, wurde er in dessen Auftrag ermordet.

Lucullus (1), Lucius Licinius L., 117–56 v. Chr., Konsul 74, beteiligte sich als Militärtribun am Bundesgenossenkrieg (91–88) und war in der Folgezeit ein Anhänger Sullas. Als Statthalter von Africa (77/76) zeichnete er sich durch eine gerechte Verwaltung aus. 74 zum Konsul gewählt, übernahm er den Oberbefehl im Krieg gegen Mithradates VI. von Pontos (3. Mithradat. Krieg). Er drängte den König allmählich zurück und besiegte ihn 72/71 bei Kabeira entscheidend. Danach stieß er weiter nach Armenien vor, um auch Tigranes, den Schwiegersohn und Verbündeten des Mithradates, zu unterwerfen und eroberte 69 dessen Hauptstadt Tigranokerta. Obwohl er Tigranes 68 ein weiteres Mal bei Artaxata besiegte, konnte er den Krieg nicht endgültig entscheiden

und mußte sich nach Meutereien in seinem Heer aus Armenien zurückziehen. Nachdem auch seine Stellung in Rom durch seine innenpolit. Gegner zunehmend erschüttert wurde, mußte er 66 das Kommando niederlegen und an Pompeius übergeben. In Rom unterstützte er 63 Cicero gegen Catilina und wandte sich gegen die polit. Ambitionen seines militär. Nachfolgers Pompeius. 56 soll er in geistiger Umnachtung gestorben sein. – L. war ein Förderer von Kunst und Kultur und galt als einer der reichsten Römer seiner Zeit. Als erlesener Feinschmecker soll er seine Gäste mit kulinar. Köstlichkeiten (»lukull. Mahlen«) verwöhnt und zudem die Süßkirsche in Italien heimisch gemacht haben. Lit.: A. Keaveney, L. (1992).

Lucullus (2), Marcus Licinius L., 116 – nach 56 v. Chr., Konsul 73, Bruder des vorigen, beteiligte sich 83/82 als Legat Sullas am Bürgerkrieg und trug zu dessen Sieg bei. Als Statthalter von Makedonien (72/71) unterwarf er die thrak. Besser und stieß bis zur unteren Donau vor.

Lukan, Marcus Annaeus Lucanus, aus Corduba (Spanien), röm. Epiker, 3.11.39–30.4.65 n. Chr. Über L.s Leben unterrichten die Viten des Sueton und eines gewissen Vacca. Sein Vater, M. Annaeus Mela, ist der Bruder des Philosophen Seneca. Jung kommt L. zu rhetor. Studien nach Rom. Zu seinen Lehrern zählt der Stoiker Cornutus, zu seinen Freunden der Satirendichter Persius. Er wird, vor dem vorgeschriebenen Alter, Quästor, später Augur. Sein Debüt als Dichter erlebt er 60 bei den Neronia, den von Nero gestifteten Festspielen. Nero beruft ihn an seinen Hof, belegt ihn jedoch, wahrscheinlich aus Neid auf sein Talent, mit einem Publikations- und Berufsverbot als Anwalt. Aufgrund seiner bekannt gewordenen Teilnahme an der Pison. Verschwörung des Jahres 65 wird er vom Kaiser zum Selbstmord gezwungen. In Verhören soll er Mitverschwörer denunziert und sogar seine Mutter beschuldigt haben. – Von L.s Dichtungen sind nur zehn Bücher eines wahrscheinlich auf zwölf Bücher konzipierten Epos mit dem Titel *Bellum civile* (*Bürgerkrieg*, bisweilen auch *Pharsalia*) über den Bürgerkrieg zwischen Caesar und Pompeius (von 49, Überschreitung des Rubikon, bis 48 v. Chr., Schlacht von Pharsalos) erhalten. Wie die vorvergil. Epiker greift L. auf einen histor. Stoff zurück, anders als alle Epiker vor ihm verzichtet er auf eine Götterhandlung. Das hat ihm schon in der Antike Kritik eingetragen (vgl. Petron 118 ff.). Held des Epos ist der sittenstrenge Stoiker und grundsatzfeste Republikaner Cato, der gegen den dämon. Tyrannen und Günstling der *fortuna*, Caesar, unterliegt. Caesars zweiter Gegenspieler Pompeius ist ambivalent gezeichnet (*magni nominis umbra*, »Schatten eines großen Namens«). Im Sieg der schlechten Seite gegen die gute manifestiert sich L.s pessimist. Weltbild. Zur sprichwörtl. Sentenz wurde der Vers *victrix causa diis placuit, sed victa Catoni*, »die siegreiche Sache gefiel den Göttern, die besiegte aber dem Cato«. Die Betonung des stoisch-republikan. Ethos gegen die Diktatur Caesars ist zugleich Ausdruck der Opposition gegen Nero. L.s Stil ist rhetorisch und sentenzenhaft; er liebt die Darstellung grausamer und ekelerregender Szenen, die zum einen das Pathos steigern, zum andern die Leidensfähigkeit erprobter Stoiker demonstrieren. Stil und pessimist. Weltdeutung erweisen L. als Antipoden Vergils. Lit.: E. Burck/W. Rutz, in: E. Burck (Hg.), Das röm. Epos (1979) 154–199.

Lukian (gr. Lukianos), aus Samosata (Syrien) stammender griech. Sophist und Satiriker, ca. 120 – nach 180 n. Chr. Von den 80 unter seinem Namen aufgeführten Werken gelten etwa 70 als echt, Datierung und Chronologie sind unsicher. L. verwendete verschiedene literar. Formen: Übungs- und Prunkreden, Erzählungen, Dialoge, Briefe, menippeische Satiren, in denen er den an der Alten Komödie geschulten Spott mit popularphilosoph. Inhalten verbindet. Ein Beispiel für seine sophist. Reden ist das *Iudicium vocale* (*Gericht der Vokale*), das

von der Klage des Buchstaben Sigma gegen das Tau vor dem Gerichtshof der Vokale handelt. In seinen menippeischen Satiren bediente sich L. oft phantast. Einkleidungen wie z. B. im *Cataplus* (*Hadesfahrt*) und *Icaromenippus*, wo vom Himmel herab das Leben der Menschen beurteilt wird. Im *Philopseudes* läßt er von Philosophen Spukgeschichten erzählen. Als literar. Parodien auf Abenteuerromane sind die *Verae historiae* (*Wahre Geschichten*) konzipiert. Lit.: H.-G. Nesselrath, L.s Parasitendialog (1985). – M. Weißenberger, Literaturtheorie bei L. (1996).

Lukillios, griech. Epigrammdichter, 1. Hälfte 1. Jh. n. Chr. Er wirkte zur Zeit des Nero. Über 100 Epigramme sind in der *Anthologia Graeca* erhalten. Seine Scherze über körperl. Defekte und bestimmte Berufe (bes. Ärzte), aber auch seine Inschriftenparodien waren vorbildhaft für das Spottepigramm des Martial. Lit.: W. Burnikel, Untersuchungen zur Struktur des Witzepigramms bei L. und Martial (1980).

Lukrez, Titus Lucretius Carus, röm. Dichter, 96–53 v. Chr. L. schreibt ein sechs Bücher umfassendes epikureisches Lehrgedicht *De rerum natura* (*Über die Natur der Dinge*), in dem er in hexametr. Form die Lehre von den Atomen (Buch 1 und 2), von Lebensprinzip (*anima*), Geist (*animus*) und Sinneswahrnehmung (Buch 3 und 4) und von der Kulturentstehung sowie ird. und himml. Phänomenen (Buch 5 und 6) behandelt. Als Verkünder der epikureischen Philosophie will er die Menschen von der Götter- und Todesfurcht befreien. Dieses geschieht durch die Erkenntnis der epikureischen Physik und Kulturtheorie, deren Studium er dem Leser durch die Versform versüßt wie der Arzt die Medizin durch Honig. Künstler. Vorbild ist das Gedicht *Peri physeos* (*Über die Natur*) des Siziliers Empedokles (um 450 v. Chr.). Archaisierende Züge verleihen der Sprache bisweilen Schwere und Würde. L. fühlt sich einerseits als erster röm. Vermittler der epikureischen Philosophie und Künder eines von Leidenschaften freien, vernunftgelenkten und daher glückl. Lebens, andererseits erhebt er den Anspruch, künstlerisch etwas Neues zu schaffen, indem er die Lehre einer Schule, der dichtungskrit. Epikureer, zum Gegenstand eines *carmen* (›Gedichts‹, d. h. Lehrgedichts) macht. Der von ihm selbst geäußerte Gedanke des Beschreitens unbetretener Pfade (1, 926) wird als Antrieb zur Dichtung bei L. von der Forschung oft unterschätzt. Als Zeitgenosse der Neoteriker gleicht L. diesen darin, ausgefallene Themen zu einem Gedicht gemacht zu haben. L. soll sich, noch nicht 44 Jahre alt, in einem Anfall geistiger Umnachtung das Leben genommen haben. Sein Werk wurde von Cicero ediert. **Lit.:** C. Bailey I-II (1947) [Ausg., Komm.]. – K. Sallmann, in: Gymnasium 92 (1985) 435–464.

Lusius Quietus, nordafrikan. Maurenführer, trat mit seinen Reitern in die Dienste Domitians und wurde in Anerkennung seiner Leistungen in den Ritterstand erhoben. In den Daker- und Partherkriegen zeichnete er sich wiederholt durch militär. Sachverstand und kühne Unternehmungen aus. 117 schlug er einen Judenaufstand in Mesopotamien nieder und stellte die Ordnung in Judäa wieder her. Seine machtvolle und einflußreiche Position empfand Hadrian, der 117 die Nachfolge Trajans antrat, als persönl. Bedrohung und enthob ihn seines Kommandos. 118 wurde L. Q. der Verschwörung bezichtigt und nach einem Schnellverfahren hingerichtet.

Lutatius (1), Gaius L. Catulus, Konsul 242 v. Chr., besiegte 241 im 1. Pun. Krieg die karthag. Flotte in der entscheidenden Seeschlacht bei den Ägat. Inseln. Die anschließenden Friedensverhandlungen führte er mit Hamilkar Barkas.

Lutatius (2), Quintus L. Catulus, ca. 150–87 v. Chr., Konsul 102, war gemeinsam mit Marius an der Abwehr der Kimbern und Teutonen beteiligt, doch führte ein Streit mit diesem, wer den größeren Anteil am Siege gehabt habe, zu einem persönl. Zerwürfnis. Im Jahr 100 wandte er sich gegen die Agitation des Volkstribunen L. Appuleius Saturninus, vertrat aber in der Folgezeit eine gemäßigte polit. Richtung. Nach dem vorläufigen Sieg seines Feindes Marius im Bürgerkrieg (87) kam er einer sicheren Verurteilung durch Selbstmord zuvor. L. galt als bedeutender Redner und trat auch literarisch, u. a. mit einem Geschichtswerk, hervor.

Lutatius (3), Quintus L. Catulus, ca. 121–61/60 v. Chr., Sohn des L. (2), Konsul 78, diente bereits im Krieg gegen die Kimbern und Teutonen (102/01) im Heer seines Vaters. Er nahm am Bundesgenossenkrieg (91–88) teil und konnte sich vor den Nachstellungen des Marius zu Sulla retten, dessen Verfassungsreform er auch nach seinem Tod (78) verteidigte. Er wandte sich gegen die polit. Ambitionen des Pompeius, dem er den Oberbefehl gegen die Seeräuber (66) verweigern wollte, und unterstützte Cicero 63 bei seinem Kampf gegen Catilina. In seinen letzten Lebensjahren verschärften sich seine Gegensätze zu Caesar, dessen Aufstieg er skeptisch gegenüberstand. L. galt als integre Persönlichkeit, die für den Erhalt des traditionellen Senatsregimes eintrat.

Luxorius (oder Luxurius) aus Karthago, lat. Dichter, 5./6. Jh. n. Chr., Verf. von ca. 90 Gedichten über verschiedene Themen in unterschiedl. Metren, die Einblick in die vandal. Gesellschaft Nordafrikas geben.

Lydus, mit vollem Namen Johannes L., 490–560 n. Chr., griech. Autor mit antiquar. Interesse. Erhalten sind ein Werk über den röm. Kalender, astrolog. Fragmente und eine Geschichte der röm. Ämter. **Lit.:** M. Maas, J. L. and the Roman Past (1992).

Lygdamis von Naxos, ein vornehmer Adliger, unterstützte Peisistratos bei dessen endgültiger Machtergreifung in Athen (546 v. Chr.) woraufhin ihm dieser zur Herrschaft über Naxos verhalf. Er wurde um 524 durch eine spartan. Intervention gestürzt.

Lygdamus, röm. Dichter, wohl aus augusteischer Zeit. Sechs Gedichte eines unter dem Namen oder Pseudonym L. auftretenden Dichters sind zusammen mit Gedichten der Sulpicia im Corpus Tibullianum (3. Buch, 1–6) überliefert. Es handelt sich um Elegien des L. an seine *coniunx* (Gattin oder Geliebte) Neaera. Berührungen zu Ovid und Tibull sind erkennbar; Person und Lebenszeit des L. bleiben umstritten. Lit.: K. Büchner, Die Elegien des Lygdamus, in: Hermes 93 (1965) 65–112.

Lykon, griech. Philosoph, ca. 300– 225 v. Chr., Schuloberhaupt der Peripatetiker für 44 Jahre. Nach der antiken Philosophiegeschichte gilt er als Anfang des Abstiegs der Peripatetiker. Nach Cicero (De finibus 5, 13) war er ein gefälliger Redner, der nichts zu sagen hatte. Lit.: F. Wehrli, Die Schule des Aristoteles 6 (1968) 1–26.

Lykophron (gr. Lykophron) aus Chalkis, Tragiker des beginnenden 3. Jh. v. Chr., daneben auch als Philologe tätig, nur in Fragmenten erhalten. Unter dem Namen des L. ist ein Werk mit dem Titel *Alexandra* erhalten, das jedoch wohl erst nach 197/96 v. Chr. entstanden ist. Das Werk, in jamb. Trimetern, schließt sich formal an die Tragödie an. In der Form eines Botenberichts werden die Prophezeiungen der Kassandra mit einer Vision des Untergangs Trojas König Priamos mitgeteilt. Das Werk war schon in der Antike für seine Dunkelheit berüchtigt. Lit.: M Fusillo/A. Hurst/G. Paduano, Licofrone, Alessandra (1991).

Lykortas aus Megalopolis, achäischer Feldherr und Staatsmann, Vater des Historikers Polybios, war ein enger polit. Weggefährte des Philopoimen. Er kämpfte gegen Nabis von Sparta (192) und war bestrebt, die Unabhängigkeit des Bundes gegenüber Rom zu wahren. Röm. Forderungen, die spartan. Verbannten wieder aufzunehmen, trat er entgegen. 182 unterwarf er Messenien und stellte die achäische Herrschaft wieder her. Nachdem er zwischenzeitlich durch den Römerfreund Kallikrates von der polit. Führung verdrängt worden war, trat er 170 zu Beginn des 3. Makedon. Krieges für die Neutralität des

Bundes ein. Deswegen als Römerfeind verdächtigt, starb er noch vor Ende des Krieges (168). L. war der letzte griech. Staatsmann, der eine von Rom unabhängige Politik zu betreiben versuchte.

Lykos aus Rhegion, griech. Historiker, um 300 v. Chr., Vater des Lykophron. Bezeugt ist ein Werk über Sizilien und Libyen. Lit.: O. Lendle, Einführung in die griech. Geschichtsschreibung (1992) 214.

Lykurgos, myth. Begründer der spartan. Verfassung, meist um 800 v. Chr. datiert. Der Überlieferung zufolge stammte er aus königl. Geschlecht, studierte die polit. Verhältnisse in zahlreichen Städten Griechenlands und Kretas und führte mit Hilfe des Orakels von Delphi nach inneren Konflikten in Sparta die nach ihm benannte Verfassung ein. Deren Hauptelemente waren in histor. Zeit ein Doppelkönigtum mit zwei Dynastien, der Rat der Alten (Gerousia) und die Volksversammlung der spartan. Vollbürger (Spartiaten), zwischen denen ein polit. Gleichgewicht herrschte. In den inneren Auseinandersetzungen im Zuge des Niedergangs Spartas seit Mitte des 4. Jh. v. Chr. war die Berufung auf L. ein beliebtes polit. Kampf- und Propagandamittel. Die Person des L. ist sagenhaft verfremdet, und es ist fraglich, ob er als reale histor. Gestalt überhaupt existiert hat. Wahrscheinlich ist, daß die spartan. Verfassung rückwirkend einer myth. Figur zugeschrieben wurde. Eine Biographie des L. (Zusammenfassung der Überlieferung) verfaßte Plutarch. Lit.: GGGA (1999).

Lysias (gr. Lysias) aus Athen, att. Redner, ca. 445–380 v. Chr., Logograph bes. im Dienst demokrat. Mandanten; seine Sprache ist schlicht und wird vorbildhaft für den att. Stil in der Attizismus-Asianismus-Auseinandersetzung, berühmt war er auch für seine Charakterisierungskunst. Von seinen 233 Reden sind 34 erhalten. Lit.: M. Weißenberger, Die Dokimasiereden des L. (1987). – C. Carey, L. Selected Speeches (1989).

Lysimachos, um 360–281 v. Chr., einer der Diadochen, nahm seit 334 am Perserfeldzug Alexanders d.gr. teil und fungierte als Leibwächter (Somatophylax) des Königs. Beim Tode Alexanders (323) erhielt er Thrakien als Satrapie und bekämpfte in der Folgezeit alle Versuche, eine starke Zentralgewalt zu errichten. 321 wandte er sich im Bunde mit Antipater, Antigonos, Krateros und Ptolemaios gegen Perdikkas, 319 gegen den Reichsverweser Polyperchon. Als Antigonos zu mächtig zu werden drohte, schloß sich L. 315 der gegen ihn gerichteten Koalition an. Der allgemeine Friede von 311 bestätigte ihn im Besitz Thrakiens, doch mußte er die Autonomie der Griechenstädte anerkennen. Als neue Residenz gründete er 309 die Stadt Lysimacheia am Hellespont und nahm 305 mit den übrigen Diadochen den Königstitel an. 302 war er federführend an einem neuen Bündnis gegen Antigonos beteiligt (L., Kassander, Seleukos) und trug maßgeblich zum Sieg der Koalition in der Schlacht bei Ipsos (301) bei. Aus der Erbmasse des Antigonos-Reiches erwarb er das gesamte westl. Kleinasien (mit Ausnahme Bithyniens) und kontrollierte uneingeschränkt den Hellespont. 289 verbündete er sich mit Pyrrhos und vertrieb 288 gemeinsam mit diesem Demetrios Poliorketes, den Sohn des Antigonos, aus Makedonien. 286 verdrängte er Pyrrhos und wurde als alleiniger makedon. König anerkannt. Sein Machtbereich erstreckte sich nun von der unteren Donau bis zum Taurusgebirge. Streitigkeiten innerhalb seiner Familie führten 283 zu Hinrichtung seines Sohnes Agathokles, dessen Witwe Zuflucht bei Seleukos suchte. Im dadurch erschütterten Reich zeigten sich erste Zerfallstendenzen, als ein Krieg gegen Seleukos ausbrach. L. stellte sich bei Kurupedion (281) zur Schlacht, doch unterlag er und fiel an der Spitze seines Heeres. Den Großteil seines Reiches nahm Seleukos in Besitz. Lit.: H. Bengtson, Die Diadochen (1987) 119–136. – H. S. Lund, Lysimachus (1992).

Lysipp (gr. Lysippos), gehörte zu den bedeutendsten Bildhauern des Altertums, stammte wohl aus Sikyon und war etwa zwischen 370 und 310/300 v. Chr. tätig. In dieser langen Schaffensperiode soll er der Überlieferung zufolge mehr als 1.500 Werke an den unterschiedlichsten Orten Griechenlands und Kleinasiens geschaffen haben. Diese große Zahl spricht dafür, daß L. über eine ausgesprochen große Werkstatt und Schule verfügte. Die antiken Quellen berichten ferner, daß L. die Toreutik, die Technik des Bronzegusses, weiterentwickelt und nahezu vervollkommnet hat. L. arbeitete am Ende der klass. Zeit und schlug mit seinen revolutionären Erneuerungen eine Brücke zum Hellenismus, indem er seinen Werken ein neues Proportionsverhältnis zugrundelegte: die Beine wurden länger, die Köpfe kleiner, so daß seine Statuen schlanker und gestreckter wirkten. Zusätzlich betonte er die opt. Wirkung seiner Figuren, indem er den Raum in die Gestaltung miteinbezog. Auch seine Themen und Kompositionen waren mannigfaltig. L. fertigte Statuen, Gruppen, Götterbilder und Porträts in kleinen und in großen Formaten; seine Themen umfaßten nahezu alle denkbaren Bereiche von Götterdarstellungen über Staatsmänner bis hin zu Sportlern, myth. Figuren oder Tieren. Zahlreiche dieser Werke sind zwar von antiken Autoren beschrieben (z.B. Alexanderporträts, ein Bildnis des Sokrates, mehrere Heraklesstatuen), aber leider konnten, anhand von Kopien aus röm. Zeit, bis heute nur einige wenige davon (z.T. nur unsicher) zugewiesen werden, wie z.B. der sich schabende Athlet (Apoxyomenos). Lit.: R.R.R. Smith, Hellenistic Sculpture (1991). – K. Stemmer, Standorte. Kontext und Funktion antiker Skulptur (1995).

Machon, griech. Komödiendichter in Alexandria, Mitte 3. Jh. v. Chr. Er soll versucht haben, den bissigen Spott der

Alten Komödie wiederzubeleben. Im jamb. Trimeter verfaßte er außerdem eine Anekdotensammlung (*Chreiai*) über athen. Kurtisanen und Parasiten. Lit.: A. S. F. Gow, M. (1965).

Macrinus, Marcus Opellius Severus M. Augustus, röm. Kaiser 11. April 217– 8. Juni 218 n. Chr.; geb. um 164 in Caesarea Mauretaniae; seit 212 Prätorianerpräfekt des Caracalla, Teilnahme an dessen Partherkrieg. Nach der Ermordung Caracallas am 11. April 217 riefen die Soldaten M. zum Kaiser aus. M. gelang es aber nicht, sich gegen den Einfluß der Julia Maesa, der Schwägerin des Septimius Severus und Großmutter des Elagabal, und Severus Alexander zu behaupten. Am 16. Mai 218 fielen die Truppen in Emesa von M. ab. Am 8. Juni 218 erlitt er eine Niederlage gegen Elagabal und wurde auf der Flucht getötet. Lit.: P. Cavuoto, Macrino (1983).

Macro, Quintus Naevius Cordus Sutorius M., wurde 31 n. Chr. von Tiberius zum alleinigen Prätorianerpräfekten ernannt und organisierte in seinem Auftrag den Sturz des Seianus. Während seiner Amtszeit (31–37) übte er großen polit. Einfluß aus und trat als Ankläger gegen führende Senatoren hervor. Die Nachricht des Tacitus, M. habe 37 den greisen Tiberius mit einem Kissen erstickt, um Caligula, dessen Gunst er gewinnen wollte, die Nachfolge zu sichern, ist in der Überlieferung umstritten. Von Caligula noch im Jahr seiner Machtübernahme auf den Posten des *praefectus Aegypti* abgeschoben, beging er Selbstmord, als der Kaiser im Senat schwere Vorwürfe gegen ihn erhob.

Macrobius, Ambrosius Theodosius M., heidn. röm. Schriftsteller und Beamter, 5. Jh. n. Chr. M. verfaßte in formaler Nachahmung von Ciceros *De re publica* (*Staat*) 7 Bücher *Saturnalia*, einen – unvollständig erhaltenen – Dialog, in dem ein Kreis literaturbeflissener Adliger grammat., histor., philosoph., kulturgeschichtl. Fragen erörtert und bes. über Vergil als Inbegriff des klass. heidn. Römertums debattiert. Herausragender Gesprächsteilnehmer ist Q.

Aurelius Symmachus; den nach ihm benannten Symmachus-Kreis idealisiert M. ähnlich wie Cicero den sog. Scipionenkreis. Als weitere wichtige Schrift des M. ist ein neuplaton. Kommentar zu Ciceros *Somnium Scipionis* (*Scipios Traum,* dem Schlußmythos von *De re publica*) erhalten, der auch Ciceros Text überliefert. Lit.: S. Döpp, in: Hermes 106 (1978) 619–632.

Maecenas, Gaius Cilnius M., um 70–8 v. Chr., entstammte einer etrusk. Ritterfamilie aus Arretium und nahm 42 an der Seite Octavians, dessen Freund und Vertrauter er wurde, an der Schlacht bei Philippi teil. In der Folge verzichtete er auf eine militär. Laufbahn, übernahm aber zahlreiche diplomat. Missionen. Seine gehobene Stellung erlaubte es ihm, beträchtl. Reichtum anzuhäufen. Zu großer und bleibender Bedeutung gelangte er bes. als Förderer und Entdecker herausragender junger Künstler (Vergil, Horaz, Properz, aber auch weiterer Dichter), die er im sog. Maecenaskreis um sich scharte. Er vermittelte seinen Schützlingen geistige Anregungen und griff ihnen auch materiell unter die Arme. Sein Name wurde daher sprichwörtlich für einen Förderer von Kunst und Kultur (»Mäzen«). Darüber hinaus verfaßte M. auch eigene Dichtungen, von denen aber nur spärl. Fragmente erhalten sind. Seine Beziehung zu Augustus kühlte seit Mitte der 20er Jahre deutlich ab, so daß er seine letzten Lebensjahre zurückgezogen auf seinen Besitzungen verbrachte. Lit.: J.-M. André, Mécène (1967).

Maelius, Spurius M., nach der legendenhaften Überlieferung ein reicher Plebeier, der 439 v. Chr. beim Versuch, einen Aufstand zu entfachen, getötet wurde. Während einer Hungersnot soll er das Volk durch Getreidespenden unterstützt haben, mit der Absicht, deren Hilfe bei der Erlangung der Königswürde zu gewinnen. Der Diktator L. Quinctius Cincinnatus habe jedoch seine Pläne durchschaut und sei gegen ihn vorgegangen. Beim Versuch, M. zu verhaften, sei dieser zu Tode gekommen. Die Erzählung wurde von späteren Autoren ausgebaut und sollte als Rechtfertigung dienen, echte oder vermeintl. innenpolit. Demagogen zu bekämpfen.

Maenius, Gaius M., Konsul 338 v. Chr., unterwarf in seiner Amtszeit endgültig die Latiner und leitete so die röm. Hegemonie in Mittelitalien ein. Nach den an seiner Rednerbühne auf dem Forum Romanum angebrachten Schiffsschnäbeln, die er feindl. Schiffen abnahm, erhielt diese den Namen *rostra.*

Mago, Sohn des Hamilkar Barkas und jüngster Bruder Hannibals, begleitete diesen 218 v. Chr. auf seinem Zug über die Alpen und nahm an der Schlacht an der Trebia teil. 215–206 kämpfte er in Spanien, konnte aber die röm. Eroberung des Landes durch P. Cornelius Scipio nicht verhindern. Über die Zwischenstation der Balearen setzte er sich 205 im Hinterland von Ligurien fest, um dort röm. Truppen zu binden und Söldner anzuwerben. Gemeinsam mit Hannibal wurde er 203 nach Nordafrika zurückgerufen, starb aber auf der Überfahrt an den Folgen einer Verwundung. **Lit.:** J. Seibert, Hannibal (1993).

Maharbal, ein Unterfeldherr Hannibals, zwang als Befehlshaber der Reiterei nach der Schlacht am Trasimen. See (217 v. Chr.) die röm. Vorhut zur Kapitulation und führte bei Cannae (216) den rechten Flügel. Als Hannibal danach einen Angriff auf Rom ablehnte, soll er zu ihm gesagt haben: »Zu siegen verstehst du, aber nicht, deinen Sieg zu nutzen.«

Maiorianus, weström. Kaiser (457–461 n. Chr.) wurde 457 mit Unterstützung des Heermeisters (*magister militum*) Ricimer zum Augustus erhoben, vom Ostreich aber nicht anerkannt. Als letzter Kaiser des Westens versuchte er, eine selbständige Politik zu betreiben und u.a. das Steuerwesen zu reformieren. Nachdem er Widerstände in Gallien überwunden hatte, plante er einen Feldzug gegen die Vandalen, verlor aber durch Verrat den Großteil seiner Flotte. Ricimer nahm diesen Mißerfolg zum

Anlaß, ihn zu stürzen und hinrichten zu lassen.

Malchos, König der arab. Nabatäer (um 57–30 v. Chr.), unterstützte Caesar 47 während des Alexandrin. Aufstands und stand später auf der Seite des Antonius. 32 geriet er in Konflikt mit Herodes, der ihn besiegte und nach einer weiteren Verschwörung (30) hinrichten ließ.

Malalas, Johannes M., griech. Historiker, ca. 480–570 n. Chr., Verf. einer einflußreichen Weltchronik von der Erschaffung der Welt bis 563 n. Chr. **Lit.:** E. Jeffreys, Studies in John M. (1990).

Mamilius, Octavius M., Herrscher in Tusculum, nahm dem vertriebenen röm. König Tarquinius Superbus, seinen Schwiegervater, bei sich auf und trieb die Latiner in die Auseinandersetzung mit Rom. Bei den daraufhin ausbrechenden Kämpfen fiel er in der Schlacht am Regillus-See (496 v. Chr.).

Manethon, ägypt. Priester in Heliopolis, 3. Jh. v. Chr., Verf. einer griechisch geschriebenen Geschichte Ägyptens bis ins Jahr 342 (Fragmente erhalten). Unter dem Namen M.s existierte außerdem ein Lehrgedicht in sechs Büchern über Astrologie, das jedoch erst im 2./3. Jh. n. Chr. entstand.

Mani aus Ktesiphon, Begründer der gnost. Bewegung des Manichäismus, 216–276 n. Chr. Der syrisch sprechende M. war zunächst Mitglied einer judenchristl. Täufersekte, die er mit 24 Jahren verließ, da Visionen ihn zur Überzeugung brachten, er sei der von Jesus verheißene Paraklet, der neue Lichtapostel. M. missionierte unter dem toleranten Sasanidenherrscher Schapur I. erfolgreich Mesopotamien, wurde aber unter dessen Nachfolger Bahram I. verhaftet und starb im Gefängnis. Im Gegensatz zu Jesus verfaßte M. selbst Bücher auf Aramäisch, in denen er seine Lehre darlegte. Von den neun Schriften, Briefen und Hymnen ist allerdings im Original kaum etwas erhalten. Das heutige Wissen über M.s Lehre stammt aus Aufzeichnungen seiner Schüler. Wichtige

Quelle ist der sog. Kölner M.-Codex, der eine Biographie M.s von seinem 4.–25. Lebensjahr mit der Wiedergabe seiner Worte und Taten enthält. **Lit.**: A. Böhlig, Die Gnosis III (1980). – L. Koenen/C. Römer, M. (1993).

Manilius, Manlius M., unterlag als Prätor 154 v. Chr. den aufständ. Lusitaniern (Beginn des großen Spanienkrieges) und eröffnete als Konsul 149 den 3. Pun. Krieg. 133 warnte er vor den Plänen des Ti. Gracchus, trat politisch aber nicht mehr führend in Erscheinung. M. war ein bedeutender Rechtsgelehrter und gehörte zum Scipionenkreis.

Manilius, röm. Autor, 1. Jh. v. Chr./ 1. Jh. n. Chr., Verf. eines unvollendet gebliebenen, fünf Bücher umfassenden Lehrgedichts in daktyl. Hexametern mit dem Titel *Astronomica*. Es behandelt Sternbilder innerhalb und außerhalb des Tierkreises und deren Wirkung auf den Menschen. M. erhebt den Anspruch, wie Lukrez ein Lehrgebäude dichterisch zu vermitteln. Weitere Vorbilder sind Arats *Phainomena* und Vergils *Georgica*. Philosophisch orientiert sich M. an dem Stoiker Poseidonios, von dem er die Vorstellung von der göttl. Natur im Menschen übernimmt; der M.-Verehrer Goethe hat diese nachempfunden in den Versen »Wär nicht das Auge sonnenhaft … «. **Lit.**: W. Hübner, in: ANRW II 32, 1 (1984) 126–320.

Manlius (1), Marcus M. Capitolinus, Konsul 392 v. Chr., betrieb, obwohl selbst ein Patrizier, eine plebeierfreundl. Politik, die ihn in Gegensatz zu seinen Standesgenossen brachte. Beim Galliersturm 387 verteidigte er das Capitol, auf dem er seinen Wohnsitz hatte, erfolgreich gegen die Angreifer. Der Überlieferung zufolge soll er 385 die Alleinherrschaft angestrebt haben und sei deshalb im Jahr darauf angeklagt und hingerichtet worden. Eigentl. Hintergrund der Affäre dürften aber innenpolit. Auseinandersetzungen über die von M. befürworteten Gesellschaftsreformen gewesen sein. Nach seinem Tod wurde beschlossen, daß künftig kein Patrizier mehr auf dem Capitol wohnen durfte.

Manlius (2), Titus M. Imperiosus Torquatus, je dreimal Konsul (347, 344, 340 v. Chr.) und Diktator (353, 349, 320), trug seinen Beinamen nach dem kelt. Halsring (*torques*), den er einem Feind abgenommen hatte. 340 besiegte er die Latiner bei Trifanum und bereitete damit die röm. Hegemonie in Mittelitalien vor. Der Bericht, er habe seinen eigenen Sohn hinrichten lassen, da er befehlswidrig gegen den Feind gekämpft hätte, ist vermutlich eine spätere Legende.

Manlius (3), Gnaeus M. Vulso, Konsul 189 v. Chr., führte während seiner Amtszeit in Kleinasien einen Feldzug gegen die kelt. Galater und kehrte mit großer Beute nach Rom zurück. Im Rahmen des Friedensvertrages mit dem Seleukiden Antiochos III. ordnete er die polit. Verhältnisse auf der Halbinsel neu.

Marbod (lat. Maroboduus), König der Markomannen (9 v. Chr.–19 n. Chr.), kam bereits als junger Mann nach Rom und diente zeitweise in der röm. Armee. Nachdem er zu seinem Volk zurückgekehrt war, riß er 9 v. Chr. die Macht an sich und führte die Markomannen, die von Rom umklammert zu werden drohten, aus dem Maingebiet in neue Siedlungsgebiete im heutige Böhmen. Dort schuf er einen mächtigen german. Stammesverband, dem u.a. Quaden und Semnonen angehörten. Durch diese Machtkonzentration bedroht, mobilisierte Augustus 6 n. Chr. zwölf Legionen, um M. zu unterwerfen, mußte diese Pläne aber nach einem Aufstand in Pannonien und Illyrien zurückstellen. Obwohl M. nach der Schlacht im Teutoburger Wald (9 n. Chr.) ein Bündnis mit Arminius ablehnte und diesen seit 17 offen bekämpfte, konnte er nicht – wie erhofft – die Gunst Roms wiedererringen. Der Krieg gegen Arminius führte zum raschen Zerfall seines Stammesverbunds, er wurde besiegt und mußte 19 im röm. Reich Zuflucht suchen. Tiberius ließ ihn in Ravenna internieren, wo er noch 18 Jahre lebte. **Lit.**: J. Dobias, King Maroboduus as a Politician, in: Klio 38 (1960) 155–66.

Marcellus (1), Marcus Claudius M., ca. 270–208 v. Chr., zwischen 222 und 208 fünfmal Konsul, einer der bedeutendsten röm. Feldherrn im 2. Pun. Krieg. Nachdem er bereits 222 erfolgreich gegen die Kelten in Oberitalien gekämpft hatte, trat er nach der Schlacht bei Cannae (216) erneut hervor und erhielt nach militär. Kommanden in Campanien 213 den Oberbefehl in Sizilien. Bis 211 leitete er die Belagerung von Syrakus, das er trotz der starken Befestigung und eines Entsatzversuchs der Karthager nach zweijährigen Kämpfen einnehmen konnte. Bei der Plünderung der Stadt entführte er gewaltige Mengen an Kunstschätzen und brachte sie nach Rom. Danach wieder in Unteritalien tätig, bekämpfte er Hannibal, geriet aber 208 bei Petelia in einen Hinterhalt und wurde getötet.

Marcellus (2), Marcus Claudius M., Konsul 51 v. Chr., war einer der entschiedensten Gegner Caesars. Er betrieb dessen Enthebung von seinem Kommando in Gallien und zog sich nach der Schlacht bei Pharsalos (48) ins Exil auf die Insel Lesbos zurück. Erst 46 nahm er die Begnadigung durch Caesar an (in diesen Zusammenhang gehört Ciceros Rede *Pro Marcello*), wurde aber noch vor seiner Rückkehr nach Italien in Athen ermordet (45).

Marcellus (3), Marcus Claudius M., 42–23 v. Chr., Sohn der Octavia und Neffe des Augustus, nahm am kantabr. Feldzug teil und heiratete 25 seine Cousine Julia, die Tochter des Kaisers. Als Ädil (23) organisierte er prachtvolle Spiele, starb aber noch im gleichen Jahr in Baiae. Er galt als potentieller Nachfolger des Augustus, der ihm ein Staatsbegräbnis ausrichtete und in seinem Namen ein Theater stiftete (Marcellus-Theater in Rom am Tiber).

Marcellus von Ankyra, griech. Theologe, ca. 285/90–374 n. Chr., Gegner des Arius und Eusebios; zwischen 330–337 wurde er verbannt, 341 in Rom jedoch rehabilitiert. Das theolog. Hauptwerk, das auf Anweisung der Synode von Konstantinopel vernichtet wurde, ist in 128 Fragmenten erhalten. Komplett überliefert ist nur der Brief an Julius, in dem M. seine Glaubensüberzeugungen darlegt. M.s theolog. Bedeutung liegt darin, daß er die Einzigartigkeit Gottes in einer Person und die Untrennbarkeit der göttl. Einheit trotz ihrer Ausdehnung in die Dreifaltigkeit betont. Lit.: LACL (1998).

Marcius, Quintus M. Philippus, Konsul 186 und 169 v. Chr., war in seiner ersten Amtszeit an der Unterdrükkung der Bacchanalien, eines ekstat. Geheimkultes, beteiligt, und führte in seiner zweiten Amtszeit den röm. Oberbefehl im 3. Makedon. Krieg. Dadurch, daß es ihm gelang, das Olympmassiv zu überwinden und in Makedonien einzudringen, bereitete er den Boden für den endgültigen röm. Sieg, den sein Nachfolger L. Aemilius Paullus bei Pydna (168) errang.

Marcus Antonius ↗ Antonius

Marcus Aurelius ↗ Mark Aurel

Mardonios, pers. Feldherr und Schwiegersohn Dareios' I, übernahm 492 v. Chr. das Kommando in Kleinasien und konsolidierte die pers. Macht nach dem Jon. Aufstand. Unmittelbar danach unternahm er einen Feldzug nach Thrakien und brachte Makedonien in pers. Abhängigkeit. Nach Herodot (7, 5) war er 480 v. Chr. die treibende Kraft des pers. Angriffs auf Griechenland. Nach der Niederlage der pers. Flotte bei Salamis wurde er von Xerxes als Befehlshaber des Landheeres zurückgelassen und überwinterte in Böotien. Im Jahr darauf (479) unterlag er den vereinigten griech. Truppen bei Platää und fiel in der Schlacht.

Marius, Gaius M., 157–86 v. Chr., röm. Feldherr und Politiker, ein Homo novus, entstammte dem Ritterstand und nahm als Legat des Metellus seit 109 am Krieg gegen Jugurtha teil. Nachdem er 107 zum Konsul gewählt worden war, übernahm er den Oberbefehl und erzwang 105 die Auslieferung des Numiderkönigs. Hierbei geriet er zum erstenmal in Konflikt mit Sulla. Angesichts der drohenden Gefahr durch die Kimbern und Teutonen, die in Südgallien und Oberitalien eingedrungen waren, wurde er für die Jahre 104–100 unter Mißachtung der traditionellen Regeln fünfmal in Folge zum Konsul gewählt. Er führte eine umfassende Heeresreform durch und erhöhte die Schlagkraft der Truppen, indem er die bis dahin übl. Milizarmee durch Berufssoldaten ersetzte. Dadurch gelang es ihm, die Teutonen und Kimbern in den Schlachten bei Aquae Sextiae (102) und Vercellae (101) entscheidend zu schlagen. 100 begünstigte er die polit. Agitation des Saturninus, mußte sich aber auf Druck des Senats von ihm abwenden und nach Verhängung des Notstands (*senatus consultum ultimum*) seine Verhaftung vornehmen. Da er nicht in der Lage war, Saturninus gegen die aufgebrachte Menge zu schützen, verlor er in der Folge an Ansehen, blieb aber weiterhin politisch einflußreich. Während des Bundesgenossenkrieges (91–88) führte er erneut ein Kommando, bei dem sich sein persönl. Konflikt mit Sulla weiter verschärfte. Nach Ende des Krieges verbündete er sich mit P. Sulpicius Rufus und ließ sich anstelle von Sulla den Oberbefehl gegen Mithradates VI. von Pontos übertragen. Dies veranlaßte seinen Gegner, nach Rom zu marschieren und die Stadt militärisch zu besetzen (88). M. wurde für vogelfrei erklärt, konnte jedoch fliehen und zu seinen Veteranen nach Afrika entkommen. Von Cinna 87 während der Abwesenheit Sullas zurückgerufen, stellte er in Italien ein neues Heer auf, mit dessen Hilfe er die Kontrolle über Rom zurückerlangte. Nachdem er an den Anhängern Sullas Rache genommen hatte, wurde er für das Jahr 86 zum siebenten Mal zum Konsul gewählt, starb aber bereits kurz nach Amtsantritt. – M. gilt als führender Politiker der popularen Richtung, sein Verhältnis zur Senatsmehrheit war zeit seines Lebens eher gespannt. Seine größte Leistung besteht in der Heeresreform, mit der er die Armee den Erfordernissen des deutlich ausgeweiteten röm. Machtbereichs anpaßte. Seine Beurteilung als Staatsmann

hingegen ist zwiespältig. Er war ehrgeizig und skrupellos, doch zeigten bereits die Ereignisse des Jahres 100, daß sein polit. Gespür nicht immer richtig lag. Seine persönl. Feindschaft zu Sulla trug maßgeblich zum verheerenden Bürgerkrieg der 80er Jahre bei und vertiefte die Gegensätze innerhalb der röm. Gesellschaft. **Lit.:** W. Schur, Das Zeitalter des M. und Sulla (1942). – J. van Ooteghem, C. M. (1964). – T. F. Carney, A Biography of C. M. (1970).

Marius Victorịnus, Gaius M. V. Afer, röm. Rhetor und Grammatiker, ca. 280 – vor 386 n. Chr. M. V. war Neuplatoniker und wurde erst in hohem Alter (353) Christ. Er verfocht die Vereinbarkeit von Platonismus und Christentum. Sein Beispiel beeinflußte die Konversion Augustins. Das 362 von Kaiser Julian Apostata erlassene Lehrverbot für Christen traf auch ihn. Teils überliefert, teils nur vom Titel her bekannt sind grammat., rhetor., philosoph., theolog. Schriften sowie Übersetzungen (Platon, Aristoteles, Neuplatonisches, kirchl. Literatur). **Lit.:** P.L. Schmidt, in: HLL V (1989) 342–355.

Mark Aurel, Marcus Annius (?) Catilius Severus, später Marcus Aurelius Antoninus Augustus; röm. Kaiser 7. März 161–17. März 180 n. Chr.; geb. am 26. April 121 in Rom als Sohn des M. Annius Verus und der Domitia Lucilla; 136 Verlobung mit Ceionia Fabia, der Tochter des damals zum Nachfolger bestimmten Aelius Caesar; 25. Februar 138 Adoption durch Antoninus Pius; nach dem 10. Juli 138 Lösung der Verlobung mit Ceionia Fabia, Verlobung mit Annia Galeria Faustina, der Tochter des Antoninus Pius; 145 Hochzeit; nach dem Tode des Antoninus Pius übernahm M. A. am 7. März 161 die Regierung und ernannte Lucius Verus zum Mitkaiser; im Oktober 166 feierten beide einen Triumph über die Parther; 167/68 fielen die Markomannen und Quaden in Italien ein, die beiden Augusti unternahmen eine Inspektionsreise durch die Donauprovinzen; auf der Rückreise nach Rom starb Lucius Verus Anfang 169 in Altinum, M. A. brachte seinen Leichnam nach Rom; nach weiteren Einfällen der Barbaren begab sich M. A. erneut in den pannon. Raum, bezog 170–173 Hauptquartier in Carnuntum und 173–175 in Sirmium; 175 fiel Avidius Cassius, dem das Oberkommando im Orient anvertraut war, von M. A. ab; nach dessen Tod begab sich M. A. in Begleitung des Commodus in den O; auf der Rückreise nach Italien 176 starb seine Gattin Faustina in Kleinasien; am 23. Dezember 176 feierte M. A. einen Triumph über Germanen und Sarmaten; noch im selben Jahr ernannte er Commodus zum Mitregenten; 178 flammten die Markomannenkriege erneut auf, M. A. brach ins Kriegsgebiet auf; von diesem Feldzug kehrte er nicht mehr lebend zurück; er starb am 17. März in Bononia bei Sirmium (oder in Vindobona, heute Wien) und wurde im Mausoleum Hadriani beigesetzt. – Bereits seit frühester Jugend hatte sich M. A. intensiv mit der stoischen Philosophie beschäftigt, der er sich zeit seines Lebens verbunden fühlte; in Zeiten größter Bedrängnis verfaßte er in griech. Sprache seine *Selbstbetrachtungen*, eine Sammlung von Aphorismen und Gesprächen mit sich selbst in zwölf Büchern, die ihn als »Philosophenkaiser« in die Geschichte eingehen ließen. **Lit.:** A. Birley, Marcus Aurelius (²1987). – DRK (1997). – K. Rosen, Marc Aurel (1997).

Markion (gr. Markion), ein reicher Reeder aus Pontos, kam 140 n. Chr. nach Rom, wo er sein Vermögen der christl. Gemeinde zukommen ließ; Autor der verlorenen *Antithesen* und einer krit. Ausgabe des Neuen Testaments. M. gründete die Kirche der Markioniten, die sich von der kathol. Kirche bes. durch gesteigerte Askese und die Beachtung des Zölibats unterschied. Er verwarf die synkretist. Mythologie und die Allegorese des Alten Testaments und erkannte nur Paulus als Apostel an, als einziges Evangelium das des Lukas.

Martial, Marcus Valerius Martialis, röm. Dichter aus Bilbilis (Spanien), 38/41–102/104 n. Chr. M. verbrachte einen Teil seines Lebens (ca. 64–98) in Rom und lebte als Literat in der Abhängigkeit von Freunden und Gönnern, u. a. der Familie Senecas. Er verkehrte mit den führenden Intellektuellen seiner Zeit (Silius Italicus, Frontinus, Quintilian, Plinius d. J., Juvenal). Von Titus und Domitian wurde er mit dem Dreikinderrecht (Erlaß der Kinderlosensteuer) ausgestattet. Seine Huldigungen an Domitian dürften sich unter dessen Nachfolger Nerva nachteilig ausgewirkt haben, und er kehrte, nicht ohne leises Unbehagen (10, 93), nach Spanien zurück. M. schrieb ausschließlich Epigramme (insges. 15 Bücher) und führte die Gattung zur höchsten Vollendung. Der *Epigrammaton Liber* (*Liber spectaculorum*) geht der postumen Gesamtausgabe ohne Zählung voraus und ist zur Einweihung des Colosseums verfaßt (80); er hat die Circusspiele des Kaisers Titus zum Gegenstand. *Xenia* (*Gastgeschenke*) und *Apophoreta* (*Mitzunehmendes*) (Bücher 13–14) sind Begleitverse für Saturnaliengeschenke. Die Bücher 1–12 der Epigramme sind, was Anlaß und Thematik der Gedichte, aber auch die metr. Form angeht, äußerst abwechslungsreich. Scharfe Beobachtungsgabe und geistreiche Pointen verschafften dem Autor schon zu Lebzeiten weite Bekanntheit. **Lit.:** N. Holzberg, M. (1988). – J. P. Sullivan, M. The Unexpected Classic (1991).

Martianus Capella, lat. Enzyklopädist, 5. Jh. n. Chr. in Karthago. M. war Anwalt; für seinen Sohn verfaßte er ein Kompendium der sieben *artes liberales* (neun Bücher): Grammatik, Dialektik, Rhetorik, Geometrie, Arithmetik, Astronomie, Harmonie, ergänzt durch Medizin und Architektur (Bücher 3–9). Das Werk ist unter dem Titel *De nuptiis Philologiae et Mercurii* (*Hochzeit von Mercur und der Philologie*) überliefert. Bemerkenswert ist die allegor. Einkleidung des Stoffs. Die Rahmenerzählung ist durch Apuleius' Märchen von *Amor und Psyche* angeregt: Bevor die sterbl. Philologia als Gottes-Braut in den Himmel aufgenommen werden kann, muß sie einen Trank zu sich nehmen, der sie eine Bibliothek aller Wissenschaften erbrechen läßt. Diese wird anschließend von Artes, Disciplinae und Musen geordnet. Apoll führt ihr im Himmel sieben Brautjungfern vor, die als Allegorien der sieben *artes liberales* jeweils ihren Stoff vortragen. Die Mischung von Prosa und verschiedenen Versformen (sog. Prosimetrum) erinnert formal an die Menippeische Satire. Lit.: S. Grebe, M. De nuptiis Philologiae et Mercurii (1999).

Massinissa (auch Masinissa), ca. 240–148 v. Chr., König von Numidien, wurde als Fürstensohn in Karthago erzogen. Im 2. Pun. Krieg (218–201) war er zunächst ein Verbündeter der Karthager und kämpfte an ihrer Seite in Spanien gegen Rom. 206 wechselte er nach einer persönl. Begegnung mit Scipio die Fronten, wurde aber von seinem Rivalen Syphax, dem neuen Verbündeten Karthagos, aus Numidien vertrieben. 204 schloß er sich der Invasion Scipios an und wurde bei Kriegsende (201) von Rom als alleiniger König anerkannt. In den folgenden Jahrzehnten sah er in Karthago seinen eigentl. Feind und nahm dem Rumpfstaat nach und nach beträchtl. Territorien ab, wobei er jedesmal die Billigung Roms erhielt. Bei seinem Angriff 150 setzte sich Karthago zur Wehr, was zum Ausbruch des 3. Pun. Krieges (149–146) führte. M. starb bereits wenige Monate nach Kriegsbeginn und hinterließ die Herrschaft seinen Söhnen. Er förderte die Urbanisierung seines Reiches und suchte kulturell Anschluß an die hellenist. Welt des Ostens zu gewinnen. Als treuer Verbündeter Roms hoffte er, die alleinige Hegemonie über Nordafrika zu erlangen, sah sich aber 149 durch die unmittelbare röm. Intervention in seinen Hoffnungen getäuscht.

Matidia, 68–119 n. Chr., die Schwiegermutter Hadrians, begleitete Trajan seit 113 auf seinem Orientfeldzug und brachte 117 dessen Asche nach Rom. Nach ihrem Tod (119) wurde sie von Hadrian, der mit ihrer Tochter Sabina verheiratet war, konsekriert und erhielt in Rom einen Tempel.

Matius, Gaius M., geb. um 100 v. Chr., war ein enger Freund Ciceros, mit dem er eine rege Korrespondenz führte. Als gleichzeitiger Anhänger Caesars versuchte er, zwischen beiden Männern zu vermitteln. Nach dessen Ermordung (44) schloß er sich Octavian an.

Matron, griech. Autor, 4. Jh. v. Chr., Verf. eines Homer parodierenden Werks mit dem Titel *Deipnon (Gastmahl).*

Maussollos (auch Mausolos), pers. Satrap von Karien (377–353 v. Chr.), regierte seinen Machtbereich als nahezu unabhängiger Herrscher und verstand es, seinen Einflußbereich auch auf die vorgelagerten Inseln auszudehnen. Er stand stark unter dem Einfluß der griech. Kultur. In seiner Residenz Halikarnassos ließ er sich ein prächtiges Grabmal errichten, das »Mausoleum«. Lit.: E. Buschor, M. und Alexander (1950). – S. Hornblower, Mausolos (1982). – GGGA (1999).

Maxentius, Marcus Aurelius Valerius M., ca. 280–312 n. Chr., Sohn des Maximian und Schwiegersohn des Galerius, fühlte sich bei der Abdankung seines Vaters (305) übergangen und ließ sich 306 in Rom mit Unterstützung der Prätorianergarde zum Kaiser ausrufen. Von den übrigen Herrschern der Tetrarchie nicht anerkannt, konnte er sich 307 gegen Galerius behaupten und seine Macht zeitweise nach Spanien und Nordafrika ausdehnen. 312 unterlag er gegen Konstantin I. in der Schlacht an der Milv. Brücke und ertrank auf der Flucht. In seiner sechsjährigen Regierung betonte M. bes. das nationalröm. Element, war aber auch den Christen gegenüber tolerant.

Maximian, Marcus Aurelius Valerius Maximianus Augustus, röm. Kaiser Okt./Dez. 285 – ca. Juli 310 n. Chr.; geb. um 250, niederer Herkunft; Kriegsdienst unter den Kaisern Aurelian, Probus und Carus; im Okt./Dez. 285 wurde M. von Diokletian zum Caesar erhoben, am 1. April 286 zum Augustus für den Westen. Diokletian selbst übernahm die

Osthälfte. Daß Diokletian immer die übergeordnete Rolle spielte, wurde durch die Beinamen Iovius für Diokletian und Herculius für M. zum Ausdruck gebracht; 286–288 kämpfte M. erfolgreich gegen die Germanen; seit 293 wurden die beiden Augusti von zwei Caesares unterstützt, Constantius I. und Galerius. Constantius I. gelang es 297, das 286 abgefallene Britannien zurückzuerobern. Am 1. Mai 305 dankten Diokletian und M. planmäßig ab, die beiden Caesares wurden zu Augusti ernannt und erhielten in Maximinus Daia und Severus II. zwei neue Caesares; während sich Diokletian in seinen Palast nach Split zurückzog, wurde M. auf Bitten des Maxentius Ende 306 erneut politisch aktiv; 307 nahm er in Ravenna die Abdankung des Severus II. entgegen. Anschließend begab er sich nach Gallien und ernannte Konstantin I. zum Caesar, der ihn dafür als aktiven Augustus anerkannte. Im April 308 scheiterte der Versuch des M., den Maxentius abzusetzen, im November 308 dankte er erneut ab; im Frühsommer 310 empörte sich M. gegen Konstantin, ca. Juli 310 wurde er in Massilia gefangengenommen und beging Selbstmord. **Lit.:** F. Kolb, Diocletian und die Erste Tetrarchie (1987). – D. Kienast, Röm. Kaisertabelle (²1996) 272–276. – DRK (1997).

Maximianus, lat. Dichter zur Zeit der Gotenherrschaft in Italien, späte 6. Jh. n. Chr., Verf. von sechs Elegien verschiedener Länge (insgesamt 686 Verse), aus denen sich einige Angaben zu seinem Leben entnehmen lassen: Name (4, 26), Herkunft aus Italien (5, 5 und 40), Jugendzeit in Rom (1, 37 und 63), polit. Laufbahn (1, 9–10 und 13–14), Teilnahme an einer Gesandtschaft im Ostteil des Reiches (5, 1–4), Beziehungen zum Philosophen Boethius. Sprache und Stil verraten den Einfluß augusteischer Liebeselegiker, während metr. »Verstöße« der Spätzeit zuzurechnen sind. Im MA wurde sein rhetor.-sentenziöser Tonfall geschätzt. **Lit.:** W. Schetter, Studien zur Überlieferung und Kritik des Elegikers M. (1970).

Maximinus Daia, Galerius Valerius M. Augustus, röm. Kaiser 1. Mai 305 – Spätsommer 313 n. Chr.; geb. 270 oder 285 in Illyricum, Neffe des Galerius; 1. Mai 305 Erhebung zum Caesar für den Osten, 1. Mai 310 Erhebung zum Augustus. Nach dem Tod des Galerius Anfang 311 besetzte M. D. Kleinasien; 313 kam es zum Krieg mit Licinius; der am 30. April 313 mit der Niederlage des M. D. endete. Er starb im Spätsommer desselben Jahres in Tarsos. **Lit.:** T. Christensen, C. Valerius M. (1974). – D. Kienast, Röm. Kaisertabelle (²1996) 288 f. – DRK (1997).

Maximinus Thrax, Gaius Iulius Verus M. Augustus, röm. Kaiser Februar/ März 235–ca. Mitte April 238 n. Chr.; geb. um 172 in Thrakien oder Moesia Inferior, nach Angabe der *Historia Augusta* als Sohn des Goten Micca und der Alanin Hababa; unter Septimius Severus Beginn der militär. Laufbahn; unter Severus Alexander Heerespräfekt. Im Febr./März 235 wurde M. T. von den Soldaten in Mainz zum Kaiser erhoben. 235/36 führte er Krieg gegen Sarmaten und Daker. 236 ernannte er seinen Sohn Maximus zum Caesar. Wahrscheinlich Mitte Januar 238 wurde M. T. vom Senat zum Staatsfeind erklärt und Mitte April zusammen mit seinem Sohn Maximus bei Aquileia von den eigenen Soldaten erschlagen. **Lit.:** A. Lippold, Kommentar zur Vita Maximini Duo der Historia Augusta (1991).

Maximus (1), Gaius Iulius Verus M., Sohn des Kaisers Maximinus Thrax; geb. ca. 215; zwischen dem 7. Januar und 16. Mai 236 Erhebung zum Caesar. M. begleitete seinen Vater auf den Feldzügen gegen die Daker und Sarmaten. Wahrscheinlich Mitte Januar 238 wurden Vater und Sohn zu Staatsfeinden erklärt und Mitte April bei Aquileia von den Soldaten erschlagen.

Maximus (2) von Tyros, griech. Autor, 2. Jh. n. Chr., Verf. von 41 erhaltenen, mit zahlreichen Zitaten bestückten (bes. aus Homer und Platon) Vorträgen (*Dialexeis*) in popularphilosoph. Ton.

Maximus (3), griech. Autor, 2. Jh. n.

Chr., Verf. eines erhaltenen astrolog. Lehrgedichts.

Maximus (4) von Ephesos, gest. 370 n. Chr., griech. neuplaton. Philosoph. M. war zwar einerseits angezogen von den myst.-mag. Tendenzen seiner Zeit, verfaßte aber auch einen (nicht erhaltenen) wissenschaftl. Kommentar zu den aristotel. Kategorien.

Megakles (gr. Megakles), Vater des Kleisthenes, war Mitte des 6. Jh. v. Chr. der polit. Hauptgegner des Peisistratos. In den Machtkämpfen erscheint er als Führer der Küstenbewohner und konnte zeitweilig die polit. Kontrolle in Attika erringen. 546/45 unterlag er dem mit Heeresmacht eingefallenen Peisistratos und mußte die polit. Bühne verlassen. **Lit.:** M. Stahl, Aristokraten und Tyrannen im archaischen Athen (1987).

Megasthenes (gr. Megasthenes), vermutlich aus Jonien stammender Geograph, bereiste zwischen 300 und 290 v. Chr. im Auftrag des Diadochen Seleukos I. Indien und traf dabei mehrmals mit dem Maurya-Herrscher Sandrakottos (Candragupta) zusammen. Über seine Reise verfaßte er einen ethnograph. Bericht, der als die beste antike Beschreibung Indiens gilt. Das Werk ist nicht im Original vorhanden, liegt aber der *Indike* des Arrian zugrunde, der M. als Hauptquelle benutzt. Es enthält eine Beschreibung des ind. Kastenwesens, des Brahmanentums und eine Aufstellung der religiösen Formen, die er in Bezug zur griech. Religion setzt. **Lit.:** A. Dahlquist, M. and Indian Religion (1962, Nd. 1977).

Mela ↗ Pomponius Mela

Melampos, griech. Autor, 3. Jh. n. Chr., Verf. von zwei erhaltenen Werken über die Wahrsagekunst.

Melanthios, athen. Tragiker des ausgehenden 5. Jh. v. Chr., häufig von den Komödiendichtern wegen seines Appetits verspottet, Verf. einer *Medea.*

Meleager (gr. Meleagros) von Gadara, um 140–70 v. Chr., griech. Dichter und Philosoph. Seine in der Nachfolge des Menippos von Gadara stehenden Satiren sind nicht überliefert; erhalten sind etwa 130 Epigramme mit meist erot. Thematik. M. trat bes. als Sammler von Epigrammen älterer Dichter hervor, die er unter dem Titel *Stephanos* (*Kranz*) zusammenstellte. **Lit.:** S. Tarán, The Art of Variation in the Hellenistic Epigram (1979).

Meletos (1), athen. Tragiker, Vater (oder auch Sohn) von M. 2, Verf. einer *Oidipodeia.*

Meletos (2), zusammen mit Anytos Ankläger des Sokrates (399 v. Chr.), evtl. Auor der unter dem Namen des Lysias überlieferten 6. Rede gegen Andokides.

Melissos von Samos, griech. Philosoph des 5. Jh. v. Chr., letzter bedeutender Vertreter der Eleaten. Als Admiral seiner Heimatinsel besiegte er 441 v. Chr. die Athener. M. lehrt, wie Parmenides, daß das Seiende – im Sinne des Seins überhaupt – eins, ewig, vollendet, ganz, gleichmäßig, unverändert, unbeweglich und unteilbar ist. Im Unterschied zu Parmenides nimmt er an, daß das Seiende sowohl zeitlich als auch räumlich unbegrenzt ist. Denn was ungeworden und unvergänglich ist, muß zeitlich unbegrenzt sein, und wenn es eines ist, muß es auch räumlich unbegrenzt sein. Aus der Einzigartigkeit des Seienden schließt er auf seine Einheit und aus seiner Unveränderlichkeit auf seine Apatheia (›Empfindungslosigkeit‹). Für M. gibt es kein Leeres. Daraus ergibt sich die Unbeweglichkeit des Seienden. Bemerkeswert ist seine Kritik an der Zuverlässigkeit der Sinne, weil diese die Wirklichkeit als Vielheit erscheinen lassen. **Lit.:** R. Vitalis, Melisso di Samo (1973).

Melissus, Gaius Maecenas M., röm. Grammatiker der augusteischen Zeit aus Spoletium. Der Freigelassene und Vertraute des Maecenas stand in der Gunst des Augustus, der ihn zum Leiter der Bibliothek in der Porticus Octaviae machte. M. versuchte erfolglos die *togata,* die Komödie im röm. Gewand, im Ritterstand als *trabeata* zu etablieren. Die namengebende *trabea* ist eine mit purpurnen Streifen besetzte, von Rittern bei bestimmten Gelegenheiten getragene *toga*. Von einer Anekdotensammlung des M. fehlen ebenso sichere Zitate wie von einem angebl. Vergilkommentar.

Memmius (1), Gaius M., Volkstribun 111 v. Chr., initiierte die röm. Kriegserklärung an Jugurtha und setzte ein Gesetz durch, das die gerichtl. Verfolgung von Feldherrn ermöglichte. Im Jahre 100 bewarb er sich für das Konsulat, wurde aber auf Anstifung des Saturninus ermordet.

Memmius (2), Gaius M., ca. 98–46 v. Chr., verheiratet mit einer Tochter Sullas, zunächst ein Anhänger des Senatsregimes, bekämpfte die polit. Ambitionen des Lucullus und wechselte 54 ins Lager Caesars. Seine Bewerbung um das Konsulat 53 scheiterte, im Jahr darauf wurde er wegen Schmähungen gegen Pompeius angeklagt und ging nach Athen ins Exil. Seine Hoffnungen auf eine Rückkehr erfüllten sich nicht. M. war bekannt mit Catull, trat selbst als Dichter hervor und gehörte zu den Neoterikern.

Memnon aus Rhodos, Schwager des Artabazos, stand als griech. Söldnerführer in pers. Diensten. Beim Angriff Alexanders d.Gr. (334 v. Chr.) riet er den kleinasiat. Satrapen vergeblich zu einer Strategie der verbrannten Erde und verteidigte nach der Schlacht am Granikos Halikarnassos gegen die vorrückenden Makedonen. Von Dareios III. zum Oberbefehlshaber der Flotte ernannt, versuchte er den Krieg ins griech. Mutterland zu tragen, starb aber nach Anfangserfolgen bereits im Sommer 333. **Lit.:** H. Berve, Alexanderreich II (1926) Nr. 497.

Menander (1) (gr. Menandros) aus Athen, griech. Komödiendichter, 342/41–293/90 v. Chr., Hauptvertreter und einzig erhaltener Dichter der Neuen Komödie. Bis zum Ende des 19. Jh. waren nur M.s *Sentenzen*, einzelne Verse mit einem allg., moralisierenden Inhalt, bekannt. Seit 1897 wurden auf Papyrus zahlreiche Stücke wiederentdeckt: Ganz erhalten sind der *Dyskolos* (*Der Schwierige*), große Teile von der *Samia* (*Das Mädchen aus Samos*), *Epitrepontes* (*Das*

Schiedsgericht), *Aspis* (*Der Schild*), *Perikeiromene* (*Die ringsum Geschorene*). Die Komödien des M. unterscheiden sich wesentlich von den Stücken des Aristophanes: Der Chor als wichtiges Element der Handlung und der Formenreichtum der Komödie des 5. Jh. sind verschwunden. Die Stücke spielen im privaten Bereich, es geht hauptsächlich um Liebe und die daraus entstehende Störung der familiären Ordnung. Die Handlung wird von einigen stereotypen Charakteren getragen (alter Vater, Erzieher, verliebter Jüngling, raffinierter Sklave, Parasit). Zentral für M.s Kunst ist die Auslotung der zwischenmenschl. Beziehungen, die Darstellung der Möglichkeiten der menschl. Kommunikation mitsamt ihren Fehlschlägen. So steht im *Dyskolos* der asoziale Charakter des alten Hagestolzes Knemon im Mittelpunkt, in der *Samia* werden die Barrieren der zwischenmenschl. Kommunikation ausgelotet, die Vater und Sohn aus allzu großer gegenseitiger Rücksichtsnahme zwischen einander errichtet haben. – Die Struktur der Stücke ist häufig durch die durch Euripides populär gewordene Verbindung von Anagnorisis und Intrige geprägt, wie sie exemplarisch im euripideischen *Ion* vorliegt: Aus welchen Gründen auch immer wird ein Kind, häufig ein Mädchen, ausgesetzt oder durch widrige Umstände von seiner Familie getrennt. Das Mädchen lebt in einer ihm unangemessenen sozialen Stellung als Sklavin oder Hetäre. Ein junger Mann aus guter Familie verliebt sich in die junge, schöne Frau, sich am Ende als seine Schwester oder als Tochter aus ebenfalls gutem Hause entpuppen kann, so daß einem Happy End nichts im Wege steht. M. schreibt, soweit sich dies den erhaltenen Stücken und Fragmenten entnehmen läßt, gegen Rollenklischees: Die Sklavin und Hetäre kann entgegen der sonst in der Komödie übl. Rolle einen edlen, hilfsbereiten Charakter besitzen. Der Einfluß der zeitgenöss. Philosophie (Theophrast, Epikur) ist greifbar, ohne daß sich jedoch eine direkte Abhängigkeit nachweisen ließe. M.s Stücke beeinflußten die röm. Komödie (bes. Terenz) und bestimmten durch die Vermittlung der röm. Autoren entscheidend das europäische Lustspiel (Shakespeare, Molière) bis in die Gegenwart hinein. **Lit.:** R.L. Hunter, The New Comedy of Greece and Rome (1985). – E.W. Handley/A. Hurst (Hg.), Relire Ménandre (1990). – B. Zimmermann, Die griech. Komödie (1998) 216–254.

Menander (2) (gr. Menandros) aus Laodikeia, Redner des 3. Jh. n. Chr. Überliefert sind zwei Traktate über die Theorie der epideikt. Beredsamkeit. **Lit.:** D.A. Russel/N.G. Wilson, M. (1981).

Menekrates (gr. Menekrates), Freigelassener des S. Pompeius und seit 40 v. Chr. einer seiner Flottenführer. Er war führend an der Blockade Italiens beteiligt und fiel 38 in der Seeschlacht bei Cumae.

Menelaos (gr. Menelaos) aus Alexandria, griech. Mathematiker und Astronom, 1. Jh. v. Chr. Sein Werk ist nur in arab. Übersetzung erhalten.

Menexenos aus Athen, Schüler des Sokrates, Gesprächsteilnehmer in den platon. Dialogen *Phaidon, Menexenos* und *Lysis.*

Menippos (gr. Menippos) von Gadara, griech. Autor und kyn. Philosoph des 3. Jh. v. Chr., seine Lebensumstände sind umstritten. Er schrieb 13 (nicht erhaltene) Bücher Satiren, in denen er menschl. Schwächen und philosoph. Schulen verspottete. Dabei wählte er phantast. Einkleidungen wie z.B. eine in der Nachfolge Homers und Aristophanes' stehende Travestie einer Reise in die Unterwelt (sog. Katabasis). Charakteristisch für seine Satiren ist die Mischung von Prosa und Versen verschiedener Metra (gr. *poikilometron,* lat. *prosimetrum*); diese literar. Form wird seither »menippeische Satire« genannt. Darin war M. ein maßgebl. Vorbild für Varro (in den *Saturae Menippeae*) und Lukian (z.B. im *Icaromenippus*). **Lit.:** R. Helm, Lukian und M. (1906).

Menon, griech. Söldnerführer aus Thessalien, beteiligte sich 401 am Unternehmen Kyros d.J. gegen seinen Bruder Artaxerxes II. Nach der Schlacht bei Kunaxa gehörte er zu den griech. Unterhändlern, wurde aber nach dem Handstreich des Tissaphernes im Gegensatz zu seinen Kollegen verschont. Obwohl bereits ein Jahr später auf Befehl des Großkönigs hingerichtet, galt er schon bald als Verräter, und sein Bild in der Überlieferung ist sehr ungünstig (so z.B. bei Xenophon, Anabasis 2, 6).

Merobaudes (1), Flavius M., röm. Offizier fränk. Abstammung, 372 n. Chr. von Valentinian I. zum Heermeister (*magister militum*) ernannt, war 375 maßgeblich an der Ausrufung Valentinians II. beteiligt. Er hatte großen Einfluß auf Gratianus und fiel möglicherweise 383 zum Usurpator Maximus ab.

Merobaudes (2), Flavius M., lat. Dichter, 5. Jh. n. Chr. Der gebürtige Spanier M. erhielt für das Gedicht auf einen Triumph des Aëtius eine Statue auf dem Trajansforum, deren erhaltene Inschrift ihn *vir spectabilis* und *comes sacri consistorii* nennt. Erhalten sind Bruchstücke panegyr. und ekphrast. Kleinkunst.

Messalina, Valeria M., dritte Frau des Kaisers Claudius; geb. ca. 25 n. Chr. als Tochter des M. Valerius Messalla und der Domitia Lepida. 39/40 wurde M. mit Claudius verheiratet, mit dem sie im gleichen Jahr Mutter der Octavia und etwa ein Jahr später des Britannicus wurde. M. war bes. für ihre Ausschweifungen, ihre Herrschsucht und ihre Grausamkeit bekannt. Im Oktober 48 ließ Claudius sie hinrichten, M. verfiel der *damnatio memoriae.*

Messalla, Marcus Valerius M. Corvinus, 64 v. Chr.–13 n. Chr., Konsul 31 v. Chr., schloß sich 43 den Caesarmördern an und führte in der Schlacht bei Philippi (42) den rechten, siegreichen Flügel. Er lehnte eine Fortsetzung des Kampfes ab und ergab sich Antonius, in dessen Dienste er trat. Nach 40 wechselte er zu Octavian (Augustus) und war an den Kämpfen gegen S. Pompeius beteiligt. Als einer der Führer der Propagandakampagne gegen Antonius wurde er 31 an dessen Stelle Konsul und befehligte in der Seeschlacht bei Actium ein Flottengeschwader. In den folgenden Jahrzehnten fungierte er als einer der engsten Vertrauten des Augustus und bekleidete zahlreiche zivile und militär. Ämter, die ihn zu einem der einflußreichsten Männer in Rom machten. Als *princeps senatus* beantragte er 2 v. Chr. die Verleihung des Titels *Pater patriae* an Augustus. In seinen letzten Lebensjahren litt er an einer schweren Krankheit, die ihn 13 n. Chr. zum Selbstmord veranlaßte. M. galt als einer der größten Redner seiner Zeit und war auch vielfach schriftstellerisch tätig. Er hinterließ umfangreiche, aber nicht erhalten gebliebene Memoiren und sammelte einen Dichterkreis um sich, zu dem u. a. Tibull und Ovid gehörten. Auch seine Leistungen als Staatsmann sind anzuerkennen und trugen wesentlich zur Stabilisierung der polit. Entwicklung bei.

Metagenes (gr. Metagénes), athen. Komödiendichter, Ende 5. Jh. v. Chr. Aus seinen *Thuriopersai* ist eine längere Partie mit einer für die Alte Komödie typ. Schlaraffenlandschilderung erhalten.

Metellus (1), Quintus Caecilius M. Macedonicus, Konsul 143, gest. 115 v. Chr. M. schlug als Prätor 148 den makedon. Aufstand des Andriskos nieder, der sich als Sohn des letzten Königs Perseus ausgab, und richtete das Land als röm. Provinz ein. Später kämpfte er in Spanien und trat als Gegner der Reformversuche der Gracchen hervor.

Metellus (2), Quintus Caecilius M. Numidicus, Konsul 109 v. Chr., führte 109–107 den Oberbefehl im Krieg gegen Jugurtha, konnte den Numiderkönig aber trotz mehrfacher Siege nicht endgültig unterwerfen. 107 mußte er das Kommando an seinen Legaten Marius (Konsul 106) übergeben, dem er politisch und persönlich ablehnend gegenüberstand. Im Jahre 100 bekämpfte er den Volkstribunen L. Appuleius Saturninus und ging danach freiwillig ins Exil.

Metellus (3), Quintus Caecilius M. Creticus, Konsul 69 v. Chr., ein Anhän-

ger des Senatsregimes und Gegner des Pompeius, erhielt 68 den Oberbefehl gegen die Seeräuber auf Kreta und eroberte die Insel bis 65 mit harter Hand. Für seinen Sieg erhielt er 62 einen Triumph und den Ehrennamen Creticus.

Metellus (4), Quintus Caecilius M. Pius ↗ Scipio

Meton, athen. Astronom, Ende 5. Jh. v. Chr. Er entwickelte vermutlich unter babylon. Einfluß einen aus astronom. Beobachtungen gewonnenen kalendar. Zyklus von 19 Sonnenjahren und 235 Monaten (110 Monate mit 29 und 125 Monate mit 30 Tagen). In den *Vögeln* wird er von Aristophanes als typ. Intellektueller verspottet.

Metrodoros (1) (gr. Metrodoros) aus Lampsakos, Schüler des Anaxagoras (?), Ende 5. Jh. v. Chr., einer der Hauptvertreter der allegor. Homerinterpretation in der Linie des Theagenes von Rhegion. Lit.: N. J. Richardson, in: Proceedings of the Cambridge Philological Society (1974) 65–81.

Metrodoros (2) (gr. Metrodoros) von Chios, griech. Philosoph, 4. Jh. v. Chr., Schüler Demokrits. M. scheint den Versuch unternommen zu haben, die atomist. mit der eleat. Theorie zu verbinden. Er verfaßte außerdem histor. Werke (trojan. und jon. Chronik).

Midas (1), myth. König Phrygiens, Sohn des Gorgios und der Kybele. Er kümmert sich um den betrunkenen Silenos, den Erzieher des Dionysos. Dieser erfüllt ihm den Wunsch, alles, was er berührt, zu Gold werden zu lassen. Als er nach einiger Zeit dem Hungertod nahe ist, erbarmt sich der Gott und läßt seinen Wunsch durch ein Bad im Fluß Paktolos rückgängig werden, in dem seitdem Gold gefunden wird. Im musikal. Wettstreit zwischen Apollon und Pan spricht sich M. für Pan aus, wofür Apollon ihm Eselsohren wachsen läßt, die er unter einer Mütze versteckt. Sein Barbier jedoch kann das Geheimnis nicht für sich behalten und spricht es in ein Erdloch; hier wächst später Schilf, das es in die ganze Welt hinausflüstert.

Midas (2), König der Phryger (um

738–695 v. Chr.), stellte sich der assyr. Expansion entgegen und schloß zu diesem Zweck Bündnisse mit syr. Fürsten. Er war angeblich mit einer Griechin aus Kyme verheiratet und stiftete einen Thron als Weihgeschenk für das Heiligtum in Delphi. Um 695 fiel sein Reich dem Ansturm der Kimmerier zum Opfer, er selbst fand den Tod.

Milo, Titus Annius M., Volkstribun 57 v. Chr., stellte gegen die bewaffneten Gruppen des Clodius eigene Straßenbanden auf und agierte mit ihrer Hilfe im Sinne des Pompeius und Cicero, dessen Rückkehr aus der Verbannung er unterstützte. Deswegen angeklagt, entging er mit Pompeius' Hilfe einer Verurteilung. Er heiratete eine Tochter Sullas und bewarb sich 53 vergeblich um das Konsulat. Nach der Ermordung des Clodius (52) erneut angeklagt, ließ Pompeius ihn fallen, und M. begab sich ins Exil nach Massalia. Von dort kehrte er 48 zurück, fiel aber schon bald bei Kämpfen in Italien.

Milon von Kroton, der berühmteste Athlet der Antike, gewann in der 2. Hälfte des 6. Jh. v. Chr. insgesamt sechs Siege bei den Olymp. Spielen im Ringen und soll zudem bei den anderen großen panhellen. Spielen erfolgreich gewesen sein (sechs Siege bei den pyth., zehn bei den isthm. und neun bei den nemeischen Spielen). Er war ein Schüler des Pythagoras und galt späteren Zeiten als Musterbeispiel des perfekten Athleten. Um seine Person entstanden viele Anekdoten, die sich um seine gewaltigen Körperkräfte rankten.

Miltiades (gr. Miltiades), ca. 550–489 v. Chr., Sohn des Kimon, athen. Adliger aus dem Geschlecht der Philaiden, übernahm um 520 nach dem Tode seines Bruders Stesagoras die Familienbesitzungen an der thrak. Chersonnes. Schon bald mußte er sich dem Perserkönig Dareios I. unterwerfen und beteiligte sich 513 an dessen Skythenfeldzug. Da er in den Persern eine ständig wachsende Gefahr sah, nahm er am Jon. Aufstand teil und mußte nach dessen Niederschlagung 494 seine Besitzungen

aufgeben und in seine Heimatstadt Athen fliehen. Hier wurde er zum Wortführer der antipers. Partei und rief zum entschlossenen Widerstand gegen den zu erwartenden Angriff auf. 490 befehligte er als Stratege das athen. Heer und besiegte die pers. Expeditionstruppen in der Schlacht bei Marathon. Im Jahr darauf unternahm er einen wenig glückl. Angriff auf die Insel Paros und wurde deswegen zu einer hohen Geldstrafe verurteilt. Sein Sohn Kimon beglich die Forderung, doch erlag M. bereits kurze Zeit später den Verwundungen, die er bei den Kämpfen auf Paros erlitten hatte. **Lit.:** H. Bengtson, Griech. Staatsmänner (1983) 21–45. – GGGA (1999).

Mimnermos, griech. Elegiker aus Kolophon bzw. Smyrna; 2. Hälfte 7. Jh. v. Chr. Ein Hauptthema seiner Gedichte ist die Vergänglichkeit des Menschen, demonstriert am Gegensatz Jugend-Alter. Er bearbeitete auch myth. und histor. Stoffe (nur wenige Fragmente sind erhalten). Er ist eines der Vorbilder der alexandrin. und röm. Elegiker. **Lit.:** M. L. West, Studies in Greek Elegy and Iambus (1974) 72–76.

Mindaros, spartan. Feldherr, im Peloponnes. Krieg, Oberbefehlshaber (Nauarch) der Flotte 411/10 v. Chr. Er verlegte den Kriegsschauplatz nach dem Hellespont, der für die Getreideversorgung Attikas lebenswichtig war, und griff gezielt die athen. Stützpunkte an. Nach wechselvollen Kämpfen fiel er gegen Alkibiades in der Seeschlacht bei Kyzikos.

Minos, myth. König von Kreta, Sohn des Zeus und der Europa, Bruder des Rhadamanthys, Gatte der Pasiphaë, mit der er u. a. Ariadne, Deukalion und Phädra zeugt. Er behält einen von Poseidon gesandten prächtigen Stier für sich, anstatt ihn dem Gott zu opfern. Zur Strafe läßt Poseidon das Tier wild werden, so daß es das Land verwüstet, bis Herakles es schließlich einfängt. Auch läßt er Pasiphaë in Liebe zu dem Stier entbrennen. Auf königl. Befehl baut Dädalus für Pasiphaë eine künstl. Kuh, in der sie sich von dem Stier begatten läßt, und ein Labyrinth für den Minotauros. Bei seinem Versuch, Dädalus nach seiner Flucht zurückzuholen, wird M. in Sizilien am Hofe des Kokalos getötet.

Minucius, M̲arcus M. R̲ufus, Konsul 221 v. Chr., wurde 217 nach der röm. Niederlage gegen Hannibal am Trasimen. See vom Diktator Q. Fabius Maximus zum *magister equitum* ernannt. Im Gegensatz zu Fabius befürwortete M. eine offensive Strategie, was zu internen Streitigkeiten im röm. Lager führte. Nach einem in seiner Wirkung überschätzten Erfolg bei Gereonium wurde M. – ein singulärer Fall – mit den gleichen Amtsvollmachten ausgestattet wie Fabius. Als er jedoch nach einer schweren Krise nur durch das Eingreifen des Fabius vor dem völligen Verlust seines Heeres bewahrt werden konnte, ordnete er sich wieder dem Diktator unter. Er fiel im Jahr darauf in der Schlacht bei Cannae (216).

Minucius F̲elix, M̲arcus M. F., lat. Apologet, wohl 1. Hälfte 3. Jh. n. Chr. M. ist der Verf. eines *Octavius* betitelten Dialogs zwischen dem Heiden Caecilius Natalis und dem Christen Octavius Ianuarius mit M. selbst als Schiedsrichter. Caecilius greift zunächst aus skept. Sicht den christl. Glauben an und brandmarkt ihn als unvernünftig und unsittlich, indem er landläufige Vorurteile gegen die Christen vorbringt. Octavius wehrt die Angriffe ab und erweist die Christen als die wahren Weisen, die geradezu stoische Tugenden verkörperten und die antike Bildungstradition hüteten. Letzteres wird eindrücklich durch den ciceronian. Stil des Dialogs und Anklänge an Ciceros *De oratore, Brutus* und *De natura deorum* demonstriert. Spezifisch christl. Topoi fehlen völlig; Octavius argumentiert allein mit der einem Heiden vertrauten Begrifflichkeit und überzeugt damit schließlich Caecilius, der sich am Ende für bekehrt erklärt. Enge Parallelen zu Tertullians *Apologeticum* (197 n. Chr.) werfen die Frage nach der Priorität auf, die heute eher zugunsten Tertullians entschieden wird. Sicherer Terminus ante quem ist

der Tod Cyprians, der Tertullian und M. zitiert. **Lit.:** E. Heck, in: HLL IV (1997) 512–519.

Mithrad̲ates VI. Eupator (auch Mithrid̲ates), ca. 131–63 v. Chr., seit 121 König von Pontos, vergrößerte, nachdem er um 111 die Alleinregierung übernommen hatte, zielstrebig seine polit. Macht. 107 erlangte er die Kontrolle über das Bosporan. Reich, wenig später konnte er Kolchis und Kleinarmenien erwerben. Durch seine Übergriffe gegen Kappadokien (gemeinsam mit seinem Schwiegersohn Tigranes von Armenien) geriet er seit 95 in Konflikt mit Rom, das die Entstehung eines neuen Machtgebildes mit großem Mißtrauen verfolgte. Als Nikomedes III. von Bithynien mit röm. Billigung in Pontos einfiel, griff er 88 seinerseits zu den Waffen und eröffnete den *1. Mithradat. Krieg* (88–84). Gestützt auf seine überlegenen Streitkräfte konnte er binnen kürzester Zeit den größten Teil Kleinasiens, einschließlich der röm. Provinz, erobern. Er machte Ephesos zu seiner Hauptstadt und verfügte die Ermordung aller in Kleinasien lebenden Italiker (angeblich 80.000 Menschen). Gegenüber Rom, das durch den Bundesgenossenkrieg (91–88) und den anschließenden Bürgerkrieg zwischen M̲arius und Sulla geschwächt war, ergriff er nun vollends die Offensive und fiel in Griechenland ein. Infolge des röm. Gegenangriffs unter Sulla mußte sich M. jedoch nach zwei verlorenen Schlachten 85 wieder nach Kleinasien zurückziehen und nach weiteren militär. Niederlagen um Frieden bitten. Durch den Vertrag von Dardanos (84) wurde der Status quo wiederhergestellt, und M. mußte auf alle seine Eroberungen verzichten. Nach einer Auseinandersetzung mit dem röm. Statthalter in Asien (sog. *2. Mithradat. Krieg,* 83–81) der ungeachtet des Friedensvertrages in Pontos eingefallen war, kam es 74 mit der Einziehung Bithyniens durch Rom, die M. nicht akzeptieren wollte, zum neuerl. Konflikt. Auch in diesem *3. Mithradat. Krieg* (74–64) ergriff erneut der König die Offensive, er wurde jedoch von Lucullus zurückgeschlagen und mußte nach der Niederlage bei Kabeira (72) Pontos räumen und zu seinem Schwiegersohn Tigranes nach Armenien fliehen. Lucullus griff daraufhin auch Tigranes an, doch mußte er sich trotz spektakulärer Anfangserfolge nach Meutereien in seinem Heer wieder zurückziehen. Dies versetzte M. in die Möglichkeit, sein Stammkönigreich Pontos wiederzugewinnen (68). Gegen die neue röm. Offensive unter Pompeius war er jedoch machtlos und mußte nach der Niederlage am Lykosfluß (66) erneut fliehen, diesmal ins Bosporan. Reich, das er 65 erreichte. Von hier aus soll er angeblich einen Einfall in Italien geplant haben, ehe er vom Aufstand seines Sohnes Pharnakes überrascht wurde und in auswegloser Lage Selbstmord beging (63). – M. war ein skrupelloser Machtpolitiker, der ohne zu Zögern mit harter Hand die Vorteile wahrnahm, die sich ihm boten. Dabei war er umfassend gebildet und betätigte sich auch als Förderer von Kunst und Kultur. Er gilt als einer der bedeutendsten hellenist. Herrscher, der der Konfrontation mit Rom nicht aus dem Wege ging und trotz seines letztendl. Scheiterns der Republik am Tiber mehr zu schaffen machte als jeder andere Potentat des östl. Mittelmeerraumes. **Lit.:** Th. Reinach, M. Eupator (1895). – E. Olshausen, M. VI. und Rom, in: ANRW I 1 (1972) 806 ff. – H. Bengtson, Herrschergestalten des Hellenismus (1975) 251–278 – B.C. McGing, The Foreign Policy of M. VI. (1986).

Mithridates ↗ Mithradates

Mnasalkes von Sikyon, griech. Dichter von Epigrammen und vielleicht auch Elegien, 2. Hälfte 3. Jh. v. Chr. 18 Epigramme des M. sind in der *Anthologie* (Anthologia Graeca), zwei weitere auf einem Papyrus des 2. Jh. v. Chr. überliefert. Die fiktiven Grab- und Weihinschriften ahmen Gedichte der Anyte, des Asklepiades und Kallimachos nach, daneben gibt es Berührungspunkte mit den Epigrammen der pseudo-simonideischen Sammlung. Der Dichter Theo-doridas wirft den Distichen des M. dithyramb. Schwulst und sklav. Simonidesnachahmung vor. **Lit.:** W. Seelbach, Die Epigramme des M. von Sikyon und des Theodoridas von Syrakus (1964). – Al. Cameron, The Greek Anthology (1993) 391 f.

Moiris, griech. Philologe, um 2. Jh. n. Chr., Verf. eines attizist. Lexikons.

Moiro von Byzanz, griech. Dichterin, 4./3. Jh. v. Chr. Unter den wenigen erhaltenen Versen sind zehn Hexameter eines Epos *Mnemosyne*, die vom Heranwachsen des kleinen Zeus auf Kreta berichten, und zwei Epigramme. Verloren sind die *Flüche* (*Arai*) und ein Poseidonhymnus. **Lit.:** A. S. F. Gow/D.L. Page, Hellenistic Epigrams II (1965) 413–415 [Einf., Kommentar].

Molon, Apollonios M., griech. Rhetor auf Rhodos, 2./1. Jh. v. Chr., wo ihn Cicero 78 v. Chr. hörte. M. vertrat eine vermittelnde Position zwischen Attizismus und Asianismus.

Morsimos, att. Tragiker und Mediziner, Ende 5. Jh. v. Chr., Großneffe des Aischylos, nur wenige Fragmente sind erhalten.

Moschion, att. Tragiker, vermutlich 3. Jh. v. Chr., nur wenige Fragmente sind erhalten. Verf. eines *Telephos* und von zwei histor. Tragödien (*Themistokles, Die Männer von Pherai*), er schrieb in strengem Stil mit einer Vorliebe für Neologismen. **Lit.:** B. Gauly u. a. (Hg.), Musa tragica (1991) 200–206.

Moschos, griech. Dichter aus Syrakus, 2. Jh. v. Chr., neben Bion und Theokrit kanon. bukol. Dichter, Schüler des Aristarch. Herausragend und typisch für die alexandrin. Dichtung ist das Epyllion *Europa*, in dem Europas Entführung durch Zeus behandelt wird. **Lit.:** N. Hopkinson, A Hellenistic Anthology (1988).

Mucianus, Gaius Licinius M., seit 67 n. Chr. Statthalter von Syrien, verbündete sich 69 mit Vespasian, dessen Erhebung gegen Vitellius er unterstützte. Als Befehlshaber der aufständ. Legionen besetzte er nach dem Ende des Vitellius Rom und fungierte bis zum Eintreffen

Vespasians als dessen Stellvertreter. Er blieb bis zu seinem Tod (77) einer der wichtigsten Berater des Kaisers.

Mucius (1), Gaius M. Scaevola, sagenhafter Held der röm. Frühzeit aus dem Krieg gegen Porsenna (507 v. Chr.). In der Absicht, den feindl. König zu ermorden, habe sich M. in dessen Zelt geschlichen, aber versehentlich den Schreiber Porsennas getötet. Beim anschließenden Verhör habe er freimütig seine Mordabsichten bekundet und zur Bekräftigung seine rechte Hand in ein Altarfeuer gehalten, die daraufhin verkohlte. Porsenna sei tief beeindruckt gewesen, habe seine Freilassung angeordnet und die Belagerung Roms abgebrochen. M. sei daraufhin in Rom der (Ehren-)Name *Scaevola* (»Linkshänder«) beigegeben wurden. Die wohl kaum histor. Tat wurde später zum Symbol von Standhaftigkeit und Unerschrockenheit hochstilisiert.

Mucius (2), Publius M. Scaevola, Konsul 133 v. Chr., unterstützte die polit. Reformversuche des Ti. Gracchus, konnte sich aber im Senat, wo er für eine gewaltfreie Lösung der Krise plädierte, nicht durchsetzen. 130 wurde er und starb um 115. M. galt als bedeutendster Jurist seiner Zeit und verfaßte ein zehnbändiges Werk, das in Auszügen durch spätere Zitate erhalten ist. Als Pontifex Maximus veranlaßte er die Redaktion der *Annales maximi*.

Mucius (3), Quintus M. Scaevola, 140–82 v. Chr., Sohn des P. Mucius Scaevola, Konsul 95, war wie sein Vater Jurist und machte sich um die Ausgestaltung der Zivilgerichtsbarkeit bemüht. Sein Werk galt noch in der hohen Kaiserzeit als grundlegend. Durch die korrekte Verwaltung der Provinz Asia (94) zog er sich die Feindschaft der Steuerpächter aus dem Ritterstand zu, denen er keine Möglichkeit bot, sich illegal zu bereichern. Diese rächten sich, indem sie 92 seinen Legaten P. Rutilius Rufus wegen angebl. Erpressung anklagten. 89 wurde er Pontifex Maximus und entging 86 einem polit. Attentat. In den Wirren des Bürgerkriegs zwischen Sulla und sei-

nen Gegnern wurde er 82 im Vestatempel ermordet. M. galt als ausgezeichneter Redner und förderte die Ausbildung des jungen Cicero.

Mummius, Lucius M., kämpfte als Prätor 153 v. Chr. mit wechselndem Erfolg gegen die Lusitanier und erhielt als Konsul 146 den Oberbefehl im Krieg gegen den Achäischen Bund. Er besiegte das letzte Aufgebot des Bundes, eroberte Korinth und ließ die Stadt, um ein Exempel zu statuieren, vollständig zerstören und die Bewohner in die Sklaverei verkaufen. Die meisten Kunstschätze wurden nach Italien abtransportiert und dort auf verschiedene Orte verteilt. Nachdem er auch in anderen Städten Strafgerichte durchgeführt hatte, richtete er in Griechenland die röm. Provinz Achäa ein. 142 zum Zensor gewählt, starb er kurz nach Ablauf seiner Amtszeit.

Munatius (1), Lucius M. Plancus, ca. 90/85–15 v. Chr., diente seit 54 unter Caesar als Legat in Gallien und nahm anschließend an seiner Seite am Bürgerkrieg teil. 46 zum Stadtpräfekten ernannt, war er bes. für die Münzprägung zuständig. Nach der Ermordung Caesars (44) übernahm er die Statthalterschaft der Provinz Gallia Comata. 43 schloß er sich Antonius an und erhielt u. a. die Provinzen Asia (40) und Syrien (35). 32 ließ er diesen aber im Stich und wechselte auf die Seite Octavians, zu dessen Ratgebern er in den nächsten Jahren gehörte. 27 beantragte er im Senat die Verleihung des Titels Augustus an Octavian und bekleidete 22 die Censur. Sein prachtvolles Rundgrab bei Gaeta ist größtenteils erhalten. **Lit.:** G. Walser, Der Briefwechsel des L. M. Plancus mit Cicero (1957). – T. H. Watkins, L. M. Plancus (1997).

Munatius (2), Titus M. Plancus Bursa, Volkstribun 52 v. Chr., Freund des Clodius, entfachte nach dessen Tod (52) Unruhen und betrieb die Verurteilung seines Mörders Milo. Nach Ablauf seiner Amtszeit wurde er von Cicero wegen Aufruhrs angeklagt und trotz der Fürsprache des Pompeius schuldig gesprochen. Er begab sich zu Caesar, mit dem er 49 nach Italien zurückkehrte. Im Mutines. Krieg (43) unterstützte er Antonius.

Musaios (1), griech. Dichter, 3. Jh. v. Chr., Verf. eines Perseus-Epos (verloren).

Musaios (2), griech. Dichter, 5./6. Jh. n. Chr., Verf. des Epyllions *Hero und Leander* in homer. Stil und in Abhängigkeit von Nonnos. Lit.: N. Hopkinson, An Imperial Anthology (1994) 136–186.

Musonius, Gaius M. Rufus, röm. stoischer Philosoph aus dem Ritterstand, ca. 30–100 n. Chr., Lehrer Epiktets und Dions von Prusa. Bei Stobaios sind 40 Exzerpte aus M. erhalten, die bes. traditionelle stoische Ethik widerspiegeln. Lit.: R. Laurenti, in: ANRW II 36, 3 (1989) 2113–2120.

Myron aus Eleutherai (Attika), griech. Bildhauer, der etwa zwischen 480 und 440 v. Chr. tätig war. Antike Autoren rühmen sein Streben nach einem harmon. Rhythmus in der Darstellung lebhaft bewegter Figuren, während er in Einzelheiten, wie z. B. in der Wiedergabe der Haare, die altertüml. Strenge beibehält. Seine berühmteste, sogar mehrfach besungene Statue war eine bronzene Kuh, die auf der Akropolis aufgestellt worden war und täuschend echt erschien. Zwei Arbeiten konnten ihm bis heute sicher in Kopien zugewiesen werden: Der Diskuswerfer (Diskobolos) und die Athena-Marsyas-Gruppe. Kennzeichnend für beide ist das Erfassen eines bestimmten Moments in der Bewegung, der trotz des Innehaltens die Dynamik des Gesamtablaufs behält. Der Diskobolos ist in einem Augenblick festgehalten, in dem sich Aushol- und Gegenbewegung die Waage halten. Die Athena-Marsyas-Gruppe zeigt auf der einen Seite Athena, wie sie warnend die Hand in einer abwehrenden Geste erhebt, und ihr gegenüber den nach vorne zur Flöte strebenden, gleichzeitig aber zögernden Marsyas. Lit.: G. M. A. Richter, The Sculpture and Sculptors of the Greeks (1970).

– K. Stemmer, Standorte. Kontext und Funktion antiker Skulptur (1995).

Myronides, athen. Feldherr, besiegte Mitte des 5. Jh. v. Chr. Korinther und Böoter und trug zur Ausdehnung der athen. Macht in Mittelgriechenland bei. Innenpolitisch war er eher konservativ und galt nicht als Anhänger des Perikles.

![N]

Nabis, letzter selbständiger Herrscher in Sparta 207–192 v. Chr. Als Angehöriger des Königshauses der Eurypontiden gelangte N. 207 zur Macht und errichtete eine Tyrannis. Er setzte die soziale Reformpolitik Agis IV. und Kleomenes III. fort, entmachtete die Spartiaten und verteilte einen Großteil ihres Grundbesitzes an Heloten und Perioken, die zudem das Bürgerrecht erhielten. Seit 205 ein röm. Bundesgenosse, stand er außenpolitisch in scharfem Gegensatz zum Achäerbund, mit dem er um die Herrschaft über die Peloponnes rivalisierte. 197 schloß er ein Bündnis mit Philipp V. von Makedonien, aus dessen Händen er Argos erhielt. Obwohl er sich schon bald wieder der röm. Sache anschloß, erwirkten die Achäer, die einen Export seiner sozialen Reformpolitik fürchteten, 195 bei T. Quinctius Flamininus eine Strafexpedition. N. konnte seine Herrschaft zwar zunächst in geschmälerter Form behaupten, trat aber 192 auf die Seite des Seleukiden Antiochos III. und wurde von einem ätol. Offizier, der an seiner Zuverlässigkeit zweifelte, ermordet. Mit ihm endete die Selbständigkeit Spartas, das nach seinem Tod vom Achäerbund annektiert wurde. Lit.: J.-G. Texier, N. (1975).

Naevius, Gnaeus N., röm. Dramatiker und Epiker, 2. Hälfte 3. Jh. v. Chr., geb. wahrscheinlich in Capua, gest. in Utica (Afrika). N. diente als Soldat im 1. Pun. Krieg, während des 2. Pun. Krieges scheint er sich für Fabius Cunctator gegen Meteller und Scipionen ausgesprochen zu haben. Über letztere goß er nach Art der aggressiven aristophan. Komödie seinen Spott auf der Bühne aus: *Fato Metelli Romae fiunt consules* (»Ohne Verdienst werden die Meteller in Rom Konsuln«), dichtete er, worauf die Angegriffene entgegneten: *Malum dabunt Metelli Naevio poetae* (»Die Meteller werden dem Dichter Naevius übel mitspielen«), was sie 206 auch taten und N. verhaften ließen. Auch Scipio Africanus wurde Opfer von N.' satir. Ader; N. endete in der Verbannung in Utica. N. dichtete ein nur in wenigen Fragmenten erhaltenes zeitgeschichtl. Epos über den 1. Pun. Krieg in Saturniern. Darin legte er einen Rückblick auf Roms myth. Ursprünge ein. Als Dramatiker dichtete N. Palliaten (Komödien im griech. Gewand), deren Vorbilder er der Mittleren und Neuen att. Komödie entlieh. Ferner schrieb er Tragödien nach griech. Art, wobei er Stoffe des trojan. Sagenkreises schätzte, die im weitesten Sinne auf Rom vorauswiesen (*Equos Trojanos, Hector proficiscens*); die Römer sahen sich als Nachkommen der Trojaner. Der *Lucurgus* erzählt vom Widerstand des myth. Thrakerkönigs gegen den Bacchus-Kult und könnte auf das Bacchanalienverbot (186) anspielen. N. gilt als Schöpfer der nationalen *fabula praetexta(ta)*: Der *Lupus* (oder *Romulus*) hatte die Romuluslegende zur Grundlage, das Stück *Clastidium* feierte den Sieg des M. Claudius Marcellus bei der gleichnamigen Stadt und wurde bei dessen Leichenfeiern gegeben. **Lit.:** M. von Albrecht, in: E. Burck, Das röm. Epos (1979) 15–32.

Namatianus, Rutilius Claudius N., lat. Autor des 5. Jh. n. Chr., Angehöriger des gallo-röm. Adels, wahrscheinlich aus Toulouse stammend. N. brachte es bis zum Stadtpräfekten Roms (*praefectus urbi*, 414). Sein Hauptwerk ist ein unvollständig erhaltenes eleg. Gedicht mit dem Titel *De reditu suo* (*Über seine Rückkehr*), in dem N. eine wohl 417 unternommene Reise von Rom nach Gallien erzählt und in dem die Beschreibung besichtigter Orte mit persönl. und histor. Überlegungen verbunden ist; bemerkenswert ist die Schrift wegen ihrer romfreundl. und klassizist. Ansichten (das Gedicht wird eröffnet durch eine Lobrede auf Rom) und wegen der Invektive gegen Juden, die Mönche von Capraria und Stilicho. N. war wohl ein Angehöriger des Heidentums im traditionellen Sinne, ohne ein extremer Gegner des Christentums zu sein. Er sympathisierte mit dem Kreis um Symmachus in Rom. Seine Dichtung und sein eleganter Stil gehören jedenfalls in die beste klass. Tradition, der rhetor. Tonfall ist typisch für seine Zeit. **Lit.:** E. Doblhofer I-II (1972–77) [Ausg., Übers., Komm.].

Narses, ca. 490–574 n. Chr., oström. Hofbeamter und Feldherr armen. Herkunft, besiegte im Auftrag Kaiser Justinians 552–553 die Ostgoten unter Totila und Teja. Von 555–567 fungierte er als byzantin. Statthalter in Italien.

Naucellius, Iunius oder Iulius N., aus Syrakus, lat. Autor, 305/310–400/405 n. Chr., Freund des Symmachus (sieben Briefe an ihn sind erhalten). N. wurde von Symmachus als Nachahmer der klass. Autoren gepriesen. Die von Symmachus bezeugten Werke des N. sind neben einer histor. Schrift eine Sammlung von kleinen Gedichten, die in den *Epigrammata Bobiensia* (2–9) überliefert sind. N. verfährt bei der Benutzung seiner Vorbilder frei; in der Verstechnik steht er im ganzen Ausonius nahe.

Nausiphanes (gr. Nausiphanes) von Teos, griech. Philosoph, 2. Hälfte 4. Jh. v. Chr., Lehrer Epikurs, Verf. einer Schrift über erkenntnistheoret. Probleme.

Neaira ↗ Apollodor (2)

Neanthes von Kyzikos, griech. Historiker, 3. Jh. v. Chr., Verf. einer gesamtgriech. Geschichte (*Hellenika*), einer Geschichte von Kyzikos und von Biographien. **Lit.:** O. Lendle, Einführung in die griech. Geschichtsschreibung (1992) 205.

Nearch (gr. Nearchos), Jugendfreund Alexanders d.Gr., ca. 360–312 v. Chr.(?), begleitete diesen seit 334 auf seinem Perserfeldzug bis nach Indien, wurde 326 Flottenkommandant und erhielt 325 von ihm die Leitung der Schiffsexpedition von der Indusmündung zum Pers. Golf. 323 sollte er die durch den Tod des Königs nicht mehr realisierte Erkundung der Arab. Halbinsel leiten. In der Diadochenzeit trat er in die Dienste des Antigonos und führte 314/13 ein Kommando zum Schutze Syriens gegen Ptolemaios. Möglicherweise ist er 312 gefallen. N. verfaßte einen nicht im Original erhaltenen Bericht über seine Flottenexpedition, der aber ausgiebig im Geschichtswerk des Arrian zitiert wird. Die nüchtern gehaltene Darstellung zeugt von Authentizität und einer guten Beobachtungsgabe. **Lit.:** O. Lendle, Einführung in die griech. Geschichtsschreibung (1992) 164–167.

Nebukadnezar II., der bedeutendste König des neubabylon. Reiches, regierte 605–562 v. Chr., verdrängte die Ägypter aus Syrien und Palästina und errang die polit. Vormachtstellung im Vorderen Orient. Nach der zweiten Eroberung Jerusalems (587) deportierte er einen Großteil der jüd. Oberschicht nach Mesopotamien (»Babylon. Gefangenschaft«). Er betrieb eine intensive Baupolitik und machte Babylon zur prächtigsten Metropole des Nahen Ostens. Das Bild, das die Bibel von ihm zeichnet, ist durch spätere Einflüsse verfremdet.

Nechepso-Petosiris, anonymer Autor, ca. 2. Jh. v. Chr., Verf. einer griech. Lehrschrift über Astrologie. **Lit.:** H. G. Gundel, Astrologumena (1966).

Nemesios, Bischof von Emesa, griech. christl. Autor, um 400 n. Chr., Verf. einer christl. Anthropologie unter Einbeziehung paganer Texte (Galen, Porphyrios).

Neophron (gr. Neophron) aus Sikyon, griech. Tragiker, 2. Hälfte 5. Jh. v. Chr., Verf. von 120 Stücken. Nach der Hypothesis zu Euripides' Medea soll Euripides von N.s Medea abhängig sein. In der Forschung besteht keine Einigkeit. **Lit.:** B. Gauly u.a.(Hg.), Musa Tragica (1991) 200–207.

Neoptolemos (1), Angehöriger des Königshauses von Epirus, erhielt nach dem Tode Alexanders d.Gr. (323) als Satrapie Armenien, wurde jedoch 321 durch Eumenes von Kardia vertrieben. Er schloß sich Antipater und Krateros an, fiel aber noch im selben Jahr in der Entscheidungsschlacht gegen Eumenes.

Neoptolemos (2) von Parium, griech. Autor, 3. Jh. v. Chr., Verf. von Gedichten und literaturtheoret. Schriften, die Horaz in seiner Ars poetica (Dichtkunst) beeinflußten. **Lit.:** C. O. Brinck, Horace on Poetry (1963).

Nepos, Cornelius N., röm. Schriftsteller, ca. 100–25 v. Chr. N., ein Freund Ciceros, Atticus' und Catulls, der ihm sein Gedichtbüchlein widmet, trieb histor. und biograph. Studien. Verloren sind die Chronica, ein Verzeichnis von Ereignissen der griech. und röm. Geschichte. Von der mindestens 16 Bücher umfassenden Biographiensammlung De viris illustribus (Von berühmten Männern) ist das Buch De excellentibus ducibus exterarum gentium (Von herausragenden fremden Heerführern) erhalten mit 22 Lebensbeschreibungen, darunter des Miltiades, Themistokles, Hannibal. Aus De Latinis historicis (Von lat. Historikern) sind die Biographien des Cato und des Atticus erhalten. Die schlichte Form der Darstellung und das einfache Latein sicherten N. die Aufnahme in den Lektürekanon der Schule. **Lit.:** E. Jenkinson, in: ANRW I 3 (1973) 703–719.

Nero, Lucius Domitius Ahenobarbus; Nero Claudius Caesar Augustus Germanicus; röm. Kaiser 13. Oktober 54–9. Juni 68 n. Chr.; geb. am 15. Dezember 37 in Antium als Sohn des Cn. Domitius Ahenobarbus und der Julia Agrippina; Ende 39 Tod des Vaters, Verbannung der Mutter; 41 Rückkehr der Mutter aus der Verbannung; Anfang 49 Verlobung mit Octavia, der Tochter des Claudius; 25. Februar 50 Adoption durch Claudius; 4. März 51 Wahl zum Princeps Iuventutis; Designation zum Konsul für 58; 5. März 51 Aufnahme in alle Priesterkollegien; 53 Hochzeit mit Octavia. Nach dem Tod des Claudius am 13. Oktober 54 wurde N. zum Kaiser erhoben. Der positive Einfluß des Philosophen Seneca und des Prätorianerpräfekten Burrus auf N. hielt nicht lange an. 55 vergiftete N. seinen Stiefbruder Britannicus, 59 ermordete er seine Mutter, 62 seine Gattin. Nach dem Tod des Burrus (62) und dem Rücktritt Senecas von den Regierungsgeschäften geriet N. in den verderbl. Einfluß seines Prätorianerpräfekten Tigellinus. Nach dem großen Brand von Rom (18./19.–27. Juli 64) wurden Gerüchte laut, N. selbst habe Rom angezündet. N. seinerseits machte die Christen dafür verantwortlich und ließ viele von ihnen hinrichten. 65 kam es zu einer Verschwörung gegen N. (»Pison. Verschwörung«), die er grausam niederschlug. Auch Seneca wurde als Mitwisser verdächtigt und zum Selbstmord gezwungen. 66/67 unternahm N. eine Reise durch Griechenland und trat als Kitharöde und Wagenlenker auf. Verstöße gegen die röm. Tradition und zahlreiche Vergehen führten schließlich zur Empörung. Anfang Juni 68 wurde N. vom Senat zum Staatsfeind erklärt, kurz darauf beging er Selbstmord. Mit N. endete die jul.-claud. Dynastie. **Lit.:** M. T. Griffin, N.: The End of a Dynasty (1984). – DRK (1997).

Nerva, Marcus Cocceius Nerva Augustus, röm. Kaiser 18. September 96 – Ende Januar 98 n. Chr.; geb. am 8. November 30 in Narnia (Umbrien) als Sohn des M. Cocceius Nerva und der Sergia Plautilla; 66 Prätor; 71 und 90 Konsul; noch am Tag der Ermordung des Kaisers Domitian am 18. September 96 wurde N. zum Kaiser erhoben; um seine Herrschaft zu konsolidieren, adoptierte er Ende Oktober 97 Trajan, der damals Statthalter von Obergermanien war; N. wurde so zum Begründer des sog. »Adoptivkaisertums«, dem die Idee zugrunde liegt, daß die Herrschaft auf den jeweils Besten übergehen solle; nach einer noch nicht einmal eineinhalbjährigen Regierungszeit starb N. Ende Januar 98 und wurde im Mausoleum Augusti beigesetzt; die Herrschaft ging reibungslos auf Trajan über. **Lit.:** R. Pa-

ribeni, N. (1947). – A. Garzetti, N. (1950).

Nestorios aus Antiochia, griech. Theologe, ca. 381–451 n. Chr. N. wurde 428 auf Veranlassung des Kaisers Theodosius II. zum Bischof von Konstantinopel ernannt. Sein umfangreiches Werk ist weitestgehend verloren, da er auf dem Konzil von Ephesus verurteilt worden war. N. hatte sich für einen Presbyter eingesetzt, der sich gegen die Benennung Marias als »Gottesgebärerin« ausgesprochen hatte. Von mehr als 62 Predigten sind nur vier vollständig erhalten, dazu kommen zehn Briefe, in denen er seine eigene Position verteidigt; nur Fragmente sind von der *Tragoedia,* einer Verteidigung seiner theolog. Meinungen, überliefert, deren Fortsetzung (*Liber Heraclidis*) durch eine syr. Übersetzung bekannt ist. Im Iran besteht bis heute die sich auf N. zurückführende nestorian. Kirche weiter. **Lit.:** LACL (1998).

Nigidius Figulus, Publius N. F., röm. Naturforscher und Grammatiker, ca. 100–45 v. Chr. N., ein Freund Ciceros, unterstützte diesen als Senator 63 beim Kampf gegen die Catilinarier. Im Bürgerkrieg kämpfte er auf Pompeius' Seite; nach Pharsalos (48) lebte er in der Verbannung, wo er starb. Cicero läßt ihn als Gesprächspartner im *Timaeus* auftreten. Die überlieferten Titel und Fragmente zeigen Interessen für theolog., naturwissenschaftl., philolog. und antiquar. Fragen und bes. für Magie, Mantik und Horoskopie, z. B. *Sphaera* (über Sternbilder, Sternsagen, Horoskope), *De extis* (*Über Eingeweideschau*), *De augurio privato* (*Über private Vogelschau*), *De somniis* (*Über Träume*). Dies brachte N. den Ruf eines Okkultisten ein, der Nachwelt galt er als Pythagoreer und Mystiker. **Lit.:** A. della Casa, N. F. (1962).

Nikander (gr. Nikandros) aus Kolophon, griech. Dichter, wohl 2. Jh. v. Chr. N. war vielleicht Priester des Apollon von Klaros. Von ihm sind zwei Lehrgedichte erhalten: *Theriaka* (über Gifte) in 958 Hexametern und *Alexipharmaka* (über die Gegenmittel) in 630 Hexametern. Von den übrigen zahlreichen Werken sind nur Fragmente erhaltenen geblieben, so z. B. eines Epos über die Landwirtschaft (*Georgika*). Der didakt. Aspekt der Werke N.s ist reine literar. Fiktion: Durch die ansprechende dichter. Gestaltung schwieriger und abstruser Themen wollte der Dichter seine poet. Gewandtheit zur Schau stellen. **Lit.:** B. Effe, Dichtung und Lehre (1977) 56–65. – H. White, Studies in the Poetry of N. (1987).

Nikanor (1), Schüler und Schwiegersohn des Aristoteles, wohl ein Jugendfreund Alexanders d.Gr., verkündete 324 v. Chr. im Auftrag des Königs das Dekret über die Rückführung aller Verbannten, das zum Ausbruch des Lamischen Kriegs (323/22) beitrug. 319 wurde er von Kassander zum Kommandanten der Munichia, der kleineren Hafenanlage Athens, ernannt und besiegte 318 als sein Flottenbefehlshaber die Seestreitkräfte des Reichsverwesers Polyperchon unter Kleitos. 316 fiel er bei Kassander in Ungnade und wurde als Verräter hingerichtet.

Nikanor (2) aus Alexandria, griech. Philologe, 2. Jh. v. Chr., Verf. einer Schrift über Homer-Interpretation.

Nikias (1) (gr. Nikias), athen. Feldherr und Politiker, vor 469–413 v. Chr., versuchte nach dem Tode des Perikles (429) dessen gemäßigte Politik fortzusetzen und agierte als mehrfacher Stratege im Peloponnes. Krieg (431–404). Nach dem Tode seines Rivalen Kleon setzte er 421 den Abschluß eines 50jährigen Friedens mit Sparta auf der Grundlage des Status quo durch (sog. Nikias-Frieden), der in der Praxis eher als Waffenstillstand empfunden wurde. Seine vorsichtige Politik der Mäßigung setzte sich in der Folgezeit aber nicht durch. 415 wurde er trotz seiner Warnungen zu einem der Führer der Sizil. Expedition gewählt und leitete – schon bald als alleiniger Oberbefehlshaber – die athen. Belagerung von Syrakus (415–413). Obwohl sich die strateg. Lage permanent verschlechterte, versäumte er, das Unternehmen rechtzeitig

abzubrechen und wurde von seinen Rückzugsmöglichkeiten abgeschnitten. Im Herbst 413 mußte er mit seinen Truppen kapitulieren und wurde noch im gleichen Jahr gemeinsam mit seinem Kollegen Demosthenes in Syrakus hingerichtet. **Lit.:** W. R. Connor, The New Politicians of Fifth-century Athens (1971).

Nikias (2) (gr. Nikias) von Athen, einer der bedeutendsten Maler, arbeitete in der 2. Hälfte des 4. Jh. v. Chr. Er hat u. a. die Werke des Praxiteles bemalt, galt als arbeitswütig und gelangte zu solchem Reichtum, daß er es sich angeblich leisten konnte, einen Auftrag von Ptolemaios I., dem König über Ägypten, abzulehnen. Seine Bestrebungen gingen dahin, seinen Figuren durch geschickte Licht- und Schattengebung eine plast. Wirkung zu verleihen. **Lit.:** I. Scheibler, Griech. Malerei der Antike (1994).

Nikolaos von Damaskus, griech. Autor, 64 v. Chr. – nach 4 v. Chr., Verf. einer 144 Bücher umfassenden Universalgeschichte, einer ethnograph. Studie, einer Biographie des Augustus, einer Autobiographie und verschiedener philosoph. Traktate. Das umfangreiche Werk ist nur in Exzerpten erhalten. **Lit.:** O. Lendle, Einführung in die griech. Geschichtsschreibung (1992) 244–246.

Nikomachos (1), Sohn des Aristoteles, dem Aristoteles die *Nikomach. Ethik* widmete.

Nikomachos (2), von Gerasa, griech. Mathematiker, um 100 n. Chr., Verf. einer Einführung in die Arithmetik und eines Handbuchs der Harmonienlehre. Die neupythagoreisch geprägten Werke wurden ins Arabische und Lateinische übersetzt und hatten eine starke Wirkung in der Spätantike und im MA.

Nikomedes I., König von Bithynien 280–250 v. Chr., behauptete die von seinem Vater Zipoites übernommene Herrschaft gegen den Machtanspruch der Seleukiden und gründete die Stadt Nikomedeia als neue Residenz. Er nahm kelt. Söldner in seine Dienste und trug damit ungewollt zur dauerhaften Festsetzung der Galater in Kleinasien bei.

Nikomedes II. Epiphanes, König von Bithynien 149–128 v. Chr., gelangte nach einem Aufstand gegen seinen Vater Prusias II. an die Macht, den er im Bündnis mit Attalos II. von Pergamon nach längeren Kämpfen besiegte und töten ließ. Bei der Einziehung Pergamons (133) unterstützte er Rom gegen den Thronprätendenten Aristonikos, erhielt aber nicht den erhofften territorialen Gewinn.

Nikomedes III. Euergetes, Sohn von N. II., König von Bithynien 128–94 v. Chr., teilte sich 106 mit Mithradates VI. von Pontos die Herrschaft über Paphlagonien und versuchte, in Konkurrenz zu diesem, die Kontrolle über Kappadokien zu erlangen. Auf röm. Einspruch hin mußte er 95 seine Eroberungen wieder räumen.

Nikomedes IV. Philopator, Sohn von N. III., letzter König von Bithynien 94–74 v. Chr., wurde schon bald nach Regierungsantritt von seinem Halbbruder Sokrates Chrestos vertrieben, der die Unterstützung Mithradates' VI. von Pontos genoß. Nach einer röm. Intervention 92 wieder eingesetzt, fiel er 88 im Auftrag des Senats in Pontos ein, wurde aber vollständig besiegt und zu Beginn des 1. Mithradat. Krieges aus seinem Land vertrieben. Er floh zunächst in die röm. Provinz Asia, später nach Italien, wurde aber nach Ende des Krieges (84) als König restituiert. Bei seinem Tod (74) vermachte er Bithynien testamentarisch den Römern und löste so indirekt den 3. Mithradat. Krieg aus.

Nikomedes, griech. Mathematiker, um 200 v. Chr., Entdecker der konchoiden Kurven.

Nonius Marcellus, lat. Grammatiker der hohen Kaiserzeit, vermutlich 4. Jh. n. Chr. Sein Hauptwerk *De compendiosa doctrina* (*Abriß der Gelehrsamkeit*) dient dem sprachl. und inhaltl. Verständnis der älteren lat. Autoren. Die eigentl. Bedeutung seiner Schrift liegt aber bes. darin, daß er ausgiebig aus z.T. verlorengegangenen Werken zitiert, die erst dadurch für die Nachwelt kenntlich wurden. So sind z.B. Originalzitate des Satirikers Lucilius nur durch N.M. überliefert. **Lit.:** D.C. White, Studi Noniani (1980).

Nonnos, griech. Epiker der Kaiserzeit, aus Panopolis (Ägypten), 2. Hälfte 5. Jh. n. Chr. Erhalten sind seine *Dionysiaka,* ein mythol. Epos in 48 Büchern, und eine Versifizierung des Johannesevangeliums in daktyl. Hexametern. Die *Dionysika* wetteifern in jeder Hinsicht mit den homer. Epen. Sie enthalten die Vorgeschichte von Dionysos' Geburt, seine Geburt und sein Kampf um Anerkennung als olymp. Gottheit gegen Heras Widerstand. Bücher 13–40 enthalten als Gegenstück zur homer. *Ilias* die Schilderung des Kampfs des Dionysos und seiner bakchant. Verbände gegen die Inder. **Lit.:** N. Hopkinson (Hg.), Studies in the Dionysiaca of Nonnus (1994).

Norbanus, Gaius N., ein *homo novus* aus Norba, Volkstribun 103, trat als Anhänger des Saturninus hervor. 83 Konsul, leistete er Sulla erbitterten Widerstand, wurde aber in zwei Schlachten geschlagen. 82 beging er Selbstmord, als sein Name auf die Proskriptionslisten gesetzt wurde.

Novatianus, röm. Theologe, Gegenpapst zu Papst Cornelius 251 n. Chr., Begründer einer sittenstrengen häret. Bewegung, der Katharoi. Unter den Schriften Cyprians sind zwei seiner Briefe (Nr. 30, 36, evtl. auch 31) erhalten, eine Schrift über die Trinität und jüd. Fastenvorschriften. Die unter Cyprians Namen überlieferten Schriften *De spectaculis* (*Über Schauspiele*) und *De bono pudicitiae* (*Über das Gut der Keuschheit*) könnten von N. stammen. **Lit.:** H.J. Vogt, Coetus Sanctorum (1968).

Numerian, Marcus Aurelius Numerius Numerianus Augustus, röm. Kaiser Juli/August 283 – November 284 n. Chr.; geb. ca. 253 als Sohn des Carus; Ende 282 Erhebung zum Caesar. N. begleitete seinen Vater 283 in den Perserkrieg; nach dessen Tod im Juli/Aug. 283 wurde N. zum Augustus erhoben; im März 284 hielt er sich in syr. Emesa auf, im November des gleichen Jahres wurde er auf dem Rückmarsch nach Europa ermordet oder starb an einer Krankheit. **Lit.:** D. Kienast, Röm. Kaisertabelle (²1996) 256.

Numenios von Apamea, griech. Philosoph, 2. Hälfte 2. Jh. n. Chr., ein Hauptvertreter des Mittleren Platonismus mit starker pythagoreischer Prägung. Er entwickelte ein synkretist. System unter Einbeziehung jüd., gnost. und mag.-myst. Gedanken. In einer Geschichte der Akademie legte er dar, daß die platon. Lehre durch Platons Nachfolger verfälscht wurde. **Lit.:** J. Dillon, The Middle Platonists (1977).

Nymphidius, Gaius N. Sabinus, Sohn eines Gladiators, wurde 65 n. Chr. nach der Pison. Verschwörung von Nero zum Prätorianerpräfekten ernannt. Während Neros Aufenthalt in Griechenland (67/68) war er zusammen mit seinem Kollegen Tigellinus der eigentl. Machthaber in Rom. Beim Sturz Neros (68) wechselte er rasch die Seiten und versuchte, auch unter Galba eine polit. Rolle zu spielen. Als er sich selbst zum Kaiser ausrufen lassen wollte, wurde er von den Prätorianern ermordet.

Obsequens, Julius O., heidn. röm. Schriftsteller, wohl 4. Jh. n. Chr., Verf. eines *Liber prodigiorum*, in dem er Wunderzeichen ab dem Jahr 249 v. Chr. zusammenstellte und bestimmten histor. Ereignissen zuordnete. Quelle war eine Epitome des Livius. Erhalten sind die Angaben für die Jahre 190–11 v. Chr. Die apologet. heidn. Tendenz läßt eine Datierung in das 4. Jh. möglich erscheinen. **Lit.:** P. G. Schmidt, Supplemente lat. Prosa in der Neuzeit (1964) 11–13.

Octavia (1), O. minor, ältere Schwester des Kaisers Augustus; geb. um 70 v. Chr. als Tochter des Octavius und der Atia; vor dem Jahr 54 wurde sie mit C. Claudius Marcellus vermählt, mit dem sie zwei Töchter und einen Sohn hatte. 40 wurde O. mit Mark Anton verheiratet. Ihre Vermittlungsversuche zwischen ihrem Gatten und ihrem Bruder führten 37 zum Vertrag von Tarent. 32 ließ sich Mark Anton von O. scheiden und heiratete Kleopatra. O. lebte fortan zurückgezogen in Rom, wo sie 11 v. Chr. starb.

Octavia (2), erste Gattin des Kaisers Nero; geb. ca. 39/40 n. Chr. als Tochter des Kaisers Claudius und der Messalina; als Claudius 49 Agrippina, die Mutter Neros, heiratete, wurde O. mit Nero verlobt; vier Jahre später fand die Hochzeit statt. Um Poppaea heiraten zu können, schickte Nero seine Frau 62 in die Verbannung nach Pandateria, wo sie am 9. Juni 62 ermordet wurde.

Octavian ↗ Augustus

Octavius, Gaius O., 101–59 v. Chr., Vater des Augustus, verheiratet mit Atia, einer Nichte Caesars. 61 Prätor, bekämpfte er im Jahr darauf als Statthalter von Makedonien thrak. Stämme und starb bei der Rückkehr nach Rom.

Odaenathus, Septimius O., Herrscher von Palmyra, übernahm um 250 n. Chr. die Macht und etablierte Palmyra in einer Phase der Schwäche des röm. Reiches als eigenständigen Machtfaktor. Nach der Niederlage des Kaisers Valerian gegen die Perser (260) verhinderte er das weitere Vordringen des Gegners und besiegte im Auftrag des legitimen Kaisers Gallienus den Usurpator Macrianus. Von Gallienus vielfach geehrt (u. a. Titel *corrector totius Orientis*), dehnte er seine fakt. Macht auf Syrien, Mesopotamien und Kilikien aus, ohne allerdings seine Loyalität gegenüber Rom in Frage zu stellen. 267 im Rahmen einer Familienfehde ermordet, hinterließ er die Herrschaft seinem minderjährigen Sohn Vaballathus und seiner Witwe Zenobia. **Lit.:** E. Kettenhofen, Die röm.-pers. Kriege des 3. Jh. n. Chr. (1982).

Odoaker, um 430–493 n. Chr., german. Söldnerführer, erhob sich 476 gegen den weström. Heermeister Orest und stürzte dessen Sohn, den letzten Kaiser Romulus Augustulus. Von seinen

Truppen zum König ausgerufen, beendete er die fakt. Existenz des Westreiches. Obwohl er sich de jure dem oström. Kaiser Zenon unterstellte, regierte er Italien und einige angrenzende Gebiete als unabhängiger Herrscher. Er stützte seine Macht bes. auf die german. Söldnertruppen, die Landzuweisungen erhielten, ließ ansonsten aber die spätantike Staatsordnung unangetastet. Da er die Gebiete nördl. der Alpen nicht mehr effektiv schützen konnte, ließ er Ende der 80er Jahre den Großteil der roman. Bevölkerung nach Italien evakuieren. Nachdem sich seine Beziehungen zu Kaiser Zenon seit 486 verschlechtert hatten, veranlaßte dieser 488 die Ostgoten unter Theoderich, in Italien einzufallen. In mehreren Schlachten besiegt, verschanzte sich O. in seiner Hauptstadt Ravenna, wurde aber nach Abschluß eines Vertrages, demzufolge Theoderich und er Italien gemeinsam regieren sollten, 493 von diesem eigenhändig ermordet. **Lit.:** M. A. Wes, Das Ende des Kaisertums im Westen (1967).

Olympias (gr. Olympiás), ca. 375–316 v. Chr., Tochter des Molosserkönigs Neoptolemos von Epirus, Gemahlin Philipps II. von Makedonien (seit 357) und Mutter Alexanders d.Gr. Gekränkt in ihrem Stolz verließ sie nach einer neuen Ehe Philipps das Land und war 336 möglicherweise an dessen Ermordung beteiligt. Nach dem Regierungsantritt Alexanders kehrte sie zurück, geriet aber in seiner kriegsbedingten Abwesenheit (seit 334) in Gegensatz zu dessen Stellvertreter Antipater und wurde von diesem politisch kaltgestellt. Nach dem Tode ihres Sohnes (323) mischte sie sich in die Kämpfe der Diadochen ein und ließ sich dabei von ihrem Haß auf die Familie des Antipater leiten. 319 schloß sie sich Polyperchon an, ergriff die Partei ihres Enkels Alexander IV. und vernichtete 317 ihren Stiefsohn Philipp III. Arridaios und dessen ehrgeizige Frau Eurydike. Daraufhin von Kassander, dem Sohn des Antipater, in Pydna eingeschlossen, mußte sie 316 kapitulieren und wurde hingerichtet. Von den anti-

ken Quellen wird O. als selbstherrlich, machtbewußt und leidenschaftlich geschildert. Ihr fehlte jedoch das polit. Augenmaß, und dies trug maßgeblich zu ihrem Scheitern bei. **Lit.:** H. Berve, Alexanderreich II (1926) Nr. 381.

Olympiodọr (1) (gr. Olympiọdoros), athen. demokrat. Politiker, Ende 3./Beginn 2. Jh. v. Chr., Gegner der Makedonen.

Olympiodọr (2) (gr. Olympiọdoros) aus Theben (Ägypten), griech. Historiker, ca. 380 – nach 425 n. Chr., Verf. einer (fragmentarisch erhaltenen) Zeitgeschichte. **Lit.:** O. Lendle, Einführung in die griech. Geschichtsschreibung (1992) 259–261.

Onạsandros, griech. Philosoph, 1. Jh. v. Chr., Verf. einer erhaltenen Schrift über Kriegsführung, in der er die moral. Qualitäten der Heerführer betont.

Onesịkritos aus Astypalaia, Schüler des Diogenes, nahm am Feldzug Alexanders d.Gr. teil und fungierte 325 v. Chr. als Obersteuermann des Nearch bei der Flottenexpedition von der Indusmündung in den Pers. Golf. Er verfaßte ein (nicht erhaltenes) Geschichtswerk, in dem er seine Eindrücke von Indien schilderte und Alexander verherrlichte. Obwohl es von späteren Autoren ausgiebig benutzt wurde, steht es im Ruf, die histor. Ereignisse ausgeschmückt und verfremdet zu haben. **Lit.:** T. S. Brown, Onesicritus (1949).

Onẹsimos, att. Vasenmaler, der etwa zwischen 490 und 480 v. Chr. hauptsächlich Schalen in rotfiguriger Technik bemalte. Mehrere Schalen von Euphronios wurden von O. oder Malern seiner Werkstatt bemalt. Mehrere Lieblingsinschriften sind erhalten. Viele seiner Werke behandeln Themen aus den Bereichen Sport und Komos. Kennzeichnend für O. sind sorgfältig ausgeführte, lebhafte Einzelfiguren mit charakterist. Gesichtern, oft in Frontalansicht und mit heruntergezogenen Mundwinkeln. **Lit.:** J. Boardman, Rotfigurige Vasen aus Athen. Die archaische Zeit (⁴1994).

Onọmarchos, phokäischer Feldherr und Politiker, bemächtigte sich 355 v.

Chr. im sog. Heiligen Krieg der Tempelschätze von Delphi und rüstete mit ihrer Hilfe ein 20.000 Mann starkes Söldnerheer aus. Nach Siegen über Lokrer, Böoter und Kämpfen in Thessalien errang er eine führende Machtposition in Mittel- und Nordgriechenland. 352 unterlag er gegen Philipp II. von Makedonien und fiel in der Schlacht auf dem Krokosfeld. **Lit.:** J. Buckler, The Third Sacred War (1989).

Opimius, Lucius O., Konsul 121 v. Chr., war im Dienste konservativer Senatskreise der Hauptgegner des C. Gracchus. In seiner Amtszeit erwirkte er die Verhängung des Notstands (*senatus consultum ultimum*), besetzte das Capitol und besiegte C. Gracchus und dessen Anhänger in schweren Straßenkämpfen. Viele seiner innenpolit. Gegner wurden ohne Gerichtsverfahren hingerichtet. 116 leitete er eine Gesandschaft, die Thronstreitigkeiten in Numidien schlichten sollte, und starb nach 109 in Dyrrhachium. **Lit.:** Ch. Meier, Res publica amissa (³1997).

Oppian (gr. Oppianos), griech. Autor, Ende 2. Jh. n. Chr., kilik. Verf. eines Lehrgedichts von 3.500 Versen über Meerestiere (*Halieutika*), das dem Kaiser Mark Aurel gewidmet ist; ein zweites späteres, dem Kaiser Caracalla gewidmetes Lehrgedicht über die Jagd (*Kynegetika*) wird von den byzantin. Quellen demselben O. zugeschrieben, obwohl der Autor Apameia in Syrien als seine Heimat angibt. **Lit.:** B. Effe, Dichtung und Lehre (1977) 137–153, 173–184.

Oreibasios (lat. Oribasius), griech. Mediziner, ca. 320–400 n. Chr., Leibarzt von Kaiser Julian, Verf. medizin. Handbücher, in denen er die Werke seiner Vorgänger, bes. Galens, zusammenfaßte.

Origenes (1) (gr. Origenes), griech. Theologe, 184/85–254/55 n. Chr. Durch die Synthese christl. und platon. Gedanken und die Begründung einer systemat. Theologie prägte O. die Entwicklung der Theologie entscheidend. Seine Schriften wurden durch die lat. Übersetzungen des Hieronymus und Rufinus auch im Westen bekannt. Bedeutend ist die nur fragmentarisch erhaltene *Hexapla* (*Sechsfach*), in der O. in sechs Spalten dem hebr. Text des Alten Testaments verschiedene griech. Übersetzungen gegenüberstellte. Einzig erhaltene Schrift ist *Gegen Celsus,* in der O. gegen den mittelplaton. Philosophen die christl. Lehre verteidigt. Da seine Lehre in der Folge als nicht orthodox verurteilt wurde, ist sein 2.000 Schriften umfassendes Werk fast nur fragmentarisch erhalten oder verloren.

Origenes (2) (gr. Origenes), griech. Philosoph, 3. Jh. n. Chr. Die Identität mit O. (1) gilt inzwischen als widerlegt. O. (2) war wie O. (1) der Schüler des Ammonios Sakkas und verfaßte zwei (verlorene) Traktate: *Über die Dämonen* und *Daß der einzige Schöpfer der König ist.* **Lit.:** K.-O. Weber, O. der Neuplatoniker (1962). – H. Chadwick, Early Christian Thought and the Classical Tradition (1966).

Orgetorix, führender Politiker der kelt. Helvetier, veranlaßte diese 61 v. Chr., ihre angestammten Wohnsitze zu verlassen und nach einer neuen Heimat am Atlantik Ausschau zu halten. Durch Verträge mit anderen gall. Volksstämmen (Sequaner, Häduer) bereitete er den Plan sorgfältig vor, starb aber noch vor seiner Verwirklichung (60).

Orosius aus Braga (Portugal) 4./5. Jh. n. Chr. O. verfaßte ein Memorandum (*Commonitorium*) gegen theolog. Irrmeinungen des Priscillian und Origenes, das er 414 Augustinus überreichte. Ferner schrieb O. sieben Bücher gegen die Pelagianer (*Liber apologeticus contra Pelagianos*) und auf Augustins Empfehlung die erste christl. Universalgeschichte (*Historiarum adversus paganos libri VII*) von der Schöpfung bis ins Jahr 417 n. Chr. als eine Antwort auf das heidn. Argument, das Christentum habe den Untergang Roms verursacht. **Lit.:** LACL (1998).

Otacilius, Manlius O. Crassus, Konsul 263, errang zu Beginn des 1. Pun. Krieges auf Sizilien beträchtl. Erfolge gegen die Karthager, die Hieron II. von Syrakus zum Übertritt auf die röm. Seite veranlaßten.

Otho, Marcus Salvius O.; Imp. Marcus O. Caesar Augustus, röm. Kaiser 15. Jan. – 16. April 69 n. Chr.; geb. am 28. April 32 als Sohn des L. Salvius Otho und der Albia Terentia; ca. 57 Quästor, 58/59–68 Statthalter der Provinz Lusitania; O. unterstützte zunächst die gegen Nero gerichtete Erhebung des Galba; da dieser ihn aber bei der Nachfolgeregelung nicht berücksichtigte, ließ er ihn am 15. Januar 69 ermorden und sich selbst zum Kaiser ausrufen; am 14. März 69 verließ O. Rom und zog gegen seinen Rivalen Vitellius, unterlag ihm aber am 14. April in der Schlacht von Bedriacum (bei Cremona) und beging kurz darauf (16. April?) Selbstmord. **Lit.:** E. P. Nicolas, De Néron à Vespasien (1979). – Ch. L. Murison, Galba, O. und Vitellius (1993).

Ovid, Publius Ovidius Naso, aus Sulmo (Abruzzen), röm. Dichter, 43 v. Chr.–17 n. Chr. O., der jüngste der röm. Elegiker entstammte dem Ritterstand; er zog der ihm vom Vater bestimmten Senatorenlaufbahn den Dichterberuf vor. 8 n. Chr. wurde er von Augustus aus nicht mehr zu rekonstruierenden Gründen – möglicherweise war er Mitwisser bei einem Ehebruchskandal am kaiserl. Hof – nach Tomi (heute Costanza, Rumänien) am Schwarzen Meer verbannt, wo er 17 n. Chr. starb. – Am Beginn von Ovids literar. Schaffen stehen drei Bücher Liebeselegien, *Amores* (von O. selbst vorgenommene Auswahl aus ursprünglich fünf Büchern). Seine Themenwahl begründete O. künstlerisch: Amor habe seinen Versen einen Fuß gestohlen und so den Hexameter zum eleg. Distichon und O. zum Liebesdichter gemacht. Die *Heroides* sind fiktive Briefe verlassener Heroinen an ihre Liebhaber oder Ehemänner. O. rühmt sich selbst, dadurch eine neue Gattung geschaffen zu haben. In ihr mischen sich Elemente des Epos, der Tragödie, der Elegie, des Briefs. Mit der *Ars amatoria* (*Liebeskunst*) schuf O. ein parodist. Lehrgedicht in drei Büchern, eine Anleitung zur Liebe für Männer und Frauen. Ratschläge zur Befreiung vom Joch der

Liebe finden sich in den *Remedia amoris* (*Heilmittel von der Liebe*). Eine kleinere, nicht komplett erhaltene Schrift, die *Medicamina faciei femineae* (*Über Kosmetik*), ist weibl. Schönheit gewidmet. Die 15 Bücher *Metamorphosen* (*Verwandlungen*) im daktyl. Hexameter haben die nachhaltigste Wirkung entfaltet. Sie sind eine Aneinanderreihung von Verwandlungssagen und vereinen die Traditionen des erzählenden Heldenepos und des erklärenden Sachepos. Gleichzeitig kann man sie als den Versuch verstehen, den alexandrin.-neoter. Anspruch der kleinen Form mit der Großform des Epos zu versöhnen, da O. im Rahmen des *carmen perpetuum*, des Großepos, durch eine Vielzahl narrativer Techniken Kleinepen, Epyllia, verbindet. Die große Bedeutung der Liebesthematik rückt das Gedicht in die Nähe der eleg. Poesie. Im MA wurden die *Metamorphosen* als mytholog. Handbuch gelesen; sie haben die bildende Kunst und die Literatur bis in die Gegenwart (Ch. Ransmayr, *Die letzte Welt* 1988) beeinflußt. Die *Fasten* sind ein in der Tradition von Kallimachos' *Aitia* (*Ursprungssagen*) stehendes Gedicht in eleg. Distichen über den röm. Festtagskalender und die röm. Religion. In der Verbannung schrieb Ovid in eleg. Distichen die autobiographisch geprägten *Tristien* (*Trauergedichte*) und *Epistulae ex Ponto* (*Briefe vom Schwarzen Meer*). Indirekt verfolgte er damit seine Rückberufung nach Rom. Diesem Ziel diente auch die Umwidmung der *Fasten* an Germanicus. Der gewünschte Erfolg blieb O. jedoch versagt. Kleinere Gedichte, darunter auch solche in get. Sprache, sind mit Ausnahme des an Kallimachos angelehnten Schmähgedichts *Ibis* und der in ihrer Echtheit umstrittenen fragmentarisch gebliebenen *Halieutica*, eines Gedichts über den Fischfang, verloren. Schmerzlich ist der Untergang einer *Medea*-Tragödie, deren Qualität Quintilian ausdrücklich lobt. – Mit O. erreicht der Manierismus eine erste Blüte in Rom. O. pflegte die hellenist. Maxime der gelehrten, künstler. ausgefeilten Dichtung. Er huldigte dem Grundsatz des l'art pour l'art, seine Dichtung ist nicht ›welthaltig‹. Insofern war er der unideologischste und ›unaugusteischste‹ der augusteischen Dichter. O.s künstler. Virtuosität ließ selbst das MA über die teilweise lasziven Inhalte hinwegsehen und machte ihn zu einem der wirkungsmächtigsten antiken Dichter. Seine Modernität liegt in der psycholog. Ausleuchtung der Charaktere und der Auseinandersetzung mit dem Problem von Identität und Ich-Spaltung. **Lit.:** H. Fränkel, O., ein Dichter zwischen zwei Welten (1970) [engl. Orig. 1945] – M. Giebel, O. (1991). – M. Picone/B. Zimmermann (Hg.), Ovidius redivivus (1994). – N. Holzberg, O. (1997).

P

Pacuvius, röm. Tragiker aus Brundisium (Brindisi), Neffe des Ennius, 220–130 v. Chr. (gest. in Tarent). P. trat. in Rom als Maler (Plinius, Naturalis Historia 35, 19) und Dichter hervor. Von 13 Tragödien sind Titel und Fragmente erhalten. P. lehnte sich an griech. Vorbilder an, wobei er offenbar Sophokles bevorzugte. Auch mit nicht mehr bekannten nacheuripideischen Tragikern ist als Quelle zu rechnen. Aus Ciceros *Academica posteriora* (1, 10) geht hervor, daß P. sich bei der Übertragung griech. Vorlagen künstler. Freiheiten gestattete. In der *Iliona* (Tochter des Priamos) erscheint in einer Geistersszene der verstorbene Sohn der Titelheldin (vgl. Cicero, Tusculanen 1, 106). In den *Niptra* (*Waschung*) lobt Cicero (Tusculanen 2, 48 ff.) die gegenüber dem sophokleischen Vorbild mannhaftere Gestaltung des Odysseus, da er seinen Schmerz besser zu tragen wisse. Aus dem *Aiax* wurden Partien bei Caesars Leichenfeier vorgetragen. Die Praetexta *Paulus* hatte wohl den Sieg des Aemilius Paulus über Perseus bei Pydna (168 v. Chr.) zum Gegenstand. Cicero (Brutus 258) kritisiert

P.' Latein, Gellius indes bewundert seine *elegantissima gravitas* (»äußerst elegante Würde«). **Lit.:** H. Cancik, in: E. Lefèvre (Hg.), Das röm. Drama (1978) 308–347.

Paionios, griech. Bildhauer aus Mende (auf der Halbinsel Chalkidike), der etwa zwischen 450 und 410 v. Chr. tätig war. Berühmt wurde er durch die im Original erhaltene, um 420 v. Chr. geschaffene Nike, die in Olympia vor der Ostseite des Zeus-Tempels aufgestellt war. Sie stand auf einem sich verjüngenden, dreieckigen Pfeiler in einer Höhe von fast 10 m. Dargestellt ist sie im Moment der Landung, aber noch schwebend. Zwischen ihren Füßen fliegt mit ausgebreiteten Schwingen ein Adler hindurch. Die Inschrift besagt, daß es sich um ein Weihgeschenk der Messenier und Naupaktier an den olymp. Zeus handele, welches von P. gemacht worden sei, der auch bei einem Wettbewerb um die Ausführung der Akrotere des Tempels gesiegt habe. **Lit.:** A. F. Stewart, Greek Sculpture (1990).

Palaiphatos, pseudonymer Verf. von 45 Mytheninterpretationen aus dem 4. Jh. v. Chr. **Lit.:** K. Brodersen, P. Unglaubliche Geschichten (2002) [Ed., Übers.].

Palladios von Helenopolis, griech. Theologe, ca. 363/64–431 n. Chr. Von 386–397 lebte er als Mönch in Ägypten, ab 400 war er Bischof von Helenopolis in Bithynien. P. schrieb einen *Dialogus* in Erinnerung an Johannes Chrysostomos, der formal in der Tradition des platon. *Phaidon* steht, und eine lebhafte und ausführl. Sammlung kurzer biograph. Skizzen von 71 Asketen, die er 419/20 auf Anregung des kaiserl. Beamten Lausos verfaßte (*Historia Lausiaca*). Literar. Vorbild ist die *Antonius-Vita* des Athanasios. Die Authentizität der Schrift *Über die Völker Indiens und die Brahmanen*, in denen die Beziehungen des christl. röm. Reichs zum Fernen Osten behandelt werden, ist umstritten. **Lit.:** LACL (1998).

Palladius, Rutilius Taurus Aemilianus P., lat. Agrarschriftsteller, 1. Hälfte

5. Jh. n. Chr. P., selbst Gutsbesitzer, verfaßte in der Nachfolge des Columella ein Fachbuch über die Arbeiten des Landmanns. Auf ein Einleitungsbuch über die Grundlagen (Luft, Wasser, Erde, Fleiß) folgen zwölf die Tätigkeiten eines jeden Monats behandelnde Bücher, ein Buch zur Veterinärmedizin sowie ein Buch über Baumveredelung in eleg. Distichen. **Lit.:** D. Flach, Röm. Agrarschriftsteller (1990) 204–215.

Panainos aus Athen, Maler des mittleren 5. Jh. v. Chr. Er war Bruder oder Neffe des Phidias und Zeitgenosse Polygnots. Antike literar. Quellen berichten, er habe zusammen mit Phidias am Kultbild des Zeus von Olympia gearbeitet, wobei er die Bemalung des Gewandes sowie einige weitere Gemälde im Tempel übernommen hatte. Ferner soll er für die Stoa Poikile (»bunte Säulenhalle«) in Athen ein Bild der Marathonschlacht geschaffen haben. **Lit.:** I. Scheibler, Griech. Malerei der Antike (1994).

Pankrates (1), griech. Dichter, vermutlich der hellenist. Zeit, Verf. eines Lehrgedichts über Schiffahrt.

Pankrates (2), griech. Dichter, 2. Jh. n. Chr. aus der Umgebung Kaiser Hadrians, Verf. eines Gedichts über die Löwenjagd.

Pansa, Gaius Vibius P. ↗ Vibius

Papias von Hierapolis (Phrygien), griech. Theologe, Bischof von Hierapolis, 1. Hälfte 2. Jh. n. Chr. Sein Einfluß auf spätere Theologen ist wegen seines bekanntesten Werkes, einer fünf Bücher umfassende Darlegung der Worte des Herrn, äußerst groß; P. ist der erste nicht-kanon. Autor, der Informationen zur Entstehung der Evangelien enthält. Er betont den Wert der mündl. Tradition. **Lit.:** LACL (1998).

Papinianus, Aemilius P., 146–212 n. Chr., bedeutender röm. Jurist und Freund des Septimius Severus, bekleidete mehrere hohe Staatsämter (203 *praefectus praetorio*) und wurde 212 von Caracalla im Zusammenhang mit der Beseitigung des Geta hingerichtet. Er hinterließ ein umfangreiches jurist. Werk, das die röm. Rechtsprechung

lange beeinflußte. **Lit.:** W. Kunkel, Herkunft und soziale Stellung der röm. Juristen (1967).

Pappos aus Alexandria, griech. Mathematiker, 1. Hälfte des 4. Jh. n. Chr. Erhalten ist eine Zusammenfassung seiner Lehrschriften (*Synagoge*) in 8 Büchern, eine wichtige Quelle für verlorene, von ihm exzerpierte Vorgänger. Teilweise erhalten ist sein Kommentar zum *Almagest* des Ptolemaios und – auf arabisch – zum 10. Buch der *Elemente* Euklids.

Parmenides (gr. Parmenides) aus Elea, griech. Philosoph, ca. 515–445 v. Chr., Verf. eines Lehrgedichts *Über die Natur* in daktyl. Hexametern, das sich in drei Teile gliedert: 1. Einleitung, 2. Wahrheitsteil und 3. Meinungsteil. Der 1. Teil enthält eine poet., symbol. Wagenfahrt. Im 2. Abschnitt lehrt P.: Es gibt ein wahres Sein, aber kein Nichtsein. Das Sein ist der Wahrnehmung nie zugänglich, sondern allein dem Denken; Sein und Denken sind identisch. Das Sein ist ungeboren und unvergänglich, unveränderlich und unbeweglich. Im 3. Teil stellt P. die Scheinwelt der Menschen dar, deren Irrtum darin besteht, daß sie zwei gegensätzl. Prinzipien (›Licht‹ und ›Nacht‹) annehmen. P. prägte entscheidend die nachfolgenden Philosophen (Melissos, Zenon, Empedokles, Anaxagoras). Platon unternimmt die tiefgreifende Auseinandersetzung mit P.' Verständnis des Verhältnisses von Sprache und Welt. **Lit.:** D. Gallop, P. of Elea (1984). – E. Heitsch, P. (^{2}1991).

Parmenion (gr. Parmenion), makedon. Feldherr, war bereits unter Philipp II. in führender Stellung tätig und galt als sein bester General. Unter Alexander d.Gr. bekleidete er nach dem König die höchste militär. Würde und hatte in dieser Eigenschaft entscheidenden Anteil an den makedon. Siegen am Granikos (334 v. Chr.), bei Issos (333) und bei Gaugamela (331), wo er jeweils den linken Flügel kommandierte. Infolge einer zunehmenden Entfremdung zwischen ihm und Alexander wurde er beim wei-

teren Vormarsch der Makedonen, dem
er skeptisch gegenüberstand, in Ekbatana zurückgelassen und nach der angebl. Verschwörung seines Sohnes Philotas gegen Alexander (330) im Auftrag
des Königs ermordet. **Lit.:** H. Berve,
Alexanderreich II (1926) Nr. 606.

Parmeniskos, griech. Philologe der
hellenist. Zeit. Er befaßte sich vorwiegend mit Fragen der Homer- und Euripidesphilologie.

Parmenon von Byzanz, griech. Dichter, 3. Jh. v. Chr. Die wenigen Fragmente
lassen die Vermutung zu, daß er in
Ägypten tätig war.

Parthenios, griech. Autor aus Nikaia, Ende 2./1. Jh. v. Chr. P. wird 73 v.
Chr. als Kriegsgefangener nach Rom gebracht und wird zum Vermittler hellenist. Literaturtheorie in Rom, die die
Neoteriker beeinflußte. Er soll Griechischlehrer Vergils gewesen sein. Erhalten ist eine Cornelius Gallus gewidmete
Sammlung von 36 myth. Liebesgeschichten (*Erotika pathemata*). **Lit.:** K.
Brodersen, Liebesleiden in der Antike
(2000) [Ed., Übers.].

Paulinus, Bischof von Nola 404–415
n. Chr., geb. um 354 in Aquitanien, gest.
22. 6. 431 n. Chr., lat.-christl. Dichter
und Asket, Schüler des Ausonius. P. verfaßte (13 erhaltene) Geburtstagsgedichte für seinen Schutzpatron Felix
und eine Vielzahl von Briefen, z. T. an
Ausonius, in denen er sich nicht nur mit
aktuellen Themen, sondern mit grundsätzl. Glaubensfragen auseinandersetzt.

Paulos von Ägina, griech. Mediziner,
gest. 642 n. Chr. in Alexandria. Erhalten
ist eine Epitome der Medizin in sieben
Büchern, die vorwiegend auf Galen und
Or(e)ibasios beruht.

Paulos Silentiarios, griech. Dichter,
6. Jh. n. Chr. Erhalten sind 80 Epigramme, häufig mit erot. Themen. Sein
Hauptwerk ist eine hexametr. Ekphrasis
der Hagia Sophia in Konstantinopel, die
anläßlich der Einweihung am 6.1.563
vorgetragen wurde. **Lit.:** P. Friedländer,
Johannes von Gaza und P. S. (1912).

Paulus (1), Saulos/Paulos aus Tarsos,
ca. 10–62 n. Chr. Durch das in der *Apo-*

stelgeschichte (9, 22, 26) geschilderte
›Damaskuserlebnis‹ wird P. von frommen Juden zum Christentum bekehrt. P.
lehnt fortan die strikte Gesetzesbeachtung ab und sieht allein die Taufe und
den Glauben an Jesus als Heilsweg an.
Auf dem sog. Apostelkonzil in Jerusalem
setzt er die gesetzesfreie Mission der
Heiden durch und begründet damit die
Loslösung des Christentums aus dem
Judentum. P. beteiligt sich selbst aktiv an
der Missionierung durch verschiedene
Reisen in Kleinasien, Makedonien und
Griechenland. Gegen Ende seines Lebens organisierte er eine Sammlung zugunsten armer Christen in Jerusalem.
Nach der christl. Tradition wurde er 62
unter Nero hingerichtet. Seine Briefe
dienen der Festigung der von ihm gegründeten Gemeinden bzw. zur Beseitigung von Krisen oder Klärung theolog.
Probleme. Von den 13 unter seinem Namen zusammengestellten Briefen gelten
sieben als echt (*Römer, 1/2 Korinther,
Galater, Philipper, 1 Thessaloniker, Philemon*), die übrigen sind Zeugnisse der
frühen P.-Rezeption. In der Theologie
hat bes. der *Römerbrief* gewirkt: Augustins Prädestinationslehre und Luthers
Verständnis von Gottes Gerechtigkeit
gehen auf P.' Brief zurück, ebenso K.
Barths Theologie, die in P. das Paradigma christl. Bekehrung sieht. **Lit.:** K.
Zimmermann, P. (1962). – O. Kuß, P.
(1971). – A. F. Segal, P. the Convert
(1990).

Paulus (2), Iulius P., röm. Jurist, ca.
160–230 n. Chr. Unter Kaiser Septimius
Severus war er in Rom tätig als Anwalt,
Lehrer und Jurist. Schriftsteller und leitete die kaiserl. Kanzlei; 220 wurde er
von Elagabal verbannt, später aber von
M. Aurelius Severus Alexander zurückgerufen. Sein vielseitiges, ca. 80 Titel
umfassendes Werk enthält jurist. Kommentare und Elementarschriften, Gutachtensammlungen (*responsa*) und jurist. Monographien; unecht sind die
Lehrmeinungen des Paulus (*Pauli sententiae*). Zur Zeit der justinian. Kompilatoren galt P. als einer der fünf Juristen,
deren Werke noch Ansehen genossen. P.

ist ein scharfsinniger, in der Kritik anderer Meinungen oft spitzfindiger, von Aristoteles und den Stoikern beeinflußter Jurist. **Lit.:** D. Liebs, in: HLL IV (1997) 150–175.

Pausanias (1) (gr. Pausanías), spartan. Feldherr und Mitglied des Königshauses der Agiaden, führte als Regent für seinen unmündigen Neffen Pleistarchos seit 480 die königl. Amtsgeschäfte und besiegte als Oberbefehlshaber des griech. Heeres 479 die pers. Truppen unter Mardonios in der Schlacht bei Platää. 478 eroberte er Byzanz, stieß aber durch seinen Hochmut auf die Ablehnung der übrigen Griechen und wurde von Sparta abberufen. Nachdem er Beschuldigungen wegen angebl. Verbindungen zu den Persern zurückweisen konnte, kehrte er 476 nach Byzanz zurück und herrschte dort als Tyrann bis zu seiner Vertreibung 470. Nach Sparta zurückbeordert, nahm er Verbindungen zu den Heloten auf und wurde deswegen unter die Anklage des Hochverrats gestellt. Er suchte Zuflucht im Tempel der Athena Chalkioikos, wo man ihn aber stellte und verhungern ließ (468/67). **Lit.:** M. E. White, Some Agiad Dates, P. and His Sons, in: JHS 84 (1964) 140–52. – H. Bengtson, Griech. Staatsmänner (1983) 77–93. – GGGA (1999).

Pausanias (2) (gr. Pausanías), spartan. König 408–394 v. Chr., Enkel des Siegers von Platää, trug 403, nachdem die Herrschaft der Dreißig Tyrannen in Athen gestürzt worden war, durch Verhandlungen mit den Demokraten maßgeblich zur friedl. Lösung der Krise bei. Nach der Schlacht bei Haliartos (395), in der Lysander fiel, mußte P., dem die Niederlage angelastet wurde, aus Sparta fliehen und starb im Exil in Tegea.

Pausanias (3) (gr. Pausanías), Sohn des Kerastos, ein früherer Höfling, ermordete 336 Philipp II. von Makedonien, angeblich aus persönl. Motiven. Da er unmittelbar nach der Tat selbst getötet wurde, blieben die wahren Hintergründe im dunkeln. Bereits in der Antike gab es Spekulationen, daß er von Olympias, der Frau Philipps, angestiftet worden sein könnte.

Pausanias (4) (gr. Pausanías) aus Magnesia, ca. 110–180 n. Chr., Verf. der Beschreibung Griechenlands in zehn Büchern. Das Werk ist als Beschreibung einer Reise angelegt, die den Autor durch die berühmten Heiligtümer und Städte führt (Buch 1 Attika, Megara, 2 Argolis, 3 Lakonien, 4 Messenien, 5/6 Elis, 7 Achäa, 8 Arkadien, 9 Böotien, 10 Phokis, Delphi). Sein Interesse sind Bauten und Skulpturen der archaischen und klass. Zeit und die mit den Orten verbundenen Feste. Seine Beschreibungen sind durch die rhetor. Praxis der Ekphrasis geprägt, die Landschaft findet keine Berücksichtigung; sie scheinen auf Autopsie zu beruhen. **Lit.:** Chr. Habicht, P. und seine Beschreibung Griechenlands (1985).

Peisistratos, ca. 600–528/27 v. Chr., Tyrann in Athen, nützte soziale Unruhen und regionale Gegensätze aus, um 561/60 die Macht in seiner Heimatstadt zu erringen. Zweimal durch seine polit. Gegner vertrieben, kehrte er 546/45 mit Unterstützung auswärtiger Söldner zurück, ergriff endgültig die Macht und bewahrte sie bis zu seinem Tod. Bei seiner Regierung stützte er sich bes. auf die bäuerl. Schichten und zeichnete sich durch eine gemäßigte Innenpolitik aus. Er initiierte ein reges Bauprogramm und stiftete vermutlich die Großen Dionysien und den Tragödienwettstreit. Außenpolitisch gelang es ihm, durch gute Beziehungen den athen. Handel zu fördern und Sigeion zurückzuerobern. Nach seinem Tod (528/27) ging die Herrschaft auf seine Söhne Hippias und Hipparchos über. **Lit.:** M. Stahl, Aristokraten und Tyrannen im archaischen Athen (1987). – GGGA (1999).

Pelagius, vermutlich aus Irland stammender Theologe des 4./5. Jh. n. Chr. Als entschiedener Gegner der Gnadenlehre Augustins trat er auf der Basis stoischer Gedanken für die durch keine Erbsünde belastete Unverdorbenheit der menschl. Seele ein, so daß der Mensch die freie Entscheidung zum Guten oder Bösen hat. Auf Betreiben Augustins wurde er 411 in Afrika und später im ganzen röm. Reich verurteilt. **Lit.:** J. Ferguson, P. (1956).

Pelopidas (gr. Pelopidas), theban. Feldherr, erzwang 379 v. Chr. den Abzug der spartan. Besatzung aus Theben. In der Folge mehrfach Boiotarch (oberster Beamter des Böot. Bundes), war er 371 am Sieg des Epaminondas in der Schlacht bei Leuktra beteiligt, die der spartan. Hegemonie ein Ende setzte. 370/69 unternahm er mit Epaminondas einen Feldzug in die Peloponnes, der zur Herauslösung Messeniens aus dem spartan. Staatsverband führte. Er fiel 364 bei Kämpfen in Thessalien. **Lit.:** J. Buckler, Theban Hegemony (1980).

Perdikkas, Feldherr Alexanders d. Gr., einer der Diadochen. Seit 330 Leibwächter des Königs, wurde er nach dem Tode Hephaistions (324) Chiliarch und damit oberster Feldherr; auf dem Totenbett übergab ihm Alexander seinen Siegelring. Von der Heeresversammlung in Babylon nach dem Tode des Königs (323) de facto zum Reichsverweser bestellt, vertrat er in der Folgezeit energisch die Interessen des Gesamtreiches gegen zentrifugale Tendenzen und schlug den Aufstand der Griechen in Baktrien nieder (323/22). Als sich Antipater, Krateros und Ptolemaios, die seine Vormachtstellung ablehnten, gegen ihn verbündeten, überließ er seinem Kampfgefährten Eumenes von Kardia die Verteidigung Kleinasiens, während er selbst Ptolemaios in Ägypten angriff. Nach verlustreichen Kämpfen fiel er einer Verschwörung seiner eigenen Offiziere zum Opfer (321/20). Nachfolger als Reichsverweser wurde Antipater. **Lit.:** H. Berve, Alexanderreich II (1926) Nr. 627. – H. Bengtson, Die Diadochen (1987).

Periander (gr. Periandros), Tyrann von Korinth ca. 600–560 v. Chr., Sohn und Nachfolger des Kypselos, galt in der Antike als Musterbeispiel des harten, aber gerechten Herrschers und wurde zu den Sieben Weisen gezählt. Unter seiner Regierung erreichte Korinth den Höhe-

punkt seiner Bedeutung. Vielfältige Handelsbeziehungen, Kolonisationstätigkeiten, die bis ins westl. Mittelmeer reichten, und eine starke Flotte begründeten den Wohlstand der Stadt. Im Inneren war P. um ein stetiges Gleichgewicht zwischen den verschiedenen Bevölkerungsgruppen bemüht und ging gegen Exzesse aller Art vor. Seine angebl. Pläne, den Isthmos von Korinth zu durchstechen, wurden nicht verwirklicht.

Perikles (gr. Perikles), 495/90–429 v. Chr., bedeutender athen. Staatsmann und Feldherr, mütterlicherseits ein Angehöriger der Alkmäoniden. Politisch trat er erstmals 463 als Ankläger des Kimon hervor und schloß sich den radikalen Demokraten unter Ephialtes an. Er unterstützte dessen Reformen (Entmachtung des Areopags, 462) und stieg nach der Ermordung des Ephialtes allmählich zum Führer der Demokraten auf. 458/57 war er an der Öffnung des Archontats für Zeugiten beteiligt und setzte wenig später die Einführung von Diäten durch, die auch ärmeren Volksschichten eine polit. Partizipation ermöglichten. 451/50 initiierte er ein Gesetz, das das athen. Bürgerrecht auf Personen beschränkte, die durch beide Elternteile athen. Abstammung waren. Nach einem Konflikt mit Sparta, der 446/45 mit dem Abschluß eines 30jährigen Friedens endete, suchte P. die Machtstellung Athens auf friedl. Wege auszuweiten. Er unterstützte die Gründung der panhellen. Kolonie Thurioi in Unteritalien (445) und suchte den Att. Seebund durch die gezielte Gründung von Kleruchien und die Überführung der Bundeskasse von Delos nach Athen in eine Art att. Reich zu verwandeln. Seit der Ostrakisierung seines Gegners Thukydides, Sohn des Melesias (443), hatte er auch innenpolitisch keinen ernsthaften Rivalen mehr zu fürchten. Seine Machtstellung lag dabei in seinem Strategenamt begründet, das er 15 Jahre lang ununterbrochen ausübte, sowie in seiner Fähigkeit, als ausgezeichneter Redner die Massen der Volksversammlung in seinem Sinne zu lenken. Um Athen militärisch zu schützen, ließ er den Piräus durch Errichtung der Langen Mauern mit der eigentl. Stadt verbinden und schuf so ein für Feinde nahezu uneinnehmbares Bollwerk. Auf der Akropolis setzte er ein umfassendes Bauprogramm ins Werk, das die Stellung Athens als führende Stadt Griechenlands für jedermann sichtbar dokumentieren sollte. Gegen Ende der 30er Jahre hielt er eine neue militär. Auseinandersetzung mit Sparta für unvermeidlich und verfolgte nach Ausbruch des Peloponnes. Krieges (431) eine Strategie der Preisgabe des flachen Landes bei gleichzeitiger Offensive zur See. Bei Ausbruch der großen Pest (430) wandte sich die Stimmung des Volkes aber gegen ihn, und er wurde seines Strategenamtes entsetzt. Obwohl schon bald rehabilitiert, wurde er selbst ein Opfer der Krankheit und starb 429. – P. war zweimal verheiratet. Aus seiner ersten Ehe mit einer Athenerin hatte er zwei Söhne, aus seiner zweiten Ehe mit Aspasia (seit etwa 450), die als Nichtbürgerin besonderen Anfeindungen ausgesetzt war, den weiteren Sohn. Er gilt als der bedeutendste athen. Politiker, unter dessen Führung seine Heimatstadt den Höhepunkt ihrer Macht erreichte. Durch das von ihm initiierte Bauprogramm veränderte er das Erscheinungsbild Athens grundlegend und schuf sich ein Denkmal, das die Jahrhunderte überdauerte. **Lit.:** H. Bengtson, Griech. Staatsmänner (1983) 109–146. – D. Kagan, P. (1992). – Ch. Schubert, P. (1994). – GGGA (1999).

Perpetua (Vibia P.), afrikan. Märtyrerin, gest. 202/03 n. Chr. Wir sind über P. durch die *Passio Sanctarum Perpetuae et Felicitatis* (*Das Leiden der heiligen Perpetua und Felicitas*) unterrichtet, die unmittelbar nach ihrem Martyrium entstanden ist (Tertullian ist wahrscheinlich Verf. oder Redaktor dieser Märtyrerakte) und einen längeren Bericht enthält, den ursprünglich P. selbst niedergeschrieben haben soll. **Lit.:** P. Habermehl, P. und der Ägypter oder Bilder des Bösen im frühen afrikan. Christentum (1992).

Perses von Theben, griech. Dichter, Ende 4. Jh. v. Chr., Verf. einiger in der *Anthologia Palatina* erhaltener Epigramme.

Perseus (gr. Perseus), ca. 212–165 v. Chr., letzter König von Makedonien 179–168, setzte die Politik seines Vaters Philipp V. fort und versuchte, sich von der röm. Abhängigkeit zu lösen und den makedon. Einfluß im griech. Raum wieder zur Geltung zu bringen. Er knüpfte dynast. Verbindungen mit Bithynien und dem Seleukidenreich und pflegte freundschaftl. Beziehungen mit Böotien. Unterstellungen seines Intimfeindes Eumenes II. von Pergamon, er plane einen Angriff gegen Italien, veranlaßten Rom zur Kriegserklärung (3. Makedon. Krieg, 171–168). Obwohl sich P. anfangs gut behauptete, mußte er zurückweichen und unterlag gegen L. Aemilius Paullus in der Entscheidungsschlacht bei Pydna (168). P. geriet in Gefangenschaft und wurde in Italien interniert, wo er vermutlich 165 starb.

Persius, Aulus P. Flaccus, aus Volterra, röm. Satirendichter, 34–62 n. Chr. P. kam früh nach Rom, wo er eine sorgfältige Ausbildung bei dem Grammatiker Remmius Palaemon und dem Rhetor Verginius Flavus genoß. Er hatte Zugang zu führenden gesellschaftl. Kreisen. Sein väterl. Freund und Mentor war der Stoiker Annaeus Cornutus; der Stoiker Paetus Thrasea war sein Onkel. Über sein Leben unterrichtet eine auf Valerius Probus zurückgehende Vita. Neben einem kurzen Einleitungsgedicht in Hinkjamben sind sechs hexametr. Satiren erhalten, die nach dem frühen Tod des Dichters von Cornutus und Caesius Bassus herausgegeben wurden. P. hielt die Gesellschaft für verdorben und betrachtete es als Aufgabe der Satire, die Mitbürger auf der Grundlage der stoischen Philosophie moralisch zu bessern. Vorbilder sind bes. die kyn.-stoische Diatribe und Horaz, aus dessen *Satiren* P. manches entlehnt. Im Ton ist er schneidender als dieser. Seine Sprache ist schwierig, bisweilen dunkel. **Lit.:** U. W. Scholz, in: L. Adamietz (Hg.), Die röm. Satire (1986) 179–230.

Pertinax, Publius Helvius P. Augustus, röm. Kaiser 31. Dezember 192–28. März 193 n. Chr.; geb. am 1. August 126 in Alba Pompeia (Ligurien) als Sohn des Freigelassenen Helvius Successus; dank einflußreicher Gönner schaffte P. die Aufnahme in den Ritterstand und brachte es bis zum Stadtpräfekten (189/90–192). Nach der Ermordung des Commodus wurde P. zum Kaiser ausgerufen, aber bereits am 28. März 193 von enttäuschten Prätorianern ermordet. **Lit.:** DRK (1997).

Pescennius Niger, Gaius P. N. Justus Augustus, röm. Gegenkaiser April 193–April 194 n. Chr. Geb. zwischen 135 und 140 als Sohn des Annius Fuscus und der Lampridia; zwischen 183 und 191 Suffektkonsul; 191–193 Statthalter der Provinz Syria. Nach dem Tod des Pertinax wurde P. N. im April 193 von seinen Truppen in Antiochia zum Augustus erhoben; der Senat erklärte ihn zum Staatsfeind. Auf dem Vormarsch nach W erlitt das Heer des P. N. mehrere Niederlagen gegen die Truppen des Septimius Severus, die am 31. März 194 bei Issos den endgültigen Sieg errangen. Ende April 194 wurde P. N. bei Antiochia gefangengenommen und hingerichtet. **Lit.:** D. Kienast, Röm. Kaisertabelle ([2]1996) 159 f.

Petron, Gaius (oder Titus) Petronius Arbiter, röm. Beamter und Literat, gest. 66 n. Chr. in Kampanien. P. war hoher Beamter (Statthalter in Bithynien und Konsul) und gehörte zu Neros Vertrauten. Als *elegantiae arbiter* (»Schiedsrichter des guten Geschmacks«) genoß er hohe Autorität am Hof. Durch Intrigen seines Rivalen Tigellinus fiel er in Ungnade und wurde zum Selbstmord getrieben. Tacitus (*Annalen* 16, 18 f.) skizziert ihn als pflichtbewußt, geistreich, kultivierten Vergnügungen zugetan und gelassen angesichts des Todes. Er verfaßte den ersten bekannten lat. Roman, die *Satyrica* (*Satyricon libri*), die nur unvollständig überliefert sind. Aufgrund

der Mischung von Prosa und Vers sind sie formal eine Menippeische Satire; sie parodieren die griech. Liebesromane, in denen Liebende getrennt und wieder zusammengeführt werden. Bei P. sind die Liebenden Encolpius und Giton, ein junger Mann und ein schöner Knabe, die, durch die Rache des Gottes Priap getrennt, einige teils schlüpfrige Abenteuer durchlaufen. Eingelegt sind vier ›Miles.‹ Novellen (anekdot. Erzählungen erot. Inhalts mit überraschender Schlußpointe: *Der Ephebe von Pergamon, Die Witwe von Ephesos, Die Matrone von Croton, Die Nymphomanin Circe*) und zahlreiche literar. Anspielungen und Zitate aus der lat. Literatur. Der Dichter Eumolp kritisiert z. B. Lukans histor. Epos *Bellum Civile* und ›äfft‹ dessen Art zu dichten ›nach‹. Das Kernstück des Romans, die *Cena Trimalchionis* (*Gastmahl des Trimalchio*), ist nur durch eine einzige Handschrift (jetzt in Paris) überliefert. Geschildert ist das Gelage einer Gesellschaft von Parvenüs, deren protziger Reichtum in krassem Gegensatz zu ihrer pöbelhaften Unbildung steht. Die *Satyrica* sind das satir. Porträt einer Klasse, glanzvolle Literaturparodie und durch vulgärsprachl. Passagen Zeugnis des gesprochenen Lateins. Fellini hat P. in seinem Film *Satyricon* ein Denkmal gesetzt. **Lit.:** H. Petersmann, in: J. Adamietz, Die röm. Satire (1986) 383–426. – E. Lefèvre, Studien zur Struktur der ›Miles.‹ Novelle bei P. und Apuleius (1997).

Phaedrus, röm. Fabeldichter griech. Herkunft, Freigelassener des Augustus. Ph. veröffentlichte unter Tiberius, Caligula und Claudius fünf Bücher Fabeln, teils eigener Erfindung, zum größeren Teil nach dem Muster des griech. Dichters Äsop. Er schrieb in volkstüml., zu seiner Zeit schon etwas antiquierten Senaren. Moralisierende und gesellschaftskrit. Anspielungen auf Zeitereignisse brachten ihn mit Seian in Konflikt. Zu Lebzeiten fand Ph. kaum Anerkennung, wurde aber seit der Spätantike (Prosaparaphrase eines sog. ›Romulus‹, 5. Jh.) bis in die Neuzeit (La Fontaine, Gellert,

Lessing) stark rezipiert. **Lit.:** H. Mac-Currie, in: ANRW II 32, 1 (1984) 497–513.

Phaidon von Elis, griech. Philosoph, 5./4. Jh. v. Chr., Schüler des Sokrates, Gründer der Schule von Elis, Erzähler in Platons *Ph.*

Phaidros, um 450–400/390 v. Chr., Gesprächspartner des Sokrates im gleichnamigen Dialog des Platon. Seine Bindung an diesen ging später in die Brüche; ansonsten ist wenig über ihn bekannt.

Phainias (gr. Phainias) aus Eresos, griech. Philosoph, Ende 3. Jh. v. Chr., Schüler des Aristoteles mit histor. und philolog. Interessen. **Lit.:** F. Wehrli, Die Schule des Aristoteles 9 (^{2}1969).

Phalaris, Tyrann von Akragas ca. 570–554 v. Chr., galt später als Musterbeispiel des grausamen Herrschers. Er betrieb eine Expansionspolitik und sicherte seine Macht durch den Bau von Festungen. Der Überlieferung zufolge soll er seine Feinde im glühend gemachten Bauch eines ehernen Stieres zu Tode geröstet haben.

Phaleas, griech. Staatstheoretiker aus Chalkedon; wohl 5. Jh. v. Chr. Ph. forderte für alle Bürger Gleichheit des Grundbesitzes.

Phanodemos (gr. Phanodemos), athen. Geschichtsschreiber, 2. Hälfte 4. Jh. v. Chr., Verf. einer att. Lokalgeschichte, die erhaltenen Fragmente stammen aus der myth. Urzeit Athens. **Lit.:** O. Lendle, Einführung in die griech. Geschichtsschreibung (1992) 147.

Phanokles (gr. Phanokles), griech. Dichter, vermutlich 3. Jh. v. Chr., Verf. eines eleg. Sammelgedichts *Liebesgeschichten oder schöne Knaben* (myth. Liebesaffären).

Pharnabazos, pers. Satrap in Kleinasien und Rivale des Tissaphernes. Im Peloponnes. Krieg unterstützte er ab 413 die Spartaner, eine kurzzeitige Zusammenarbeit mit Athen (409) blieb Episode. 404 nahm er den flüchtigen Alkibiades auf, ließ ihn aber schon bald auf Verlangen Lysanders ermorden. Im Kampf gegen den Spartanerkönig Agesilaos stellte er 395 pers. Flottenkontingente dem Athener Konon zur Verfügung, mit deren Hilfe dieser 394 die spartan. Seeherrschaft in der Schlacht bei Knidos brach.

Pharnakes II. von Pontos, König des Bosporan. Reiches 63–47 v. Chr., Sohn Mithradates VI., erhob sich 63 gegen seinen Vater, der von Pompeius aus Pontos vertrieben worden war, und zwang diesen in Pantikapaion zum Selbstmord. Nachdem er seine Leiche an Pompeius ausgeliefert hatte, wurde er als König des Bosporan. Reiches anerkannt. Im Zuge der Wirren des röm. Bürgerkrieges zwischen Caesar und den Pompeianern versuchte er 47, sein angestammtes väterl. Reich zurückzugewinnen, unterlag aber gegen Caesar in der Schlacht bei Zela (*»veni, vidi, vici«*). Er konnte zwar flüchten, fiel aber nur wenig später auf der Halbinsel Krim einem Usurpator zum Opfer. **Lit.:** R. Sullivan, Near East Royalty and Rome 100–30 BC (1990).

Pherekrates (gr. Pherekrates), athen. Komödiendichter, ca. 460–420 v. Chr. In der antiken Literaturkritik wird Ph. großer Einfallsreichtum zugeschrieben. Wichtig unter musikhistor. Aspekten ist ein Fragment aus dem *Cheiron* (Fr. 155 PCG) mit einer Liste von avantgardist. Musikern und Komponisten, die als Ruin der traditionellen Musik angesehen werden. **Lit.:** B. Zimmermann, Die griech. Komödie (1998) 199.

Pherekydes (1) von Skyros, griech. Autor, 2. Hälfte 6. Jh. v. Chr. Nach der antiken Literaturgeschichtsschreibung war Ph. der erste Prosaiker. Er verfaßte eine Kosmogonie. **Lit.:** H. Schibli, Ph. of Skyros (1990).

Pherekydes (2) von Athen, griech. Historiker, 2. Hälfte 5. Jh. v. Chr., Verf. von mytholog. und genealog. Darstellungen. **Lit.:** O. Lendle, Einführung in die griech. Geschichtsschreibung (1992) 22–25.

Phidias (gr. Pheidias) aus Athen, einer der bedeutendsten att. Künstler der klass. Zeit. Über seine Person und seine genauen Lebensdaten ist vieles nur legendär überliefert. Ph. war Bildhauer, Maler und Architekt, Zeitgenosse von Myron und Polyklet, Freund und Berater des Staatsmannes Perikles. Er selbst nannte sich in einer Signatur Sohn des Charmides. Er wurde wohl zwischen 500 und 490 v. Chr. geboren und starb wahrscheinlich um 432 v. Chr. in Olympia. Seine Hauptschaffenszeit lag im mittleren 5. Jh. v. Chr. Gegner des Perikles, die versuchten, auch Ph. anzugreifen, beschuldigten ihn der Veruntreuung von Gold, das für das Standbild der Athene im Parthenon bestimmt war. Nachdem seine Unschuld in diesem Falle bewiesen werden konnte, warf man ihm jedoch Gottlosigkeit vor, weil er Perikles und sich selbst unter den mit den Amazonen kämpfenden Griechen auf dem Schild der Athena Parthenos dargestellt hatte, und ließ ihn ins Gefängnis werfen. Zu seinen berühmtesten Werken zählen mehrere Götterdarstellungen, die Bronzestatue der Athena Promachos (»Vorkämpferin«) auf der Akropolis, die Athena Lemnia (ein Geschenk der Bewohner von Lemnos), das Athena-Standbild im Parthenon und die Kultstatue des Zeus von Olympia (letztere auf einer Münze abgebildet). Ferner war Ph. Berater und Leiter von Arbeiten an mehreren unter Perikles errichteten Bauten auf der Athener Akropolis. Für deren künstler. Ausstattung lieferte er sicherlich mehrere Vorschläge und Pläne, welche dann auch zum größten Teil von seiner Werkstatt ausgeführt worden sein dürften. Bei Ausgrabungen in Olympia konnten Überreste seiner Werkstatt identifiziert werden. **Lit.:** G. M. A. Richter, The Sculpture and Sculptors of the Greeks (1970). – A. F. Stewart, Greek Sculpture (1990). – W. Schiering, Die Werkstatt des Pheidias in Olympia (1991). – GGGA (1999).

Phileas von Athen, Geograph um die 2. Hälfte des 5. Jh. v. Chr., Verf. einer Periodos um das Mittelmeer und die damals bekannte Welt; das Werk ist jedoch nur in Fragmenten erhalten und wurde bisher nicht ediert.

Philemon (gr. Philēmon) aus Syrakus, griech. Komödiendichter, ca. 380/60–267/63 v. Chr., Verf. von ca. 100 Komödien, von denen 194 Fragmente erhalten sind, neben Menander wichtigster Vertreter der Neuen Komödie, Vorbild für Plautus' *Trinummus*, *Mercator* und evtl. *Mostellaria*. **Lit.:** E. Lefèvre, Plautus und Ph. (1995).

Phil(h)etairos, Sohn des Attalos, Begründer des Pergamen. Reiches und der Dynastie der Attaliden. Seit 302 v. Chr. stand er in den Diensten des Lysimachos und fungierte als dessen Schatzmeister und Burgkommandant von Pergamon. 282 verließ er seinen Oberherrn und trat auf die Seite des Seleukos, zu dessen Sieg bei Kurupedion er maßgeblich beitrug. Die Herrschaft über Pergamon, die er in der Folgezeit unter der Oberhoheit der Seleukiden nahezu selbständig ausübte, übernahm bei seinem Tod (263) sein Neffe Eumenes I. Das Münzporträt des Ph., eines der ausdrucksvollsten des Hellenismus, erscheint regelmäßig auf den Prägungen seiner Nachfolger. **Lit.:** R. E. Allen, The Attalid Kingdom (1983).

Philipp(os) II., 382–336 v. Chr., König von Makedonien, verbrachte einen Teil seiner Jugend als Geisel in Theben. 359 übernahm er zunächst die Regentschaft, 356 die unmittelbare Herrschaft über sein Land. Durch den Sieg über die phokäischen Truppen des Onomarchos erlangte er 352 die Kontrolle über Thessalien, zu dessen Hegemon er gewählt wurde. 350–48 zerschlug er den Chalkid. Städtebund, der trotz des leidenschaftl. Eintretens des Demosthenes von Athen, dem Hauptgegener Philipps, nur unzureichend unterstützt wurde. Durch die Ausdehnung seiner Macht nach Thrakien sicherte er sich mit den dortigen Gold- und Silberminen wertvolle Hilfsmittel, die ihm bei seinen Plänen zugute kamen. Nachdem er bis zum Ende der 40er Jahre die Kontrolle über Mittelgriechenland und das panhellen. Heiligtum von Delphi errungen hatte, war die entscheidende Auseinandersetzung mit Athen nicht länger aufzuschieben. Gegen die vereinten Truppen der Athener und Thebaner errang er 338 bei Chaironeia den entscheidenden Sieg. Nach der Schlacht initiierte er aus einer Position der Stärke die Gründung des Korinth. Bundes, dem alle griech. Staaten außer Sparta beitraten. Er selbst wurde zum Hegemon berufen. Um diese Stellung auch für die Zukunft abzusichern, griff er bereits früher erwogene Pläne eines Perserfeldzugs auf, an dem alle Bundesmitglieder teilnehmen sollten. Während jedoch die Vorbereitungen für das Unternehmen noch auf Hochtouren liefen, wurde Ph. 336 bei der Hochzeit seiner Tochter Kleopatra mit Alexander von Epirus von Pausanias, einem ehemaligen Höfling, unter nie geklärten Umständen ermordet. Vermutungen, daß seine verstoßene Frau Olympias oder sein Sohn Alexander, die sich durch eine neue Ehe des Königs bedroht fühlten, hinter der Tat gestanden haben könnten, wurden schon bald geäußert, konnten aber nie bewiesen werden. – Ph. gilt als der Begründer der makedon. Großmachtstellung. Durch geschicktes Ausnützen der innergriech. Rivalitäten und einer beharrl. und systemat. Machtpolitik konnte er die Hegemonie über die griech. Welt erringen, die er mit einer auch im Siege versöhnl. Politik festigte. Dadurch und mit seinen Plänen, einen Perserfeldzug zu beginnen, wurde er zum Wegbereiter seines Sohnes Alexander d.Gr. **Lit.:** H. Bengtson, Ph. und Alexander (1985). – G. Wirth, Ph. II. (1985). – M. Errington, Geschichte Makedoniens (1986). – GGGA (1999).

Philipp(os) III., eigentlich Arridaios, ein als geistesschwach geltender Halbbruder Alexanders d.Gr., wurde nach dessen Tod (323 v. Chr.) zum König ausgerufen und amtierte nominell gemeinsam mit dem nachgeborenen Sohn Alexanders, Alexander IV. 317 wurde er von Olympias gefangengenommen und hingerichtet. **Lit.:** H. Berve, Alexanderreich II (1926) Nr. 781.

Philipp(os) V., 238–179 v. Chr., König von Makedonien 221–179, ver-

suchte zunächst, die frühere makedon. Hegemonie über Griechenland im Bundesgenossenkrieg gegen die Ätoler (220–217) wiederherzustellen. Nach Teilerfolgen und angesichts des 2. Pun. Kriegs, der Italien erschütterte, beendete er die Kampfhandlungen (Friede von Naupaktos, 217) und schloß 215, nach der Schlacht bei Cannae (216) ein Bündnis mit Hannibal. Im 1. Makedon. Krieg (215–205), der daraufhin mit Rom ausbrach, konnte sich Ph. zwar im wesentl. behaupten, zog sich aber den dauerhaften Groll der röm. Republik zu. Nachdem Rom durch den endgültigen Sieg über Karthago (202) den Rücken wieder frei hatte, kam es zum 2. Makedon. Krieg (200–197), in dem Ph. vollständig unterlag (Schlacht bei Kynoskephalai 197) und im Friedensvertrag auf sein Kerngebiet beschränkt wurde. Obwohl er im Krieg gegen den Seleukiden Antiochos III. (192–188) ein treuer Bundesgenosse Roms war, konnte er die frühere Machtstellung Makedoniens nicht annähernd wiedergewinnen. Als er 179 starb, folgte ihm sein Sohn Perseus. **Lit.:** F. W. Walbank, Ph. V. (1940). – H. Bengtson, Herrschergestalten des Hellenismus (1975) 211–234. – M. Errington, Geschichte Makedoniens (1986).

Philippus Arabs, Marcus Iulius Ph. Augustus, röm. Kaiser Anfang 244–September/Oktober 249 n. Chr.; geb. um 204 als Sohn des Iulius Marinus; seit 243 Prätorianerpräfekt des Gordian III. Nach der Ermordung Gordians wurde Ph. A. Anfang 244 zum Kaiser erhoben. Von 244–246 führte er Kriege gegen die Karpen und Germanen und feierte im Spätsommer 247 einen Triumph in Rom. Vom 21.–23. April 248 feierte Ph. A. mit aufwendigen Spielen den 1000. Geburtstag Roms. Im Juni 249 ließ sich der Statthalter der Provinzen Mösien und Pannonien Decius zum Kaiser ausrufen und besiegte Ph. A. im September 249 in der Schlacht von Verona. **Lit.:** DRK (1997).

Philiskos von Kerkyra, griech. Tragiker und Dichter, 3. Jh. v. Chr., erhalten ist ein Hymnos auf Demeter in chorjamb. Hexametern.

Philistos, um 430–356 v. Chr., syrakusan. Staatsmann und Historiker, hatte großen Einfluß unter der Regierung von Dionysios I. Er war ein Gegner Dions I. und mißbilligte die polit. Reformpläne Platons, die dieser in Syrakus umzusetzen suchte. Er fiel 356 als Flottenkommandant im Kampf gegen Aufständische. Ph. hinterließ ein (nicht erhaltenes) Geschichtswerk über Sizilien (11–13 Bücher), das u. a. von Diodor benutzt wurde. **Lit.:** R. Zoepffel, Untersuchungen zum Geschichtswerk des Ph. (1965). – O. Lendle, Einführung in die griech. Geschichtsschreibung (1992) 206–211.

Philitas (auch: Philetas) von Kos, griech. Dichter und Philologe, ca. 330-275 v. Chr. Ph. ist eine der einflußreichsten Persönlichkeiten der hellenist. Zeit. In Alexandria unter Ptolemaios I. als Lehrer seines Sohnes, des späteren Ptolemaios II., tätig, kehrte er später nach Kos zurück, wo er einen Dichterkreis gründete. Von seinem umfangreichen Corpus sind wenige Fragmente erhalten und nur vier Titel mit Sicherheit bekannt. *Demeter* war ein Werk in eleg. Distichen, das die Gründung des Kultes der Göttin erzählte; *Hermes* war ein Kleinepos; die *Paignia* (»Spielereien«) und die *Epigramme* waren sehr kurze Gedichten in eleg. Distichen. Gänzlich verloren ist eine Sammlung von Elegien, die Ph. seiner Geliebten Bittis widmete. Als Philologe verfaßte er unter dem Titel *Ungeordnete Glossen* eine Sammlung von seltenen literar. Wörtern. Ph. galt in der Antike als unübertroffenes poet. Vorbild. **Lit.:** K. Spanoudakis (2002) [Ausg., Kommentar].

Philochoros aus Athen, griech. Historiker, ca. 340–260 v. Chr., letzter bedeutender Verf. einer att. Lokalgeschichte (*Atthis*) in 17 Büchern, die annalistisch, nach den einzelnen Archonten gegliedert war (nur fragmentarisch erhalten). **Lit.:** O. Lendle, Einführung in die griech. Geschichtsschreibung (1992) 147–150.

Philodamos, griech. Dichter, Mitte 4. Jh. v. Chr., Verf. eines in der Tradition der Neuen Musik stehenden Paian für Delphi (340/35 v. Chr.). **Lit.:** L. Käppel, Paian (1992).

Philodemos aus Gadara (Syrien), griech. epikureischer Philosoph und Dichter, ca. 110–40/35 v. Chr. Er lebte bei seinem Gönner Piso in Herculaneum und gründete dort eine einflußreiche Philosophenschule. Vergil, Horaz und Varius Rufus zählten zu seinen Schülern. In Pisos Villa in Herculaneum wurde eine Bibliothek gefunden, die u. a. Ph.s Schriften enthielt. Er verfaßte philosoph. Werke kompilator. und systemat. Charakters und schrieb Epigramme von hoher künstler. Qualität. **Lit.:** J. Annas, Hellenistic Philosophy of Mind (1993). – D. Obbink, Ph. and Poetry (1994).

Philogelos (*Der Lachfreund*). Titel einer griech. Witzsammlung, die stofflich auf das 3.–5. Jh. n. Chr. zurückgeht, aber auch ältere Tradition verarbeitet. Über die in der handschriftl. Überlieferung genannten Verf. Hierokles und Philagrios ist sonst nichts bekannt. Gegenstand der insgesamt 265 Witze, die zumeist auf die Dummheit bestimmter Menschen zielen, sind entweder bestimmte Berufe (am häufigsten der Scholastikos, der weltfremde Gelehrte), Charaktertypen wie der Grobian, Prahlhans, Geizhals, Trunkenbold usw. oder die Bewohner bestimmter Städte wie Abdera, Kyme und Sidon. **Lit.:** A. Thierfelder, Ph. (1968) [Ausg., Übers.].

Philolaos aus Kroton, griech. Philosoph, ca. 470–390 v. Chr., vermutlich Begründer der pythagoreischen Schule. Sein Verständnis von Natur, Welt, Wesen, Prinzip usw. rückt den Pythagoreismus näher an die Vorsokratiker. Nach Ph. ist die Natur aus grenzlosen und grenzbildenden Teilen zusammengefügt. Die Weltordnung ist nur dadurch möglich, daß zu diesen Prinzipien des Begrenzten und des Unbegrenzten Harmonie hinzukommt. Große Bedeutung kommt in seinem Denken der Zahl 10 zu, der gleichsam göttl. Rang beigemessen wird. Unbegrenztes und Begrenztes sowie die Zahl sind auch die Prinzipien der Erkennbarkeit der Dinge. Was die Seele und ihr Verhältnis zum Leib betrifft, bekennt Ph. sich zum Dualismus und betrachtet den Leib als Gefängnis der Seele. **Lit.:** W. Burkert, Weisheit und Wissenschaft (1962).

Philon (1) aus Alexandria, griech.-jüd. Philosoph, 20/15 v. Chr.–42 n. Chr., Verf. zahlreicher theolog. und philosoph. Werke. Mit Hilfe der von der Stoa entwickelten Allegorese entschlüsselt Ph. den verborgenen, übertragenen Sinn des Alten Testaments. In einem zweiten Schritt erklärt er dessen philosoph. Gehalt als Quelle der griech. Philosophie überhaupt. Ph. ist in seinem Denken von den wichtigsten philosoph. Richtungen geprägt (Platonismus, Stoa, Neupythagoreer). Er vollzieht die Synthese zwischen dem jüd. Monotheismus und dem transzendentalen Gottesbegriff der platon. Philosophie. Seine Philosophie ist stark dualistisch. Gott und Welt sind so stark getrennt, daß vermittelnde Instanzen vonnöten sind wie der Logos, der Sohn Gottes. Da die Seele des Menschen im Körper wie in einem Kerker gefangen ist, bedarf es der enthusiast., myst. Gottesschau, um diesem Kerker zu entkommen. **Lit.:** S. Sandmel, Ph. of Alexandria (1979).

Philon (2) aus Byblos, griech. Historiker, ca. 70–160 n. Chr., Verf. einer phöniz. Geschichte, die von Eusebios benutzt wird. **Lit.:** A. I. Baumgarten, The Phoenician History of Ph. of Byblos (1981).

Philon (3) aus Byzanz, griech. Autor, 3./2. Jh. v. Chr., Verf. eines Lehrbuches der Mechanik, von dem das Buch über Belagerungsmaschinen und -techniken sowie Teile der *Pneumatik* auf arabisch erhalten sind. Ph. benutzte den Luft- und Wasserdruck für die Entwicklung von Überraschungsmaschinen. Unter Ph.s Namen ist auch eine Schrift über die Sieben Weltwunder überliefert. **Lit.:** A. Schürmann, Griech. Mechanik und antike Gesellschaft (1991). – K. Brodersen, Reiseführer zu den Sieben Weltwundern (1992).

Philon (4) aus Larissa, griech. Philosoph, 159/58–84/83 v. Chr., Schuloberhaupt der Akademie. Von seinen zahlreichen Werken sind keine Fragmente oder Titel erhalten. Er scheint einen gemäßigten Skeptizismus vertreten zu haben. Wie die Stoa verglich er die Tätigkeit des Philosophen mit der des Arztes und teilte die eth. Unterweisung wie einen medizin. Heilungsprozeß in fünf Stufen ein. **Lit.:** H. Tarrant, Scepticism or Platonism? (1985).

Philopoimen, 253–183, achäischer Staatsmann und Feldherr, gilt als einer der letzten bedeutenden und von Rom unabhängigen Politiker Griechenlands (nach Aussage von Plutarch der »Letzte der Hellenen«). Nachdem er sich bereits im Krieg gegen Kleomenes III. von Sparta (222) ausgezeichnet und zehn Jahre lang als Söldnerführer in Kreta gedient hatte, stieg er seit 209 zum führenden Politiker des Achäerbundes auf. Als achtmaliger Stratege (zwischen 208 und 183) ging er bes. gegen Sparta vor und war bestrebt, die achäische Macht auf die ganze Peloponnes auszudehnen. Gegenüber Rom versuchte er, so gut es ging, die Unabhängigkeit des Bundes zu wahren. 183 geriet er in messen. Gefangenschaft und wurde durch Gift beseitigt. **Lit.:** M. Errington, Ph. (1969).

Philoponos, Johannes Ph., griech. Philosoph, 490–570 n. Chr., Vertreter des christl. Neuplatonismus, Verf. von einflußreichen Kommentaren zu den Schriften des Aristoteles. Ph. setzte sich kritisch mit Proklos und Aristoteles auseinander. Theologisch ist Ph. Vertreter des Tritheismus. Die Trinitätslehre wird in dem Sinne ausgelegt, daß man sich drei selbständige Gottheiten dachte. **Lit.:** R. Sorabji (Hg.), Ph. and the Rejection of Aristotelian Science (1987).

Philostrat (gr. Philostratos). Unter dem Namen des Ph. sind mehrere griech. Werke überliefert, die nach der modernen Forschung auf drei oder gar vier Mitglieder einer Familie von der Insel Lemnos verteilt werden. Von Lucius Flavius Ph. (ca. 170–245 n. Chr.) stammt die Lebensbeschreibung des

Apollonius von Tyana, eines pythagoreischen Wanderpredigers und Wundertäters. Ebenfalls von ihm stammen die *Sophistenbiographien,* in denen er Vertreter der Sophistik des 5. Jh. v. Chr. und seiner eigenen Zeit, der sog. Zweiten Sophistik, beschreibt. Die Zuweisung der *Eikones (Bilder)* an ihn oder einen anderen oder gar an zwei andere Philostratoi ist nicht erklärt. Die Schrift steht in der Tradition der kaiserzeitl. Ekphrasis und ist als die Führung durch eine imaginäre Galerie angelegt. Daneben gibt es eine Reihe kleinerer Schriften: einen Dialog über Heroen und über athlet. Training. **Lit.:** G. Anderson, The Second Sophistic (1993).

Philotas, makedon. Truppenbefehlshaber, Sohn des Parmenion. In den ersten Jahren des Alexanderzuges Kommandant der Reiterei, wurde Ph. 330 v. Chr. bezichtigt, eine Verschwörung gegen den König angezettelt zu haben. Nachdem er die Tat unter Folter gestanden hatte, wurde er von der Heeresversammlung zum Tode verurteilt und hingerichtet. Die Umstände der Verschwörung sind mysteriös und eröffneten Alexander die Möglichkeit, Parmenion, den Vater des Ph., zu beseitigen. **Lit.:** H. Berve, Alexanderreich II (1926) Nr. 802.

Philoxenos, griech. Dithyrambiker aus Kythera, ca. 435–380 v. Chr., Hauptvertreter der innovativen Strömung im Dithyrambos, der die Gattung anderen literar. Formen öffnen wollte, indem er die chorlyr. Form dramatisierte. Ob das unter dem Namen des Ph. überlieferte *Deipnon (Gastmahl)* von ihm oder einem anderen Ph. (von Leukas) stammt, ist unklar. **Lit.:** B. Zimmermann, Dithyrambos (1992) 143 f.

Phlegon von Tralleis, schrieb unter Hadrian Werke über Olympioniken, über Langlebige, über Geographie und über Sensationsgeschichten (u. a. Quelle für Goethes *Braut von Korinth*). **Lit.:** K. Brodersen, P., Das Buch der Wunder (2002).

Phokion (gr. Phokion), 402–318 v. Chr., athen. Politiker und Staatsmann, versuchte als Gegner des Demosthenes gute Beziehungen zu Makedonien herzustellen. Er leitete die Verhandlungen nach der Schlacht bei Chaironeia (338) und führte 322, nach der Kapitulation Athens im Lam. Krieg, eine timokrat. Staatsordnung ein. Als makedon. Truppen 318 den Piräus besetzten, wurde er des Hochverrats angeklagt und trotz seines hohen Alters zum Tode verurteilt. **Lit.:** H. J. Gehrke, Ph. (1976).

Phokylides (gr. Phokylides), **1.** griech. Dichter, 1. Hälfte 6. Jh. v. Chr., Verf. eines hexametr. Gedichts mit Sinnsprüchen (*Gnomai*). – **2.** Unter dem Namen Ph. ist ein hexametr. Gedicht (230 Verse) moralisierenden Inhalts erhalten, das um die Zeitenwende entstanden sein dürfte. **Lit.:** P. W. van der Horst, The Sentences of Pseudo-Ph. (1978).

Photios, Patriarch von Konstantinopel, ca. 820–893 n. Chr. Ph. gehört zu den wichtigsten Vermittlern der griech. paganen Literatur. Seine *Bibliotheke* enthält Inhaltsangaben, Deutungen und Hinweise zu 280 antiken Werken, die teilweise heute verloren sind. Wichtig ist sein Lexikon des klass. Griechisch, in dem sich zahlreiche Zitate verlorener Autoren finden. **Lit.:** N. G. Wilson, Scholars of Byzantium (1983) 89–119.

Phrynichos, bedeutendster att. Tragiker vor Aischylos, 6./5. Jh. v. Chr., 476 war Themistokles sein Chorege. In seinen Stücken *Eroberung von Milet* und *Phoinissen* dramatisierte er zeitgeschichtl. Stoffe, die Einnahme Milets durch die Perser (494) und den Sieg der Griechen bei Salamis (480). Acht Titel mit mytholog. Stoffen sind bekannt (z. B. *Alkestis*). Ph. soll weibl. Masken und den trochäischen Tetrameter in die Tragödie eingeführt haben. **Lit.:** B. Gauly u. a. (Hg.), Musa Tragica (1991) 40–49.

Physiologus, anonymes, vielleicht um 200 n. Chr. in Alexandria entstandenes, später häufig bearbeitetes und vielfach verändertes Buch, das wunderbare Eigenschaften von Tieren, Pflanzen und Steinen anführt, die religiös-symbolisch gedeutet werden; von großer Wirkung

im MA. **Lit.:** O.Seel, Der Ph. (1960,
⁷1995).

Pilatus, Pontius P., röm. Ritter und
Prokurator von Judäa 26–36 n. Chr.
Seine Versuche, den Kaiserkult durchzusetzen, führten zu schweren Auseinandersetzungen, was seine durchweg negative Beurteilung in der jüd. Historiographie bewirkte. 36 abberufen, mußte er
sich in Rom wegen Übergriffen gegen
die Bevölkerung rechtfertigen und beging vermutlich 39 Selbstmord. Im Prozeß gegen Jesus bestätigte er nach röm.
Recht das Todesurteil und ordnete seine
Vollstreckung an. In der christl. Tradition wurde sein Verhalten teilweise ge-
rechtfertigt und die alleinige Schuld am
Tode Jesu den jüd. Behörden zugescho-
ben. **Lit.:** J. Blinzler, Der Prozeß Jesu
(³1960).

Pindar (gr. Pindaros), griech. chorlyr. Dichter aus Böotien, ca. 518–440 v.
Chr. Sein umfangreiches Werk wird
durch die vier erhaltenen Bücher von
Siegesliedern repräsentiert, dagegen
sind aus weiteren 13 Büchern der Edition des alexandrin. Philologen Aristophanes von Byzanz nur Fragmente erhalten (bes. aus den Paianen und Dithyramben). Die Epinikien feiern vorwiegend Sieger der Olymp., Pyth. (Delphi),
Isthm. (Korinth) und Nemeischen
Spiele. P.s Auftraggeber waren oft die sizil. Tyrannen Hieron von Syrakus, Theron von Akragas, ferner Arkesilas von
Kyrene und Aristokraten aus dem
griech. Mutterland. Aufführungsort war
meistens die Heimat des Siegers (öffentl.
Feier oder Symposion), häufig wurden
Lieder auch am Ort des Sieges aufgeführt. Kontrovers bleibt auch die Auf-
führungspraxis mancher Lieder (Chor-
oder Sologesang). Typ. Elemente der
Siegeslieder sind das Lob des Siegers,
seiner Familie und seiner Heimat, die
Nennung der Spiele und der Disziplin,
in der sich der Sieger auszeichnete; die
myth. Erzählung, die in einer Beziehung
zum Anlaß oder zum Sieger stehen kann
und der Erhöhung der Leistung des Auf-
traggebers dient; die gnom. Weisheit,
die entweder mit dem Inhalt des Mythos

oder mit dem aktuellen Anlaß zusam-
menhängt und oft als Übergang zwischen verschiedenen Liedteilen fungiert;
auch Eigenlob der Kunst des Dichters
sind häufig. Die Ideologie der Dichtungen P.s entspricht dem soziokulturellen
Rahmen der Gattung: Tyrannen und
Aristokraten beanspruchen eine ihnen
von den Göttern zugewiesene Sonder-
stellung in der Gesellschaft; ihre Souve-
ränität manifestiert sich in ihren Werken und Errungenschaften, darunter im
athlet. Sieg; eine entsprechend privile-
gierte Stellung kommt auch dem Dichter zu, der die Taten der Mächtigen
rühmen soll. Frömmigkeit, Einhalten
des Maßes, Nutzung des angeborenen
Potentials sind neben körperl. und
psych. Tugend die traditionellen Werte,
die in diesem Zusammenhang heraus-
gehoben werden. P.s Stil ist äußerst
kunstvoll, sein Satzbau extrem kompli-
ziert. Rhetor. Figuren wie Hyperbaton,
Hypallage, Metapher, Priamel und Lito-
tes sind ein Hauptmerkmal seiner sonst
häufig ellipt. poet. Sprache. Zu den
Techniken seiner Erzählkunst gehören
Dramatisierung, Gebrauch von direkter
Rede, Rhythmus- und Szenenwechsel,
unvorbereitete Wendungen und Unter-
brechungen der Erzählung. Bilder, Asso-
ziationen und gesuchtes Vokabular werden häufig als Mittel der Suggestivität
eingesetzt. In seiner variationsreichen
Verskunst dominieren daktyloepitrit.
deutlich vor äol. Metren. Trotz der
sprachl. Schwierigkeit genoß P. bereits
in der Antike uneingeschränkte Bewunderung und Ansehen (vgl. Horaz, Oden
4, 2). Die antike und byzantin. Philologie hat sich intensiv mit seinem Werk
auseinandergesetzt. P.s Dichtung wurde
in der Neuzeit oft Gegenstand von
Nachahmungen und Übersetzungen
(z. B. Goethe, Hölderlin). **Lit.:** W. M.
Calder/J. Stern (Hg.), P. und Bakchylides (1970). – A. Köhnken, Die Funktion
des Mythos bei P. (1971). – E. Krum-
men, Pyrsos Hymnon (1990). – D. Bre-
mer, P. (1992). – GGGA (1999).

Piso, Gaius Calpurnius P., *consul suf-
fectus* unter Claudius, unterhielt enge

Beziehungen zu Seneca. 65 war er das Haupt der sog. Pison. Verschwörung gegen Nero, nach deren Aufdeckung er Selbstmord beging. Nero nützte die Angelegenheit zu umfangreichen Säuberungen (u. a. Seneca, Petron).

Pittakos, um 650–570 v. Chr., griech. Staatsmann in Mytilene, beendete eine Phase permanenter innerer Kämpfe in seiner Heimatstadt und erließ die vielleicht ersten schriftl. Gesetze der griech. Welt, die das geordnete Zusammenleben der Bürgerschaft ermöglichen sollten. Durch sein kluges und maßvolles Wirken wurde er später zu den Sieben Weisen gerechnet. Seine Tätigkeit ist u. a. durch die Gedichte seines Landsmanns Alkaios bekannt, der ihm aus persönl. Gründen aber feindselig gegenüberstand.

Platon, griech. Philosoph, 427–347 v. Chr. Als Sohn des Ariston und der Periktione entstammte P. einem angesehenen Athener Adelsgeschlecht. Um 407 wurde P. Schüler des Sokrates. Nach dessen Tod verließ er Athen und unternahm mehrere Reisen. Etwa 40jährig kam P. nach Syrakus in Sizilien. Mit seiner Ansicht von der Notwendigkeit einer Philosophenherrschaft wurde P. dem dort herrschenden Tyrannen Dionysios zu gefährlich und mußte gegen 387 die Stadt verlassen. Zwei weitere Reisen nach Syrakus (367–65 und 361–60) zu Dionysios II. verliefen ebenfalls erfolglos. Ab 360 widmete sich P. ausschließlich der Leitung seiner Akademie, die er um 387 in Athen gründet hatte. Sein schriftsteller. Werk begann P. nach Sokrates' Tod (399). Vermutlich alle veröffentlichten Schriften, d. h. um die 30 Dialoge und eine Reihe von Briefen, sind überliefert; ein Teil davon gilt als unecht. P. hat seine Werke fast ausschließlich in Dialogform verfaßt, in der das Denken seinen Gegenstand in offenen, fragenden Gespräch umkreist. Die Gedanken der am Dialog beteiligten Personen gewinnen so eine große Anschaulichkeit und Lebendigkeit. Gemeinhin gliedert man P.s Werk in drei Teile: (1) Frühdialoge (bis zur 1. sizil.

Reise): *Apologie, Protagoras, Euthyphron, Laches, Politeia I* u. a.; (2) Mittlere Dialoge (bis zur 2. sizil. Reise): *Gorgias, Kratylos, Menon, Phaidon, Symposion, Politeia II–X, Phaidros* u. a.; (3) Spätdialoge (nach 365): *Theaitetos, Parmenides, Sophistes, Timaios, Kritias, Nomoi, Politikos, Philebos* u. a. Die Interpretation der Dialoge ist mit zahlreichen Problemen verbunden: So können die gedankl. Anteile des histor. Sokrates, der in fast allen Dialogen die Hauptperson spielt, und P.s nur schwer voneinander differenziert werden. Auch spiegeln die Dialoge eine über eine lange Entstehungszeit dynamisch sich wandelnde Lehre wieder. Im *7. Brief,* der in seiner Echtheit allerdings umstritten ist, äußert P. zudem die Ansicht, daß sich philosoph. Wahrheiten – aufgrund der Unterlegenheit der Schrift gegenüber der lebendigen Rede – direkt nur mündlich weitergeben ließen. Dies führte in der Forschung zu einer Trennung von exoter. schriftl. und esoter. mündl. Lehre. – In den Frühdialogen wird anhand eth. Begriffsbestimmungen die sokrat. Methode (Maieutik, »Hebammenkunst«) fortgeführt. Durchgängiges Thema ist die Tugend (gr. *arete*). Die Dialoge enden zumeist ohne Ergebnis in Aporien. In den mittleren Dialogen entfaltet P. seine Ideenlehre, die dann auch den Theorien über den Menschen und den idealen Staat zugrundegelegt wird. In den Spätdialogen diskutiert P. eine Reihe von in den mittleren Dialogen aufgeworfenen Problemen vertiefend weiter und unterzieht seine Ideenlehre in selbstkrit. Weise einer grundsätzl. Revision. Wie jedes Denken ist auch das Denken P.s als Reaktion auf andere Denker zu verstehen. Vor allem parmenideische, heraklitische und pythagoreische Überlegungen beeinflußten P. nachdrücklich. Zugleich steht P. in deutl. Gegensatz zu den Sophisten, die vor dem Hintergrund der Auflösung polit. und moral. Ordnung die Ansicht vertraten, daß es kein objektives Maß für wahre Erkenntnis oder richtiges Handeln gebe. Gegenüber deren Relativierung und

Subjektivierung aller Normen war P. überzeugt, daß Erkenntnis und Moral in einer festen, objektiven Ordnung begründet sein müssen. Dieses Fundament glaubte er in seiner Ideenlehre zu finden. In ihr gelang es P., erkenntnistheoret., ontolog., eth. und ästhet. Fragen zu einer einheitl. Theorie zu verknüpfen. P. unterteilt die gesamte Wirklichkeit in zwei Seinsbereiche (Zwei-Welten-Lehre): eine Welt unveränderl., einheitl. Ideen (*kosmos noetos*) und eine Welt vergängl., vielheitl. Sinnendinge (*kosmos aisthetos*). Der Ausgangspunkt der Ideenlehre ist folgender: In den Frühdialogen fragt Sokrates, was wir eigentlich mit solchen Ausdrücken wie »gerecht«, »schön« oder »gut« meinen. Wir sprechen einer Vielzahl unterschiedl. Dinge diese Eigenschaften zu. Dabei muß es aber doch etwas all diesen z. B. »gut« genannten Dingen Gemeinsames geben. Dieses Gemeinsame nennt P. eine Idee. Im Unterschied zum heutigen Sprachgebrauch ist diese nicht etwas Subjektives, sondern vielmehr das Objektivste überhaupt. Gleichsam als Maßstäbe sind die Ideen das, was eine Sache zu dem macht, was sie ist. Aufgrund ihrer Unveränderlichkeit ist die Idee für P. alleiniger Gegenstand wahrer Erkenntnis und das einzige, dem Wirklichkeit im eigentl. Sinne zukommt. Als Vorbild dient P. die Mathematik. So sind die eigentl. Objekte der Geometrie ja nicht die gezeichneten, wahrnehmbaren Figuren, sondern die unsichtbaren, nur geistig erfaßbaren Strukturen. Die veränderl. Sinnendinge haben nur durch »Teilhabe« (gr. *methexis*) an den unveränderl. Ideen bzw. durch »Nachahmung« (gr. *mimesis*) derselben selbst einen Wirklichkeitsgehalt. Sie stehen in einem Verhältnis von Abbild (gr. *eikon*) und Urbild (gr. *paradeigma*) zueinander. Das auf Wahrnehmung beruhende Erfassen der Sinnendinge ist für P. kein sicheres Wissen (gr. *episteme*), sondern bloßes Meinen (gr. *doxa*). Bezieht sich das unsichere Meinen auf die unbeständigen Sinnendinge, so kann es verläßl., vollkommenes Wissen nur von den un-

veränderl., vollkommenen Ideen geben. Erkenntnis beginnt zwar anläßlich der Erfahrung beim Sinnlichen, ist aber wesentlich Aufstieg der Seele ins Reich des Unsinnlichen und damit zugleich Loslösung (gr. *katharsis*) vom Sinnlichen hin zur rein geistigen Schau (gr. *theoria*) der unstoffl. Ideen. Dieser Aufstieg wird durch das Verlangen (gr. *eros*) der Seele nach Vollkommenheit initiiert. Der Eros der Seele rührt daher, daß sie vor ihrer selbstverschuldeten Verbannung in das »Grab des Leibes« in der reinen Anschauung der Ideen war. Erkenntnis ist so Wiedererinnerung (gr. *anamnesis*) an ein vorgeburtl. Ideenwissen. Die Teilhabe der Seele an den Ideen begründet nach P. zugleich ihre Unsterblichkeit. Innerhalb einer Ordnung der Ideen hat die Idee des Guten den höchsten Rang inne. Mit der Gleichsetzung des vollkommen Erkennbaren und Wirklichen mit dem Guten sind zugleich eth. Implikationen gegeben. Im Höhlengleichnis (Politeia 7) das den Aufstieg von der trüger., schattenhaften Welt der Sinnlichkeit zur verläßl., lichthaften Welt der Ideen bildlich veranschaulicht, ist eine moral. Interpretation der Ideenlehre enthalten. P. ist der Überzeugung, daß eine tiefere Einsicht in die Wirklichkeit zugleich ein moral. Aufstieg sein müsse. Denn der Weg aus der Höhle zum Licht ist zugleich Aufstieg zur Idee des Guten. Sittlichkeit ist für P. wesentlich mit dem Begriff der Tugend verbunden. P. nennt vier Kardinaltugenden: Weisheit, Tapferkeit, Besonnenheit und Gerechtigkeit. Da Tugend für P. auf Einsicht gründet, muß Tugend lehrbar sein. Das gute Leben als höchstes moral. Ziel ist erreicht, wenn unter der Leitung der Vernunft eine innere Harmonie zwischen den drei Seelenteilen Vernunft, Mut und Begierde besteht. Zum guten Leben gehört neben der inneren auch die äußere Harmonie, das Leben im Staat (gr. *polis*). In der Politeia (Staat) entwickelt P. vor dem Hintergrund der Ideenlehre seine Utopie vom idealen Staat. In Analogie zur menschl. Seele besteht dieser aus drei Teilen (den Ständen), die jeweils verschiedene Funktionen erfüllen. Der unterste Stand (Handwerker, Bauern, Kaufleute) sichert die materielle Grundlage des Staates; der zweite Stand (die Wächter) beschützt ihn gegen äußere und innere Feinde; der höchste Stand (die Herrscher) leitet ihn durch die Gesetzgebung. Da die wahre Regierung allein den Einsichten der Vernunft folgt, sollen die Herrschenden Philosophen sein. Gerechtigkeit als die den gesamten Staat auszeichnende Tugend besteht in einer Harmonie zwischen den drei Ständen. **Lit.:** P. Friedländer, P., I–III (²1954–60). – G. Martin, P.s Ideenlehre (1973). – W. Wieland, P. und die Formen des Wissens (1982).

Plautus, Titus Macc(i)us P., röm. Komödiendichter, ca. 250–184 v. Chr. P., geb. im umbr. Sarsina, kam, wahrscheinlich als Schauspieler, nach Rom. Der Beiname Macc(i)us weist auf eine stereotype Figur der Atellane. Bekannt wurde P. durch die Bearbeitungen griech. Stücke, vornehmlich aus der griech. Neuen Komödie, für die röm. Bühne, die sog. *palliatae.* Aus ca. 130 unter P.' Namen gespielten Dramen filterte im 1. Jh. v. Chr. der Gelehrte Varro 21 als echt heraus, die sich bis heute erhalten haben. P.' Vorlagen sind z. T. wenigstens dem Titel nach bekannt. So haben *Aulularia* (Vorlage für Molières *Geizhals*), *Bacchides* (*Zwei Hetären namens Bacchis*), *Cistellaria* (*Kästchenkomödie*) und *Stichus* eine Vorlage des Menander, *Mercator* (*Kaufmann*) und *Trinummus* (*Schatz*) gehen auf Philemon zurück, der *Casina* und dem *Rudens* (*Schiffstau*) hat Diphilos Pate gestanden. Für die *Asinaria* nennt P. im Prolog einen sonst unbekannten Demophilos als Vorbild. Es ist nicht auszuschließen, daß er die Vorlage nur fingiert, um das gattungsübl. Kolorit aufzutragen. Auch die *Menaechmi* (*Zwillinge,* Vorbild für Shakespeares farceskes Stück *The Comedy of Errors*) könnten ohne griech. Original entstanden sein; der *Amphitruo,* dem das literarisch reichhaltigste Nachleben beschieden war (u. a. Molière, Kleist, Giraudoux,

Kaiser, Hacks), ist eine Tragikomödie oder vielleicht Tragödienparodie auf den Amphitryon-Stoff. Im *Miles Gloriosus* (*Soldat Prahlhans*) – das Stück lehnt sich an den *Alazon* (*Prahlhans*) eines Menandernachahmers an – steht die typ. Figur des angeber., ›bramarbasierenden‹, aber dummen Soldaten im Mittelpunkt. Nicht selten verschmilzt P. mehrere griech. Komödien zu einem lat. Stück. Die *palliatae* des P. geben ein Zerrbild der röm. Gesellschaft: Der *pater familias* (»Hausvater«) wird verhöhnt, listige Sklaven dominieren über ihre Herren, Hetären triumphieren. Die Gattung durchzieht ein surrealist. Zug. Die Verhältnisse der Komödie sind deshalb nicht selten mit den Saturnalien, einem röm. Fest der karnevalesken Umkehr der Zustände, in Bezug gesetzt worden. P. formte die hellenist. Vorlagen, die in der Regel Intrigenstücke mit sentimentalem Einschlag gewesen sein dürften, in Burlesken um. Aus der griech. *agathe Tyche* (»gütiges Schicksal«), die die Guten belohnt und das Stück zu einem ›gerechten‹ Ende führt, ist Fortuna geworden, der blinde Zufall, der meist dem schlauen *machinator* (Intriganten) zu Hilfe kommt. Nicht feine Charakterzeichnung, sondern derber Witz, nicht log. Handlungsaufbau, sondern die Wirkung der Einzelszene und Situationskomik treten als Hauptmerkmale hervor. Die *cantica* (Lieder) erzeugen einen singspielhaften Charakter. Das Latein des P. ist der Umgangssprache nahe, erhebt sich aber bisweilen zum parodistisch gebrauchten Tragödienstil, ist zu lyr. Ausdruck fähig und sinkt nicht selten zur Zote und zum Schimpfwort ab. Das Theaterpublikum goutierte das Volkstümliche an P., antike Grammatiker und moderne Philologen schätzten ihn als kostbare Quelle des Altlateins. Horaz kritisierte das Rohe, Ungefeilte seiner Kunst. **Lit.:** E. Fraenkel, Plautinisches im P. (1922). – J. Bländsdorf, P., in: E. Lefèvre (Hg.), Das röm. Drama (1978) 135–222. – E. Lefèvre u. a., P. barbarus (1991).

Plinius (1), Gaius P. Secundus d. Ä.,

aus Como, röm. Beamter, Offizier, Schriftsteller, 23/24–24.8.79 n. Chr. P. kam als Flottenkommandant von Misenum beim Vesuvausbruch des Jahres 79 ums Leben. Neben seinen Ämtern widmete sich P. mit gewaltiger Arbeitskraft enzyklopäd. Schriftstellerei. Erhalten sind 37 Bücher *Naturalis historia* (*Naturkunde*), die eine wichtige Quelle zu Kosmologie, Geographie, Zoologie, Botanik, Medizin, Pharmakologie, Mineralogie darstellen. **Lit.:** G. Serbat, in: ANRW II 32, 4 (1986) 2069–2200.

Plinius (2), Gaius P. Secundus d.J., aus Como, röm. Beamter und Schriftsteller, 61/62–112/13 n. Chr. Der jüngere P. erlebte im Alter von 18 Jahren den Vesuvausbruch (79) bei dem sein Onkel und Adoptivvater, der ältere P., den Tod fand (vgl. die Briefe 6, 16 und 6, 20). P.' glanzvolle Karriere führte bis zum Suffektkonsulat, bei dessen Antritt er eine in überarbeiteter Form erhaltene Dankesrede, verbunden mit einem Herrscherlob, den *Panegyricus* hielt. Darin wird Trajan als idealer Herrscher gepriesen, auf die Ära Domitians fallen dunkle Schatten. 111 wurde er als kaiserl. Legat nach Bithynien entsandt. P.' literar. Ruhm begründeten die Literaturbriefe, neun Bücher Privatbriefe verschiedenartiger Thematik sowie ein Buch, das den (teils offiziellen, teils offiziösen) Briefwechsel mit Trajan enthält. P. tritt uns als Anwalt, Villenbesitzer, Literat und kultivierter Weltmann entgegen; er ist ein Meister des stilisierten Kunstbriefes, der subtilen Form, der geschliffenen Diktion, aber auch der ausladenden Ekphrasis und des autobiograph. ›Essays‹. **Lit.:** E. Lefèvre, P.-Studien I-VII, in: Gymnasium 84, 1977; 85, 1978; 94, 1987; 95, 1988; 96, 1989; 103, 1996 [Nr. VI und VII].

Plotin (gr. Plotinos), griech. Philosoph, 205–270 n. Chr., bedeutendster Vertreter des Neuplatonismus. Geboren in Lykopolis (Ägypten), war P. von 233 bis 241 in Alexandria Schüler des Ammonios Sakkas. Nach seiner Teilnahme am Persienfeldzug Kaiser Gordians III. ließ sich P. um das Jahr 242 in Rom nieder. Dort wurde er Vorsteher einer eigenen Schule. Durch Krankheit gezwungen, seine Lehrtätigkeit einzustellen, zog P. 269 auf ein Landgut in Campanien, wo er wenig später starb. Wie Ammonios Sakkas beschränkte sich P. zunächst auf mündl. Unterweisung; erst auf Drängen seiner Schüler begann er um 253 mit der Niederschrift seiner Gedanken. Porphyrios (von 262 bis 267 Schüler P. s) sammelte die Schriften und gab sie nach dessen Tod heraus. Nach inhaltl. Gesichtspunkten geordnet teilte er sie in sechs Bücher mit je neun Kapiteln ein. Diese Bücher wurden später unter der Bezeichnung *Enneaden* (Neunheiten; von griech. *ennea*, »neun«) bekannt. Die porphyr. Ordnung weist auf eine Aufstiegsbewegung zum Einen hin: *Enneade* 1 umfaßt eth., *Enneade* 2 und 3 naturphilosoph. Schriften; *Enneade* 4 enthält Abhandlungen über die Seele, *Enneade* 5 über den Geist und *Enneade* 6 über das Eine. P.s Schriften zeichnen sich durch ein meditatives Umkreisen des Untersuchungsgegenstandes aus. Durch zahlreiche, jeweils neue Perspektiven öffnende Wiederholungen (oft in Form von Frageketten) wird der Leser für die Empfänglichkeit einer höheren Welt eingestimmt. Folgende Grundzüge zeichnen die *Enneaden* aus: ein hierarchisch gestufter Aufbau der Wirklichkeit, ein Auf- und Abstiegsschema auf der Grundlage dieser Stufung, das Eine als Mitte und Ziel plotin. Denkens. P. versteht sein Denken als systemat. Wiedergabe und Interpretation der Philosophie Platons, von dem er seine Grundthese der Zweiteilung der Wirklichkeit in eine sinnl. untere Welt (*kosmos aisthetos*) und eine intelligible obere Welt (*kosmos noetos*) übernimmt. Die sinnl. Welt, die nicht die eigentl. Wirklichkeit ist, besteht nur aufgrund ihrer Teilhabe an der höheren intelligiblen Welt. Letztere gliedert sich in die drei Hypostasen (eigenständige Wirklichkeitsgründe, von griech. *hypostasis*, »Grundlage«): Eines (gr. *hen*), Geist/Vernunft (gr. *nus*) und Seele (gr. *psyche*). Mit seiner Lehre von einer stufenweisen Abfolge aus einem einzigen, letzten Urgrund und der damit verbundenen Intensivierung des Einheitsgedankens stellt P.s Philosophie zugleich eine zu einem neuen System verschmolzene Umgestaltung der Tradition dar. Höchstes Prinzip ist das als vollkommen unterschiedslos gedachte Eine. Als konstitutiver Ursprung, bewahrender Grund und Ziel alles Seienden ist das absolut Eine selbst »jenseits des Seins« (gr. *epekeina tes usias*). Damit ergeben sich method. Probleme: Da Sprache als Phänomen der Differenz immer schon durch Vielheit bestimmt ist, kann sie dieses absolut Eine und Differenzlose nicht fassen. Das Eine ist unsagbar. Es bleibt einzig die negative Methode der Annäherung an das Eine, d.h. die Absprechung jegl. Prädikate, oder das Reden in Paradoxien. In einem positiven und transzendierenden Sinne läßt sich durch Vorsetzung des Ausdrucks »über« (gr. *hyper*) vor jedes Prädikat (vgl. »das Übergute«) über das Eine reden. Die Entfaltung des Einen ins Viele verdeutlicht P. durch zahlreiche Metaphern und Bilder. Kraft seiner Überfülle geschieht aus dem Einen eine Ausstrahlung (gr. *eklampsis*) bzw. Emanation (lat. *emanare,* »ausfließen«), durch die die weiteren Wirklichkeitsformen in zunehmender Abstufung entstehen. Die Emanation ist nicht als ein zeitl., sondern als ein log. Prozeß zu verstehen. Mit dem Bild der Sonne, die Licht und Wärme ausstrahlt, ohne dabei etwas von ihrer Substanz zu verlieren, weist P. auch die Vorstellung zurück, daß die Emanation das Eine irgendwie vermindere. Die erste Emanation (d.h. die zweite Hypostase) ist der Geist. Er umfaßt die Gesamtheit der platon. Ideen, die er denkend schaut. In ihm sind Sein, Denken und Leben zu einer größtmögl. Einheit in der Vielheit versammelt. Insofern er aber denkt, stellt er bereits die erste Form von Vielheit dar. Denn in seiner Differenz von Denkendem und Gedachtem ist er schon mit der Zweiheit behaftet. Der Geist erzeugt durch Ausstrahlung die (Welt-)Seele. Als dritte und letzte Hypostase ist sie zu-

gleich die Grenze der intelligiblen Welt; unter ihr liegen die Erscheinungen. Als Vermittlerin zwischen der geistigen und der sinnl. Welt bezeichnet P. die Seele auch als »Amphibium«: Zum einen wendet sie sich den Ideen zu, zum anderen der Materie, aus der sie nach dem Vorbild der Ideen die Sinnenwelt formt. Ziel plotin. Philosophierens ist die Rückkehr zum Einen, für die P. auch die Metapher der »Heimkehr« verwendet. Die menschl. Seele war ursprünglich Teil der (Welt-)Seele und schaute die Ideen, den Geist und das Eine. Aber indem sie aufgrund ihrer Doppelnatur die Materie zu formen suchte, wurde sie mit ihr verbunden und nahm eine leibl. Gestalt an. In Entsprechung zur Emanationsbewegung von »oben nach unten« verläuft der Weg des Aufstiegs in umgekehrter Richtung von »unten nach oben«, d.h. vom Sinnenhaften über Seele und Geist zum Einen. Seiner Aufstiegsbewegung legt P. den Gedanken zugrunde, daß »Gleiches nur durch Gleiches« erkannt werde. Will sich die Seele also dem Göttlichen nähern, so muß sie selbst zum Göttlichen werden. Folglich gilt es für sie, sich zunächst im Sinne einer Reinigung (gr. *katharsis*) von allen sie vom Einen trennenden, weil unterscheidenden Bindungen an die Leiblichkeit und Sinnlichkeit zu befreien (»Tu alles fort«, gr. *aphele panta*). Diese Abkehr von allem äußeren Sinnlichen wird von P. zugleich als Wendung nach Innen (»Alles in innen«, gr. *eiso panta*) verstanden. Ziel der Bewegung ist die Einigung (gr. *henosis*) mit dem Einen. Aufgrund der absoluten Einheit und der damit verbundenen Undenkbarkeit des Einen werden wir seiner jedoch nicht auf dem Wege des Denkens inne. Der wissenschaftl. Weg ist bloß notwendige Vorstufe zur Einigung. P.s Mystik, welche im »Berühren« (gr. *ephaptesthai*) des Einen zum Ausdruck kommt, ist der Umschlag des Denkens ins Nicht-Denken. Die Liebe (gr. *eros*) ersetzt als Metapher der Verschmelzung das Denken, so daß der reflektierende Geist für P. zum liebenden Geist wird.

Zugleich betont P., daß wir es hier mit einem höchst individuellen, persönl. Erlebnis zu tun haben (»Flucht des Einsamen zum Einsamen«, gr. *phyge monu pros monon*). Die Begriffe der Einigung (gr. *henosis*) und des Aus-sich-heraus-Tretens (gr. *ekstasis*) bilden die Grundlage dafür, bei P. von einer *unio exstatica* und *unio mystica* zu sprechen. Über Pseudo-Dionysios hatte P. einen bedeutenden Einfluß auf die abendländ. Mystik. **Lit.:** J. M. Rist, P. The Road to Reality, (1967). – V. Schubert, P. Einführung in sein Philosophieren (1973). – D. J. O'Meara, P. An Introduction to the Enneads (1993).

Plotius, Lucius P. Gallus, röm. Rhetoriklehrer, 1. Jh. v. Chr. P. war ein prominenter Vertreter der sog. *rhetores Latini,* die die Redekunst, eine seit jeher griech. Domäne, erstmals in lat. Sprache und an röm. Gegenständen lehrten. Ein Zensorenedikt hob die Schule, die als Pflanzstätte populärer Politiker verdächtigt wurde, auf. In ihren Umkreis gehört der *Auctor ad Herennium,* eine unter Ciceros Werken überlieferte Schrift. P. war mit dem Sulla-Gegner Marius befreundet. **Lit.:** P. L. Schmidt, Die Anfänge der institutionellen Rhetorik in Rom, in: E. Lefèvre (Hg.), Monumentum Chiloniense [Festschrift E. Burck] (1975) 183–216.

Plutarch (gr. Plutarchos), griech. Autor, ca. 45/46– nach 120 n. Chr. P. stammte aus einer alteingesessenen Familie aus Chaironeia (Böotien). Er besaß einen ausgedehnten Kreis einflußreicher Freunde und unternahm ausgedehnte Reisen nach Italien und Ägypten. Seit ca. 90 bekleidete er ein Priesteramt in Delphi. P. gehört zu den produktivsten Autoren der griech. Antike. Von 227 bezeugten Werken sind 78 Schriften verschiedenen Inhalts und 50 Biographien erhalten. Das umfangreiche Werk läßt sich in mehrere Sachgruppen unterteilen: 1. Rhetor. Schriften, die für den öffentl. Vortrag verfaßt wurden wie *Der Ruhm Athens*; 2. zahlreiche popularphilosoph. Traktate über verschiedene Themen wie Aberglauben, Affektbe-

herrschung, Neugierde, Anweisungen für Politiker; 3. mehrere seiner Schriften sind philosoph., in der Tradition des Aristoteles (und Cicero) stehende Dialoge (bes. neun Bücher *Tischgespräche, Erotikos*); 4. philosoph. und exeget. Schriften (Interpretation des platon. *Timaios*; Polemik gegen Stoiker und Epikureer); 5. antiquar. Abhandlungen über röm. und griech. Altertümer. 6. Wichtigste Werkgruppe sind die *Parallelbiographien*; erhalten sind 23 Paare, 19 davon mit anschließendem Vergleich der Personen (*Synkrisis*). Ziel der Biographien ist nicht die Behandlung der polit. Geschichte, sondern die exemplar. Darstellung von Größe und Tüchtigkeit. P. zählte bald zu den Klassikern der griech. Literatur, so daß einige Pseudepigrapha unter seinen Werken zu finden sind (*Lehren der Philosophen; Über die Musik; Biographien der zehn Redner*). Die engl. und französ. Übersetzungen der Renaissance übten großen Einfluß auf die europäische Literatur aus (bes. Shakespeare). S. a. Pseudo-Plutarch. **Lit.:** K. Ziegler, P. (1964). – D. A. Russel, P. (1972).

Pollio, Gaius Asinius P., 76 v. Chr.–4 n. Chr., röm. Staatsmann und Schriftsteller, Konsul 40, nahm an der Seite Caesars und Antonius' am Bürgerkrieg teil und zog sich nach dem Sieg des Augustus aus der Politik zurück. Er verfaßte ein Geschichtswerk über den Bürgerkrieg und richtete in Rom die erste öffentl. Bibliothek ein. Von seiner auch sonst recht umfangreichen literar. Tätigkeit sind nur spärl. Fragmente erhalten.

Polyainos aus Makedonien, griech. Autor, 2. Jh. n. Chr., Verf. von *Strategemata* (*Kriegslisten*) in acht Büchern, die er den Kaisern Mark Aurel und Lucius Verus widmete. P. untermauert seine Anweisungen mit zahlreichen histor. Beispielen.

Polybios aus Megalopolis, griech. Historiker, ca. 200–120 v. Chr. Vor der Schlacht bei Pydna (168) diente P. in führenden Ämtern der sog. Achaischen Sympolitie; als Geisel nach Rom gebracht, schloß er sich dort gebildeten aristokrat. Kreisen an und begleitete Scipio auf Reisen und Feldzügen; nach 150 durfte er wieder nach Griechenland reisen, wo er Teile seines übrigen Lebens verbrachte und erneut in der Politik und Diplomatie aktiv wurde. Sein histor. Werk in 40 Büchern umfaßt die Periode von 220–144 (etwa ein Drittel davon ist erhalten, nur Bücher 1–5, d. h. das Proömium mit einem Überblick über die unmittelbare Vorgeschichte, komplett). Das Werk ist als Weltgeschichte konzipiert, soll aber bes. den Aufstieg Roms darstellen. P. war ein guter Kenner der röm. Verfassung, auf die er die spektakulären Erfolge der Römer zurückführt. Er betrachtet sie als Beispiel der »gemischten Verfassung«, der er in seiner verfassungstheoret. Diskussion (Buch 6) den Vorzug gibt. Ziel der Geschichtsschreibung ist nach P. der Nutzen des Lesers; dagegen polemisiert er scharf gegen rhetorisch und tragisch gefärbte Historiographie, die auf die Erregung von Emotionen abzielt (12. Buch). Der Nutzen wird von P. weniger in der aktiven Mitgestaltung der Geschichte als im Verstehen der histor. Abläufe und der daraus resultierenden Handhabung des eigenen Schicksals gesehen. Im Mittelpunkt seines Programms steht die sachbezogene, objektive, vorwiegend polit. Geschichtsschreibung (*pragmatike historie*): Sie setzt breite Kenntnisse über alle mögl. Formen von Evidenz (schriftl. Quellen, Inschriften, Zeugnisse) voraus, ferner Vertrautheit mit Fragen der Geographie, Psychologie und Staatskunde. Auch bei der Wiedergabe von Reden gibt P. den Anschein, daß er Objektivität anstrebt. Bei seiner Analyse histor. Kausalität räumt er, wie vor ihm Thukydides, dem Zufall eine prominente Stellung ein. Dies ist im Zusammenhang sowohl mit den raschen weltgeschichtl. Veränderungen des 3. und 2. Jh. als auch mit Tendenzen der Philosophie seiner Zeit zu sehen: Das Studium der Weltgeschichte soll zu besserer Meisterung der im Leben eintretenden Veränderungen beitragen. P. schreibt in einem trockenen, literarisch wenig anspruchsvollen

Stil. Sein Werk wurde von Strabon und Poseidonios fortgesetzt und in der Kaiserzeit reichlich benutzt. P.s kleinere Schriften sind verloren. **Lit.:** F. W. Walbank, A Historical Cornmentary on P. I-III (1957–79). – Ders., P. (1972). – K. Meister, Histor. Kritik bei P. (1975). – GGGA (1999).

Polygnot (gr. Polygnotos), griech. Maler (und Erzgießer) aus Thasos, der etwa zwischen 475 und 447 v. Chr. tätig war. Er arbeitete häufig in Athen und bekam aufgrund seiner großen Verdienste das athen. Bürgerrecht verliehen. Bereits in der Antike genoß P. großes Ansehen und wurde gar als Erfinder der Malerei gefeiert. Von seinen Werken selbst ist nichts erhalten geblieben, dafür ist eine größere Anzahl seiner Bilder in literar. Beschreibungen überliefert, so z. B. von Pausanias: Knid. Halle in Delphi; Zerstörung Trojas (*Iliupersis*) und Odysseus in der Unterwelt (*Nekyia*); in Athen in der Stoa Poikile ebenfalls eine Iliupersis und weitere Bilder im Theseion und im Anakeion sowie im Athena-Tempel in Plataä die Darstellung des Odysseus nach dem Freiermord. Diesen Schilderungen zufolge waren die Wandgemälde des P. gekennzeichnet durch eine große Anzahl von Personen (bis zu 70), die durch Andeutung von Geländelinien im Raum gestaffelt waren und z. T. kleine, inhaltsbezogene Gruppen bildeten. Dabei zeichneten sich die einzelnen Figuren durch Ernsthaftigkeit und Würde, aber auch eine gewisse Lebendigkeit aus, die sich u. a. in charakterist. Gesichtszügen ausdrückte. **Lit.:** I. Scheibler, Griech. Malerei der Antike (1994).

Polykarp (gr. Polykarpos), griech. Theologe, Bischof von Smyrna, 69–155 n. Chr. Er stand wohl noch in persönl. Kontakt zu den Aposteln und soll von dem Apostel Johannes als Bischof von Smyrna eingesetzt worden sein. 155 verhandelte er mit dem röm. Bischof Anicet über kirchl. Fragen wie die Datierung des Osterfestes. Zurück in Smyrna wurde er als Christ hingerichtet. Die Schilderung seines Todes (*Acta Poly-*

carpi) ist der älteste erhaltene Text der christl. Gattung der Märtyrerakten. Der Text ist in der Form eines Briefs gehalten und soll die Gemeinde zur Nachfolge Christi anhalten; die Schrift ist auffallend judenfeindlich. Erhalten von P. selbst ist ein *Brief an die Philipper*, eine Warnung vor Glaubensabweichungen und Aufforderung zum rechten, christl. Leben. **Lit.:** LACL (1998).

Polyklet (gr. Polykleitos) aus Argos, führender Bildhauer, der in der 2. Hälfte des 5. Jh. v. Chr. tätig war. In seinem *Kanon* beschrieb P. seine Gestaltungsprinzipien, welche sich mit dem ausgewogenen Verhältnis der einzelnen Körperteile des Menschen zueinander beschäftigten (Idealproportionen). An Hand dieser Prinzipien konnten zwei seiner berühmtesten, in mehreren kaiserzeitl. Kopien erhaltenen Werke identifiziert werden: der Doryphoros, die Statue eines Speerträgers (relativ gut erhalten in den Museen von Neapel, Florenz, Rom) und der Diadumenos, die Statue eines Jünglings, der sich die Siegerbinde um den Kopf legt (u. a. in den Museen von Athen, Madrid, London). Zu seinen bedeutenden Arbeiten zählte ferner eine große Hera-Statue aus Gold und Elfenbein für das Heraion von Argos, die in Münzbildern und Beschreibungen von Pausanias überliefert ist. Von Plinius erfahren wir auch von einem Wettstreit in Ephesos, bei dem die vier berühmtesten Künstler der Hochklassik (P., Phidias, Kresilas und Phradmon) je eine Amazonenstatue schufen und gleichzeitig die Jury stellten, und aus dem P. als Sieger hervorgegangen sein soll. **Lit.:** H. Beck, P.: Der Bildhauer der griech. Klassik (1990). – GGGA (1999).

Polykrates (gr. Polykrates), Tyrann von Samos 538–522 v. Chr., schwang sich 538 unter Ausnutzung innerer Unruhen zum Alleinherrscher auf. Gestützt auf eine starke Flotte, mit deren Hilfe er Kaperfahrten unternahm, konnte er seine Macht erweitern und zeitweise auch kleinasiat. Küstengebiete beherrschen. Mit seinem Streben nach Macht und Reichtum bei gleichzeitiger Förderung von Wissenschaft und Kultur – an seinem Hofe wirkten u. a. Anakreon, Ibykos und Pythagoras – war er ein typ. Tyrann seiner Zeit. 522 geriet er in einen pers. Hinterhalt und wurde getötet. Bekannt ist Schillers Ballade *Der Ring des Polykrates*, die er nach einer Erzählung Herodots gestaltete. **Lit.:** G. Shipley, History of Samos (1987). – A. Abramenko, P.' Außenpolitik und Ende. Klio 77 (1995) 35–54. – GGGA (1999).

Polyperchon aus Tymphaia, Sohn des Simmias, nahm am Alexanderzug teil und wurde 319 von Antipater zum Nachfolger als Reichsverweser bestellt. Um sich gegen eine Koalition aus Kassander, Antigonos und Lysimachos zu behaupten, unterstützte er die Demokraten in den griech. Staaten, wurde aber bis 316 aus den wichtigsten Positionen in Griechenland verdrängt und konnte sich nur noch in Teilen der Peloponnes behaupten. Seine Spur verliert sich nach 310. **Lit.:** H. Bengtson, Die Diadochen (1987).

Polystratos, griech. Philosoph, 1. Hälfte 3. Jh. v. Chr. P. ist einer der ersten Anhänger Epikurs und Mitbegründer der epikureischen Schule, des Kepos. Auf den in Herculaneum gefundenen Papyri ist eine seiner Schriften teilweise erhalten.

Pompeius (1), Gnaeus P. Strabo, Vater des Pompeius Magnus, Konsul 89 v. Chr., kämpfte an führender Stelle im Bundesgenossenkrieg (91–88) und schuf sich in Picenum eine beträchtl. Hausmacht. Er zeigte Verständnis für die Interessen der Neubürger und agierte im Bürgerkrieg des Jahres 87 vorsichtig. Er griff nur zögernd in die Kämpfe ein und erlag noch im gleichen Jahr einer in seinem Heer ausgebrochenen Seuche.

Pompeius (2), Gnaeus P. Magnus, 106–48 v. Chr., Sohn von P. (1), röm. Feldherr und Staatsmann, hob 83, gestützt auf die Klientelverhältnisse, die er von seinem Vater geerbt hatte, auf eigene Kosten drei Legionen aus und trug damit maßgeblich zum Sieg Sullas im Bürgerkrieg bei. 76 vom Senat nach

Spanien entsandt und mit der Niederwerfung des Sertorius betraut, schlug er nach erfolgreichem Abschluß der Kämpfe bei seiner Rückkehr (71) die letzten Ausläufer des Sklavenaufstands unter Spartacus nieder. Als Konsul (70) nahm er einige Bestimmungen der sullan. Verfassung zurück und stellte die Befugnisse der Volkstribunen wieder her. 67 mit einem dreijährigen Imperium zur Bekämpfung der Seeräuberplage im östl. Mittelmeer betraut, wandte er sich 66 mit einem erweiterten Oberbefehl gegen Mithradates VI. von Pontos, den er vollständig besiegte. Nachdem sich auch Tigranes von Armenien unterworfen hatte (64), ordnete er die polit. Verhältnisse im östl. Mittelmeerraum neu und richtete u. a. nach Absetzung des letzten Seleukiden die Provinz Syrien ein (63). Bei seiner Rückkehr nach Rom (62) entließ er seine Truppen, stieß aber bei der Versorgung der Veteranen auf den Widerstand des Senats und schloß 60 gemeinsam mit Caesar und Crassus das 1. Triumvirat, eine informelle Übereinkunft zur gegenseitigen Unterstützung (56 erneuert). Während Caesar 58 nach Gallien ging, erhielt P. nach seinem zweiten Konsulat (55) für fünf Jahre die Verwaltung Spaniens übertragen, die er jedoch seinen Legaten überließ, während er selbst in Italien blieb. Nach dem Tod des Crassus (53) und nachdem er 52 im Bündnis mit führenden Senatskreisen zum alleinigen Konsul ohne Kollegen bestellt wurde, verschlechterten sich seine Beziehungen zu Caesar immer mehr, so daß eine militär. Auseinandersetzung näher rückte. Als der Senat Anfang 49 Caesar sämtl. Ämter enthob, worauf dieser in Italien einmarschierte, verfolgte P. die Strategie, nach Griechenland auszuweichen und Caesar unter Aufgabe Italiens in einer Zangenbewegung von Spanien und dem östl. Mittelmeerraum aus niederzuringen. Dieser Plan scheiterte indes am raschen Vorstoß Caesars nach Spanien und an dessen Invasion in Griechenland. Nachdem es P. gelang, Caesar bei Dyrrhachion

eine empfindl. Schlappe beizubringen, unterlag er in der Entscheidungsschlacht bei Pharsalos (Aug. 48). Er floh nach Ägypten, wo er im Auftrag der dortigen Regierung, die Caesar gefallen wollte, noch im gleichen Jahr ermordet wurde. – P. gilt als einer der bedeutendsten Staatsmänner und Feldherrn der röm. Republik. Er besaß ein überragendes Organisationstalent und dachte bei seinem strateg. Handeln vielleicht als erster in den Dimensionen eines Weltreiches. Seine Schwäche lag darin, nicht immer alle polit. Möglichkeiten ausgeschöpft und die Machtmittel seiner Gegner unterschätzt zu haben. **Lit.:** M. Gelzer, P. (1959, Nd. 1984). – Ch. Meier, Res publica amissa ([3]1997).

Pompeius (3), Gnaeus P., ca. 78–45 v. Chr., älterer Sohn des Cn. Pompeius Magnus, setzte nach dem Tod seines Vaters (48) den Widerstand gegen Caesar fort, unterlag aber in der Schlacht bei Munda (45) und wurde auf der Flucht getötet.

Pompeius (4), Sextus P., ca. 68–35 v. Chr., jüngerer Sohn des Cn. Pompeius Magnus, konnte sich nach der Schlacht bei Munda (45) in Südspanien behaupten und erhielt 43, ein Jahr nach der Ermordung Caesars, vom Senat das Oberkommando über die Flotte. Nach Bildung des 2. Triumvirats geächtet, konnte er sich auf Sizilien gegen Octavian erfolgreich behaupten und gestützt auf seine Flotte die Getreideversorgung Italiens erheblich beeinträchtigen. 39 im Vertrag von Misenum durch Octavian im Besitz Siziliens bestätigt, kam es 36 erneut zu Auseinandersetzungen, in deren Verlauf P. bei Mylae gegen die Flotte des M. Vipsanius Agrippa unterlag. Er floh nach Kleinasien, wo er sich eine neue Machtbasis gegenüber Antonius schaffen wollte, wurde aber schon bald gefangengenommen und hingerichtet (35). **Lit.:** M. Hadas, Sextus Pompey (1930).

Pompeius Trogus aus der Gallia Narbonensis, lat. Historiker, 1. Jh. v. Chr., Verf. von (nicht erhaltenen) zoolog. bzw. botan. Werken und einer 44

Bücher umfassenden *Philipp. Geschichte* (*Historiae Philippicae*), die nur in Fragmenten und in einer Epitome des Justinus aus dem 3. Jh. n. Chr. erhalten ist. In den Büchern 1–6 behandelte er die östl. Reiche, in den Büchern 7–12 die Makedonen; es folgte die Geschichte der hellenist. Königreiche bis zur röm. Eroberung (Bücher 13–40) und die parth. Geschichte bis 20 v. Chr. (Bücher 41/42); abgeschlossen wird es durch die Darstellung der röm. Königszeit und der gall. bzw. span. Geschichte bis zu den span. Kriegen des Augustus (Bücher 43/44). Die Quellen von P. T. sind umstritten, es dürfte jedoch bes. Poseidonios' Geschichtswerk gewesen sein. **Lit.:** B. R. von Wickevoord-Crommelin, Die Universalgeschichte des P. T. (1993).

Pomponius Mela, röm. Schriftsteller aus dem span. Tingentera nahe Gibraltar, 1. Jh. n. Chr. P. verfaßte 43/44 n. Chr. die älteste erhaltene geograph. Schrift in Latein. Das Werk, aufgrund des frühesten Codex *De chorographia,* in jüngeren Handschriften nach den ersten Worten *De situ orbis* betitelt, gibt in drei Büchern eine Beschreibung der damals bekannten Welt (Europa, Afrika, Asien, umgeben vom Ozean, aus dem Kasp. Meer, Pers. und Arab. Golf und Mittelmeer in die Landmassen eindringen) in Form eines sog. Periplus (Umsegelung der Küstenregionen). **Lit.:** K. Brodersen, P. M., Kreuzfahrt durch die Alte Welt (1994) [lat.-dt., Erl.].

Poppaea, P. Sabina, zweite Gattin des Kaisers Nero; geb. ca. 30 n. Chr. als Tochter des T. Ollius und der Poppaea Sabina Maior; ca. 47–51 Ehe mit Rufius Crispinus; 58 Ehe mit Otho; 62 heiratete P. Kaiser Nero, mit dem sie seit dem 21. Januar 63 eine Tochter Claudia hatte. Kurz darauf bekam P. den Augusta-Titel. Im Frühsommer 65 starb P. und wurde im Mausoleum Augusti beigesetzt. Nero ließ göttl. Ehren für sie beschließen. – P. galt als schön und ehrgeizig. Tacitus berichtet, sie habe »alles außer einem anständigen Charakter« besessen (Tacitus, Annales 13, 45).

Porcius Licinus, röm. Autor, Ende

2. Jh. v. Chr., Verf. einer Literaturgeschichte Roms in trochäischen Septenaren. Ein Fragment enthält eine Attacke auf Terenz, dem er seine Beziehungen zum Scipionen-Kreis vorwirft.

Poros, ind. König im Pandschab, unterlag trotz des erstmaligen Einsatzes von Kriegselefanten gegen ein griech. Heer 326 v. Chr. gegen Alexander d.Gr. in der Schlacht am Hydaspes. Von diesem im Amt belassen, war er fortan ein treuer Vasallenkönig. Im Zuge der Auseinandersetzungen nach Alexanders Tod wurde er 317 von einem benachbarten Satrapen ermordet. **Lit.:** H. Berve, Alexanderreich II (1926) Nr. 683.

Porphyrios von Tyros, griech. Philosoph, 234–ca. 305 n. Chr. P. studierte in Rom bei Plotin. Sein Hauptwerk ist die Edition von Plotins philosoph. Schriften. Erhalten sind außerdem eine Einführung in Aristoteles' Philosophie sowie ein kurzer Kommentar zu den *Kategorien* des Aristoteles, ein umfangreicher Teil eines Kommentars zu Platons *Timaios* und zu Ptolemaios' Harmonienlehre. Von seiner Philosophiegeschichte ist lediglich eine Biographie des Pythagoras als Exzerpt erhalten. Mehrere Schriften befassen sich mit religiösen Fragen, ohne allerdings die Kluft zwischen Philosophie und Theologie zu überbrücken. **Lit.:** H. Dörrie u. a. (Hg.), Porphyre (1966).

Porsenna, etrusk. König von Clusium, belagerte Rom nach dem Sturz des Königtums, angeblich, um Tarquinius Superbus wieder zurückzuführen. Vom heftigen Widerstand der Römer beeindruckt, ließ er sich aber zum Abzug bewegen. Diese Überlieferung ist von der röm. Geschichtsschreibung schöngefärbt. In Wahrheit dürfte P. die Stadt sehr wohl eingenommen haben.

Poseidipp(os) von Pella, griech. Dichter von Epigrammen und Elegien aus der 1. Hälfte des 3. Jh. v. Chr.; der erste Dichter, der in der Antike als Epigrammatiker (*epigrammatopoios*) bezeichnet wird. Etwa 20 von Kallimachos und Asklepiades beeinflußte Epigramme auf die Liebe und das Trinken sind in der *Anthologie Graeca* erhalten. P. vertritt darin einen rationalen Umgang mit beidem, der an die Stoa erinnert. Ein bisher unpublizierter Mailänder Papyrus des 3. Jh. v. Chr. enthält ca. 100 weitere Epigramme des P. auf verschiedene Gegenstände. Auf Holztafeln ist eine Elegie des P. auf das Alter erhalten. **Lit.:** H. Lloyd-Jones, in: JHS 83 (1963) 75–99. – K. Gutzwiller, Poetic Garlands (1998).

Poseidonios aus Apamea (Syrien), stoischer Philosoph, ca. 135–51 v. Chr., Schüler des Panaitios. P. begründete auf Rhodos eine stoische Schule; Cicero und Pompeius zählten zu seinen Hörern. Er befaßte sich mit allen Bereichen der Philosophie und war außerdem als Geograph und Historiker tätig. Als Philosoph modifizierte er die stoische Lehre, indem er den Primat der Vernunft (*logos*) über die Natur (*physis*) betonte. Als Historiker setzte er das Werk des Polybios bis ins 1. Jh. v. Chr. hinein fort. **Lit.:** M. Laffranque, P. d'Apamée (1964). – A. A. Long (Hg.), Problems in Stoicism (1971). – GGGA (1999).

Postumus, Marcus Cassianus Latinus P. Augustus, Herrscher über das sog. »Gall. Sonderreich« Juli/August 260–Mai/Juni 269 n. Chr.; Geburtsdatum und Laufbahn unbekannt, vermutlich gall. Abstammung; im Juli oder August 260 ließ sich P. zum Augustus erheben und errichtete ein Sonderreich in Gallien; trotz mehrerer Niederlagen gegen Gallienus konnte sich P. behaupten und auch Britannien und Spanien unter seine Kontrolle bringen. Im Mai/Juni 269 wurde er nach der Einnahme von Mainz von seinen Soldaten ermordet. Sein Teilreich überdauerte seinen Tod, erst Aurelian gelang es 274, Gallien für das röm. Reich zurückzugewinnen. **Lit.:** I. König, Die gall. Usurpatoren von P. bis Tetricus (1981). – D. Kienast, Röm. Kaisertabelle (^{2}1996) 243 f. – DRK (1997).

Pratinas (gr. Pratinas) aus Phleius, griech. Tragiker (Ende 6. Jh.–vor 467 v. Chr.). Von 50 bezeugten Titeln sind 32 Satyrspiele. In der antiken Literaturgeschichtsschreibung gilt er als Erfinder des Satyrspiels, was nichts anderes bedeuten kann, als daß er als erster Satyrspiele am trag. Agon in Athen aufgeführt hat. Erhalten ist ein Chorstück, in dem – wohl als Reaktion auf die Entwicklung der Instrumentalmusik im 5. Jh. – die Dominanz der Aulos-Musik attackiert wird. Autor und Gattung sind allerdings umstritten. **Lit.:** B. Gauly u. a. (Hg.), Musa tragica (1991) 48–53.

Praxiteles (gr. Praxiteles), einer der bedeutendsten Bildhauer Athens, dessen Haupttätigkeit etwa in die Zeit zwischen 370 und 320 v. Chr. fällt. Zahlreiche seiner Werke sind in literar. Beschreibungen überliefert. Die beträchtl. Anzahl der Statuen (über 60) läßt darauf schließen, daß P. über eine große Werkstatt verfügte, die in seinem Sinne arbeitete bzw. daß bereits in der Antike einige seiner Arbeiten mit denen anderer Bildhauer gleichen Namens verwechselt wurden. Mit der Bemalung seiner Statuen beauftragte P. den Maler Nikias. P. schuf neben einigen wenigen Porträtstatuen hauptsächlich Götterbilder. Die bevorzugten Themen stammen aus den Motivkreisen Dionysos und Aphrodite sowie aus dem Bereich der Götter und Mysterien von Eleusis. Bei der vollständig erhaltenen Hermes-Statue (Hermes mit dem Dionysosknaben), die 1877 im Heraion von Olympia gefunden wurde, scheint es sich um ein Original des P. zu handeln. Einige weitere Statuenfragmente werden ihm zugeschrieben; unter den kaiserzeitl. Kopien konnten nur wenige bis heute eindeutig zugeordnet werden, so z. B. die Aphrodite von Knidos, der Apollon Sauroktonos (der »Eidechsentötende«), die Statuen zweier Satyrn und eines Eros. **Lit.:** G. M. A. Richter, The Sculpture and Skulptors of the Greeks (1970). – K. Stemmer, Standorte. Kontext und Funktion antiker Skulptur (1995). – GGGA (1999).

Priscian (lat. Priscianus), röm. Grammatiker aus Caesarea Mauretaniae, 6. Jh. n. Chr. P. veröffentlichte im ersten Drittel des 6. Jh. n. Chr. eine ausführl. *Institutio de arte grammaticae*

(Unterweisung in lat. Grammatik und Syntax, 18 Bücher), der seit der karoling. Renaissance (9. Jh.) eine große Nachwirkung als Schulbuch beschieden war. Erstmals fand darin auch die Syntax Berücksichtigung (Bücher 17/18). Außerdem stammen von P. kleinere Lehrwerke zu Rhetorik und Metrik, eine Analyse der je ersten Verse der *Aeneis*-Bücher in Frage- und Antwortform sowie zwei Gedichte. **Lit.:** M. Fuhrmann, in: L. J. Engels/H. Hofmann (Hg.), Neues Handbuch der Literaturwissenschaft IV: Spätantike (1997) 173–193.

Priscillian(us), lat. Theologe, Bischof von Avila, ca. 345–386/87, Gründer der christl. asket. Bewegung der Priscillianer, die im letzten Viertel des 4. Jh. in Spanien und Aquitanien tätig waren. Die Bewegung fiel unter Verdacht der Ketzerei wegen ihrer Verwandtschaft mit der Gnosis und dem Manichäismus, wurde aber 380 in dem Konzil von Saragossa rehabilitiert. Die Ermordung des Kaisers Gratian durch Magnus Maximus (383) hatte für die Priscillianer katastrophale Folgen, die ein Jahr später im Konzil von Bordeaux verurteilt wurden. P. wurde 386/87 wegen Zauberei angeklagt und hingerichtet. Die Bewegung hielt sich trotzdem in Galizien bis ca. 600. P.s Lehre ist schwer zu rekonstruieren; er legte Wert auf eine asket. Weltentsagung, bes. auf den Zölibat, vegetar. Essen, Spiritualität; seine Theologie scheint sich v. a. an den apokryphen Schriften orientiert zu haben. Erst seit dem 19. Jh. sind elf Schriften, die den Priscillianern zugeordnet werden können, bekannt, die allerdings keine häret. Züge aufweisen. **Lit.:** H. Chadwick, P. of Avila (1976). – V. Burrus, The Making of a Heretic (1995).

Proba, Faltonia Betitia P., christl. Dichterin und Frau des Clodius Celsinus Adelphius (Präfekt Roms 351), ca. 320–379 n. Chr. Sie verfaßte ein verlorenes ep. Gedicht über den Bürgerkrieg zwischen Constantius und Magnentius, und einen erhaltenen, 694 Verse umfassenden vergil. Cento über die Welt-

schöpfung und das Leben Christi. **Lit.:** LACL (1998).

Probus, Marcus Valerius P., aus Berytos, röm. Grammatiker, 2. Hälfte 1. Jh. n. Chr. P. gab nach der textkrit. Methode der Alexandriner lat. Texte (Terenz, Lucrez, Vergil, Horaz, wahrscheinlich Plautus, Sallust, Persius) heraus und entfachte damit das Interesse an diesen Autoren neu. Er galt als Autorität unter Philologen. Kleinere (z. T. verlorene) Arbeiten zu grammat. Detailfragen stammen aus seiner Feder, in Spätantike und MA wurden ihm zahlreiche Schriften unterschoben, so z. B. die *Appendix Probi* (*Anhang des P.*) mit vulgärlat. Wortlisten.

Prodikos von Keos, wichtiger Vertreter der griech. Sophistik, 2. Hälfte 5. Jh. v. Chr., erfolgreicher Diplomat und Gesandter seiner Heimatstadt, seit 431 (oder 421) als gut bezahlter Redner und Weisheitslehrer in Athen. Die Titel zweier nicht überlieferter Schriften sind bezeugt: die *Horen* (*Jahreszeiten*) und *Über die Natur*. In den *Horen* hat P. eth. und kulturphilosoph. Gedanken vorgestellt und u. a. den Mythos von Herakles am Scheideweg kunstvoll ausgestaltet. P. hat in den *Horen* möglicherweise auch religionsphilosoph. Überlegungen dargelegt und den Götterglauben psychologisch als Ausdruck menschl. Dankbarkeit gedeutet. Gegenstand der Schrift *Über die Natur* war wahrscheinlich P.' Synonymik: ein ambitioniertes Programm, bedeutungsverwandte Begriffe mit Hilfe subtiler Differenzierungen gegeneinander abzugrenzen. Im *Protagoras* präsentiert Platon eine Karikatur der Synonymik, die er mit willkürl. und unnötigen Begriffsunterscheidungen operieren läßt. Der platon. Sokrates bezeichnet sich gerne ironisch als »Schüler« des P., über einen tatsächl. Einfluß der Synonymik auf Platons Dialektik kann nur gemutmaßt werden. Aristoteles kritisierte, die Synonymik schließe allein aus der Verschiedenheit der Bezeichnung auf eine Verschiedenheit in der Sache. Wie viele andere Sophisten wurde auch P. in den Komödien des Aristophanes verspottet. **Lit.:** C. J. Classen (Hg.), Sophistik (1976). – G. B. Kerferd/ H. Flashar, in: GGP II 1 (1998) 58–63.

Proklos aus Konstantinopel, griech. Philosoph, wichtigster Vertreter des Neuplatonismus, 412–485 n. Chr. P. studierte in Athen in der Akademie. Sein umfangreiches philosoph. Werk ist unmittelbar aus dem Lehrbetrieb erwachsen und ist stark systematisierend angelegt. Zentral sind die Theologie und die Reflexion über die Emanation der transzendentalen Einheit in die Vielheit. Dichter. Ausdruck seiner neuplaton. Theologie sind die Hymnen. **Lit.:** J. Pépin/H.-D. Saffrey (Hg.), Proclus (1987).

Prokopios von Caesarea, oström. Jurist und Historiker, ca. 500–565 n. Chr., war als Sekretär des byzantin. Feldherrn Belisar unmittelbar an der Eroberung des Vandalenreiches (533/34) und der ersten Phase des Krieges gegen die Ostgoten (536–540) beteiligt. Seit 540 lebte er vorwiegend in Konstantinopel und starb bald nach 565. In seinem literar. Hauptwerk, den *Historien,* beschrieb er in acht Büchern sachkundig die Kriege, die Kaiser Justinian (527–565) gegen Vandalen, Ostgoten und Sasaniden führen ließ, wobei er bestrebt war, auch den Feinden des Reiches gerecht zu werden. Er verfaßte ferner einen Panegyrikus über die Baupolitik Justinians und eine erst nach seinem Tode bekannt gewordene Geheimgeschichte (*Anekdota),* in der er den Kaiser und seine Gemahlin Theodora mit heftigen Schmähungen überzieht, die in eklatantem Gegensatz zu seinen sonstigen Veröffentlichungen stehen. **Lit.:** B. Rubin, P. von Kaisareia (1954). – A. M. Cameron, Procopius and the Sixth Century (1985).

Properz, Sextus Propertius, aus Assisi, röm. Elegiker, ca. 47–15 v. Chr. P. stammte aus vornehmer Familie, verzichtete aber selbst auf eine öffentl. Laufbahn. Eine staatsabgewandte Haltung spricht auch aus seinen Elegien, die private Themen behandeln; ›offizielle‹ Literatur lehnte er ab. Zu prägenden Erlebnissen der Kindheit zählte der Perusin. Krieg, sowie der Verlust des Landbe-

sitzes durch Ackerverteilung (41 v. Chr.). Der ›röm. Kallimachos‹, der zu sein P. selbst beanspruchte (4, 1, 64), veröffentlichte um das Jahr 28 seine erste Elegiensammlung (*Monobiblos,* »Einzelbuch«), der 22 v. Chr. Buch 2 und 3 und um 16 v. Chr. Buch 4 folgten. In ihnen besang er die Liebe zu ›Cynthia‹ (der Name leitet sich vom Cynthus, dem Hausberg des del. Apoll her; Apuleius, *Apologie* 10, identifiziert sie als Hostia, eine gebildete, kapriziöse Dame der vornehmen Halbwelt). Die Beziehung des Dichters zur Geliebten ist radikal und bedingungslos, sie ist für ihn *servitium amoris* (»Sklavendienst der Liebe«). Unerfülltes Verlangen, Eifersucht, Klagen über die Untreue Cynthias, der Versuch, ihrer Macht zu entkommen, Überschwang und Verzweiflung sind die Facetten dieser Liebe. Im letzten Buch, das auf Maecenas', vielleicht gar Augustus' Anregung hin geschrieben ist, erscheint Properz gewandelt. Wie Kallimachos besingt er *Aitia* (*Ursprungssagen*), aber aus der röm. Mythologie und Geschichte. Erot. Themen fehlen auch hier nicht, sind aber distanzierter und humorvoller behandelt. P. hat seit der frühen Neuzeit zahlreiche Verehrer gefunden. Zu seinen Bewunderern zählte Goethe (*Röm. Elegien, Der Besuch,* nach Gedicht 1, 3). **Lit.:** J. P. Sullivan, P. A Critical Introduction (1976). – W. R. Nethercut, in: ANRW II 30, 3 (1983) 1813–1857.

Prosper Tiro, lat. Theologe, Chronist und Dichter aus Aquitanien, gest. nach 455 n. Chr. P., mit dem Mönchsnamen Tiro (»Rekrut« im Dienst Christi), stellte sein literar. Oeuvre weitgehend in den Dienst der augustin. Theologie. Er verfaßte antihäret. Schriften, Merkverse zur augustin Gnadenlehre, Epigramme und kleinere Abhandlungen. Ein *Carmen de ingratis* spielt mit dem Begriff *gratia,* der »Dankbarkeit« oder im christl. Sinne »Gnade« bedeutet: »die Undankbaren, die ohne Gnade leben«. Unter P.s Namen ist weiterhin eine Elegie *An meine Gattin* überliefert, die zur Weltentsagung auffordert. Zu Unrecht zugeschrieben wird P. *De providentia Dei* (*Über die Vorsehung Gottes*), worin angesichts der Germaneneinfälle die Theodizee-Frage gestellt wird. Eine *Weltchronik* führte P. bis zur Plünderung Roms durch Geiserich (455). Lit.: LACL (1998).

Protagoras (gr. Protagoras) von Abdera, griech. Philosoph, Hauptvertreter der Sophistik, ca. 485–415 v. Chr., gut bezahlter und weit gereister Redner und Weisheitslehrer, 450 erstes Auftreten in Athen, Freund des Perikles und des Sophistenmäzens Kallias, Verfassungsgeber der panhellen. Kolonie Thurioi (Süditalien). Die zahlreichen Werke des P. sind nur fragmentarisch überliefert. In der Schrift *Über die Götter* vertrat P. eine agnost. Position, die zur Anklage wegen Asebie und zu P.' Flucht aus Athen geführt haben soll. Die theoret. Grundlagen seiner prakt. Rhetorik und Eristik (»Kunst des Streitgesprächs«, von griech. *eris*, »Streit«) legte P. in den *Antilogien: Über jeden Sachverhalt können zwei sich widersprechende Behauptungen (*logoi*) aufgestellt werden, allein der sophistisch geschulte Rhetor vermag es, seinem Auditorium beide Behauptungen in gleicher Weise glaubwürdig zu machen. In einer Streitschrift gegen die eleat. Philosophie, deren Titel *Über das Seiende oder Niederwerfende* (*Reden*) (*kataballontes* (*logoi*), ein Ausdruck aus der Ringersprache) gewesen sein dürfte, vertrat P. die als Homo-mensura-Satz berühmt gewordene Behauptung: »Der Mensch ist das Maß aller Dinge, dessen, was ist, daß/wie (*hos*) es ist, dessen was nicht ist, daß/wie (*hos*) es nicht ist.« Die für die Deutung des Satzes zentrale Streitfrage, ob man griech. *hos* mit »daß« oder besser mit »wie« zu übersetzen ist, muß nach wie vor offen bleiben. Eine relativist. Interpretation des Satzes (sowie eine krit. Auseinandersetzung) findet sich in Platons *Theaitetos*, eine subjektivist. Interpretation bei Sextus Empiricus, ferner wurden sensualist. und skeptizist. Interpretationen vorgelegt. Die polit. Philosophie des P., die den in gesellschaftl.

Praxis bewährten Normen hohes Gewicht beimißt, begreift den Menschen als Gemeinschaftswesen und spricht ihm eine Art natürl. Sinn für Recht und Moral zu. Da es diesen Sinn nach P. durch Erziehung zu befördern gilt, kann sich P. selbst als Lehrer der polit. Kunst (*techne*) und Tugend (*arete*) verstehen. Ziel der Erziehung ist die Wohlberatenheit (*euboulia*) in Reden und Handeln. P.' eth. und kulturphilosoph. Überlegungen kritisierte Platon in dem nach P. benannten Dialog, der auch P.' bekannten Kulturentstehungsmythos enthält. Von Eupolis wurde P. in der Komödie *Die Schmeichler* verspottet. Lit.: O. A. Baumhauer, Die sophist. Rhetorik. Eine Theorie sprachl. Kommunikation (1986). – Th. Buchheim, Die Sophistik als Avantgarde normalen Lebens (1986). – G. B. Kerferd/H. Flashar, in: GGP III II 1 (1998) 28–43. – GGGA (1999).

Proxenos aus Theben, ein Schüler des Gorgias, überredete 401 v. Chr. seinen Freund Xenophon, am Feldzug Kyros d. J. teilzunehmen. Er wurde nach der Schlacht bei Kunaxa von den Persern ermordet.

Prudentius, Aurelius P. Clemens, christl. lat. Dichter aus Spanien, 348–405 n. Chr. P., der ›Christianorum Maro et Flaccus‹ (Bentley), hatte Vergil und Horaz als zentrale Vorbilder. Er gebrauchte außer den jamb. Dimetern der ambrosian. Hymnen weitere lyr. Versmaße zur Darstellung christl. Inhalte, so etwa im *Kathemerinon* (*Tagzeitenbuch*), das zwölf Gedichte zu den Stundengebeten bzw. zum liturg. Jahresablauf enthält. Das *Peristephanon* (*Über Märtyrerkronen*) ist eine Sammlung von Hymnen auf Blutzeugen, deren Schicksal bis in makabre Einzelheiten berichtet wird. In der *Apotheosis* (*Vergöttlichung*) ist u. a. die Trinitätslehre, in der *Hamartigenia* (*Sündenentstehung*) die Sündenlehre dargestellt; beide Gedichte sind in Hexametern abgefaßt. Zwei Bücher *Contra Symmachum* (*Gegen Symmachus*) rechtfertigen das Christentum gegen die heidn. Restaurationsbestrebungen des sog. Symmachus-Kreises. Die *Psychomachia* (*Kampf um die*

Seele), ein hexametr. Lehrgedicht in antikem Stil, stellt den Kampf der personifizierten Tugenden und Laster um den Menschen dar; das Werk wirkte stilbildend für die Allegorien des MA. Durch Bezüge zu Vergils *Aeneis* – Christus als der wahre Äneas, der sein Volk sicher in die ewige Heimat führt – verknüpft es die heidn. Formenwelt mit dem christl. Glauben. **Lit.:** LACL (1998).

Prusias I., König von Bithynien ca. 230–182 v. Chr., konnte durch eine geschickte Politik gegenüber den hellenist. Großmächten sein Reich erweitern und festigen. 188 nahm er den flüchtigen Hannibal auf, den er nach einer röm. Intervention 183 ausliefern wollte.

Prusias II., Sohn Prusias' I. und König von Bithynien 182–149 v. Chr. Im Krieg zwischen Rom und Perseus nach anfängl. Neutralität »Freund und Bundesgenosse« der Römer; suchte die Verstimmung zwischen Rom und Pergamon zu seinen Gunsten zu nutzen und führte schließlich 156–154 Kriege gegen Attalos II. Gegen den bald allseits verhaßten P. erhob sich sein Sohn Nikomedes II., der ihn töten ließ.

Pseudo-Plutarch, anonymer Verf. eines Traktats *Über die Musik,* der wohl ins frühe 2. Jh. n. Chr. gehört und eine Art »Geschichte der Musik« (von den Anfängen bis zum Beginn des Hellenismus) in der Form eines Tischgesprächs ist. Ps.-P. äußert sich kritisch gegenüber der »Neuen Musik« von Timotheos und seinen Zeitgenossen (2. Hälfte 5. Jh./ 4. Jh. v. Chr.), da die musikal. Avantgarde die alte Schönheit und Würde der Musik verraten habe. Diesen Neuerern stellt er Lasos und Damon entgegen, die mit Maßen und behutsam Neuerungen in die Musik eingeführt hätten. Idealbild ist die auf sehr wenige Tonarten beschränkte alte argiv. und spartan. Musik. Der Traktat ist eine wichtige Quelle für die Musik der griech. Antike. Quellen sind eine Vielzahl alter Dichter und antiquar. Autoren (von Glaukos von Rhegion, Ende 5. Jh. v. Chr., bis Alexander Polyhistor, 1. Jh. v. Chr.). **Lit.:** A. Barker, Greek Musical Writings I. (1984).

Pseudo-Xenophon, anonymer Verf. einer Schrift über den Staat der Athener in drei Kapiteln, deren Datierung umstritten ist (wahrscheinlich Mitte 20er Jahre des 5. Jh. v. Chr.). Da der Autor aus oligarch.-aristokrat. Warte über die athen. Demokratie und ihre Auswüchse herzieht, bezeichnet man ihn auch als den Alten Oligarchen (Old Oligarch). Der Autor bietet eine krit., sarkast. Analyse der athen. Demokratie, deren Funktionieren er insbes. durch den Neid der Masse den Reichen und Gebildeten, d. h. den Aristokraten, gegenüber erklärt. Die Intention der Schrift ist ebenso umstritten wie der Adressatenkreis. Man muß sie wohl als ein Pamphlet erklären, das in demokratiekrit. Kreisen zirkulierte und die evtl. bei einem aristokrat. Symposion vorgetragen wurde. Die Schrift ist der früheste erhaltene att. Prosatext. **Lit.:** G. de Ste. Croix, The Origins of the Peloponnesian War (1972) App. 6. – S. Cataldi, La democrazia ateniese e gli alleati (1984). – J. T. Roberts, Athens on Trial (1994). – M. Gigante, L'Athenaion politeia dello Pseudo-Senofonte (1997).

Ptolemäer, hellenist. Dynastie, begründet von Ptolemaios I., die 323–30 v. Chr. über Ägypten und angrenzende Gebiete herrschte. Blütezeit des P.-Reiches war das 3. Jh., als der Staat unter Ptolemaios II. (283–246) und Ptolemaios III. (246–221) eine führende Rolle in der griech.-hellenist. Welt einnahm und auch kulturell in hoher Blüte stand. Der Niedergang des Reiches begann unter Ptolemaios IV. (221–204), der sich nur durch Rückgriff auf einheim. Truppenkontingente gegen die Seleukiden behaupten konnte. Diese Entwicklung führte im 2. Jh. zu langwierigen Aufständen, die nur mit Mühe unterdrückt werden konnten. Politisch gerieten die P. immer mehr in die Abhängigkeit Roms, konnten aber im Gegensatz zu den Seleukiden ihre Stammlande ungeschmälert behaupten. 48 v. Chr. wurde das Reich in den röm. Bürgerkrieg hineingezogen und von Truppen unter Caesar besetzt, der seiner späteren Geliebten, Kleopatra, die Königswürde verschaffte. Nach der Ermordung Caesars (44) schloß sich Kleopatra Antonius an und konnte für die P. nochmals außerägypt. Gebiete gewinnen. Nach der Niederlage des Antonius (31) und der Besetzung Ägyptens durch Octavian beging sie Selbstmord, womit die P.-Herrschaft endete. Das Land wurde in eine röm. Provinz umgewandelt. – Das P.-Reich war ein straff organisierter Zentralstaat, der durch eine stark ausgeprägte Bürokratie verwaltet wurde. bes. die Hauptstadt Alexandria wurde durch königl. Förderung zum Mittelpunkt der hellenist. Kultur und Wissenschaft. Die Könige übernahmen zahlreiche Elemente des Pharaonenreiches in ihr Regierungssystem, die einheim. Bevölkerung blieb aber von der Lenkung des Staates weitgehend ausgeschlossen und trat erst gegen Ende der P.-Herrschaft wieder stärker hervor. **Lit.:** G. Hölbl, Geschichte des P.-Reiches (1994).

Ptolemaios I. Soter, ca. 366–283 v. Chr., einer der bedeutendsten Diadochen, seit 336 Leibwächter Alexanders d.Gr., trat nach dem Tod des Königs (323) am energischsten für eine Reichsteilung ein. Ihm wurde Ägypten als Satrapie übertragen, zu dem er 322 die Kyrenaika hinzuerwarb. 321/20 konnte er sich gegen den Angriff des Perdikkas behaupten. Nachdem er die Übernahme der Reichsverweserschaft abgelehnt hatte (320), baute er konsequent seine Machtposition in Ägypten aus und vereitelte die Ambitionen des Antigonos Monophthalmos, das gesamte Alexanderreich zu beherrschen, durch seinen Sieg in der Schlacht bei Gaza (312). 306 mußte er zwar Zypern Antigonos überlassen, konnte aber im Jahr darauf dessen Invasionsversuch erfolgreich abwehren, worauf er den Königstitel annahm (305). Nach dem Untergang des Antigonos in der Schlacht bei Ipsos (301) annektierte er das südl. Syrien, was zu einem dauerhaften Konflikt mit den Seleukiden führen sollte. 285 erhob er seinen Sohn P. II. zum Mitregenten und sorgte so für einen reibungslosen Regierungswechsel. P. schuf einen effizienten

zentralist. Staat und war ein bedeutender Förderer von Wissenschaft und Kultur (Gründung des Museions in Alexandria). Seine *Geschichte Alexanders d.Gr.*, die er in hohem Alter verfaßte, war eine der Hauptquellen Arrians. **Lit.:** J. Seibert, Untersuchungen zur Geschichte P. I. (1969). – H. Bengtson, Herrschergestalten des Hellenismus (1975) 9–36. – Ders., Die Diadochen (1987). – GGGA (1999).

Ptolemaios II. Philadelphos, Sohn P.' I., regierte 283–246 v. Chr., festigte die Machtstellung des Ptolemäerreiches nach innen und außen und konnte den Besitz von Koilesyrien in drei Kriegen gegen die Seleukiden behaupten. Wie sein Vater förderte er Wissenschaft und Kultur und begründete den ptolemäischen Herrscherkult. Durch die Heirat mit seiner Schwester Arsinoe (278) griff er bewußt auf pharaon. Traditionen zurück. **Lit.:** B. J. Müller, Ptolemaeus II. Philadelphus als Gesetzgeber (1968). – H. Bengtson, Herrschergestalten des Hellenismus (1975) 111–138.

Ptolemaios III. Euergetes, Sohn P.' II., regierte 246–221 v. Chr., griff 246 in die Thronwirren im Seleukidenreich ein und unterstützte seine Schwester Berenike, die zweite Frau Antiochos II., gegen Seleukos II., den Sohn des Antiochos aus erster Ehe. Er überschritt mit seinem Heer den Euphrat und konnte zeitweilig Teile Mesopotamiens kontrollieren, ehe ihn ein Aufstand in Ägypten und ein Gegenangriff des Seleukos zum Abbruch des Unternehmens zwangen. Unter seiner Herrschaft erreichte das Ptolemäerreich seine größte Ausdehnung. **Lit.:** B. Beyer-Rotthoff, Untersuchungen zur Außenpolitik P. III. (1993).

Ptolemaios IV. Philopator, Sohn P.' III., regierte 221–204 v. Chr., konnte den Angriff des Seleukiden Antiochos III. in der Schlacht bei Raphia (217) nur durch den Einsatz einheim. Hilfstruppen abwehren. Mit seiner Regierung, die stark unter dem Einfluß mächtiger Ratgeber stand, begann der Niedergang des Ptolemäerreiches. **Lit.:** W. Huß, Untersuchungen zur Außenpolitik P. IV. (1976).

Ptolemaios, Klaudios/Claudius P., griech. Astronom und Mathematiker, 2. Jh. n. Chr. P. lehrte in Alexandria von 161–180 n. Chr. Sein Hauptwerk ist eine umfassende Darstellung der Astronomie in 13 Büchern, die ins Arabische übersetzt wurde (*Almagest*) und in dem P. seine geometr. Theorie entwickelt. Andere astronom. Werke behandeln die Fixsterne und führen in die Berechnung der Planetenbahnen ein. In der Kanobosinschrift entwickelt er aus den Planetenbahnen die Idee der Sphärenharmonie, indem er den Planeten die einzelnen Saiten einer Lyra zuweist. Ein musiktheoret. Werk ist die *Harmonik*: Aus der Ablehnung der Lehre des Aristoxenos behandelt P. auf mathemat. Basis Intervalle und Tonleitern. Seine geograph. Studien befassen sich mit der Berechnung von Städten nach der Breiten- und Längenposition und sind als Anleitung einer kartograph. Erfassung gedacht. **Lit.:** G. I. Toomer, Ptolemy's Almagest (1984). – A. Barker, Greek Musical Writings (1989).

Publilius Syrus, röm. Mimendichter, 1. Jh. v. Chr., kam als syr. Sklave nach Rom und wurde von seinem Herrn Publilius freigelassen. Er dichtete literar. Mimen. 46 v. Chr. siegte er bei den *ludi Caesaris* im Wettkampf gegen den Ritter Decimus Laberius. P. zeichnete sich durch eine sentenzenreiche Sprache aus. **Lit.:** H. Reich, Der Mimus, I-II (1903).

Pyrrhon von Elis, griech. Philosoph, ca. 367–275 v.Chr, gilt als Gründer des Skeptizismus. Mit dem Demokritschüler Anaxarch soll er im Gefolge von Alexander d.Gr. bis nach Indien gelangt sein. Wie Sokrates hinterließ auch P. keine Schriften. Das Wissen über ihn fußt auf Timon von Phleius. Nach Timon soll P. die Möglichkeit bestritten haben, daß wir auf Basis unserer Sinne zu sicheren Aussagen gelangen können, d. h. da man über nichts etwas Sicheres aussagen kann, solle man sich jegl. Urteils enthalten, was wiederum zur seel.

Ausgeglichenheit (*ataraxia*) führe. **Lit.:** G. Nenci, Pirro (1953).

Pyrrhos, 319–272 v. Chr., seit 306 König der Molosser in Epirus, mußte 302 vor Kassander aus seiner Heimat weichen und beteiligte sich auf der Seite des Antigonos Monophthalmos an der Schlacht bei Ipsos (301). Nach dem Tode Kassanders (297) gewann er Epirus zurück und versuchte, sein Land zur Großmacht zu erheben. 288 verdrängte er gemeinsam mit Lysimachos Demetrios Poliorketes aus Makedonien, mußte die Herrschaft 284 aber seinem Verbündeten überlassen. 280 folgte er einem Hilferuf der von den Römern bedrängten Stadt Tarent nach Unteritalien und besiegte die Römer in zwei Schlachten, die ihn große Opfer kosteten (»Pyrrhossiege«), Rom aber nicht friedensbereit machten. Nach einer militär. Expedition gegen die Karthager auf Sizilien (278–276) kehrte er nach Italien zurück und unterlag den Römern in der Schlacht bei Benevent (275). Wieder in Griechenland, unternahm er einen Angriff auf die Peloponnes und fiel im Straßenkampf in Argos (272). P. gilt als einer der bedeutendsten Feldherrn der Antike und wurde zum Inbegriff des hellenist.»Condottiere«. **Lit.:** R. Schubert, Geschichte des Pyrrhus (1894). – P. Léveque, P. (1957). – H. Bengtson, Herrschergestalten des Hellenismus (1975) 91–110.

Pythagoras (gr. Pythagóras) aus Samos, griech. Philosoph und Mathematiker des 6. Jh. v. Chr., dessen nähere Lebensumstände ebensowenig bekannt sind wie seine Lehre. Er gründete in Kroton (Unteritalien) eine sittlich-religiöse und philosoph.-polit. Schule, die wegen ihres großen Einflusses starke Reaktionen hervorrief, die schließlich zur Schließung der Schule führten. Die Seelenwanderungslehre, die Mathematik, insbes. die Zahlentheorie, und die Musik bilden die wichtigsten Themen der Philosophie des P. Nach seiner Lehre ist die menschl. Seele unsterblich und wandert zu ihrer Läuterung von Körper zu Körper. Zentral für sein Denken ist der

Begriff der ›Harmonie‹, der sich sowohl auf die menschl. Seele als auch auf die ganze Welt bezieht und auf die Zahlen zurückgeht, die für P. nicht bloß mathemat. Begriffe, sondern kosmolog. Prinzipien sind. **Lit.:** W. Burkert, Weisheit und Wissenschaft (1962). – GGGA (1999).

Pythagoreer, Schüler bzw. Anhänger des Pythagoras. Zu den bekanntesten P.n gehören Philolaos und Archytas. Für die P. sind die Zahlen die Prinzipien des Seienden, die Komponenten der Zahlen sind auch die Komponenten der Dinge selbst. Die Zahlenverhältnisse sind Abbilder der Harmonie der Welt, und die ganze Welt ist Harmonie und Zahl (Sphärenharmonie). Im Anschluß an die Orphiker lehrten sie die Seelenwanderung und die Wiederkehr des Gleichen. **Lit.:** H. Thesleff, The Pythagorian Texts of the Hellenistic Period (1965). – D. J. O'Meara, Pythagoras Revived (1989).

Pytheas aus Massilia (Marseille), griech. Geograph und Seefahrer, 4. Jh. v. Chr. Um ca. 325 unternahm er eine Entdeckungsreise der Küste Spaniens entlang bis zur Nordsee. Er beschrieb als erster den N Europas. In seinem nicht erhaltenen Buch *Über den Ozean* behauptet er, er habe Europa umsegelt, und schließt daraus, daß der Ozean die »Fessel« der Welt sei.

Pytheos, griech. Architekt, der im mittleren 4. Jh. v. Chr. tätig war und zusammen mit Satyros die Pläne für das Mausoleum von Halikarnassos entwarf. Ferner baute er den Athena-Tempel in Priene. Die sog. dor. Ordnung für den Tempelbau lehnte er ab und rühmte die Vollkommenheit der jon. Ordnung. P. verfaßte auch Schriften über seine Bauwerke und stellte hohe Bildungsansprüche an Architekten. **Lit.:** K. Stemmer, Standorte. Kontext und Funktion antiker Skulptur (1995).

Quintilian, Marcus Fabius Q., aus Calagurris (Spanien), röm. Redner und Rhetoriklehrer, ca. 35–95 n. Chr. In Rom erzogen, später Lehrer in seiner Heimat, kam Q. unter Galba 68 nach Rom zurück. Vespasian ernannte ihn 78 zum ersten staatlich besoldeten Rhetoriklehrer, Domitian machte ihn zum Erzieher am Hof. In seinem Alterswerk, der *Institutio oratoria* (*Unterweisung in Rhetorik,* zwölf Bücher), stellte er das gesamte Gebiet der Redekunst in den Rahmen eines umfassenden Erziehungs- und Bildungskonzepts. Vom Redner verlangt er – wie sein Vorbild Cicero in *De oratore* – profunde Bildung. Mit dem aphorist. Redestil Senecas geht er in Buch 8 hart ins Gericht. Buch 10 enthält einen Abriß der griech.-röm. Literaturgeschichte. In einer verlorenen Schrift *De causis corruptae eloquentiae* (*Über die Gründe des Niedergangs der Beredsamkeit*) wird er vermutlich den generellen moral. Verfall für den Bedeutungsverlust der Redekunst verantwortlich gemacht haben. Das konservative pädagog. Programm des ›Klassizisten‹ Q. entspringt nicht zuletzt dem (auch von Zeitgenossen oft bezeugten) Unbehagen an der eigenen Gegenwart. **Lit.:** J. Adamietz, in: ANRW II 32, 4 (1986) 2226–2271.

Quintus von Smyrna, griech. Epiker, 3./4. Jh. n. Chr., Verf. eines 14 Bücher umfassenden Werks *Posthomerica* (*Nachhomer. Geschichten*), das wie der Ep. Kyklos die Lücke zwischen Homers *Ilias* und *Odyssee* ausfüllen sollte. Q. knüpft inhaltlich wie stilistisch an Homer an. Anspielungen auf bzw. Einflüsse von Vergil, Hesiod und Kallimachos sind bisweilen nachweisbar. Q. setzt nahtlos an das Ende der *Ilias*, den Tod des Hektor, an. Die Bücher 1 und 2 schildern das Eingreifen der Amazonen unter Penthesilea und der Äthioper unter Memnon zu Gunsten der Trojaner, Bücher 3 und 4 enthalten den Tod Achills und seine Bestattung, Buch 5 den Streit um Achills Waffen und Aias' Selbstmord, Bücher 6 und 8 sind der erfolglosen Unterstützung der Trojaner durch Eurypylos gewidmet, Bücher 7 und 9 dem erfolgreichen Eingreifen des Neoptolemos und Philoktet auf griech. Seite, Buch 10 behandelt den Tod des Paris, Bücher 11–13 die Einnahme Trojas mit Hilfe des Hölzernen Pferds und die Plünderung der Stadt, Buch 14 die Abfahrt der siegreichen Griechen. **Lit.:** F. Vian, Recherches sur les Posthomerica de Q. de Smyrne (1959).

R

Regulus, Marcus Atilius R., Konsul 267 und 256 v. Chr., eroberte in seiner ersten Amtszeit Brundisium von den Sallentinern und unternahm im 2. Pun. Krieg 256/55 einen Invasionsversuch in Nordafrika. Nach Anfangserfolgen (Seesieg bei Eknomos, Vormarsch auf Karthago) verspielte er seine Vorteile durch für die Karthager unannehmbare Forderungen und unterlag in der Entscheidungsschlacht gegen Xanthippos, in der er in Gefangenschaft geriet. Nachdem er 250 von den Karthagern zu Friedenssondierungen nach Rom entsandt wurde, dort aber zur Fortsetzung des Krieges riet, soll er nach seiner Rückkehr nach Karthago hingerichtet worden sein.

Rhoikos, griech. Architekt und Bronzegießer, der im 6. Jh. v. Chr. arbeitete und fast immer gemeinsam mit Theodoros genannt wird. Sie erbauten den dritten Hera-Tempel auf der griech. Insel Samos zusammen mit einem mächtigen Altar. Gemeinsam erfanden sie das Verfahren des Bronzehohlgusses und entwickelten das Drechseln profilierter Säulenbasen auf der Drehscheibe (solche Basen sind auf Samos erhalten). **Lit.:** H. Walter, Das griechiche Heiligtum (1990).

Romulus. Unter dem Pseudonym R. ist eine lat. Sammlung von 98 Fabeln in Prosa erhalten, die auf Phaedrus basie-

ren. R. markiert das Ende der lat. Fabeldichtung, christl. Einfluß ist nicht nachweisbar. **Lit.:** G. Thiele, Der lat. Äsop des R. (1910).

Romulus und Remus, in der röm. Mythologie Zwillingsbrüder, Gründer der Stadt Rom 753 v. Chr., Söhne des Kriegsgottes Mars und der Vestalin Rhea Silvia, die die beiden auf Befehl des Usurpators Amulius im Tiber aussetzen mußte. Die beiden Brüder werden jedoch an Land gespült, wo sie eine Wölfin findet und ernährt, bis sie der Hirte Faustulus findet und sie zusammen mit seiner Frau, Acca Larentia, aufzieht. Als junge Männer finden sie ihre Mutter wieder und rächen ihren Großvater Numitor, den Amulius der Herrschaft beraubt hatte: Sie töten Amulius und setzen Numitor wieder als König von Alba Longa ein; sie selbst wollen eine eigene Stadt gründen. Sie geraten jedoch bald in einen Streit um die Alleinherrschaft über die neue Stadt, und als Remus verächtlich über die von Romulus festgesetzte Stadtgrenze springt, wird er von seinem Bruder erschlagen. Romulus allein wird erster König der nach ihm benannten Stadt Rom.

Romulus Augustulus, Sohn des Heermeisters Orest, letzter Kaiser des weström. Reiches 475/76 n. Chr. Im Oktober 475 wurde R. als Kind von seinem Vater zum Kaiser ausgerufen, von der Regierung des Ostreiches aber nicht anerkannt. Durch die Erhebung des Odoaker bereits nach knapp einem Jahr gestürzt, verbrachte er sein restl. Leben auf einem Landgut bei Neapel. Um 480 gründete er ein Kloster, blieb auch unter Theoderich unbehelligt und starb gegen 530. Seine Person steht im Mittelpunkt des Dramas *Romulus der Große* von F. Dürrenmatt (1956). **Lit.:** M. A. Wes, Das Ende des Kaisertums im Westen (1967). – G. Nathan, The Last Emperor: the Fate of R. A., in: Classica et Mediaevalia 43 (1992) 261–71.

Roscius, Sextus R., Gutsbesitzer aus Ameria, wurde 80 v. Chr. von einem Freigelassenen Sullas zum Zwecke der Bereicherung fälschlicherweise des Vatermords angeklagt, aber vor Gericht freigesprochen. Sein Fall ist bes. durch die Prozeßrede seines Verteidigers Cicero bekannt.

Roxane, baktr. Fürstentochter, heiratete 327 v. Chr. Alexander d.Gr. und brachte 323 seinen postum geborenen Sohn Alexander IV. zur Welt. 321 begab sie sich mit ihrem Sohn nach Makedonien, wo sie 316 nach der Niederlage ihrer Schwiegermutter Olympias bei der Einnahme von Pydna in die Hände Kassanders fiel. Zunächst in Amphipolis unter Hausarrest gestellt, wurde sie 310/09 gemeinsam mit ihrem Sohn im Auftrag Kassanders ermordet. Politisch gelangte sie als Iranerin in den Machtkämpfen der Diadochen nie über eine bloße Statistenrolle hinaus. **Lit.:** H. Berve, Alexanderreich II (1926) Nr. 688.

Rufinus, Tyrannius R., aus Aquileia, christl. lat. Schriftsteller, ca. 345–410 n. Chr. R. übersetzte zahlreiche theolog. und hagiograph. Werke aus dem Griechischen ins Lateinische, u.a. von Origenes, Eusebios (*Kirchengeschichte, Chronik*), Basilius (*Mönchsregel, Homilien*), Gregor von Nazianz, die *Pseudo-Klementinen;* teils sind die Originale verloren. Bei der Übertragung der Origenes-Schrift *De principiis (Über Grundaussagen,* eine Art theol. Summe) ›reinigte‹ er häret. und seiner Ansicht nach interpolierte Stellen. In seiner Parteinahme für den umstrittenen Origenes überwarf er sich mit Hieronymus. Der Streit eskalierte und wurde in gegenseitigen Invektiven und jeweiligen Rechtfertigungen vor Papst Anastasios getragen (*Apologia ad Anastasium; Apologia contra Hieronymum* des R.; *Apologia adversus libros Rufini* des Hieronymus). **Lit.:** L.J. Engels/H. Hofmann, Übersetzungen als Kennzeichen des Verlustes an Zweisprachigkeit, in: Dies. (Hg.), Neues Handbuch der Literaturwissenschaft IV: Spätantike (1997) 54–57. – LACL (1998).

Rufus aus Ephesos, griech. Mediziner, 1./2. Jh. n. Chr. Erhalten sind ein anatom. Lehrwerk über Körperteile und ihre Benennung, außerdem kleinere Schriften über bestimmte Krankheiten sowie über medizin. Anamnese. **Lit.:** H. Thomssen, Die Medizin des R. von Ephesos (1989).

Sallust, Gaius Sallustius Crispus, aus Amiternum, röm. Historiker, 86–35 v. Chr. S. schlug als *homo novus,* die öffentl. Laufbahn ein. 54 wurde er Quästor, 52 Volkstribun. Aus dem Jahr 54 stammt eine (in ihrer Echtheit angezweifelte) gehässige Invektive gegen Cicero, zu der die Antwort mitüberliefert ist. Als Gegner der Nobilitätsherrschaft und Anhänger der Popularen und Caesars wurde S. 50, angeblich wegen privater Verfehlungen, in Wahrheit aber aus polit. Gründen, aus dem Senat ausgestoßen. Caesar rehabilitierte ihn 47. Aus der Bürgerkriegszeit stammen zwei *Briefe an Caesar über den Staat,* deren Authentizität ebenfalls heftig umstritten ist. 46 wurde S. Prätor, anschließend Prokonsul von Afrika. Er bereicherte sich so schamlos, daß er nach seiner Rückkehr die berühmten ›Sallust. Gärten‹ auf dem Pincio anlegen lassen konnte. Der Freispruch in einem Repetundenprozeß beweist, daß er einflußreiche Freunde besaß. Nach der Ermordung Caesars (44) zog sich S. desillusioniert aus der Politik zurück und widmete sich der Schriftstellerei. – Das *Bellum Catilinae* stellte die Verschwörung der Catilinarier (63 v. Chr.) dar, das *Bellum Iugurthinum* den Krieg gegen den numid. König Jugurtha (111–105 v. Chr.), die fragmentar. *Historiae* die Geschichte von 78 bis 67. S. steht in der Tradition der polit. Historiographie des Thukydides, die Geschichte zu ›erklären‹ versucht. Histor. Details sind ihm unwichtiger als tiefere Wahrheiten, Fakten unwichtiger als Motive; für diese Tendenz dürfte er in Sempronius Asellio einen röm. Vorläufer gehabt haben (Gellius 5, 18, 8). Wohl Poseidonios folgt er in der Datierung des röm. Niedergangs in das Jahr 146 v. Chr. (Zerstörung Karthagos und damit Wegfall der gefährlichsten äußeren Bedrohung), seit dem die *virtus* (»Tugend«), die Rom groß gemacht habe, durch *lubido dominandi* (»Machtgier«) verdrängt worden sei. S. sieht nicht strukturelle, sondern moral. Ursachen am Werk. Daher arbeitet er mit Charakterisierungen und psycholog. Deutungen; berühmt ist der Vergleich (Synkrisis) zwischen Caesar und Cato in *Catilina* 51–54. Reflektierende Exkurse im Stil des Thukydides untermauern die Darstellung. Der Stil ist archaisierend und von schwerer Würde. **Lit.:** R. Syme, S. (1964). – C. Becker, in: ANRW I 3 (1973) 720–754.

Salvianus von Marseille, lat. Theologe, ca. 400–480 n. Chr. In seinem Hauptwerk *De gubernatione Dei* (*Über die Regierung Gottes*) in acht Büchern werden die german. Einwanderer als Instrument des Gotteszorns betrachtet, wobei die Lässigkeit der Christen der hohen eth. Gesinnung der Barbaren gegenübergestellt wird. Des weiteren sind neun Briefe und ein Werk *Ad ecclesiam* (An die Kirche) in vier Büchern erhalten, in der S. die Habgier als das Grundübel seiner Zeit stilisiert. **Lit.:** J. Badewien, Geschichtstheologie und Sozialkritik im Werk S.s (1980).

Sandrakottos (ind. Candragupta), Begründer der ind. Maurya-Dynastie, regierte ca. 320–297 v. Chr. 304 schloß er einen Vertrag mit Seleukos I., durch den er gegen die Lieferung von 500 Kriegselefanten die Indusgebiete des ehemaligen Alexanderreiches erwarb. **Lit.:** F. F. Schwarz, Mauryas und Seleukiden (1968).

Sannyrion aus Athen, griech. Komödiendichter, 2. Hälfte 5. Jh. v. Chr. Er scheint, wie die wenigen erhaltenen Titel und Fragmente bezeugen, Tragödienparodie bevorzugt zu haben.

Sapor I. (Schapur), pers. König aus der Dynastie der Sasaniden, regierte 241–272 n. Chr., ergriff im Konflikt mit Rom die Offensive und konnte sich erfolgreich gegen die Kaiser Gordian III. und Philippus Arabs behaupten. 260 besiegte er den Kaiser Valerian, der in pers. Gefangenschaft geriet. Religionspolitisch förderte er den mazdaist. Kult, war aber auch gegenüber Christen und Juden tolerant. **Lit.:** E. Kettenhofen, Die röm.-pers. Kriege des 3. Jh. n. Chr. (1982).

Sapor II. (Schapur), pers. König aus der Dynastie der Sasaniden, regierte 309–379 n. Chr., erlangte während seiner langen Regierungszeit im Kampf gegen Rom einige Vorteile, ohne jedoch den militär. Durchbruch zu erzielen. Dem Christentum stand er bes. nach der offiziellen Anerkennung in Rom feindlich gegenüber.

Sappho, griech. Lyrikerin von Eressos bzw. Mytilene (Lesbos), geb. ca. 625 v. Chr. Sie gehörte der Oberschicht an. S. wirkte in einem Kreis von Mädchen oder jungen Frauen, die sich diesem Zirkel eine begrenzte Zeit vor der Hochzeit anschlossen. Diesen Frauenkreis muß man im Zusammenhang mit der in der griech. Kultur der archaischen und auch noch klass. Zeit übl. Initiationsriten verstehen. Jugendliche werden für eine bestimmte Zeit von ihren Familien getrennt, um in einer Gruppe von Gleichaltrigen durch eine erfahrene Person auf ihr zukünftiges Leben als Bürger oder (Ehe-)Frau vorbereitet zu werden. In den Fragmenten wird denn auch die Situation der Mädchen im S.-Kreis und insbes. die Trennung thematisiert, die die Verheiratung der Mädchen mit sich brachte. Vollständig ist nur ein Aphroditehymnus, ein längeres Stück aus einer Beschreibung der Hochzeit von Hektor und Andromache, auf einem Papyrus erhalten, das große Nähe zur ep. Erzähltechnik und Sprache aufweist. Die Gedichte sind in äol. Dialekt und in verschiedenen Metren verfaßt. **Lit.:** D. L. Page, S. and Alcaeus (1971). – J. Bremmer (Hg.), From S. to De Sade (1989). – GGGA (1999).

Saturninus, Lucius Appuleius S., Volkstribun 103 und 100 v. Chr., ein Anhänger des Marius, versuchte in seiner zweiten Amtszeit ein Reformgesetz durchzubringen, mit dem die Veteranen des Marius versorgt, aber auch in der Tradition der Gracchen Landzuweisungen in der Gallia Cisalpina an röm. Bürger und Bundesgenossen erfolgen und die Getreidepreise gesenkt werden sollten. Das Vorhaben stieß auf den massiven Widerstand senator. Kreise und es kam zu gewalttätigen Auseinandersetzungen, in deren Verlauf der Senat den Notstand (*senatus consultum ultimum*) erklärte. Der Konsul Marius mußte gegen S. vorgehen, er wurde verhaftet und von aufgehetzten Senatsanhängern in der Kurie ermordet.

Satyros, griech. Autor, Biograph, 3. Jh. v. Chr. Erhalten ist auf Papyrus ein größeres Stück einer Euripides-Vita. Die Informationen sind anekdotisch und stammen häufig aus der Komödie (z. B. Aristophanes, *Thesmophoriazusen*). **Lit.:** M. Lefkowitz, The Lives of the Greek Poets (1981).

Saumakos, ein skyth. Sklave, führte 108/07 v. Chr. einen erfolgreichen Aufstand im Bosporan. Reich an. Nach schweren Kämpfen erlag er Mithradates VI. von Pontos.

Schapur ⟋ Sapor

Scipio (1), Lucius Cornelius S. Asiaticus, Bruder des Scipio Africanus, erhielt als Konsul (190 v. Chr.) den Oberbefehl gegen Antiochos III. und besiegte ihn im selben Jahr in der Schlacht bei Magnesia.

Scipio (2), Publius Cornelius S. Africanus (genannt Africanus maior), ca. 235–183 v. Chr., röm. Feldherr, nahm bereits als junger Mann an der Schlacht am Ticinus (218) teil. 211 erhielt er, ohne bis dahin in die Ämterlaufbahn eingestiegen zu sein, als Prokonsul den Oberbefehl in Spanien, das er bis 206 von den Karthagern erobern konnte. 205 Konsul, leitete er 204 die röm. Invasion in Nordafrika und besiegte Hannibal in der Entscheidungsschlacht bei Zama (202). Nach diesem Sieg erhielt er den Ehrennamen Africanus. 199 Zensor, begleitete er nach seinem zweiten Konsulat (194) seinen Bruder Scipio Asiaticus als Legat bei dessen Feldzug gegen Antiochos III. und fungierte als Militär-

berater in der Schlacht bei Magnesia (190). Von 199 bis 184 amtierte er als *princeps senatus*. Seine letzten Lebensjahre waren durch persönl. Angriffe seiner polit. Gegner (u. a. Cato) geprägt, die ihm vorwarfen, die Republik gefährdet und Angehörige seines Hauses begünstigt zu haben. S. zog sich aus dem öffentl. Leben zurück und starb 183 auf seinem Landgut in Liternum. Er gilt als einer der bedeutendsten röm. Feldherrn. **Lit.:** H. H. Scullard, S. Africanus: Soldier and Politician (1970).

Scipio (3), Publius Cornelius S. Aemilianus (genannt Africanus minor), ca. 185–129 v. Chr., Sohn des L. Aemilius Paullus und Adoptivenkel des Scipio Africanus, zeichnete sich bereits in der Schlacht bei Pydna (167) und als Militärtribun in Spanien (151) aus. Als Konsul (147) erhielt er den Oberbefehl im 3. Pun. Krieg und beendete diesen 146 mit der Zerstörung Karthagos. Nach seiner Zensur (142) wurde er 134 erneut Konsul und leitete die Eroberung der keltiber. Stadt Numantia (133). Politisch stand er der Senatorenpartei nahe und war ein erbitterter Gegner des Tiberius Gracchus. Sein plötzl. Tod (129) gab Anlaß zu verschiedenen Gerüchten, er sei ermordet worden. S. war umfassend griechisch gebildet und versammelte einen Kreis bedeutender Gelehrter um sich (Scipionenkreis). Zu seinen Freunden gehörten u. a. Polybios, Lucilius und Terentius. **Lit.:** A. E. Astin, S. Aemilianus (1967).

Scipio (4), Quintus Caecilius Metellus Pius S., Konsul 52 und Schwiegervater des Pompeius, setzte nach dessen Niederlage bei Pharsalos (48) den Widerstand gegen Caesar von Afrika aus fort und unterlag diesem in der Schlacht bei Thapsos (46).

Scribonius, Gaius S. Curio, schloß sich 88 v. Chr. Sulla an und bekämpfte als Konsul (76) Bestrebungen, die ursprünglich Macht der Volkstribunen wiederherzustellen. Als Prokonsul (75–73) stieß er bis zur Donau vor und unterwarf die spätere Provinz Moesia.

Scribonius Largus, röm. Arzt, ca.

1–50 n. Chr. S. L. studierte in Rom zur Zeit des Tiberius. 43 begleitete er Claudius auf seinem brit. Feldzug. Aus dem einzigen erhaltenen Werk, einer Rezeptsammlung mit dem Titel *Compositiones* (*Zusammenstellungen*), das S. L. seinem Gönner Julius Callistus, dem Sekretär des Claudius, widmete, kann man ersehen, daß er ähnlich wie Celsus ein Anhänger der empir. Methode war. Um 400 n. Chr. wurde die Schrift von Marcellus Empericus in seiner Schrift *De medicamentis* (*Über Medikamente*) abgeschrieben, einige Exzerpte sind aus dem frühen MA erhalten. **Lit.:** K. Deichgräber, Professio Medici. Zum Vorwort des S. L. (1950).

Segestes, german. Fürst der Cherusker, warnte vergeblich Varus vor den Plänen des Arminius. Nach der röm. Niederlage im Teutoburger Wald (9 n. Chr.) und Auseinandersetzungen mit Arminius wegen der Entführung seiner Tochter Thusnelda ging er nach Rom ins Exil.

Seianus, Lucius Aelius S., ca. 20/16 v. Chr.–31 n. Chr., Sohn eines Ritters, wurde 14 n. Chr. nach dem Regierungsantritt des Tiberius Prätorianerpräfekt und gelangte schon bald als alleiniger Befehlshaber der kaiserl. Leibgarde, die er in einer Kaserne auf dem Viminal konzentrierte, zu großem polit. Einfluß. 23 war er vermutlich in den Tod des Drusus, des einzigen Sohnes des Tiberius, verwickelt. Seit 26, als sich der Kaiser nach Capri zurückzog, war S. der fakt. Machthaber in Rom. Ein Komplott mit dem Ziel, selbst Kaiser zu werden, wurde jedoch an Tiberius verraten, der ihn zunächst in Sicherheit wog, ihn dann aber durch Macro überrumpeln, verhaften und hinrichten ließ.

Seilenos von Sizilien, griech. Historiker, 3./2. Jh. v. Chr., Verf. einer Geschichte Siziliens und von Hannibals Feldzug. Nur wenige Fragmente sind erhalten.

Seleukiden, hellenist. Dynastie, begründet von Seleukos I., die von 312/11–64 v. Chr. zunächst weite Teile des Vorderen Orients, zum Schluß aber nur noch bestimmte Gebiete in Syrien beherrschte. Seleukos I. (312/11–281) hinterließ seinem Sohn Antiochos I. (281–261) ein Gebiet, das den weitaus größten Teil des ehemaligen Alexanderreiches umfaßte und vom Hellespont bis nach Indien reichte. Die Uneinheitlichkeit des Reiches, ständige Konflikte mit den Ptolemäern und dynast. Streitigkeiten führten unter Antiochos II. (261–246) und Seleukos II. (246–226) zu einem stetigen Machtrückgang und dem Verlust kleinasiat. und iran. Gebiete an Attaliden und Parther. Zwar konnte Antiochos III. (223–187) durch einen Feldzug bis nach Indien und Siegen über die Ptolemäer die alte Machtstellung äußerlich wiederherstellen, doch setzte mit seiner Niederlage gegen Rom (190) der endgültige Niedergang des Reiches ein. Seit der Eroberung Mesopotamiens durch die Parther (129) war der Machtbereich der S. im wesentl. auf Syrien und Kilikien beschränkt. Die folgenden Herrscher führten nur noch ein Schattendasein ohne wirkl. Macht und wurden zum Spielball der Nachbarstaaten. Der letzte Seleukide, Antiochos XIII., wurde 64 von Pompeius abgesetzt, sein Restreich in eine röm. Provinz verwandelt. – Das Seleukidenreich war ein in sich heterogenes Gebilde, das nur durch die Person des Herrschers und den Herrscherkult zusammengehalten wurde und in Zeiten schwacher Zentralgewalt auseinanderzufallen drohte. Seine innere Struktur war durch die Verschmelzung griech. und oriental. Elemente gekennzeichnet, wenn auch die griech.-makedon. Oberschicht bestimmend blieb. **Lit.:** E. R. Bevan, The House of Seleucus I-II (1902).

Seleukos I. Nikator, 358–281 v. Chr., einer der bedeutendsten Diadochen und Gründer des Seleukidenreiches, nahm als Offizier am Alexanderfeldzug teil und heiratete 324 Apame, die Tochter des baktr. Fürsten Spitamenes. 321 war er an der Ermordung des Reichsverwesers Perdikkas beteiligt und erhielt Babylonien als Satrapie, aus der er 316 unter dem Druck des Antigonos

Monophthalmos weichen mußte. Er floh nach Ägypten zu Ptolemaios I., von wo aus er nach dem Sieg über Demetrios Poliorketes, den Sohn des Antigonos, in der Schlacht bei Gaza (312) Babylonien wieder in Besitz nehmen konnte. Nach Konsolidierung seiner Macht gelang es ihm 311–305 in einem Feldzug, der ihn bis nach Indien führte, den östl. Teil des Alexanderreiches in Besitz zu nehmen. Nachdem er 305 den Königstitel angenommen hatte, trug er maßgeblich zum Sieg seiner Verbündeten Lysimachos und Kassander über Antigonos Monophthalmos in der Schlacht bei Ipsos (301) bei, dessen östl. Machtbereich (u. a. Syrien und Kilikien) er annektierte. Als neue Hauptstadt seines Reiches gründete er Antiochia am Orontes. Durch seinen Sieg über Lysimachos bei Kurupedion (281) erwarb er weite Teile Kleinasiens und beherrschte damit den größten Teil des ehemaligen Alexanderreiches. Als er sich anschickte, auch Makedonien in Besitz zu nehmen, wurde er von seinem Schützling Ptolemaios Keraunos, einem Sohn des Ptolemaios, ermordet (281). Die Nachfolge trat sein Sohn und Mitregent Antiochos I. an. **Lit.:** H. Bengtson, Herrschergestalten des Hellenismus (1975) 37–62. – A. Mehl, S. N. (1986). – GGGA (1999).

Seleukos IV. Philopator, Sohn Antiochos III., regierte 187–175 v. Chr., versuchte nach der Niederlage seines Vaters gegen die Römer das Seleukidenreich zusammenzuhalten und jeden weiteren Konflikt mit Rom zu vermeiden, u. a. indem er seinen Sohn Demetrios als Geisel stellte. 175 wurde er von seinem Kanzler Heliodoros ermordet.

Seleukos aus Seleukeia, griech. Astronom, 2. Hälfte 2. Jh. v. Chr. S. soll nach Strabon die heliozentr. Theorie verfochten haben.

Seleukos aus Alexandria, griech. Philologe, 1. Jh. n. Chr., der sich mit Sprache und Stil befaßte, Biographien literar. Persönlichkeiten verfaßte und über Sprichwörter arbeitete.

Seneca d.Ä., Lucius Annaeus S., aus Corduba (Spanien), 55 v. Chr.–39 n.

Chr. S., dem Ritterstand zugehörig, erhielt ab 42 v. Chr. Rhetorikunterricht in Rom. Er verkehrte in den führenden intellektuellen und gesellschaftl. Kreisen. Aus seiner Ehe mit Helvia gingen drei Söhne hervor: L. Annaeus Novatus, der unter dem von seinem Adoptivvater angenommenen Namen Gallio in der Apostelgeschichte (18, 12–17) als Prokonsul von Achäa Paulus gegenübersteht, L. Annaeus S. d.J. und L. Annaeus Mela, der Vater Lukans. Welche Ämter S. wahrgenommen hat, ist nicht bekannt. Ein beträchtl. Vermögen gestattete es ihm, sich in Unabhängigkeit der Erziehung der Söhne zu widmen, die in altröm. Strenge erfolgte. In hohem Alter wandte er sich der rhetor. Schriftstellerei zu, weshalb er zur Unterscheidung von seinem Sohn bisweilen S. Rhetor genannt wird. Erhalten sind die Bücher 1, 2, 7, 9, 10 sowie Exzerpte von ursprünglich zehn Büchern *Controversiae* (fiktive Rechtsfälle) und ein Buch *Suasoriae* (Ratschläge für histor. oder myth. Personen). Beide Gattungen wurden im Rhetorikunterricht gepflegt. Der Verfall der Beredsamkeit, den S. realistisch einschätzte und moral. und polit. Ursachen zuschrieb, führte zu einem Ausweichen auf Schaudeklamationen und Prunkreden. S.s Maßstab war Cicero. Ihm folgte er auch in der Forderung nach umfassender Bildung des Redners. So enthalten seine Schriften Literaturkritik sowie Zitate aus verschiedenen Gattungen. Den jungen Ovid hatte S. bei seinem eigenen einstigen Lehrer Arellius Fuscus deklamieren hören und ihn in den *Controversien* knapp, aber treffend charakterisiert. Ein Geschichtswerk des S. ist verloren. **Lit.:** L. A. Sussmann, in: ANRW II 32,1 (1984) 557–577.

Seneca d.J., Lucius Annaeus S., aus Corduba (Spanien), röm. Philosoph (Stoiker), Dichter und Politiker, geb. um Christi Geburt, gest. 65 n. Chr. Der Sohn S.s d.Ä., entstammte einer bildungsbeflissenen, wohlhabenden Ritterfamilie. In Rom durchlief er den von ihm ungeliebten (Epistulae 58, 5) Unterricht beim *grammaticus,* studierte aber mit Begeisterung Rhetorik und Philosophie. Seine Lehrer waren der Neupythagoreer Sotion, der Stoiker Attalos sowie Papirius Fabianus, der ihn mit der Lehre der Sextier bekannt machte und sein Interesse für Naturwissenschaften weckte. Eine Erkrankung der Atemwege, die ihn fast in den Selbstmord getrieben hätte (Epistulae 78, 1), zwang ihn zu einem Kuraufenthalt bei seiner Tante in Ägypten (31/30), wo erste (verlorene) geo- und ethnograph. Schriften entstanden. Nach seiner Rückkehr wurde er Quästor. Durch rhetor. Brillanz erregte er den Neid des Kaisers Caligula. Unter Claudius wurde er Opfer von Hofintrigen und mußte wegen angebl. Ehebruchs mit Julia Livilla von 41–49 in die Verbannung (relegatio) nach Korsika. Agrippina, die Mutter Neros, erwirkte seine Rückberufung und bestellte ihn zum Erzieher ihres Sohnes. An Claudius rächte er sich nach dessen Tod (54) mit der menippeischen Satire Apocolocyntosis (Verkürbissung, statt Apotheosis, »Vergöttlichung«). Nach Neros Thronbesteigung (54) lenkte er für gut fünf Jahre zusammen mit dem Stadtpräfekten Burrus im Hintergrund die Geschicke des Reichs. Die Schrift De clementia (um 56) zeugt von seinem Versuch, Nero auf Milde festzulegen. Die Begründung der clementia (»Milde«) als überpersönl. Prinzip ist jedoch theoretisch ebenso gescheitert – die Schrift blieb unvollendet – wie praktisch: Nero entzog sich dem Rat seines Mentors immer mehr. Schon 55 hatte er seinen Stiefbruder Britannicus (Sohn des Claudius und der Messalina) ermorden lassen, 59 seine eigene Mutter. S. wurde durch seinen Schützling vor der Öffentlichkeit kompromittiert. 62 zog er sich aus der Politik zurück und widmete sich der Schriftstellerei. 65 wurde er der Mitwisserschaft an der Pison. Verschwörung geziehen und von Nero zum Selbstmord gezwungen. Den Tod nahm er gelassen und in theatral. Pose hin. Von S. sind philosoph. Schriften (Dialogi), Tragödien, Briefe und naturwissenschaftl. Schriften erhalten. Das

Œuvre ist auf dem Hintergrund der Zeit zu sehen, einige Schriften sind als Reaktion auf äußere Anlässe entstanden. Die Trostschrift an Marcia (Consolatio ad Marciam) steht in der Tradition der antiken Consolationsliteratur und sollte der Adressatin über den Tod des Sohnes hinweghelfen; die Trostschrift an die Mutter Helvia (Consolatio ad Helviam matrem) ist zugleich Selbsttröstung über das Verbannungsschicksal, die Trostschrift an Polybius (Consolatio ad Polybium), einen Hofbeamten, ein verhülltes Plädoyer in eigener Sache, um die Rückberufung aus dem Exil zu erreichen. In De vita beata (Über das glückl. Leben) reagierte S. auf den sog. Suillius-Prozeß: Sein Reichtum, der einem Philosophen nicht zieme, hatte Neider und Denunzianten wie Suillius auf den Plan gerufen. S. legt dar, daß man Reichtum besitzen, sich aber nicht innerlich davon abhängig machen dürfe. Über die Kürze des Lebens (De brevitate vitae) ist neben einer glänzenden Analyse über den Umgang mit der Zeit wahrscheinlich die Empfehlung an den Adressaten Paulinus, einen vielleicht erzwungenen Rückzug aus seinem Amt als persönl. Vorteil zu erkennen. Die Abhandlung Über den Zorn (De ira, drei Bücher) gleitet über Passagen hinweg in eine eifernde Invektive gegen Caligula ab. Über die Standhaftigkeit des Weisen (De constantia sapientis) sowie die wahrscheinlich am Ende von S.s polit. Karriere entstandenen Schriften Von der Seelenruhe (De tranquillitate animi) und Von der Zurückgezogenheit (De otio) scheinen jeweils, ohne das allg. Thema aus dem Blick zu verlieren, eigenes Handeln zu reflektieren und zu rechtfertigen. Von der Vorsehung (De providentia) behandelt das stoische Welt- und Gottesbild und zieht daraus eth. Konsequenzen. Eine umfangreiche Abhandlung Über Wohltaten (De beneficiis) betrachtet die Angemessenheit von Gaben, die Gesinnung des Gebers, Dank oder Undank des Beschenkten. Die 124 essayist. Briefe an Lucilius (Epistulae morales ad Lucilium) sind zur Veröffentlichung bestimmte Kunstbriefe über richtige Lebensführung. Die ersten Briefe enden häufig mit einem Bonmot Epikurs. S. erweist sich nicht als sto Dogmatiker, sondern als kluger Ratgeber. Die Mahnung zur Selbsterziehung und zu tägl. ›Training‹ ist durchgängig. Die neun erhaltenen Tragödien gehen größtenteils auf Euripides zurück. Sie sind stoische Lehrstücke, indem sie affektgeleitete Helden als Gegenbilder des stoischen Weisen zeigen (z. B. Atreus im *Thyestes*), und haben wohl nicht selten einen aktuellen Bezug (die *Phaedra* scheint den Inzest zu thematisieren, den man Nero mit Agrippina unterstellte, im *Oedipus* wird der Titelheld auch als Mutter(!)-Mörder hingestellt, was auf die Ereignisse von 59 zurückweisen dürfte). Die *Naturales Quaestiones* (*Physikal. Probleme*), am Ende von S.s Leben entstanden, tragen seinen naturwissenschaftl. Interessen Rechnung und sind vielleicht, angesichts der heillosen Verfassung des Staates unter Nero, ein Ausweichen auf ein neutrales Thema. S. selbst rechtfertigt die Schrift auch mit dem Hinweis, die Kenntnis der Natur befreie von unbegründeter Furcht. Lit.: M. Griffin, S. A Philosopher in Politics (1976). – G. Maurach (Hg.), S. als Philosoph (²1987). – M. Fuhrmann, S. und Kaiser Nero (1997).

Semiramis, griech. Name der assyr. Königin Schammuramat, die zeitweise für ihren minderjährigen Sohn Adadnirari III. (810–782 v. Chr.) die Regentschaft führte. Die ihr fälschlicherweise zugeschriebene Anlage der Hängenden Gärten in Babylon, die als eines der Sieben Weltwunder galten, erfolgte erst im 6. Jh. v. Chr. durch Nebukadnezar.

Semonides (gr. Semonides) von Amorgos, griech. Dichter; 1. Hälfte 7.Jh. v. Chr., Verf. von Jamben und Elegien. Erhalten sind ca. 200 Verse. Seine Gedichte kreisen um die Themen Essen, Trinken, Sexualität und Beschimpfung. Berühmt geworden ist der sog. *Weiberjambus*, in dem er die These verficht, daß verschiedene Typen von Frauen von verschiedenen Tieren abstammten. Lit.:

H. Lloyd-Jones, Females of the Species (1975).

Semos von Delos, griech. Autor, um 200 v. Chr., Verf. geograph. Studien mit antiquar. Interesse und einer Studie über Paiane. Er wird häufig von Athenaios zitiert.

Sempronius, Tiberius S. Longus, Konsul 218 v. Chr., unterlag gegen Hannibal in der Schlacht an der Trebia (218).

Sempronius Asellio, röm. Politiker und Historiker, 2. Hälfte 2. Jh. v. Chr. Mit seinem 14 Bücher umfassenden Geschichtswerk *Historiae* begründete S. die Zeitgeschichte in Rom. Ziel seiner Geschichtsschreibung sind Belehrung und der Aufruf, sich für den Staat einzusetzen. Bei Gellius sind längere Fragmente erhalten, die einen schlichten Stil aufweisen.

Septimius Severus, Lucius S. S. Pertinax Augustus, röm. Kaiser 9. April 193–4. Febr. 211 n. Chr.; geb. am 11. April 146 in Leptis Magna als Sohn des P. Septimius Geta und der Fulvia Pia; 170 Quästor, 178 Prätor, ca. 185 Hochzeit mit Julia Domna, einer Syrerin aus Emesa (gest. 217); 190 Suffektkonsul, 191–193 Statthalter der Provinz Pannonia Superior. Am 9. April 193 wurde S. in Carnuntum zum Augustus erhoben; als »Rächer« des Pertinax zog er gegen Rom; der Senat setzte Didius Iulianus ab und erkannte S. als Kaiser an (1. Juni 193). Am 9. Juli 193 brach S. in den O auf und besiegte am 31. März 194 den in Syrien zum Gegenkaiser ernannten Pescennius Niger. Ende 195/96 ließ sich Clodius Albinus, der Statthalter der Provinz Britannien zum Augustus ausrufen, S. besiegte ihn am 19. Februar 197 bei Lugdunum. Einem Angriff der Parther auf Nisibis begegnete er mit einem Gegenstoß bis Babylon und Ktesiphon (197) Mesopotamien wurde röm. Provinz (199). 203 kehrte S. nach Rom zurück, wo er im Juni 204 eine Saecularfeier veranstaltete. Im Frühjahr 208 begab sich S. mit seinen Söhnen Caracalla und Geta nach Britannien, wo er den Hadrianswall wiederherstellen ließ. In mitten der Vorbereitungen für einen Feldzug gegen die Kaledonier starb S. am 4. Februar 211 in Eburacum (heute York) und wurde im Mausoleum Hadriani beigesetzt. – Unter S. wurde der Prinzipat zur Militärmonarchie. Die Soldaten wurden vielfach gefördert, die Legionen vermehrt und auch Nichtrömern geöffnet. Darüber hinaus sorgte S. für eine grundlegende Neuordnung des Finanzwesens. **Lit.:** A. R. Birley, S. S., The African Emperor (1988). – DRK (1997).

Sergius Catilina ↗ Catilina

Sertorius, Quintus S., röm. Feldherr und Staatsmann, 123–72 v. Chr., stammte aus dem Ritterstand und zeichnete sich bereits im Krieg gegen Kimbern und Teutonen aus. Nach seiner Teilnahme am Bundesgenossenkrieg (91–88) schloß er sich 87 Marius an, nachdem er bei der Wahl zum Volkstribunen auf Betreiben Sullas durchgefallen war. 83 übernahm er als Prätor die Provinz Hispania citerior, aus der er zwei Jahre später von den Anhängern Sullas vertrieben wurde. 80 v. Chr. kehrte er aus seinem mauretan. Exil zurück und stellte sich an die Spitze eines lusitan. Aufstandes gegen die Regierung in Rom. In den folgenden Jahren konnte er bedeutende militär. Erfolge erzielen und beherrschte weite Teile der iber. Halbinsel, kam seinem eigentl. Ziel, dem Sturz der sullan. Machthaber in Rom, zu dessen Zweck er einen Gegensenat gebildet hatte, aber nicht näher. Seit 75 durch Pompeius zunehmend in die Defensive gedrängt, wurde er 72 von einem Untergebenen ermordet, der letzte Widerstand wurde im Jahr darauf gebrochen (Biographie durch Plutarch). **Lit.:** A. Schulten, S. (1926). – O. O. Spann, Q. S. and the Legacy of Sulla (1987). – G. Rijkhoek, Studien zu S. (1989).

Servius, Marius (?) S. Honoratus (?), lat. Grammatiker, ca. 370–400 n. Chr. Über das Leben des angesehenen Grammatikers S. ist nichts bekannt. Macrobius läßt ihn als Dialogpartner in den *Saturnalia* auftreten. Er wird zu den konservativen gebildeten Heiden gehört haben, die den Verfall der klass. Bildung aufzuhalten versuchten. In dieser Gesinnung dürfte sein Kommentar zu den Werken Vergils verfaßt sein. Neben sprachl. und sachl. Erläuterungen geht S. auch auf Vergils dichter. Absicht ein. Mit Macrobius verbindet ihn die Vorstellung von Vergil als universaler Autorität in Religion, Philosophie und röm. Altertümern. Von S.' Werk existiert eine erweiterte, wohl auf Donat zurückgehende Fassung, die sog. *Scholia Danielis* (nach dem Entdecker P. Daniel, um 1600). S. verfaßte weiterhin einen Kommentar zu den *Artes* des Donat, der vielleicht sein Lehrer war, und kleinere grammat. und metr. Schriften. **Lit.:** G. Thilo/H. Hagen I-III (1881–1902) [Ausg.].

Servius Tullius, der legendäre sechste König Roms, regierte ca. 578–534 v. Chr., erweiterte die Stadtgrenzen und teilte die Bürgerschaft in die auch später noch maßgebl. Tribus ein. Der Überlieferung zufolge wurde er durch ein Komplott seiner Tochter Tullia und des Tarquinius Superbus gestürzt und ermordet. **Lit.:** R. Thomsen, King S. T. (1980).

Sesostris, Name von drei ägypt. Pharaonen der 12. Dynastie. Am bedeutendsten ist S. III. (ca. 1877–1839 v. Chr.), unter dem das Mittlere Reich seine größte Ausdehnung erreichte. Durch legendenhafte Erzählungen, die bei Herodot (2, 102 ff.) überliefert sind, fand er Eingang in die griech. Literatur.

Severos, griech. Philosoph, 2. Jh. n. Chr., nur in Zitaten erhalten. S. versuchte, die stoische und die platon. Lehre einander anzunähern.

Severus Alexander, Bassianus Alexianus; M. Aurelius S. A. Augustus, röm. Kaiser 13. März 222– Feb./März 235 n. Chr.; geb. am 1. Oktober 208 (?) in Arca Caesarea (Phönizien) als Sohn des Gessius Marcianus und der Julia Avita Mamaea. Nach der Ermordung seines Vetters Elagabal am 11. März 222 wurde S. A. zum Kaiser erhoben. Zeit seiner Regierung stand S. A. unter dem Einfluß seiner ehrgeizigen Mutter Julia Mamaea.

Die Religionspolitik Elagabals wurde aufgegeben, das Ansehen der Senatoren gehoben. Stets unsicher blieb das Verhältnis zu den Soldaten. 231 mußte sich S. A. zu einem Abwehrkrieg gegen das 224 neugegründete Perserreich entschließen, 234 zu einem Feldzug gegen die Alemannen. Unzufriedenheit unter seinen Soldaten führten schließlich zur Erhebung. Im März 235 wurde Maximinus Thrax zum Kaiser erhoben, S. A. zusammen mit seiner Mutter in Mainz ermordet. Mit S. A., dem letzten Vertreter der sever. Dynastie, endete zunächst der dynastisch geprägte Prinzipat; erst Diokletian und Konstantin I. gründeten wieder eine Dynastie. **Lit.:** DRK (1997).

Severus II., Flavius Valerius S. Augustus, röm. Kaiser 1. Mai 305–März/April 307 n. Chr.; Geburtsdatum unbekannt; S. wurde von Constantius I. Chlorus adoptiert und am 1. Mai 305 zum Caesar für Italien und Afrika ernannt; Galerius verlieh ihm im August 306 die Augustuswürde. Im Oktober 306 ließ sich Maxentius in Rom zum Kaiser ausrufen. S. marschierte gegen Rom, mußte sich jedoch Anfang 307 nach Ravenna zurückziehen, wo er März/April abdankte. Am 16. September 307 wurde S. in der Nähe von Rom ermordet oder beging Selbstmord. **Lit.:** D. Kienast, Röm. Kaisertabelle (²1996) 290.

Sextius, Titus S., Gefolgsmann Caesars, seit 53 v. Chr. dessen Legat in Gallien. Nach der Ermordung seines Dienstherrn (44) ein Anhänger des Antonius, eroberte er für diesen 42 die Provinz Africa, übergab sie aber nach der Schlacht bei Philippi an Octavian. 40 eroberte er die Provinz zurück und unterstellte sie Lepidus.

Sextus Empiricus, griech. Philosoph und Mediziner, ca. 2. Jh. n. Chr., Anhänger des Pyrrhon von Elis. S. überträgt die pyrrhon. Skepsis enzyklopädisch auf alle Wissensbereiche. Erhalten sind eine Darlegung der Lehren Pyrrhons, in der er die Unterschiede zwischen der pyrrhon. Skepsis und anderen Philosophenschulen herausarbeitet,

und eine *Adversus mathematicos* (*Gegen die Dogmatiker*) betitelte Schrift, in der er sich kritisch mit dogmat. Schulrichtungen auseinandersetzt. **Lit.:** J. Annas/J. Barnes, The Modes of Scepticism (1985).

Sidonius Apollinaris, C. Sollius Modestus A. S., aus Lugdunum (Lyon), Diplomat und lat. Schriftsteller, seit 470 Bischof von Clermont, ca. 430–486 n. Chr. S. entstammte dem galloröm. Adel. Er war der Schwiegersohn des Kaisers Avitus, dem er einen Panegyrikus widmete. Dieser ist mit weiteren Preisliedern und sonstigen Gelegenheitsgedichten verschiedener Art in einer Sammlung erhalten. Literar. Vorbilder sind Statius, Claudian und Merobaudes. Neun Bücher Kunstbriefe knüpfen an den jüngeren Plinius an. Ihr Stil ist jedoch manieristisch, die Wortwahl gesucht. Sie lassen einen Einblick in die gebildete Oberschicht des spätantiken Gallien zu. **Lit.:** LACL (1998).

Silius, Publius S. Nerva, kaiserl. Statthalter in Spanien, unterwarf 19 v. Chr. im Auftrag des Augustus die Kantabrer und vollendete damit die militär. Okkupation Spaniens. 15 v. Chr. war er an der Niederwerfung des Königreichs Noricum beteiligt.

Silius Italicus, Tiberius Catius Asconius S. I., röm. Epiker, 23/35–101 n. Chr. Am Ende einer polit. Laufbahn, die ihn zum Konsulat (68) und Prokonsulat in Asia (wohl 77) geführt hatte, zog S. sich auf seine Güter zurück und lebte literar. und philosoph. Neigungen. Er hatte Ciceros Tusculanum erworben und besaß ein Gut bei Neapel, auf dem sich Vergils Grab befand, welches er wie ein Heiligtum verehrte. Unheilbar erkrankt, setzte er seinem Leben in stoischer Haltung durch Nahrungsentzug selbst ein Ende. Überliefert ist ein Epos über den 2. Pun. Krieg in 17 Büchern. Der Preis der flav. Dynastie im 3. Buch deutet auf die Ära Domitians als Abfassungszeit. Als histor. Quelle stützt sich S. hauptsächlich auf die 3. Dekade des Livius, sprachlich-stilistisch gebärdet sich S. als Klassizist und versucht auch in der Erzählweise Vergil nachzueifern, wenngleich er, bes. in der bisweilen manierist. Schilderung grausiger Szenen, erkennbar unter dem Einfluß von Seneca und Lukan steht. Wie Livius betrachtet S. den Krieg gegen Hannibal als das entscheidende Ringen in der Geschichte des röm. Volkes. Auf göttl. Ebene sieht er, gleichsam in Fortsetzung der *Aeneis* Vergils, das Wirken Junos als Ursache der Feindschaft zwischen Karthago und Rom. Durch die Überhöhung des Geschehens in einer Götterhandlung bezieht S. gegen die von Lukan gewählte Form des histor. Epos Stellung und reiht sich in die Tradition Vergils ein. Über die Gründe der Themenwahl läßt sich nur spekulieren: Es spricht manches dafür, daß er die eigene Gegenwart (wie die Zeitgenossen Juvenal und Tacitus) skeptisch betrachtete und in der Darstellung der größten Bewährungsprobe Roms die moralisch unverdorbene Vergangenheit als Vorbild ausgeben wollte – ähnlich wie Quintilian eine Erneuerung der Beredsamkeit aus konservativer Gesinnung heraus erstrebte. **Lit.:** E. Burck, in: Ders. (Hg.), Das röm. Epos (1979) 254–279.

Silvanus, ein Christ fränk. Abstammung, stand zunächst in den Diensten des Usurpators Magnentius, lief aber noch vor dessen Niederlage bei Mursa (351) zu Constantius II. über, der ihn zur Bekämpfung german. Eindringlinge nach Gallien entsandte. Als er nach gezielten Intrigen am Kaiserhof des Hochverrats bezichtigt wurde, ließ er sich im August 355 selbst zum Kaiser proklamieren, wurde aber bereits wenige Wochen später ermordet.

Simmias oder Simias (gr. Simias) von Rhodos, griech. Dichter und Philologe, frühes 3. Jh. v. Chr. Zitate aus seinen *Glossai* (*Wörter*) und aus dem hexametr., lyr. und epigrammat. Werk sind bei Athenaios überliefert. Bekannt geworden ist S. durch die drei Gedichte *Flügel des Eros, Axt* und *Ei,* die man als Figurengedichte interpretiert hat. Manche halten sie aber auch für echte Auf-

schriften. **Lit.:** A. Cameron, Callimachus and his Critics (1995).

Simonides (gr. Simonides) von Keos, griech. Lyriker, ca. 557/56–468/67 v. Chr., Onkel des Bakchylides. S. gilt als Erfinder des Epinikions. Er war ein typ. Auftragsdichter, der sich in zahlreichen chorlyr. und lyr. Gattungen betätigte. Erhalten sind neben einer Reihe ihm zugeschriebenen Epigramme (bes. das auf die bei den Thermopylen gefallenen Spartaner) ca. 30 Verse einer Klage der Danaë und seit 1992 Bruchstücke einer Elegie über die Schlacht von Platää. Er soll in Athen 57mal im Dithyrambenagon erfolgreich gewesen sein. **Lit.:** J. H. Molyneux, S. (1992).

Simplikios aus Kilikien, griech. neuplaton. Philosoph, 6. Jh. n. Chr. S. wanderte mit sechs anderen Philosophen aus Athen nach der Schließung der platon. Akademie durch Justinian (529) nach Ktesiphon aus. Er soll sich später in Carrhae niedergelassen haben. Erhalten sind umfangreiche Kommentare zu aristotel. Schriften und zu Epiktet. S. prägte – bes. in lat. Übersetzungen – das Aristoteles-Bild der Scholastik bis in die Renaissance. **Lit.:** I. Hadot (Hg.), Simplicius (1987).

Sisenna, Lucius Cornelius S., 118–67 v. Chr., röm. Politiker (Prätor 78) und Geschichtsschreiber, war zunächst ein Parteigänger des Marius, schloß sich aber später dessen Gegner Sulla an. Politisch nicht sonderlich erfolgreich, erwarb er sich literar. Ruhm durch seine *Historiae,* eine Zeitgeschichte, die als Fortsetzung des Geschichtswerkes von Sempronius Asellio in mindestens 13 Büchern den Bundesgenossenkrieg und die Bürgerkriege von 91–79 v. Chr. behandelte. Die offenbar objektive Darstellung, an die später Sallust anschloß, ist nur in Fragmenten erhalten. S. scheint im asian. Stil, durchsetzt mit Archaismen, geschrieben zu haben. Für die Entwicklung des röm. Romans ist seine Übersetzung der *Miles. Geschichten* des Aristeides von Milet bedeutsam S. starb 67 v. Chr. als Legat des Pompeius auf Kreta.

Sitalkes, König des thrak. Stammes der Odrysen, war im Peloponnes. Krieg mit Athen verbündet und verwüstete 429 v. Chr. Makedonien und die Chalkidike. Er fiel 424 im Kampf gegen die Triballer.

Skopas, griech. Bildhauer und Architekt des 4. Jh. v. Chr. aus Paros. Er leitete den Wiederaufbau des 395 v. Chr. abgebrannten Athena-Tempels in Tegea und arbeitete auch am Mausoleum von Halikarnassos mit. S. hat der antiken Überlieferung zufolge zahlreiche rundplast. Werke von Göttern und Heroen gefertigt und war bekannt dafür, seine Figuren in heftiger Bewegung und großer Leidenschaft darzustellen; eines seiner Werke ist in einer römerzeitl. Kopie erhalten (heute im Albertinum, Dresden): die Statuette einer Mänade (»die Rasende«) in typ. Bewegung. Lit.: G. M. A. Richter, The Sculpture and Sculptors of the Greeks (1970). – K. Stemmer, Standorte. Kontext und Funktion antiker Skulptur (1995).

Skylax von Karyanda, griech. Geograph und Seefahrer. Im Auftrag des Perserkönigs Dareios I. umsegelte (zw. 519–512) S. die arab. Halbinsel. Ausgangspunkt war der Kabulfluß bzw. der Indus; nach 30monatiger Reise erreichte er Ägypten (Suez). S. wurde von Hekataios und Herodot als Quelle verwendet, seine eigenen Schriften sind nur fragmentarisch überliefert. Der unter seinem Namen überlieferte Periplus Europas, Asiens und Libyens stammt wohl erst aus dem 4. Jh., benutzte aber auch ältere Periploi (sog. Pseudo-Skylax).

Skymnos von Chios, griech. Geograph (um 200 v. Chr.). Verf. einer verlorenen Perihegesis Europas und Asiens (mit Libyen) nach dem Vorbild des Hekataios. Neun Fragmente sind erhalten. Angaben zur Geschichte und Mythologie bestimmten den Charakter des Werkes. Lit.: M. Korenjak, Die Welt-Rundreise eines anonymen griech. Autors (2003).

Sokrates (1) (gr. Sokrates), griech. Philosoph, ca. 470–399 v. Chr. (hingerichtet), Athener aus dem Demos Alopeke, Sohn des Bildhauers Sophroniskos und der Hebamme Phainarete, seit 408 Lehrer Platons, späte Heirat mit Xanthippe (möglicherweise S.' zweite Frau), Vater von drei Söhnen. S. hat keine Schriften verfaßt. Fast alles, was wir über S. wissen, verdanken wir der Tatsache, daß Schüler des S., die sog. Sokratiker, Werke geschrieben haben, in denen S. im philosoph. Gespräch oder als Redner in eigener Sache vor Gericht dargestellt wird. Doch diese Zeugnisse sind keineswegs unproblematisch: Die Werke der Sokratiker, die zuerst über S. geschrieben haben und wohl noch am ehesten ein Porträt des histor. S. liefern wollten (Eukleides von Megara, Antisthenes von Athen, Aischines von Sphettos, Phaidon von Elis), sind nicht oder nur in kleinen Bruchstücken erhalten. Nahezu vollständig überliefert sind nur die Schriften Platons und Xenophons. Beide Autoren können aber sicherlich nicht als Biographen des S. gelten. Bei Platon, der in der Mehrzahl seiner Dialoge S. als Gesprächsführer auftreten läßt, wird S. zu einer literar. Figur, die nicht an die Auffassungen des histor. S. gebunden bleibt, sondern das behauptet, was Platon sie behaupten läßt. Daß sich Platon auch selbst – trotz der realistisch wirkenden Inszenierung der Gesprächshandlungen – keineswegs als Biograph des S. verstanden hat, verdeutl. die in den Dialogen zahlreich zu findenden Anachronismen. Selbst bei den platon. Frühdialogen, die nicht selten als direkte Quellen für den histor. S. betrachtet werden, ist kaum zu entscheiden, was S. »wirklich« gesagt und was ihm Platon in den Mund gelegt hat. Die inhaltl. Differenzen zwischen dem histor. und platon. S. hat bereits Aristoteles betont. Auch Xenophon, der neben Platon bedeutendste Sokratiker, hat kein authent. S.-Porträt, sondern eine weitere literar. Gestaltung der S.-Figur geliefert, die gegenüber der platon. allerdings weniger von einer philosoph., als vielmehr von einer apologet. Autorintention geprägt wurde. In den *Memorabilien* und im *Symposion* stellte Xenophon S. als braven Bürger dar, der zu Unrecht angeklagt und hingerichtet wurde. Ein ganz anderes S.-Bild als die Sokratiker zeichnete Aristophanes, der in seiner Komödie *Die Wolken* (423 v. Chr.) S. als Sophisten und Naturphilosophen auf die Bühne gebracht und aus konservativer Perspektive heraus attackiert hat. Damit stand Aristophanes nicht alleine: Es ist davon auszugehen, daß S. in weiten Kreisen der zeitgenöss. Athener Öffentlichkeit als Sophist oder als Naturphilosoph angesehen wurde. Dem Hinweis zufolge, den Platon S. in der *Apologie* (18d) geben läßt, muß Aristophanes, dessen Komödien einen großen Einfluß auf die öffentl. Meinung besaßen, sogar eine Mitschuld an der Verurteilung des S. zugesprochen werden. Die Schriften der Sokratiker können als Versuch gedeutet werden, das von Aristophanes propagierte S.-Bild auf jeweils unterschiedl. Weise zu korrigieren und S. als Anti-Sophisten zu präsentieren. Die folgenden Ausführungen beziehen sich auf den S. der platon. Frühdialoge und der *Apologie* und erlauben nur sehr vorsichtige Rückschlüsse auf den histor. S.

Die geistesgeschichtl. Bedeutung des S., die ihn zum Inbegriff des Philosophen hat werden lassen, ist sicher nicht durch die wenigen von S. vertretenen inhaltl. Thesen, sondern nur durch die von ihm praktizierte »philosoph.« Lebensform zu erklären. Statt den gelernten Bildhauerberuf auszuüben, zog es S. vor, mit den Söhnen angesehener Athener Familien, auf die er anscheinend eine große Anziehung ausübte, in der Öffentlichkeit von Palaistren und Gymnasien, auf Plätzen und Straßen Gespräche über Fragen der Ethik zu führen. Aber auch Menschen, die mit ihren Überzeugungen lieber in Ruhe gelassen werden wollten, verwickelte S. – mitunter gegen ihren Willen und auf die Gefahr hin, sich Feinde zu schaffen – ins Gespräch und forderte sie zur krit. Überprüfung ihrer vermeintl. Gewißheiten auf. Philosophie verstand S. offenbar nicht als systemat. Lehrgebäude,

sondern als konkreten Lebensvollzug und Tätigkeit, als Philosophieren im dialekt. (von gr. *dialegesthai*, »sich unterreden«) Gespräch. Während die zeitgenöss. Sophistik das Gespräch bes. als eine Form des Streits und des Agons betrachtete, entdeckte S. im dialekt. Gespräch die Chance einer gemeinsamen Wahrheitssuche. Allerdings trug auch S.' eigenes Gesprächsverhalten – insbes. wegen seiner scharfen Ironie – nicht selten polem. und verletzende Züge. Im Gespräch übernahm S. ganz die Rolle des Fragenden. Programmatisch verzichtete er auf eigene Wissensansprüche und untersuchte kritisch diejenigen Wissensansprüche, die von seinen weniger vorsichtigen Gesprächspartnern erhoben wurden. Dabei galt als Regel, daß nur ein Wissensanspruch, der im Prüfgespräch (gr. *elenchos*, »Prüfung«, »Widerlegung«) argumentativ ausgewiesen werden kann (gr. *logon didonai*, »Rechenschaft geben«), auch zu Recht besteht. Im konkreten Verlauf des *elenchos* schlug die Prüfung der vom Gesprächspartner vertretenen Thesen häufig um in die Prüfung des Gesprächspartners, der diese Thesen vertrat. Mit den eigenen Überzeugungen befand sich zugleich die gesamte eigene Lebensführung auf dem Prüfstand. Durch geschickte und mitunter nicht ganz faire Fragen gelang es Sokrates immer wieder neu, seine Gesprächspartner in Widersprüche zu verstricken, so daß am Ende eines Gesprächs gewöhnlich die Aporie (von gr. *aporia*, »Auswegslosigkeit«) stand und alle Mitunterredner ihr eigenes Nicht-Wissen eingestehen mußten. Doch war die Aporie in den Augen des S. weniger ein End- denn ein Anfangspunkt: Erst durch die Destruktion von Scheinwissen nämlich werde der Weg frei für die Entstehung eines wirkl. Wissens. In Übereinstimmung mit seinem berühmten Diktum »Ich weiß, daß ich nichts weiß« sah es S. als seine Aufgabe an, die Mitunterredner im Gespräch nicht zu belehren, sondern das in jedem Menschen bereits latent vorhandene Wissen ans Licht zu holen; eine Leistung, die S. selbst als Werk der Maieutik (von gr. *maieutike techne*, »Hebammenkunst«) bezeichnet hat. Im Hintergrund dieses Selbstverständnisses steht die These, daß Erkenntnis nichts anderes ist als Wiedererinnerung (gr. *anamnesis*) an etwas, das vormals gewußt war, dann aber in Vergessenheit geraten ist. Thematisch dominierten in S.' Gesprächen eth. Fragestellungen, die – im Gegensatz zur zeitgenöss. Naturphilosophie – den Menschen ins Zentrum der Überlegungen rückten. Diskutiert wurde die sittl. Tüchtigkeit (gr. *arete*), ihre Lehr- und Lernbarkeit, das Verhältnis einzelner Teiltugenden – wie Tapferkeit und Frömmigkeit – zueinander und zum Ganzen der *arete*. Die einzelnen Gespräche wurden in der Regel zentriert durch eine sog. »Was-ist-*X*?«-Frage, z.B.: »Was ist Tapferkeit?« oder »Was ist Besonnenheit?« S.' Gesprächspartner beantworteten die »Was-ist-*X*?«-Fragen zunächst mit der Aufzählung von Beispielen, um sogleich lernen zu müssen, daß S.' Fragen gerade nicht auf einzelne Fälle von *X*, sondern auf das zielten, was all diesen Fällen gemeinsam ist. Nicht Beispiele für *X* waren gewünscht, sondern die begriffl. Klärung, aufgrund welcher Eigenschaft(en) diese Beispiele gerade als Beispiele für *X* anzusehen sind. Im Laufe dieser Denk- und Argumentationsarbeit, die uns Platons Dialoge *in praxi* vorführen, gewinnt – trotz des von S. proklamierten Verzichts auf Wissensansprüche – eine spezifisch sokrat. Ethik Kontur, die als »Wissensethik« benannt und charakterisiert werden kann: Nach S. sind moral. Aussagen über Handlungen prinzipiell wahrheitsfähig und in ihrer Wahrheit menschl. Erkenntnisvermögen zugänglich. Ob eine bestimmte Handlung richtig, d.h. praktisch wahr ist, kann gewußt werden. Das Wissen von der richtigen Handlung ist dabei zugleich notwendige wie hinreichende Bedingung richtigen Handelns. Wer das Wissen um die richtige Handlung besitzt, handelt auch notwendigerweise richtig. Der Wissende hat gar nicht mehr die Möglichkeit, sich gegen

sein Wissen und damit für eine schlechte Handlung zu entscheiden. Er muß gut handeln. Schlechte Handlungen sind nach S. stets Folge von Unwissen, sie können – als schlechte Handlungen – unmöglich gewollt werden. Der Grundsatz der Wissensethik lautet entsprechend: »Niemand tut freiwillig Unrecht.« Aristoteles kritisierte (bes. in der *Nikomach. Ethik*, 7, 3, 1145b) an S.' Wissensethik, daß sie dem Phänomen der Willensschwäche (gr. *akrasia*), dem Handeln wider besseres Wissen, nicht gerecht werde. Nicht nur wegen seines dezidierten Verzichts auf Wissensanspruch und Lehrtätigkeit stand S. in direkter Opposition zur Sophistik: (1) S. beschränkte sich bewußt auf das mündl. Philosophieren. Möglicherweise gehen die schriftkrit. Argumentationen in Platons *Phaidros* (274b–278b) noch auf den histor. S. zurück. Viele Schüler des S. haben zwar Schriften verfaßt, dabei aber das literar. Genre des Dialogs bevorzugt, um S.' mündl. Philosophieren im Medium der Schriftlichkeit inszenieren zu können. (2) S. verstand sich nicht als Kosmopolit, sondern als Bürger seiner Polis. Von weiten Reisen nahm S. Abstand. Seine Heimatstadt Athen hat er nur verlassen, um als Hoplit an der Belagerung von Potidäa (432–429) und den Schlachten beim Delion (424) und von Amphipolis (422) teilzunehmen, wobei er sich durch Tapferkeit auszeichnete. (3) Reichtum und Luxus achtete S. gering. Der Frage nach der *arete* ging er im Rahmen eines einfachen, recht genügsamen, aber an Trinkgelagen nicht eben armen Lebens nach, das von außerordentl. Zivilcourage geprägt war. So verteidigte S. als vorsitzender Prytane im Rat der 500 (Boule) die Seeschlacht bei den Arginusen (406) zu Unrecht angeklagten Strategen, und während der Herrschaft der Dreißig Tyrannen (404/03) weigerte er sich trotz der Gefahr für das eigene Leben, einen gewissen Leon von Salamis zu verhaften. 399 wurde S. vom Rat wegen »Einführung neuer Götter« und »Verführung der Jugend« zum Tode verurteilt und durch den Schierlingsbecher hingerichtet. Während der zweite Anklagepunkt durch S.' auf viele Zeitgenossen provozierend wirkende philosoph. Gesprächs- und Lebensführung erklärt werden kann, bezog sich der erste Anklagepunkt wahrscheinlich auf die folgende als Privatkult auslegbare Eigenart des S.: Zur Rechtfertigung des eigenen Verhaltens pflegte sich S. auf sein *daimonion* zu berufen, eine als Warninstanz fungierende und mit dem Bereich des Göttlichen konnotierte innere Stimme, die – anders als das Gewissen, mit dem sie häufig verglichen wurde – von bestimmten Handlungen immer nur abrät. Die Verteidigungsrede des S. vor dem Rat hat Platon in seiner *Apologie* literarisch gestaltet. Bis heute umstritten ist die Frage, warum S. das Angebot seiner Freunde, ihm zur Flucht aus dem Gefängnis zu verhelfen, ausgeschlagen und sich dem Gerichtsentscheid unterworfen hat. Im Gefängnis spielen Platons Dialoge *Kriton* und *Phaidon*, der letztere endet mit S.' Tod. Die Anhänger des S. begannen schon kurze Zeit nach seinem Tod mit der Publikation von Schriften und mit öffentl. Lehrtätigkeit. Fast alle Sokratiker – Ausnahmen sind nur Xenophon und Aischines von Sphettos – gelten als die Begründer bedeutender philosoph. Schulen. Neben Platons Akademie sind hier die megar. Schule des Eukleides von Megara, die kyn. Schule des Antisthenes, die kyrenäischen Schule des Aristipp und die el. Schule des Phaidon von Elis zu nennen. Es ist wohl auf S.' Verzicht auf eigene Lehrtätigkeit zurückzuführen, daß die Interessen und die themat. Ausrichtungen seiner Anhänger und ihrer Schulen erheblich voneinander abwichen, obgleich sie sich allesamt in der Nachfolge des S. sahen. Wurden in der megar. Schule vorrangig log. Forschungen betrieben, so sind die kyn. und die kyrenäische Schule durch diametral entgegengesetzte eth. Positionen bestimmt: Antisthenes propagierte eine rigoristisch anmutende Ethik, die nicht nur die Sitten der zeitgenöss. Gesellschaft, sondern auch die Philosophie Platons – wegen der metaphys. Überhöhung sokrat. Gedanken – einer scharfen Kritik unterzog. Dagegen entwickelte der von Aristoteles als »Sophist« bezeichnete Aristipp eine mit erkenntnistheoret. Skepsis verknüpfte Theorie des Hedonismus. Über die el. Schule, in der wohl ebenfalls eth. Themen vorherrschten, wissen wir nur wenig. **Lit.:** A. Patzer, Bibliographia Socratica: die wissenschaftl. Literatur über S. von den Anfängen bis auf die neueste Zeit in systemat.-chronolog. Anordnung (1985). – Ders. (Hg.): Der histor. S. (1987). – G. Vlastos, Socrates. Ironist and Moral Philosopher (1991). – K. Döring, in: GGP II 1 (1998) 139–364. – GGGA (1999).

Sokrates (2) (gr. Sokrates), genannt Scholastikos (»Gelehrter«), aus Konstantinopel, griech. Historiker, ca. 380/90–439 n. Chr. S. setzte Eusebios' *Kirchengeschichte* von 305 bis 439 n. Chr. fort. Seine Quellen für die östl. Kirche bestanden u. a. aus Urkunden wie den von Bischof Sabinus von Herakleia zusammengestellten Konzilsakten. Sein Vorhaben war es, die Gattung der Kirchengeschichte anhand der Beziehungen zur Säkulargeschichte neu zu definieren. **Lit.:** LACL (1998).

Solinus, Gaius Iulius S., lat. Schriftsteller, 3. Jh. n. Chr., Verf. der *Collectanea rerum memorabilium* (*Sammlung von Merkwürdigkeiten*), eines geographisch geordneten Kompendiums von Wissenswertem und Kuriosem aus der damals bekannten Welt. Hauptquelle ist die *Naturgeschichte* des älteren Plinius. **Lit.:** H. Walter, Die Collectanea rerum memorabilium des C. Iulius S. (1969).

Solon aus Athen, griech. Dichter und Politiker, ca. 640–560 v. Chr. S. stammte aus einem altadligen Geschlecht, 594/93 war er Archon und fungierte als »Versöhner« im Streit zwischen Adel und Volk. Mit großem Erfolg führte er eine Gesetzes-, Verfassungs-, Wirtschafts- und Sozialreform durch, die bis Kleisthenes (511/10) weiterbestand. Insbes. setzte er den Erlaß von Hypothekarschulden durch (sog. *seisachtheia*). S. dichtete in eleg. Distichen, Jamben und

Trochäen. Erhalten sind rund 270 Verse. Im Zentrum seiner Dichtung steht die Auffassung einer festen Rechts- und Weltordnung, die an Hesiod erinnert. Berühmt ist die sog. Staats- oder Eunomia-Elegie, in der S. die Bürger aufruft, den inneren Auseinandersetzungen ein Ende zu setzen und ihr Handeln künftig an Recht und Gesetz zu orientieren. In der volkstüml. und literar. Tradition wurde er bald zu den Sieben Weisen gerechnet. **Lit.:** E. Ruschenbuch, Solonos Nomoi (1966). – P. Oliva, S. – Legende und Wirklichkeit (1988). – GGGA (1999).

Sopatros aus Paphos, griech. Autor, 4./3. Jh. v. Chr., Verf. von Phlyakenpossen und Mythentravestien bzw. Tragödienparodien. 14 Titel sind bezeugt, wenige Fragmente erhalten.

Sopatros aus Athen, griech. Rhetoriker, 4. Jh. n. Chr. Erhalten ist eine Sammlung von 81 Deklamationsthemen mit Hinweisen zu ihrer Behandlung, die einen hervorragenden Einblick in den Schulbetrieb der Spätantike geben. **Lit.:** G. A. Kennedy, Greek Rhetoric under Christian Emperors (1983) 104–108.

Sophokles (gr. Sophoklēs), athen. Tragiker, 497/96–406/05 v. Chr. Auf sein Debüt bei den Dionysien 471/70 folgte 468 bereits der erste Sieg. In der Folge war er weiterhin äußerst erfolgreich: Insgesamt errang er mit 30 Inszenierungen 18 Siege, Dritter wurde er nie. S. bekleidete zahlreiche polit. Ämter: 443/42 war er Hellenotamias, Schatzmeister des Att. Seebundes, Stratege war er 441–439, 428 und evtl. 423/22, 413/12 gehörte er den Probulen an, die die radikale Demokratie einschränken sollten. Außerdem war er Priester des Heros Halon. Von den erhaltenen sieben Tragödien sind nur *Philoktet* (409) und *Ödipus auf Kolonos* (postum 401) datiert. Die anderen Stücke lassen sich in eine relative Chronologie bringen, die nicht unumstritten ist: *Aias, Trachinierinnen* (50er/40er Jahre), *Antigone* (ca. 443/42), *König Ödipus* (436–433), *Elektra* (414–411). Im Zentrum der Tragödien des S.

stehen Menschen in Extremsituationen, die unter dem Druck äußerer Umstände dazu getrieben werden, ihrer Überzeugung gemäß das Richtige zu tun. Ihnen sind Kontrastfiguren entgegengestellt, die ein ›normales‹ Leben führen wollen (Ismene, Chrysothemis). bes. deutlich wird die Fixierung auf den einsamen Helden durch die Bauform der frühen Stücke (*Aias, Trachinierinnen, Antigone*), die sog. Diptychonform, durch die in einem Teil der Blick auf den Helden gelenkt und in einem zweiten Teil die Reaktion der Umwelt auf den Helden dargestellt wird. Zentral für S. ist das Verhältnis von Gott und Mensch. Die Götter offenbaren sich den Menschen in Orakeln und Sehersprüchen, in denen wie im *König Ödipus* die ganze Wahrheit mitgeteilt wird. In der Natur der Menschen liegt es, daß sie den göttl. Willen nach menschl. Vorgaben interpretieren und zurechtbiegen will und erst zu spät zur Erkenntnis kommt. Diese Distanz zwischen Mensch und Gott wird von S. erst in seinem Alterswerk, dem *Ödipus auf Kolonos*, versöhnlich ausgeglichen. Die das Normalmaß übersteigende Größe der sophokleischen Personen und die Vielschichtigkeit der Charaktere, bes. die Elektra-Gestalt, regten im 20. Jh. zu produktiven Auseinandersetzungen an (Hofmannsthal, Giraudoux, Sartre, O'Neill). **Lit.:** A. Lesky, Die trag. Dichtung der Hellenen (³1972) 169–274. – K. Reinhardt, S. (⁴1976). – B. Zimmermann, Die griech. Tragödie (²1992) 63–93. – J. Latacz, Einführung in die griech. Tragödie (1993) 161–249. – GGGA (1999).

Sophron aus Syrakus, griech. Mimendichter, Mitte 5. Jh. v. Chr. Seine Mimen, die dramat. Szenen aus dem Alltagsleben darstellen, sind in Prosa im dor. Dialekt verfaßt. Erhalten sind auf einem Papyrus ca. 170 kürzere Zitate. Platon schätzte ihn hoch; Theokrit und Herodas standen unter seiner Wirkung.

Soran(os) aus Ephesos, griech. Mediziner der method. Schule, 1./2. Jh. n. Chr. Die wichtigsten erhaltenen Werke sind ein Lehrbuch der Gynäkologie und eine Anweisung für Hebammen. Nur in lat. Übersetzung ist eine internist. Abhandlung, in Auszügen Teil einer Schrift über Chirurgie und einer Hippokrates-Biographie erhalten. Von seinen philolog. und literar. Arbeiten, u. a. einer etymolog. Schrift, sind nur Fragmente erhalten. **Lit.:** H. Lüneburg/J. Ch. Huber, Die Gynäkologie des S. (1894) [Übers. und Kommentar].

Sosikrates (gr. Sosikrates) aus Rhodos, griech. Historiker, nur in Fragmenten erhalten, Mitte 2. Jh. v. Chr., Verf. einer kret. Geschichte und von Philosophenbiographien, die er nach der Lehrer-Schüler-Abfolge anlegte.

Sositheos aus Alexandria, griech. Tragiker, 3. Jh. v. Chr. Erhalten sind 21 Verse eines Satyrspiels *Daphnis*.

Sosius, Gaius S., brachte als Feldherr des Antonius 37 v. Chr. nach dem Parthereinfall Judäa wieder unter röm. Kontrolle und operierte gegen S. Pompeius. Als Konsul (32) verließ er Italien nach dem Bruch zwischen Octavian und Antonius. Nach der Schlacht bei Aktium geriet er in Gefangenschaft, wurde aber später amnestiert.

Sotades aus Maroneia, griech. Dichter, 3. Jh. v. Chr., Verf. von Spottgedichten, u. a. auf Ptolemaios II. wegen dessen Ehe mit seiner Schwester Arsinoe. **Lit.:** R. Pretagostini, Ricerche sulla poesia alessandrina (1984) 139–147.

Sozomenos, griech. Historiker aus Gaza, ca. 370/380–nach 445 n. Chr., lebte im Konstantinopel. Verf. einer an Eusebios anschließenden Kirchengeschichte in neun Büchern (erhalten für 324–439 n. Chr.). **Lit.:** H. Leppin, Von Constantin dem Großen zu Theodosius II. (1996).

Spartacus, ein Sklave thrak. Herkunft, floh 73 v. Chr. mit 70 Gesinnungsgenossen aus der Gladiatorenschule in Capua. Verstärkt durch den Zulauf zahlreicher flüchtiger Sklaven, besiegte er gemeinsam mit dem Kelten Krixos ein prätor. Heer am Vesuv. In der Folge weitete sich die Erhebung zu einem allg. Sklavenaufstand aus und erfaßte weite Teile Unteritaliens. Im Gegensatz zu Kri-

xos verfolgte S. den Plan, Italien zu verlassen und seine Anhänger über die Alpen in die Freiheit zu führen. Mit seiner inzwischen auf 40.000 Mann angewachsenen Streitmacht besiegte er nacheinander die Konsuln Lentulus und Gellius (72), wandte sich nach N und besiegte bei Mutina den Prokonsul Cassius. Daraufhin von seinen Anhängern genötigt, in Italien zu bleiben, marschierte er wieder nach S, besiegte die Konsuln erneut in Picenum und machte Thurioi zu seinem Hauptstützpunkt. Dem neuen röm. Oberbefehlshaber, M. Licinius Crassus, gelang es jedoch in der Folgezeit, S. zurückzudrängen und in Bruttium zu blockieren. Pläne, mit Hilfe kilik. Seeräuber nach Sizilien überzusetzen, scheiterten. Nach längerem Stellungskrieg konnte S. zwar die röm. Blockade durchbrechen, wurde aber von Crassus in Lukanien gestellt und fiel im Kampf; sein Heer wurde aufgerieben (71). Die Person des S. wurde schon bald legendär und fand bes. in der Neuzeit Eingang in die polit. Propaganda. Ob er neben der persönl. Freiheit seiner Anhänger auch soziale Reformen anstrebte, ist zweifelhaft. **Lit.:** J. Vogt, Struktur der antiken Sklavenkriege (1957). – J. P. Brisson, S. (1959).

Speusipp (gr. Speusippos), athen. Philosoph, ca. 407–339 v. Chr. S. war Neffe Platons und dessen Nachfolger als Haupt der Akademie. Von seinen umfangreichen Schriften sind nur Fragmente erhalten. Er verfaßte ein Werk über Bestimmungen und Definitionen und über pythagoreische Mathematik, wobei er die platon. Gleichsetzung von Zahl und Idee zurückwies. **Lit.:** P. Merlan, From Platonism to Neoplatonism (²1961).

Spitamenes, Fürst in Baktrien, war zunächst ein Bundesgenosse des Bessos, den er jedoch 330 v. Chr. an Alexander d.Gr. auslieferte. In seiner Hoffnung getäuscht, dadurch die Eigenständigkeit Baktriens bewahren zu können, lieferte er Alexander einen erbitterten Guerillakrieg, doch wurde er 228 von seinen massaget. Verbündeten ermordet. Seine

Tochter Apame heirate 324 Seleukos und wurde dadurch zur Mitbegründerin der Seleukidendynastie.

Statilius Flaccus, griech. Dichter, 1. Jh. v. Chr. Erhalten sind 14 Epigramme.

Statilius, Titus S. Taurus, Feldherr des Octavian, sicherte für diesen nach dem Sturz des Lepidus (36 v. Chr.) als Statthalter (36–34) die Provinz Africa. Bei Aktion (31) kommandierte er das Landheer, kämpfte später (29) in Spanien gegen Kantabrer und Asturer und war noch in hohem Alter (16–10) Stadtpräfekt in Rom.

Statius, Publius Papinius S., aus Neapel, röm. Epiker, 40/50–ca. 95 n. Chr. S.' Vater, aus dem Ritterstand stammend, genoß als Rhetoriklehrer und Dichter Ansehen. Er förderte das Talent des Sohnes nach Kräften. 78 errang S. in Neapel einen ersten literar. Preis, dem weitere Erfolge bei panegyr. Agonen folgten. In Rom nahm er wie Martial am poet. Klientelwesen teil. Um 80 wird er mit seinem Hauptwerk, der *Thebais,* begonnen haben, an deren zwölf Büchern er nach eigenem Zeugnis zwölf Jahre arbeitete. Das Werk behandelt den Bruderkampf zwischen Eteocles und Polynices um den theban. Königsthron und führt über den tödl. Zweikampf der Geschwister bis zur Befreiung Thebens von seinem tyrann. Königshaus durch Theseus. Die *Thebais* ist eine Anti-*Aeneis:* Dem teleolog. Epos Vergils, das den Aufstieg Roms zur Weltherrschaft feiert, wird der Untergang eines Königshauses gegenübergestellt, jeweils mit Billigung und Zutun der Götter. Die gerechte Weltordnung der *Aeneis* ist ins Dämonische und Zerstörerische umgebogen. S. folgt dem pessimist. Ton von Lukans *Bellum civile.* Mit diesem verbindet ihn auch das Motiv des Bruderzwists, den er der Entzweiung des röm. Volkes im Bürgerkrieg zwischen Pompeius und Caesar nachbildet. Hinter der Wahl eines Stoffes aus dem griech. Mythos kann eine literar. *aemulatio* mit Valerius Flaccus stehen. Gleichwohl besitzt die Darstellung tyrann. Herrschergestalten, die die

Literatur seit Nero bewegt, einen deutl. Gegenwartsbezug. Indem er ein mytholog. Epos mit vergil. Götterapparat und lukan. Tendenz verfaßte, hat S. die ep. Tradition seiner Vorgänger insgesamt aufgenommen. Literar. Ehrgeiz spricht auch aus dem unvollendeten Projekt der *Achilleis,* in der S. durch den an *Aeneis* anklingenden Titel den ›göttl.‹ (Theb. 12, 816) Vergil herausforderte und thematisch mit Homer hätte in die Schranken treten müssen. Die *Silvae* (*Wälder*) sind Gelegenheitsgedichte zu verschiedenen öffentl. und privaten Anlässen. Sechs Gedichte panegyr. Charakters richten sich an Domitian. **Lit.:** E. Burck, in: Ders. (Hg.), Das röm. Epos (1979) 300–358 [zu Theb. und Ach.].

Stephanos von Byzanz, griech. Philologe, 6. Jh. n. Chr., Verf. eines geograph. Lexikons (*Ethnika*), wobei es ihm weniger auf geograph. Information als auf die sprachl. Richtigkeit der Ortsnamen ankommt.

Stesichoros aus Matauros (Unteritalien), griech. Chorlyriker, ca. 630–555 v. Chr. Seine Gedichte waren längere myth. Erzählungen (*Geryoneis, Thebais*), angereichert mit erot. Motiven (Helena-Mythos). Nach Themen, Form und Inhalt kann man sie als lyr. Umsetzung ep. Stoffe bezeichnen. Die Sprache ist episch mit dor. Lautfärbung. Von dem 26 Bücher umfassenden Gesamtwerk sind nur einige Zitate und Papyrusfragmente erhalten. S.' Einfluß auf die Bildende Kunst scheint beträchtlich gewesen zu sein. **Lit.:** W. Burkert, in: C. M. Robertson (Hg.), Papers on the Amasis Painter and his World (1987) 43 ff.

Stesimbrotos von Thasos, 2. Hälfte 5. Jh. v. Chr., Homerinterpret und Verf. einer Schrift *Über Riten,* in der orph. Gedankengut erkennbar ist. In einer Prosaschrift über athen. Staatsmänner (vermutlich neben Ions *Epidemien* eines der frühesten Werke griech. Memoirenliteratur) kam Anekdotenhaftes aus dem Privatleben dieser Politiker reichlich vor. **Lit.:** N. J. Richardson, in: Proceedings of the Cambridge Philological Society (1974) 65–81. – A. Tsakmakis, in: Historia (1995) 129–152.

Stilicho, um 365–408 n. Chr., Sohn eines in röm. Diensten stehenden Vandalen, stieg in der militär. Hierarchie rasch auf und wurde 391 *magister militum.* Maßgeblich am Sieg über den Usurpator Eugenius beteiligt (394), ernannte ihn Theodosius zum Oberbefehlshaber im Westen und Vormund seines minderjährigen Sohnes Honorius. Als fakt. Machthaber des Westreiches (seit 395) gelang es ihm, eine Usurpation in Afrika niederzuwerfen (398) und die in Italien eingefallenen Westgoten unter Alarich in den Schlachten bei Pollentia (402) und Verona (403) aufzuhalten und zum Abzug zu bewegen. 406 brachte er den in Italien eingedrungenen ostgot. Scharen unter Radagais eine vernichtende Niederlage bei. Er konnte jedoch nicht verhindern, daß 406/07 die von Truppen entblößte Rheingrenze von Vandalen, Alanen und Sueben überrannt wurde. Als S. dazu riet, Alarich, der neue Ansprüche stellte, entgegenzukommen, erreichten seine Gegner bei Honorius seine Absetzung (408). Obwohl er in einer Kirche Zuflucht suchte, wurde er in Ravenna aufgegriffen und ermordet. S., einer der bedeutendsten Germanen in röm. Diensten, verstand es, das Westreich intakt zu halten und bes. Italien vor Invasionen wirksam zu schützen.

Stilo, Lucius Aelius S. Praeconinus, aus Lanuvinum, lat. Grammatiker, ca. 150–80 v. Chr. S., dem Ritterstand entstammend, ist einer der ersten großen röm. Grammatiker und war für seine Forschungen über die Sprache des Salierliedes und der *Zwölftafelgesetze* sowie zu Plautus bekannt. Seine bedeutendsten Schüler waren Varro und Cicero. Die wichtigsten Gebiete röm. Gelehrsamkeit, Antiquitäten (Institutionen und Glaubensvorstellungen Roms und seiner Nachbarn), Literaturgeschichte (Datierung, Fragen der Authentizität), Sprachforschung (bes. Etymologie) waren in seinem (heute verlorenen) Werk bereits angelegt. **Lit.:** R. A. Kastner, Ge-

schichte der Philologie in Rom, in: F. Graf (Hg.), Einleitung in die lat. Philologie (1997) 3–16.

Stobaios, Johannes S., so genannt nach seiner Heimat Stoboi (Makedonien), griech. Schriftsteller und Philosoph, 1. Hälfte 5. Jh. n. Chr. S. verfaßte eine für die Unterweisung seines Sohnes Septimius bestimmte Anthologie in vier Büchern, die Auszüge aus etwa 500 Dichtern von Homer bis zum 4. Jh. n. Chr. enthält. Sie bietet zahlreiche Fragmente verlorener Werke oder wichtige Textvarianten. **Lit.:** K. Wachsmuth, Studien zu den griech. Florilegien (1882).

Strabon aus Amaseia (Pontos), griech. Historiker, Geograph und Stoiker, ca. 64/63 v. Chr. – 23/26 n. Chr., Verf. eines Geschichtswerks in 47 Büchern, das als Fortsetzung des Polybios gedacht war; erhalten sind wenige Fragmente. S. bereiste die ganze damals bekannte Mittelmeerwelt; seine *Geographie* in 17 Büchern ist zum größten Teil erhalten; teils berichtet er als Augenzeuge, teils zitiert er die ihm vorliegende Literatur, z. B. Poseidonios. Eindrucksvoll in seinem Werk ist die Fülle von histor., mytholog., literar. und naturkundl. Details. **Lit.:** G. Aujac, S. et la science de son temps (1966).

Straton aus Lampsakos, griech. Philosoph, Schulhaupt des Peripatos (278–269 v. Chr.); zuvor Erzieher des Ptolemaios II. in Alexandria. Im Gegensatz zu Aristoteles nahm er die Existenz eines Vakuums im Kosmos an. **Lit.:** F. Wehrli, Die Schule des Aristoteles 5 (^{2}1969).

Suda (gr., Bedeutung umstritten, wohl am ehesten lat. Lehnwort mit der Bedeutung »Festung«, »Stärke«), Titel des um 1000 n. Chr. entstandenen umfangreichsten griech. Lexikons, das etwa 30.000 Artikel unterschiedl. Länge umfaßt, die Wort- und Sacherklärungen sowie Biographisches und Exzerpte aus antiken Autoren enthalten. Das Werk ist durch Kompilation entstanden, der Verf. ist unbekannt. Häufig ist S. die einzige Quelle sonst verlorener Autoren, bes. der Alten Komödie. Der in älterer Literatur benutzte Begriff »Suidas« als

Werk- und Verfassername beruht auf einem Mißverständnis. **Lit.:** N. G. Wilson, Scholars of Byzantium (1983) 145–147.

Sueton, Gaius Suetonius Tranquillus, röm. Biograph, ca. 70–140 n. Chr. S. entstammte dem Ritterstand. Er war Prinzenerzieher und Bibliothekar am Hofe Trajans, Hadrian machte ihn zu seinem Privatsekretär (*ab epistulis*). Aus seinem Werk sind die Biographien der ersten zwölf Kaiser erhalten (*De vita Caesarum*). Diese haben jeweils einen chronolog. Rahmen, in dem das Leben bis zum Herrschaftsantritt (Familie, Geburtsort, Jugend) bzw. das Lebensende (meist mit Erwähnung der ›letzten Worte‹) erzählt werden. Der Mittelteil stellt Einzelereignisse sowie Charakterzüge und Gewohnheiten der Personen dar. S.s Vorliebe für Anekdotisches und Skandalöses tritt stets hervor. Eine Geschichtsdeutung fehlt. S. versteht es, zahlreiche Fakten mit hohem Unterhaltungswert zu verbinden. Aus einer Sammlung *De viris illustribus* (*Von berühmten Männern*), die Biographien von Grammatikern, Rhetoren, Dichtern und Historikern enthielt, sind ca. die Hälfte der Grammatiker/Rhetoren-Abteilung sowie die Lebensbeschreibungen von Terenz, Vergil, Horaz, Juvenal, Persius, Lukan und Plinius d.Ä. überliefert. Diese wurden von spätantiken Philologen bisweilen Textausgaben vorangestellt. **Lit.:** K. Sallmann/P.L. Schmidt, in: HLL IV (1997) 14–53.

Sulla, Lucius Cornelius S., 138–78 v. Chr., röm. Feldherr und Staatsmann, aus patriz. Geschlecht, wurde 107 unter Marius Quästor im Jugurthin. Krieg und war maßgeblich an der Gefangennahme Jugurthas beteiligt. Nach Teilnahme am Krieg gegen Kimbern und Teutonen (104–101) intervenierte er 96 im Auftrag des Senats bei Thronwirren in Kappadokien und verhandelte als erster Römer mit den Parthern. Nach dem Bundesgenossenkrieg (91–88), an dem er als Legat teilnahm, wandte er sich 88 gegen die Reformpläne des Volkstribunen P. Sulpicius Rufus und besetzte, nachdem sein Rivale Marius mit dem Oberbefehl gegen Mithradates VI. von Pontos betraut worden war, als erster röm. Feldherr mit militär. Mitteln die Hauptstadt. Bei den anschließenden Proskriptionen sollen bis zu 10.000 Menschen ums Leben gekommen sein. Nachdem er selbst den Oberbefehl gegen Mithradates übernommen hatte, begab er sich nach Griechenland, wo er den pont. König in zwei Schlachten besiegte und anschließend nach Kleinasien verfolgte. Nach weiteren Siegen schloß er mit Mithradates den Frieden von Dardanos (84), der im Osten den Status quo wiederherstellte. 83 kehrte nach Italien zurück, wo inzwischen wieder die Anhänger des Marius, der mittlerweile gestorben war, die Macht ergriffen hatten, und besiegte seine Gegner in einem Bürgerkrieg, der bis 81 andauerte. S. ließ sich zum Diktator (*d. rei publicae constituendae*) ernennen und führte eine Neuordnung des Staates durch, die die alte Republik stärken und die Vormachtstellung seiner Anhänger und des alten Patriziats sichern sollte. Zu diesem Zwecke wurden die Rechte der Volkstribunen eingeschränkt, die künftig von der Ämterlaufbahn ausgeschlossen waren, der Senat von 300 auf 600 Mitglieder erweitert und die Gerichtshöfe neu besetzt (künftig nur noch Senatoren). Darüber hinaus wurde die Anzahl der Magistrate erhöht und die Mehrzahl seiner potentiellen Gegner durch Proskriptionen ausgeschaltet. 79 legte er sämtl. Ämter nieder und zog sich auf sein Landgut zurück, wo er 78 starb. – S. wurde bereits in der Antike kontrovers beurteilt. Sein Hauptziel, die Stabilisierung der Republik, erreichte er nur für kurze Zeit. Durch den erstmaligen Einsatz der Armee bei inneren Konflikten förderte er vielmehr, ohne dies beabsichtigt zu haben, den weiteren Verfall der traditionellen Strukturen. Er hinterließ (nicht erhalten gebliebene) unvollendete Memoiren in 22 Büchern. Privat galt er als Lebemann und Frauenliebling und soll oft an Zechgelagen teilgenommen haben. **Lit.:** W. Schur, das Zeitalter des Marius und S. (1942). – B. Wosnik,

Untersuchungen zur Gesch. S.s (1962). – A. Keaveney, S. The Last Republican (1982). – Th. Hantos, Res publica constituta. Die Verfassung des Dictators S. (1987).

Sulpicia, 1. Jh. v. Chr., Nichte des M. Valerius Messalla Corvinus. Ihre sechs in der Gedichtsammlung des Tibull überlieferten Liebeselegien sind die einzigen Gedichte einer Römerin, die aus klass. Zeit erhalten sind.

Sulpicius, Publius S. Rufus, Volkstribun 88 v. Chr., initiierte ein Reformwerk, mit dem die *socii* nach dem Bundesgenossenkrieg als Neubürger auf alle 35 Tribus verteilt werden sollten, um so einseitige Manipulationen bei der Gewährung des Bürgerrechts auszuschließen. Um seine Ziele durchzusetzen, verbündete er sich mit Marius, dem er den Oberbefehl im Krieg gegen Mithradates VI. von Pontos verschaffte. Durch diese Maßnahme brachte er Sulla gegen sich auf, der Rom militärisch besetzte. S. konnte zunächst fliehen, wurde aber schon bald von einem Sklaven verraten und ermordet.

Sulpicius Severus aus Aquitanien, lat. Historiker, ca. 360–420 n. Chr. Erhaltene Werke sind eine Biographie des Hl. Martin von Tours, die als eine Apologie einer asket. Lebensführung anzusehen ist; dazu kommen drei Briefe über Martins Wundertaten und Tod, ein Dialog, in dem Martins Taten mit den Wirken der ägypt. Eremiten verglichen werden, und eine Universalchronik in zwei Büchern bis 400 n. Chr., die eine wichtige Quelle für die Ereignisse des 4. Jh. (und insbes. für die priscillian. Ketzerei) darstellt. Vorbilder für seinen Stil sind Sallust und Tacitus. **Lit.:** C. Stancliffe, St. Martin and His Hagiographer. History and Miracle in S. S. (1983).

Symmachos, griech. Grammatiker, 1./2. Jh. n. Chr.; Verf. von Kommentaren zu Aristophanes, von denen nur Fragmente erhalten sind.

Symmachus (1), Quintus Aurelius S., röm. Redner und Politiker, ca. 340–402 n. Chr., 384 Präfekt der Stadt Rom, Konsul 391, Mittelpunkt eines Kreises heidn. Senatoren und Literaten, die sich für den Erhalt der klass. röm. Traditionen, speziell der Literatur, stark machten. S. war 384 durch den Streit mit dem Mailänder Bischof Ambrosius hervorgetreten, in dem er erfolglos um die Wiederaufstellung des aus dem Senat entfernten Altars der altröm. Göttin Victoria gekämpft hatte. Der Briefwechsel des S. in 10 Büchern (ca. 900 Briefe) ist ein wertvolles Dokument für die soziale und polit. Rolle des Senatorenstandes in der Spätzeit Westroms.

Symmachus (2), Quintus Aurelius Memmius S., Konsul 485 n. Chr., unterhielt als Haupt des Senats gute Beziehungen zum Ostgotenkönig Theoderich. Nach dem Tod seines Schwiegersohnes Boethius (524) wurde er des Hochverrats bezichtigt und hingerichtet. Er war um den Erhalt der antiken Bildung bemüht und hinterließ eine (nicht erhaltene) röm. Geschichte in sieben Büchern.

Symphosius, lat. Autor, 4./5. Jh. n. Chr., Verf. einer Sammlung von ca. 100 hexametr. Rätseln. Jedes Rätsel besteht aus drei daktyl. Hexametern), die im Mittelalter große Wirkung hatte.

Synesios von Kyrene, christl. griech. Neuplatoniker und Bischof von Ptolemais 410–13 n. Chr., ca. 370–413 n. Chr. Von S. sind neun Hymnen, 156 Briefe und eine Reihe von Reden erhalten. Die Rede *Dion* – gemeint ist der kyn. Popularphilosoph Dion von Prusa – ist ein harter Angriff gegen den zeitgenöss. Niedergang der menschl. Kultur. Einblick in den Rhetorik-Betrieb des 4./5. Jh. gibt die Rede *Lob der Kahlköpfigkeit*. S. befaßte sich ebenso, der neuplaton. Tradition entsprechend, mit Wahrsagekunst und Traumdeutung. Seine polit. Tätigkeit als Botschafter in Konstantinopel ist durch die Schriften *Über die Königsherrschaft*, einen Fürstenspiegel mit krit. Unterton, und *Über die Vorsehung* gut bezeugt. **Lit.:** J. Bregman, Synesius of Cyrene (1983). – B.-A. Roos, Synesius of Cyrene (1991).

Syphax, numid. König vom Stamme der Masaisylier in West-Numidien, schloß im 2. Pun. Krieg zunächst ein Bündnis mit Rom, unterlag jedoch gegen die Truppen der Karthager und seines numid. Erzfeindes Massinissa (214/ 13 v. Chr.). 206 wechselte er die Fronten und kämpfte ab 204 an der Seite Karthagos gegen die röm. Invasionstruppen unter P. Cornelius Scipio. Nach der Niederlage der Verbündeten auf den Großen Feldern konnte er zunächst fliehen, wurde aber bei Cirta von Scipio gefangengenommen (203) und starb 201 in röm. Gefangenschaft.

Syrian (gr. Syrianọs), griech. neuplaton. Philosoph aus Alexandria; 1. Hälfte 5. Jh. n. Chr., Lehrer des Proklos, Verf. von Kommentaren zu Homer, Platons *Staat* und Büchern der *Metaphysik* des Aristoteles. **Lit.:** R. T. Wallis, Neoplatonism (1972) 138 ff.

T

Tạcitus (1), Pụblius Cornẹlius T., röm. Historiker, ca. 55–120 n. Chr. Über T.ʼ Leben ist wenig Gesichertes bekannt. Er war 81/82 Quästor, 88 Prätor, 97 Konsul und unter Trajan, wohl 112/ 13, Prokonsul von Asien. Schriftstellerisch wurde er erst nach dem Ende der von ihm als bedrückend empfundenen Herrschaft Domitians tätig. 98 veröffentlichte er die Biographie seines 93 verstorbenen Schwiegervaters Agricola (*De vita et moribus Iulii Agricolae/Leben und Charakter des Julius Agricola*); die Schrift ist Lebensbeschreibung, Nachruf und Monographie über die Eroberung Britanniens zugleich. Agricola erscheint als ein vorbildl. Römer in einer geistigmoralisch heruntergekommenen Zeit. Die wenig später veröffentlichte *Germania* ist die ›Biographie‹ eines zwar unzivilisierten und von Lastern nicht freien, aber auch unverdorbenen Barbarenvolkes, das sich Tugenden, die einst Rom groß gemacht haben, wie Schlichtheit, Tapferkeit und bes. freiheitl. Gesinnung, bewahrt hat und darum zu einem gefährl. Gegner heranwächst. German.

Götter und Institutionen werden durch die ›Brille‹ des Römers beschrieben (*interpretatio Romana*). Die Schrift wurde in der Neuzeit zu nationalen Auseinandersetzungen mißbraucht: Papst Pius II. (15. Jh.) zog aus ihr Argumente in der Auseinandersetzung gegen deutsche Bischöfe, seit Wimpfeling und Hutten (16. Jh.) berief man sich auf deutscher Seite positiv auf sie. Der an Ciceros *De oratore* erinnernde *Dialogus de oratoribus* (*Dialog über die Redner*, wohl um 102 entstanden) gibt ein fiktives Gespräch aus der Jugendzeit des T. im Haus des Redners und Tragödiendichters Curiatius Maternus wieder. Der Niedergang der Beredsamkeit wird als Folge des Verlustes republikan. Freiheit gedeutet. Diese habe man dem Frieden opfern müssen. Maternus sei deshalb vom Redner zum Dichter geworden. Aus ihm dürfte T. sprechen, der ebenfalls zum Literaten wurde. T.ʼ lückenhaft erhaltene Hauptwerke, die *Annalen* (16 Bücher) und die früher entstandenen *Historiae* (14 Bücher), stellen die röm. Geschichte vom Tode des Augustus (14 n. Chr.) bis zur Ermordung Domitians (96 n. Chr.) dar. Das beherrschende Thema ist die Beurteilung des Prinzipats, den T., weil er der Freiheit zuwiderlaufe, ablehnen muß. Als Vertreter polit. Geschichtsschreibung steht T. in der Tradition des Sallust. Wie dieser arbeitet er mit psycholog. Charakterisierungen. Die Vorliebe für *sententiae* haben beide ebenso gemein wie den Hang zu Archaismen. Gleichwohl gelingt es T., über eine moral. Beurteilung hinaus auch strukturelle Ursachen zu erkennen. Scharfsichtige Analyse verbindet er mit pathet. Ausdrucksform und hohem künstler. Anspruch. Die *Annalen* beginnen, für ein Prosawerk höchst auffällig, mit einem daktyl. Hexameter. T. schlägt eine Brücke zwischen der Methode der polit. Geschichtsschreibung und der mimet.-dramat. Form, die die Annalisten der Republik gepflegt hatten. *Sine ira et studio* (»ohne persönl. Haß und Parteilichkeit«, Ann. 1, 1) schreibt T. tatsächlich, unvoreingenommen ist er indes nicht. Er sah, wie Lichtenberg (18. Jh.) bemerkte, »in jeder Handlung bis auf den Teufel hinunter«. Ammianus Marcellinus nahm sich T. zum Vorbild und setzte die *Historiae* bis zum Jahre 378 fort. **Lit.:** R. Syme, T. I-II (²1979). – V. Pöschl (Hg.), T. (²1986). – M. M. Sage, in: ANRW II 33, 2 (1990) 851–1030.

Tacitus (2), Marcus Claudius T. Augustus, röm. Kaiser Ende 275–Mitte 276 n. Chr.; geb. ca. 200, vornehmer Herkunft; 273 Konsul; nach dem Tod des Aurelian wurde T. Ende 275 im Alter von 75 Jahren zum Kaiser gewählt; 276 zog er nach Kleinasien, wo er einen Sieg über die Goten errang; ca. Juli 276 wurde er in Tyana ermordet. **Lit.:** D. Kienast, Röm. Kaisertabelle (²1996) 250 f.

Tarquinius Priscus, der legendäre fünfte König Roms, regierte nach der traditionellen Überlieferung 616–578 v. Chr. und stammte aus Etrurien. Er begann den Bau des kapitolin. Tempels und öffnete die Stadt, bes. hinsichtlich Kultformen und des öffentl. Lebens, etrusk. Einfluß.

Tarquinius Superbus, der siebente und letzte König Roms, wohl eher ein Enkel als Sohn des T. Priscus, regierte nach Livius 534–509 v. Chr. und kam durch die Ermordung des Servius Tullius an die Macht. Durch sein zunehmend tyrann. Regiment brachte er die Patrizier und das Volk gegen sich auf und wurde nach der Schändung der Lucretia im Zuge einer Verschwörung gestürzt und vertrieben. Spätere Versuche, nach Rom zurückzukehren, blieben erfolglos. Die traditionelle Überlieferung zu T. ist durch die spätere republikan. Geschichtsschreibung entstellt. Die meisten negativen Berichte dürften erfunden sein, um den Sturz der Monarchie im Nachhinein zu rechtfertigen. In Wahrheit hängt das Ende der Königszeit wohl mit der Vertreibung der Etrusker zusammen, die bis dahin die Herrschaft in Rom ausgeübt hatten.

Tarquitius Priscus, röm. Lehrbuchautor. T. ist bei verschiedenen Schriftstellern (Plinius, Servius, Macrobius u. a.) als Übersetzer von Schriften aus dem Etruskischen und Verf. einer Abhandlungen zur *Disciplina Etrusca* genannt. Über Leben und Datierung ist nichts bekannt. Die »etrusk. Disziplin« ist die in heiligen Büchern niedergelegte Lehre der *haruspices* (»Wahrsager, Eingeweideschauer«). Sie betrifft Opferschau, Deutung von Blitzen und anderen göttl. Zeichen, gibt Anweisung zur rituellen Weihung von Städten und Heiligtümern.

Tatianus, Flavius Eutolmius T., *praefectus praetorio* 388–392 n. Chr., ein Heide, wurde 392 in seinem Amt gestürzt, aber später rehabilitiert. Er dichtete eine Fortsetzung der *Ilias* und war mit Libanios befreundet.

Taxiles, ind. Kleinkönig zwischen Indus und Hydaspes, schloß mit Alexander d.Gr. bei dessen Einmarsch in Indien ein Bündnis. In der Schlacht am Hydaspes kämpfte er mit den Makedonen gegen seinen Erzfeind Poros. 324 übertrug ihm Alexander die Satrapie über das Indus-Gebiet. **Lit.:** H. Berve, Alexanderreich II (1926) Nr. 739.

Teklekleides aus Athen, griech. Komödiendichter, 2. Hälfte 5. Jh. v. Chr., mit fünf Dionysien- und drei Lenäensiegen äußerst erfolgreich. Aus den *Amphiktyones* ist ein 15 Verse umfassendes Fragment mit den für die Alte Komödie typ. Schlaraffenlandvorstellungen erhalten. **Lit.:** B. Zimmermann, Die griech. Komödie (1998) 200.

Telephos aus Pergamon, vielseitiger griech. Grammatiker und Stoiker, 2. Jh. n. Chr. Er verfaßte Einführungsschriften in die Philologie, ein Synonymen-Lexikon, Biographien der Tragiker und Komiker und mehrere Abhandlungen zu Homer.

Telesilla aus Argos, griech. Lyrikerin, 5. Jh. v. Chr. Nach einer Niederlage ihrer Landsleute soll sie die Heimatstadt gerettet haben. Insgesamt sind nur neun Fragmente erhalten, vermutlich aus Hymnen, die für Mädchenchöre geschriebenen waren. **Lit.:** J. M. Snyder, The Women and the Lyre (1989) 59 ff.

Terentianus Maurus aus Afrika, lat.

Grammatiker, 2./3. Jh. n. Chr. T. verfaßte drei metr. Lehrgedichte, *De litteris* (über die Artikulation der Buchstaben), *De Syllabis* (über die metr. Qualität von Silben), *De metris* (über Versmaße). Bekannt ist aus seinem Werk der Vers *Pro captu lectoris habent sua fata libelli* (»Nach Auffassungsgabe des Lesers haben Bücher ihre Schicksale«), dessen zweite Hälfte meist allein (und sinnentstellend) als geflügeltes Wort zitiert wird. **Lit.:** K. Sallmann, in: HLL IV (1997) 618–622.

Terentius Scaurus, Quintus T. S., röm. Grammatiker, 1. Hälfte 2. Jh. n. Chr., Verf. einer Schrift *De orthographia* (*Über Rechtschreibung*). **Lit.:** P. L. Schmidt, in: HLL IV (1997) 222–226.

Terenz, Publius Terentius Afer, röm. Komödiendichter, ca. 195 (oder 185)– 159 v. Chr. T. stammte, wie sein Beiname besagt, aus Afrika. Er kam als Freigelassener des Terentius Lucanus, dessen Gentilnamen er führte, nach Rom. Seine Bekanntschaft mit dem jüngeren Scipio und mit Laelius (Scipionenkreis) ist bezeugt; daß beide ihm bei der Abfassung seiner Komödien geholfen haben sollen, ein unbestätigtes Gerücht. Vielleicht hatte T. durch seine Kontakte aber leichteren Zugang zu griech. Bibliotheken, in denen er die Originale für seine lat. Bearbeitungen fand. Eigenständige Komödien ohne griech. Vorlage sind von T. nicht bekannt. Bei den Leichenspielen für L. Aemilius Paullus 160 v. Chr. wurde die *Hecyra* (*Schwiegermutter*, erste Aufführung 165) zum zweiten Mal aufgeführt. Das Stück konnte indes erst bei seiner dritten Inszenierung, an den *Ludi Romani* desselben Jahres, zu Ende gespielt werden. Der erste Aufführungsversuch scheiterte, wie aus dem zweiten Prolog hervorgeht, an der Konkurrenz von Seiltänzern und Boxkämpfern. Die T.-Prologe insgesamt sind – wenn auch subjektiv gefärbte – Quellen zur Theaterpraxis. Wir erfahren von Querelen mit einem älteren Dichter namens Luscius Lanuvinus, der T. in der *Andria* (*Mädchen aus Andros*) der Kontamination bezichtigte; im *Eunuchus* (161 v.

Chr.) habe er mit der Übernahme einer bereits von Plautus geformten Gestalt ein *furtum* (Plagiat) begangen. Derselbe Vorwurf treffe auf die *Adelphoi* (*Brüder,* 160 v. Chr.) zu; dort sei eine ganze Szene aus einer bereits von Plautus übersetzten griech. Komödie »gestohlen«. T. verteidigt sich teils mit Unkenntnis, teils weist er die Vorwürfe zurück. Im Prolog des *Phormio* (161 v. Chr.) rechnet T. grundsätzlich mit seinem Widersacher ab. *Hecyra* und *Phormio* sind nach Apollodor von Karystos gearbeitet, die anderen Stücke nach Menander. T. hielt sich enger an seine Vorlagen als Plautus, die *dramatis personae* entsprechen dem stereotypen Personal der Neuen Komödie. T. ändert weniger die Struktur als das Ethos der hellenist. Originale. Offensichtlich ist es ein Merkmal seiner Kunst, daß er edle Charaktere bisweilen in Karikaturen umbiegt. So erweist sich Chremes im *Heautontimorumenos* (*Selbstquäler,* 163 v. Chr.), der als *homo humanus* mit hehren Maximen. (»Ich bin ein Mensch, nichts Menschliches ist mir fremd«, Vers 77) eingeführt wird, am Schluß als Schwätzer und Intrigant. Caesar nannte T. *dimidiatus Menander* (»halben Menander«), wobei er offenbar die bessere Hälfte an ihm vermißte. Im Vergleich zu Plautus verzichtete T. auf derbe und oberfläch. Komik und verlegte statt dessen die Verwicklungen eher ins Innere der Personen. Früh avancierte T. zum Schulautor und wurde bereits in der Spätantike kommentiert (Donat, Eugraphius). Hrotsvith von Gandersheim (10. Jh.) verfaßte an T. angelehnte Dramen, in der französ. Klassik stand er über Plautus, noch Goethe lernte an ihm Latein. **Lit.:** H. Juhnke, in: E. Lefèvre (Hg.), Das röm. Drama (1978) 224–308 – E. Lefèvre, T.' und Menanders *Heautontimorumenos* (München) 1994.

Terpander (gr. Terpandros) von Lesbos, griech. Musiker und Dichter, frühes 7. Jh. v. Chr. Als musikal. Neuerer begründete er den Nomos und soll die siebensaitige Lyra eingeführt haben. Die unter seinem Namen überlieferten Fragmente sind wahrscheinlich unecht. **Lit.:** A. Gostoli, Terpandro (1990).

Tertullian, Quintus Septimius Florens Tertullianus, aus Karthago, lat. Apologet, 160–nach 220 n. Chr. Als Sohn heidn. Eltern bekehrte sich T. erst in fortgeschrittenem Alter zum Christentum. Er war Anwalt in Afrika und zeitweilig auch in Rom. Nach 200 wandte er sich den Montanisten zu. Aus seinem Werk sind 31 Schriften, teils aus der kathol., teils aus der montanist. Phase, erhalten, die T. als streitbar und unbeugsam ausweisen. Sein Ton ist von beißender Schärfe und läßt die forens. Praxis noch durchscheinen. Er verfaßte apologet. Abhandlungen, in denen er das Christentum gegen die Heiden verteidigt, Schriften gegen die Juden, gegen Ketzer, prakt.-asket. Traktate zu Fragen christl. Lebensführung und Moral sowie theolog.-dogmat. und philosoph. Arbeiten. Besondere Bedeutung hat T. als einer der frühesten lat. Apologeten (neben Minucius Felix) erlangt. Er bringt stoische Ethik und Beispiele röm. Lebens in Bezug zu christl. Denken und erweist die Überlegenheit des letzteren. Im *Apologeticum* fingiert er eine öffentl. Rede vor dem Statthalter und verbindet Verteidigungs- und Werberede. In *De anima* (*Über die Seele*) setzt er sich mit der heidn. Philosophie auseinander. *De spectaculis* (*Über die Schauspiele*) ist eine wichtige Quelle für das röm. Theaterwesen. **Lit.:** H. Tränkle, in: HLL IV (1997) 438–511.

Thales (gr. Thalēs) aus Milet, griech. Philosoph, 1. Hälfte 6. Jh. v. Chr., Begründer der jon. Naturphilosophie, einer der Sieben Weisen. Von Th. gab es keine Schriften. Er soll eine astronom. Theorie entwickelt haben und sagte die Sonnenfinsternis vom 28.5.585 voraus. Im Wasser sah er den Ursprung der Erde und des Kosmos. Seit dem 5. Jh. v. Chr. war Th. Gegenstand von anekdotenhaften Geschichten, die ihn als weltfremden Theoretiker darstellen. **Lit.:** W. K. C. Guthrie, A History of Greek Philosophy I (1965) 45 ff. – GGGA (1999).

Theaitetos aus Athen, griech. Mathematiker, ca. 415–369 v. Chr. Auf Th., Gesprächspartner des Sokrates in dem nach ihm benannten platon. Dialog, geht der mathemat. Satz von der Irrationalität der Quadratwurzeln aller nichtquadrat. natürl. Zahlen zurück sowie das Analogon für Kubikwurzeln, eine Klassifikation auch im Quadrat irrationaler Zahlen und die Konstruktion der fünf regelmäßigen Polyeder (der sog. Platon. Körper). Euklids 10. Buch der *Elemente* verdankt ihm viel. **Lit.:** W. R. Knorr, Evolution of the Euclidean Elements (1975).

Themistios aus Paphlagonien, griech. Philosoph und Redner, ca. 317–388 n. Chr. Unter seiner Leitung wurde die von Kaiser Konstantin gegründete Schule in Konstantinopel zu einem angesehenen Studienort. Unter Konstantin fungierte er als Senator, unter Theodosius als Stadtpräfekt. Erhalten sind 34 Reden und Erläuterungen zu Werken des Aristoteles. Th. war der Organisator der Umschrift der Papyrusrollen der Bibliothek von Konstantinopel in Pergamentcodices. **Lit.:** G. A. Kennedy, Greek Rhetoric under Christian Emperors (1983) 32–35.

Themistokles (gr. Themistoklēs), bedeutender athen. Staatsmann, um 524–459 v. Chr., aus dem Geschlecht der Lykomiden, erkannte frühzeitig die Gefahr, die den Griechen von den Persern drohte, und forderte unter dem Eindruck des Jon. Aufstands eine konsequente Politik des Aufbaus einer athen. Kriegsflotte. Als Archon (493/92) leitete er den Ausbau der Hafenanlagen des Piräus und nahm als Stratege an der Schlacht bei Marathon (490) teil. Nach dem Tod des Miltiades (489) stieg er zum führenden athen. Politiker auf und festigte seine Machtposition durch demokrat. Reformen und die Ausschaltung seiner polit. Gegner mittels Ostrakismos. Sein Flottenprogramm verwirklichte er ab 483/82 unter Rückgriff auf die Einnahmen der Silberminen von Laureion. Während des großen Perserkrieges (480/79) wurde Th. zur Leitfigur des griech. Widerstands. Er veranlaßte die Rückkehr der athen. Verbannten, hatte maßgebl. Anteil am Zustandekommen eines griech. Abwehrbündnisses und befehligte die athen. Flotte in der Seeschlacht bei Artemision. Nach dem Fall der Thermopylen leitete er den Rückzug der Flotte und veranlaßte die Evakuierung Athens. Durch eine List brachte er die Perser dazu, die griech. Flotte im engen Sund von Salamis anzugreifen, wo es gelang, die pers. Flotte fast vollständig zu vernichten. Nach Kriegsende war er maßgeblich an der Gründung des Att. Seebunds beteiligt und versuchte, die athen. Macht gegenüber Sparta zu festigen. In den Auseinandersetzungen Ende der 70er Jahre unterlag Th. seinen innenpolit. Gegnern und wurde ostrakisiert. Nachdem er zudem des Hochverrats angeklagt wurde, flüchtete er aus seinem Exil in Argos nach Kleinasien, wo er als Lehnsmann des Perserkönigs starb. **Lit.:** A.J. Podlecki, The Life of Themistocles (1975). – H. Bengtson, Griech. Staatsmänner (1983) 46–76. – GGGA (1999).

Theodektes aus Phaselis (Lykien), griech. Tragiker und Redner, 4. Jh. v. Chr. Er bildete sich in Athen aus, war Schüler von Platon und Isokrates und war als Logograph tätig. Er soll 50 Dramen aufgeführt und acht Siege errungen haben. Die Fragmente sind im Stil von Euripides verfaßt. **Lit.:** B. Gauly u.a. (Hg.), Musa tragica (1991) 168–179.

Theoderich, um 453–526 n. Chr., König der Ostgoten aus dem Geschlecht der Amaler, wuchs als Geisel in Konstantinopel auf und gelangte 474 zur Herrschaft über sein Volk. Nachdem es im unteren Donaugebiet, wo die Ostgoten als Föderaten des (ost-) röm. Reiches siedelten, immer wieder zu Auseinandersetzungen mit Byzanz gekommen war, veranlaßte ihn Kaiser Zenon 488, mit seinem Volk nach Italien abzuwandern, um den dortigen Machthaber Odoaker zu stürzen. Nachdem er diesen endgültig besiegt hatte (493), errichtete er in Italien ein ostgot. Reich, das bis ins Alpenvorland und nach Dalmatien reichte, und zu den bedeutendsten ger-

man. Nachfolgestaaten des röm. Reiches zählte. Nominell nur im Auftrag des oström. Kaisers regierend, war er faktisch unabhängig. Er heiratete eine Schwester des Frankenkönigs Chlodwig und bewahrte 507 die Westgoten vor der völligen Niederlage gegen die Franken. Im Inneren respektierte er die spätantik-röm. Gesellschaftsordnung und war um einen Ausgleich zwischen den Goten, die für militär. Belange zuständig waren, und der einheim. Oberschicht, die wirtschaftlich führend blieb, bemüht. Auch an der Verwaltung des Reiches waren namhafte Römer (u.a. Cassiodor) an höchster Stelle beteiligt. Th. förderte das geistige Leben und gilt als einer der bedeutendsten german. Herrscher der Spätantike, wenn auch das von ihm geschaffene Reich seinen Schöpfer nur um knapp 30 Jahre überlebte. Sein gut erhaltenes Grabmal befindet sich noch heute in seiner Hauptstadt Ravenna. **Lit.:** W. Enßlin, Th. d.Gr. (²1959).

Theodora, um 497–548 n. Chr., Gemahlin des oström. Kaisers Justinian, stammte als Tochter eines Circuswärters aus einfachsten Verhältnissen und war bereits mit Justinian verheiratet, als dieser 527 zur Regierung gelangte. Während des Nika-Aufstands (532) bewies sie großes polit. Geschick und rettete durch ihr persönl. Eingreifen ihrem Mann die Krone. Sie hatte uns engste Beraterin betäticulä. Einfluß auf die Amtsführung Justinians und trat als Schirmherrin kirchl. und sozialer Stiftungen hervor. Das negative Bild, das Prokopios von Caesarea in seiner Geheimgeschichte von ihr zeichnet, ist maßlos übertrieben und einseitig verfälscht. **Lit.:** W. Schubart, Justinian und Th. (1943).

Theodoret (gr. Theodoretos) aus Antiochia, Bischof und griech. Theologe, 390–466 n. Chr. Th., ab 423 Bischof von Kyrrhos, ist einer der fruchtbarsten Autoren der alten Kirche. Zu seinen wirkungsvollsten Schriften gehören die *Hellenikon pathematon therapeutike (Heilung von griech. Krankheiten)*, eine Apologie, in der christl. und heidn.-philosoph. Positionen gegenübergestellt werden, und die *Philotheos historia*, eine Sammlung von 30 Mönchsviten. **Lit.:** J. Schulte, Th. von Cyrus als Apologet (1904).

Theodoros (1) aus Kyrene, griech. Geometer und Mathematiker, Schüler des Protagoras, 5. Jh. v. Chr. Gesprächsteilnehmer in Platons *Theaitetos*.

Theodoros (2) aus Gadara, griech. Redner; 1. Jh. n. Chr., Lehrer des jungen Tiberius, häufig von Quintilian zitiert.

Theodoros (3) aus Asine, griech. Philosoph, Neuplatoniker; ca. 275–360 n. Chr.; Schüler des Porphyrios. Die Titel zweier Schriften des Th. sind bekannt: eine über die Terminologie der Metaphysik, die andere über Seelenwanderung und das Wesen der Seele. Th. schrieb auch Kommentare zu Dialogen Platons.

Theodoros (4) aus Mopsuestia, griech. Theologe, ca. 350–428 n. Chr. Die zahlreichen Schriften (zumeist Kommentare zu den bibl. Büchern) sind nur fragmentarisch oder in syr. Übersetzung erhalten.

Theodorus Priscianus, griech. medizin. Schriftsteller, wahrscheinlich aus Nordafrika stammend, 4./5. Jh. n. Chr. Leben und Wirksamkeit sind nur durch seine erhaltenen Schriften bekannt: die *Euporista* (*Leicht zu beschaffende Medikamente*), eine Zusammenstellung längst bekannter Rezepte von Heilmitteln, wobei die Heilkraft der Natur eine bedeutende Rolle spielt, und ein Fragment der *Physika* (*Sammlung von Wundermitteln*).

Theodosius I., 347–395 n. Chr., röm. Kaiser 379–395, stammte aus Spanien und wurde 379, nach dem Tod des Valens von Gratianus zum Augustus des Ostens erhoben. Er versuchte, das Reich gegen weitere Einfälle german. Völkerschaften zu schützen, und schloß 382 einen Vertrag mit den Westgoten, der sie gegen Gewährung einer Autonomie innerhalb des Reiches zur Waffenhilfe verpflichtete. 388 unterwarf er den Usurpator Maximus, der sich im Westreich durchgesetzt hatte, und stellte 394, nach seinem Sieg über Eugenius, ein letztes Mal die Einheit des Reiches her. Nachdem er bereits 380 zum christl. Glauben übergetreten war, verbot er 392 jegl. Götterkult und erhob das Christentum zur Staatsreligion. Für seine Untertanen schrieb er ein verbindl. Glaubensbekenntnis vor, was später zu Verfolgungen vermeintl. Häretiker führen sollte. Bei seinem Tod (395) kam es zur erneuten Reichsteilung zwischen seinen Söhnen Arcadius (Osten) und Honorius (Westen), die diesmal endgültigen Charakter hatte. Das Bild des Th. in der Geschichte ist bes. mit dem Sieg des Christentums verbunden. **Lit.:** A. Lippold, Th. d.Gr. und seine Zeit (1980).

Theodosius II., 401–450 n. Chr., oström. Kaiser 408–450, Sohn des Arcadius, war zeitlebens von seinen Beratern abhängig und bemühte sich, trotz innerer Schwäche die Stabilität des Reiches zu bewahren. Er initierte die Veröffentlichung einer Sammlung kaiserl. Gesetze (*Codex Theodosianus*) und verstärkte die Verteidigung Konstantinopels durch die nach ihm benannten Theodosian. Mauern.

Theognis aus Megara, griech. Elegiker, Datierung unsicher (7./6. Jh. v. Chr.). Erhalten sind 1389 Verse in didakt. Stil. Die Verse speisen sich aus der Welt der adligen Hetairien (Adelskreise), dürften an Symposien vorgetragen worden sein und dienen der Vermittlung der Werte der Adelsgesellschaft. Wie es scheint, ist das erhaltene Werk eine Zusammenstellung aus hellenist. Zeit und geht auf mehrere Autoren zurück **Lit.:** M. L. West, Studies in Greek Elegy and Iambus (1974) 401–425. – GGGA (1999).

Theokrit (gr. Theokritos) von Syrakus, griech. Dichter, 1. Hälfte 3. Jh. v. Chr. Th. lebte am Hof von Alexandria. In der antiken Literaturgeschichte galt er als Begründer der Bukolik. Wie sein innovativer Zeitgenosse Kallimachos ließ sich auch Th. für seine vielfältige Neuschöpfung von der altgriech. Dichtung inspirieren. Das von antiken Gelehrten komponierte *Corpus Theocri-*

teum enthält unter den ca. 30 längeren und 24 epigrammat. Gedichten viel Unechtes, das oft nicht eindeutig zu bestimmen ist. In der Kaiserzeit nannte man die größeren Gedichte *eidyllia* (»Bildchen«), woraus sich der Begriff der Idylle im heutigen Sinne entwickelt hat. Das nicht-epigrammat. Werk des Th. umfaßte neben den bekannten *Bukolika* Gedichte im städt. Milieu, Mythologisches, Erotisches und Gedichte an Herrscher. Die ersten beiden Gruppen hat man aufgrund ihrer dramatisierten Form auch als ländl. bzw. städt. Mimen bezeichnet. Die meisten Gedichte sind in Hexametern oder Distichen abgefaßt. Der Dialekt ist ein literarisch abgemildertes Dorisch mit ep. Bestandteilen. Th. verbindet die typisch alexandrin. Demonstration literar. Bildung und poet. Vielseitigkeit mit einem Thema, das auf den ersten Blick unangemessen erscheint: der Welt der kleinen Leute (vgl. Leonidas, Herodas). So kreist die Diskussion der Th.-Forschung bes. um das Problem der eigenen Position des Th. gegenüber den von ihm geschilderten Gegenständen. **Lit.:** K.-H. Stanzel, Liebende Hirten (1995). – R.L. Hunter, Th. and the Archeology of Greek Poetry (1996). – GGGA (1999).

Theon (1) aus Alexandria, griech. Philologe, 1. Jh. v. Chr., Verf. eines (nicht erhaltenen) Lexikons zu Wörtern in der klass. Tragödie und Komödie. Er arbeitete außerdem über Homer und die klass. Autoren.

Theon (2) aus Alexandria, griech. Rhetor, 1. Jh. n. Chr., Verf. von (nicht erhaltenen) Abhandlungen zu griech. Rednern und einem Lehrbuch der Rhetorik.

Theon (3) aus Smyrna, griech. Philosoph, 2. Jh. n. Chr., Verf. einer (erhaltenen) Schrift über mathemat. Aspekte, die für die Interpretation Platons nützlich sind.

Theon (4) aus Alexandria, griech. Mathematiker, 4. Jh. n. Chr., Verf. eines Kommentars zu Ptolemaios (teilweise erhalten) und Herausgeber der *Elemente* Euklids.

Theophanes (gr. Theophanes) aus Mytilene, ein polit. Ratgeber des Pompeius, begleitete diesen bei seinem Feldzug gegen Mithradates VI. von Pontos und verfaßte ein nicht erhaltenes Geschichtswerk, in dem er die Taten des Pompeius beschrieb. Sein Werk wurde u.a. von Strabon und Plutarch benutzt.

Theophrast (gr. Theophrastos) aus Eresos, griech. Philosoph, 372/70–288/86 v. Chr. Von den mehr als 100 philosoph. Schriften des Schülers und Nachfolgers des Aristoteles sind nur einige naturwissenschaftl., bes. zwei umfangreiche botan. Werke, und die *Charaktere* erhalten. Er legte dieselbe enzyklopäd. Gelehrsamkeit wie Aristoteles an den Tag; seine (nicht erhaltenen) *Lehrmeinungen der Naturphilosophen* hatten großen Einfluß auf die antike Philosophiegeschichte. In den botan. Schriften (*Historia plantarum*; *De causis plantarum*) klassifiziert er zunächst das Material, bevor er auf die Erscheinungsformen und Funktionen eingeht, ohne einen Vollständigkeitsanspruch zu erheben. Die *Charaktere* sind eigentlich eine Stoffsammlung, eine Zusammenstellung von Skizzen über verschiedene, sozial deformierte Typen. Seine Ethik, die eher deskriptiv als normativ angelegt war, erfuhr heftige Angriffe seitens der Stoiker. **Lit.:** K. Gaiser, Th. in Assos (1985). – GGGA (1999).

Theopomp (gr. Theopompos) von Chios, griech. Historiker, ca. 378/77–320 v. Chr. Nachdem seine Familie wegen spartafreundl. Gesinnung verbannt worden war, wurde Th. von Alexander d.Gr. die Rückkehr 333/32 erlaubt. Nach Alexanders Tod ein zweites Mal verbannt, lebte er am Hof von Ptolemaios I. Unter seinen in Fragmenten erhaltenen Schriften findet sich die erste Epitome der antiken Literatur, eine Zusammenfassung von Herodots *Historien*. Als Fortsetzung des Thukydides behandelte er in seinen *Hellenika* die Zeit von 411–394 und trat damit in bewußte Konkurrenz zu Xenophons *Hellenika*. Sein Hauptwerk war die *Geschichte Philipps* (von Makedonien) in 58 Büchern, in der er jedoch nicht nur Leben und Taten Philipps II. beschrieb, sondern sie in den größeren Rahmen einer Darstellung der griech. und barbar. Geschichte stellte. Th. ist einer der herausragenden Vertreter der rhetor. Geschichtsschreibung. Als Universalhistoriker konzentrierte er sich nicht nur auf die histor. und militär. Ereignisse, sondern bezog ethnograph., geograph. und kulturgeschichtl. Betrachtungen mit ein, bes. befaßte er sich in Exkursen mit Erstaunlichem und Wunderbaren (*thaumasia*). Th. scheint ein sorgfältiges Quellenstudium betrieben zu haben, teils schreibt er auf der Basis von Autopsie. **Lit.:** O. Lendle, Einführung in die griech. Geschichtsschreibung (1992) 129–136. – M. A. Flower, Th. of Chios (1994).

Theramenes (gr. Theramenes), um 455–404 v. Chr., athen. Politiker, stammte aus einer reichen Grundbesitzerfamilie und war als gemäßigter Oligarch bereits am Umsturz des Jahres 411/10 beteiligt. Nach der Kapitulation Athens im Peloponnes. Krieg (404) war er einer der Dreißig Tyrannen, geriet aber wegen seiner gemäßigten Positionen in Konflikt mit Kritias, der ihn noch im gleichen Jahr unter Anklage stellte und hinrichten ließ.

Theron, um 540/30–472 v. Chr., Tyrann von Akragas aus dem Geschlecht der Emmeniden, besiegte 480 gemeinsam mit Gelon die Karthager in der Schlacht bei Himera. Unter seiner Herrschaft wurde Akragas durch einen blühenden Handel zu einem der bedeutendsten Orte Siziliens. An seinem Hofe wirkten u. a. Pindar und Simonides.

Thersandros, myth. König von Theben, Sohn des Polyneikes und der Argeia, besticht – wie zuvor sein Vater – Eriphyle mit dem Hochzeitsgewand der Harmonia, ihren Sohn Alkmeon zu einem erneuten Zug gegen Theben zu überreden (Zug der Epigonen). Dieser verläuft erfolgreich, und Th. übernimmt den theban. Thron. Im Trojan. Krieg führt Th. seine Truppe irrtümlich nach Mysien, wo sie unter Telephos zurückgeschlagen wird; Th. wird von Telephos getötet.

Theseus (gr. Theseus), der größte att. Held, Sohn des myth. Königs Aigeus oder des Poseidon und der Aithra. Er beweist seine Stärke, indem er die von Aigeus gestellte Aufgabe löst, einen Felsen beiseite zu rollen; unter diesem liegen ein Schwert und Sandalen. Auf seiner Reise nach Athen, für die er wie Herakles den schwereren Weg über den Isthmos wählt, bestraft er Räuber und Ungeheuer mit eben dem Schicksal, das diese ihm zugedacht hatten: Periphetes erschlägt er mit dessen Keule, Sinis Pityokamptes läßt er durch herabgezogene und dann losgelassene Fichten zerreißen, in Krommyon tötet er das das Land heimsuchende Wildschwein, den Skiron stürzt er ins Meer, schlägt Kerkyon im Ringkampf und verfährt mit Prokrustes, der alle Vorbeikommenden durch Strecken oder Amputation der Länge seines Gästebettes anpaßt, auf dieselbe Weise. Th. fängt und opfert den kret. Stier des Herakles, zieht nach Kreta und tötet den Minotauros im Labyrinth, aus dem er dank Ariadnes Garnknäuel wieder herausfindet. Ariadne nimmt er als seine erste Frau mit, läßt sie jedoch auf Naxos zurück. Vor seiner Ankunft in Athen vergißt Th., weiße Segel als Signal für seinen Erfolg zu hissen, worauf Aigeus sich im Glauben, Th. wäre tot, in das nach ihm benannte Ägäische Meer in den Tod stürzt. Als König von Athen wehrt Th. nach dem ersten, den Herakles geführten Kampf gegen die Amazonen, aus dem er Antiope oder Hippolyte mitgebracht hat, einen erneuten Angriff der Kriegerinnen ab. Mit Hippolyte zeugt er Hippolytos. Später verstößt er Antiope, um Phädra zu heiraten. Sein Freund Peirithoos, den er im Kampf gegen die Zentauren unterstützt hat, hilft ihm dabei, die schöne Helena zu rauben; im Gegenzug begleitet Th. seinen Freund in die Unterwelt, um Persephone zu entführen. Zur Strafe will der Unterweltsgott Hades beide auf ewig auf einem Stuhl festsitzen lassen, jedoch wird Th. später von Herakles befreit. Derweil haben die Dioskuren Helena zurückgeholt und Menestheus auf den

Thron von Athen gesetzt. Th. flieht nach Skyros zu Lykomedes, der ihn später in einem Streit tötet. Th. ist der Schutzpatron Athens, insbes. der athen. Epheben. Wie Poseidon wurde Th. am 8. jedes Monats, bes. aber an seinem Fest, den Theseia am 8. Pyanopsion (Oktober/November), mit Tieropfern, Pompa und Wettkämpfen (Agon) staatskultisch verehrt. In der Tragödie ist Th. das Ideal des att. Königs (z. B. bei Sophokles, *Ödipus auf Kolonos*). Lit.: F. Brommer, Th. (1982). – J. Neils, The Youthful Deads of Th. (1987).

Thespis, griech. Tragiker aus Ikaria (Attika), 2. Hälfte 6. Jh. v. Chr. Er gilt als ›Erfinder‹ der Tragödie (zwischen 538/28) da er nach Aristoteles (*Poetik*) als erster dem reinen Chorgesang einen Prolog und Rede hinzugefügt und dadurch ein Drama, »Handlung«, im eigentl. Sinn erst möglich gemacht habe. Lit.: B. Gauly u. a. (Hg.), Musa tragica (1991) 32–36.

Thibron, spartan. Söldnerführer in den Diensten des Harpalos, ermordete 324 v. Chr. seinen Auftraggeber und begab sich mit dessen Schätzen nach Kyrene, das er für sich zu gewinnen suchte. Nach Anfangserfolgen unterlag er dem von Ptolemaios ausgesandten Feldherrn Ophellas.

Thoas, zwischen 203 und 172 v. Chr. viermal Stratege des Ätol. Bundes, ein führender Vertreter der antiröm. Partei, ermunterte 193 Antiochos III. zum Krieg gegen Rom. Nach dessen Niederlage von den Römern begnadigt, unterstützte er sie im Krieg gegen Perseus (171–168).

Thrasybulos, athen. Politiker, widersetzte sich 411 dem oligarch. Umsturzversuch in seiner Heimatstadt und veranlaßte die Flottensoldaten auf Samos zu ihrem Schwur auf die Demokratie. Nach der Einsetzung der Dreißig Tyrannen am Ende des Peloponnes. Krieges (404) mußte er fliehen, setzte sich aber bereits 403 wieder im Piräus fest und leitete von dort die demokrat. Restauration. 390/89 erneut Stratege (Erfolge in Nordgriechenland), fiel er bei einem Plünderungszug in der Nähe von Aspendos.

Thrasyllos, athen. Feldherr im Peloponnes. Krieg, war 411 nach dem oligarch. Umsturzversuch einer der Hauptinitiatoren des Demokratieschwurs der Flottensoldaten auf Samos. Danach mehrfach Stratege, wurde er 406 als einer der Hauptverantwortlichen für die athen. Verluste in der Seeschlacht bei den Arginusen hingerichtet.

Thrasymachos aus Chalkedon, griech. Sophist, 5./4. Jh. v. Chr., bekannt aus Platons *Staat* (Buch 1). Er scheint das Recht des Stärkeren vertreten zu haben. In der Rhetorik war er wie Gorgias bestrebt, durch Stil und Vortrag die Emotionen des Publikums zu wecken. Lit.: G. A. Kennedy, The Art of Persuasion in Greece (1963).

Thukydides (1) (gr. Thukydides) aus Athen, griech. Historiker, ca. 460–395 v. Chr., Verf. einer Monographie des Peloponnes. Krieges (431–404). Er war Stratege 424/23, wurde aber wegen eines verzögerten Einsatzes bei Amphipolis verbannt; während seines ca. 20jährigen Exils hielt er sich in Thrakien auf, wo er Großgrundbesitz besaß, besuchte ferner die Kriegsschauplätze (Autopsie) und nahm Kontakt zu den Hauptakteuren auf beiden Seiten auf; er nennt jedoch nie seine Informanten. Das Werk bricht abrupt ab. Innere Indizien deuten auf eine lange Abfassungszeit und progressive Planentwicklung; Datierung und entstehungsgeschichtl. Einordnung einzelner Partien (sog. ›thukydideische Frage‹) bleiben bis auf einzelne, spät abgefaßte oder revidierte Abschnitte kontrovers. Buch 5 und 8 weisen Merkmale von Unvollständigkeit auf (Berichtstil, Fehlen von Reden, unverarbeitete Urkunden). Nach eigener Angabe (1, 22, 4) hatte Th. ein Lesepublikum im Sinne. Der oft komplexe Gedankengang, die weitschweifigen Satzkonstruktionen, die Neigung zu abstraktem Sprachausdruck und Neologismen eignen sich nicht für Rezitation. Th. bildet zusammen mit Antiphons Reden und dem *Staat der Athener* des Pseudo-Xenophon unsere

Hauptquelle für die sich noch ausformende att. Prosasprache des 5. Jh.; mit Antiphon (und der Sophistik) teilt er noch die auf Wahrscheinlichkeit (*eikos*) und Indizien (*tekmeria*) gestützte log. Argumentation, mit Pseudo-Xenophon den tiefen Einblick in die Funktionsweise der athen. Demokratie und die Geringschätzung der Volksmasse. Buch 1 ist die Einleitung zur Kriegsdarstellung. In der sog. Archäologie (Überblick über die Vorgeschichte, 1, 2–19) lassen entwicklungsgeschichtl. Überlegungen den Peloponnes. Krieg als einen absoluten Höhepunkt der damaligen Weltgeschichte erscheinen. Im Anschluß an die unmittelbaren Kriegsursachen (Konflikte um Kerkyra und Potidäa, jedoch nicht die sonst gut bezeugten Handelssanktionen Athens gegen Megara, das sog. Megar. Psephisma) schildert Th. in der sog. Pentekontaetie (›Geschichte der 50 Jahre‹) den Zuwachs der Macht Athens und die daraus resultierende Alarmierung Spartas als die wahre Kriegsursache. Buch 2 enthält den Konflikt um Plataä, die peloponnes. Invasion in Attika (Archidam. Krieg), die Darstellung der Pest und ihrer moral. Auswirkung in Athen (oft als Nachweis einer Beziehung zur hippokrat. Medizin gedeutet), welche mit dem idealisierten Bild Athens kontrastiert, das Th. Perikles im unmittelbar vorangehenden Epitaphios (›Rede auf die Gefallenen‹) zeichnen ließ. Die Ereignisse vom Tod des Perikles bis zum sog. Nikiasfrieden (421) nehmen die Bücher 2, 66–5, 24 ein (Schwerpunkte: 2, 66-Ende: Krieg im N; 3: Abfall Mytilenes vom Att. Seebund und seine Unterwerfung nach heftiger Debatte in Athen; Bürgerkrieg in Kerkyra; Athens Erfolge bei Pylos; Niederlage bei Delion; Spartas Erfolge im N; 5, 1–24: Schlacht bei Amphipolis, Tod von Kleon und Brasidas). Die Schilderung der Ereignisse der Friedenszeit 421–415 (5, 25–116) haben ihren Höhepunkt im sog. Melierdialog, in dem die Athener unter Einfluß des sophist. Werterelativismus das Recht des Mächtigeren zynisch vertreten und ihren Im-

perialismus utilitaristisch rechtfertigen. Die Bücher 6/7 schildern die Sizil. Expedition der Athener (415–413) die infolge schwerer Fehler (Abberufung des Alkibiades; Nominierung des unentschlossenen Strategen Nikias) mit einer Katastrophe bei Syrakus endet. Buch 8 enthält die Ereignisse von 412/11 (Anfang des sog. Dekeleischen Krieges), darunter die von Th. gepriesene gemäßigte oligarch. Verfassung der 5.000. Im Gegensatz zu Herodot gilt Th.' Interesse allein der polit.-militär. Zeitgeschichte; themat. Abschweifungen werden in der Regel vermieden. Die Kriegsdarstellung wird nach Jahreszeiten (Sommer/Winter) gegliedert. Der Bericht strebt keine absolute Vollständigkeit, sondern Vermittlung breiter Zusammenhänge an. Th.' Ideal der Genauigkeit (*akribeia*) schließt Selektion nicht aus. Sein Ziel ist die gleichzeitige Vermittlung der Fakten und deren geschichtstheoret. Verarbeitung. Die Interpretation des Geschehens wird auch durch die zahlreichen, unter Einfluß sophist. Rhetorik meist als antithet. Paare angeordneten Reden im Werk erzielt. In ihnen werden die unterschiedl. Motive, Perspektiven und Einschätzungen der Politiker und Feldherren miteinander konfrontiert. Auch häufige Hinweise auf Absichten, Gedanken und emotionale Reaktionen der Handelnden dienen einer psycholog. und rationalist. Erklärung des Geschehens auf der gemeinsamen Grundlage der menschl. Natur (*anthropinon*). Die dadurch suggerierte Idee einer Gesetzmäßigkeit histor. Abläufe wird immerhin durch die Einwirkung des Zufalls (*tyche*) in Frage gestellt; göttl. Einwirkung in die Geschichte bleibt konsequent aus. Die breite Nachwirkung des Th. wird in der Fortsetzung seines Werkes durch mehrere Historiker deutlich (Xenophon, *Hellenika* von Oxyrhynchos, Kratippos, Theopompos), ferner in seinem maßgebenden Einfluß auf die Orientierung der historiograph. Gattung an polit.-militär. Ereignissen sowie in der Ausprägung einer Tradition literar. Historiographie, in der rhetorisch ausgefeilte Reden einen festen Platz haben. Sein Werk oder einzelne Partien seines Werks werden von röm. (Sallust) und byzantin. Historikern (Anna Komnene, Kritoboulos) als Vorbild genommen. **Lit.:** H. Herter (Hg.), Th. (1968). – W.R. Connor, Th. (1981). – G. Cawkwell, Th. and the Peloponnesian War (1997). – GGGA (1999).

Thukydides (2) (gr. Thukydides), Sohn des Melesias, athen. Politiker, Schwiegersohn des Kimon und Hauptgegner des Perikles. Nachdem er dessen Bauprogramm und Finanzgebaren heftig angegriffen hatte, wurde er 443 v. Chr. ostrakisiert, kehrte aber 433 wieder zurück und ging gerichtlich gegen Freunde des Perikles vor.

Tiberius, T. Claudius Nero Augustus, röm. Kaiser 19. August 14–16. März 37 n. Chr.; geb. 42 v. Chr. in Rom als Sohn des Ti. Claudius Nero und der Livia Drusilla; seit 38 Stiefsohn des Augustus; 33/32 Verlobung mit Agrippina; 26/25 Militärtribun im Kantabrerkrieg; 24 Quästor, 16 Prätor, im selben Jahr Hochzeit mit Agrippina; 15 brach T. zusammen mit seinem Bruder Drusus zum Alpenfeldzug auf, 12–10 kämpfte er erfolgreich gegen Pannonier und Dalmater und 9–7 gegen die Germanen; 12 mußte sich T. auf Geheiß des Augustus von Agrippina scheiden lassen und im folgenden Jahr Julia, die Tochter des Augustus, heiraten. Als Augustus deren Söhne aus ihrer Ehe mit Agrippa als Thronerben einsetzte, trat eine Entfremdung zwischen T. und Augustus ein, T. zog sich 6 v. Chr. nach Rhodos zurück und kehrte erst 2 n. Chr. nach Rom zurück. Als die beiden Thronerben C. und L. Caesar kurz hintereinander starben, wurde T. am 26. Juni 4 von Augustus adoptiert; in den folgenden Jahren führte T. schwere Kämpfe gegen Pannonier und Dalmater. Nach der verheerenden Niederlage des Varus im Teutoburger Wald (9) sicherte T. 10–12 die Rheingrenze und feierte 12 einen Triumph in Rom. Nach dem Tod des Augustus am 19. August 14 übernahm T. erst nach längerem Zögern die Regierung.

Seine Versuche, den Senat stärker zur Mitarbeit heranzuziehen, scheiterten. Enttäuscht über die Opposition der Senatoren zog sich T. – mißtrauisch und menschenscheu geworden – 27 nach Capri zurück. Die Regierungsgeschäfte überließ er weitgehend seinem Prätorianerpräfekt Seianus, dessen Ehrgeiz u.a. Drusus, der Sohn des Tiberius zum Opfer fiel. 31 ließ T. den Seianus hinrichten. Am 16. März 37 starb T. bei Misenum. – Die antike Historiographie, insbes. Tacitus, zeichnet ein äußerst negatives und verzerrtes Bild des T. Erst die moderne Geschichtsschreibung hat die Leistungen des zweiten röm. Kaisers gewürdigt. **Lit.:** P. Schrömbges, T. und die res publica Romana (1986). – D. Kienast, Röm. Kaisertabelle (^{2}1996) 76–79. – DRK (1997).

Tibull, Albius Tibullus, röm. Elegiker, ca. 50–19 v. Chr. T. war mit Horaz befreundet und gehörte zum Kreis des M. Valerius Messalla Corvinus. Diesem diente er im Aquitanerfeldzug (28/27 v. Chr., vgl. 1, 7) und begleitete ihn nach Asien, blieb jedoch krank auf Korfu zurück (1, 3). Unter seinem Namen sind drei Elegienbücher überliefert (sog. *Corpus Tibullianum*), deren drittes jedoch Gedichte von Lygdamus und Sulpicia enthält; ein Preislied auf Messalla kann nicht zugewiesen werden. Das 1. Buch (zehn Elegien) besingt ›Delia‹ (der Name leitet sich von der Insel Delos, der Geburtsstätte Apolls, her), das 2. (sechs Elegien) ›Nemesis‹ (gr. »Vergeltung«), ohne daß beide Frauen die Bücher vollständig beherrschen. T. steht unter dem Einfluß des Gallus und des Catull. Wie dieser verbindet er die Liebesthematik mit dem Topos der andauernden Muße, der *inertia* (»Untätigkeit«); wie bei diesem besteht ein Gegensatz zum philosoph.-polit. *otium* (»Freizeit«) eines Cicero. Abwendung vom öffentl. Leben ist ihm Programm: *servitium amoris* (»Sklavendienst der Liebe«) statt Staatsdienst, *militia* (»Kriegsdienst«) als Liebender statt als Soldat. Darüber hinaus zeugen seine Gedichte von der Sehnsucht nach dem einfachen Leben, dem

Land, einem ›Goldenen Zeitalter‹. Zeitkritik spricht aus der Ablehnung von Reichtum und Habgier und der Verherrlichung des Friedens (1, 1; 1, 10). Augusteisch klingt die Bauernromantik, die Schilderung ländl. Feste (1, 7; 2, 1; 2, 5), wenngleich der Princeps nie erwähnt wird, sondern T. stets in Ichbezogenheit verharrt. Übergänge in den Gedichten sind subjektiv, künstlich und assoziativ. Die Sprache ist elegant und schnörkellos. **Lit.:** F.-H. Mutschler, Die poet. Kunst T.s (1985).

Tigellinus, Ofonius T., von niederer Herkunft, wurde 62 von Nero, dessen Jugendfreund er war, zum Prätorianerpräfekten ernannt und übte in der Folgezeit großen polit. Einfluß aus. Er stand hinter den Säuberungen im Zusammenhang mit der Pison. Verschwörung (65) und war u. a. für den Tod Senecas mitverantwortlich. Beim Sturz Neros (68) wechselte er sofort die Seiten und wurde von Galba geschont, von Otho aber zum Tode verurteilt und so zum Selbstmord gezwungen.

Tigranes, König von Armenien 95–55 v. Chr., löste sich zunächst aus der Abhängigkeit der Parther und erweiterte seinen Machtbereich bis nach Kleinasien, Mesopotamien und Syrien, wo er 86 v. Chr. die Reste des Seleukidenreiches eroberte. Er nahm den Titel »König der Könige« an und gründete als neue Residenzstadt Tigranokerta. Im Gefolge des 3. Mithradat. Krieges geriet er in Konflikt mit Rom, als er sich weigerte, seinen flüchtigen Schwiegervater Mithradates VI. von Pontos auszuliefern (71 v. Chr.). Von Lucullus 69 besiegt, mußte er sich 66 endgültig Pompeius unterwerfen und verlor all seine Eroberungen.

Timachidas (gr. Timachidas) aus Lindos (Rhodos), griech. Historiker, 2./1. Jh. v. Chr., Verf. der sog. *Anagraphe von Lindos,* einer lokalhistor. Chronik, die 1904 bei Ausgrabungen entdeckt wurde. **Lit.:** O. Lendle, Einführung in die griech. Geschichtsschreibung (1992) 276.

Timagenes (1) (gr. Timagenes),

Feldherr der Zenobia, eroberte 269/70 n. Chr. in deren Auftrag Ägypten und behauptete das Land gegen reguläre röm. Truppen. Nach dem Zusammenbruch Palmyras geriet er in die Gefangenschaft Aurelians.

Timagenes (2) (gr. Timagenes) aus Alexandria, griech. Historiker in Rom, 1. Jh. v. Chr. Bezeugt ist als Titel *Über Könige,* die Fragmente haben geograph.-kulturhistor. Inhalt. **Lit.:** O. Lendle, Einführung in die griech. Geschichtsschreibung (1992) 171.

Timaios (gr. Timaios) aus Tauromenion (Taormina), griech. Historiker, ca. 350–250 v. Chr. Wegen seiner krit. Haltung gegen den Tyrannen Dionysios II. mußte er im Exil in Athen leben. Sein Hauptwerk war eine Geschichte Siziliens in mindestens 38 Büchern (bis zum Pun. Krieg; nur fragmentarisch erhalten). Außerdem erstellte er ein Verzeichnis der Olympiasieger und etablierte damit endgültig die Datierung nach Olympiaden. **Lit.:** O. Lendle, Einführung in die griech. Geschichtsschreibung (1992) 211–218.

Timokrates (gr. Timokrates), aus Rhodos stammender Politiker, brachte 396/95 im Auftrag des Perserkönigs unter Einsatz beträchtl. Geldmittel Athen, Theben, Argos und Korinth dazu, sich gegen Sparta zu erheben und damit die spartan. Kriegsführung in Kleinasien unter Agesilaos zu unterlaufen.

Timokreon (gr. Timokreon) aus Rhodos, griech. Lyriker, 6./5. Jh. v. Chr. Bekannt war er in der Antike bes. wegen seines Streits mit Themistokles, den er in seinen Gedichten verspottete (wenige Fragmente erhalten).

Timoleon (gr. Timoleon), korinth.-syrakusan. Staatsmann, wurde 345/44 v. Chr. auf Ersuchen der Gegner des Tyrannen Dionysios II. von seiner Heimatstadt Korinth an der Spitze eines Interventionsheeres nach Sizilien entsandt, um die polit. Ordnung in Syrakus wiederherzustellen. In den folgenden Jahren gelang es ihm, sowohl Dionysios und seine Parteigänger zu überwinden, als auch die Karthager zurückzuschlagen, die sich in die syrakusan. Wirren eingemischt hatten. Im Frieden von 338 mußte Karthago die Unabhängigkeit der sizil. Griechenstädte anerkennen und sich auf den Westteil der Insel beschränken. In Syrakus selbst begründete T. eine gemäßigte polit. Ordnung und erweiterte die Bürgerschaft, die sich infolge der Auseinandersetzungen erheblich verringert hatte, durch die Neuaufnahme von 60.000 Siedlern aus verschiedenen Teilen der griech. Welt. Durch die Neugründung einer Symmachie unter der Führung von Syrakus stellte er die frühere Hegemoniestellung der Stadt unter den sizil. Griechen wieder her. 337 legte er nach Abschluß seiner Reformen die Macht nieder und erhielt nach seinem Tod in Syrakus ein Staatsbegräbnis auf der Agora. **Lit.:** R. J. A. Talbert, T. and the Revival of Greek Sicily (1974). – H. Bengtson, Griech. Staatsmänner (1983) 260–271. – GGGA (1999).

Timon von Phleius, griech. Philosoph, Skeptiker, ca. 320–230 v. Chr., Schüler Pyrrhons von Elis, dessen Lehre er aufzeichnete. Er betätigte sich in verschiedenen Gattungen, zahlreiche Fragmente sind aus den *Silloi* genannten Spottgedichten erhalten. **Lit.:** M. Di Marco, Timone de Filunte Silli (1989).

Timosthenes (gr. Timosthenes) von Rhodos, Flottenbefehlshaber des Ptolemaios II. Philadelphos, Verf. eines fragmentarisch überlieferten zehnbändigen Werks *Über Häfen*, das die Form des Periplus mit ethnograph. und mytholog. Gelehrsamkeit, in erster Linie aber mit der Tradition der wissenschaftl. Geographie verband. Ca. 40 Fragmente sind überliefert. Berichte der Alexanderbegleiter und Feldzüge des Ptolemaios nach Arabien und Äthiopien prägten die *Häfen* vermutlich ebenso wie die Spekulationen der altjon. Geographen (Schema der Himmelsrichtungen). Die Entfernungsangaben des T. waren grundlegend für Eratosthenes. **Lit.:** D. Meyer, Hellenist. Geographie zwischen Wissenschaft und Literatur, in: W. Kullmann (Hg.), Gattungen wissenschaftl. Literatur in der Antike (1998).

Timotheos (1), athen. Feldherr und Staatsmann, gest. 354 v. Chr. Sohn des Konon und Freund des Isokrates, machte sich um den Aufbau des 2. Att. Seebunds verdient und war bestrebt, die frühere athen. Machtstellung wiederherzustellen. Nach der Auflösung des Seebunds im Bundesgenossenkrieg (355) mußte er sämtl. Ämter niederlegen und wurde zu einer hohen Geldstrafe verurteilt. **Lit.:** D. A. March, The Family of Konon and Timotheos (1994).

Timotheos (2) aus Milet, griech. Lyriker, ca. 450–360 v. Chr., Hauptvertreter der sog. Neuen Musik und Dichtung, deren erklärtes Ziel es war, die etablierten Gattungs- und Kompositionsnormen aufzubrechen und zu mischen. Erhalten auf einem Papyrus sind seine *Perser*, ein Sologesang zur Kithara (Nomos) in exaltierter Sprache und polymetr. Form. **Lit.:** T. H. Janssen, T. Persae (1984).

Tiribazos, pers. Satrap in Kleinasien, verkündete 386 v. Chr. nach Verhandlungen mit dem Spartaner Antalkidas den Königsfrieden. Im Zusammenhang einer Verschwörung gegen den Großkönig wurde er hingerichtet.

Tiridates, Bruder des parth. Königs Vologaeses I., von diesem 52 n. Chr. als König von Armenien eingesetzt. Die dadurch bedingte Auseinandersetzung mit Rom, das keinen parth. Prinzen auf dem Thron akzeptieren wollte, endete 63 mit einem Kompromiß. T. behielt die Königswürde, nahm die Krone aber aus den Händen Kaiser Neros entgegen.

Tiro, Marcus Tullius T., geb. um 103 v. Chr., Freigelassener Ciceros, fungierte als dessen Vertrauter und Privatsekretär. Er begleitete Cicero während seiner gesamten polit. Karriere und verfaßte eine nicht erhaltene Biographie seines Dienstherren. Nach der Ermordung Ciceros (43) ordnete er dessen Nachlaß, aus dem er die Reden herausgab und die Briefe für eine spätere Edition vorbereitete. Er war der Erfinder der sog. *Tiron. Noten,* einer Art Kurzschrift, die bis ins MA gebräuchlich war, und starb hochbetagt auf seinem Landgut bei Puteoli.

Tissaphernes, pers. Satrap in Kleinasien, unterstützte seit 413 v. Chr. die Spartaner im Peloponnes. Krieg und betrieb eine gegenüber dem Großkönig weitgehend eigenständige Politik. Er warnte die Zentralregierung vor den Ambitionen Kyros d.J. und stellte sich diesem bei seinem Vormarsch entgegen. Nach der Schlacht bei Kunaxa (401) beraubte er die griech. Söldner durch List ihrer Führung und verfolgte sie auf ihrem Rückmarsch nach Kleinasien. Seit 396 kämpfte er mit wechselndem Erfolg gegen die spartan. Invasionstruppen unter Agesilaos. 395 wurde er das Opfer einer Palastintrige, in einen Hinterhalt gelockt und hingerichtet.

Titus, T. Flavius Vespasianus Augustus, röm. Kaiser 24. Juni 79–13. September 81 n. Chr.; geb. am 30. Dezember 39 (?) in Rom als Sohn des Kaisers Vespasian und der Flavia Domitilla; ca. 65 Quästor; 69 Erhebung zum Caesar, Übertragung des Oberbefehls im jüd. Krieg; Aug./Sept. 70 Einnahme von Jerusalem; Juni 71 Triumph über die Juden zusammen mit seinem Vater Vespasian; 73/74 Zensor zusammen mit seinem Vater. Nach dem Tod Vespasians am 24. Juni 79 wurde T. zum Augustus erhoben. Seine kurze Regierungszeit wurde überschattet von dem Ausbruch des Vesuv am 24. August 79, bei dem die Städte Pompeji und Herculaneum zerstört wurden, sowie einem Brand in Rom 80; trotzdem ließ T. im selben Jahr das Amphitheater fertigstellen und einweihen. T. starb in seiner Villa bei Aquae Cutiliae. **Lit.:** H. Bengtson, Die Flavier. Vespasian, T., Domitian (1979). – B. W. Jones, The Emperor T. (1984). – DRK (1997).

Titus Tatius, nach Livius (1, 10–14) König der Sabiner, zog nach dem Raub der Sabinerinnen gegen Romulus und eroberte – was ihm der Verrat der Tarpeia ermöglichte – das Kapitol. Die Frauen führten eine Versöhnung der Gegner herbei; T. wurde Mitregent des Romulus.

Totila, König der Ostgoten 541–552 n. Chr., eroberte im Kampf gegen die Generäle des oström. Kaisers Justinian nahezu ganz Italien zurück, unterlag aber 552 Narses in der Schlacht bei Tadinae.

Trajan, Marcus Ulpius Traianus; später Nerva Traianus Augustus, röm. Kaiser 28. Januar 98–7. August 117 n. Chr.; geb. um 53 in Italica (Spanien) als Sohn des M. Ulpius Traianus; 78 Quästor; 84 Prätor; 91 Konsul; vor 98 Hochzeit mit Pompeia Plotina (gest. nach 1. Januar 123); Ende Oktober 97 wurde T. von Nerva adoptiert und zum Caesar erhoben, am 28. Januar 98 übernahm er die Regierung. 101/02 und 105–107 führte T. Krieg gegen die Daker unter Decebalus; das Dakerreich wurde röm. Provinz, das röm. Reich erreichte seine größte Ausdehnung; aus der Kriegsbeute ließ T. das Trajansforum und die Trajanssäule errichten (eingeweiht 112 bzw. 113); 113 brach er in einen Krieg gegen die Parther auf, erreichte im Januar 114 Antiochia und nahm im August 114 den Titel Optimus, »der Beste« an. T. kehrte nicht mehr lebend nach Rom zurück; er starb am in Selinus in Kilikien. Sein Nachfolger Hadrian ließ den Leichnam nach Rom überführen und in der Trajanssäule beisetzen. **Lit.:** K. Strobel, Untersuchungen zu den Dakerkriegen T.s (1984). – M. Fell, Optimus Princeps? (1992). – DRK (1997).

Trebonianus Gallus, Gaius Vibius T. G. Augustus, röm. Kaiser Juni (?) 251–August (?) 253 n. Chr.; geb. um 206 in Perusia (?); 250/51 Statthalter der Provinz Moesia Superior. Nach dem Tod des Decius in der Schlacht bei Abrittus wurde T. etwa Mitte Juni 251 zum Kaiser erhoben; T. hielt sich meist in Rom auf und verlor dadurch den Kontakt zu Provinzen und Soldaten, die im Juli/Aug. 253 Aemilianus zum Kaiser ausriefen. T. wurde auf dem Marsch gegen Aemilianus von den Soldaten erschlagen. **Lit.:** D. Kienast, Röm. Kaisertabelle ([2]1996) 209 f.

Tribonianus, gest. um 543 n. Chr., bedeutender Jurist und Staatsbeamter unter Justinian, war federführend an der Rechtskodifikation des *Corpus iuris civilis* beteiligt.

Triphiodor (gr. Triphiodoros),

griech. Epiker, 4. Jh. n. Chr., Verf. einer *Odyssee* und einer Paraphrase von Homers Gleichnissen. Erhalten sind lediglich 691 Verse seiner *Einnahme Trojas*, verfaßt in hellenist. Manier eines *poeta doctus*. **Lit.:** U. Dubielzig, T.: Die Einnahme Ilions (1996).

Tryphon (1), seleukid. Feldherr, erhob 145 v. Chr. Antiochos VI. auf den Thron, usurpierte aber nach dessen Beseitigung (142) selbst die Königswürde. 138 erlag er Antiochos VII.

Tryphon (2), griech. Philologe, 1. Jh. v. Chr. T. arbeitete über rhetor. und sprachl. Fragen und Aussprache der Dialekte.

Tullius, Marcus Tullius ↗ Cicero

Tullus Hostilius, der legendäre dritte König Roms, regierte nach Livius 672–640 v. Chr. und soll die röm. Macht durch die Eroberung von Alba Longa erweitert haben. Die histor. Person des T. ist durch die sagengeschmückte Überlieferung aber nur schwer faßbar.

Turpilius, röm. Komödiendichter, gest. 104 v. Chr. T. schrieb *Palliaten,* lat. Komödien ›in griech. Gewand‹. Fragmente aus 13 Stücken mit durchweg griech. Titeln sind bekannt. T. scheint seiner Hauptquelle Menander sehr eng gefolgt zu sein. Der fragmentar. Zustand der Überlieferung läßt allerdings keine verläßl. Aussagen zur Struktur der Komödien zu. In Metrik und Sprache steht er eher Plautus als Terenz nahe. Noch zu Ciceros Zeit wurde er aufgeführt. **Lit.:** L. Rychlewska (1962) [Ausg.].

Tynnichos von Chalkis, griech. Lyriker, 6. Jh. v. Chr., Verf. eines berühmten Paians auf Apollon.

Tyrannos, griech. Rhetor, 4./5. Jh. n. Chr., Verf. eines Lehrwerks über Deklamationsthemen mit prakt. Beispielen. Erhalten sind wenige Fragmente.

Tyrtaios aus Sparta, griech. Elegiker, Mitte 7. Jh. v. Chr. Ca. 250 Verse mit polit. Inhalt, bes. Kampfparänesen (›Anfeuerungen‹) sind erhalten. Seine Sprache ist mit homer. Wörtern und Wendungen durchsetzt. **Lit.:** T. Hudson-Williams, Early Greek Elegists (1926). – C. Prato, T. (1968).

U

Ulpian, Domitius Ulpianus, aus Tyros, röm. Jurist, ca. 170–223 n. Chr. U. hatte verschiedene Ämter am Kaiserhof inne und brachte es, nach einer Unterbrechung seiner Laufbahn durch Verbannung unter Elagabal, bis zum *praefectus praetorio* und *consiliarius* unter Severus Alexander. Bei einem Prätorianeraufstand wurde er ermordet. U. gehört zu den großen Gestalten aus der Blütezeit der klass. Jurisprudenz. Von ihm ist mehr als von jedem anderen röm. Juristen erhalten, darunter Großkommentare, Elementarschriften und Monographien. **Lit.:** D. Liebs, in: HLL IV (1997) 175–187.

Ulpius (1), Marcus U. Traianus, Vater des Kaisers Trajan, stammte aus der südspan. Kolonie Italica und gehörte zum Ritterstand. Von Vespasian ins Patriziat erhoben, war er Statthalter mehrerer Provinzen und verhinderte u. a. in Syrien einen drohenden Einfall der Parther. Er starb noch vor dem Jahre 100 n. Chr. und erhielt unter der Regierung seines Sohnes göttl. Ehren.

Ulpius (2), röm. Jurist des 2. Jh. n. Chr., stand in den Diensten des Antoninus Pius und des Mark Aurel. Er hinterließ eine umfangreiche jurist. Fachliteratur.

Ummidius, C. U. Durmius Quadratus, diente seit Tiberius in verschiedenen höheren Positionen und war u. a. Statthalter von Zypern, Lusitanien und Dalmatien. Als Statthalter von Syrien (51–60 n. Chr.) geriet er in Streit mit Cn. Domitius Corbulo und starb in seiner Provinz.

Uranius, Lucius Iulius Aurelius Sulpicius Severus U. Antoninus, Hohepriester des Baal in Emesa, wehrte 253/54 n. Chr. mit Hilfe einer von ihm aufgestellten Milizarmee einen pers. Angriff ab und verteidigte erfolgreich seine Heimatstadt. Er prägte eigene Münzen, übergab seine Macht nach dem Sieg aber wieder an Kaiser Valerianus.

V

Vaballathus, Lucius Iulius Aurelius Septimius V. Athenodorus, folgte 266/67 n. Chr. seinem Vater Odaenathus in der Herrschaft über Palmyra; da er noch sehr jung war, regierte für ihn seine Mutter Zenobia; mit dieser zusammen wurde er 272 gefangengenommen und nach Rom gebracht.

Valens, Flavius V. Augustus, röm. Kaiser 28. März 364–August 378 n. Chr.; geb. ca. 328 als Sohn des Gratianus Maior, Bruder des Valentinian I.; am 28. März 364 wurde V. von Valentinian I. zum Augustus für den Osten einschließlich Ägyptens ernannt; 369 führte er Krieg gegen die Goten, 373 gegen die Perser; nach dem Tod Valentinians I. am 17. November 375 wurde V. Maximus Augustus; am 8. August 378 fiel er im Kampf gegen die Goten. **Lit.:** D. Kienast, Röm. Kaisertabelle (^{2}1996) 325 f. – DRK (1997).

Valentinian I., 321–375 n. Chr., röm. Kaiser, entstammte einer einfachen Familie aus Cibalae in Pannonien und stieg rasch in der Hierarchie der röm. Armee empor. Beim Tode des Iovianus (364) wurde er von den Truppen zum Kaiser ausgerufen und ernannte bereits 365 seinen Bruder Valens zum Mitregenten. V. kümmerte sich vorwiegend um die Verteidigung der Grenzen an Rhein und Donau und erzielte beachtl. Erfolge. Er vertrieb die Alemannen aus Gallien und stieß 368 nochmals offensiv auf rechtsrhein. Gebiet vor. Durch seinen Feldherrn Theodosius (den Vater des späteren Kaisers) festigte er die röm. Herrschaft in Britannien und ließ eine Erhebung in Nordafrika (372–75) niederschlagen. Nach einem erfolgreichen Feldzug gegen die Quaden (375) erlag er einem Schlaganfall. Nachfolger wurde sein Sohn Gratianus. V. war ein fähiger Herrscher, der sich auch durch Reformen in Verwaltung und Rechtsprechung verdient machte. Als gemäßigter Christ übte er den Heiden gegenüber Toleranz.

Valentinian II., 371–392 n. Chr., röm. Kaiser, jüngerer Sohn Valentinians I., wurde beim Tode seines Vaters (375) zum Augustus ausgerufen und stand zunächst unter der Vormundschaft seines Bruders Gratianus. Er residierte in Mailand und regierte nominell Italien, Illyrien und Nordafrika. In den religionspolit. Auseinandersetzungen versuchte, er einen Mittelweg zwischen den verschiedenen Strömungen des Christentums und den Heiden zu verfolgen, der ihn in Gegensatz zum einflußreichen Bischof Ambrosius von Mailand brachte. 387 mußte er vor dem Usurpator Maximus in die östl. Reichshälfte zu Theodosius fliehen, der ihn nach seinem Sieg 388 wieder einsetzte. V. geriet nun unter den Einfluß des fränk. Heermeisters Arbogast und beging 392 unter nie geklärten Umständen Selbstmord.

Valentinus, Gnostiker in Rom im 2. Jh. n. Chr., entwickelte ein myst.-spekulatives System, das zahlreiche Anhänger fand (Valentinianer).

Valerian, Publius Licinius Valerianus Augustus, röm. Kaiser Juni/August 253–Juni 260 n. Chr.; geb. um 200; 238 Gesandter des Gordianus I. und II.; 251–253 Kommandant der in Rätien stationierten Truppen. Nach dem Tod des Trebonianus Gallus wurde V. spätestens im August 253 in Rätien zum Kaiser ausgerufen. Nach dem Sieg über Aemilianus zog er Sept./Okt. 252 in Rom ein und ernannte seinen Sohn Gallienus zum Mitregenten. Als die Perser 253 Antiochia in Syrien eroberten, brach V. in den Osten auf; es gelang ihm, Antiochia zurückzuerobern; ca. Juni 260 wurde V. jedoch von dem Perserkönig Schapur I. gefangengenommen; Gallienus gelang es nicht, seinen Vater zu befreien, V. starb in Gefangenschaft. **Lit.:** D. Kienast, Röm. Kaisertabelle (^{2}1996) 214–216. – DRK (1997).

Valerius Flaccus, Gaius V. F. Setinus Balbus, röm. Epiker, gest. zwischen 79–95 n. Chr. Über das Leben des V. ist nichts Gesichertes bekannt. Es wird vermutet, daß er Mitglied eines Priesterkollegiums (*Quindecimviri sacris faciundis*) war. Aus dem Beinamen Setinus Rückschlüsse auf seinen Geburtsort zu ziehen, wäre voreilig. Das Proömium der *Argonautica* spielt auf die Eroberung Jerusalems durch Titus (70 n. Chr.) an und ist an Vespasian gerichtet, also vor dessen Tod (79) abgefaßt. Passagen aus dem 3. und 4. Buch setzen den Vesuvausbruch des Jahres 79 voraus. Das Werk, das in der Nachfolge des gleichnamigen griech. Epos des Apollonios von Rhodos (3. Jh. v. Chr.) den myth. Zug der griech. Helden um Jason, der Argonauten, nach Kolchis und die Eroberung des Goldenen Vlieses schildert, bricht im achten und sehr wahrscheinlich letzten Buch aufgrund eines vermutlich überlieferungsbedingten Textverlustes ab. Wie Vergils *Aeneis* gliedert sich das Epos in zwei Hälften. Im ›Odyssee-Teil‹ (Bücher 1–4) sind die Stationen auf der Fahrt nach Kolchis geschildert, in dem mit einem eigenen Proömium beginnenden ›Ilias-Teil‹ (Bücher 5–8) der Raub des Vlieses und die Flucht Jasons mit Medea. Die formale und stilist. Rückwendung zu Vergil bedeutet eine gewollte Abkehr von der Sentenzenhaftigkeit und dem rhetor. Pathos der Literatur der Neron. Epoche. Die Wahl eines politisch unverdächtigen Stoffs aus der griech. Mythologie stellt einen Gegenentwurf zu dem zeithistor. Epos Lukans dar. So wird V. bes. die künstler. Auseinandersetzung mit Vorgängern (vielleicht auch mit den verlorenen *Argonautica* des Varro Atacinus) angespornt haben. Sieht man vom Proömium ab, lassen sich keine unmittelbaren Anspielungen auf die Gegenwart feststellen. Wohl darf aber aus der Darstellung von Göttern und Menschen auf des Dichters Weltbild geschlossen werden. V.' Helden fehlt der Glaube an ein Telos, Jason versteht sich, im Gegensatz zu Äneas, nicht als Träger einer geschichtl. Mission. Die Götter sind ethisch indifferent. Vielleicht ist diese desillusionierte Haltung der auffälligste Zeitbezug. **Lit.:** M. Korn/ H.J. Tschiedel (Hg.), Ratis omnia vincet. Untersuchungen zu den Argonautica des V. (1991). – U. Eigler/E. Lefèvre (Hg.), Ratis omnia vincet. Neue Untersuchungen zu den Argonautica des V. (1998).

Valerius Maximus, röm. Schriftsteller, 2. Hälfte 1. Jh. v. Chr.–vor 37 n. Chr. V. war als Literat auf die Unterstützung seines Gönners Sex. Pompeius (Konsul 14 n. Chr.) angewiesen. Um 27 befand er sich in dessen Gefolge in Kleinasien. Er verfaßte *Facta et dicta memorabilia* (*Denkwürdige Taten und Worte*) in neun Büchern, die einzige fast vollständig erhaltene *Exempla*-Sammlung Die Veröffentlichung fällt in die Zeit nach dem Sturz Seians (31 n. Chr.) und noch unter Tiberius' Regierung, dem das Werk gewidmet ist. V. gliedert den Stoff nach Sachgruppen (Religion, Institutionen, Lebensweisen, charakterl. Eigenschaften und Verhaltensweisen) und trennt nach *Romana* (»röm. Beispielen«) und *extra* (»auswärtigen Beispielen«). Der Stil ist rhetorisch und auf Pointen berechnet; anekdot. Darstellung weiß der Autor zu schätzen. V. gibt sich als Römer alten Schlages. Die Absicht seines Kompendiums ist die Verherrlichung des *mos maiorum* (»Vätersitte«) und wohl auch der Reformbestrebungen des traditionalistisch gesinnten Adressaten Tiberius, dem im Proömium die Förderung der zur Rede stehenden Tugenden unterstellt wird. **Lit.:** C. Skidmore, Practical Ethics for Roman Gentlemen. The Work of V. (1996).

Valerius Poplicola, nach der Vertreibung des letzten röm. Königs, Tarquinius Superbus, zusammen mit Lucius Junius Brutus erster Konsul der neuen Republik. Vermutlich Erfindungen sind seine militär. Erfolge gegen die Etrusker und Sabiner. V.P. gilt als einer der Begründer republikan. Freiheit.

Valgius, Gaius V. Rufus, röm. Dichter, geb. um 65 v. Chr. V., Suffektkonsul des Jahres 12 v. Chr., ist als Dichter kaum noch faßbar. Erhaltene Fragmente deuten auf die neoter. Richtung. Sein Augustus gewidmetes *Kräuterbuch* wird sich in demselben Genre bewegt haben wie etwa die *Gift-* und die *Vogelkunde* eines Aemilius Macer. Aus einer ihm gewidmeten Horaz-Ode (2, 9) geht hervor, daß er Elegien schrieb. Quintilian (3, 1, 18) lobt seine Übersetzung der Rhetorik des Apollodor von Pergamon. Gellius (12, 3, 1) erwähnt ein grammat. Werk. Beziehungen des V. zum Messalla- und Maecenas-Kreis sind wahrscheinlich. **Lit.:** E. Courtney, The Fragmentary Latin Poets (1993) 287–290 [Ausg., Komm.].

Varius Rufus, Lucius V. R., röm. Dichter, 2. Hälfte 1. Jh. v. Chr. Mit Horaz und Vergil befreundet, gehörte V. R. zum Maecenaskreis und gab zusammen mit L. Plotius Tucca nach Vergils Tod dessen *Aeneis* heraus. Von seinen Werken, einem epikureischen Lehrgedicht *De morte* (*Über den Tod*), das die Todesfurcht bekämpfte und einem *Panegyricus* auf Augustus ist fast nichts erhalten. Großen Erfolg hatte seine Tragödie *Thyestes*, die an den Spielen nach dem Sieg von Actium (29 v. Chr.) aufgeführt wurde. Sie war in der Spätantike noch erhalten. Da sie für eine dem Princeps so wichtige Feier geschrieben wurde, kann man vermuten, daß sie, der Tradition der republikan. röm. Tragödie gemäß, im weitesten Sinne polit. Charakter hatte. **Lit.:** E. Lefèvre, Der Thyestes des L. V. R. Zehn Überlegungen zu seiner Rekonstruktion (1976). – E. Courtney, The Fragmentary Latin Poets (1993) 271–275.

Varro (1), Marcus Terentius V. Reatinus, aus Reate (Sabinerland), röm. Autor und Universalgelehrter, 116–27 v. Chr. Der dem Ritterstand entstammende V. war nicht, wie sein einstmals rund 600 Bücher umfassendes Werk vermuten lassen könnte, ein weltabgewandter Stubengelehrter. Die Ämterlaufbahn führte ihn bis zur Prätur. Er begleitete Pompeius auf dessen Feldzügen gegen Sertorius, im Piratenkrieg und gegen Mithradates. Im Bürgerkrieg kämpfte er auf dessen Seite gegen Caesar in Spanien, jedoch ohne Glück. Nach der Schlacht von Pharsalos (48) wurde er von Caesar begnadigt und mit dem Aufbau einer Bibliothek nach alexandrin. Muster beauftragt. Dem Pontifex Maximus Caesar widmete er eine systemat. Abhandlung über die röm. Religion (*Antiquitates rerum divinarum,* 16 Bücher). Ihr stellte er 25 Bücher *Antiquitates rerum humanarum* voran. Nach röm. Auffassung war der Staat die Voraussetzung der Religion. Augustinus wird im *Gottesstaat* seine Kritik der heidn. Religion auf Varro gründen und dadurch wichtige Fragmente überliefern. Röm. Privatleben und Kulturgeschichte behandelte die Schrift *De vita populi Romani* (*Über das Leben des röm. Volkes*), die Abhandlungen *De gente populi Romani* (*Über die Abstammung des röm. Volkes*) und *De familiis Troianis* (*Über trojan. Familien*) ordneten das röm. Volk in die Weltgeschichte ein, *Imagines* (*Bildnisse*) waren literar. Portraits von Griechen und Römern. Auch der Philosophie wandte V. sich zu und listete im *Liber de philosophia* 288 teils existierende, teils denkbare Philosophenschulen auf. Auf philolog. Gebiet handelte Varro über röm. Literaturgeschichte (*De poetis, De poematis*) und über die Gattung der Satire (*De satura*). Er dichtete selbst 15 Bücher *Menippeische Satiren,* in denen sich – soweit der fragmentar. Zustand eine Beurteilung erlaubt – meist derber Witz mit moral. Strenge verband. *De comoediis Latinis* (*Über lat. Komödien*) bestimmte in der wuchernden Plautus-Überlieferung die heute bekannten 21 Komödien als echt. Vollständig erhalten sind nur die Bücher 5–10 eines ursprünglich 25bändigen Werks *De lingua Latina* (*Über die lat. Sprache*) sowie das drei Bücher umfassende Alterswerk *De re rustica* (*Über den Landbau*). Darin wird in der gefälligen Form des platon. Dialogs Lehrbuchwissen literarisch aufbereitet. V.s Vorliebe für Systematisierungen ist auch hier erkennbar. Bauernromantik und Verklärung der Vergangenheit machen V. zu einem Wegbereiter der augusteischen Epoche. **Lit.:** Th. Baier, Werk und Wirkung V.s im Spiegel seiner Zeitgenossen (1997).

Varro (2) Atacinus, Publius Terentius V., röm. Dichter, 82–36 v. Chr. V., nach dem Fluß Atax (Aude) seiner südfranzös. Heimat Atacinus benannt, übertrug die *Argonautika* des Apollonios von Rhodos ins Lateinische (vier Bücher), verfaßte *Saturae*, ein panegyr. Epos *Bellum Sequanicum* über Caesars Kampf gegen Ariovist, ein den Wetterzeichen gewidmetes Gedicht *Ephemeris* (*Epimenis*?), das Vergil in den *Georgica* rezipierte, sowie eine vom älteren Plinius benutzte *Chorographia* (*Erdbeschreibung*). Literar. Vorbilder sind einerseits Ennius und Lucilius, andererseits die hellenist. Dichter. V. wirkte nachhaltig auf das literar. Schaffen seiner Zeit. Trotzdem sind nur Titel und wenige Fragmente erhalten. **Lit.:** E. Courtney, The Fragmentary Latin Poets (1993) [Ausg., Komm.].

Varus, Publius Quinctilius V., ca. 46 v. Chr.–9 n. Chr., röm. Feldherr, war 13 v. Chr. Konsul und 6–4 v. Chr. Statthalter von Syrien. Als Oberbefehlshaber in Germanien (7–9 n. Chr.) versuchte er die neueroberten Gebiete zwischen Rhein und Elbe als röm. Provinz einzurichten. Nach dem Aufstand des Arminius unterlag er diesem mit seinen drei Legionen in der Schlacht im Teutoburger Wald. Sein Heer wurde vollständig vernichtet, V. selbst beging Selbstmord. Durch diese Niederlage brach die röm. Herrschaft in Germanien zusammen.

Vatinius, Publius V., ca. 95–40 v. Chr., begründete seine polit. Karriere als treuer Weggefährte Caesars. Er war für diesen häufig als Verbindungsmann tätig und wurde 47 für seine Dienste mit dem Konsulat belohnt.

Vedius, Publius V. Pollio, Freund des Augustus, bereicherte sich in der Provinz Asia maßlos und war für seinen Luxus berüchtigt.

Vegetius, Publius Flavius V. Renatus, röm. Fachschriftsteller, um 400 n. Chr., Verf. einer *Epitoma rei militaris,* eines vierbändigen Handbuchs über das Kriegswesen, das im wesentl. aus Auszügen älterer einschlägiger Werke besteht. In patriot. Gesinnung scheint der Autor dem Verfall der röm. Militärmacht entgegenwirken zu wollen. Ein veterinärmedizin. Werk (*mulomedicina*) ist wohl

von demselben Autor. Beide Schriften hatten ein langes Nachleben bis in die Neuzeit. **Lit.: F. L.** Müller (1997) [Ausg., Übers. *Epit.*]. – E. Lommatzsch (1903) [Ausg. *mulomedicina*].

Velleius Paterculus aus Capua, röm. Historiker, 20/19 v. Chr. – nach 31 n. Chr. V., von Geburt Ritter, leistete Militärdienst in verschiedenen Provinzen. Er verfaßte einen kompakten Abriß der röm. Geschichte in zwei Büchern. Aus der literaturarmen Zeit des Tiberius ist er der einzige auf uns gekommene Historiker. Anfang und Titel seines Werks sind verschollen. Der Stil ist rhetorisch. Stets schlägt die Bewunderung des ehemaligen Offiziers für Tiberius durch. **Lit.:** M. Giebel (1988) [Ausg., Übers.].

Venantius Fortunatus, V. Honorius Clementianus F., Bischof, lat. Dichter, ca. 530–600 n. Chr. V., aus wohlhabender Familie aus der Gegend von Treviso stammend, erhielt in Ravenna die standesübl. Ausbildung in Grammatik, Rhetorik und Jurisprudenz. Ein Augenleiden ließ ihn eine Pilgerfahrt zum Grab des hl. Martin von Tours unternehmen. Er fand (ca. seit 566) Kontakte zum merowing. Herrscherhaus und hatte (ca. seit 573) ein freundschaftl. Verhältnis zu Gregor von Tours. Auf dessen Anregung hin entstand das hexametr. Epos *De vita S. Martini* (*Über das Leben des hl. Martin*) in vier Büchern. Die Gelegenheitsgedichte des V. folgen der spätantiken Gattungstradition und umfassen Preislieder, Elegien, epigrammat. Gedichte und Hymnen, von denen zwei (2, 2 und 2, 6) in den liturg. Gebrauch übernommen wurden. Zu den Prosaschriften des V. gehören Heiligenviten und zwei theolog. Traktate. **Lit.:** J. W. George, V. A Latin Poet in Merovingian Gaul (1992).

Ventidius, Publius V. Bassus, zunächst Parteigänger Caesars, dann des Antonius, hob als Prätor (43 v. Chr.) drei Legionen aus und führte sie Antonius zu. Er war an den Verhandlungen zum Abschluß des 2. Triumvirats beteiligt und besiegte 38 im Auftrag des Antonius die Parther und aufständ. Truppen unter Labienus. **Lit.:** J. G. Wylie,

P. V., in: Archeologia Classica 36 (1993) 129–41.

Vercingetorix, ca. 82–46 v. Chr., Fürst des kelt. Stammes der Arverner und Führer des großen Gallieraufstandes gegen Caesar 52 v. Chr. Als leidenschaftl. Römerfeind übernahm er 52 die Macht in seiner Heimat und rief zum Widerstand gegen die röm. Besetzung auf. Innerhalb kürzester Zeit schlossen sich ihm fast alle Stämme Galliens an. V., der alsbald den Königstitel annahm, schuf ein schlagkräftiges Heer, verfolgte jedoch eine Strategie der verbrannten Erde und versuchte, eine direkte Feldschlacht gegen Caesar zu vermeiden. Nachdem er Avaricum nach hartnäckiger Verteidigung aufgeben mußte, zog er sich nach Gergovia zurück, wo er den nachrückenden Römern eine schwere Niederlage beibrachte. Nach einem mißglückten Versuch, die röm. Legionen bei Dijon einzukesseln, verschanzte er sich in Alesia, wo er von Caesar eingeschlossen und nach schweren Kämpfen zur Kapitulation gezwungen wurde. V. wurde gefangengenommen, in Rom inhaftiert und nach dem Triumphzug Caesars 46 hingerichtet. **Lit.:** J. Harmand, V. (1984).

Vergil, Publius Vergilius Maro, aus Andes bei Mantua, röm. Dichter, 15. 10. 70–21. 9. 19 v. Chr. *I. Leben:* Über V.s Leben unterrichtet zuverlässig die auf Sueton zurückgehende *Vita* des Aelius Donatus (4. Jh. n. Chr.). Davon unabhängig existieren eine unter Servius' Namen überlieferte und eine auf Probus zurückgehende Lebensbeschreibung. V. begann seine Ausbildung mit grammat. Unterricht und der Lektüre griech. und lat. Autoren in Cremona und Mailand und ging nach dem Anlegen der Männertoga mit 15 Jahren zum Rhetorikstudium nach Rom. Eine wohl geplante polit. Laufbahn brach er ab, da er sich dafür nicht geeignet fühlte. Der einzige von ihm geführte Prozeß wurde zum Mißerfolg. Er zog weiter nach Neapel, wo er im Kreis des Epikureers Siro Philosophie studierte. Seine Familie verlor nach den Wirren der Bürgerkriege im

Zuge der Landanweisungen ihr Gut, wurde aber entschädigt. Einflußreiche Freunde waren Cornelius Gallus und Asinius Pollio. Letzterer machte ihn wohl mit Octavian bekannt und führte ihn in den Kreis des Maecenas ein. Der Princeps schätzte V. außerordentlich und verfolgte seine Arbeit mit Anteilnahme. V.s Ruf wurde mit den *Bucolica* begründet, die zwischen 42 und 39 entstanden. Von 37/36 bis 30/29 arbeitete er an den *Georgica,* die er Octavian 29 in Atella vorlas. Von 29 bis 19 dichtete V. an der *Aeneis.* Schon das begonnene Werk versprach, die *Ilias* an Bedeutung zu übertreffen (Properz 2, 34, 65 f.). Augustus erbat immer wieder Teilstücke, der Vortrag der Bücher 2, 4 und 6 im Jahr 23 am Kaiserhof hinterließ einen tiefen Eindruck. 19 v. Chr. wollte V. das Werk in Griechenland überarbeiten, erkrankte jedoch und wurde von dem aus dem Orient heimkehrenden Augustus mit nach Italien zurückgenommen. Er starb in Brindisi, seine Gebeine wurden nach Neapel überführt. Dem letzten Wunsch des Dichters, die unfertige *Aeneis* (äußeres Zeichen der fehlenden ›letzten Hand‹ sind einige Halbverse) zu vernichten, widersetzte sich Augustus. Varius Rufus und Plotius Tucca gaben das Werk, wohl ohne (einschneidende) Änderungen, heraus. Von der *Aeneis* machte V. zunächst ein Prosaschema und führte es später in Versen aus. Donat berichtet, er habe die Angewohnheit besessen, seine Verse »nach Art der Bärin zu gebären und durch Lecken zu formen«. V. konnte mühelos Hexameter extemporieren, feilte aber, alexandrin. Kunstideal gehorchend, anschließend lange daran. Dem großgewachsenen Mann mit bäur. Aussehen und dunklem Teint brachte sein schüchternes Betragen den Beinamen *Parthenias* (»der Jungfräuliche«) ein. – *II. Werke:* Die sog. *Appendix Vergiliana* (*Vergil-Anhang,* von Scaliger, 16. Jh., so benannt) vereinigt V.s Jugendgedichte, enthält aber auch Nach-Vergilisches. Das *Catalepton* – der Titel (gr. *kata lepton,* »nach der schlanken, feinen Art«) ist an Arat angelehnt und bezeichnet ein alexandrin. Kunstprinzip; gemeint sind kleine, ausgefeilte Gedichte – ist eine Sammlung aus drei Priapeen und 14 Epigrammen, von denen Nr. 5 und Nr. 8 (mit autobiograph. Hinweisen) sicher echt sind, Nr. 9 sicher unecht ist. Der Rest ist ebenso wie zahlreiche weitere kleinere Gedichte in der Autorschaft umstritten. Zu letzteren gehört etwa das neoter. Epyllion *Culex* (*Mücke*). Es erzählt, wie ein schlafender Hirt durch einen Mückenstich geweckt und so vor einem tödl. Schlangenbiß bewahrt wird. Bevor er die Gefahr erkennt, erschlägt er die Mücke. Diese erscheint ihm darauf im Traum und beklagt ihr Schicksal. Der Hirt errichtet ihr ein Grabmal mit Inschrift. Typisch neoterisch ist der Kontrast zwischen hohem Stil und geringem Gegenstand. Die *Bucolica* (gr. *boukolos*, »Rinderhirt«) bestehen aus zehn hexametr. Hirtengedichten, die in den Handschriften auch als *Eclogae* (»auserlesene Gedichte«) bezeichnet werden. Vorbilder sind die *Eidyllia* (»kleine Skizzen«) des aus Sizilien stammenden griech. Dichters Theokrit. Die Gedichte sind ebenso Ausdruck der Heimatverbundenheit V.s wie der Sublimierung der Natur zur geistigen Landschaft (Arkadien als Symbol); sie haben Petrarca zu seinem allegor. *Bucolicum Carmen* angeregt. Am wirkmächtigsten war die 4. Ekloge, die, 40 verfaßt, die Geburt eines Knaben und den Anbruch eines goldenen Zeitalters verkündet. Sie wurde im Mittelalter als Präfiguration der Geburt Christi gedeutet (daher »marian. Ekloge«) und trug zu V.s Hochschätzung bei. Die *Georgica* (gr., »Landarbeit«) sind formal ein Lehrgedicht in Hexametern über den Landbau in der Nachfolge von Hesiods *Werken und Tagen* und, was die Himmelskunde betrifft, von Arats *Phainomena* (*Himmelserscheinungen*). Den vier Hauptthemen Ackerbau, Baum- und Weinkultur, Viehzucht, Bienenhaltung ist jeweils ein Buch gewidmet. Die letzten beiden Bücher sind durch ein zweites Proömium abgesetzt. Exkurse greifen über den Gegenstand hinaus. Berühmt sind der Preis

Italiens und das Lob des Landlebens (2. Buch). Die Arbeit des Bauern, der *labor improbus,* d. h. die niemals endende, in ihrem Erfolg stets bedrohte, aber trotzdem immer wieder in Angriff genommene Arbeit, ist Sinnbild des Menschenlebens überhaupt. Das Werk endet mit dem sog. Aristaeus-Finale, einem kunstvollen Epyllion, das von der Urzeugung der Bienen aus dem Blut geschlachteter Rinder erzählt. Künstlerisch und an geistiger Tiefe übertreffen die *G.* andere Lehrgedichte der antiken Tradition. Die *Aeneis,* ein zwölf Bücher umfassendes Epos in Hexametern, schildert die Geschichte des Äneas von der Zerstörung Trojas bis zur Landung in Italien und dem Sieg über die einheim. Rutulerfürsten Turnus, kurz: die Gründungssage Roms. Sie ersetzte ältere Darstellungen des Naevius und des Ennius. Die Bücher 1–6, der sog. »*Odyssee*-Teil«, handeln von den Irrfahrten des Äneas, seinem Aufenthalt bei Dido und im Rückblick der Zerstörung Trojas, die Bücher 7–12, der »*Ilias*-Teil«, von den Kämpfen in Latium. Die Tötung des um Gnade flehenden Turnus ließ manchen Forschern Äneas' Heldentum ambivalent und als versteckte Kritik an Augustus erscheinen (›Two-Voices-Theory‹). Histor. Durchblicke wie die Heldenschau (6. Buch) und die Schildbeschreibung (8. Buch) weisen auf die augusteische Zeit als Telos der röm. Geschichte voraus. Äneas ist ein nach stoischen Idealen geformter Held, der sich im Leid (*labor*) bewährt und Anfechtungen der Leidenschaft widersteht. Er erkennt seine *fata,* die schicksalsgegebene Aufgabe, und gestaltet sie aktiv mit. Dido, die sich in Äneas verliebt und ihn in Karthago zurückhalten will, gibt ihrer Leidenschaft nach und will aus Verblendung ihre *fata* nicht wahrhaben; Turnus versucht, sich durch Krieg und Gewalt über seine *fata* hinwegzusetzen; beide gehen unter. Das Geschehen ist durch eine begleitende Götterhandlung überhöht. Die Verantwortung für ihr Tun liegt jedoch bei den Menschen, was Jupiter im 10. Buch (104 ff.) selbst verkündet. – *III. Nachwirkung:* V. wurde früh kommentiert und noch in der Antike zum Schulautor. Sämtl. Epiker nach V. mußten sich an der »göttl. *Aeneis*« (Statius) messen. Das MA verehrte V. als Propheten und Zauberer. Dantes Werk ist ohne V. nicht denkbar, die ital. Renaissance stellte V. über Homer. Die Griechensehnsucht der deutschen Klassik sah in V. nur einen Nachahmer. Die Philologie des 20. Jh. hat V. in seiner besonderen Bedeutung wieder gewürdigt. **Lit.:** K. Büchner, V. (1958). – F. Klingner, V. (1967). – W. Suerbaum, in: ANRW II 31, 1/2 (1980).

Verginius, Lucius V. Rufus, ca. 14–97 n. Chr., aus einer Ritterfamilie stammend, war 63 Konsul und besiegte 68 als Statthalter von Obergermanien den aufständ. C. Iulius Vindex in der Schlacht bei Vesontio. In den Wirren des Vierkaiserjahres 69 lehnte er es wiederholt ab, sich selbst zum Princeps ausrufen zu lassen, und zog sich ins Privatleben zurück, wo er in der Folgezeit bes. literarisch tätig war. In hohem Alter zum dritten Mal Konsul (97), starb er, noch bevor er sein Amt beenden konnte. Seine Leichenrede hielt Tacitus.

Verres, Gaius V., ca. 115–43 v. Chr., Sohn eines Senators, gilt als Inbegriff des raffsüchtigen und korrupten röm. Mandatsträgers. Politisch schloß er sich der Partei Sullas an und konnte als Proquästor in Kilikien (79) durch die Beraubung von Tempeln unzählige Kunstschätze erwerben. Er bereicherte sich an öffentl. Bauaufträgen und plünderte als Statthalter von Sizilien (73–71) die Inselbevölkerung derart schamlos aus, daß er in einem Repetundenprozeß zur Rechenschaft gezogen wurde (70), bei dem Cicero die Anklage vertrat. Noch vor Verkündung des Urteils ging V. freiwillig in die Verbannung nach Massilia, wo er 43 den Proskriptionen durch Antonius zum Opfer fiel.

Verrius Flaccus, Marcus V.F., röm. Grammatiker, ca. 55 v. Chr.–20 n. Chr. V., Freigelassener und Lehrer der Enkel des Augustus, ist nach Varro einer der berühmtesten röm. Philologen. Kleinere

Schriften (über Orthographie, die Sprache Catos, die Etrusker, den Kalender) sind verloren. Aus seinem Hauptwerk *De verborum significatu* (*Über die Bedeutung von Wörtern*), das in alphabet. Reihenfolge obsolete und seltene Wörter mit Belegen aus der Literatur anführt, sind Auszüge bei Sex. Pompeius Festus (3. Jh.), und davon nochmals ein Auszug bei Paulus Diaconus (8. Jh.) erhalten. **Lit.:** R.A. Kastner, Geschichte der Philologie in Rom, in: F. Graf (Hg.), Einleitung in die lat. Philologie (1997) 3–16.

Vespasian, Titus Flavius Vespasianus Augustus, röm. Kaiser 1. Juli 69–23. Juni 79 n. Chr.; geb. am 17. November 9 in Falacrinae als Sohn des Flavius Sabinus und der Vespasia Polla; 38 Ädil; um 39 Hochzeit mit Flavia Domitilla (gest. vor 1. Juli 69); 39/40 Prätor; 51 Suffektkonsul; 63/64 Prokonsul der Provinz Africa, 67–69 Legat des Iudäischen Heeres; am 1. Juli 69 wurde V. in Alexandria zum Kaiser erhoben, im Oktober 69 errangen seine Truppen einen Sieg über die Truppen des Vitellius bei Cremona; im Dezember 69 wurde V. vom Senat als Kaiser bestätigt; im Oktober 70 traf er in Rom ein und feierte im Juni 71 zusammen mit seinem Sohn Titus einen Triumph über die Juden; 73/74 waren V. und Titus als Zensoren tätig; am 23. Juni 79 starb V. in seiner Villa bei Aquae Cutiliae und wurde zunächst im Mausoleum Augusti, später im *templum gentis Flaviae* beigesetzt; nach dem Ende der jul.-claud. Dynastie (68) und den Wirren des sog. Vierkaiserjahres (68/69) begründete V. wieder eine Dynastie, die flav. Dynastie. **Lit.:** H. Bengtson, Die Flavier. V., Titus, Domitian (1979). – DRK (1997).

Vibius, Gaius V. Pansa, enger Vertrauter und Weggefährte Caesars, wurde noch von diesem gemeinsam mit Hirtius für das Jahr 43 zum Konsul designiert. Nach der Ermordung Caesars (44) verhielt er sich dem Senat gegenüber loyal und nahm den Kampf gegen Antonius auf. In der Schlacht bei Forum Gallorum wurde er schwer verwundet und starb am Tag danach. Durch seinen Tod, der fast gleichzeitig mit dem seines Kollegen Hirtius erfolgte, hatten Antonius und Octavian freie Bahn, um in Rom die Macht zu ergreifen.

Vibius Sequester, 4./5. Jh., Verf. eines alphabet. lat. Lexikons zur Geographie.

Victor, Sextus Aurelius V., heidn. röm. Historiograph, ca. 320–389 n. Chr. V. hat als *homo novus* den Aufstieg zu Ämtern und Ansehen geschafft. Unter seinem Namen sind vier Schriften überliefert, von denen ihm jedoch nur eine, die *Caesares* (*Kaiserbiographien*), zugeschrieben werden kann. V. ist hochgebildet und belesen, seine Ausdrucksweise gesucht. Er ist bemüht, die Knappheit seiner Stilmuster Sallust und Tacitus noch zu steigern. Sittl. Integrität und geistige Bildung geben das Maß, nach dem V. als Historiker urteilt. **Lit.:** P. L. Schmidt, in: HLL V (1989) 198–201. – M. Fuhrmann/K. Groß-Albenhausen (1997) [Ausg., Übers., Komm.].

Villius, Lucius V. Annalis, setzte als Volkstribun 180 v. Chr. die *lex Villia Annalis* durch, die den Zugang zu den höchsten Staatsämtern regelte. Neben der Festsetzung eines Mindestalters für die kurul. Ämter wurde bestimmt, daß mindestens zwei Jahre zwischen ihrer Abfolge liegen mußten. **Lit.:** A. Astin, The lex Annalis before Sulla (1958).

Vindex, Gaius Iulius V., Statthalter von Gallia Lugdunensis, erhob sich im Frühjahr 68 gegen Nero und bot S. Sulpicius Galba die Kaiserwürde an. In der Schlacht bei Vesontio wurde er von loyalen Truppen unter L. Verginius Rufus besiegt und beging Selbstmord.

Vinicius, Marcus V., Konsul 19 v. Chr., ein persönl. Freund des Augustus, schlug 14/13 v. Chr. einen Aufstand in Pannonien nieder und besiegte als Statthalter von Illyrien (11–8) die Daker. Er starb um 20 n. Chr.

Vinius, Titius V. Rufinus, ca. 21–69 n. Chr., begann seine Karriere unter Claudius und wurde von Nero zum Statthalter von Gallia Narbonensis ernannt. Als Legionskommandant in Spa-

nien riet er 68 Galba, dessen engster Berater er wurde, zum Aufstand gegen den Kaiser, zog mit diesem nach Rom und wurde bei der Erhebung des Otho gemeinsam mit Galba ermordet.

Vipstanus, V. Messalla, beteiligte sich 69 n. Chr. als Militärtribun an den Kämpfen des Vespasian gegen Vitellius. Er verfaßte ein nicht erhaltenes Geschichtswerk über den Bürgerkrieg des Vierkaiserjahres, das Tacitus ausgiebig in seinen *Historien* benutzte.

Viriathus, ca. 180–139 v. Chr., Führer des Freiheitskampfes der Lusitanier gegen die röm. Herrschaft. Aufgewachsen als Hirte, entkam er 150 dem Gemetzel, das der Prätor S. Sulpicius Galba in vertragswidriger Weise unter der lusitan. Bevölkerung angerichtet hatte. Seit 147 oberster Führer der Lusitanier, eroberte er noch im selben Jahr das Baetistal und brachte 146 weite Teile der Provinz Hispania ulterior unter seine Kontrolle. Nachdem er 144 das Baetistal wieder aufgeben mußte, errang er nach wechselvollen Kämpfen 140 seinen größten Sieg über den Prokonsul Q. Fabius Maximus Aemilianus, der ihn als unabhängigen Herrscher in den von ihm kontrollierten Gebieten anerkennen mußte. Da der Senat seine Zustimmung zu dieser Regelung verweigerte, kam es zu neuen Kämpfen, in deren Verlauf V. von eigenen Landsleuten auf Veranlassung Roms ermordet wurde (139). V., nach dessen Tod die Römer ganz Lusitanien unter ihre Kontrolle brachten, galt als Meister des Guerillakampfes und wurde später zum Symbol für den Freiheitswillen eines unterdrückten Volkes. **Lit.:** H. Simon, Roms Kriege in Spanien 154–133 (1962).

Vitellius, Aulus V. Germanicus Augustus, röm. Kaiser 2. Jan. – 20. Dezember 69 n. Chr.; geb. im September 12 oder 15 als Sohn des L. Vitellius und der Sextilia; 48 Konsul, seit 1. Dezember 68 Statthalter der Provinz Germania Inferior; am 2. Januar 69 wurde V. in Köln zum Imperator ausgerufen und nahm den Beinamen Germanicus an; am 14. April besiegte V. Otho in der Schlacht von Bedriacum (bei Cremona), Otho beging Selbstmord, V. wurde am 19. April vom Senat anerkannt und am 18. Juli zum Augustus erhoben; bereits am 1. Juli 69 war Vespasian von den Legionen in den Ostprovinzen zum Kaiser erhoben worden; dessen Truppen besiegten die des V. im Oktober 69 bei Bedriacum; V. wurde am 20. oder 21. Dezember in Rom ermordet, sein Leichnam in den Tiber geworfen. **Lit.:** E. P. Nicolas, De Néron à Vespasien (1979). – B. Richter, V. (1992). – Ch. L. Murison, Galba, Otho und V. (1993).

Vitruv, Gaius (?) Vitruvius Pollio (?), röm. Architekturschriftsteller, 1. Jh. v. Chr. V., Militäringenieur unter Caesar und Augustus, widmete letzterem sein zehnbändiges Alterswerk *De architectura* (*Über Architektur*). V. hat damit als erster eine umfassende, systematisch gegliederte Architekturschrift in lat. Sprache vorgelegt. Er begann seine Arbeit wohl um die Mitte der 30er Jahre. Er war, ebenso wie die großen Polyhistoren Varro und Verrius Flaccus, der Repräsentant einer bildungshungrigen Zeit, die Bibliotheken baute und Wissen kompilierte und ordnete. Seine wissenschaftl. und techn. Interessen stehen, auch darin gleicht er zeitgenöss. Intellektuellen, im Einklang mit den polit. Bestrebungen, in diesem Fall der Bautätigkeit, des nachmaligen Kaisers Augustus. Über sein Leben ist nichts Gesichertes bekannt. Nach eigener Angabe baute er eine Basilika in Fanum, vielleicht seiner Heimatstadt. V. war weniger Architekturhistoriker als Architekturtheoretiker; er beschrieb nicht Gebäude, wie sie waren, sondern legte dar, wie sie sein sollten, wobei er ästhet. und prakt.-techn. Fragen behandelte. Er konnte sich sowohl auf eigene Erfahrung als auch auf gründl. Kenntnis der einschlägigen griech. Fachschriftsteller stützen. Selbst mit den Anforderungen der Rhetorik vertraut, fordert er vom Architekten umfassende Bildung. In der Renaissance wurde V. zum unangefochtenen Referenzautor. Leon Battista Alberti (15. Jh.) berief sich auf ihn, wenn-

gleich er V.s Stil tadelte, Palladio (16. Jh.) nannte ihn seinen Meister und Führer. Es beeindruckte die Humanisten besonders, daß V. die Proportionen am Bau von denjenigen des menschl. Körpers ableitete. Die bekannteste Nachempfindung von Vitruvs Proportionsfigur stammt von Leonardo da Vinci. **Lit.:** H. Knell, V.s Architekturtheorie. Versuch einer Interpretation (²1991).

Volcacius Sedigitus, röm. Autor, 1. Jh. v. Chr., Verf. einer Schrift *De poetis* (*Über Dichter*). Ein Fragment enthält eine Hierarchie der Komödiendichter nach ihren literar. Qualitäten.

Vologaeses I., Partherkönig 51–80 n. Chr., aus dem Geschlecht der Arsakiden, legte den langjährigen Konflikt mit Rom um die Herrschaft in Armenien mit einem Kompromiß bei, demzufolge sein Bruder Tiridates die armen. Königskrone aus den Händen des röm. Kaisers Nero erhielt (66).

Volusius Maecianus, röm. Jurist des 2. Jh. n. Chr. Nach Bekleidung verschiedener Hofämter unter Antoninus Pius leitete V. M. die jurist. Ausbildung des Mark Aurel und trat als Autor verschiedener Fachwerke in Erscheinung.

Wulfila, auch Ulfila genannt, Kopf einer got. Christengemeinde, seit 341 Bischof, Verf. einer Bibelübersetzung ins Gotische.

Xanthippe, die als zänkisch geltende Frau des Sokrates, später Begriff für jede zänk. Frau.

Xanthippos, spartan. Söldnerführer, wurde im 1. Pun. Krieg 256 v. Chr. von den Karthagern für den Kampf gegen Rom angeworben. Er reorganisierte die karthag. Armee und machte sie mit dem Einsatz von Kriegselefanten vertraut.

255 vernichtete er die röm. Invasions-
streitkräfte in Afrika unter M. Atilius
Regulus und kehrte nach seinem Sieg
nach Sparta zurück.

Xenagoras (gr. Xenagoras), griech.
Historiker und Geograph des 3. Jh. v.
Chr., verfaßte eine Geschichte in minde-
stens vier Büchern, die bes. die ältere
Zeit behandelte, aber nur in spärl. Frag-
menten erhalten geblieben ist.

Xenarch (gr. Xenarchos), griech.
Philosoph, Peripatetiker, ca. 75 v. Chr.–
18 n. Chr., Lehrer von Strabon. X.
schrieb eine Abhandlung, in der er die
Theorie des Aristoteles vom Fünften
Element zu widerlegen suchte. Er ten-
dierte dazu, natürl. Phänomene eher
mechanistisch als transzendent zu deuten. Wie bedeutend X.s Aristoteles-Kri-
tik war, zeigt sich daran, daß Plotin,
Proklos und Johannes Philoponos in ihren Abhandlungen auf ihn eingingen.

Xenokrates (1) (gr. Xenokrates) aus
Kalchedon, griech. Philosoph, zweites
Schulhaupt der Akademie nach Platon
(339–314 v. Chr.). Er versuchte, die
Lehrmeinungen Platons zu systematisieren; die Dreiteilung der Philosophie
in Physik, Logik und Ethik geht auf ihn
zurück. Von seinen Schriften ist nichts
erhalten. **Lit.:** R. Heinze, X. (1892).

Xenokrates (2) (Xenokrates) von
Aphrodisias, Arzt und Pharmakologe
im 1. Jh. n. Chr.; Verf. einer Schrift *Über
den Nutzen der Lebewesen*, in der er einzelne tier. und menschl. Organe als Medikamente empfahl. Von einer Schrift
über Heilpflanzen sind nur Fragmente
erhalten, bes. bei Galen und Oreibasios,
die ihn heftig kritisierten.

Xenophanes (gr. Xenophanes) aus
Kolophon, griech. Philosoph. Er dichtete in Hexametern, eleg. Distichen und
Jamben. In seinen Gedichten bekämpft
er die traditionelle religiöse Vorstellung
von menschengestalteten Göttern. Ähnlich wie Parmenides definiert X. Gott als
einheitlich und ewig. **Lit.:** J. H. Lesher,
X. of Colophon (1992).

Xenophon (1) (gr. Xenophon) aus
Athen, griech. Autor zahlreicher Prosaschriften histor., philosoph., wirtschaftl.

und prakt. Inhalts, ca. 430–350 v. Chr.
401 verließ X. Athen, wo er Kontakt zu
Sokrates gehabt hatte, und nahm als
Söldner am Feldzug des pers. Prinzen
Kyros gegen seinen Bruder Artaxerxes
teil; nach der Schlacht bei Kunaxa und
dem Tod des Kyros und der griech. Offiziere führte X. das griech. Söldnerkon-
tingent durch Anatolien zum Schwarzen
Meer. Diese Erfahrungen berichtete er in
der *Anabasis*, einer autobiograph., apologet. Schrift. Zwischen 399–394 schloß
sich X. den Spartanern unter Agesilaos
in Kleinasien an, was wohl zu seiner Verbannung aus Athen beitrug. Er ließ sich
in Skillous (Westpeloponnes) nieder, wo
er bis zu seiner Rückberufung nach
Athen (nach 371) große Teile seines
Werkes schrieb. Sein histor. Hauptwerk
ist die *Griech. Geschichte (Hellenika)*: sie
setzt am Ende von Thukydides' Werk an
(411) und endet mit der Schlacht bei
Mantineia (362). Die *Erziehung des Kyros (Kyrupädie)* ist eine romanhafte Biographie des pers. Monarchen. X.s
Glaube an die Rolle moralisch integrer,
pflichtbewußter Staatsmänner schlägt
sich auch im *Enkomion auf König Agesilaos* nieder. Seine verfassungstheoret. Interessen und seine konservative, spartafreundl. Einstellung werden auch in der
Schrift *Über den Staat der Lakedaimo-
nier*, einer Geschichte der Verfassung
Spartas, deutlich. X.s Hochachtung vor
der prakt. Moral prägt sein Sokrates-
Bild, das damit interessante Abweichungen vom platon. aufweist; die relative
Datierung von X.s und Platons Schriften
ist umstritten. X.s sokrat. Werke dienen
der Rechtfertigung und dem Andenken
des Sokrates als moralisch integrer Persönlichkeit (*Apologie; Memorabilien/
Denkwürdigkeiten: Auszüge aus Gesprächen des Sokrates mit verschiedenen Part-
nern); Symposion* und *Oikonomikos/
Über den Haushalt*) haben die Form des
sokrat. Dialogs. X.s Sinn für wirtschaftl.
und finanzielle Fragen zeigt sich auch im
Traktat *Über die Einkünfte (Poroi)*, in
dem X. Vorschläge für den athen. Staats-
haushalt vorlegt. *Hieron* ist ein Dialog
des Tyrannen mit dem Dichter Simoni-

des über die Tyrannis. Die Traktate *Über die Reitkunst* (*Hippikos*), *Über die Jagd* (*Kynegetikos*) und *Über den Reitmeister* (*Hipparchikos*) ergänzen das Bild seiner Interessen und Kompetenzen. Sie gehören zu der damals populären Gattung der Lehrbücher über eine bestimmte Kunst (*techne*). Unter den Werken X.s wird auch die unechte Schrift eines Oligarchen *Über den Staat der Athener* überliefert (siehe Pseudo-Xenophon, auch der ›Alte Oligarch‹ genannt). Als Historiker strebt X. keine geschichtsphilosoph. Interpretation des Geschehens an; prakt. Vernunft, Pietät und Moralität sind die Fundamente seiner Weltanschauung. Anders als Thukydides unterdrückt er sein persönl. Urteil nicht und zeigt eine didakt. Tendenz. Sein ausgeprägtes Interesse am staatsmänn. Können und seine Reflexionen über die Person des idealen Herrschers haben ihren Ursprung in der Krise der demokrat. Polis im 4. Jh. Die Förderung der Handlungsfähigkeit des Individuums durch moralisch wie praktisch orientierte Erziehung steht im Mittelpunkt von X.s Schrifttum. Sein Stil ist kunstvoll, ohne rhetor. Extravaganzen; seine Sprache kündigt die Entwicklung zur hellenist. Koine an, wurde aber schon seit der Kaiserzeit als Hauptquelle für das klass. Attisch benutzt. In der Neuzeit wurde X.s Schriften wegen ihrer stilist. Klarheit und ihrem moralisierenden Ton ein hoher erzieher. Wert beigemessen. Darüber hinaus findet X. heute verstärkte Aufmerksamkeit sowohl als Literat als auch als Quelle für die polit., wirtschaftl., soziale und mentale Geschichte des 4. Jh. v. Chr. **Lit.:** R. Breitenbach, Historiograph. Anschauungsformen X.s (1954). – J. K. Anderson, X. (1974). – R. Nickel, X. (1979). – GGGA (1999).

Xenophon (2) (gr. Xenophon) von Lampsakos, geograph. Fachautor, ca. 146–50 v. Chr. Sein *Periplus* (Fahrtenbuch mit Küsten- und Landesbeschreibung) ist nur in Fragmenten erhalten.

Xenophon (3) (gr. Xenophon) von Ephesos, Verf. des griech. Liebesromans *Ephesiaka* (2. Jh. n. Chr.?). Über den Au-

tor ist nichts bekannt. Der Name könnte ein Pseudonym sein in Anlehnung an X. von Athen. Erzählt werden in sehr stereotyper Manier die Abenteuer des jungen Ehepaars Anthia und Abrokomes. Starke Schwankungen im Umfang der fünf Bücher, Motivationsmängel, abrupte Übergänge sowie die Angabe von zehn Büchern für die *Ephesiaka* im byzantin. *Suda*-Lexikon sprechen dafür, daß der überlieferte Text eine gekürzte Fassung (Epitome) darstellt. **Lit.:** C. Ruiz-Montero, in: ANRW 34, 2 (1994) 1088–1138.

Z

Zarathustra (gr. Zoroastres), iran. Priester des 1. Jt. v. Chr., Reformator der altiran. Religion und Stifter einer monotheist. Religion (Parsismus) mit dem »weisen Herrn« Ahura Mazda im Mittelpunkt, der gegen seinen scheinbar überlegenen Feind, dem Herrn der Finsternis kämpft und schließlich siegt. Seine Verkündung hat einen stark eschatolog. Charakter. Er verspricht den Gläubigen ein Reich des Guten; die Falschgläubigen erwartet die Verdammnis. **Lit.:** J. Kellens, Qui était Z.? (1993).

Zenobia, aramäisch Bath Zabbai, Herrscherin von Palmyra, 267–272 n. Chr. Nach dem Tod ihres zweiten Gatten Odaenathus (267) übernahm sie die Macht für ihren unmündigen Sohn Vaballathus und regierte Palmyra als faktisch unabhängige Herrscherin. Von Rom in dieser Stellung zunächst geduldet, dehnte sie ihre Macht nach dem Tod des Kaisers Claudius II. Gothicus (270) bis nach Ägypten und Kleinasien aus und nahm für sich und ihren Sohn kaiserl. Titel in Anspruch. Von Aurelian daraufhin bekämpft, wurde sie bei Antiochia und Emesa besiegt (272) und bei der anschließenden Belagerung von Palmyra gefangengenommen. Den Rest ihres Lebens verbrachte sie als Gefangene in Italien. **Lit.:** E. Schneider, Septimia Z. Sebaste (1993).

Zenodot (gr. Zenodotos) aus Ephesus, griech. Philologe; geb. ca. 325 v. Chr. Z. war erster Vorsteher der Bibliothek von Alexandria (285–260). Von ihm stammt die erste krit. Homerausgabe, daneben edierte er Hesiods *Theogonie*, Anakreon und Pindar. Mit der homer. Sprache befaßte er sich in den *Glossai*, einem alphabet. Homer-Lexikon. **Lit.:** K. Nickau, Untersuchungen zur textkrit. Methode des Z. von Ephesos (1977).

Zenon (1), oström. Kaiser 474/75 und 476–491 n. Chr., wurde durch Heirat mit Ariadne, der Tochter Leos I., zu dessen Nachfolger. Kurzzeitig vom Thron vertrieben, konnte er sich erneut durchsetzen und mit diplomat. Geschick seine Macht konsolidieren. Kirchenpolitisch versuchte er die Vormachtstellung Konstantinopels auszubauen, war aber dennoch um einen Ausgleich mit den Monophysiten bemüht. 491 veranlaßte er den Ostgoten Theoderich zum Einfall in Italien, um die Herrschaft des Odoakar zu beenden.

Zenon (2) von Kaunos, 3. Jh. v. Chr., Hauptverwalter der Liegenschaften des Apollonios, eines hohen Staatsbeamten Ptolemaios' II. In seinem Privatanwesen in Philadelphia konnte eine umfangreiche private und amtl. Papyruskorrespondenz sichergestellt werden, die eine wichtige Quelle für das ptolemäische Ägypten darstellt.

Zenon (3) von Elea, griech. Philosoph, ca. 490–430 v. Chr., Schüler des Parmenides. Z. verteidigte die parmenideische Lehre von der Existenz des Seins in seiner Einheit und Unbeweglichkeit und leugnete die Vielheit und die Bewegung, die für ihn mit dem Nichtsein gekoppelt sind. Insbes. richtete er gegen die Realität der Bewegung vier Argumente, ›Z.s Paradoxien‹ genannt (von Aristoteles, Physik 6, 9, referiert): 1. Das Argument von der Dichotomie, 2. von Achilleus und der Schildkröte, 3. vom fliegendem Pfeil, der ruht, und 4. von der Relativität des Bewegungsbegriffs. Mit diesen Argumenten förderte Z. die Logik maßgeblich, mit den Begriffen der Kontinuität, des unendlich Kleinen bzw. Großen und der unendl. Teilbarkeit die Mathematik. Mit seinen Paradoxien wollte Z. zeigen, daß nicht nur die parmenideische Logik, sondern auch der ›gesunde Menschenverstand‹ anfechtbar ist. **Lit.:** H. D. P. Lee, Z. of Elea (1936). – W. C. Salmon (Hg.), Zeno's Paradoxes (1970). – GGGA (1999).

Zenon (4) aus Kition (Zypern), griech. Philosoph, 336–264/63 v. Chr., Schüler des Kynikers Krates, des Antisthenes und der Akademiker Xenokrates und Polemon. Er lehrte in der athen. *Stoa poikile*; die von ihm begründete philosoph. Schule wird deshalb Stoa genannt. Von seinen zahlreichen Schriften sind nur Bruchstücke erhalten. **Lit.:** M. Pohlenz, Die Stoa I (⁷1992) 22–25.

Zeuxis aus Herakleia (Großgriechenland), einer der bedeutendsten griech. Maler im späten 5. Jh. v. Chr. galt als Schüler des Apollodoros von Athen und war bekannt für seine kunstvolle Schattengebung und seine perspektiv. und illusionist. Darstellungen. Sein Werk ist in Legenden überliefert, wobei bes. eines seiner Bilder gerühmt wurde, das so realistisch gemalt war, daß vorbeifliegende Vögel versucht haben sollen, an den aufgemalten Trauben zu picken. Berühmt war ferner ein Bild von Helena für den Hera-Tempel bei Kroton (Unteritalien) und die Darstellung einer Kentaurenfamilie. **Lit.:** H, Körner, Die Trauben des Z.: Formen künstler. Wirklichkeitsaneignung (1990).

Zoilos aus Amphipolis, griech. Redner und kyn. Philosoph, 4. Jh. v. Chr.; er polemisierte gegen Platon und Isokrates; seine Homer-Kritik brachte ihm den Namen Homeromastix (»Homergeißel«) ein.

Zosimos, spätantiker griech. Historiker, schrieb um 500 eine röm. Geschichte in sechs Büchern, die von Augustus bis zur Einnahme Roms durch Alarich (410) reichte. Durch seine christenfeindl. Tendenz wurde er nur wenig benutzt, stellt aber bes. für die Spätantike eine wichtige Quelle dar.

Die römischen Kaiser

(In Klammern sind Usurpatoren oder Mitregenten aufgeführt.)

Augustus	27. v. Chr./14. n. Chr.	Claudius II. Gothicus	268–270
Tiberius	14–37	(Victorinus	268–270)
Caligula	37–41	Quintillus	270
Claudius	41–54	Aurelian	270–275
Nero	54–68	(Tetricus	270–273)
Galba	68–69	(Vaballath	271–274)
Otho	69	Tacitus	275–276
Vitellius	69	Florian	276
Vespasian	69–79	Probus	276–282
Titus	79–81	Carus	282–283
Domitian	81–96	Carinus	283–285
Nerva	96–98	Numerian	283–284
Trajan	98–117	Diokletian	284–305
Hadrian	117–138	Maximianus Herculius	286–305
Antoninus Pius	138–161	(Carausius	286–293)
Mark Aurel	161–180	(Allectus	293–296)
(L. Verus	161–169)	Galerius	305–311
Commodus	177–192	Constantius Chlorus	305–306
Pertinax	193	Flavius Severus	305–307
Didius Julianus	193	Maximinus Daia	307–308
Septimius Severus	193–211	Licinius	307–324
(Pescennius Niger	193–194)	Maxentius	307–312
(Clodius Albinus	195–197)	(Domitius Alexander	308–311)
Caracalla	198–217	Konstantin I.	306–337
Geta	209–212	Konstantin II.	337–340
Macrinus	217–218	Constans	337–350
Elagabal	218–222	(Magnentius	350–353)
Severus Alexander	222–235	(Nepotianus	350)
Maximinus Thrax	235–238	(Vetranio	350)
Gordian I.	238	(Silvanus	355)
Gordian II.	238	Constantius II.	337–361
Balbinus	238	Julian	360–363
Pupienus	238	Jovian	363–364
Gordian III.	238–244	Valentinian I.	364–375
Philippus Arabs	244–249	(Firmus	372–374)
Philippus II.	247–249	Valens	364–378
Decius	249–251	(Procop	365–366)
Trebonianus Gallus	251–253	Gratian	367–383
Volusian	251–253	Valentinian II.	375–392
Aemilian	253	Theodosius I.	379–395
Valerian	253–260	(Magnus Maximus	383–388)
Gallienus	253–268	(Flavius Victor	384–388)
(Postumus	259–268)	(Eugenius	392–394)

Weströmisches Reich		Oströmisches Reich	
Honorius	393–423	Arcadius	383–408
(Konstantin III.	407–411)	Theodosius II.	408–450
(Priscus Attalus	409–410)	Marcian	450–457
	414–415)	Leo I.	457–474
(Maximus	409–411)	Leo II.	474
	418–421)	Zeno	474–491
(Jovinus	411–413)	(Basiliskos	475–476)
Constantius III.	421	(Leontios	484)
(Johannes	423–425)	Anastasius	491–518
Valentinian III.	425–455	Justin I.	518–527
Petronius Maximus	455	Justinian I.	527–565
Avitus	455–456		
Majorian	457–461		
Libius Severus	461–465		
Anthemius	467–472		
Olybrius	472		
Glycerius	473–474		
Nepos	474–475		
Romulus Augustulus	475–476		

Römische Vornamen

Die 18 röm. Vornamen wurden in der Regel abgekürzt geschrieben.

A.	Aulus	Mam.	Mamercus
App.	Appius	N.	Numerius
C.	Gaius	P.	Publius
Cn.	Gnaeus	Q.	Quintus
D.	Decimus	Ser.	Servius
K.	Kaeso	Sex.	Sextus
L.	Lucius	Sp.	Spurius
M.	Marcus	T.	Titus
M'.	Manius	Ti(b).	Tiberius

Bibliografische Information
Der Deutschen Bibliothek
Die Deutsche Bibliothek verzeichnet diese
Publikation in der Deutschen National-
bibliografie; detaillierte bibliografische Daten
sind im Internet über <http://dnb.ddb.de>
abrufbar.

ISBN 978-3-476-02023-9
ISBN 978-3-476-02946-1 (eBook)
DOI 10.1007/978-3-476-02946-1

© 2004 Springer-Verlag GmbH Deutschland
Ursprünglich erschienen bei J. B. Metzlersche Verlagsbuchhandlung
und Carl Ernst Poeschel Verlag GmbH in Stuttgart 2004

www.metzlerverlag.de
info@metzlerverlag.de

Die NEUEN Lexika im Westentaschen-Format

Jeder Band steckt voller Leben. Welche herausragenden kulturellen Leistungen haben brillante Geistesgrößen vollbracht? Ob fürs Studium, zum Stöbern oder für unterwegs: Die Bände der neuen Reihe *metzler kompakt* glänzen mit geballtem Wissen. Schnell, anschaulich und unterhaltsam präsentiert.

Brodersen/Zimmermann (Hrsg.),
Personen der Antike
2004. 256 Seiten · ISBN 3-476-02023-1

Engler/Kreutzer/Müller/Nünning (Hrsg.),
Englischsprachige Autoren
2004. 320 Seiten · ISBN 3-476-02028-2

Lutz (Hrsg.),
Philosophen
2004. 272 Seiten · ISBN 3-476-02026-6

Lutz (Hrsg.),
Deutschsprachige Autoren
2004. 280 Seiten · ISBN 3-476-02027-4

Weber (Hrsg.),
Komponisten
2004. 320 Seiten · ISBN 3-476-02024-X

Vinzent (Hrsg.),
Theologen
2004. 256 Seiten · ISBN 3-476-02025-8

jeder Band: Kartoniert, € 12,95/CHF 21,–

metzler kompakt

Printed in the United States
By Bookmasters